经以济世
建德开来

贺教育部

重大攻关项目

成果出版

李君如
二○一八

教育部哲学社会科学研究重大课题攻关项目
"十三五"国家重点出版物出版规划项目

迈向高质量发展的经济结构转变研究

A RESEARCH ON TRANSFORMATION OF ECONOMIC STRUCTURES TOWARDS HIGH-QUALITY DEVELOPMENT

郭熙保 等著

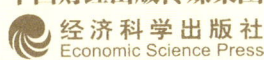

中国财经出版传媒集团
经济科学出版社
Economic Science Press

图书在版编目（CIP）数据

迈向高质量发展的经济结构转变研究/郭熙保等著.
—北京：经济科学出版社，2019.10
教育部哲学社会科学研究重大课题攻关项目
"十三五"国家重点出版物出版规划项目
ISBN 978 – 7 – 5218 – 1057 – 8

Ⅰ.①迈⋯　Ⅱ.①郭⋯　Ⅲ.①经济结构调整 –
研究 – 中国　Ⅳ.①F121.3

中国版本图书馆 CIP 数据核字（2019）第 239081 号

责任编辑：孙丽丽　纪小小
责任校对：王苗苗　王肖楠
责任印制：李　鹏

迈向高质量发展的经济结构转变研究
郭熙保　等著
经济科学出版社出版、发行　新华书店经销
社址：北京市海淀区阜成路甲 28 号　邮编：100142
总编部电话：010 – 88191217　发行部电话：010 – 88191522
网址：www.esp.com.cn
电子邮箱：esp@esp.com.cn
天猫网店：经济科学出版社旗舰店
网址：http://jjkxcbs.tmall.com
北京季蜂印刷有限公司印装
787×1092　16 开　28.25 印张　540000 字
2019 年 12 月第 1 版　2019 年 12 月第 1 次印刷
ISBN 978 – 7 – 5218 – 1057 – 8　定价：98.00 元
(图书出现印装问题，本社负责调换。电话：010 – 88191510)
(版权所有　侵权必究　打击盗版　举报热线：010 – 88191661
QQ：2242791300　营销中心电话：010 – 88191537
电子邮箱：dbts@esp.com.cn)

课题组主要成员

主 要 成 员 郭熙保 陈志刚 肖利平 张 平
韩纪江 李 卓 叶初升

编审委员会成员

主　任　吕　萍
委　员　李洪波　柳　敏　陈迈利　刘来喜
　　　　樊曙华　孙怡虹　孙丽丽

总　序

哲学社会科学是人们认识世界、改造世界的重要工具，是推动历史发展和社会进步的重要力量，其发展水平反映了一个民族的思维能力、精神品格、文明素质，体现了一个国家的综合国力和国际竞争力。一个国家的发展水平，既取决于自然科学发展水平，也取决于哲学社会科学发展水平。

党和国家高度重视哲学社会科学。党的十八大提出要建设哲学社会科学创新体系，推进马克思主义中国化、时代化、大众化，坚持不懈用中国特色社会主义理论体系武装全党、教育人民。2016年5月17日，习近平总书记亲自主持召开哲学社会科学工作座谈会并发表重要讲话。讲话从坚持和发展中国特色社会主义事业全局的高度，深刻阐释了哲学社会科学的战略地位，全面分析了哲学社会科学面临的新形势，明确了加快构建中国特色哲学社会科学的新目标，对哲学社会科学工作者提出了新期待，体现了我们党对哲学社会科学发展规律的认识达到了一个新高度，是一篇新形势下繁荣发展我国哲学社会科学事业的纲领性文献，为哲学社会科学事业提供了强大精神动力，指明了前进方向。

高校是我国哲学社会科学事业的主力军。贯彻落实习近平总书记哲学社会科学座谈会重要讲话精神，加快构建中国特色哲学社会科学，高校应发挥重要作用：要坚持和巩固马克思主义的指导地位，用中国化的马克思主义指导哲学社会科学；要实施以育人育才为中心的哲学社会科学整体发展战略，构筑学生、学术、学科一体的综合发展体系；要以人为本，从人抓起，积极实施人才工程，构建种类齐全、梯队衔接的高校哲学社会科学人才体系；要深化科研管理体制改革，发挥高校人才、智力和学科优势，提升学术原创能力，激发创新创造活力，建设中国特色新型高校智库；要加强组织领导、做好统筹规划、营造良好学术生态，形成统筹推进高校哲学社会科学发展新格局。

哲学社会科学研究重大课题攻关项目计划是教育部贯彻落实党中央决策部署的一项重大举措，是实施"高校哲学社会科学繁荣计划"的重要内容。重大攻关项目采取招投标的组织方式，按照"公平竞争，择优立项，严格管理，铸造精品"的要求进行，每年评审立项约40个项目。项目研究实行首席专家负责制，鼓励跨学科、跨学校、跨地区的联合研究，协同创新。重大攻关项目以解决国家现代化建设过程中重大理论和实际问题为主攻方向，以提升为党和政府咨询决策服务能力和推动哲学社会科学发展为战略目标，集合优秀研究团队和顶尖人才联合攻关。自2003年以来，项目开展取得了丰硕成果，形成了特色品牌。一大批标志性成果纷纷涌现，一大批科研名家脱颖而出，高校哲学社会科学整体实力和社会影响力快速提升。国务院副总理刘延东同志做出重要批示，指出重大攻关项目有效调动各方面的积极性，产生了一批重要成果，影响广泛，成效显著；要总结经验，再接再厉，紧密服务国家需求，更好地优化资源，突出重点，多出精品，多出人才，为经济社会发展做出新的贡献。

作为教育部社科研究项目中的拳头产品，我们始终秉持以管理创新服务学术创新的理念，坚持科学管理、民主管理、依法管理，切实增强服务意识，不断创新管理模式，健全管理制度，加强对重大攻关项目的选题遴选、评审立项、组织开题、中期检查到最终成果鉴定的全过程管理，逐渐探索并形成一套成熟有效、符合学术研究规律的管理办法，努力将重大攻关项目打造成学术精品工程。我们将项目最终成果汇编成"教育部哲学社会科学研究重大课题攻关项目成果文库"统一组织出版。经济科学出版社倾全社之力，精心组织编辑力量，努力铸造出版精品。国学大师季羡林先生为本文库题词："经时济世 继往开来——贺教育部重大攻关项目成果出版"；欧阳中石先生题写了"教育部哲学社会科学研究重大课题攻关项目"的书名，充分体现了他们对繁荣发展高校哲学社会科学的深切勉励和由衷期望。

伟大的时代呼唤伟大的理论，伟大的理论推动伟大的实践。高校哲学社会科学将不忘初心，继续前进。深入贯彻落实习近平总书记系列重要讲话精神，坚持道路自信、理论自信、制度自信、文化自信，立足中国、借鉴国外，挖掘历史、把握当代，关怀人类、面向未来，立时代之潮头、发思想之先声，为加快构建中国特色哲学社会科学，实现中华民族伟大复兴的中国梦做出新的更大贡献！

教育部社会科学司

前　言

转变经济发展方式是在2007年召开的党的十七大上提出来的，2017年召开的党的十九大仍然把转变发展方式作为重要任务。十九大报告指出："我国经济已由高速增长阶段转向高质量发展阶段，正处在转变发展方式、优化经济结构、转换增长动力的攻关期。"可见，转变经济发展方式是一项长期的艰巨任务，仍然是学术界研究的重大课题。

转变经济发展方式是我国迈向高质量发展阶段的内在要求，是经济发展的必然趋势。所以，本书自始至终都把转变发展方式放在发展阶段变化的背景下加以考察，也就是从发展的、动态的视角来考察发展方式的转变。在发展初期，实现工业化是主要目标，经济发展必须依靠资本推动、依靠资源的大量投入、依靠廉价的劳动力投入，推动工业加速发展。在工业化中后期，也就是跨入中高收入阶段时，中国经济从高速增长阶段进入高质量发展阶段，传统发展方式已经不适应新的发展阶段，必须转变到新的发展方式。

如何转变经济发展方式？转变经济发展方式的核心是调整经济结构。我们常常把转方式、调结构放在一起讲，是因为转方式就是调结构，两者在本质上是一回事。因此，转变经济发展方式就可以归结为调整经济结构，或者我们把调整经济结构作为转变经济发展方式的根本途径。经济结构包括哪些内容？这在党的重要文献中有系统论述。党的十七大把转变经济发展方式的内涵和途径概括为"三个结构转变"："促进经济增长由主要依靠投资、出口拉动向依靠消费、投资、出口协调拉动转变，由主要依靠第二产业带动向依靠第一、第二、第三产业协同带动转变，由主要依靠增加物质资源消耗向主要依靠科技进步、劳动者素质提高、管理创新转变。"2010 年，党的十七届五中全会把加快转变经济发展方式上升到"我国经济社会领域的一场深刻变革"的高度来强调，并对加快转变经济发展方式的内涵进行了扩展，补充了城乡区域的协调发展。2012 年，党的十八大把转变经济发展方式概括为"五动"："使经济发展更多依靠内需特别是消费需求拉动，更多依靠现代服务业和战略性新兴产业带动，更多依靠科技进步、劳动者素质提高、管理创新驱动，更多依靠节约资源和循环经济推动，更多依靠城乡区域发展协调互动，不断增强长期发展后劲。"2015 年召开的党的十八届五中全会提出："从实际出发，把握发展新特征，加大结构性改革力度，加快转变经济发展方式，实现更高质量、更有效率、更加公平、更可持续的发展。"这里首次提出"结构性改革"字眼，不久，中央明确提出"供给侧结构性改革"。"供给侧结构性改革"的提出表明中央对转变经济发展方式的思路从需求侧转向供给侧。

  根据党的十七大以来中央重要文献对转变经济发展方式和经济结构调整的论述，我们把转变经济发展方式的途径概括为五个结构转变：需求结构的转变、投入结构的转变、产业结构的转变、城乡结构的转变和区域结构的转变。这五个结构转变涵盖了经济发展方式转变的全部内容。

  事物总是存在着内在联系。五种结构相互关联、相互作用，因而每个结构调整并不能孤立和独立的运行。因此，应该找出一个连接机制把五种结构转变串起来，否则，各自为政，调整政策就会出现不协调和冲突，使转变经济发展方式的效果大打折扣。这个连接点是什么？我们认为就是投资。投资具有多重作用，它可以把五种结构连接起来。抓住了"投资"这个牛鼻子，就等于是抓住了调整经济结构、转变发展方式的关键。这里所说的投资不是要扩大投资规模、增加资本积累，而是指降低总量投资率、调整优化投资结构和提高投资效率。

  本书具有以下特色和创新。一是系统考察了五种结构转变。国内学术界研究经济发展方式转变的文献大多数只是考察了一种结构转变，有少数文献考察两种结构转变，有个别文献考察了三种转变，但还没有见到把五种结构转变放在一起分析的文献。同时，本书以投资作为连接机制把五种结构连接起来，使之变成一个有机的整体，而不是板块式结构的简单叠加。这有助于揭示经济发展的本质特征，也会使体制改革和政策设计更为协调统一。

二是从发展经济学视角分析经济结构转变，把发展经济学相关理论运用于各个结构转变和调整分析中，使结构转变和调整建立在坚实的理论基础上，这就使得经济结构转变的分析更有说服力，更有学术价值和理论意义。在国内研究经济发展方式转变和经济结构转变的文献中，从发展经济学视角来考察的不多。

三是始终把经济结构转变与发展阶段联系起来分析。作者认为，不同的发展阶段对应着不同的经济结构，我们把发展阶段按照收入水平划分为低收入阶段、中低收入阶段、中高收入阶段和高收入阶段。低收入阶段和中低收入阶段，是工业化起步阶段和加速阶段，实施投资驱动型发展方式是正确的，是有效率的。但是，在经济发展进入中高收入阶段之后，投资驱动型发展方式就变得逐渐过时了，必须适时转换到创新驱动型发展方式上来，否则经济发展就会停滞不前。

四是从全球视野来考察中国的经济结构演变趋势，探索转变发展方式、调整经济结构的一般规律。本书不局限于中国的发展实践，而是把中国的发展阶段和结构转型置于世界100多个国家，尤其是中等收入国家中进行比较分析。此外，本书还专辟一章重点考察了东亚经济体经济发展过程中的结构变迁。东亚经济体是20世纪下半叶发展成功的范例，在短短30年左右就从低收入阶段跨入高收入阶段，被称为是"东亚奇迹"。它们的经济结构演变过程可以用来检验中国经济结构变迁是否符合一般规律，它们的经验也可以作为我们调整经济结构的参照和借鉴。

本书是在我主持的教育部哲学社会科学重大课题攻关项目"后金融危机时期我国经济发展方式研究"（10JZD0016）的结项成果基础上修改而成的。该课题是在金融危机发生后不久立项的，但现在金融危机已经过去10年了，中国和世界经济形势都发生了显著变化，金融危机对中国经济和发展方式的直接影响已不是主要关注点。按照鉴定专家意见，本书删除了有关金融危机发生的经过、成因和影响的内容。与此同时，增加了东亚经济体经济结构转型升级方面的内容。

摘要

本书包括导论和正文两部分。导论对中央提出转变经济发展方式战略决策的时代背景和有关转变经济发展方式的重要论述进行了梳理和解读，对本书的研究思路、研究方法和创新点进行了概括。第一章是文献综述，可以看作是导论的一部分，因为篇幅较长，单独辟为一章，对近10年来我国学术界关于经济发展方式转变和结构调整方面的研究文献进行了系统的梳理和评论。

正文部分包括八章。下面简要论述一下其逻辑结构和主要内容。

转变经济发展方式是经济发展阶段性变化的内在要求。转变经济发展方式的途径就是调整经济结构。经济结构包括需求结构、投入结构、产业结构、城乡结构和区域结构。本书第三～七章分别对每个结构转变进行了理论与实践的考察。在这五章中，首先介绍相关理论，主要是发展经济学理论，然后考察中国的实践。实践考察中重点关注发展阶段变化与结构演变之间的联系，以突出结构变迁是经济发展阶段性变化的必然趋势。本书注重理论分析与实践考察紧密结合，有助于我们认识和把握中国经济发展过程中结构变迁的一般规律。

经济结构各个部分不是相互割裂的板块，而是相互关联、相互作用的整体。因此，有必要寻找连接各种结构之间关联性的机制和纽带，我们认为，投资就是这个连接机制。需求结构不合理就是指消费率偏低而投资率偏高，要调整需求结构也就是提高消费率，同时降低投资率。投入结构不合理就是指资本积累过高，其他资源投入偏多，技术因素和人力资本投入偏少，调整投入结构也就是要减少一般资源的投入,尤其是减少资本的投入,增加技术创新和人力资本方面的投入,以提高增长的质量和效益。产业结构不合理是指工业部门占比尤其是重工业占比偏高,而服务业占比偏低。工业部门尤其是重工业部门是资本密集型产业,投资强度最大,资本投入最多。调整产业结构就是要降低对工业部门的投资力度,增加对服务业部门的投资力度,即调整投资结构,这样就会降低整体投资率和资本积累率。城乡结构不均衡包括的内容更广泛,如工农业发展不平衡、城乡要素交换不平等、公共资源配置不均等,等等。但是核心还是投资分布不均衡,对城市投资要远远大于农村,致使城乡收入差距拉大,城乡基础设施建设差距拉大,农业现代化发展滞后。实现城乡平衡协调发展,也就是要增加对农村农业的投资力度,提高对农村的投资率。区域结构不平衡,也就是资金、人才等资源从中西部地区源源不断地流向东部地区,导致中西部地区发展的落后。在国家开始实施区域平衡协调发展战略之后,这种趋势开始扭转,但主要是国家公共资金对中西部地区的基础设施投资的增加,至于民间资本和产业资本投入中西部的步伐则要缓慢得多。由此可见,无论是调整哪种结构,其投资和资本形成是关键变量。总的说来,转变经济发展方式和调整经济结构必须以投资作为抓手,其主要调整任务是降低投资率、调整投资结构、提高投资效率。

鉴于投资的重要性,本书第二章专门探讨了投资驱动型发展方式。这一章把投资驱动型发展方式与发展阶段联系在一起考察。首先介绍了发展阶段划分的各种观点,包括社会主义初级阶段理论、发展经济学中有关发展阶段理论和资本决定论。其次,对中国近40年来投资驱动型发展方式的主要特征、历史贡献和产生的弊端进行了详细分析。最后,考察金融危机和全球经济格局的变化对转变发展方式的影响,以及进入高质量发展阶段中央就转变发展方式、调整经济结构采取的各项重大举措及其取得的成效。

第三章分析需求结构转变。需求结构分为消费、投资和净出口,前两个部分为内需,后一部分为外需。首先讨论需求结构转变的理论基础,分别介绍了宏观经济学和发展经济学的需求理论。对中国需求结构的演变过程分两个部分考察。首先考察内需结构的变化。从全球角度考察，发现中国的需求结构与世界处于相同发展阶段的国家一般需求结构类似，只是中国呈现出投资率更高而消费率更低的特征。通过实证分析，发现中国消费投资比偏低是经济高速增长和工业化加速发展的结果，也表明中国需求结构随着中等收入转型而向世界一般需求结构趋同。然后讨论外贸发展方式从数量扩张型到质量增进型转变。这一节分析了中国外贸发展方式的基本特征，金融危机之后外贸发展战略的转变，表明中国外贸发展方式从出口导向向进出口平衡发展的方向转变，出口产品结构不断升级。最后就新时期转变外贸发展方式提出政策思路。

第四章讨论投入结构转变。投入结构也就是在生产中的投入要素禀赋比例，投入要素主要包括资本、劳动和资源（包括环境）与技术进步。首先，对投入结构转变的理论基础进行了评述，这一节共介绍了三种理论：发展经济学、增长经济学和可持续发展理论。其次，分三节对中国投入结构的变化情况进行分析。一是讨论动力变革，即要素驱动发展向创新驱动发展转变，主要探讨投资驱动发展向创新驱动发展转变；二是讨论效率变革，即从数量扩张型增长向高质量发展转变，主要考察资源利用和配置效率的提高过程；三是讨论能源结构变革，从高能耗高污染的发展方式向低碳绿色发展方式转变，主要分析中国能源消费结构的转变升级。每个部分都分析了中国投入结构所存在的问题、投入结构转变的必要性和政策建议。

第五章研究产业结构转变。产业结构包括三次产业结构，以及工业和服务业内部结构。第一节介绍了产业结构转变的相关理论，包括产业结构演变理论与工业化理论、服务业发展理论，然后分三部分对中国产业结构演变的特征进行了分析。第二节着重考察产业结构从工业主导向服务业主导转变问题，重点分析了工业占比高而服务业占比低的原因和机制。通过实证分析，发现出口导向发展战略和投资驱动发展方式是导致服务业发展相对滞后的主要原因。第三节着重讨论了工业结构从重化工业主导向高端制造业主导转变的问题。第四节主要分析服务业结构从传统向现代转变的问题，对每个结构的调整升级提出了相应的政策思路。

第六章考察城乡结构转变。城乡结构也就是工农城乡关系。第一节介绍相关理论，包括二元经济发展理论、工农业关系理论和城乡一体化理论。第二节考察中国工农关系从农业支持工业阶段向工业反哺农业阶段的转变，这一节着重分析了农业支持工业阶段农业对经济发展的各种贡献，以及工业反哺农业阶段的各种政策及其取得的成效。第三节讨论城乡关系从不平衡发展到平衡协调发展的转变，重点描述了城乡不平衡发展的各种表现，提出推进城乡平衡协调发展的政策思路。

第七章讨论区域结构转变。区域结构包括东、中、西和东北四大区域。首先讨论区域发展理论，包括地理上的二元经济发展理论、增长极理论、梯度转移理论和新地理经济学理论。然后考察了中国区域发展战略和政策演变及区域经济从沿海优先发展到内地加速发展的演变过程。从分析中发现，中国区域经济呈现出从不平衡发展到平衡协调发展的趋势，符合经济发展的一般规律。最后对迈向高质量发展阶段的区域经济发展战略和政策的新变化进行了阐述。

以上几章分别考察了中国的需求结构、投入结构、产业结构、城乡结构和区域结构的转变和调整过程，发现中国经济结构的变迁与理论分析吻合。但是，中国经济结构的变迁是否与当今世界上发展成功的国家和地区的经济结构转变趋势相一致呢？于是，我们选择了被誉为"东亚奇迹"的几个发展成功的国家和地区经济结构变迁情况进行专题考察。

第八章着重对东亚的日本、韩国、新加坡和中国台湾在发展过程中的经济结构变迁进行了比较分析。首先对四个经济体不同收入阶段的经济增长情况进行了比较分析，并对东亚增长奇迹的原因进行了概括。然后对四个东亚经济体在收入转型阶段需求结构的变化、产业结构的变化和投入结构的变化及其主要特征分别进行了考察。通过比较分析发现，这四个经济体的经济结构变迁与中国大陆过去40年的经济结构变迁基本一致。

第九章就促进经济结构转变的体制机制与政策体系进行了专门的阐述。前面各章都对各自的结构调整提出了政策建议，最后一章从整体角度讨论了调整经济结构的体制机制与政策思路。内容包括以下六个方面：完善社会主义市场经济体系，促进要素市场化配置；推进供给侧结构性改革，促进产业结构优化升级；转变出口导向型发展方式，构建全方位对外开放体制；深化分配制度改革，扩大中等收入群体；改革科技与教育体制，实施创新驱动发展战略；加快行政管理体制改革，加快政府职能转变。

Abstract

This book consists of two parts, introduction and main body. The introduction reviews and interprets the background of the central government's strategic decision to transform the economic development mode and the important statement on the transformation. It also summarizes the research ideas, research methods and innovations of this book. Chapter one is the literature review, including summaries and comments on the literature of the transformation of economic development mode and structural adjustment in China for the past 10 years. It was set as a separate chapter because of the length and can be regarded as a part of the introduction.

The main body includes eight chapters. The followings provide a brief discussion on the logical structure and main content.

The transformation of the economic development mode is the inherent requirement of the phased change of economic development. The way to change the economic development mode is to adjust the economic structure, which includes demand structure, input structure, industrial structure, urban-rural structure as well as regional structure. Chapters three to seven of this book examine the theory and practice of each structural adjustment respectively. In the five chapters, relevant theories, mainly the theory of development economics, are introduced first. It follows with the practice of such theories in China, focusing on the relationship between the changes in the development stage and the evolution of the structure. It aims to highlight the fact that structural change is the inevitable trend of the phased change of economic development. This book closely combines theoretical analysis with practical investigation, presenting an insight to the general law of China's economic development and structural change. These five chapters are the core of this book.

Each part of the economic structure forms an interrelated and interactive whole. Therefore, it is necessary to find the mechanisms and ties to connect the various structures, and we believe that investment is the connection mechanism. Unbalanced demand structure occurs due to low consumption rate and high investment rate. To solve such a problem, we need to improve the consumption rate and reduce the investment rate at the same time. The misallocated input structure is resulted from more input in capital and other resources, and less input in technical factors and human capital. To adjust the input structure is to reduce the input of resources, especially the investment of capital while increase the input in technological innovation and human capital, improving the quality and effectiveness of growth. Unbalanced industrial structure means that the proportion of industrial sector, especially heavy industry, is too high, while the proportion of service industry is too low. The industrial sector, especially the heavy industry sector, is a capital-intensive industry with the greatest intensity of investment and the largest amount of capital investment. To adjust the industrial structure means to reduce the investment in the industrial sector and increase the investment in the service sector. As a result, investment structure would be adjusted accordingly, reducing the overall investment rate and capital accumulation rate. The imbalance of urban-rural structure is a broader topic, including the unbalanced development of industry and agriculture, unequal exchange of urban-rural production factors, unequal allocation of public resources, etc. But the core is still the uneven distribution of investment as investment in urban areas is far greater than that in rural areas. As a result, the income gap between urban and rural areas has widened, so does the infrastructure construction gap, and the development of agricultural modernization has lagged. To achieve a balanced and coordinated development of urban and rural areas, it is necessary to increase investment in agriculture and improve the investment rate in rural areas. The disparity of regional structure refers to the under-development in the central and western regions compared to the eastern regions due to the continuous outflow of capital, talent and other resources from the central and western to the eastern regions. When the country began to implement the strategy of regional balanced development, this trend began to reverse, but mainly because of the growth of infrastructure investment in the central and western regions by national public funds. As for private capital and industrial capital, the reverse is much slower. To sum up, investment and capital formation are the key variables in any structure adjustment. Therefore, investment proves to be the anchor for the transformation of economic development mode and the adjustment of economic structure. The key task of adjustment lies in reducing the investment rate, adjusting the investment structure, and improving the investment efficiency.

In view of the importance of investment, chapter two of this book is devoted to illustrating the investment-driven development mode. This chapter links the investment-driven development mode with development stage. Firstly, it introduces various views on the division of development stages, including the theory of the primary stage of socialism, relevant theories of development stage and capital determinism in development economics. Then it analyzes the main characteristics, historical contributions and disadvantages of the investment-driven development mode in China in the past 40 years. Finally, it examines the impact of the financial crisis and changs in global economic pattern on the transformation of the development mode, as well as the major measures and achievements by the central authorities since entering the new normal.

Chapter three discusses the transformation of demand structure. The demand structure consists of consumption, investment and net export. The first two are domestic demand and the latter is external demand. Firstly, the chapter discusses theoretical basis of the demand structure transformation, including the demand theories in macroeconomics and development economics. Then the evolution of demand structure, both domestic and external, in China is investigated. For the domestic demand, China displays similar demand structure to other countries in the same economic development stage, but it shows higher investment rate and lower consumption rate. The empirical analysis shows that the low ratio of consumption to investment in China is the result of rapid economic growth and accelerated development of industrialization. It also shows that China's demand structure converges to the world general demand structure with the transformation toward middle income. As for the external demand, this chapter discusses the transformation of foreign trade development from quantity expansion to quality enhancement. It analyzes the basic characteristics of China's foreign trade development mode and the change of foreign trade strategy since the financial crisis and indicates that China's foreign trade development mode is changing from export-oriented to balanced development of import and export with upgrading export product structure. Finally, this chapter puts forward some policy suggestions on transformation of the foreign trade development in the new period.

Chapter four discusses the transformation of input structure. Input structure reflects the proportion of input endowment in production. Input factors mainly consists of capital, labor, resources (including environment) and technological advance. This chapter reviews the theories of input structure transformation, and focuses on development economics, growth economics and sustainable development theory. Then it analyzes the changes of China's input structure from three prospects. Firstly, it discusses the change of driving forces, that is, the transformation from factor-driven mode to innovation-driven mode with concentration on transformation from investment-driven development to innovation-driven development. Secondly, it investigates efficiency change, that is, the transformation from quantitative growth to high-quality development. It mainly focuses on the process of improvement in the efficiency of resource utilization and allocation. Thirdly, it illustrates the change of energy structure, that is, the transformation of development from high energy consumption and high pollution mode to the low-carbon and green mode. It mainly analyzes the transformation and upgrade of energy consumption structure in China. Each part identifies the problems in the input structure of China, the necessity of input structure transformation and policy recommendations.

Chapter five presents the transformation of industrial structure. The industrial structure includes three industrial structures, as well as the internal structure of industry and service industry. The first section of this chapter introduces relevant theories of industrial structure transformation, including industrial structure evolution theory, industrialization theory and service industry development theory. The remaining three sections analyze the characteristics of evolution of industrial structures in China. The second section studies the transformation of industrial structure from industry-oriented to service-oriented, focusing on the causes and mechanism for high proportion of industry and low proportion of service industry. The third section demonstrates the transformation of industrial structure from heavy chemical industry oriented to high-end manufacturing industry oriented. The fourth section mainly analyzes the transformation of service industrg from traditional to modern. The corresponding policy suggestions for the transformation and upgrade of each industrial structure are put forward.

Chapter six discusses the transformation of urban and rural structure. The urban-rural structure is also known as the industry-agriculture and urban-rural relationship. The first section introduces the relevant theories, including dual economic development theory, industrial and agricultural relations theory and urban-rural integration theory. The second section examines the transformation of the relationship between industry and agriculture in China from the stage of agriculture supporting industry to the stage of industry reverse-feeding agriculture. This section focuses on the analysis of the contributions of agriculture to economic development in the first stage, and policies and achievements on reverse-feeding in the second stage. The third section discusses the transformation of urban-rural relations from the unbalanced development to the balanced and coordinated development, focusing on the indications of unbalanced development of urban-rural areas and policy recommendations for balanced and coordinated urban-rural development.

Chapter seven examines the transformation of regional structure. The regional structure includes four regions: the east, the middle, the west and the northeast. Firstly, theories of regional development are discussed, including the regional dual economic development theory, the growth pole theory, the gradient transfer theory and the new geographical economics theory. Then it studies the strategy and policy evolution of regional development in china, as well as the practice of regional development from coastal priority to accelerated development in the interior. It shows that regional development in China follows a trend from the unbalanced development to the balanced and coordinated development, in line with the law of economic development. Finally, it expounds the new strategy and policy changes in regional development towards high-quality development stage.

The chapters above examine the transformation and adjustment process of demand structure, input structure, industrial structure, urban-rural structure and regional structure in China. The practice of structural transformation and adjustment in China are consistent with the theoretical analysis. However, are the changes and adjustments consistent with the trend of successfully transformed countries and regions in the world? To answer the question, we chosen several successfully transformed countries and regions known as the "East Asian Miracle" to conduct a thematic study on the changes of economic structure.

Chapter eight focuses on the comparative analysis of the economic structure changes during the stage of income transformation in Japan, South Korea, Singapore and Taiwan (China). First, this chapter makes a comparative analysis of the economic growth in different income stages of the four economies and identifies the reasons for the growth miracle in East Asia. Then it analyses the changes and characteristics of demand structure, industrial structure and input structure of the four East Asian economies during the stage of income transformation. The structual changes in the four economies are consistent with those in mainland China in the past 40 years.

Chapter nine expounds the institutions and mechanisms and policy systems for the transformation of economic development mode. The previous chapters have put forward policy recommendations with respect to different structural adjustment issues, while the last chapter discusses the institutions and mechanisms and policies from an overall perspective. It includes the following six aspects: perfecting the socialist market economic system and enhancing the marketization of factors allocation; implementing supply-side structural reforms and promoting optimization and upgrading of industrial sturcture; changing the export-oriented development mode and building an all-dimensional opening-up system; deepening reform of distribution system and expanding the middle-income group; reforming the system of science, technology and education and implementing the innovation-driven development strategy; deepening the reform of the administrative system and accelerating the transformation of government functions.

目 录

导论　1
　　第一节　转变经济发展方式战略决策的形成与演变　1
　　第二节　研究思路、研究方法与创新　9

第一章 ▶ 经济结构转变研究评述　16
　　第一节　经济发展方式及其转变的内涵　16
　　第二节　经济结构转变　19
　　第三节　总结和评论　40

第二章 ▶ 发展阶段与投资驱动型发展方式　42
　　第一节　发展阶段与发展方式的理论分析　42
　　第二节　中国投资驱动型发展方式考察　53
　　第三节　迈向高质量发展阶段经济发展方式的转变　71

第三章 ▶ 需求结构转变　86
　　第一节　需求结构转变的理论基础　86
　　第二节　需求结构从投资偏向型向投资消费平衡型转变　93
　　第三节　外贸发展方式从数量扩张型向质量增进型转变　115

第四章 ▶ 投入结构转变　128
　　第一节　投入结构转变的理论基础　128
　　第二节　动力变革：从要素驱动发展向创新驱动发展转变　136
　　第三节　效率变革：从数量增长向质量增进转变　157
　　第四节　能源结构变革：从高能耗高污染发展方式向低碳绿色发展方式转变　168

第五章 ▶ 产业结构转变　184

  第一节　产业结构转变的理论基础　184
  第二节　产业结构从工业主导向服务业主导转变　191
  第三节　工业结构从重化工业主导向高端制造业主导转变　217
  第四节　服务业结构从传统向现代转变　226

第六章 ▶ 城乡结构转变　237

  第一节　城乡经济结构转变的理论基础　237
  第二节　工农业关系从农业支持工业到工业反哺农业的转变　255
  第三节　城乡发展从不平衡到平衡协调转变　270

第七章 ▶ 区域结构转变　283

  第一节　区域经济结构转变的理论基础　283
  第二节　区域发展从沿海优先战略向区域平衡战略转变　293
  第三节　迈向高质量发展阶段区域平衡发展战略与政策　311

第八章 ▶ 东亚经济发展过程中的结构转变　322

  第一节　发展阶段划分与经济增长状况　322
  第二节　需求结构的转变　328
  第三节　产业结构的转变　333
  第四节　投入结构的转变　343

第九章 ▶ 促进经济结构转变的体制机制与政策体系　352

  第一节　完善社会主义市场经济体系，促进要素市场化配置　352
  第二节　推进供给侧结构性改革，促进产业结构优化升级　359
  第三节　转变出口导向型发展方式，构建全方位对外开放体制　362
  第四节　深化分配制度改革，扩大中等收入群体　368
  第五节　改革科技与教育体制，实施创新驱动发展战略　376
  第六节　深化行政管理体制改革，加快政府职能转变　382

参考文献　387

后记　413

Contents

Introduction　1

   1. The formation and evolution of the strategy for transforming economic development mode　1

   2. Research ideas, Research methods and Innovations　9

Chapter 1　Literature reviews on transformation of economic structures　16

   1.1　The connotation of economic development mode and its transformation　16

   1.2　The transformation of economic structures　19

   1.3　Summary and comments　40

Chapter 2　Development stage and investment-driven development mode　42

   2.1　Theoretical analysis on development stage and development mode　42

   2.2　The analysis on the mode of investment-driven development in China　53

   2.3　The transformation of development mode towards high-quality development stage　71

Chapter 3　Transformation of demand structure　86

   3.1　Theoretical basis on demand structure transformation　86

3.2　The transformation of demand structure from investment-oriented to investment-consumption-balanced　93

3.3　The transformation of the foreign trade development mode from quantity expansion to quality enhancement　115

Chapter 4　Transformation of input structure　128

4.1　Theoretical basis on input structure transformation　128

4.2　Driving forces change: from factor-driven to innovation-driven　136

4.3　Efficiency change: from quantitative growth to quality improvement　157

4.4　Energy structure change: from high energy consumption and high pollution development to low-carbon and green development　168

Chapter 5　Transformation of industrial structure　184

5.1　Theoretical basis on industrial structure transformation　184

5.2　Transformation of industrial structure from industrial-oriented to service-oriented　191

5.3　Transformation of industry structure from heavy chemical industry to high-end manufacture　217

5.4　Transformation of Service Industry from traditional to modern　226

Chapter 6　Transformation of urban-rural structure　237

6.1　Theoretical basis on urban-rural economic structure transformation　237

6.2　Transformation of industry-agriculture relations from agriculture supporting industry to industry reverse-feeding agriculture　255

6.3　Transformation of urban-rural development from the unbalanced to the balanced and coordinated　270

Chapter 7　Transformation of regional structure　283

7.1　Theoretical basis on regional structure transformation　283

7.2　The transformation of regional development from the coastal-priority to the regional balanced　293

7.3　Strategies and policies of balanced regional development towards high-quality development stage　311

Chapter 8 Structural transformation in economic development in East Asia　322

　8.1　The division of development stages and economic growth　322

　8.2　Ttransformation of demand structure　328

　8.3　Transformation of industrial structure　333

　8.4　Transformation of input structure　343

Chapter 9 The institution and mechanism and policy system for promoting transformation of economic structures　352

　9.1　Perfecting the socialist market economic system and enhancing the marketization of factors allocation　352

　9.2　Implementing supply-side structural reforms and promoting optimization and upgrading of industrial structure　359

　9.3　Changing the export-oriented development mode and building an all-dimensional opening-up system　362

　9.4　Deepening reform of income distribution system and expanding middle-income group　368

　9.5　Reforming the system of science, technology and education and implementing the innovation-driven development strategy　376

　9.6　Deepening the reform of the administrative system and accelerating the transformation of government functions　382

References　387

Postscript　413

导 论

自 2007 年中央提出加快转变经济发展方式以来,至今已过去了 10 年时间,虽然这期间转变经济发展方式取得了较大成绩,但这一任务还没有完成,仍在进行中。习近平总书记在党的十九大报告中仍然把当前时期称为转变发展方式、优化经济结构、转换增长动力的攻关期。

第一节 转变经济发展方式战略决策的形成与演变

这一节首先讨论转变经济发展方式的战略决策提出的时代背景,然后论述我国转变经济发展方式这一战略决策的形成和演变过程,以及转变发展方式与供给侧结构性改革的关系。

一、转变经济发展方式战略决策提出的时代背景

转变经济发展方式这一重大战略决策是在 2007 年提出的,战略决策的提出不是偶然的,是在中国经济发展进入新阶段、国际国内经济形势发生了重大变化的背景下提出来的,而且随着国内经济发展趋势和国际经济形势的变化而变得更为紧迫和艰巨。

(一)转变经济发展方式是我国经济发展阶段转换的客观需要

改革开放初期,中国还是一个温饱不足的低收入国家,人均国内生产总值(GDP)只有 380 元人民币,相当于 226 美元,与印度处于同一水平。40 多年来,

通过持续的体制改革，中国的计划经济体制逐渐转变为社会主义市场经济体制，为生产力发展提供了强大的动力。改革开放把中国后发优势（包括资本后发优势、技术后发优势、人力后发优势、制度后发优势和结构后发优势）的潜力充分发挥出来，使中国经济保持了长达40多年的近两位数的高速增长，特别是进入21世纪以来，中国经济连续10多年保持两位数增长，经济总量在世界中的排位连年上升，到2010年超过日本，位居世界第二。中国在这么短的时间内就从一个农业国转变为新兴工业化国家，从低收入阶段连续跃升几个台阶，1998年进入中低收入阶段，2010年又跨入中高收入国家的行列，现在人均GDP达到9 500美元，离1万美元只有一步之遥，位于中高收入国家偏上水平。纵观世界经济史，还没有哪个人口大国在如此短的时间迅速实现了工业化，因此中国的经济发展创造了一个伟大奇迹。

但是，我们也要清醒地认识到，过去的辉煌不等于永远辉煌，世界上有许多国家在进入中等收入阶段之后，经济增长缓慢，几十年还处在中高收入阶段，未能跃升到高收入国家的行列。行百里者半九十。当一国经济接近实现现代化时，后发优势潜力下降，追赶发达国家的动力衰减，同时，在低收入和中低收入阶段形成的发展方式所带来的问题越来越严重，如投资过度增长、资本积累过高、出口比重过高、投入效率下降、工业自我循环、产业结构升级困难、收入分配恶化、消费需求不足、资源消耗过快、环境破坏严重。如果不下决心来调整经济结构，加快转变经济发展方式，中国经济发展就会缺乏后劲，增速就会大幅度下滑，甚至有可能会从此一蹶不振，社会矛盾也会越来越尖锐，生态环境会越来越恶化。党的十七大提出转变经济发展方式，正是在对中国经济发展阶段性变化做出的科学判断基础上做出的正确决策。

（二）转变经济发展方式是适应后金融危机时期世界经济形势变化的需要

2008年下半年美国爆发金融危机并迅速波及全球，不仅对美国和欧洲发达国家经济，而且对世界各国经济都带来了深远的影响。这场金融危机，不仅对中国经济的短期波动产生了巨大冲击，而且对中国经济的长期发展也产生了巨大影响，增添了转变经济发展方式的紧迫性和艰巨性。从短期来看，国际金融危机使欧美国家经济出现严重衰退，增速下滑，收入下降，这对中国的外向型经济造成了直接的巨大冲击。改革开放以来，中国奉行的是出口促进的发展战略，进出口贸易增长远远快于GDP增长，致使中国经济对外依存度越来越高。当美国和其他发达国家出现经济危机，经济增长放缓、失业率上升、收入水平下降，对外需求就会大幅度萎缩。2008年美国金融危机导致中国2009年的进出口贸易额大幅度下滑，比2008年减少了14%，给中国经济带来了巨大的冲击，外向型经济的脆弱性显露无遗。如果不改变过于依赖出口的这种发展模式和发展方式，中国经济就会深受国际经济波动的影响。因此，必须把那种依靠外需拉动增长的发展方式逐步转变为更多依靠内需拉动增长的发展方式，才能抵御国际经济危机带来的冲击。

国际经贸关系长期失衡。发展中国家尤其是新兴市场经济国家出口强劲，贸易顺差连年增加，而发达国家尤其是美国长期处于贸易逆差状态。在外贸严重失衡的情况下，发达国家在经济不景气时，为了保护国内产业和就业，就会加快实施贸易保护措施，抵制和限制进口，这就给新型工业化国家的出口带来较大冲击。最近美国为了保护本国工业，撕毁了多个多边和双边贸易协定，并对进口产品征收高额关税，不惜与其他国家打贸易战。中美贸易一直不平衡，对美国长期存在顺差，一直是美国瞄准的贸易战对象，对欧盟也是长期处于顺差。如果不改变出口促进的外贸战略，通过扩大内需来实现供求平衡，就会长期与发达国家打贸易战，对中国经济的健康持续发展会产生较大不利影响。此外，发达国家意识到长期贸易逆差的危害性，纷纷出台政策刺激本国居民提高储蓄率，减少消费率，并且鼓励企业出口，以求达到贸易平衡。这也增加了中国出口产品在国际市场上的竞争压力。

发达国家已经进入后工业化社会，经济结构偏软，服务业占主导地位，出现产业空洞化趋势，实体经济不振，虚拟经济盛行。金融危机之后，很多发达国家意识到实体经济的重要性，开始实施再工业化的战略，企图重振现代制造业。这就使得作为制造业大国的中国与发达国家处于激烈竞争中。如果不改变粗放型增长方式，转换增长动力，显著提高劳动生产率和全要素生产率，中国的国际竞争力就会下降，这对中国外向型经济将会造成更大、更深的伤害。

以互联网为核心的信息革命所带来的新一轮科技革命正如火如荼，新产业、新科技、新业态不断涌现；全球气候变暖和环境污染压力加大。这些变化使得世界各国竞争更加激烈。能否顺应世界经济的新变化，加快现代发展方式替代传统发展方式，关系到我们能否牢牢把握发展的主动权，更好地应对全球化竞争和各种挑战，也将从根本上决定中国的发展前景和国家的战略利益。

综上所述，国际金融危机爆发后，中国转变发展方式的形势更加紧迫和艰巨。正如胡锦涛同志在2010年中央党校的重要讲话中指出的那样，国际金融危机使中国转变经济发展方式问题更加凸显出来，国际金融危机对中国经济的冲击表面上是对经济增长速度的冲击，实质上是对经济发展方式的冲击。综合判断国际国内经济形势，转变经济发展方式已刻不容缓。我们必须见事早、行动快、积极应对，为中国加快转变经济发展方式、保持经济平稳较快发展增添推动力。

以上从国内和国际两个方面分析了中国转变经济发展方式的时代背景。如何判断国际金融危机对中国转变经济发展方式转变的影响？习近平总书记指出："我们面临的困难和问题，确实同国际金融危机这一外因的影响有直接关系，但是内因是起决定性作用的，内因就是我们正面对着深刻的供给侧、结构性、体制性矛盾"。① 习近平对国际金融危机影响的论断是非常深刻的，符合中国经济发展的实际情况。的确，发展阶段的变化是转变经济发展方式的根本原因，是内因；而国际金融危机更加暴露了中国传统发展方式的弊病，增加了转变发展方式的紧迫性和艰巨性，是外因。这几年的经济形势变化也说明了这一点。中国出口贸易额虽然在 2009 年出现大幅下跌，但到 2010 年就开始恢复增长，从 2008 年的 14 307 亿美元，下降到 2009 年的 12 016 亿美元，到 2010 就恢复到 15 778 亿美元，近几年虽有波动，但到 2018 年达到了 24 874② 亿美元，已稳居第一大贸易国的地位。这说明外贸对中国经济的冲击是短暂的。转变经济发展方式的内在要求使中国进入了新的发展阶段，过去那种投资驱动的经济发展方式已经不适应了，必须转变到新的经济发展方式上来。胡锦涛同志在 2007 年 6 月中央党校省部级干部进修班上的讲话中指出："实现国民经济又好又快发展，关键要在转变经济发展方式、完善社会主义市场经济体制方面取得重大新进展。转变经济发展方式，是在探索和把握中国经济发展规律的基础上提出的重要方针，也是从当前中国经济发展的实际出发提出的重大战略。"胡锦涛同志当时提出的转变经济发展方式是根据中国经济发展规律和发展实际提出的，那时还没有发生国际金融危机。

二、转变经济发展方式战略决策的提出与演变

（一）"三个转变"的提出

转变经济发展方式是在 2007 年提出来的，但是中央在改革开放初期就对转变经济发展方式的重要性有了初步的认识。1982 年召开的党的十二大明确指出，"在一九八一年到一九八五年的第六个五年计划期间，要继续坚定不移地贯彻执行调整、改革、整顿、提高的方针，厉行节约，反对浪费，把全部经济工作转到以提高经济效益为中心的轨道上来。"在随后召开的五届人大五次会议通过的《国民经济和社会发展第六个五年计划》又一次提出："从 1981 年到本世纪末的

---

① 引自 2015 年 12 月 18 日习近平在中央经济工作会议上的讲话。
② 资料来源：国家统计局网站数据库。

二十年间，我国经济建设的战略目标，是在不断提高经济效益的前提下，力争使全国工农业的年总产值翻两番。"1987年党的十三大再次指出，要实现20世纪末国民生产总值翻一番的目标，困难和矛盾的焦点在于经济活动的效益太低。因此，"必须坚定不移地贯彻执行注重效益、提高质量、协调发展、稳定增长的战略。""归根到底，就是要从粗放经营为主逐步转向集约经营为主的轨道。"1992年党的十四大报告在谈到加速科技进步时强调，"要努力提高科技进步在经济增长中所占的含量，促进整个经济由粗放经营向集约经营转变。"

1995年，党的十四届五中全会通过了《中共中央关于制定国民经济和社会发展"九五"计划和2010年远景目标的建议》。该《建议》指出，要实现"九五"时期国民经济和社会发展的主要奋斗目标，"关键是要实行两个具有全局意义的根本性转变，一是经济体制从传统的计划经济体制向社会主义市场经济体制转变，二是经济增长方式从粗放型向集约型转变。"这是中央文件中第一次提到经济增长方式转变这个提法。此后，党的十五大和十六大又多次重申要实现经济增长方式从粗放型到集约型的转变。不过，经济增长方式转变的内涵就是要提高资源利用效率，粗放型增长方式是效率低下的增长方式，而集约型增长方式是资源利用效率较高的增长方式，转变经济增长方式就是要提高资源利用效率，或者说是提高投入产出效率。

2007年6月，胡锦涛同志在中央党校省部级高级干部进修班上发表讲话，首次提出转变经济发展方式这个概念，并把它作为我党现阶段的重大战略。2007年10月召开的党的十七大把加快转变经济发展方式和完善社会主义市场经济体制作为加快国民经济又好又快发展的两项重大战略任务。党的十七大还对转变经济发展方式的实现途径进行了规定，这就是"促进经济增长由主要依靠投资、出口拉动向依靠消费、投资、出口协调拉动转变，由主要依靠第二产业带动向依靠第一、第二、第三产业协同带动转变，由主要依靠增加物质资源消耗向主要依靠科技进步、劳动者素质提高、管理创新转变"。这"三个转变"的提出使得转变经济发展方式的内涵和途径变得更加全面系统，它涵盖了转变经济增长方式的内容，但在内涵上大大拓宽了，不仅包括投入结构的优化、投入效率的提高，而且还包括需求结构调整和合理化以及产业结构的调整升级。这就使得转变经济发展方式涉及中国整个经济结构的调整，而不只局限于生产结构。这与当时中国的发展现实情况是比较吻合的。当时，中国经济增长率每年达到两位数的高位，工业化和城市化加速，收入水平接近达到中高收入，这时发展中存在的问题也越发凸显。中国经济在供给侧，资本积累高、投入效率较低，而且资源消耗过快，环境污染越来越严重；在需求侧，投资率过高、消费率偏低和过分依赖出口的问题也表现得越来越突出；在产业结构方面，工业占比太大、工业偏重突出、服务业占比较小，造成了产业结构的不合理。在这种情况下，中国不仅经济增长方式没有得到真正转变，还增添了新的不平衡、不协调和不可持续问题。中央是基于发展的这些现实问题而把经济增长方式改为转变经济发展方式，这不仅是两个字的变化，还意味着中国经济发展进入了一个更高的阶段、更高的层次，当务之急是要统筹兼顾，实现平衡协调发展。

（二）"五个转变"的提出

2008年下半年美国金融危机爆发，迅速蔓延到全世界，对于外贸依存度较高的中国来说，这场严重的国际金融危机给中国经济带来了巨大的冲击，首当其冲的便是出口产业。这次在美国爆发的迅速蔓延到欧洲和其他地区的国际金融危机暴露了中国经济的脆弱性，同时，世界各国尤其是发达国家在应对危机时采取以邻为壑的贸易保护主义，并且认识到虚拟经济的危害性，积极促进实体经济发展，出台振兴制造业和绿色产业的规划和政策。世界经济形势的变化和中国发展阶段的转换相互交织、相互影响，使得中国正在进行的转变经济发展方式的任务变得更加艰巨和紧迫。正如胡锦涛同志在2010年2月中央党校省部级干部研讨班上的重要讲话中指出的那样，国际金融危机使我国转变经济发展方式问题更加凸显出来，国际金融危机对我国经济的冲击表面上是对经济增长速度的冲击，实质上是对经济发展方式的冲击。综合判断国际国内经济形势，转变经济发展方式已刻不容缓。我们必须见事早、行动快、积极应对，为我国加快转变经济发展方式、保持经济平稳较快发展增添推动力。在这次讲话中，就加快转变经济发展方式，胡锦涛提出了八项重点工作，第一条就是要调整经济结构，把它作为转变经济发展方式的战略重点，并提出了需求结构、供给结构、要素投入结构、国民收入分配结构、城乡结构、区域经济结构和国土开发空间结构等概念。

2010年10月，党的十七届五中全会召开。这次全会通过的《中共中央关于制定国民经济和社会发展第十二个五年规划的建议》（以下简称《建议》）把加快转变经济发展方式置于前所未有的高度来强调，全文43处提到"加快转变经济发展方式"这一概念。《建议》指出："加快转变经济发展方式是我国经济社会领域的一场深刻变革，必须贯穿经济社会发展全过程和各领域，提高发展的全面性、协调性、可持续性，在发展中促转变，在转变中谋发展，实现经济社会又好又快发展。"把加快转变经济发展方式上升为经济社会领域一场深刻的变革，这一方面表明转变经济发展方式的重要性；另一方面，也认识到转变经济发展方式的艰巨性。《建议》把加快转变经济发展方式作为主线，把经济结构战略性调整作为加快转变经济发展方式的主攻方向。这就意味着转变经济发展方式的核心是调整经济结构。经济结构调整包括哪些内容？《建议》提出："构建扩大内需长效机制,促进经济增长向依靠消费、投资、出口协调拉动转变。加强农业基础地位,提升制造业核心竞争力,发展战略性新兴产业,加快发展服务业,促进经济增长向依靠第一、第二、第三产业协同带动转变。统筹城乡发展,积极稳妥推进城镇化,加快推进社会主义新农村建设,促进区域良性互动、协调发展……坚持把科技进步和创新作为加快转变经济发展方式的重要支撑……推动发展向主要依靠科技进步、劳动者素质提高、管理创新转变,加快建设创新型国家。"概括地说,调整经济结构包括调整需求结构、产业结构、城乡结构、区域结构和投入结构五个部分。十七届五中全会把转变经济发展方式的途径从十七大提出的需求结构、投入结构、产业结构"三个转变"扩展为包括需求结构、投入结构、产业结构、城乡结构和区域结构在内的"五个转变"。转变经济发展方式的内涵和途径的扩大,表明我党对转变经济发展方式的认识更加全面和系统。

(三)"五动"的提出

2012年10月召开的党的十八大继续把加快转变经济发展方式作为主线,把经济结构性调整作为其主攻方向,但是十八大有一些新的提法,如首次提出"新的经济发展方式"的概念,这意味着过去的经济发展方式是旧的经济发展方式。十八大最大的亮点是提出了"五动"的新思路,即:"使经济发展更多依靠内需特别是消费需求拉动,更多依靠现代服务业和战略性新兴产业带动,更多依靠科技进步、劳动者素质提高、管理创新驱动,更多依靠节约资源和循环经济推动,更多依靠城乡区域发展协调互动,不断增强长期发展后劲"。"五动"的提法更清晰地描述了转变经济发展方式的具体途径和战略任务。在需求结构上,要增加消费,提高消费在国民收入中的比重;在产业结构上,要加快发展新兴产业和服务业;在投入结构上,要依靠科技进步和创新以及劳动者素质提高;在资源尤其是能源上,要提高效率和实施循环经济;在城乡和区域结构上,要实现平衡协调发展。"五动"的提出使得加快转变经济发展方式的指向和路径更清晰。

2015年10月召开的党的十八届五中全会通过的《中共中央关于制定国民经济和社会发展第十三个五年规划的建议》,仍然把转变经济发展方式作为重要任务。《建议》指出:"从实际出发,把握发展新特征,加大结构性改革力度,加快转变经济发展方式,实现更高质量、更有效率、更加公平、更可持续的发展。"

2017年10月召开的党的十九大仍然提到转变经济发展方式。十九大报告指出,"我国经济已由高速增长阶段转向高质量发展阶段,正处在转变发展方式、优化经济结构、转换增长动力的攻关期"。这表明转变经济发展方式仍然是当前和今后一段时期的重要任务。

三、供给侧结构性改革战略决策的提出

供给侧结构性改革是在党的十八届五中全会召开后不久提出的。近几年，学术界和决策层都把关注点放在供给侧结构性改革上，而对之前"加快转变经济发展方式"这个概念讨论得少了，甚至不提了。这是否意味着转变经济发展方式的任务完成了，现在开始让位于供给侧结构性改革了？我们认为不能这样说。转变经济发展方式是在2007年提出的，2008年国际金融危机对中国外需影响巨大，为了应付需求下滑，十七届五中全会和党的十八大把调整需求结构也就是扩大国内需求作为首要战略任务。扩大国内需求主要是大规模增加投资，为遏制中国经济增长速度下滑趋势起到关键作用，但同时也造成了产能过剩问题更为突出。中国经济2010年跨入中高收入阶段，工业化整体上已经进入后期，经济增速下滑，需求刺激只能解决短期需求不足问题，但不能解决长期供给侧结构性过剩和发展动力转换问题。我国经济发展处于"三期叠加"的关口，转变经济发展方式必须有新思路。以习近平同志为核心的党中央在综合分析世界经济长周期和我国发展阶段性特征及其相互作用的基础上，作出了我国经济已进入新常态的科学判断，适时提出了供给侧结构性改革的重大举措。2015年11月，在十八届五中全会召开不久后，习近平在中央财经领导小组第11次会议上指出，"在适度扩大总需求的同时，着力加强供给侧结构性改革，着力提高供给体系质量和效率，增强经济持续增长动力，推动我国社会生产力水平实现整体跃升"。接着在12月召开的中央经济工作会议明确把供给侧结构性改革作为主线，把改善供给结构作为主攻方向，提出了供给侧结构性改革的五大任务：去产能、去库存、去杠杆、降成本和补短板，为落实供给侧结构性改革任务提出了一整套操作性很强的政策体系。供给侧结构性改革的内涵可以用"供给侧+结构性+改革"这样一个公式来理解，即从提高供给质量出发，用改革的办法推进结构调整，矫正要素配置扭曲，扩大有效供给，提高供给结构对需求变化的适应性和灵活性，提高全要素生产率，更好满足广大人民群众的需要，促进经济社会持续健康发展。党的十九大提出了建设现代化经济体系的概念，重申要以供给侧结构性改革为主线，并提出了要把提高供给体系质量作为主攻方向。

供给侧结构性改革战略思路的提出不是对转变经济发展方式的替代，而是加快转变经济发展方式的思路和工作重点在新的历史条件下的一个重大调整，即转方式的思路从最初的需求侧转变到现在的供给侧，工作重点从需求结构调整转变到供给结构和产业结构调整。这里还必须指出，供给侧结构性改革虽然强调供

侧的投入结构和产业结构的调整，但并没有否定总需求和需求结构调整的作用。中央经济工作会议的表述是："要在适度扩大总需求的同时，着力加强供给侧结构性改革。"适度扩大总需求仍然是必要的，供给侧结构性改革是通过体制改革促进供给质量的提高，扩大有效供给，减少无效供给，以此适应需求结构的变化，实现供求关系新的动态平衡。

综上所述，我们认为虽然中央对转变经济发展方式的提法少了，但并不意味着转变经济发展方式的任务已经结束了，现在进入供给侧结构性改革的新阶段。其实，转变经济发展方式是一个长期的任务，而供给侧结构性改革只是转变经济发展方式道路上的一个新阶段，它仍然被包含在转变经济发展方式之中，只是现在把焦点放到供给侧的结构调整问题上。

第二节　研究思路、研究方法与创新

一、研究思路

转变经济发展方式是我党在 2007 年召开的十七大上提出来的，是中央根据中国经济发展阶段性变化所出现的各种问题和矛盾而提出的重大战略决策，是中国经济发展阶段的转换和结构调整升级的内在需要。但是，这项重大决策提出后不久，即在 2008 年由美国次贷危机引发的国际金融危机在全球蔓延，对中国外向型经济迅速产生了巨大的冲击，这就给我们转变经济发展方式造成了极大压力和紧迫性。我们认为，国际金融危机以及中国应对危机而采取的扩张性政策所带来的消极影响对转变发展方式增添了紧迫性、复杂性和艰巨性，但这个影响是暂时的，我们国家很快就从出口和增长下滑中恢复过来了就是明证。之后出现的增速持续下滑是中国经济发展进入新常态的结果，与金融危机没有直接关系。当然间接关系还是有的，世界经济格局在金融危机发生后出现了诸多变化，对中国转变经济发展方式还是产生了深远的影响。不过，即使世界经济形势因危机而发生改变，我们仍然认为转变经济发展方式的主要动因来自国内经济发展阶段的变化。具体地说，就是中国经济已经迈入中高收入阶段，工业化已经进入后期，过去那种依靠资源投入推动的经济发展方式已经变得不可持续了，如果不加快转变经济发展方式，中国经济就会陷入停滞不前，实现党的十九大提出的"分两步走"的现代化目标就会落空。鉴于这种认识，我们的研究重点放在国内经济因素的分析上。

既然转变经济发展方式是中国经济发展阶段变化的内在需要，是经济发展的必然趋势，那么本书自始至终都把发展阶段变化与发展方式转变联系起来分析，也就是从发展的、动态的视角来考察发展方式的转变。其主要观点是，没有发展阶段的变化，也就没有发展方式的转变。几十年来，我们一直在提要把粗放型发展方式转变为集约型发展方式，但一直都没有转变过来。可能有思想上、体制上、政策上的障碍，但这不是主要的原因，主要的是我们经济发展方式还没有到需要转变的阶段。在发展初期，经济发展就是要依靠资本推动，依靠资源的大量投入，依靠廉价的劳动力投入，需要工业加速发展，我们不能一开始就要求有很高的人力资本投入和技术创新投入，这是不现实的。只是当中国经济发展到较高阶段时，也就是跨入中等收入阶段，尤其是跨入中高收入阶段时，传统发展方式才不适应新的发展阶段，必须转变。当然，这不是说到了新的发展阶段，旧的发展方式就自然而然地转变了，新的发展方式就自然而然地形成了，这里还有发展方式的路径依赖问题，当然还有思维转变问题和利益集团的阻挠问题。因此，新的发展方式不能一蹴而就，而可能是一个长期的、艰苦的过程，需要中央下定最大决心，采取切实有效的措施，持之以恒地推动经济发展方式转变。

如何转变经济发展方式？转变经济发展方式的核心是调整经济结构。我们常常把转方式、调结构放在一起讲，是因为转方式就是调结构，两者在本质上是一回事。因此，转变经济发展方式就可以归结为调整经济结构，或者我们把调整经济结构作为转变经济发展方式的重要途径。这些结构是什么？根据党的十七大、十七届五中全会和十八大的有关论述，我们把经济结构分为五种类型：需求结构、投入结构、产业结构、城乡结构和区域结构。前三种结构是党的十七大提出的，而后两种结构是在党的十七届五中全会和十八大补充进来的。当然，这不是说中央以前忽视了城乡发展和区域发展，而是说把城乡结构调整和区域结构调整纳入转变经济发展方式的范畴是十七届五中全会第一次提出的，十八大又重申了这一点。五个结构调整是本书研究的重点内容。

但是，五种结构调整并不能孤立和独立的运行，它们是相互关联、相互作用的。应该找出一条连接点或者说一个纽带把五种结构调整串联起来，构建一种有机的联系，否则，就是一种板块结构，调整政策就可能会出现不协调和冲突的情形，使转变经济发展方式的效果大打折扣。这个连接点是什么？答案是投资。投资可以把五种结构连接起来。抓住了"投资"这个"牛鼻子"，就等于是抓住了调整结构、转变发展方式的关键。

需求结构不合理就是指消费率偏低而投资率偏高，要调整需求结构也就是要提高消费率，同时降低投资率。投入结构不合理就是指资本积累过高，其他资源投入太多，技术因素和人力资本投入太少，调整投入结构也就是要减少一般资源投入，尤其是减少资本的投入，增加技术创新和人力资本方面的投入，以提高增长的质量和效益。产业结构不合理是指工业部门占比尤其是重工业占比偏高，而服务业占比偏低。工业部门尤其是重工业部门是资本密集型产业，投资强度最大，资本投入最多。调整产业结构就是要降低对工业部门的投资力度，增加对服务业部门的投资力度，也就是调整投资结构，这样就会降低整体投资率和资本积累率。城乡结构不均衡包括的内容更广泛，包括工农业发展不平衡、城乡要素交换不平等、公共资源配置不均等，但是核心还是投资分布不均衡，对城市投资要远远大于农村，致使城乡收入差距拉大，城乡基础设施建设差距拉大，农业现代化发展滞后。实现城乡平衡协调发展，也就是要增加对农业农村的投资力度，提高对农业农村的投资率。区域结构不平衡，也就是资金、人才等资源从中西部地区源源不断地流向东部地区，导致中西部地区发展的落后。当国家开始实施区域平衡协调发展战略之后，这种趋势开始扭转，但主要是国家公共资金对中西部地区基础设施投资的增加，至于民间资本和产业资本投入中西部的步伐要缓慢得多。调整区域结构，实现区域平衡协调发展的重点还是要增加对中西部地区的投资力度，当然要加大体制改革力度，改善营商环境，更多地吸引产业资本向中西部地区转移。由此可见，无论是调整哪种结构，其投资和资本形成是关键变量。总的说来，转变经济发展方式，核心是降低投资率、调整投资结构、提高投资效率。有鉴于此，在本书中，我们把投资和资本积累作为调整经济结构的主要因素来论述。

二、研究方法

（一）历史唯物主义分析方法

本书坚持生产力决定论和社会发展阶段递进论的历史唯物主义方法。在一个阶段是正确的东西在另一个阶段就可能是不正确的。经济发展方式的形成和转变都是与当时所处的生产力水平和历史发展阶段相联系的。学术界一个普遍的观点是，粗放型增长方式之所以难以转变是因为体制机制方面的阻碍。对此，我们有不同的看法。我们认为高投入高增长的经济增长方式不一定是无效率的。如果投入是无效率的，就不可能保持持续时间达30年之久的高增长。在经济发展初期，保持较高的投资率和资本积累率是推动经济起飞的必要条件，高资本投入不等于就是无效率，两者不能画等号。但是，当经济发展到工业化后期时，这种高投入高增长的经济发展方式就必须适时转变,否则,不平衡、不协调的状况就会越来越严重,导致经济增长的不可持续性,出现停滞甚至衰落的局面。鉴于这个观点,在本书中,我们按照收入水平把经济发展划分为低收入阶段(温饱不足到温饱阶段)、中低收入阶段(温饱到总体小康阶段)、中高收入阶段(总体小康到全面小康阶段)和高收入阶段(基本现代化到全面现代化阶段)四个阶段,并重点分析前面三个阶段的经济发展方式和结构变化情况。放在一定历史背景下考察经济发展方式的演变规律、历史贡献和局限性是本书始终坚持的观点。

(二) 主要矛盾分析方法

本书认为,转变经济发展方式是中国经济发展进入新阶段的内在要求,是内因,主要目标任务也就是要解决发展新阶段与传统发展方式不协调的矛盾,这是主要矛盾,也是本书分析的重点。经济全球化和国际金融危机的冲击对转变经济发展方式造成了外在压力和紧迫性,是外因,是次要矛盾,不是分析的重点。但是,这不意味着国际形势的变化可以忽略、可以轻视,而只是在分析上有主次之分,轻重之分。因此,本书始终把结构演变与发展阶段结合在一起分析,而将国际因素在适当地方加以考虑。

(三) 理论与实践相结合的方法

本书研究成果始终坚持把中国特色社会主义理论体系,尤其是将习近平新时代中国特色社会主义思想作为理论指导和根本遵循,把新发展理念贯穿于全书之中。创新、协调、绿色、开放和共享在每一章中都有论述,其中协调发展理念是贯彻的重点,因为转变经济发展方式和调整经济结构本身就是一个从不平衡、不协调到平衡协调的发展过程。此外,本书始终把党的十七大、十七届五中全会、十八大、十八届五中全会、十九大提出的转变经济发展方式的战略方针和政策作为分析基础。本书坚持问题导向,将中国当前存在的经济结构问题和解决的路径及政策作为分析的出发点和立足点,但是,不是就事论事,就现实问题谈现实问题,而是力争做到让发展方式的转变和经济结构的调整能够得到理论支撑,因此本书充分借鉴了宏观经济学、经济增长理论、区域经济学、产业经济学等各个学科的理论成果,尤其是将发展经济学的基本理论观点,作为调整经济结构的理论基础,做到学术性和政策性相结合,理论与实践分析相统一。

(四) 历史的比较分析方法

本书研究成果坚持历史与现实分析相结合,也就是把中国的经济发展方式分析放在改革开放甚至新中国成立以来整个历史过程中去考察,而不是仅仅考察后金融危机时代这段时间所发生的事情,这样可以准确把握事物本身发展的规律性,而不至于犯以偏概全的错误。此外,我们把中国的经济发展方式和经济结构放到世界的范围里来考察。按照世界银行的分类把世界各国分为低收入、中低收入、中高收入和高收入国家。把中国的经济结构置于世界不同发展水平的国家中进行比较分析。通过比较,判断中国的经济结构是合理还是不合理。

此外,本书还对东亚经济体的经济结构转变进行了专题分析。在分析了中国经济结构转变之后,我们在第八章专门对东亚地区的日本、韩国、新加坡和中国台湾的需求结构、产业结构和投入结构的演变进行了比较分析。这些国家和地区是 20 世纪下半叶发展成功的范例,被称为是"东亚奇迹"。它们是经济发展的先行者,它们所经历的经济结构演变与中国在同收入阶段中发生的经济结构转变高度吻合,这证明中国的经济结构转变符合经济发展的一般规律,也表明中国转变经济发展方式和调整经济结构正适逢其时,而且时不我待。如果转变不成功,中国就有可能难以跨过中等收入阶段进而进入高收入阶段,实现现代化。

三、特色与创新

(一)分析思路的特色与创新

本书把经济结构调整作为分析的重点,考察经济发展方式转变的各种途径,体现了党的十七大、十七届五中全会、十八大、十八届五中全会、十九大的精神实质。中央文件在谈到转变经济发展方式的战略任务时总是与经济结构战略性调整放在一起论述。国内学术界的研究也有不少从经济结构调整的角度来探索经济发展方式转变的,但是这些文献基本上只是讨论其中一个、两个至多三个结构调整问题,完整地从五个结构调整来探索经济发展方式转变的文献至今还未见到。五个结构涵盖了一国经济结构的全部,从五个结构来探讨和分析经济发展方式转变有助于克服片面性,把握整个经济发展方式转变程度以及动态变化趋势,能够提出更为有效的对策建议。

本书不仅探讨全部的经济结构调整问题,比较完整全面,而且用一个连接点把五个结构调整连接起来,把板块式的结构变成有机的整体结构,这个连接点就是投资,用投资这个主要变量把五个结构连接在一起,使得分析结构转变问题时不会犯各自为政、以偏概全的毛病,使得体制改革和政策措施更为协调统一。这是本书的一大特色和创新。

（二）分析方法的特色与创新

本书把理论和实践紧密结合在一起。每一章在讨论结构调整时首先介绍相关理论，将其作为调整结构的理论基础，这样体现了研究成果的学术性、理论性价值，也为政府制定发展战略和政策提供了理论依据，同时，也为中国经济发展的过程是否符合经济发展规律提供了一个参照。把发展经济学理论与发展方式转变结合起来考察是本书的一个特色和创新，能够提升成果的学术价值和理论价值。

本书的另一大特色是鲜明体现了"转变"。从五个结构分析中，每一章的节标题就包含了"转变"二字，突出经济结构从不平衡到平衡、从低级到高级的演变过程，也就是突出经济发展的动态性质。从五个结构转变的分析中，读者可以看到中国的经济发展方式转变全面地取得了成效。具体地说，也就是需求结构逐步趋向合理；投入结构在动力变革、效率变革、能源结构变革方面全面取得进展；产业结构方面，工业占比趋于下降，而服务业占比趋于上升，产业结构转型升级取得显著成效；城乡结构方面，城乡要素平等交换和资源均衡配置方面取得较大进展，城乡差距逐步缩小，城乡一体化发展取得显著成效；区域结构方面，中西部地区发展加快，东中西部区域差异在缩小，区域平衡发展取得了巨大进展。同时，研究表明，虽然转变经济发展方式取得了成效，但仍然任重道远，新的发展方式还没有完全形成，还需要在体制改革、政策举措上加大力度，继续加快转变经济发展方式的步伐。

（三）对发展经济学理论的贡献

理论研究的终极目标是寻找事物之间的必然联系，也就是探求事物发展的一般规律。本书的研究对象是经济发展过程中的结构变迁，这是发展经济学研究的主要内容。经济发展过程就是一个结构变迁过程。改革开放以来，中国经济发展取得了举世瞩目的成就，这表明中国经济发展过程中的结构变迁符合一般发展规律，否则就不可能保持持续多年的高速增长。本书自始至终把发展理论分析与中国的发展实践考察紧密结合在一起，不仅揭示了中国经济发展过程中经济结构演变的一般规律，而且揭示了经济发展的一般规律。本书通过总结和提炼中国的伟大实践，丰富了发展经济学这门学科的研究内容。

发展经济学在国际上已经不是一门热门学科，而且国外发展经济学现在基本上更多关注微观问题，如家庭、教育、健康等领域。微观问题当然是重要的，但发展经济学本质上是宏观的，不从整个经济体系的角度来思考发展问题，不从经济结构转变的角度来分析发展问题，就不可能很好地理解一个穷国如何变富的过程。发展经济学创建于西方，辉煌于20世纪五六十年代，但之后基本上处于衰落和停滞状态，中国经济发展的成功事例有意无意地把发展经济学这门学科的研究重心转移到了东方，转移到了中国。中国的成功经验是一个有待中国发展经济学家挖掘的宝库，认真总结和概括中国经济发展过程中的结构转变过程与实践经验，把它上升到理论层面，有助于发展经济学这门学科的复兴和繁荣。本书在这方面作出了自己的贡献。

第一章

经济结构转变研究评述

转变经济发展方式战略的提出已过去10年了,如果从转变经济增长方式的提出时间开始计算已经有20多年,因此有关经济发展方式转变的文献浩如烟海,这里主要对最近10年来的研究文献加以梳理评述。经济发展方式转变本质上就是经济结构的转变,对经济发展方式转变研究文献的评述也就是对经济结构转变研究的评述。

第一节 经济发展方式及其转变的内涵

自从中央2007年提出转变经济发展方式以来,我国学术界对经济发展方式及其转变的内涵进行了各种界定,提出了各自的观点。

大多数学者是从经济、社会、生态、历史等更宽泛的角度来解释经济发展方式及其转变的内涵的。黄泰岩(2007)认为,经济发展方式转变不仅是指从粗放型增长向集约型增长的转变,或从外延型增长向内涵型增长的转变,还应包括以下几项基本转变,即向发展目标多元化转变、向经济增长的质量和效益并举转变、向以人为本这一发展核心转变、向经济结构全面优化转变、向知识经济条件下的发展方式转变、向建设资源节约型和环境友好型社会转变。正是这些"转变"构成了经济发展方式的动态内涵。张连辉和赵凌云(2011)认为,经济发展方式是实现经济发展的方法、手段和模式,它不仅包含经济增长方式、经济要素组合方式,还包括经济结构、收入分配、环境保护、社会保障等结构性内容。

刘湘溶（2009）认为，经济发展方式是对经济增长方式的超越，经济增长只是注重经济总量上的考量，而经济发展方式包括了数量与品质、经济与社会、经济社会与人口、资源与环境等各类关系的统一，体现了科学发展的科学取向、人本取向和生态化取向的价值观念。孙蚌珠（2008）认为，经济发展方式的内涵既包括过去提出的经济增长方式，又突出了以经济增长为基础的全面协调可持续发展，体现了科学发展观的基本内涵。李玲玲和张耀辉（2011）认为，经济发展方式的转变，应理解为经济运行行为、发展动力、发展约束适应和发展成果分享的变化，是实现社会和谐发展的需要。何菊莲等（2012）从四个层面总结了经济发展方式转变的内涵。他们指出经济发展方式转变的内涵丰富。首先，改变长期以来"四高四低"型不合理的粗放型增长方式；其次，实现低成本比较优势向新的动态竞争优势转换；再次，深入调整经济系统中诸多领域的经济关系；最后也是最重要的一点，由单一发展方式向经济、社会、人与自然的关系，以及人自身全面发展的"四位一体"的发展方式拓展。

许多学者在与经济增长方式进行比较的基础上来阐述经济发展方式特征。于学东（2007）认为，经济增长方式与经济发展方式虽然体现着一脉相承的实质，但是相对于经济增长方式来说，经济发展方式具有如下特有内涵：首先，经济增长是手段，而经济发展是目的。其次，经济增长是相对不同时期的产出总量而言的，主要指的是数量的增加，它具有物本性、片面性、短视性和极端功利性等特点，而经济发展则同时追求经济总量的增长、经济结构的优化以及经济质量的提高。再次，经济增长与经济发展两者遵循的都是经济发展规律；而在经济发展的实现过程中，不但要遵循经济发展规律，更要尊重社会发展规律和自然规律，重视经济与社会、人与社会、人与自然这些关系的协调统一。最后，传统的经济增长方式更多地强调数字的量度，其对社会既可能产生正向作用，也可能产生负向作用。而经济发展方式的转变是一种积极的推动，更强调经济发展对社会的正向作用和影响。可见，经济发展方式相对于经济增长方式而言，不只是单纯在字面上用"发展"取代了"增长"，更从根本上体现了基本理念的彻底变化。[①] 杨淑华（2009）认为，"经济增长方式"偏重数量，主要是指实现经济增长量的变化和速度快慢的途径；而"经济发展方式"既包括数量又包括质量，是指实现经济、社会和政治的整体演进和改善的途径。经济发展方式的范畴是大于经济增长方式范畴的，两者有本质的不同，经济发展方式的提出标志着经济理论研究的进步。[②]

---

① 于学东：《经济增长方式与经济发展方式的内涵比较与演进》，载于《经济纵横》2007年第24期，第84~86页。
② 杨淑华：《我国经济发展方式转变的路径分析——基于经济驱动力视角》，载于《经济学动态》2009年第3期，第30~33页。

张光辉（2011）指出，经济发展方式与过去的经济增长方式虽然仅"两字"之差，却反映了党对这一问题认识的深化：它不仅意味着超越原有的经济增长模式，更重要的是它还意蕴良善的政治价值，彰显对人的自由全面发展的深切关怀。因此，经济发展方式概念的提出更加符合科学发展的全面、协调和可持续的要求，更能体现深刻的以人为本的时代精神和发展要求。[①]

还有的学者通过整个人类发展阶段特征来阐述经济发展方式内涵。程言君和王鑫（2011）认为，经济发展方式作为人类一定历史时代的资源配置方式，在沿着粗放式——集约式——循环式的轨道发展转变中，其与文明历史形态之间相辅相成的演进脉络关系规律，可以称为文明历史形态与经济发展方式的关系规律。其基本内涵是：农业文明阶段是粗放式经济发展方式，工业文明阶段是集约式经济发展方式，而生态文明阶段则是循环式经济发展方式。可见，在不同的文明历史形态中，经济发展方式的内涵也是动态变化的。

关于经济发展方式内涵界定的研究文献丰富，观点各异，但有一个共同的问题，就是界定过于宽泛。我们认为，经济发展方式内涵的界定不宜太宽泛，否则就会模糊经济发展方式的本质内容和主要任务。经济发展方式应该在经济学领域里来定义和阐述比较适当。我们的观点是，经济发展方式是指一国社会资源的利用和配置方式。从资源利用角度来说，经济发展方式是指如何充分有效地利用一国现有一切可得资源来实现最大的产出，例如，从粗放型发展方式向集约型发展方式转变，可以提高资源利用效率。这种发展方式也可以称为经济增长方式，主要涉及经济活动中各种投入的利用效率问题，劳动生产率、资本产出比、全要素生产率是衡量资源利用效率的常用指标。从资源配置方式来看，经济发展方式涉及资源在各个部门和各个区域之间的配置问题。从产业结构来说，资源如何从农业配置到工业，从工业配置到服务业，如何实现三次产业结构的优化升级；从需求结构来说，社会产品是更多地向消费倾斜，还是更多地向投资和出口倾斜，这涉及需求结构的合理性和平衡性问题；从城乡角度来说，资源是更多地向城市地区流动，还是向农村地区流动，这涉及城乡协调平衡发展问题；从区域角度来说，资源是更多地向东部倾斜，还是向中部或西部倾斜，这涉及资源在区域之间的配置问题。总之，在一定时期内，资源是有限的，如何有效利用和配置资源是经济发展方式的核心问题。所谓转变经济发展方式就是如何通过改变对现有资源的利用方式和配置方式，促进经济向高质量发展阶段转变。

当然，从经济学角度来界定转变经济发展方式不是忽略非经济因素，其实，

[①] 张光辉：《经济发展方式转变的政治价值意蕴》，载于《道德与文明》2011年第5期，第112～119页。

资源利用和配置不仅是生产和增长问题，也是收入分配问题，生产和分配是不可能截然分开的。因此，转变经济发展方式研究理所当然包括收入分配、社会保障、城乡区域平衡发展等问题研究。资源利用和配置与资源耗费、生态环境变化有密切关系，转变经济发展方式研究也包括发展与环境动态关系的研究。

第二节 经济结构转变

党的十七大把经济结构调整作为转变经济发展方式的重大战略任务，十七届五中全会和十八大把经济结构战略性调整作为加快转变经济发展方式的主攻方向。可见，转变经济发展方式的核心是调整结构，结构调整是转变经济发展方式的主要途径。

一、需求结构转变

学术界一般认为，中国需求结构问题包括内需和外需两个部分：内需问题是指消费率过低，投资率过高，致使需求结构不合理，导致国内需求不足、产能过剩等问题。内需结构不合理、不平衡是传统经济发展方式的一个显著特征，在国际金融危机爆发之前就已经存在。外需问题是指中国过于依赖出口来拉动增长，使中国经济受制于国际经济政治形势的冲击。2008年国际金融危机的爆发导致外需疲弱，使中国出口出现"断崖式"下跌就是中国外向型经济脆弱性的一次表现。内需和外需是密不可分的，因为内需不足，才会在国际市场上寻求出路，积极扩大出口，而出口依赖又会导致国内需求不足，这样就形成了恶性循环。同时，国内需求不足又是需求结构不合理造成的。因此，关于需求结构不合理及其原因，是国内学术界研究得最多的问题。

（一）需求结构合理性判定

这里所说的需求结构特指国内需求结构，也就是消费和投资的关系问题，是总需求的主要部分，因此调整国内需求结构是保持总需求与总供给相适应的核心。一国的需求结构是否需要调整，依据是一国的需求结构是否合理，如果是合理的，就不需要调整；如果不合理就需要调整。关于中国的需求结构是否合理，国内学者进行了诸多研究。一部分学者从新古典经济学的最优均衡路径出发，在一系列假定条件下推导投资和消费的黄金律水平，建立最优需求结构，从而判定中国需求结构是否处于最优水平（孙烽和寿伟光，2001；史永东和杜两省，2001；袁志刚和何樟勇，2003；顾六宝和肖红叶，2005；吕冰洋，2008；吴忠群和张群群，2011；张连城和李方正，2014）。另一部分学者则根据我国经济结构特征构建需求结构合理性的判断标准（贺铿，2006；周泳宏和唐志军，2009；许月丽等，2010；蔡跃洲和王玉霞，2010）。还有一些学者直接从历史的、国际的视角，通过与世界平均水平、典型国家或地区的需求结构对比，总结出需求结构变化的一般特征，从而判断中国的需求结构是否失衡（孙丹，2002；国家发展改革委综合司，2004；林哲和毛中根，2005；史晋川和黄良浩，2011；张连城和李方正，2014；李春顶和夏枫林，2014）。但是也有人认为，上述三个角度的判定标准均存在一定缺陷：黄金律水平推导需求需要一系列假设条件，这些假设条件与现实相差甚远；国内学者的判定标准仅考虑我国经济结构某一方面的特征，研究结论具有片面性且差别较大；跨国经验比较则忽视了需求结构的国别特征和阶段特征，不能作为一个统一合理的标准（刘立峰，2004；郭兴方，2007）。

中国大多数学者认为，中国的需求结构存在严重失衡，即"高投资率、低消费率"的需求结构偏离了世界及其他国家需求结构的一般特征（林哲和毛中根，2005；王子先，2006；晁钢令和王丽娟，2009；蔡跃洲和王玉霞，2010；柳欣等，2012；杨晓龙和葛飞秀，2012；王志刚等，2015）。也有一些学者则认为中国的需求结构是由其所处的特定发展阶段决定的，中国的需求结构失衡在一定的可控范围内，不属于严重失衡，或者需求结构是否失衡要根据具体时间段决定（徐永兵和南振兴，2005；李永友，2012）。张连城和李方正（2014）认为，2000年以前中国需求结构不存在失衡现象，但是2000年以后中国需求结构失衡严重。李建伟（2003）通过比较工业化进程的不同阶段，发现工业化进程中，随着收入水平的不断提高，投资率趋于上升，消费率不断下降，但随着工业化进程的结束，投资率会下降，消费率就会上升，最终消费投资比会逐步趋于稳定。

（二）需求结构失衡的原因

需求结构失衡的原因是什么？这方面研究文献丰富，其观点各异。

1. 路径依赖说

中国长期以来的高增长得益于过去"低消费、高投资"的模式，这使得投资在国民经济增长中具有举足轻重的地位。在经济景气时通常会出现过度投资现象，而在经济不景气时，先前的过度投资就会导致严重的产能过剩，继而引起投资的衰减，而政府为了保持经济增长通常是采取投资的刺激政策，结果又抬高了投资率，最终导致需求不足、产能过剩、经济下滑，接着政府又开始实施积极的财政和货币政策刺激投资。这种投资刺激政策的循环往复，就形成了经济发展方式转变对于高投资的路径依赖与锁定效应（郭晗、任保平，2013）。

2. 收入分配说

由于经济发展和经济体制双重转型的原因，我国劳动报酬在国民收入中所占比重持续走低，城乡收入差距拉大、社会保障制度不健全等因素，导致我国居民消费能力偏低，进而导致了中国经济的需求结构性失衡（方福前，2009；刘伟等，2010；孙祁祥等，2013；魏婕、任保平、李勇，2016；柳欣等，2012）。

3. 要素价格扭曲说

要素市场不完善导致价格扭曲，通过价格机制影响投资和消费是引致投资消费结构变动的深层次原因。资本和劳动价格的负向扭曲均会刺激投资、减少消费，但是劳动价格扭曲的作用力更大，若劳动比资本的价格扭曲更为严重，将更加不利于投资消费结构的改善（王宁、史晋川，2015）。

4. 政策偏向说

宋等（Song et al.，2011）认为中国国有银行信贷有偏向大型国有企业的制度偏好，因而尝试用偏向国有企业的信贷政策来解释中国持续较高增速的投资；常等（Chang et al.，2015）则从贷款成本角度来分析，认为中国政府实施偏向性低利率借贷政策或者信贷配给造成中国投资较高增速；陈和诺顿（Chen and Naughton，2016）强调政府推动不同产业发展政策造成投资过度。陈斌开和陆铭（2016）认为，利率管制是造成中国包括需求结构失衡在内的经济"多重失衡"的根本原因，导致中国经济"结构性动态无效率"。其他相关的文献还有很多（罗党论等，2012；吕冰洋、毛捷，2014）。

5. 发展阶段说

有的学者（郭克莎，2009；蔡跃洲等，2010）认为，投资消费结构的演变与经济发展阶段密切相关。随着经济由较低水平向较高水平阶段演进，消费率将呈现先下降后上升的"U型"趋势，而投资率则将呈现先升后降的倒"U型"趋势。投资消费结构失衡的原因与工业化早期的粗放式经济发展方式息息相关。王仕军（2009）从经济发展阶段、政府的GDP发展观以及出口外向型的经济发展战略角度分析了消费率低迷的原因。李永友（2012）综合比较了收入分配、人口规模和产业结构对需求结构的影响，发现中国需求结构失衡与中国快速增长的经济发展阶段相关。

6. 发展战略说

何帆等（2006）首先将中国的结构性失衡与发展战略结合起来，认为中国目前的失衡在于错误战略的僵化。姜学勤（2009）和黄益平等（2011）进一步指出，在传统的"赶超"战略下，由于其所选择的行业不符合当时的比较优势，在市场环境下企业将不具有自生能力，那么便需要以资本、劳动等要素价格的人为压低为条件，从而导致了"高投资、低消费"的失衡结构，并一直影响至今。

7. 人口结构说

张黎娜和夏海勇（2012）使用 VAR 模型，研究人口增长和人口结构变化对中国"高投资和低消费"需求结构形成的影响。分析结果表明，人口自然增长率持续下降、人口老龄化和城市化均会造成消费投资比下降。

（三）消费不足和投资过高的原因

需求结构失衡的原因可从消费、投资关系两个方面来分析，也可以从消费率、储蓄率和投资率单个角度找原因。不少学者专门从消费率偏低角度来论证需求结构失衡。我们常说的内需不足，是指我国经济增长主要依靠投资和出口拉动，而作为内需的消费拉动作用较小，因此，提出扩大内需调整思路主要是扩大消费，也就是说，要增强消费对经济增长的拉动作用。针对我国消费不足的现象，大量学者进行了研究，试图探析背后的原因，代表性的学术观点包括：

（1）高储蓄诱因。杜宇玮和刘东皇（2011）发现，转型背景下的制度不确定性作为一种系统性风险，是我国居民预防性储蓄行为的重要影响因素。霍利奥卡和万（Horioka and Wan，2007）使用中国 1995～2004 年 31 个省、市面板数据，研究发现储蓄率的滞后效应、收入增长率、利率和通货膨胀率是导致高储蓄的原因，但与人口结构相关的因素并不显著。（2）流动性约束增加。汪卫芳、樊祎斌（2012）发现，防范风险型储蓄过快增长、信贷消费条件过于苛刻、流动性约束及金融市场化程度不高等因素制约了居民消费意愿和消费市场的发展。（3）收入分配不均。一是国民收入宏观初次分配上的结构性扭曲（刘伟，2016，王展祥、龚广祥，2017）；二是国民收入分配在区域间的结构扭曲（刘伟，2016）；三是城乡之间的收入分配结构失衡（韩立岩、杜春越，2012；陈斌开，2012）。（4）文化习惯、家庭偏好等方面因素。有学者认为，传统节俭消费理念根深蒂固造成了我国重储蓄、轻消费（谭顺、许东波、王钦广，2015），中国城镇居民存在明显的习惯形成效应，居民的消费决策更为谨慎，这是中国消费倾向偏低的重要原因之一（黄娅娜、宗庆庆，2014），还有学者通过跨国面板数据研究发现儒家文化对消费有深度抑制作用（叶德珠等，2012）。

学术界关于需求结构失衡的存在性判断和原因分析，虽然角度不同，得出的结论有些差异，但基本上形成共识，也就是中国消费率是偏低的。因此改变需求结构失衡问题的关键是要通过体制改革和政策倾斜来提高消费率，当然主要是提高居民的消费率，学术界认为政府的消费还是偏高了。

国内学术界还有观点支持增加投资。林毅夫（2014）是这种观点的主要代表。他认为，我国确实要从依靠出口拉动增长转到依靠内需拉动增长。但是依靠内需主要是靠投资，而不是靠消费。中国仍然有很多高回报的投资机会。他的观点是少数派的观点，但也有一定影响力。郭熙保、苏甫（2014）也认为，要成功转变经济发展方式保持一定的投资增长率是必不可少的。

在以上需求结构失衡的分析中，我们赞同这样的观点：中国消费率低投资率高这种需求结构的存在不能主要归咎于体制和政策因素，而主要原因应该是与经济发展阶段有关。也就是说，高投资是工业化的一个根本特征，在工业化、城市化加速时期，投资率高是必然现象，这样消费率当然就偏低。中国投资率与其他同类国家相比偏高，也不能证明需求结构就一定不合理，因为中国有比别的国家更高的经济增长率和工业化速度。当中国进入中高收入阶段之后，中国的投资率开始下降，消费率开始上升，这与体制改革和政策调整有一定关系，但最主要的是经济发展进入一个新的历史阶段，投资驱动型发展方式已经变得不可持续了，必须转变（郭熙保、苏甫，2014；郭熙保、朱兰，2019）。

（四）解决内需结构失衡的主要思路

多数学者认为，扩大消费需求是转变经济发展方式的重要手段。努力扩大消费需求是扩大内需的重点。扩大最终消费需求，带动中间需求，消化和吸纳国内生产能力，是提高国民经济内循环能力的根本途径。构建扩大消费需求的长效机制需要多措并举：一是要加快收入分配制度改革，完善初次分配机制和再分配机制，提高劳动报酬在初次分配中的比重和居民收入在国民收入中的比重（陈斌开，2012），着力增加城乡居民收入，提升居民消费能力（欧阳峣、傅元海和王松，2016）。二是健全基本公共服务体系，加快完善基本医疗和基本养老等社会保障制度，消除居民消费的后顾之忧（胡志平，2013）。三是加快推进农业转移人口市民化，培育壮大城市消费群体，为扩大内需特别是消费需求提供强大持久动力（孔祥利，2014）。陈志刚、夏苏荣（2014）就调整内需结构失衡问题提出了另外一种思路。他们认为，调整内需结构失衡问题不能依靠政府的直接调控，而只能实施间接调控，也就是要通过调整人口结构和产业结构来使内需结构达到均衡。

二、金融危机对我国加快转变对外发展方式的影响

国际金融危机爆发以来，中国以投资和出口拉动经济增长的发展方式受到巨大冲击，国内学术界对国际金融危机对中国对外经济发展方式转变和经济结构转

变的影响进行了较多的研究。

(一) 国际金融危机对我国加快对外经济发展方式转变的必要性和紧迫性

有学者从国际贸易保护主义角度来论证转变的必要性。欧美等经济体发展缓慢，企业销售市场萎缩、失业率上升等引起贸易保护主义抬头，美国等发达国家对我国反倾销、技术性壁垒、标准性及绿色贸易保护手段更加频繁出现（王放，2009）。发达国家企图通过主导全球气候变化和环境规则，包括约束性的减排义务、边境碳税等手段，在未来低碳经济和环保产业领域占据国际分工的主导地位，同时制约发展中国家进一步发展的权力。我国可能面临发达国家强加给发展中国家的环境枷锁，未来发展空间和潜力将会受到制约（李钢等，2010）。在此背景下，不加快转变经济发展方式，就难以适应全球增长格局和需求结构的重大变化，也难以增强经济长期持续较快发展的内在动力。

也有学者从我国传统对外经济发展方式的弊端强调转变的必要性。简新华、李延东（2010）指出，传统对外经济发展方式是一种粗放型发展方式，以数量扩张、外延扩大、高投入、高消耗、高污染、低效益为特征；依靠廉价劳力、较少的环境成本、超低价格和增大规模取胜。李翀（2011）认为，虽然中国出口商品结构名义上完成了从劳动密集型为主向资本密集型和技术密集型为主的转变，但实质上中国还处于国际分工和国际产业价值链的低端。樊纲等（2010）认为，国内大量投资形成的生产能力没办法被消费所吸收消化，只有通过对外输出，从而形成过高的对外依存度，导致内外结构失衡的出现。总之，传统的对外发展方式是中国传统发展方式在对外经济方面的延伸，在中国经济进入新的发展阶段之后，这种发展方式是不可持续的，必须转变。

有的学者以"一分为二"的观点看待国际金融危机对我国转变经济发展方式的影响。商务部姚坚、樊世杰（2009）认为，国际金融危机对中国外贸发展方式是一个挑战，也是个难得的机遇。挑战表现在三个方面：一是我国出口贸易占世界出口份额较高，因此，在国际危机到来时受到国际压力更大；二是我国产能过剩严重，希冀在国际市场上寻找出路，国际金融危机使得过剩产能无法通过外销解决；三是国际金融危机导致贸易摩擦增大和贸易保护主义抬头，对我国出口造成较大影响。在应对金融危机过程中，经济环境趋紧、市场约束增强所形成的"倒逼机制"，往往会给企业带来抢抓结构调整机遇、创新经营管理模式、积极推动产品技术转型升级的动力和压力，促使企业在危机中迎难而上、取得突破。有的学者把国际金融危机看作是促进发展方式转变的一个动力。唐海燕（2010）认为，国际金融危机对我国加快对外发展方式的转变既造成了巨大的外部冲击和内部压力,同时也产生了难得的国际环境机遇和内在动力。如能抓住机遇,顺势而为,我国加快对外经济发展方式转变将会取得事半功倍之效。从金融危机后国际国内环境及其变化趋势看,从我国国情和对外经济发展的目标与任务出发,我国对外经济发展方式应从目前的"外源性、粗放式"加快向"平衡型、包容性、精益化"的新方式转变,在此基础上设计科学合理的"加快转变"思路,并围绕思路提出系统而切实可行的对策措施。

(二) 世界经济格局的变化与我国经济结构转变

更多学者从金融危机之后世界经济格局的变化来认识整个转变经济发展方式的重要性和迫切性。杨秋宝(2010)对后国际金融危机时期世界经济格局的显著变化及其对我国对外发展方式转变的影响发表了自己的看法。从世界经济增长速度的调整来看,全球经济可能进入一个低速增长的时期,因而将无法在近期为全球经济增长提供有力支撑;国际金融危机之后西方国家开始扩大储蓄、减少消费,对外部需求可能出现萎缩,与此同时,发达国家还在促进供给增加,使得供求结构发生深度调整;国际金融危机之后发达国家的贸易保护主义倾向强化,不仅采取贸易保护措施,而且还积极鼓励和支持本国产品出口,这就使得争夺国际市场更加激烈。后金融危机时期世界经济格局的重大变化对我国传统的对外经济发展方式是个严重挑战。从保持持续稳定经济增长来看,我们显然不可能再过分依赖外部世界经济的高速增长环境,在世界经济进入低速调整的国际环境之下,我国只能转向更加注重提高经济增长的质量和效益;在全球供求结构和贸易格局发生深度调整的情况下,我国经济增长高度倚赖外需的格局难以为继,必须立足于扩大内需,拓展需求空间。此外,国际金融危机之后,科技进步日新月异,知识创新、技术创新、制度创新、管理创新正逐渐成为推动经济社会发展的引领力量,成为有效利用全球资源的核心要素和主要动力。我国过去以低廉劳动力、低水平技术应用的竞争优势正在逐渐弱化,经济深层次的矛盾日益突出。因此在后金融危机时期,我国必须加快转变经济发展方式,增强国际竞争力。

李扬(2014)对国际金融危机带来的世界经济格局的变化进行了深入剖析,从一个更高的层面阐述了中国转变经济发展方式的必要性和紧迫性。他认为,危机爆发后,全球经济出现两个重要的趋势性转变。这可能会使此次危机成为一个新的全球格局的开端。首先在实体经济领域,危机发生后,新兴经济体将逐渐发挥引领全球发展的作用,完全由发达经济体主导的旧的全球化模式将被改变。这次国际金融危机使西方国家陷入债务危机而不能自拔。危机的恢复,一方面将提升新兴经济体在国际金融领域中的话语权和影响力,促使国际储备货币体系向多元化进一步发展;另一方面,意味着发达经济体在国际金融规则制定中的决定权逐渐弱化。李扬认为，在这样趋势性的转变中，重建新均衡以及中国的发展有了新的机遇。首先，当前世界经济进入了结构调整期和产业转型期，这将有利于中国培育"发展新优势"和"抢占未来发展战略制高点"。其次，全球"新兴市场国家实力进入上升期"和世界经济处于"治理机制变革期"，中国可以一方面努力发展壮大自己，另一方面，努力增强全球治理的参与能力。他说，中国能否抓住这样的机遇，从而在全球走向新均衡的过程中确立自身的位置，就要看我们转变发展方式能否成功，要看我们的经济结构能否有效调整，要看我们的经济效率能否持续提升，要看我们的经济质量能否有效提高。

（三）转变对外经济发展方式的途径

关于转变对外经济发展方式的途径，学术界提出了各种观点。刘国光等（2010）提出，在当前形势下，我国不能继续走出口导向的工业化发展道路，但是单纯的封闭式进口替代战略也不可取，最好的解决办法还是坚持开放条件下的进口替代和出口导向相结合、相协调的道路。路风、余永定（2012）认为，如果不能在技术能力、组织能力和制度建设等方面取得深刻发展，外资依赖与能力缺口就有可能使中国经济发展遭受重大挫折。因此，能力成长才是转变中国经济发展方式的关键变量。任保平（2013）认为，转变对外开放方式首先要改变出口结构，提高产品的竞争力，确保出口的增长。同时，提高产品的科技含量，加大创新力度，从而提升产品的附加值，使产品结构多元化，出口市场多元化，以减轻国外突发事件对国际贸易的冲击。郭熙保和陈志刚（2013）认为，要通过稳定和拓展对外贸易规模，调整与优化外贸空间结构，提升对外贸易质量和效益来转变对外经济发展方式。但有人认为不要过激地改变劳动力成本低廉的对外发展方式。熊宇（2009）提出，要彻底改变我国目前以廉价劳动力要素参与全球要素分工的状况是一个艰难而又长期的过程。在当下若抛弃我国廉价劳动力要素优势，便会违背经济发展规律；但我们至少可以为提升我国要素禀赋、参与全球要素分工的更高阶段做准备；在全力发挥我国廉价劳动力比较优势的前提下，慢慢积累我国的高级要素。

对外经济发展方式转变是与调整需求结构紧密相关的。党的十八大提出，要加快转变对外经济发展方式，推动开放朝着优化结构、拓展深度、提高效益方向转变；坚持出口与进口并重，强化贸易政策和产业政策协调，形成以技术、品牌、质量、服务为核心的出口竞争新优势。培育外贸竞争新优势是新时期外贸顺应经济发展方式转变的必然要求。可见，转变对外经济发展方式的核心就是要改变过去那种出口鼓励的发展方式，实施出口中性发展战略，也就是以提高竞争力为核心的外贸发展战略。调整需求结构就是改变过分依赖出口来拉动经济增长，把需求转到国内消费上来。如果不过分依赖出口，那么就没有必要对出口进行特别的鼓励和支持。要改变对外经济发展方式，就要取消过去那种促进出口的支持性政策，如出口退税等（郭熙保、马媛媛，2013）。

三、投入结构转变

投入结构是指资本、劳动、资源等的组合方式和组合比例。这通常属于经济增长理论研究的范畴，生产函数是其主要表达方式。

（一）资本投入

中国投入结构存在的主要问题就是经济增长过于依赖资本和资源的投入，调整投入结构主要是把要素驱动——主要是资本驱动的发展方式转变为依靠技术创新驱动的发展方式。这方面的文献非常丰富，最基本的讨论是测量各种要素对经济增长的贡献，以及对全要素生产率的贡献，这被认为是衡量经济增长是要素驱动还是技术驱动的主要依据。借助于各种测算方法，中国学者对中国改革开放以来经济增长源泉的实证分析文献较多（李京文，1993；郭庆旺、贾俊雪，2005；林毅夫、苏剑，2007；郑京海、胡鞍钢，2005；王小鲁、樊纲等，2009；李政大等，2017），其研究结果由于测算方法不同、采用的数据不同而差异较大，但有一个共同的结论就是资本积累对经济增长的贡献最大，最低是40%，最高是80%；相应地，全要素生产率的贡献比较小。最近一项关于增长因素分析的研究来自余泳泽（2015）。他的研究结论是，改革开放35年以来，资本要素对经济增长的贡献达到70%~85%，劳动对经济增长的贡献只有5%~10%，全要素生产率（TFP）对经济增长的贡献只有10%~20%；4万亿元经济刺激政策下中国经济复苏属于典型的"投资主导型复苏"，但是以牺牲中国生产率为代价的。长期内会在一定程度上冲击市场化改革的理念，粗放式经济增长方式将更加积重难返。

许多学者认为，投资驱动型发展方式是不可持续的。例如，陈佳贵（2012）列出了如下理由：第一，它使投资和消费的比重严重失衡；第二，它使产业结构失衡；第三，它使资源与环境不堪重负；第四，它使投资效益下降。因此，要促进经济发展方式的转变。

投资驱动发展方式是不可持续的，这在学术界和决策层都已经形成了共识。但是，有两个问题值得深思：投资驱动型发展方式是否一定是无效率的？它是经济发展的一个必经阶段，还是制度扭曲和政策导向带来的？学术界对这两个问题的看法没有形成共识。不少学者认为中国如此高的投资率是中国特有的制度和政策导致的，增长"锦标赛"驱动各地政府有一种投资冲动，导致中国投资率过高。但也有部分学者认为，投资驱动型发展方式不等于是无效率的代名词。既然中国高投资能够带来持续的高增长，一定是有效率的，否则就不可能带来这么长时间的高速增长。有学者按照规范方法和中国数据实证测算了中国资本收益率，结果表明中国的资本收益率是比较高的（白重恩等，2006；2014；陈培钦，2013；孙文凯等，2010）。高投资也不是政府的错误行为导致的。我们认为，投资驱动型发展方式是经济发展的一个必经阶段，在起飞阶段，在工业化加速时期，必然会有一个资本快速积累的过程，否则中国不可能保持如此高的增长率，中国经济就不会取得今天如此大的成就。但是高投资高积累的发展方式不可能永远持续下去。到了中高收入阶段之后，这种投资驱动发展方式就不再有效了，必须转变到创新驱动的发展方式中来，这已经为发展经济学家所证明（郭熙保、马媛媛，2013）。这就要求用历史唯物主义观点来看待投资驱动型发展方式的历史贡献和当前存在的问题，从发展阶段的变换来认识投资驱动型发展方式的转变问题。

关于中国投资驱动型经济发展方式的转变是否取得成效，最近有学者进行了研究。李政大等（2017）对中国转变经济发展方式的效果进行了实证研究，得出的结论是：1996~2014年，中国经济年均增长11.37%，其中来自效率改善的平均贡献份额为25.8%，要素投入的贡献份额为74.2%，虽然中国经济发展方式尚未出现根本性转变，但呈现出加快改善的趋势，特别是2012年已经进入粗放型向质量型过渡的阶段。李政大等还对各地区的经济发展方式转变成效进行了评估，显示东部地区转型效果较好，发展方式即将实现向质量型的转变；中部、西部地区转型速度最快。

也有的学者从投资结构本身来讨论转变经济发展方式问题。李扬（2015）认为，保持经济中高速增长主要靠投资，但是投资不是简单地提高投资率，而是通过体制改革来完善投资体制机制，也就是要解决好投什么、如何投、谁来投的问题。投资本质上是一个商业性活动，而大量基础设施投资不是商业性的，很难盈利，是不可持续的，因此要大力鼓励依靠商业性投资。如何投的问题就是用什么钱投的问题。我们现在投资的钱大部分来自银行，间接融资比例高，而直接融资比例低，这个问题亟待解决。谁来投的问题是要支持民企投资，现在民企投资存在着各种隐形障碍。因此，要解决好投资问题，关键是要体制改革。姜作培（2009）认为，转变经济发展方式已经提了多年成效不显著，目前还是粗放型的增长格局，这与政府的投资政策失误有关，表现在投资总量、投资方向、投资重点等方面。规模上求大，结构上求全，效果上急功近利，布局上重东轻西。因此要优化投资结构必须要调整政府的投资政策取向：一是要以扩大城乡居民最终消费需求为最终目标；二是要以提高投资效益为前提；三是要与经济结构转型升级相结合；四是必须以启动民间投资为重点。马国强（2015）认为，中国投资结构不合理非常突出，传统工业投资过快，在工业部门内部重工业投资过度、第三产业中房地产投资比重过高等，因此要通过优化投资结构来促进产业结构的转变，促进经济发展方式的转变。

（二）劳动投入

学术界把中国经济的高增长归结于劳动力资源丰富。发展初期，农村存在大量的剩余劳动力，不断地向城市非农业部门转移。这些劳动力工资低下，推动着投资和出口的迅猛发展，同时劳动力转移也带来了结构红利，也就是社会劳动生产率的提高，提高了资源配置效率，是推动中国高速增长的动力之一。有学者认为，中国持续多年的高增长最重要的原因之一就是工业化进程中的廉价劳动力供给（郭晗、任保平，2013；蔡昉，2010）。大量的廉价劳动力在一定程度上延缓了资本报酬递减，极大地加速了中国工业化的进程，这就形成了经济发展方式转变中对于廉价劳动力的路径依赖与锁定效应。但劳动力无限供给状况只是人口转变和城乡二元结构转变过程中的一个短暂机遇期，随着中国逐渐步入老龄化社会，中国的人口转变过程到达新阶段。此外，各地出现的"民工荒"现象也表明"刘易斯拐点"已出现，劳动力无限供给的状况基本消失，劳动力成本不断提升，整个经济进入要素成本周期性上升阶段。李建中（2012）认为，在支持长期经济增长的要素中，低廉的劳动力发挥了基础性的作用，他列出了四种作用：农村劳动力的大规模进城为工业化和城镇化提供了廉价生产要素；低廉的劳动力支撑了外向型经济的快速发展；劳动者的技能缺乏造成创新能力不足、产品的竞争力不强；劳动者的低收入又致使国内需求长期不足，致使我国经济发展的对外依存度过高。也正是因为经济增长的支撑因素过度依靠低廉的劳动力，使经济发展长期停留在高投入、低效益、高出口、低利润的发展路径中迟迟难以有根本的转变。

在劳动投入中，人口红利是学术界讨论的重点之一。有学者认为，中国的高速增长主要利用了我国高劳动力比重和高储蓄率为特征的人口红利，由于我国人口增长率的下降、劳动人口数量的绝对减少、人口老龄化的到来，以及老年抚养比的上升，这种人口红利现在已经消失，必须开发第二次人口红利（也就是提高人力资本水平来推动经济持续增长）（蔡昉，2012）和改革红利（陆旸、蔡昉，2016）。刘伟（2010）认为，转变经济发展方式的根本在于优先发展人力资本。这是因为，发展方式的转变关键目的在于使经济增长和发展越来越多地依靠效率的提高，而不是主要依靠投入量的扩大或规模的扩张。

（三）资源投入

一些学者分析了土地要素在经济增长中的作用。李名峰（2010）发现土地对经济的贡献率约为30%，毛振强等（2009）认为土地投入对我国第二、第三产业发展的贡献大于资本和劳动力。王建康等（2015）认为土地要素对我国区域经济增长的贡献表现为中部地区最高，东部最低。可以看出不同发展阶段、不同产业、不同地区土地要素投入对经济增长的影响不同，应充分考虑各地区资源禀赋和经济水平的差异，实行差别化的土地政策，避免政策的"一刀切"。

随着经济的快速增长，资源消耗过快，环境污染越来越严重，资源和环境问题已成为重要的研究热点。转变经济发展方式其中一条就是要把高资源消耗、高环境投入的发展方式转变为资源节约型、环境友好型的发展方式。资源和环境的有效利用和节约使用成为转变经济发展方式的重要研究论题。这方面的文献也是汗牛充栋。

任保平、郭晗（2012）认为，低廉的自然资源价格为中国制造业的发展提供了强大的比较优势基础，但也导致了经济增长中的高能耗、高污染和低效率现象。以不断耗竭资源为代价的经济发展模式必将不可持续，不能实现中国经济的长期持续增长。中国的资源红利正在逐步消退。因此，中国自然资源的逐渐稀缺要求经济增长方式从粗放型向集约型转变。汤吉军、陈俊龙（2010）提出，资源是经济发展必不可少的关键因素，没有一定的资源支撑，经济增长很难实现；没有高效的资源配置方式，很难实现高质量的经济发展，更高层次的方式转变也就无从谈起。一方面，中国工业化需要大量的资源投入；另一方面，资源供给有限，很多矿产资源和能源要靠进口解决，推高了资源价格，增加了贸易摩擦。因此，依靠资源驱动的发展方式是不可持续的。

也有不少学者对中国能源问题进行了分析。乔海曙和李亦博（2014）提出"节能低效陷阱"及能源回弹效应曲线概念，认为能源回弹效应的强弱与一国的经济发展方式及所处的经济阶段紧密相关：简单粗放的经济发展方式，会导致显著的能源回弹效应，技术进步节约能耗的作用会被削弱，处于"节能低效陷阱"之中。他们还提出我国亟须通过经济发展方式转型来从根本上抑制能源回弹效应，最终达到高效节能的政策目标。

（四）技术创新

投入结构转变就是要从主要依靠资本、劳动、土地和资源投入推动增长的发展方式转变为依靠技术创新、人力素质提高推动的发展方式。这在学术界已经形成了共识。学者们普遍认为，支撑中国经济发展的红利空间正在缩小，劳动力、资源、环境成本都在提高，继续单纯靠规模扩张推动发展只会产生严重的产能过剩，依靠要素驱动的经济发展方式已经变得不可持续，这些变化要求经济发展方式从"要素驱动"转向通过技术进步来提高劳动生产率的"创新驱动"（任保平、郭晗，2013）。经济增长动力源泉也将从"要素驱动""投资驱动"转向通过技术进步来提高劳动生产率的"创新驱动"，从过度依赖"人口红利"和"土地红利"转向靠深化改革来形成"制度红利"，通过深化经济体制改革形成新的"制度红利"，推动经济发展走上"创新驱动、内生增长"的轨道（辜胜阻、王敏、李洪斌，2013）。

技术进步主要来自技术引进和自主创新。在中国经济进入中高收入阶段之后，技术进步主要依靠自主创新，这在学术界已经形成了共识。但是，就如何促进自主创新，学者提出了各种看法。夏东民（2010）认为，提高我国自主创新能力、加快科技成果向现实生产力转化、加快科技体制改革及加快建设宏大的创新型科技人才队伍，才能推进和加快自主创新，才能有效促进我国经济发展方式的转变。关欣等（2013）认为，要以高新技术产业作为先导产业，长期来看会促进需求结构的调整，推动我国经济发展方式向"内需主导""消费驱动"转变。陈菲琼、王寅（2010）根据分析结论，提出政府应该引导提高创新型技术变革的效率，在保证总量的前提下尽量提升高等技术研发投入的产出效率。同时，根据经济发展方式对高等科技研发投入的反馈政策不应该局限于资金的投入，而更深的层次是调整技术结构与经济发展方式效率控制系统的内在结构。

大多数学者认为中国创新能力不足的根本原因是要素市场改革滞后。有学者指出，地方保护所形成的要素市场分割抑制了创新资源在地区之间的自由流动，这削弱了市场机制对要素资源的优化配置功能，而要素价格扭曲导致的要素价格信号失真会造成资本和劳动力等要素使用的低效率（罗德明等，2012；毛其淋，2013）；要素市场扭曲形成的资源误置效应会阻碍企业或产业创新效率的提升（白俊红、卞元超，2016；戴魁早、刘友金，2016）。有学者从政治经济学角度对要素市场扭曲带来的结果进行了分析。政府控制劳动力和资本等关键要素定价权和分配权的情况下，企业通过与政府建立某种寻租联系就能够以较低成本获得生产过程中稀缺的要素（包括减免税收和补贴等），从而获得超额利润或寻租收益（Claessens et al.，2008；张杰等，2011）；而寻租关联带来的额外收益可能会抑制关联企业通过创新活动或者提高创新效率获得利润的动机（Boldrin et al.，2004）。此外，要素市场扭曲通过抑制企业创新投入的增长对技术水平产生锁定效应，进而可能阻碍企业创新效率提升（张杰等，2011）。可见，要素市场扭曲是抑制我国企业或产业创新效率的重要因素。因此，要把经济发展方式转变到创新驱动上来，最重要的是要对要素市场体制进行改革和创新，理顺要素市场价格，让要素价格在竞争中发挥作用。

从以上文献梳理中可以看到，高资本投入、高劳动投入、高资源消耗、高环境污染的发展方式是不可持续的，必须转变到以自主创新驱动为主、低碳绿色为目标的经济发展方式上来，这在学术界已经形成了共识。但是，提高生产效率，提高发展质量不是现在提出来的，几十年来，一直强调要把提高效率、改善质量作为主要目标，但效率仍然不是很高，同时也一直在强调创新，但创新效果也不是很好。有人认为这是制度障碍和政策支持不力造成的。我们认为，提高资源利用和配置效率是市场经济的必然要求。完善市场机制是提高要素利用和配置效率的关键，因此过去效率不高与市场经济体制不完善有关。但是，经济发展阶段也是重要因素。在低收入阶段提出高收入阶段的目标要求是办不到的。拿技术创新来说，在低收入阶段，就要求自主创新，是办不到的；中等收入阶段则是提出自主创新的适当时机。但仍不要片面追求创新，而忽略技术引进和技术吸收。当前，我国与发达国家在科技水平上仍然存在差距，因此还需要把技术引进、技术吸收和消化作为促进我国技术进步的重要途径。

四、产业结构转变

产业结构调整分两个层面：一个是三次产业之间的不平衡，一般认为工业占比太高，服务业占比太低，农业发展滞后；另一个是产业内部结构的不平衡，如在工业部门内部，重工业发展过度，而轻工业发展不足；服务业中，生产性服务业发展不足，现代服务业发展不充分。

（一）产业结构转变对经济增长的作用

于斌斌（2015）从不同规模城市的经济增长动力入手，分析了产业结构对经济增长的影响效应。分析结果表明，城市的经济增长不仅仅是全要素生产率的提升推动的，更重要的动力是城市在产业结构合理化的调整过程中获得了较为明显的"结构红利"。张秀生、王鹏（2015）认为，产业结构发展决定了一国经济发展的质量、速度：优化产业总体结构，推动化解产能过剩；优化产业技术结构，推动淘汰落后产能；优化产业组织结构，推动各类企业发展；优化产业区域结构，推动合理有序转移；优化产业转型升级路径，推动生产型服务业发展。以经济结构调整作为经济发展的核心任务，才能把握先机，争取科技革命和产业变革中的主动权，为实现中国梦打下坚实基础。任保平、韩璐（2014）指出，那种依赖大量资源消耗和投资增加的传统经济增长方式应逐渐被优化资源配置、调整产业结构稳定增长所取代。因此，通过产业结构调整来释放"结构红利"，优化要素配置来提高经济增长效率，改善经济增长质量，既是当前我国经济发展方式转变的基本内容，也是促进生产率增长的重要手段。

（二）产业结构合理化问题

有学者认为，中国的三次产业结构基本符合产业结构的演变规律。例如，简新华、叶林（2011）认为，中国的产业结构从改革开放的"重工业太重、轻工业太轻、农业太落后、服务业太少"的不合理畸形产业结构，演进成为轻工业和农业得到较大优先发展、轻重工业结构趋向合理、产业结构的合理化和高度化都有一定程度提高的产业结构。郭凯明等（2017）认为，无论用产出比重还是用就业比重衡量，中国改革开放以来的产业结构转型都会呈现库兹涅茨事实：伴随着经济发展，第一产业经济比重下降、第三产业经济比重上升、第二产业经济比重先上升后缓慢下降，不存在产业结构不合理的问题。

但是，更多的学者认为中国的产业结构是不合理的。马晓河（2011）认为，我国第二产业比重过大，第三产业比重不足，为实现由中等收入国家向高收入国家迈进，我国第三产业比重应在60%以上。汪海波（2010）也认为中国工业比重过高，金融危机有利于遏制工业的过快增长，推动产业结构的调整。沈坤荣、徐礼伯（2014）则以江苏省为例说明我国产业结构不合理，他们发现我国甚至还出现了经济发达地区产业结构数据低于全国平均水平，即所谓的"逆服务化"现象。石永等（2012）通过与世界主要国家比较分析发现，我国产业结构不合理，总体处于失衡状态，突出表现在国民经济的发展主要依靠第二产业来推动，客观上引致了粗放型经济增长方式的不断强化，从而不断加剧经济的内外失衡。

有学者对我国服务业占比偏低的原因进行了分析。他们认为，第三产业占比低并不意味着服务业发展"滞后"。刘志彪（2011）分析了中国发达地区第三产业占比反而低的原因，他认为中国经济发达地区第三产业比重低与中国参与国际分工的模式有关。在国际分工的前提下，江浙的服务市场并没有全球化，主要限于本地经济，而制造业则参与了国际分工，市场是全球的，第二、第三产业所面对市场容量的差异导致了第三产业比重较低，因而发达地区服务业发展并不是真的"滞后"，更不是落后。张平、余宇新（2012）通过实证分析，得出同样的结论，即中国服务业占比偏低是因为中国外贸结构偏向工业产品，服务业外贸占比较低，外贸依存度又高，这样出口的扩张抑制了服务业占比的提高。

多数学者认为要大力发展服务业，推动产业结构调整升级。例如，迟福林（2014）指出：中国经济增长的动力机制正在发生历史性变化，服务业开始成为我国经济增长的主要推动力。到2020年，我国的经济结构将以服务业为主导。黄永春等（2013）认为，中国之所以推进"去工业化"，是因为中国服务业发展滞后，生产性服务业尤其落后，以致服务业对制造业带动作用较弱，致使中国经济增长呈现放缓特征。因此，中国需要大力发展服务业，尤其是生产性服务业，以助推中国攀升全球价值链高端。中国人民大学宏观经济分析与预测课题组（2013）的研究结论是，我国第二产业比重过大，第三产业发展不足。自20世纪60年代以来，我国工业增加值在GDP中的比重，持续高于世界其他按收入标准划分的主要经济体。在工业化持续时间上，20世纪已完成工业化的主要经济体，其工业化平均耗时15~20年。而我国工业化进程已超过20~30年，挤压了我国服务业的发展空间，并使得我国存在过度工业化问题。同时，服务业发展不足，带动其他产业发展的能力受限，制约了产业间联动效应的发挥。

但是，也有一些学者持相反观点，认为我国工业尤其是制造业发展不够，要大力发展制造业。发达国家还要重新工业化，我们为何要去工业化？李钢等（2009）认为工业特别是制造业是国民经济的基础和支柱。对于大多数发达国家和发展中国家而言，制造业的主导地位和基础作用是其他产业所无法替代的。当前，中国尚未进入工业化发达经济阶段，制造业在国内经济结构中所占比重还有很大的提升空间，应加速发展。李钢（2013；2009）还以美国再工业化作为依据说明制造业作为主导地位和基础作用的重要性。渠慎宁、吕铁（2016）也用发达国家再工业化作为依据来证明工业发展的重要性。他们认为，美国"再工业化"战略的相关举措对我国目前试图强调服务业更加重要的呼声具有重要的警示意义。工业在国民经济中能发挥出服务业所无法替代的作用，其不仅能集中研发和创新收益，创造出新的实体经济需求，还能为生产性服务业提供所需的岗位。在当前的产业结构中，服务业逐步成为主导产业并不意味着工业的重要性降低。工业对服务业存在着显著的外部性，这种产业融合带来的规模经济效应不可忽视。这些学者的观点等于是否定库兹涅茨产业结构演变规律的存在。

不过，有学者认为，工业和服务业是密不可分的关系，不可能截然分开，应该促进制造业和服务业的融合发展。研究工业和服务业融合发展，将对解决"工业和服务业孰轻孰重"的争论，理顺产业结构升级的发展思路，具有重大的现实价值（渠慎宁、吕铁，2016）。全球价值链背景下，工业（尤其是制造业）和服务业的自身特点发生了根本变化，服务业与制造业的界限日益模糊，形成了"你中有我，我中有你"的格局。在当今全球价值链深入发展背景下，强调谁是中国经济的主导产业观点已不合时宜。未来10年左右，我国的经济增长很可能是服务业和工业的"双轮驱动"，不是谁主导，而是相互补充、相互促进。产业政策方面应该避免从过去的一味强调工业的主导作用（重工业发展战略）极端转向服务业主导作用的发展战略的另一极端（夏杰长、倪红福，2016）。

（三）产业结构转变的路径

不少学者对我国产业结构转变的路径进行了研究。黄先海、诸竹君（2015）

认为破解中国产业升级的四大路径选择是：以发挥后发国优势为特色的蛙跳型科技创新路径，以新兴产业占优为突破口的多元复合型产业发展路径，以前沿边际产业干预为着力点的功能性产业政策推进路径，以大国大市场为基础的需求拉动型升级路径。金碚（2013）认为，过度的同质性和单调化以及具有明显的人为安排的板块特征，缺乏有机体的活性适应能力，只有当渐进式改革完成其历史使命，级差式发展路径转变为均衡路径，政府作用转向创造公平竞争和机会均等的环境而不是实施差别待遇时，产业结构变动才可能真正走上平衡协调发展的路径。

从以上各种观点的介绍中我们看到，关于产业结构合理性问题的研究至今还没有形成共识，但是认为我国服务业发展滞后，应该大力发展服务业的观点占多数。我们认为，在工业化发展到后期阶段，服务业加快发展，是经济发展的一般规律，已经得到了理论和历史经验的有力证明。用美国、德国等发达国家再工业化战略来否定产业结构演变规律是没有说服力的，因为即使再工业化战略取得成功，也改变不了美国仍然是以服务业占主导地位的这一趋势。

五、三种结构转变之间的关系

（一）产业结构和需求结构的关系

李自琼、刘东皇（2015）认为，消费结构对产业结构的促进作用较强且呈上升趋势，而产业结构对消费结构的作用则相反，两者协调度呈倒 U 趋势。王双、余孝军（2014）通过实证研究发现，城镇居民在消费结构与产业结构两者之间的互动关系方面强于农村居民，城镇与农村居民消费结构的优化对产业结构优化都有促进作用，但产业结构对消费结构的影响要依据产业结构所处层次、居民收入层次等因素。王宇、干春晖和汪伟（2013）利用非竞争型投入产出表，刻画了最终需求对 1992~2010 年国民经济产业部门增长的作用机制，并估算了最终需求对各产业部门增长的贡献率。研究发现，1992~2010 年三次产业的演进由不同的最终需求诱导，农村居民消费对第一产业、资本投入对第二产业、政府支出对第三产业增长的贡献率最大，而且不同年份变化趋势也各有不同；扩大城镇、农村居民消费对工业结构的改善发挥了重要作用，有利于调节重工业与轻工业的比例；最终需求对产业部门不同时段的增加值诱导作用不同，进而引起产业结构的变化，不同产业表现出最终需求诱导作用在不同时段出现转换，而且"居民消费驱动型""出口驱动型""政府支出驱动型"产业发展有利于产业结构的调整。尹世杰（2010）认为，消费结构优化与产业结构升级之间存在良性循环关系，此种关系最优结合点或枢纽点是消费力，消费需求不是被动适应产业结构，消费需求决定产业结构，亟须拓展消费需求、优化消费结构，以推动产业结构进一步优化升级。在开放经济条件下，国际贸易是外部影响产业结构变动的最主要因素，世界市场的需求会通过进出口贸易对一国产业结构的演变带来影响，进出口贸易结构的优化有利于产业结构的升级（陈虹，2010；王菲，2011）。

（二）投入结构与产业结构的关系

熊兴、余兴厚和陈伟（2016）在对我国产业结构演进过程梳理的基础上，基于1993～2014年的省级面板数据，从要素供给视角分析产业结构优化的影响因素及其优化路径。结果表明，资本投入是我国产业结构优化的主要决定因素，全要素生产率在我国产业结构优化中发挥着越来越重要的作用，而劳动力供给的作用则有所减弱。周少甫、王伟和董登新（2013）建立包含传统产业和现代产业的两部门经济增长模型。理论模型分析表明，人力资本和产业结构的变化都能影响经济增长，而且产业结构转化所引起的人力资本产出效率的提高是经济增长的重要驱动力。人力资本的经济增长效应受产业结构的影响，与人力资本相适应的产业结构转化可以优化人力资本的配置，提高人力资本的产出效率，有助于经济持续、快速地增长。

（三）需求、投入和产业结构之间的关系

于泽、章潇萌和刘凤良（2014）构建产业结构转型模型，通过对模型的校准和模拟，发现需求方面的收入增长和供给方面的资本深化两个因素对我国产业结构转型的影响较大，而技术进步率差异的影响程度较小。吴金铎（2013）构造了一个经济发展方式投入产出模型，把需求结构、要素投入结构以及产业结构纳入统一的分析框架内，以行业部门为载体，通过对中国42个行业2002～2007年经济发展方式相关投入产出系数的计算，考察各行业的内需诱发作用、进出口诱发作用、投资乘数、劳动力就业带动作用、能源消耗系数、环境排放系数以及技术溢出效应，以此分析我国的经济发展方式和各行业的发展驱动类型。通过实证分析得出2002～2007年，我国的公共服务类行业（如教育）、资源类产业（如石油和天然气开采业）的内需诱发系数较高，通信设备及计算机设备制造等是进出口诱发作用较大的行业的结论。服务业中，投资杠杆效应较大的行业主要集中在信息传输计算机服务及软件业、金融保险业、租赁和商务服务业等。第一产业或与第一产业前向关联作用较强的行业投资乘数也较大。能源消耗系数较小的行业主要集中在非工业部门，环境排放系数较小的行业集中在非固体能源的生产和供应业（如燃气生产和供应行业）。

转变经济发展方式不是要调整一个结构、两个结构，而是三个结构同时调整。而且经济系统内这些结构是相互联系、相互作用的，不能只调整一个结构，却不调整其他结构。必须把经济结构战略性调整看作是一个系统工程，而且在理论上也要理清三者之间的关系，并找到联系它们之间的主线。

六、城乡区域结构转变

城乡区域结构调整也是转变经济发展方式的题中之义，这在十七届五中全会和党的十八大文件中都有明确阐述。但学界在转变经济发展方式的主题下讨论城乡区域结构的文献不是很多，至少没有讨论需求结构、投入结构和产业结构那么多。

（一）城乡结构转变

城乡发展不平衡、原因分析及其解决之道，一直是学界关注的重点和热点。转变经济发展方式包括城乡结构的调整，也就是从城乡不平衡发展转变到城乡平衡协调发展。

任保平（2013）的研究认为，由于中国特殊的二元经济结构的存在，在中国经济发展中形成了一系列城乡二元经济结构失衡的负效应，导致对中国经济发展的根本阻滞。刘晓萍（2014）认为，由于城乡间生产要素不能自由流动和平等交换、城乡间公共资源不能均衡配置，尽管国家在支持"三农"方面下了很大功夫，但城乡发展差距仍然巨大。2013 年城镇居民人均可支配收入是农村居民人均纯收入的 3 倍，虽然比最高年份的 3.3 倍有所缩小，但仍高于 1978 年的 2.6 倍。有的学者从制度层面来分析城乡发展不平衡问题。姜国强（2010）认为，长期以来我国经济结构的突出特征是城乡二元结构，原因在于改革开放前我国基本上实行带有城市偏向性的制度安排，如户籍制度、就业制度和社会保障制度等。这种明显歧视农村的制度导向源于新中国成立后我国实施的重工业化战略。国家通过工农业产品价格"剪刀差"的形式，牺牲农业发展和农民利益支援工业化，使得农村最基本的产品和土地不能按照市场价格定价，农民无法获得合理的市场报酬，农民收入低且增长缓慢，导致农民购买力不足，影响农民的最终消费。改革开放以来，我国城乡制度改革收效甚微，一方面源于这一系列制度的历史路径依赖（历时关联），增强了制度系统的耐久性；另一方面，则是这一系列制度相互之间的共时关联进一步增强了该制度系统的惰性，这就使"帕累托次优的整体性制度安排因各制度元素的互补性仍将呈现耐久性和稳固性"。

学术界对解决城乡发展不平衡路径的分析存在着重大分歧，有的强调从城市化入手,有的强调从农村发展入手。周毅(2010)认为,城镇是充满消费活力的重要载体,城镇化是从国情出发的内生型现代化发展方式,是实现经济发展方式从生产主导型向消费主导型转变的火车头,是超越政策和体制障碍的根本出路,是我国经济可持续发展的重要动力。王国刚(2010)指出,城镇化作为国民经济的新的增长点,带动着上百个产业部门,几万种产品,具有主导性地位。城镇化中的主要新产业集中于第三产业部门,具有低碳、低能耗等特点,这对于转变中国经济发展方式有着至关重要的促进作用。另外,城镇化又是民生工程,既有利于协调城乡关系,加速社会主义新农村建设,又有利于推进城乡居民消费结构的升级,也有利于促进城乡居民的安居、就业,提高他们的生活质量、健康水平与文明水平。简新华(2010)也指出,城镇化能够持续扩大内需,是解决"三农"问题和缩小城乡差别的主要途径,是促进服务业发展的根本途径,是解决就业问题的重要渠道,也是促进发展方式根本转变的有利因素。

但是,也有学者强调发展方式转变的重点在农村。例如,曹刚、曹大勇(2010)着重强调农村发展方式转变对经济发展方式转变的重要性。当今中国的经济发展方式转变,就突出经济结构调整的实质变革来说,根本是应通过化解结构矛盾去释放新的发展动力,同时利用新动力形成加快经济结构调整的良性循环,最终实现城乡统筹发展。而化解城乡对立、加快经济结构调整,最主要是应靠农村经济发展方式的自身转变,靠这种转变中所释放的巨大创造力和增长能力。加快农村经济发展方式自我转变,事实上成为整个现代化经济发展方式转变的源头和战略重点。

有的学者从城乡协调发展的角度来论述经济发展方式转变。由于二元经济结构的存在,形成了城乡失衡的结构,城乡经济结构失衡造成严重的三农问题,制约了工业化和城市化的进程以及方式。为此,在中国经济发展方式转变中,要重视二元经济结构转化机制的建立。一方面,通过城镇化和农业现代化的同步发展,形成二元经济结构转化的拉力机制;另一方面,通过工业反哺农业、城市支持乡村,形成二元经济结构转化的反哺机制(任保平,2013)。有学者从需求结构失衡角度来强调城乡协调发展的重要性。收入向城市集中,农村居民收入增长能力与机会缺失,城乡居民消费失衡,最后就是消费不足,于是依靠投资,形成投资消费失衡的宏观状态。因而,解决中国式内需结构失衡的关键在于转变经济发展方式,也就是从非均衡、不平衡的发展方式转变成一种均衡、平衡的发展方式,这也就是当今所倡导的包容性增长模式(胡志平,2013)。有学者指出,缩小城乡差距从根本上看要靠新型城镇化,否则难以从根本上解决农村人口过多、人均水土资源紧缺、土地规模经营难以推行、传统生产方式难以改变的局面。缩小城乡差距关键要靠基本公共服务均等化,建立健全区域协调发展长效机制,构筑经济优势互补、主体功能定位清晰、国土空间高效利用、人与自然和谐相处的发展新格局（刘晓萍，2014）。

（二）区域结构转变

一些学者对区域经济发展方式转变的程度进行了测评。关皓明等（2014）根据转变目标、转变动力、转变约束、转变成果依次递进的逻辑构建了经济发展方式转变测评的指标体系，并依据区域经济发展阶段转变过程的相似性，将全国30个省级行政单位划分为5级，并分别对2000～2011年5级区域经济发展方式转变质量和提高水平进行测度。结果发现：5级区域经济发展方式转变趋势总体向好，区域经济发展方式转变质量的高低主要取决于区域发展阶段的高低，其中发展阶段较高的一级和二级区域，经济发展方式转变质量呈现分化的趋势，发展阶段较低的三级、四级和五级区域，经济发展方式转变质量呈现均衡化的趋势。总体来看，我国区域经济发展方式转变质量具有趋同的特征。陈志刚、郭帅（2016）也通过构建经济发展方式转变的指标体系，对我国30个省市区的经济发展方式转变情况进行了测度。其测度结果是，我国各个省份在经济发展方式的转变程度上并不同步且差距较大，东部、中部与西部地区呈现出明显的阶梯性质，西部地区的省份较东部地区落后较大。在今后的发展过程中，更需加快中西部经济发展方式的转变速度，保证经济发展质量。李政大等（2017）基于EBM - Luenberger分析模型，构建非参数生产前沿分析框架，实证分析了我国区域经济发展方式转变的效果。其得出的研究结论是：东部地区经济发展方式转型效果相对较好，特别是2014年东部地区效率改善接近50%，转型即将实现；东北地区2008年后发展方式转变情况并不乐观；中部、西部地区虽然平均水平较低，但速度最快，2014年已经进入粗放型转向质量型的过渡期。

有学者从区域差异角度讨论转变经济发展方式的政策思路。白永秀、吴丰华（2012）认为，现阶段我国不同地区处在不同发展阶段的事实决定了东西部经济发展方式在经济发展质量的层次、经济结构的内容、经济社会协调发展程度、区域经济开放度和企业经营管理模式等方面存在差异。国家对东西部应采取不同的经济发展方式转变政策：东部应实行鼓励内生和包容性增长、提升发展层次与提高发展质量，实现由速度向效益、由国内向国外转型的政策；西部则应实行外延扩大式和内涵扩大式增长相结合、数量与质量并举、速度与效益并重、国内与国外统筹的政策。魏进平（2008）指出，区域创新系统是区域发展的重要动力源泉，其发展状况对区域创新活动具有决定性影响。区域创新系统发展阶段不同，对区域经济支撑和引领的力度和方式也不同，并在一定程度上决定着区域经济发展方式。因此，培育区域创新系统并推动其健康发展，对于促进区域经济发展方式转变具有重要意义。

七、供给侧结构性改革与转变经济发展方式的关系

自从 2015 年底中央提出供给侧结构性改革以来,"经济发展方式转变"的提法就大大减少了,学术界把关注重点放在供给侧结构性改革上。那么供给侧结构性改革与经济发展方式转变是什么关系?对这个问题进行阐释的文献不多,但也有几篇论文。张旭(2017)认为,加快转变经济发展方式是中央提出的重大战略决策,党的十八大以来,特别是进入"十三五"时期以来,进一步把转变经济发展方式具体化为供给侧结构性改革。供给侧结构性改革是加快转变经济发展方式的模式选择,供给侧结构性改革的重要性在于它是转变经济发展方式的可靠抓手。杨嘉懿、李家祥(2016)对转变经济发展方式和供给侧结构性改革的关系进行了系统阐述。他们对将"十二五"规划提出的以转变经济发展方式为主线转变到"十三五"规划提出以供给侧结构性改革为主线的原因进行了较为全面的分析。他们的观点是,结构性调整是实现转变经济发展方式的重要途径,只有实现有效的改革才能加快转变经济发展方式。转变经济发展方式与供给侧结构性改革之间的逻辑关系是:"转变经济发展方式与供给侧结构性改革是既一脉相承、又与时俱进的关系。结构性改革不是对经济发展方式的替代,而是针对经济新常态下所出现的新问题,在视野和内容上对经济发展方式的深化和拓展。它除了回答了经济发展方式所强调的结构调整,更为突出了在经济发展过程中用什么样的方法来调整结构,更利于破解经济发展的深层次矛盾。"[①]

我们赞同杨嘉懿、李家祥的观点,供给侧结构性改革不是对转变经济发展方式的替代,而是一种深化和拓展。但是他们对供给侧结构性改革与经济发展方式转变的关系解释不是很到位。我们认为,供给侧结构性改革的提出表明转变经济发展方式的重点发生了变化,也就是从金融危机发生后的需求侧结构调整思路转变到进入新常态时期的供给侧结构调整思路。

第三节 总结和评论

以上我们对近 10 年来学术界对经济发展方式转变的各种观点进行了一个较

[①] 杨嘉懿、李家祥:《论供给侧结构性改革的主线地位与经济发展方式转变》,载于《经济体制改革》2016 年第 6 期,第 7 页。

为系统的梳理。首先介绍了经济发展方式内涵的各种定义，然后分需求结构、投入结构、产业结构、城乡区域结构等类别对相关文献进行了详细梳理。结构转变是转变经济发展方式的核心，也是重要途径和抓手，因此内容丰富，观点分歧较大。学界对发展方式的研究与我国经济发展时代背景存在密切相关性，在中央开始提出转变经济发展方式时，不久就发生了国际金融危机，我国出口大幅下滑，导致经济增速迅速放缓，于是中央把扩大内需作为当时最重要的任务，这时研究经济发展方式转变的文献大多集中在需求结构调整上，用扩大内需的办法来抵消外需不足，主要观点不是扩大投资，而是要通过制度改革和政策措施来扩大居民消费，提高居民消费在国民收入中的比重。但是几年之后，金融危机过去了，刺激需求的政策带来了产能过剩更加严重，企业亏损严重，增速下滑，产业结构不平衡凸显，而且环境污染问题越来越严重，这时，中央提出中国经济进入新常态，于是学界从关注需求转到关注供给，把转变经济发展方式研究的重点转到产业结构和投入结构的调整上。直到 2015 年底，中央提出供给侧结构性改革，对经济发展方式转变的研究热点就转到供给侧结构性改革上面，直接对经济发展方式转变的研究就很少了。

  关于转变经济发展方式的文献虽然很丰富，但还不能说达成了共识，而且分析还不是很全面、系统。例如，学界对经济发展方式转变的研究范围主要限于三个结构的转变，对城乡结构和区域结构的转变关注不多。这不是说对城乡发展和区域发展的研究不多，而是说把城乡区域发展纳入转变经济发展方式的范畴来研究的不多。又如，对某个或两个结构转变研究较多，而把三个结构联系在一起研究的不多，把五个结构联系在一起研究的甚至没有见到。再如，在研究诸多结构转变中没有提出一条清晰的主线把它们串联起来，因此各个结构的调整思路可能不是那么协调一致。本书将从五个结构调整层面来考察经济发展方式转变的途径，而连接这五个结构调整的纽带就是投资，投资是转变经济发展方式的核心。因此，在讨论经济结构转变和调整之前，我们在下一章首先考察投资驱动型经济发展方式，之后分别讨论每个结构的调整问题。

第二章

发展阶段与投资驱动型发展方式

投资驱动型经济发展方式在改革开放的大环境下推动着中国经济持续高速增长,使中国在改革开放后 40 多年里先后跨越了两个发展阶段:1998 年跨入中低收入国家的门槛,2010 年又跨入中高收入国家的门槛。这种经济发展方式为中国经济高速增长做出了重要贡献,但是中国进入中高收入阶段之后,这种发展方式暴露出越来越不适应新的发展阶段,其突出表现是经济不平衡、不协调和不可持续问题越来越严重,如不加快转变发展方式,最终将会导致经济停滞不前。2008 年国际金融危机的爆发、世界经济的持续低迷,为加快转变发展方式增添了紧迫性和艰巨性。

我们首先从理论上分析一下发展阶段与发展方式的关系,其次以中国 40 多年的发展经验为基础考察一下我国以投资为主导的发展方式的基本特征、形成过程、历史贡献和产生的弊端,最后讨论一下转变发展方式的必要性和最近几年转变发展方式的政策措施与效果。

第一节 发展阶段与发展方式的理论分析

经济发展方式与发展阶段密切相关,每个阶段都有与其相适应的发展模式和发展方式,低收入阶段的发展方式与中等收入阶段发展方式不同,中等收入阶段的发展方式与高收入阶段的发展方式也不同。随着一国从低收入阶段进入中等收入阶段，其发展方式也必须进行相应的转变，否则会导致经济发展的不平衡、不协调和不可持续。本节将介绍一下发展阶段与结构转变的相关理论。

一、社会主义初级阶段论

（一）社会主义初级阶段的判断依据

马克思把人类社会划分为五个阶段：原始社会、奴隶社会、封建社会、资本主义社会、共产主义社会，其中又把共产主义分为初级阶段和高级阶段，后来列宁把这个初级阶段定义为社会主义社会，把高级阶段称为共产主义社会。

中国是个社会主义国家，但是在一个生产力不甚发达的基础上建立的社会主义制度，与马克思经典作家所说的生产力高度发达的社会主义还相差甚远。改革开放以来，我党根据中国生产力还不发达的国情，把中国现阶段确定为社会主义初级阶段，党的十三大报告全面系统地阐述了社会主义初级阶段理论。后来的历届党的代表大会都重申了这一论述。

社会主义初级阶段是在20世纪80年代提出来的，邓小平在南方谈话中对社会主义初级阶段的时间长度给予明确的规定："我们搞社会主义才几十年，还处在初级阶段，巩固和发展社会主义制度，还需要一个很长的历史阶段，需要我们几代人、十几代人，甚至几十代人坚持不懈努力奋斗，决不能掉以轻心。"[①] 江泽民同志在2001年中国共产党成立80周年大会上的讲话中对社会主义初级阶段的规定性阐述得更明确："我国现在处于并且将长期处于社会主义初级阶段。社会主义初级阶段是整个建设中国特色社会主义的很长历史过程中的初级阶段，随着经济发展和社会全面进步，将来条件具备时，我国社会主义会进入更高的发展阶段。"[②] 2015年11月，党的十八届五中全会仍然认为"我国仍处于并将长期处于社会主义初级阶段，基本国情和社会主要矛盾没有变，这是谋划发展的基本依据"。2017年10月召开的党的十九大重申："我国仍处于并将长期处于社会主义初级阶段的基本国情没有变，我国是世界最大发展中国家的国际地位没有变。"

为何我国在过去40年一直坚持认为我国处于社会主义初级阶段？40多年来，我国经济高速增长，经济社会发生了翻天覆地的变化，人均收入达到了中等收入国家水平，经济总量已跃居世界第二，人民生活水平显著改善，整个社会已完全

---

① 《邓小平文选》第3卷，人民出版社1993年版，第379~380页。
② 《江泽民文选》第3卷，人民出版社2006年版，第293页。

解决了温饱问题，并实现了全面小康的目标。但是，我们应该看到，我国经济还没有进入发达阶段，人均 GDP 与发达国家相比仍然差距比较大。例如，我国 2018 年的人均 GDP 是 9 700 美元，在世界上各国人均 GDP 排名中居第 70 位，与美国人均 GDP 相差 6 倍多，与高收入国家平均 40 000 美元也相差 4 倍之多。因此，我国现阶段仍然处在社会主义初级阶段。从这里我们看出，判断我国社会是否还处在社会主义初级阶段的依据不是温饱问题是否解决、小康是否实现，而是我国经济社会是否实现现代化，其中一个重要指标就是人均收入是否达到发达国家的水平。

社会主义初级阶段的规划时间有多长？到何时结束？根据邓小平的设想和历届中国共产党全国代表大会（以下简称"党代会"）对发展目标的阐述，社会主义初级阶段的时间长度大约是 100 年，从 20 世纪中叶到 21 世纪中叶，也就是新中国成立 100 周年，我国的人均 GDP 达到发达国家的平均水平，中国经济社会全面实现现代化，到那时才可以说我国完成了社会主义初级阶段，开始迈向新的发展阶段，也就是马克思所说的共产主义初级阶段。

社会主义初级阶段的根本任务就是发展生产力。改革开放以来，中央自始至终都是把经济建设作为中心工作，把发展作为第一要务，就在最近中共十九大上习近平同志依然重申要以经济建设为中心，发展是党执政兴国的第一要务。但 100 年是非常长的历史阶段，经济和社会发展将经历翻天覆地的变化，经济发展战略和发展政策也要进行相应的调整，有必要对这个阶段再划分若干个小阶段。

（二）"三步走"发展战略

邓小平把社会主义初级阶段整个历史时期又划分为三个阶段，常被称为"三步走"发展战略。他在多个场合都谈到过"三步走"战略目标。[①] 第一步是从 1981 年到 1990 年，国民生产总值翻一番至人均 500 美元，解决人民温饱问题；第二步从 1991 年到 2000 年，国民生产总值再翻一番，大约相当于 1 000 美元，人民生活水平达到小康水平；第三步是到 21 世纪中叶，国民生产总值再翻两番，达到 4 000 美元（按当时的价格），中国达到中等发达国家的收入水平，基本实现现代化。这"三步走"的发展目标，也可以看作是三个发展阶段：第一个阶段可称为温饱阶段，第二个阶段可称为小康阶段，第三个阶段可称为现代化阶段。邓小平对三个阶段的划分重视短期，每 10 年作为一个阶段，但对长期目标定的时间是 50 年。这个时期比较长，还需要划分若干个小阶段，于是，党的十六大宣布我国已经胜利实现邓小平提出的"三步走"战略的第一、

---

① 《邓小平文选》第 3 卷，人民出版社 1993 年版，第 117～226 页。

第二步目标,人民生活已经达到了总体小康水平,但报告也指出现在达到的小康还是低水平的、不全面的、发展很不平衡的小康。十六大报告提出了全面建设小康社会的目标,也就是要到2020年实现全面的小康。党的十八大报告进一步提出在2020年要全面建成小康社会。现在是2019年,按照目前形势来看,我们已经实现了全面建成小康社会的目标。在全面建成小康社会之后,中国离现代化目标就不远了,但到20世纪中叶仍然还有30年时间,依然还可以划分些小阶段,分步骤加以实现。

党的十九大庄严宣告中国特色社会主义进入了"新时代",中国经济发展也进入了一个"新时代"。根据国内外形势和我国发展条件,党的十九大不失时机地提出在全面建成小康社会之后的奋斗目标,从2020年开始分为两个阶段实现:第一个阶段,从2020年到2035年,在全面建成小康社会的基础上,再奋斗21年,基本实现社会主义现代化;第二个阶段,从2035年到21世纪中叶,在基本实现现代化的基础上,再奋斗15年,把我国建成富强民主文明和谐美丽的社会主义现代化强国,也就是全面实现现代化。我们现在把十九大提出的两个阶段,称为"新两步走"发展战略。"新两步走"战略与"老三步走"战略相比,现代化目标提前了15年,按照邓小平和党的相关文件的表述,在21世纪中叶基本实现现代化,而十九大提出在2035年基本实现现代化。这表明我国经济发展之快已经远远超出了邓小平当时所设想的人均收入翻两番的目标。

全面建成小康社会也是我党提出"两个一百年"奋斗目标之一,现在我国已经实现了第一个100年奋斗目标。第二个100年奋斗目标是在21世纪中叶,具体就是新中国成立100周年时,把中国建设成为现代化强国,"新两步走"发展战略就是为了实现第二个100年奋斗目标。

为了与世界其他国家进行比较,我们按照收入水平把我党提出的具有中国特色的发展目标和发展阶段转换为收入阶段。从新中国成立起,我们把中国的经济发展过程大致上划分为如下几个阶段:1949~1997年为低收入阶段,其中1949~1978年为贫穷阶段,1978~1997年为温饱阶段;1998~2020年为中等收入阶段,其中1998~2009年为中低收入阶段,即总体小康阶段,2010~2020年为中高收入阶段,即全面小康阶段;2021~2050年为高收入阶段,即现代化阶段,其中2021~2035年为基本现代化阶段,即跨入高收入国家的最低收入门槛,2036~2050年为完全现代化阶段,对应高收入国家的平均收入水平。我们当前还处在中高收入阶段,也即全面实现小康社会阶段。

(三) 社会主义初级阶段的主要矛盾

1956年,党的八大《关于政治报告的决议》指出:"我们国内的主要矛盾,已经是人民对于建立先进的工业国的要求同落后的农业国的现实之间的矛盾,已经是人民对于经济文化迅速发展的需要同当前经济文化不能满足人民需要的状况之间的矛盾。"1987年党的十三大提出了社会主义初级阶段理论,并对社会主义初级阶段的主要矛盾作出了明确的表述,"我们现阶段所面临的主要矛盾,是人民日益增长的物质文化需要同落后的社会生产之间的矛盾"。之后我们党历次党代会都重申了这个主要矛盾。

党的十九大对社会主义初级阶段的主要矛盾进行了新的表述,提出新时代我国社会主要矛盾已经转化,明确把主要矛盾表述为"人民日益增长的美好生活需要和不平衡不充分的发展之间的矛盾"。主要矛盾的变化是我党根据我国经济社会发展进入新阶段的国情而做出的重大判断。

从需求方来看,用"人民日益增长的美好生活需要"取代了"人民日益增长的物质文化需要"。"美好生活需要"比"物质文化生活需要"提出了更高的要求,而且涵盖面更宽、层次更高,如前者没有明确涵盖生态环境的要求,而后者把人民对优美舒适环境的需要包括在内;前者没有明确涵盖安全的需要,而后者却包含了人民对自己的生命财产保护的需要;前者也没有明确涵盖政治民主、社会公平方面的要求,而后者却涵盖了民主、法治、公平、正义这些要求。总之,"物质文化生活需要"是在经济文化比较落后的时期提出来的,没有涵盖人民的所有需要,具有时代的局限性,而"美好生活需要"明确涵盖了人民的各种需要,包括人民在经济、政治、文化、社会和生态等方面的需要,归结起来,就是人的全面发展所要求的各个方面,这是我党在我国经济社会进入新的历史发展阶段,顺应人民的新期待,逐渐朝着马克思提出的人的全面自由发展的目标前进,体现了以人民为中心的发展思想。

从供给方角度,主要矛盾的表述由"不平衡不充分的发展"取代了"落后的社会生产"。这是根据我国经济发展的现实情况作出的科学判断,我国已经进入中高收入阶段,人均收入达到9 000多美元,经济已经跨过了贫困、温饱阶段,现在已进入全面实现小康阶段,已经摆脱了贫困,再也不是40多年前的那种落后的、贫穷的经济了,因此,"落后的社会生产"这种表述已与当前现实不符。党的十九大把主要矛盾的供给方表述为"不平衡不充分的发展",顺应了时代的变化,表明我国经济发展已进入了新阶段,也就是生产力已经发展到较高水平了,现在问题不是生产落后的问题,而是发展不平衡、不充分的问题。

发展不平衡和不充分是两个相互关联且相互促进的问题,不可偏废,因此必须"两手抓","一手抓"有质量的发展问题,"一手抓"平衡协调发展问题。其实,高质量增长与平衡发展之间不存在根本性矛盾,高质量增长能够促进经济持续健康发展,而经济效率的提高,质量的改善有助于推动经济平衡协调发展。

(四) 发展阶段与发展方式

社会主义初级阶段主要矛盾的变化，以及党的十九大提出中国已经进入新时代，为我们分析经济发展方式及其转变问题提供了理论依据和时间节点。我们可以把 1949~2010 年作为一个传统的发展阶段，如十九大所说的高速增长阶段；而把中国经济进入中高收入阶段之后作为新的发展阶段，也就是十九大所说的高质量发展阶段。如果用收入来划分，我们可以把第一个阶段称为低收入和中低收入阶段，把第二个阶段称为中高收入阶段，也就是我们当前所处的阶段。

第一个阶段的社会主要矛盾是人民日益增长的物质文化需要同落后的社会生产之间的矛盾，解决这一矛盾的根本之策是要把经济规模做大，摆脱贫困和落后，解决温饱和实现小康。这一阶段的主要发展方式是投资驱动型发展方式，其主要特征是依靠大规模投资和其他资源的大量投入推动经济快速增长。第二个阶段的主要矛盾是人民日益增长的美好生活同不平衡不充分发展之间的矛盾，解决这一矛盾的根本之策是要提高经济效率和发展质量。所以这个阶段的经济发展方式是创新驱动的发展方式，也就是通过创新实现质量变革、效率变革和动力变革，实现经济社会的平衡协调发展。目前，我们的主要任务是要实现经济发展方式的转变，从投资驱动性发展方式向创新驱动性发展方式转变，提高供给体系的质量，构建现代化经济体系。

二、发展经济学关于发展阶段与发展战略理论

发展经济学是专门研究落后国家如何实现经济发展的经济学分支学科。它产生于 20 世纪四五十年代。因为落后国家通常是农业国，而先进国家通常是工业国，于是，发展经济学主要研究一个落后国家如何从一个以农业为主的经济转变到一个以工业为主的经济，也就是如何实现工业化的问题。经济发展过程也就是工业化过程，这个过程也比较长，需要对这个过程划分若干个阶段，每个阶段的发展战略和发展方式是不一样的。在经济学说史上，比较有名的是李斯特的发展阶段论和罗斯托的增长阶段论。

(一) 李斯特的发展阶段论

早在发展经济学成为一门独立学科以前，一些寻求国家富强之路的学说就已经包含了发展阶段和发展观协同演进的思想，其代表人物就是德国历史学派的奠

基人弗里德里希·李斯特。在1841年出版的名著《政治经济学的国民体系》中，李斯特从当时德国相对（于英国）经济落后的客观实际出发，将生产力的提高作为其理论体系的中心，不惜与亚当·斯密、让·巴蒂斯特·萨伊等主张自由放任的古典学派经济学家展开激烈论战。李斯特把一国经济发展的过程划分成五个阶段：原始未开化时期、畜牧时期、农业时期、农工业时期、农工商业时期。他认为："当一个国家由未开化阶段转向畜牧，转入农业，进而转入工业与海运事业的初期发展阶段时，实现这种转变的最迅速有力的方法是对先进的城市和国家进行自由贸易，但是要使工业、海运业、国外贸易获得真正大规模发展，就只有依靠国家力量的干预，才能实现。"① 尚处于农工业阶段的国家（即当时的德国）要想顺利转变到农工商业阶段，就必须依靠国家采取一系列保护政策（特别是保护关税政策）来扶植本国的工商业发展。只有当本国经济发展进入与发达国家（即当时的英国）同等层次时，国际之间的自由竞争才符合本国利益。李斯特的国家主义思想体系与当时主流的世界主义观点针锋相对，世界主义观点的局限在于抹杀了不同国家各自不同发展阶段的差异，处于较低层次发展阶段的国家如果贸然采取高层次发展阶段国家所采取的发展政策，必然在通向富裕之路上遭受毁灭性打击。国家主义经济学则应当为了改进自身的经济状态研究相应的发展政策。

李斯特的理论虽然是在19世纪中叶提出的，而且与当时斯密、李嘉图等古典政治经济学家的基本思想格格不入，但比较符合当代发展中国家的实际，他在100多年前提出的理论观点至今仍然没有过时，因为他的观点客观上反映了一个后进国家的经济发展道路和发展战略与先发国家是有差异的，因为它们处在不同的发展阶段，因此采取的发展战略和发展政策自然很不相同。这也意味着一个后进国家如果采取先进国家的政策，那它就永远发展不起来。

（二）罗斯托的经济增长阶段论

在当代发展经济学中，对发展阶段的划分和分析最深入系统，也是最有影响力的代表人物是 W. W. 罗斯托。与标准增长经济学的物理均衡的、总量的、纯经济学的方法论不同的是，罗斯托采用的是生物演化的、部门的、多学科交叉的分析方法。罗斯托在1960年出版的《经济增长阶段》一书中将经济增长概括为五个阶段：传统社会、起飞准备阶段、起飞、走向成熟以及大众高消费时代。在罗斯托看来，发达国家业已经历过或者即将经历这五种社会形态，而发展中国家也将要遵循这一规律。毫无疑问，对于发展中国家而言，"起飞"是最为关键的阶段，因为它代表着一国由传统经济向持续增长阶段的质的飞跃。作为一种粗略

---

① ［德］弗里德里希·李斯特：《政治经济学的国民体系》，商务印书馆2012年版，第174页。

的分类,我们将注意力放在"起飞"和"成熟"两个转折点上,前者意味着一国从低收入阶段向中等收入阶段过渡,后者暗含着一国从中等收入阶段向高收入阶段的过渡。

1. 起飞到持续增长

起飞是指一国从漫长的传统社会进入持续增长阶段的阻力和障碍最终得以克服的阶段,罗斯托把起飞定义为是一种工业革命,促进经济进步的力量不断扩大并最终支配了整个社会。传统社会的结构建立在有限的生产函数上,这是与前牛顿时代人们对物质世界的有限认识水平相对应的。尽管传统社会并不排除产量的零星增长,但人均产量增长存在一个最高的限度。但进入起飞阶段,经济增长没有限度,复利增长成为常态,也就是说经济进入自行增长阶段。罗斯托提出了可以确立起飞阶段的三个条件。①

第一,生产性投资率迅速提高,例如由不到5%提高到10%以上。早期发展经济学家格外强调投资率的提高,如果一国不能使投资率迅速提高到保证国民收入增长超过人口增长率,那么就会不可避免地挣扎在"低水平均衡陷阱"之中而无法起飞。投资来自何处?罗斯托认为来自两个方面:一是企业外部,即收入分配和收入转移,即从那些用于较无生产性用途的人手里转移到用于生产性用途的人手里,这就要通过银行系统的建立;二是企业内部,即企业家把利润的极大部分再投资于新的生产能力。如何保证起飞阶段可贷资金的供给?他提出三个条件:一是超过消费部分的剩余不能流入用于奢侈性消费和窖藏的人手里;二是必须发展能够提供便宜的和充分的流动资本的金融机构;三是必须有一个或多个快速增长的部门中的企业家把他们的利润的很大部分用于进行生产性再投资。② 罗斯托特别强调企业家在这个阶段中的重要作用。

第二,有一个或多个主导部门以很高的增长速度发展。主导部门是罗斯托构建增长阶段理论体系的一个关键概念。他反对从总量角度分析经济增长问题,认为一国的总量增长率首先必须是由不同部门的不同增长率造成的。他把一个经济体分为三类部门:第一类是主要增长部门(即主导部门),该部门利用创新和其他未开发资源拥有很高的增长率,并能带动经济中其他部门的扩张;第二类是补充性增长部门,这些部门的迅速发展或者是对主要增长部门发展的直接反应,或者作为主要增长部门发展的条件;第三类是派生性增长部门,这些部门的发展与实际收入、人口和工业生产的增长有某种相当稳定的关系。他总结说:"在任何阶段中,甚至在一个成熟并且继续增长的经济中,前进的势头能够得以保持,是

---

① [美]罗斯托:《经济增长的阶段》,郭熙保、王松茂译,中国社会科学出版社2001年版,第39~40页。
② [美]罗斯托:《经济增长的阶段》,郭熙保、王松茂译,中国社会科学出版社2001年版,第51页。

因为少数主要增长部门迅速扩大的结果，而这些部门的扩张具有重要的外部经济效应和其他间接效应。从这个角度来看，起飞阶段中各部门的活动情况只是一般增长过程的一种特殊形式。换言之，增长就是通过不同的形式、不同主导部门不断重复起飞阶段的经验而进行的。"①

从发达国家的历史经验看，棉纺织业、铁路、军用品，还有木材、造纸、乳制品，以及各种消费品都在历史上作为主导部门出现过。尽管对于特定国家，主导部门渐次出现的模式和顺序没有严格标准，但是主导部门必须满足四个条件：（1）要使"能为产量增长打下基础的部门的产品的有效需求有所扩大"；（2）"必须把新的生产函数引入这些部门，并扩大其生产能力"；（3）社会必须在开始起飞时就有所需的资本，以便使关键部门开始起飞；（4）一个或几个主导部门的扩张和技术变革还要"引起其他部门对增加生产能力的一系列要求以及新的生产函数出现的可能性"。②

第三，存在一种政治、社会和制度的结构，可以利用推动现代部门扩张的冲力以及起飞的潜在外部经济效应，使增长具有不断向前的性质。罗斯托特别强调，决定起飞的一个关键因素是在政治方面"建立一个有效的中央集权的民族国家"③。在社会结构中，人们将逐步褪去其家族或行会的烙印，个人社会地位的提高在于其履行某些专门化职能的能力的提高。在文化观念上，人们将摆脱宿命论的束缚以及对物质世界的无知，认识人们可以对物质世界有合理的了解，并且能够加以利用，使其为满足自身的经济利益服务。

结合前两个条件，我们可以清楚地认识到，所谓政治、社会和文化方面的转变，正是为了保证前两个条件的顺利实现。非经济领域的转变在于从传统社会中催生出一批新式精英分子，其中一部分以企业家阶层为代表，他们在社会和政治权威方面取代原先的地主阶层，打破后者对国民财富的控制，保证经济积累能够投入现代生产性部门，特别是吸收新技术的主导部门中。另一批精英分子以新式政治家为代表，他们保障精英企业家们的政治和经济利益不受外来势力的侵略和本土地主势力的反击。为此，一个强有力的中央政府是必不可少的。中央政府要负担起调动国内资源、统一国内商业市场的责任，要建立有效的财税机制使公共资源流向现代化建设的用途上，其中包括国民教育、公共卫生和农业部门社会基础设施等领域的资本投入，这些投入很难依靠个体企业家来实现，但是对于经济起飞又是必不可少的。

---

① ［美］罗斯托：《经济增长的阶段》，郭熙保、王松茂译，中国社会科学出版社2001年版，第55页。
② ［美］罗斯托：《经济增长的阶段》，郭熙保、王松茂译，中国社会科学出版社2001年版，第58~59页。
③ ［美］罗斯托：《经济增长的阶段》，郭熙保、王松茂译，中国社会科学出版社2001年版，第7页。

2. 走向成熟及之后的阶段

在经济起飞之后的持续增长阶段，主导部门的相继更替使经济结构不断发生变化，对先进技术的吸收和综合从原来一个相对狭小的范围扩展到更加精密和更加复杂的领域。同时，新的发展观将与现代化高效率生产达成一致，社会和文化结构将不断调整以支持高速的经济增长。罗斯托给成熟阶段下了一个定义："成熟阶段是一个社会已经把（当时的）现代技术有效地应用于它的大部分资源的时期。"① 这里，罗斯托是按照现代技术的广泛应用来定义成熟阶段的。他按照此定义对一些典型国家进入成熟阶段的技术进步状况进行了分析。

成熟阶段后期将发生一系列变化：第一种变化发生在劳动力结构上，农业劳动力比重至少降到40%，办公室白领和受过专门训练的技术人员所从事的这些熟练劳动将逐渐取代不熟练劳动，其后果是工人的实际工资增加，而且工人们追求更高的工资和更多的福利将成为全社会的一种普遍意识，这创造了政治和社会进一步向人道主义变革的压力；第二种变化发生在领导者的性质上，原先那些不拘一格、富有传奇经历和冒险精神的行业领袖逐渐让位于高度官僚化和具有精细结构的专业性经理阶层；第三种变化更加微妙，但也可能更加重要，那就是整个社会在工业化取得的成就面前变得迷茫甚至厌烦，反思现代化的思潮从浮出水面到大行其道，使得成熟阶段也具有相当的不稳定成分。② 成熟阶段主要指技术方面的成熟，在这个高度发达的工业社会里，社会心理和发展观的新思潮将带领人们做出新的选择。

罗斯托认为，当社会达到成熟阶段以后，社会意识就从供给转到需求，从生产问题转到消费问题和最广义的福利问题。一种选择出现在所谓福利国家中，国家通过行政力量（如收入再分配政策）实现更加公平和人道的社会目标，为此不惜损失崇尚效率的自由市场原则。另一种选择旨在更大限度地提高居民的消费水平，主导部门将转向耐用消费品和服务业。总之，社会不再把经济进步和经济扩张作为压倒一切的目标。罗斯托把这个阶段称为大众高消费阶段。

如果用收入水平来划分阶段，我们可以近似地把传统社会和起飞准备阶段看作是低收入阶段，把起飞阶段看作是中低收入阶段，把成熟阶段看作是中高收入阶段，把大众高消费阶段看作是高收入阶段。这里我们主要关心的是中等收入阶段，因此主要介绍起飞和成熟两个阶段。起飞阶段的主要特征是要保持一个高投资率及具有高成长和强带动作用的若干个主导部门率先发展，从而推动经济起飞，因此起飞阶段的发展方式就是投资驱动型发展方式。成熟阶段的主要标志是

---

① ［美］罗斯托：《经济增长的阶段》，郭熙保、王松茂译，中国社会科学出版社2001年版，第61页。

② ［美］罗斯托：《经济增长的阶段：非共产党宣言》，郭熙保、王松茂译，中国社会科学出版社2001年版，第74~75页。

现代技术在大多数产业中得到运用,也就是技术进步在加快,因此成熟阶段的发展方式相当于是创新驱动的发展方式。可见,罗斯托把增长阶段的演进与发展方式的转变有机结合起来了,罗斯托的增长阶段理论对我国目前加快转变经济发展方式仍然具有一定借鉴意义。

三、资本在经济发展中的重要作用的理论依据

如前所述,发展方式与发展阶段密切相关,无论是社会主义初级阶段论还是发展经济学中的发展阶段论都表明在低收入和中低收入发展阶段,必须实施投资驱动型发展方式,否则贫困落后的经济体就难以摆脱贫困,实现起飞。但是,为何只能实行投资驱动型发展方式?其理论依据是什么?这一节介绍一下发展经济学家的一些理论观点。

发展经济学是第二次世界大战以后产生的一个经济学分支学科。哈罗德(1939)和多马(1946)的增长模型开创了现代经济增长理论的先河,该理论认为资本积累是经济增长的唯一动力,资本积累率决定经济增长率。这种观点受到发展经济学家的普遍赞誉。以索罗(1956)为代表的新古典增长理论对哈罗德—多马模型进行了修正和发展。在索罗模型中,资本积累不再像哈罗德—多马模型一样是经济增长的唯一源泉,在达到稳态均衡的情况下,人均收入的增长与资本积累无关。后来的一些学者进行的实证研究支持了索罗模型的判断:投资与长期经济增长之间的关系并不明确甚至是无关的。但是,在达到稳态之前,资本积累仍然是推动经济增长的重要因素,是发展中国家追赶发达国家的重要源泉。

20世纪40年代初,发展经济学家主要集中于探讨发展中国家长期贫困的原因以及如何减轻和消除贫困等问题。绝大部分发展经济学家都认为,要消除贫困和实现经济增长,必须大力积累资本。1943年,发展经济学的先驱罗森斯坦—罗丹(P. N. Rosenstein - Rodan)提出了"大推进论"。他认为,工业化是发展中国家提高收入和消除贫困的根本途径,而发展中国家在发展初期普遍缺乏资本,并且资本形成必须要达到足够的规模,个别部门进行的分散的、小规模的投资不能推动经济跳出贫困陷阱,促进经济起飞。其原因有两个:一是社会基础设施投资的不可分性;二是市场需求的不可分性,因此小规模投资无济于事。鉴于此,发展中国家在资本形成初期必须实行"大推进"战略,只有这样才能克服不可分性,获取外部经济效应和规模经济效应。"大推进论"对于发展中国家特别是发展中大国如何开展工业化具有很强的启发意义和参考价值。

如前所述,1960年,美国发展经济学家罗斯托(W. W. Rostow)在《经济增长

的阶段》一书中提出了"起飞"理论。在该理论中,资本积累率被看作是经济起飞的首要条件。罗斯托认为,实现经济起飞必须满足三个条件:一是具有10%以上的投资增长率;二是有一个或多个主导部门以很高的速度发展;三是存在一种政治、社会和制度的结构可以利用,以推动现代部门扩张的冲力以及起飞的潜在外部经济效应,使增长具有不断向前的性质。在这三个条件中,第一个条件是首要的。可见,罗斯托也认为在经济增长的决定要素中,资本形成是首要前提。

此外,纳克斯(R. Nurske)在1953年提出的"贫困恶性循环"理论,纳尔逊(R. Nelson)在1956年提出的"低水平均衡陷阱"理论,缪尔达尔(Gunnar Myrdal)在1957年提出的"循环累积因果关系"理论,都强调了资本形成对发展中国家经济发展、摆脱贫困、冲破低收入陷阱的关键作用。

上述代表性的理论虽然侧重点有所不同,但都认为阻碍发展中国家经济增长的主要障碍是缺乏资本,因此促进经济发展的主要战略是加速资本积累。但是,以上强调资本积累在经济发展中的重要作用的理论都是建立在收入水平低下的经济停滞或经济起飞阶段的条件之上。当一个国家实现了经济起飞,进入中等收入阶段之时,资本不再是稀缺要素,资本积累对经济增长的重要性就会下降,如果还要坚持资本驱动的发展战略,就会造成结构失衡、效率低下,最终导致经济萧条和经济停滞。这时,发展中国家就像发达国家一样,驱动经济增长的主要源泉就会转变到技术创新和技术进步上来。但是技术创新需要有较高的人力资本积累作为基础,否则技术创新就是一句空话。

发展经济学家对如何启动一个停滞落后的经济进入可持续的起飞过程有很多理论观点和政策主张,但对于一个实现了起飞且未进入发达状态的中等收入国家如何实现经济持续增长却论述很少,也没有开出什么有效的政策良方。

第二节 中国投资驱动型发展方式考察

一、中国投资驱动型发展方式的基本特征

(一)投资率高

改革开放以来,伴随中国经济增长的一个显著特征是高投资率,资本形成在国民收入中的比重逐步攀升。图2-1显示了1952~2015年中国以及按世界银行

标准分组的各收入水平国家的投资率。① 1952年以来，中国投资率的波动较大，但总体上上升趋势明显。在新中国成立后的两个十年中，中国的投资率在大部分年份中在30%以下，其中在"大跃进"以及随后的三年困难时期经历了大幅波动，除此之外投资率水平相对来说较低；进入20世纪70年代，中国的投资率大幅提高，跃升至30%以上；改革开放后，投资率又在波动中上升，到2003年后一直保持在40%以上，至2009年后保持在45%以上的水平。

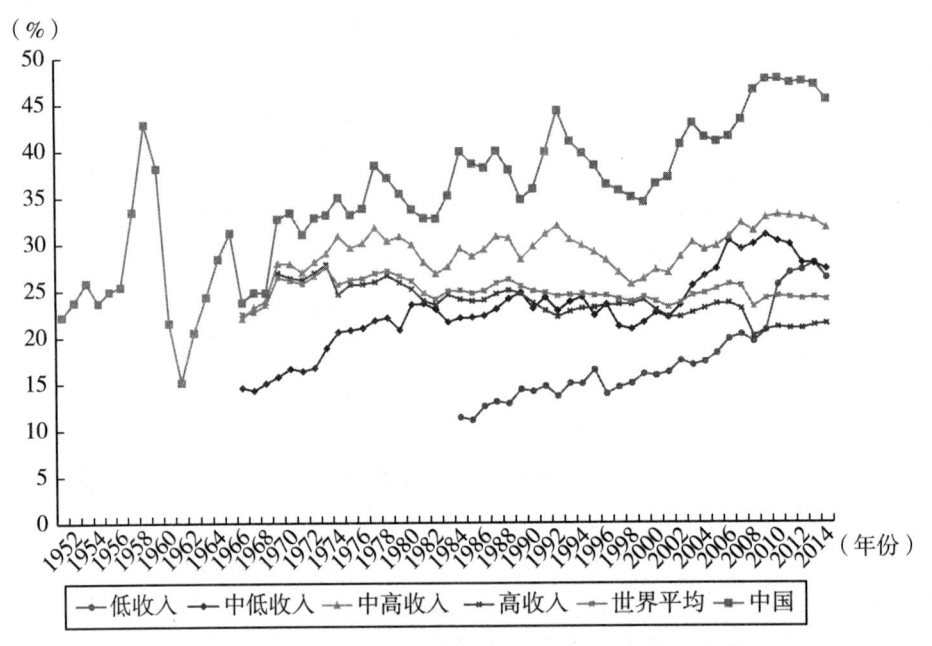

图2-1　1952~2014年中国以及世界各收入水平国家的投资率

资料来源：世界银行WDI数据库；国家统计局：《中国统计年鉴》相关年份。

参照世界平均以及各收入国家组的情况来看，中国的投资率自20世纪70年代后一直显著高于世界平均水平，也显著高于中国已经历过或者正在经历的低收入组、中低收入组以及中高收入组平均水平。并且，中国与这些收入组的投资率差异逐渐扩大，差额从改革初期年均在7个百分点以上，至近年来年均在14个百分点以上，达到世界平均水平的两倍。从这个比较可以看出，中国的投资率水平的确非常高。

---

① 我们重点关注改革开放以后投资对中国经济的作用，但为了更好地分析中国投资率的实际情况，我们延长了分析时间段，放宽至有数据统计的1952年。数据来源方面，世界银行数据始于1967年，该数据与国家统计局公布的数据略有出入，但相差不大，不影响分析，为保持前后文数据一致性，1967~2015年我们采用世界银行提供的数据，其余年份用国家统计局数据补充。

1. 与其他高投资率国家比较

如果将投资率连续十年以上高于35%定义为持续高投资国家，根据世界银行统计数据，1960年以来全球共有包括中国在内的7个国家达到这一标准，分别为中国、赤道几内亚、不丹、圣基茨和尼维斯、阿尔及利亚、新加坡、伊朗，如表2-1所示。

表2-1　　　1960~2015年持续高投资率国家基本情况

国家	2015年人口数①（万人）	高投资率持续时间（年）	高投资率年份数（年）	高投资率期间投资率平均值（%）	高投资率期间投资率最高值（%）	高投资率期间年均GDP增速（%）	高投资率期初人均GDP（美元）	高投资率期末人均GDP（美元）
中国	137 122	2001~2015	15	43.52	47.69	9.75	1 906	6 498
赤道几内亚	84.51	1980~2005	26	107.18	219.07	18.74	747	19 290
不丹	77.48	1999~2015	17	52.80	67.87	7.56	1 175	2 668
圣基茨和尼维斯	5.56	1998~2010	13	44.64	58.79	2.7	11 531	13 467
阿尔及利亚	3 966.65	1973~1984	12	41.40	52.22	5.8	2 907	3 901
新加坡	553.5	1970~1987	18	41.12	46.95	8.03	6 507	18 077
伊朗	7 910.92	2000~2012	13	37.88	43.74	4.04	4 281	5 952

资料来源：世界银行WDI数据库。

从表2-1中可以看出，这些国家都是分布在亚非拉地区的发展中国家，且都保持了长时间的高投资率，其中赤道几内亚在很多年份的投资率甚至达100%以上，但这些国家的高投资率有很大的特殊性。其中，赤道几内亚是非洲一个人口不足百万的小国，经济规模小，发展水平低，长期以来被列入最不发达国家行列，每年接收的国外援助相对于其经济规模较高，投资率也较高；而且该国自1996年在几内亚湾发现大量石油资源后，吸引了众多国际能源公司投资，大量的外部投资使其保持了非常高的投资率。阿尔及利亚、伊朗是西亚和北非地区国家，均拥有丰富的石油和天然气资源，经济发展较为依赖化石能源开发、加工和贸易，投资水平较高。不丹政府极为重视发展规划，从1961年起开始实行经济发展五年计划，在每个计划期内安排大量投资，旨在贯彻"国民幸福总值"理念②，而且不

---

① 人口数为2015年数据，此处仅作为对该国家规模认识的参考，而且人口数据变动相对不大，使用2015年而不是高投资率期间的人口数据不影响判断；人均GDP均为不变2010年美元下的统计数据。

② 在衡量经济发展成绩中，不丹与大部分国家和地区采用国内生产总值（GDP）或国民生产总值（GNP）等标准不同，而是采用国民幸福总值（GNH）标准，这一标准是根据不丹国王的思想制定的。另外，不丹在过去一段时间实行君主制，在2000年前后由君主立宪制平稳转变，政治制度的转变没有改变政府对经济规划的重视，投资率依然保持在高水平。

丹从印度、瑞士、联合国开发计划署等国家和国际组织获得大量经济援助，维持了长时间的高投资。圣基茨和尼维斯是东加勒比海地区的一个岛国，该国投资移民政策极为宽松，而且无个人所得税，合格企业享有期限不超过 15 年的完全豁免企业利润税，并承认双重国籍，是一个典型的"避税天堂"，吸纳了大量的外国投资资本。

相比而言，在这 7 个持续高投资的国家中，只有新加坡和中国两个国家是在发展经济学所论述的经典工业化道路上出现高投资率，同时也实现了经济的快速发展。其中，新加坡在 1970~1987 年连续 18 年保持了高投资，期间投资率均值达 41.12%，同期 GDP 年均增速达到了 8.03%。中国则在 2001~2015 年连续 15 年保持高投资，投资率均值达 43.52%，而且 2016 年、2017 年资本形成率仍然保持在 44% 以上的高位，同期 GDP 年均增速更高达 9.75%。就这两个国家来说，中国的投资水平更引人注目。新加坡是一个城市国家，规模很小，而且是高度自由化的国际自由港，国内外资本活跃。而中国作为一个发展中大国，国土面积广阔，不同地区的基础条件、发展情况、发展模式各异，而且即使同一地区在不同发展阶段的特征也有很大变化，在此情况下中国的投资水平甚至还略高于新加坡，显得更加特殊。

2. 与主要新兴国家比较

近年来，新兴国家在世界经济格局中占有越来越重要的地位。这些国家既有较快的发展速度，也都处于中等收入阶段，在很多方面具有相似性。中国作为新兴国家的"领头羊"，有必要对比中国与其他新兴国家在投资率方面的表现。我们共选取了印度、印度尼西亚、菲律宾、泰国、马来西亚、土耳其、埃及、南非、俄罗斯、巴西、墨西哥共 11 个国家进行比较。这些国家覆盖了东南亚、南亚、西亚和北非、撒哈拉以南非洲、东欧、拉丁美洲等发展中国家集聚区，具有一定的经济规模，是各地区有重要或一定影响力的经济体，而且在过去一段时间保持了较快的发展速度，具有较好的代表性。中国同这些国家在 1967~2015 年分时间段的投资率和 GDP 增速见表 2-2。

表 2-2　　　　　1967~2015 年主要新兴国家分时间段
投资率均值和 GDP 增速　　　　　　　　单位：%

国家	1967~1977 年		1978~1987 年		1988~1997 年		1998~2007 年		2008~2015 年	
	投资率均值	GDP增速	投资率均值	GDP增速	投资率均值	GDP增速	投资率均值	GDP增速	投资率均值	GDP增速
中国	30.73	6.56	36.18	10.09	38.78	9.93	38.59	9.98	46.50	8.62
印度	16.58	3.83	21.40	4.51	23.65	5.80	29.62	7.02	37.31	7.04

续表

国家	1967~1977年		1978~1987年		1988~1997年		1998~2007年		2008~2015年	
	投资率均值	GDP增速	投资率均值	GDP增速	投资率均值	GDP增速	投资率均值	GDP增速	投资率均值	GDP增速
印度尼西亚	15.68	7.56	24.73	5.83	32.91	6.86	21.94	2.65	32.84	5.55
菲律宾	24.97	5.66	24.31	1.69	22.53	3.77	20.88	4.16	19.52	5.29
泰国	24.75	7.38	28.21	6.30	39.20	7.97	24.08	3.82	25.60	2.83
马来西亚	22.64	7.37	28.04	5.53	36.57	9.27	23.94	4.54	23.46	4.24
土耳其	16.16	5.68	17.61	3.87	24.23	4.26	19.48	3.97	19.84	3.30
埃及	18.73	5.93	28.43	6.05	23.25	4.34	19.03	4.70	17.12	3.67
南非	27.52	3.44	24.48	2.22	17.84	1.73	17.85	3.71	20.68	1.92
俄罗斯①	—	—	—	—	28.72	-6.40	19.77	5.77	22.35	1.02
巴西	21.97	9.56	20.63	3.57	20.65	2.08	18.03	2.93	20.66	2.21
墨西哥	21.44	5.83	22.66	3.49	20.92	3.37	22.07	2.89	22.58	1.95

资料来源：世界银行WDI数据库。

从表2-2中可以看出，自1967年来，这些国家在大多数时间段内的投资率水平依然较低，有的甚至显著低于世界平均投资水平，如1967~1977年的印度尼西亚、土耳其和埃及。在一些时间段中，部分国家出现了较高的投资率。1988~1997年，泰国和马来西亚的投资率均值高于35%，印度尼西亚则高于30%，这主要源于这些国家经济高速增长吸引的大量国际资本进入，在较短时间内推高了投资率，这些国际资本大多为没有进入实体经济的游离资本，带来的高投资率是不可持续的，其流动性直接导致亚洲金融危机也说明了这一点。值得注意的是，2008~2015年，印度和印度尼西亚的投资率均值均在30%以上，其中印度达到了37.31%。具体到各年份，印度在2004年后的投资率一直在30%以上，其中2006~2012年的投资率超过35%，但2013年后又有所下降；印度尼西亚的投资率在2009年后一直保持在30%~35%的相对较高水平，并呈上涨趋势。印度和印度尼西亚的这种现象与中国的情形具有一定的相似性，但无论是投资率均值，还是持续高投资率的时间，都与中国仍有很大差距。

比较而言，中国的情况与上述新兴国家有很大不同，只有中国在每个时间段的投资率均值一直保持在30%以上，而且改革开放后每个时间段都保持在35%

---

① 因政治变动，俄罗斯的统计数据始于1989年，其1988~1997年对应的投资率为1989~1997年数据，GDP增速为1990~1997年数据。

以上的高水平,尤其是 2008~2015 年更是高达 46.50%。因此,在主要的新兴经济体中,中国的投资率最高,而且持续时间最长。

3. 与主要发达国家在历史同一发展阶段比较

我们将中国的投资率与发达国家的投资率进行比较。根据发展阶段与发展方式的理论分析,两者存在密切关系,因此比较时我们也考虑了发展阶段。根据经济规模、工业化时间以及数据来源等因素,我们选取了美国、加拿大、法国、日本和韩国共 5 个工业化国家。目前,中国 2015 年的人均国民收入为 7 900 美元(图表集法),处于中等收入阶段,因此在比较分析中只考虑各国在中等收入阶段的投资情况。

在进行比较前,我们需要先确定各个国家的中等收入时间。由于工业化国家发展较早,而世界银行缺乏相应年份的标准,因此世界银行方法不适用。我们采用费利普等(Felipe et al., 2014)提出的标准,即根据 1990 年国际购买力平价计算的人均 GDP 数据,分别以 2 000 美元、7 250 美元和 11 750 美元作为低收入阶段、中低收入阶段、中高收入阶段和高收入阶段的分界线。[①] 根据这一标准,我们使用 Maddison 数据库,确定这些国家的中低收入阶段和中高收入阶段。[②] 由此得到中国及选定工业化国家在中等收入阶段的时间和投资情况,见表 2-3。

从表 2-3 中可以看出,中国在中低收入阶段各年份投资率平均值达到了 39.33%,远高于美国、加拿大和法国在 25% 以下的水平,也高于日本和韩国在 30% 左右的水平;从高投资率年数看,中国在整个中低收入阶段的投资率均高于 30%,高投资率持续时间显著地高于发达国家。在中高收入阶段,中国的投资率平均值达到了 46.97%,投资率水平也远高于发达国家,并且在全部年份投资率均高于 30%,年数明显高于美国、加拿大、法国,略长于日本,比韩国持续时间短,但目前中国还处在中等收入阶段,2016 年、2017 年中国的投资率均超过了 44%,因此,中国高投资持续的时间显然超过了韩国高投资持续的时间。如果计算投资率≥35% 的年份数,中国无疑是世界上高投资率持续时间最长的。

[①] 我们在设定该标准中控制了与世界银行标准所得出结果的一致性。尽管如此,采用该分类标准和世界银行标准对中国的发展阶段判断有差异,但为保持此处标准统一,在与发达国家比较中我们采用 Felipe 等人的标准,其他地方采用世界银行标准。

[②] 根据 Maddison 数据,部分国家的人均国民收入有所波动,可能会反复跨越某一分界线。对此,若该国家在第一次跨越分界线后,在之后五年中有三年及以上仍然在这个分界线之上,且在后续所有年份中,无连续三年及以上年份低于分界线,则将该国家判为对应分界线上一层级的阶段,否则为仍对应分界线下一层级的阶段。

表 2-3　中国和部分工业化国家中等收入阶段投资率情况

国家	中低收入阶段					中高收入阶段				
	时间	年数	投资率平均值（%）	投资率最高值（%）	≥30%年数	时间	年数	投资率平均值（%）	投资率最高值（%）	≥30%年数
中国	1992～2008年	17	39.33	44.24	17	2009～2015年	7	46.97	47.69	7
美国	1852～1940年	89	9.99*	16.40*	0*	1941～1961年	22	13.96	18.80	0
加拿大	1881～1942年	62	14.11*	23.09*	0*	1943～1968年	26	19.37	24.55	0
法国	1874～1959年	86	23.20*	26.05*	0*	1960～1970年	11	26.98	28.32	0
日本	1951～1967年	18	31.43*	36.87*	9*	1968～1976年	9	35.95	38.84	9
韩国	1969～1987年	19	27.36	33.94	3	1988～1994年	7	33.40	36.85	6

注：世界银行提供的有关投资率数据的时间覆盖范围为 1960～2015 年，且部分国家的数据在某些年份有所缺失，对此，我们采用各国官方统计数据进行补充，经查证，世界银行数据和官方数据有一致性。有数据补充的国家所补充数据的时间段分别为：美国，1929～1959 年；加拿大，1926～1964 年；法国，1949～1969 年；日本，1955～1969 年。即使如此，补充后的数据也不能完全覆盖部分工业化国家的中低收入阶段，因此各国在中低收入阶段的投资率平均值、最高值、投资率≥30%年数（表中标注 * 数据）均为有数据时期计算出的结果，仅作参考。

资料来源：世界银行 WDI 数据库，美国经济分析局、加拿大统计局、法国统计局、日本统计局网站。

（二）储蓄率高

储蓄是投资的基础，与高投资率相对应，中国的储蓄率保持在高水平。自 1982 年以来，中国的储蓄率就基本在 35% 以上，远高于 25% 左右的世界平均水平。在改革开放初期，中国的储蓄率处于相对于其自身的较低水平，但在最低的 1983 年也达到了 34.55%，随后在波动中上升，在 1991 年超过了 40% 并进一步上升，在 20 世纪 90 年代中期经历小幅度下降后又在新世纪加快上升，在 2003 年再次突破并一直保持在 40% 以上，并在 2007 年达到了 51.97% 的高位，约为世界平均水平的两倍。中国在 2010 年进入中高收入阶段后，储蓄率呈缓慢下降趋势，但至 2015 年仍然保持在 47% 以上。①

据世界银行数据显示，各收入水平的国家组中，低收入国家组储蓄率最低，2015 年只有 7.87%；高收入国家组和中低收入国家组次之，均超过 20%；中高收入国家组的储蓄率则远高于其他收入水平国家组，2015 年达到了 33.91%。对

---

① 资料来源：世界银行 WDI 数据库。

此，我们将中国与处于中等收入水平的主要新兴国家的储蓄率进行比较，仍然发现中国的储蓄率处于非常高的水平（见图2-2）。

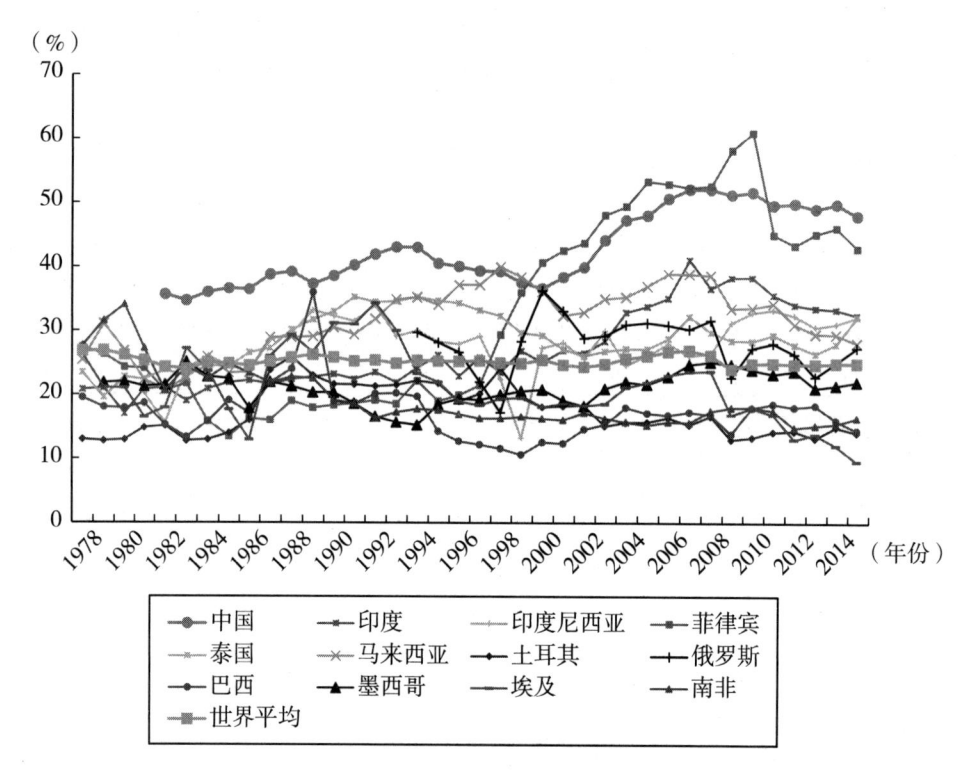

图2-2　1978~2015年主要新兴国家储蓄率变动情况

资料来源：世界银行WDI数据库。

这些主要新兴国家的储蓄率差异较大，其中东南亚和南亚地区的国家普遍拥有较高的储蓄率，绝大部分年份高出世界平均水平数个百分点；俄罗斯储蓄率波动幅度较大，总体上略高于世界平均水平；西亚和北非的土耳其、埃及、撒哈拉以南非洲的南非以及拉丁美洲的墨西哥和巴西则处于较低水平，长期低于世界平均水平，其中埃及在2015年只有9.60%。中国的储蓄率远高于上述大部分新兴国家，尤其是中国在1999年进入中高收入阶段后与大部分国家的储蓄率差距扩大到10个百分点以上，仅在亚洲金融危机后两年中略低于马来西亚和新世纪第一个十年中低于迅速上升的菲律宾。在过去几十年中，平均说来，中国的储蓄率处于最高的水平。

中国储蓄率为何这么高？学术界在这方面研究很多，观点和结论还没有形成一个共识。储蓄分为家庭储蓄、企业储蓄和政府储蓄。大多数文献都聚焦居民家庭储蓄的研究，探求中国居民储蓄率高的原因。其实，中国的家庭储蓄率相对不是太高，从储蓄结构来说，中国储蓄率高主要是企业储蓄和政府储蓄相比其他国家要高。汪德华、李琼对中国政府储蓄率进行了新的测算，其测算结果是：2008年我国储蓄率为52.65%，其中，政府储蓄率、居民储蓄率和企业储蓄率分别是11.98%，19.57%和21.10%，占比分别是22.75%，37.17%和40.08%。[①] 居民储蓄占总储蓄的比例为三分之一强，而企业储蓄和政府储蓄占比加起来高达63%。这表明我国储蓄率高的真正原因应是企业和政府的储蓄率高。企业和政府储蓄一般都转化为投资，因此，我国高储蓄率转化为高投资率是由我国的特殊国情决定的。

从上述分析可以看出，中国进入改革开放阶段后，储蓄率和投资率在长时间保持在高水平。无论是同与中国类似的主要发展中国家相比，还是同部分主要发达国家中等收入阶段相比，中国在改革开放后的投资率均是最高的，而且高投资持续时间也最长。拓展至世界所有国家，除一些特殊因素导致高投资率的国家外，中国的投资水平是最高的。不仅如此，作为投资基础的储蓄也保持在高位水平，为中国的投资驱动发展模式提供了强大的支撑。总之，中国的储蓄率和投资率水平之高、持续时间之长非常罕见，这种现象显得尤为注目。

（三）增长率高

在高投资的推动下，中国经济保持了30多年的高速增长。投资在经济发展过程中发挥了极其重要的作用。投资具有双重性质，既是需求的重要组成部分，又是生产中一种重要的投入。在投资驱动型发展方式中，投资的地位得到强化，大规模的投资产生的投资需求在需求侧中占据很高的比重，促使总需求快速增长，同时在供给侧也使生产能力快速扩张，在需求和供给保持相对均衡的情况下，推动中国经济快速增长。我们可以从纵向和横向两方面来比较中国的增长率情况。

从纵向上看，中国在改革开放后的经济增速大幅提高。根据国家统计局提供的可比价格计算，1953~1977年，中国国内生产总值年均增长5.96%[②]，人均GDP年均增长率为3.84%。从世界各国经济发展的经验来看，这一增速并不低，但这一时期的经济增长是在增长基数低、动乱后恢复性增长下实现的，而且与改革开放后的经济表现来说远为逊色。1978~2008年，国内生产总值年均增长率达

---

① 汪德华、李琼：《中国政府储蓄率：新的测算与财政视角的分解》，载于《财贸经济》2016年第9期。

② 1953~1977年增速是以1952年为基数计算得出，下文同。国家统计局公布的国内生产总值数据最早可追溯至1952年。

到 9.98%①，人均 GDP 的年均增长率为 8.79%，比改革开放前大幅提高。更重要的是，改革开放以前的经济增长极不平稳，经济增速波动很大。1953~1977年，经济增长率的变异系数为 1.58。改革开放后，经济增长率的变动也渐趋平稳，1978~2008 年经济增长率的变异系数只有 0.28。

从横向上看，在改革开放前的 1968~1977 年，中国经济增速为 6.56%，这一速度虽然较快，但不仅低于当时快速崛起的韩国、新加坡，也低于泰国等与中国发展情况相似的东南亚国家。改革开放后，中国经济增速上了一个新台阶，从改革开放开始到中国在中低收入阶段末期的 2009 年期间，年均实际增速达到了 9.97%，在世界主要经济体中位居首位，远高于同期印度、马来西亚等其他快速增长的发展中国家的增速，与日本、韩国、新加坡等快速崛起国家在高速增长时期的增速相当，更高于美国等先行发展的工业化国家的增速（见表 2-4）。在经济快速增长推动下，中国的人均国内生产总值由 1978 年的 308 美元上升至 2009 年的 4 142 美元，年均增长 8.75%；至 2018 年人均 GDP 达到 9 000 多美元，离一万美元只有一步之遥。

表 2-4　中国与部分典型国家 GDP 增速（1968~2015 年）　　单位：%

国家	1968~1977 年	1978~1987 年	1988~1997 年	1998~2007 年	2008~2015 年	1978~2009 年
中国	6.56	10.09	9.93	9.98	8.62	9.97
印度	3.83	4.12	5.80	7.02	7.04	5.67
巴西	9.56	3.57	2.08	2.93	2.21	2.83
俄罗斯②	—	—	-6.40	5.77	1.02	—
泰国	7.38	6.30	7.97	3.82	2.83	5.66
印度尼西亚	7.56	5.83	6.86	2.65	5.55	5.11
马来西亚	7.37	5.53	9.27	4.54	4.24	6.04
韩国	11.21	8.58	8.00	4.73	3.10	6.75
新加坡	10.34	7.41	9.03	5.47	4.44	6.86
日本	5.47	4.19	2.99	1.03	0.29	2.34
美国	3.44	3.20	3.10	3.03	1.23	2.81

资料来源：世界银行 WDI 数据库，由不变 2010 年美元价格计算得出。

---

① 此处数据根据国家统计局数据计算得出，下文表中使用世界银行数据计算结果为 9.99%，略有差异。此处需要与历史数据对比，下文需要与其他国家数据对比，而两个数据来源包含的年限不同，为保持数据的连贯性和可比性，以及考虑到两者数据相差不大，我们在此处和下文分别采用不同数据来源。

② 同表 2-2 中俄罗斯的情况。

从上述比较中可以看出，中国改革开放后的经济增长是十分显著的。在改革的头十几年中，由改革推进的配置效率改进对经济增长发挥了重要作用，而之后的经济增长越来越倚重资本深化（李治国，2003）。在经济全球化的背景下，中国发挥资本、劳动、技术、制度和结构等方面的后发优势（郭熙保，2009），投资水平逐步攀升，大量的投资不断地形成新的生产能力，在包括投资需求在内的内外部需求推动下，这些生产能力将资源等投入转化为产出，经济得以快速增长。中国大部分体制改革都服从于追求和实现高投资这一目标，由于促进生产能力改善的高投资是中国经济增长的关键源泉之一，生产能力提高、高投资率和快速的经济增长三者之间形成了良性互动（巴里·诺顿，2010）。

（四）其他特征

高投资、高储蓄、高增长是投资驱动型发展方式的典型特征，但不是唯一特征。例如，消费率偏低、工业化加速发展、产业结构重型化、服务业发展滞后、外贸迅速扩张、城乡和区域差距扩大、收入分配恶化、资源消耗过快、环境污染严重等都是投资驱动型发展方式的基本特征，对于这些特征我们将在不同章节中讨论。

二、发展阶段转换与投资驱动因素的变化

（一）低收入向中低收入转型中的投资驱动

根据世界银行标准，中国在1998年以前处于低收入阶段。从新中国成立初期开始到进入中低收入阶段，以改革开放为节点，中国的经济发展历程分为两个时期：计划经济时期和改革开放初期。中国投资驱动发展模式在改革开放前的计划经济时期就已形成，在改革开放后市场经济中继续得以延续。无论是哪个时期，都与政府的强力干预有很大关系。因此，中国工业化不仅有常规工业化进程的一般特征，也有中国特殊发展道路所留下的印记。

新中国成立后，经过短暂的国民经济恢复时期，中央于1952年成立了国家计划委员会，承担国民经济管理职能，该部门成为计划经济体制形成、发展和运行的关键部门。随着国民经济的恢复和1956年底中国的社会主义改造基本完成，公有制经济占国民经济绝对优势，计划经济体制确立下来，并对中国投资驱动模式的形成有重大影响。在计划经济时期，国家计划委员会及其下属部门掌管着重大投资项目的计划、审批和管理，严格控制着投资行为，因此，计划指令是这一

时期投资的主导因素，而投资力度主要受储蓄约束，储蓄主要来自农业部门的剩余，以价格"剪刀差"手段转移。这个时期的投资来源只有储蓄，没有外资，也不借债，更没通过发行货币来融资。储蓄率高，投资率就高，因为这个时期收入水平低，储蓄率不可能很高，因此投资率也不是很高，但仍然远远超出了当时经济发展水平所能达到的投资率，更是超过了刘易斯和罗斯托所说的最低10%以上的投资率。

从投资率变动看，计划经济时期可以分为两个阶段，分别为社会主义改造至20世纪60年代末以及70年代初至改革开放，中国在这两个阶段的经济基础、投资水平以及增长绩效均有所不同。在前一个阶段，尽管依靠中央计划进行了大规模投资，但彼时中国经济基础薄弱，人民生活水平低下，相当比重的资源需要满足基本消费，因而投资率相对不高。在此期间，除了50年代末60年代初的特殊时期外，中国的投资率大体上与世界平均水平持平。进入70年代，即使受到了"大跃进"、"文化大革命"等冲击，中国的投资率依然出现了一次跳跃，从1969年的24.76%跃升了近8个百分点至1970年的32.68%，并到1977年一直保持在超过30%的相对较高的投资水平，开始显著地高于世界平均水平以及低收入国家、中低收入国家和中高收入国家的平均水平。1970~1977年，中国的投资率均值为33.09%，高于同期的世界平均水平均值6.84个百分点，高出中国自身1952~1969年均值6.73个百分点。从变动情况看，该时期的投资率相对比较平稳，在33%左右波动，波动幅度不超过3个百分点。

改革开放后，中央将工作重心重新转变到经济建设上来，实施了一系列促进经济发展的改革，随着计划经济体制瓦解和市场作用强化，投资驱动的因素逐步多元化，由原来单一的政府投资向包括政府、民营经济、外资等多种主体投资的格局转变，形成了市场经济环境下的多元化投资格局。

从体制内因素看，政府投资的形式也发生了很大的变化，由国家计划委员会严格管理的直接控制模式向通过影响国有企业投资决策的间接控制模式转变。面对国有企业生产效益和竞争力低下的情况，国家通过引入承包责任制的方式推进改革，以放权让利为起点，给予国有企业更大的自主权，并将上缴利润改为以所得税和调节税等形式上缴税收，国家计划对国有企业经营干预的程度逐步弱化。然而，政府仍然起到主要的投资者角色。从政府的角度看，政府对投资项目由原来的计划指令逐步变成指导，国有企业成为政府的代理人来具体实施，计划指令的弱化未实质淡化政府对投资驱动模式的影响。从国有企业的角度看，在以市场份额为导向而不是以利润为导向的经营理念和负盈不负亏的管理体制下，国有企业往往也有扩大投资的冲动。

体制外的投资主体更引人注目，以乡镇企业、个体户、私营企业为代表的非国有经济的兴起以及外商资本的涌入切合了中国的工业化进程。为激发劳动者的积极性、主动性和创造性，1984年召开的十二届三中全会提出要坚持发展多种经济形式和多种经营方式，肯定了个体经济的作用，这一政策保障了私营经济发展的合法性，从而民营经济成为投资和发展的重要力量。在改革开放之初，公有制企业占绝对主导地位，私有制企业的数量可以忽略不计。到1996年，据第一次基本单位普查数据显示，集体企业和国有企业数量仍然占有绝对优势，占所有企业法人数量的比重分别为57.12%和16.82%；而私营企业快速崛起，总数达到44.30万个，比重达到了16.85%。

与此同时，对外开放迈出了历史性的步伐，外商投资企业快速发展。在改革开放前，由于制度和意识形态因素，国家禁止发展外商投资经济。这一情况在全国工作重心重新调整到经济建设后发生了变化。为加快经济发展，中国从1979年开始进行了一系列放开外资准入的改革，先后设立了经济特区、沿海经济开放区，开放了部分沿江城市，准许外商在特定行业和特定区域投资。此外，中国实施了出口导向战略，采取人民币贬值、优惠补贴政策，鼓励出口加工型企业发展。这一系列政策与中国的低成本优势以及毗邻日本、韩国和港澳台地区的区位优势相结合，契合了当时国际产业转移的浪潮，极大地鼓励了港澳台商投资企业和外商投资企业的资本进入内地，促进了其在内地的发展，使之成为推动中国高投资高增长的重要力量。到1996年，外商投资企业和港澳台商投资企业数量分别增长到5.39万个和5.68万个，占所有企业法人比重分别达到2.05%和2.16%，成为公有制经济的重要补充。

在市场化取向的改革推动下，以民营经济和外资为代表的非公有制经济在中国异军突起，成为中国改革开放初期一支重要的投资来源，推动中国投资快速扩张。1978年，集体经济和个体经济固定资产投资占全国固定资产总投资的比重为18.11%，而到了1996年，这一比重上升至29.91%，包括联营经济、股份制经济、外商投资经济在内的其他经济的固定资产投资比重由0上升至17.61%。

在上述因素的影响下，中国的投资率在这一时期进一步提高，呈现出周期性波动上升趋势，投资率均值为37.39%，低点为1983年的32.69%，高点在1993年的44.24%。在每个周期中，投资率先达到一个新的高度，但在随后几年中缓慢下降，尔后上升而进入新周期。从图2-2中可以看出，1978年、1985年和1993年等年份是各个周期的波峰。结合中国改革的历史，这些节点对应着中国经济重大改革或政策推进和实施的关键时期：1978年为改革开放的起始年，改革率先在农村启动，农业生产由集体经营向家庭联产承包责任制转变；1985年起改革由农村推向城市，国有企业推进利改税改革，企业经营激励大大加强；1993年社会主义市场经济体制的确立加快了中国的市场化改革步伐，并大举引入外资。这种耦合关系不是偶然的，改革不断深入，使束缚经济主体活动的各种限制规定逐步放松或取消，刺激各类经济主体扩大投资的热情。在当时收入水平低下的情况下，不存在生产过剩和需求不足问题，因此，高投资促进了高增长。中国在1978~1997年年均实际GDP增速达9.90%，较计划经济时期快了好几个百分点。经济的快速增长，也带动人均收入快速增长，在1999年达到了860美元（当年价），中国从此进入中低收入国家行列，总体上解决了温饱问题。

（二）中低收入向中高收入转型中的投资驱动

中国在20世纪末进入中低收入阶段后，延续了改革开放以来的经验，继续在各领域推进探索性的改革，而最引人注目的是市场经济体制的建立和完善，极大地推进了中国的工业化、城镇化和对外开放水平，使中国在较短时间内实现中低收入阶段向中高收入阶段转型，加快了中国的现代化进程。

相比于前一个阶段，体制内的投资表现也有所变化。在一系列相关制度安排下，地区之间的竞争加剧促使地方政府的投资冲动愈发激烈，为投资驱动型发展方式烙上深刻的政府印记。经过改革开放前20年的发展，"以经济建设为中心"的观念深入人心，在发展是硬道理的思想指导下，经济绩效成为官员考核的重点，区域经济竞争愈发激烈，GDP成为最重要的考核指标，政绩较好的官员一般拥有更高的概率获得晋升，由此形成了以经济增长为基础的"晋升锦标赛"（周黎安，2007）。对地方来说，扩大投资是拉动经济增长最直接、最便捷、见效最快的方式，因此，政府尤其是地方政府往往具有很强的投资动机。一方面，政府本身掌握着巨额的财政资金（包括土地转让收入），具有较强的基础设施投资能力，而且国有企业作为政府在市场经济中的代理人，可直接执行政府的投资决策；另一方面，政府也有利用优惠政策进行引资的强烈动机，引诱企业扩大投资（郭庆旺等，2006）。为了在"晋升锦标赛"中获胜，地方政府官员对招商引资的竞争异常激烈，不遗余力地开展招商引资，纷纷出台各种优惠措施，建立各类产业园区。地方政府是推动中国投资驱动型发展方式形成和发展的主要推手。

体制外的因素也出现一些新的变化，尤其是中国特色社会主义市场经济体制的建立为投资增添新的动力。中国市场化改革开始于低收入阶段，但这一改革的效应在中国进入中低收入阶段后愈加显著，而且契合了中国的工业化、城镇化进程，对中国经济增长带来更大的贡献。樊纲等（2010）对中国市场化进程的评价显示，2000年后中国市场化指数增长明显加快，并达到较高水平。市场化程度的提高，有利于提高资本（方军雄，2006；姜付秀等，2011）和劳动力（蔡昉等，1999）的配置效率，提高全要素生产率（樊纲等，2011），进而提高资本回报率。市场化进程的提高对于提高投资率有重要促进作用。

同时，中国的对外开放事业也加速发展，从部分城市和部分区域开放向全面开放推进，并且扩大开放领域，逐步形成了全方位、多层次、宽领域的对外开放格局。在20世纪末期开放的基础上，中国在2001年末加入世界贸易组织，除了特殊区域、部分领域外，中国在规定时限内逐步取消开放限制，这是中国全面开放的重大标志。根据世界贸易组织规则，中国的开放领域由传统的货物贸易向服务贸易拓展，并构建了更加法制化、透明化和规范化的市场准入制度，进入了开放的新阶段。开放程度的加深进一步加快外资进入内地，进而促进投资快速增长。数据显示，外商投资企业和港澳台商投资企业对中国的固定资产投资由2000年的2 606.2亿元增长到2009年的15 487.7亿元，按可比价算年均增长达19.04%。

与此同时，随着经济发展阶段的转换，中国工业化和城镇化进程加速，客观地要求中国在这一过程中加大投资。工业化方面，工业规模迅速扩大，工业销售产值由2000年的8.37万亿元增长到2009年的53.61万亿元，按可比价算年均增长20.68%；同时工业结构也快速变化，重工业化比重提高，重工业与轻工业销售产值之比从2000年的1.53上升至2009年的2.41。城镇化方面，常住人口城市化率从1998年的33.35%提高到2009年的48.34%，在中低收入阶段年均提高1.36个百分点，远高于1978年改革开放之初到1997年低收入阶段结束之间的年均提高0.72个百分点。工业化和城镇化加快推进需要高投资的支撑，如工业化需要大量的资本设备和技术改造投资，城镇人口快速增长也需要大量的基础设施和房地产投资，这些成为发展阶段转换后刺激投资的重要因素。

这一阶段中国投资增长较低收入阶段更加明显。2009年，中国固定资产投资从1998年的2.84万亿元增长到22.46万亿元，按可比价算年均增长18.30%。从投资率来看，相比于改革开放前20年，中国在这一时期的投资率又有所提高，从1998年的35.56%上升至2009年的46.44%，均值达到了39.45%，并保持相对平稳的上升趋势，到中低收入阶段结束时已接近历史最高水平。

（三）两阶段投资驱动因素比较

中国投资驱动型发展方式是经过长时间的演化而逐步形成和强化的，是一种顺应经济规律同时具有中国特色的经济发展方式，在低收入阶段和中低收入阶一脉相承，既有相似点，也有不同的特征。

从投资主体看，低收入阶段分为两个时段，计划经济时期只有一个投资主体，那就是国家。改革开放初期，计划经济体制下国家对投资的偏好延续到改革开放以后，即使在市场取向的改革时期，民营经济快速发展，外资大量涌入，非公有制经济在投资中发挥了越来越重要的作用，政府及其在市场中的代理人——国有企业也一直是固定资产投资的主导者。1998年中国进入中低收入阶段时，国有经济的固定资产投资比重仍然占总额的一半以上，达到了54.11%。进入中低收入阶段后，这种情况随经济发展和经济转型的推进而有所变化，体制内投资依然发挥着重要作用，但民营企业、外商投资企业等非体制内投资也占据重要位置，到2009年，国有经济固定资产投资只占全部总额的31.03%，而体制外的投资份额则将近七成，其中有限责任公司和私营企业分别达到23.78%和20.88%。

投资的动力因素在计划经济时期和市场经济时期是完全不同的。在计划经济下，投资是不讲效益的，完全由决策者根据自己的判断来决定，而且往往不是根据经济因素判断，而是政治因素为主导，因此，投资效益较低，虽然投资会带来一时增长，但由于投资效率低，这种增长是不可持续的。从改革开放初期到20世纪末进入中低收入阶段为止，这个时期的投资动力因素逐渐转变到经济上来，相比计划经济时期更多地讲求效率和效益了。但政府的投资依然还是以增长为目标，投资效率还不是很高，所幸的是，非公有制经济发展壮大起来了，其投资的目标是追求利润，因此以效率和效益为中心，所以这个时期的投资效率总体上是高于计划经济时代的。但是与中低收入阶段相比，投资效率仍然是偏低的。在中低收入阶段，中国经济体制市场化程度不断提高，工业化和城镇化加速推进，劳动力和资本要素的自由流动导致资源配置效率的提升，投资收益率不断提高。这时候，投资的动力因素更多来自效率，也就是投资回报率的提高。根据经济学原理，没有高资本回报率的投资是不可持续的，改革开放以来中国的投资率长期保持在罕见的高位上，必然有高资本回报率的支撑，相关研究也证实了这点。白重恩等（2006）研究发现，中国的资本回报率在1978～1993年达25%，之后有所下降，到1998年维持在20%左右。孙文凯等（2010）从宏观视角对中国、美国和日本的资本回报率估算表明，中国在1978～2006年的平均资本回报率高达21.9%，远高于美国的6%和日本的8%的平均水平。陈培钦（2013）的研究结果表明，中国的资本回报率大多数年份在15%～20%波动。白重恩等（2014）则测度了多种情况下的资本回报率，在国际金融危机前，在不考虑存货的情况下资本回报率多在20%以上，剔除生产税和企业所得税后仍然在10%以上。因测算的视角、方法及数据等方面的原因，这些结果存在一定的差异，但不可否认的是中国在改革开放后的资本回报率处于很高的水平。正是在高资本回报率支撑下，中国保持了持续的高投资水平。

三、投资驱动型发展方式的历史贡献

（一）国家综合实力前所未有的增强

中国投资驱动型发展方式对于支撑中国经济快速增长起到了重要作用，尤其是助力中国经济在改革开放后保持了长达 30 多年的高速增长，使中国在较短时间走完低收入阶段和中低收入阶段，实现从温饱不足到小康发展水平的转变。上文比较分析表明，中国在改革开放后的经济增速是全世界最高的。由于长达 30 多年持续高速增长，中国的经济规模快速增大，在较短时间内实现了赶超，与资本主义发达国家的差距在迅速缩小。1978 年，中国 GDP 为 1 495.40 亿美元①，位居世界第 11 位，不仅远低于 G7 集团国家，也低于巴西、西班牙和荷兰，略高于印度。1995 年，中国 GDP 达到 7 345.48 亿美元，首次超越 G7 集团的加拿大。1999 年，中国进入中低收入阶段时，中国的 GDP 已达到了 1.09 万亿美元，位居世界第 7 位。此后，中国先后在 2000 年、2005 年、2006 年、2007 年分别超越意大利、法国、英国和德国。在 2010 年进入中高收入阶段时，中国 GDP 实现历史性跨越，达到 6.10 万亿美元，超越日本位居全球第 2 位。截止到 2016 年，中国的国内生产总值达到 11.20 万亿美元，超过了第 3 位日本一倍以上，大约为改革初期与中国经济规模相当的印度的 5 倍，仅次于美国而位居世界第 2 位。到 2018 年，中国 GDP 首次超过 90 万亿元人民币，折成美元 13.7 万亿，差不多是日本 GDP 的 3 倍。

伴随着经济规模的扩大，中国构建了较为完善的现代产业体系，尤其是工业规模全球第一，主要产品实现了由农产品、矿产品等初级产品向工业制成品的转换，并且近年来在一些高端制造业迅速发展，开始进入现代发达国家的优势领域。同时，中国目前是全球最大的贸易国，其生产的制成品进入了世界各地，"中国制造"成为全球很多国家不可或缺的产品，中国因而也被誉为"世界工厂"。

（二）人民生活水平从温饱型上升到小康型

在改革开放初期，人民生活水平很低，有很多地区人民的生活不能达到温饱

---

① 数据来源：世界银行数据库网站，现价美元，下同。

水平，尤其是在中西部的农村地区更为严重。通过投资的高速增长，这一情况在快速的经济增长下很快就发生了转变，城乡居民的收入水平快速提高，人民生活不断改善。进入 20 世纪 90 年代初，温饱问题基本解决，"三步走"中第一步目标基本实现。随着经济的持续增长，居民收入稳步提高，进入 21 世纪之初人均国内生产总值超过 1 000 美元，人民生活总体达到小康水平，"三步走"第二步目标也初步实现。从城乡居民收入上看，城镇居民家庭人均可支配收入从 1978 年的 343.4 元提高到 2012 年的 24 564.7 元[①]，扣除物价因素增长了 5.24 倍；农村居民家庭人均纯收入从 1978 年的 133.6 元提高到 2012 年的 7 916.6 元，扣除物价因素增长了 4.03 倍。伴随收入水平的提高，人民生活水平得到不断改善。从 1978 年到 2012 年，城镇居民人均现金消费支出从 311.2 元增长至 16 674.3 元，农村居民人均现金支出则从 47.6 元增长至 5 414.5 元。同时，居民支出逐步向耐用消费品扩展，城镇居民恩格尔系数由 1978 年的 57.5% 下降到 2012 年的 36.2%，同期农村居民恩格尔系数则由 67.7% 下降到 39.3%。

耐用消费品和住房面积更能直观反映出人民生活状况的变化。中国普通家庭在改革开放初期几乎没有任何耐用消费品，而从 20 世纪 80 年代开始，电视机、洗衣机和电冰箱开始走进千家万户，电话、空调和电脑在 90 年代也逐渐成为普通家庭的必备用品，进入 21 世纪后越来越多的家庭开始购买家用汽车。2012 年，城镇居民家庭平均每百户拥有 136.1 台彩电、98 台洗衣机、98.5 台电冰箱、126.8 台空调、212.6 部移动电话、87 台电脑、21.5 辆汽车；农民家庭平均每百户拥有 116.9 台彩电、67.2 台洗衣机、67.3 台电冰箱、25.4 台空调、197.8 部移动电话、21.4 台电脑，农村居民人均住房面积从 1979 年的 8.4 平方米增长到 2012 年的 37.1 平方米，农民生活条件明显改善。[②]

（三）减贫取得举世瞩目的成就

随着经济持续高速增长，中国的减贫工作取得了举世瞩目的成就。在高投资、高增长的推动下，不仅人均收入和生活水平不断上升，而且这种增长带来了发展，其明显标志是最低收入群体的收入水平在快速提高，贫困人口快速下降。结合经济发展情况，中国先后多次提高贫困标准，无论是哪种标准，中国的贫困人口都快速减少（见图 2-3）。按照 2014 年贫困标准划分，中国的贫困人口由

---

① 国家统计局在 2012 年及以前分别开展了城镇住户抽样调查和农村住户抽样调查以获取城镇和农村收支与生活状况的数据，2013 年开始进行城乡一体化住户收支与生活状况调查，调查范围、调查方法、指标口径有所不同，不具有可比性。我们分析的重点是投资驱动型发展方式对人民生活水平的影响，2012 年数据已能反映这一情况，因此数据截止到 2012 年。本段下同。

② 资料来源：国家统计局网站数据库。

1978 年的 7.7 亿人减少到 2015 年的 5 575 万人。联合国 2015 年发布的《千年发展目标报告》显示，中国对全球减贫的贡献率超过 70%。总之，无论用什么标准，中国的减贫成就是极其巨大的。

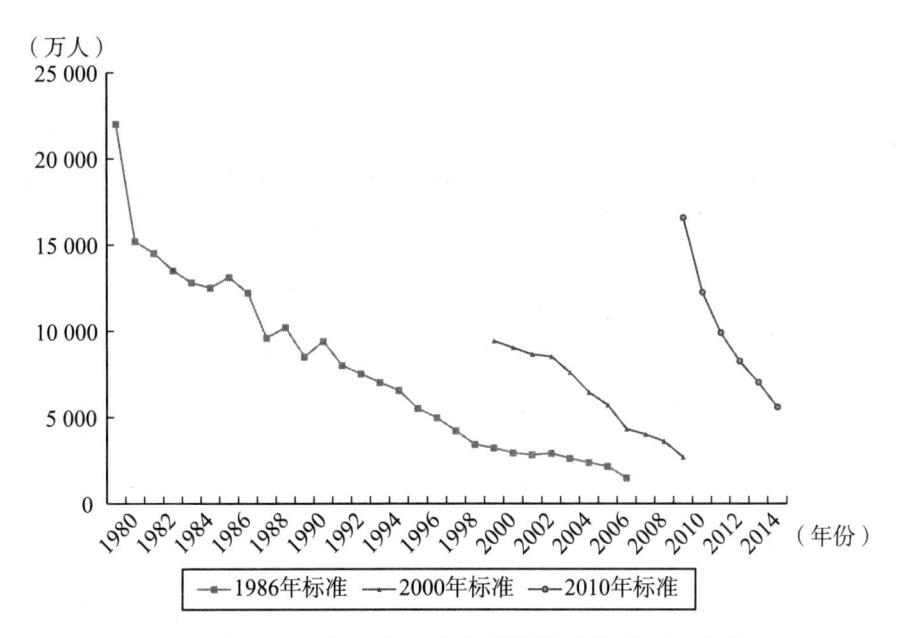

图 2-3　1980 年以来不同贫困标准下的贫困人口数

资料来源：中国社会科学院和国务院扶贫开发领导小组办公室：《中国扶贫开发报告》（2016）。

第三节　迈向高质量发展阶段经济发展方式的转变

如上所述，投资驱动型发展方式促进了中国的高速增长和发展。但正如第一节所论述的，发展方式与发展阶段紧密相关，一种发展方式不可能永远不变，否则就会带来经济停滞。这就是说经济发展是动态演进的，而发展方式也是动态演进的，不存在一劳永逸的发展方式。在低收入阶段，投资驱动型发展方式使中国经济实现起飞，走上快速工业化轨道，但这种发展方式的长期实施也会带来种种弊端，当经济发展到较高阶段时这种弊端越来越凸显。2008 年国际金融危机带来的外部冲击，使这种投资驱动型发展方式的弊端更加突出。在这种情况下，中央自 2007 年以来提出要加快转变经济发展方式，并为此进行了一系列相关改革，采取了一系列措施来转变经济发展方式。

一、中国投资驱动型发展方式的弊端

（一）消费率偏低，有效需求不足

在总需求中，投资与消费此消彼长，高投资率必然是低消费率，中国长期形成的高投资模式，必然会导致消费率偏低。这种需求结构是中国投资驱动发展方式的结果，更有甚者，由于消费率低，要扩大需求，就得增加外需、扩大出口，或者增加投资，以弥补需求不足，结果导致消费率更低，形成了恶性循环。最终结果是产能过剩和增长下滑。

消费需求不足在宏观上的直观表现是市场上的消费品过剩，这一般发生在高收入国家，在低收入国家和中等收入国家是不可能发生的，但在中国进入中高收入阶段时发生了。在计划经济时代，收入水平低下和重工业优先发展战略造成消费品长期短缺，票证泛滥就是这种短缺的标志，因此消费不足是不存在的。随着经济的发展和市场化程度的提高，各类产品日益丰富，市场供不应求的局面在 20 世纪末期得到根本的改善，长期以来总体上的供给短缺已经不存在了，而逐渐转变为结构性供给过剩，表现为一般产品普遍过剩，而高质量、高品质的产品供不应求。消费需求不足主要是收入中用于消费支出的比例即消费率过低造成的。中国 2010 年进入中高收入阶段时，家庭人均消费为 1 612.71 美元[①]，仅相当于中高收入国家 3 138.13 美元的平均消费水平的一半，远低于世界平均水平 5 467.15 美元；2015 年，中国这一数据提高至 2 401.70 美元，也仅为中高收入国家平均水平的 62.74% 和世界平均水平的 41.17%。

消费需求不足的原因是多方面的。劳动报酬在国民收入中的比重较低，导致普通居民无钱消费；社会保障体系不健全、教育产业化和住房市场化导致价格飙涨，使得普通居民不敢消费；中国传统文化习惯把收入财产留给后代导致居民不愿消费；还有中国产品质量低下、假冒伪劣盛行，以及供给结构不合理，导致一般居民无法消费，想要购买的东西买不到，每年有几千上万亿"海外购"就是明显的实例。[②] 不过，我们认为消费不足的主要原因是收入分配不均。一般居民无钱消费是主因，其实居民储蓄率并不是太高，正如前面所论述的那样，中国储蓄高主要是政府储蓄和企业储蓄高所致。对于大多数家庭来说，主要是收入低再加上教育和住房的开支巨大，造成消费不足。关于中国消费投资比偏低的状况和原

[①] 资料来源：世界银行 WDI 数据库，2010 年不变美元价，本段下同。
[②] 2016 年中国游客海外消费额为 2 610 亿美元，这还不包括海外网上购物消费。

因将在第三章中进行详细分析。

消费需求不足导致投资需求也不足。政府为了保增长,当消费需求不足时通过实施扩张性的财政和货币政策来增加投资,以保证总量需求扩张。结果是产能过剩情况愈加严重,形成了"面多了加水、水多了加面"的恶性循环局面。近10年来中国出现的钢铁、有色金属、水泥、玻璃、煤炭等重工业产品产能过剩现象,则是投资需求不足的直观反映。国际金融危机爆发前,外需的快速增长弥补了国内投资和消费需求的不足,而危机后外需的持续疲软使得高投资导致的大量产能难以为国内需求所吸收,这就出现了产能过剩、价格续跌,致使投资需求在中国经济进入新常态后趋于疲软,造成多个行业出现产能过剩问题。2012年底,中国在钢铁、水泥、电解铝、平板玻璃、船舶等行业的产能利用率分别仅为72%、73.7%、71.9%、73.1%和75%,明显低于国际平均水平,而且产能过剩呈加剧之势①。产能过剩和需求不足必然会导致投资率下降,经济增长率下滑。关于产能过剩问题我们将在第五章中详细讨论。

(二) 产业结构失衡,就业压力变大

在工业化和城市化加速时期,工业比重过高,服务业发展相对不足,这也是投资驱动型发展方式导致的结果。相比世界其他处于相同发展阶段的国家,中国第二产业比重尤其是资本密集型制造业比重偏高,而第三产业发展相对滞后,现代服务业发展不充分,整体竞争力不强,对第一产业和第二产业支撑力不足。当然,工业占比高是工业化的必然现象,中国工业占比比其他类似国家高也不意味着不合理,因为中国的经济增长率比其他国家高很多。只有在工业占比高而增长率较低的情况下,我们才能说工业占比偏高是不合理的。但是,当中国经济进入中高收入阶段之后,增长率在减速,这时工业发展相对减缓,占比要相应下降。近几年,我国产业结构出现了明显的变化,第三产业发展相对较快,比重上升到超过50%,而第二产业发展相对较慢,占比下降,产业结构逐渐向去工业化方向发展。但是由于各种原因,尤其是为了维持经济和社会稳定,产业结构调整具有滞后性,并不是随增长率下降而迅速调整,因此过去那种高投资带来的高增长的格局一下很难改变,于是就出现了产业结构失衡的情况,这种失衡的产业结构加大了就业压力。关于中国产业结构的变化趋势与原因将在第五章中详细讨论。

从就业吸纳能力来看,在不同经济发展阶段,不同产业对劳动人口的吸纳能力不同。处于发展初期阶段的第一产业吸纳的就业人口最多,但这种就业人口主要为边际产出很低甚至为零的剩余劳动力,第一产业犹如就业"蓄水池",其他

---

① 数据源于国务院2013年10月发布的《关于化解产能严重过剩矛盾的指导意见》。

产业不能吸纳的就业人口被迫在第一产业就业。随着工业化过程的推进，这些剩余劳动力转移到其他产业中。当经济发展到中等收入阶段时，第二产业和第三产业就业吸纳能力快速上升，并逐步成为主要就业部门。但相比而言，第二产业由于资本密集型特征，吸纳的就业人数较少，而第三产业具有劳动密集型特征，吸纳的就业人数较多。在工业占比偏高而服务业占比偏低的情况下，就业压力越来越大。自 2006 年以来，中国城镇历年新增就业人数保持在 1 000 万人以上，2013 年保持在 1 300 万人以上。但是，中国作为人口最多的发展中国家，同时面临经济增长放缓、投资增速下降，技术进步带来的机器和人工智能对人的替代，使得中国目前面临的就业压力巨大，这是每个国家都遇到的难题，而中国从高速增长向中高速增长甚至中低速增长的转型过程中，就业压力可能比高速增长时期、比其他类似国家更为严重。

（三）创新能力不强，技术进步缓慢

上述分析表明，中国经济在由低收入阶段向中低收入阶段进而向中高收入阶段过渡过程中，资本的贡献最大，技术进步贡献较小，而进一步考察资本在经济增长中的动态变化，发现在改革开放初期，体制改革和结构改善等因素推动的全要素生产率提高对经济影响较大，而到 20 世纪 90 年代后期，资本在经济发展的贡献逐步扩大，全要素生产率提高较为缓慢。

从改革开放初期到国际金融危机爆发时，中国主要经历了三轮对经济增长影响深远的改革：1980 年前后的农村土地经营制度改革、20 世纪 80 年代中期到 90 年代初的国有企业改革和 1992 年邓小平南方谈话后的市场化改革（郑京海等，2008）。前两轮改革使经济主体获得更大程度的自主权，极大地激励了农业和国有企业生产的积极性，通过资源优化配置提高生产效率，在较少地依赖资本与劳动力增长的情况下实现较大幅度的经济增长。第三轮改革在前期所有制改革基础上，肯定了私有经济在经济发展中的地位，实质性地破除了束缚私有企业发展的桎梏，为资本与劳动力、土地、自然资源等丰富而廉价的要素相结合创造了条件，提高了资本配置效率（方军雄，2006；方军雄，2007），并促进全要素生产率的提高（樊纲等，2011），但要素投入仍然占据主导地位。相比而言，前两轮改革主要是促使产出向生产可能边界靠近，改革的效应在相对较短的时间内释放出来，但其推进的所有制结构变动为未来市场化改革奠定了基础；第三轮改革的影响最大，持续的时间也最长，资本与其他资源的结合则拓展了生产可能性边界，巨大的国内市场潜力及世界需求与不断扩张的生产能力相结合并将其转化为产出，尤其是 90 年代外资的大量涌入和 2001 年中国加入世界贸易组织极大地推动了这一过程，从而实现了经济的快速增长。据国家统计局数据显示，按可比价

格计算的 2008 年国内生产总值比 1990 年增加了 5.08 倍，第二产业就业人口增加了 0.48 倍，吸纳劳动力较多的第三产业就业人口增加了 1.09 倍，而同期固定资产投资的增幅为 14.20 倍，资本投入力度明显大于劳动力增加幅度，也显著高于产出的增长幅度。以当年价计算的固定资产投资与国内生产总值的比值从 1980 年的 0.20 在波动中上升至 1990 年的 0.24，到 2001 年上升至 0.34，之后这一比值快速上升，到 2008 年上升至 0.54，2015 年又进一步上升至 0.82。这一系列数据显示了资本—产出比的不断提高，也就是资本不断深化，这是投资驱动发展方式一个较为直观的体现。

很多学者的实证研究支持了这一判断，他们发现在 20 世纪 90 年代后，资本对经济增长的贡献有上升趋势。云鹤等（2009）构建了一个判别经济发展方式的指标，发现改革开放初期经济发展方式不稳定，认为这主要是经济体制改革等因素导致的变动；而 1992 年后有资本深化现象，经济发展方式逐步向要素投入型演变。姚战琪（2009）对经济总体和工业行业实证分析的结果表明，全要素生产率在 1985~1993 年剧烈波动，而在 1993~2007 年出现下降趋势，其在前期的不稳定波动源于相关改革进程的推进，而后期的下降则是资本深化导致的资本对其他要素的替代。关于要素投入结构变化和投资效率问题将在第四章中详细讨论。

（四）劳动所得占比低，收入分配恶化

国家统计局数据显示，2003~2016 年中国基尼系数基本处于 0.46~0.49 之间，最高的年份出现在 2008 年，达到 0.491，最低的为 2015 年的 0.462。这一数字甚至比世界银行世界发展指标数据库的数字要高，后者数据显示，中国的基尼系数分别在 2005 年、2008 年和 2009 年达到 0.425、0.426 和 0.420。从国际比较看，中国的基尼系数虽然还没有达到一些拉丁美洲国家的水平，但是要高于亚洲的印度和印度尼西亚，也高于日本和韩国 20 世纪 90 年代的水平[①]，而且远超过 0.4 的警戒线。

收入分配恶化有很多原因，其中一个重要原因是资本和劳动所得在国民收入中占比的变化。很多研究证明，自 20 世纪 90 年代中期以来，居民部门在国民经济中的收入份额呈下降趋势，而资本收入的份额逐步增加。根据国家统计局分省收入法地区生产总值核算数据计算，劳动份额从 90 年代以来呈下降趋势，到 2007 年达到 42.86% 的历史低位。劳动收入份额的持续下降，致使社会的收入分

---

① 世界银行 WDI 数据库资料显示，印度的基尼系数大致为 0.33；印度尼西亚在 2005 年和 2008 年为 0.34，2011 年有 0.38；日本在 1993 年的基尼系数只有 0.25，韩国在 1998 年有 0.32。一些拉丁美洲国家，如巴西、玻利维亚、哥伦比亚等国家常年高于 0.55，甚至接近 0.60，是世界不平等程度最高的地区。

配恶化，这对经济和社会的稳定发展带来了挑战。而收入分配向资本所有者倾斜，主要是高投资带来的结果，是投资驱动性发展方式的必然趋势。要扭转劳动在收入中的份额下降，必须降低投资率和资本积累率。

收入分配恶化不仅不利于维护社会稳定，还不利于需求扩大和经济增长。相比而言，低收入群体的消费倾向比高收入群体要高，当收入分配向资本所有者倾斜时，这部分高收入群体新增的消费相对较少；同时，低收入者即使有很强的消费倾向，而且对部分商品有相应消费能力，但是基于审慎动机，他们依然倾向于将一部分收入储蓄，从而抬高储蓄率并降低消费率。倘若在收入分配更加均衡时，高收入群体将部分收入转移给低收入群体，则低收入群体将新增收入转化为消费的可能性更高，同时高收入群体因收入减少而降低的消费相对较少，这对于扩大消费是一种新途径。

（五）资源消耗大，环境退化严重

投资驱动型发展方式的一个重要表现是大规模的要素投入，尤其是对重化工业发展所需的基础能源、矿产资源等消耗巨大。在工业化和城市化过程中，国民经济从以农业占主导地位转向以工业占主导地位，必须要开展大规模基础设施建设，采掘业、钢铁、建材等重化工业必须相应加快发展，这一过程需要消耗大量的矿物资源和化石能源，尤其是煤炭、石油等化石能源和铁、铝、铜、水泥等矿产资源，这是很多国家在发展过程中都经历过的事情。然而，与其他很多国家不同，在投资驱动型发展方式下，中国的工业化和城市化进程更快，经济增长率更高，这种快速工业化需要投入更多的资本设备和原材料，加剧了对物质资源的过分消耗。相关研究表明，中国的物质资源消耗相对于其他国家更大。中国科学院可持续发展战略研究组比较分析发现，中国在2012年消耗了全世界50.2%的煤炭、44.7%的粗钢、46.1%的成品钢材、55.4%的铁矿石、55%以上的水泥、44.4%的常用有色金属。① 联合国环境规划署的报告显示，2008年中国的物质资源消费量达226亿吨，占世界总量的32%，是世界上最大的原材料消费国，约为第2位美国的4倍。②

更多的物质资源消耗意味着更多的排放，在环境保护法制不完善的情况下这些排放加剧了中国的环境污染。根据环境库兹涅茨假说，污染水平和经济发展阶段有密切关系，为消除发展水平导致的差异，我们将中国和部分与中国发展阶段

---

① 中国科学院可持续发展战略研究组：《2014中国可持续发展战略报告——创建生态文明的制度体系》，科学出版社2014年版。
② James West, Heinz Schandl, Sonja Heyenga, Shaofeng Chen. Resource Efficiencyeconomics and Outlook for China, UNEP, 2013.

相近的主要发展中国家进行对比,分析各个国家的年平均 PM2.5 浓度和人均二氧化碳(CO_2)排放量的变化情况(见表 2 - 5)。从年平均 PM2.5 浓度上看,只有中国和印度的这一指标呈不断上升趋势,中国的绝对量略低于印度,但涨幅远大于印度;其余国家则保持相对稳定,部分国家甚至有所下降。人均 CO_2 排放量方面,各个国家均有一定的上升,但相对来说,中国的涨幅最明显,2010 年的人均 CO_2 排放量约为 1990 年的 3 倍,远高于其他国家。从这两个指标看,中国的排放水平、增长幅度均远高于其他国家,这一情况与中国的快速工业化有密切关系。

表 2 - 5　部分年份主要发展中国家 PM2.5 浓度和人均 CO_2 排放量

国家	年平均 PM2.5 浓度（μg/m³）					人均 CO_2 排放量（t/人）				
	1990	1995	2000	2005	2010	1990	1995	2000	2005	2010
中国	48.54	49.64	51.63	56.90	58.22	2.17	2.76	2.70	4.44	6.55
印度	59.87	60.60	61.50	65.66	64.63	0.71	0.84	0.98	1.07	1.40
印度尼西亚	16.65	16.67	16.49	17.11	14.50	0.82	1.14	1.25	1.51	1.77
菲律宾	24.42	24.50	25.23	28.04	23.55	0.67	0.87	0.94	0.87	0.91
泰国	23.55	23.73	23.84	24.82	22.48	1.60	2.71	2.88	3.78	4.29
马来西亚	15.52	15.70	15.91	19.81	15.27	3.14	5.91	5.42	6.80	7.77
墨西哥	24.60	26.57	28.91	26.02	20.24	3.68	3.49	3.76	4.01	3.79
南非	34.89	35.92	37.04	35.85	29.75	8.69	8.70	8.43	8.76	9.30
巴西	14.78	15.41	16.16	13.78	10.96	1.40	1.59	1.87	1.86	2.13
俄罗斯	22.10	16.80	15.33	15.02	16.62	—	11.00	10.63	11.25	11.73

注：1990~2010 年世界银行对各国 PM2.5 的数据为每五年统计一次,2010 年以后各年数据都有统计。

资料来源：世界银行 WDI 数据库。

二、全球化背景下中国转变经济发展方式面临的挑战

(一) 经济全球化新趋势的挑战

2008 年爆发的国际金融危机使世界各国经济遭受打击,尤其是欧美等西方发达国家遭受打击更大,经济增长停滞甚至倒退,财政和债务危机阴霾不散,失业率飙升,人民收入下降,国内不满情绪加重。在此情况下,无论是这些国家的政府政策还是人民群众的态度都有所改变,自 20 世纪 80 年代日益凸显的经济全

球化出现了一些新变化，这些都迫切要求中国加快转变经济发展方式。

受国际金融危机影响，贸易保护主义倾向加重，经济全球化阻力加大。长期以来，很多国家基于保护本国产业和就业等原因存在反对开放市场的声音，而各国在国际金融危机后经济复苏乏力，贸易保护主义思潮更为凸显。长期的外贸顺差使中国成为贸易保护主义者的攻击对象，中国成为遭受贸易保护主义抵制最多的国家。根据世界贸易组织统计，中国自 1996 年以来一直是遭受反倾销调查最多的国家，自 2007 年以来也一直是遭受反补贴调查最多的国家，近年来约有 1/3 的调查针对中国。商务部数据显示，中国在 2016 年共遭遇了 27 个国家或地区的 119 起贸易救济调查案件，其中反倾销 91 起，反补贴 19 起，保障措施 9 起，涉案金额达到 143.4 亿美元，案件数量和金额分别上升了 36.8% 和 76%。2018 年以来由美国挑起的中美贸易战把贸易保护主义推向了更高的水平。当前，中国成为世界产业链条中不可或缺的重要环节，在全球经济依然疲软的情况下，在中国在全球化中的影响力日益增强的背景下，可以预见未来中国面临的贸易摩擦只会更多、更严重。这对中国的出口导向战略带来巨大冲击，进而增加了转变投资驱动型经济发展方式的迫切性。

（二）新一轮科技革命的挑战

近年来，随着物联网技术的快速发展，以智能制造为标志的第四次工业革命兴起，世界各制造业大国也推出各自在新一轮工业革命中的工业发展计划，这也加剧了中国转变经济发展方式的紧迫性。

作为前三次工业革命的发源地，西方发达国家最先享受了工业革命带来的好处，并且促使它们在当今世界政治格局中占据有利位置。因此，西方发达国家也很重视第四次工业革命，期望继续占据新一轮科技革命的制高点，纷纷制定制造业提升计划，如德国的工业 4.0、美国的先进制造伙伴计划等，以推动制造业转型升级。西方发达国家推行的制造业提升计划不是简单的发展制造业，而是通过对制造业产业链的重构保持其在制造业的领先地位，推动经济结构合理化，提高产业竞争力和抗风险能力，为经济和社会长远发展奠定基础。

与前两次工业革命的缺位者和第三次工业革命的追赶者角色不同，中国在新一轮工业革命中与西方发达国家站到同一起跑线上，成为科技革命的领跑者，这势必面临与西方发达国家面对面的竞争。中国经过改革开放后的追赶，在工业化过程中逐步建立起较为完善的制造业体系，并积极向高端领域扩展，提升制造业技术水平，目前已成为世界最大的信息技术生产国、消费国和出口国，在信息技术方面有一定的技术和人才储备，为技术变革奠定了较好基础。2014 年，中国发布了《中国制造 2025》以明确未来 10 年制造业发展计划，力图将中国从制造业大国转变为制造业强国。中国在实施制造强国战略中,必然会面临来自欧美国家强有力的竞争和挑战。2018年以来美国向中国发动贸易战的一个重要目的就是要遏制中国成为制造强国。因此,要在新一轮竞争中占据先机,我们必然要转变投资驱动型发展方式。

三、迈向高质量发展阶段转变发展方式的新思路与新举措

中国进入中高收入阶段后,中国经济的自身状况和外部发展环境跟改革初期相比都发生了很大的变化,投资驱动型发展方式已经不能适应当前经济发展要求。如果不能顺利转变经济发展方式,克服起飞阶段高速增长所积累的种种矛盾,经济很可能陷于长期慢性增长甚或停滞。进入新常态以来,中国经济增长持续下行已预示了这种可能。国际经验也表明,第二次世界大战后一些被广泛看好的发展中经济体因没有处理好中等收入阶段出现的产品竞争力不足、资源耗竭、收入差距拉大、腐败严重、政治民粹化、社会动荡、金融系统紊乱、债务危机等矛盾而踌躇不前,只有极少数国家能够成功地从中等收入国家转变为高收入国家。

对此,中国在2007年提出加快转变经济发展方式。如今,我国转变发展方式的思路发生了重大变化,为转变发展方式出台了多项重大的改革举措,转方式、调结构取得了显著成效,但新的发展方式还没有真正形成,转变发展方式的任务仍然十分艰巨。

(一) 转变经济发展方式思路的变化

早在2007年,党的十七大就明确把加快经济发展方式转变作为一项"关系国民经济全局紧迫而重大的战略任务",确立了"两个坚持""三个转变"的基本思路,即要"坚持走中国特色新型工业化道路,坚持扩大国内需求特别是消费需求的方针,促进经济增长由主要依靠投资、出口拉动向依靠消费、投资、出口协调拉动转变,由主要依靠第二产业带动向依靠第一、第二、第三产业协同带动转变,由主要依靠增加物质资源消耗向主要依靠科技进步、劳动者素质提高和管理创新转变"。这是中央在立足于中国现实的基础上做出的符合中国经济发展实际情况的科学决策,给我国的经济发展方式转变指明了方向和途径。

但是,因各种原因,投资驱动型发展方式并没有根本转变,特别是2008年席卷而来的国际金融危机也打破了上述部署。受国际金融危机影响,中国外需大幅降低,经济增速迅速下滑。为应对危机,中国政府出台大规模的投资计划,延续了投资驱动型发展方式,这一刺激计划对于稳定中国经济起到重要作用,经济

增速重新回到高速区间。但发展阶段的变化使原有的经济发展方式已不适应中国经济的发展要求，刺激计划反而加剧了供需矛盾的尖锐化，使经济增长快速下滑，从高速增长降落到中高速区间，使经济进入新常态。

经济新常态的出现为我们认识中国经济面临的矛盾提供了一个很好的视角。在以往政策导向中，我们多着眼于需求侧，所采取的政策多为财政政策和货币政策或其组合来进行需求管理，国际金融危机后政府实施的"四万亿元经济刺激计划"即为需求管理的典型代表。我国在投资驱动型发展方式下，大规模的投资创造了庞大的供给能力，在国内消费不振、外需疲软、投资下滑的情况下出现严重的产能过剩，这看似是总量需求不足的问题，其实是结构性问题。一方面是国内大量的消费品卖不出去，另一方面是众多国内消费者到国外大肆购买消费品。同时，那些产能长期过剩的产业还在不断地上项目、扩规模，产能不断累积。实际上，中国经济在供给侧和需求侧都存在问题，但当前问题的关键在于供给侧，无效供给过多而出现产能过剩，有效供给不足而使消费者的消费诉求得不到满足，供给结构对需求结构反应的灵活性较弱，这种供给和需求的错配矛盾正是长期投资驱动型发展方式的结果，前期的高速增长也掩盖了问题。

正是有了对新常态的新认识，以习近平同志为核心的党中央转换了发展思路，提出了新的发展战略，即从需求管理转到供给侧结构性改革。党的十八大报告指出："以科学发展为主题，以加快转变经济发展方式为主线，是关系我国发展全局的战略抉择。要适应国内外经济形势新变化，加快形成新的经济发展方式，把推动发展的立足点转到提高质量和效益上来。"这是中央文件首次提出新的经济发展方式概念，这意味着过去的发展方式就是旧的经济发展方式，转变经济发展方式就是从旧的发展方式转到新的发展方式上来。与此同时，十八大报告也明确了转变经济发展方式的方针政策："推进经济结构战略性调整是加快转变经济发展方式的主攻方向。必须以改善需求结构、优化产业结构、促进区域协调发展、推进城镇化为重点，着力解决制约经济持续健康发展的重大结构性问题。"相对于十七大的发展思路，十八大将重点聚焦在供给侧，并明确了经济结构战略性调整的重要意义。党的十八届五中全会和十九大提出了"创新、协调、开放、绿色、共享"的新发展理念，这是中国在新的发展环境下发展理念的重大转变，为转变经济发展方式提供了指导思想和根本遵循。中国经济要实现可持续发展，在内外部形势和条件转换的背景下，经济发展方式也必须转变，其中结构性调整就是转型的根本保障。与以往注重经济数量扩张、依赖财政刺激和货币扩张的宏观总量调节的需求侧思路不同，结构调整要求在供给侧着手解决中国经济的主要矛盾，优化劳动力、土地、资本、技术等要素资源配置，提高有效供给，促进供需结构再平衡，实现需求结构、投入结构、产业结构、城乡区域经济结构的平衡、协调和可持续发展。近几年来，中国经济增速大幅下滑，但政府并没有按照传统的需求管理方式推出大规模刺激方案，而是在新发展理念指导下，从供给侧入手，从深化体制改革入手，从调整产业结构入手，以提高效益和发展质量为重点，着力推进供给侧结构性改革。在保持中国经济平稳发展的前提下，这种政策思路和取向对经济增速适当降低秉持宽容态度，标志着投资驱动型发展方式在政策层面的终结，切实走出转变发展方式的关键一步。

（二）新常态下推进经济发展方式转变的重要举措

明确了转变经济发展方式的思路，中央随即提出了供给侧结构性改革，即从提高供给质量出发，以改革推进结构调整，促进要素优化配置，扩大有效供给，提高供给结构对需求变化的适应性和灵活性，更好满足广大人民群众的需要，促进经济社会持续健康发展。

2015年11月，习近平总书记在中央财经领导小组第十一次会议上首次提出"着力加强供给侧结构性改革"，并在12月召开的中央经济工作会议上对其重要任务进行了部署，确定2016年经济工作重点是抓好"去产能、去库存、去杠杆、降成本、补短板"，着力解决最紧迫的问题，为下一步改革做准备。各相关部门根据中央精神，采取了一系列措施推进供给侧结构性改革。去产能方面，压减钢铁、煤炭等严重过剩产品的产能，淘汰、停建、缓建煤电产能，推动企业兼并重组、破产清算，运用市场化法治化手段处置僵尸企业。去库存主要是化解房地产库存，以户籍制度改革和住房制度改革为重点，通过加快农民工市民化扩大有效需求，消化房地产库存。然而，部分重点城市2016年房地产市场出现过热现象，而中小城市库存依然高企，这一任务在2017年又转变为分类调控。去杠杆方面，在控制总杠杆率的前提下，把降低企业杠杆率作为重点，促进企业盘活存量资产，推进资产证券化，支持市场化法治化债转股，加大股权融资力度，强化企业特别是国有企业的财务杠杆约束，逐步将企业负债降低到合理水平。降成本方面，扩大小微企业享受减半征收所得税优惠的范围，取消或停征部分中央涉企行政事业性收费，减少政府定价的涉企经营性收费，适当降低"五险一金"有关缴费比例，通过深化改革、完善政策降低企业制度性交易成本。补短板方面，针对严重制约经济社会发展和民生改善的突出问题，结合实施"十三五"规划确定的重大项目，加大补短板力度，主要是加大扶贫脱贫，强化环境保护，加快农业现代化步伐，加快农民工市民化进程，鼓励创新创业，提升公共服务。通过这些改革，供给侧结构性矛盾得到初步缓解，但仍然任重而道远，2017年仍然延续了"三去一降一补"的部分改革方向，并且根据前期改革经验指导而更加精准和深入。

除了部署当前紧迫的"三去一降一补"任务之外，中国还着眼于长远，推出了一系列事关中国长期经济发展的重大改革措施，旨在破除制约中国经济发展的深层次矛盾，为转变经济发展方式助力。

一是调整完善人口政策，夯实供给基础。面对中国人口近年来出现的总量增长势头减弱、老龄化程度加深、出生人口性别比失衡等问题，中国的"一孩化"人口政策也逐步放开。2013年12月，十二届全国人大常委会第六次会议表决通过了《关于调整完善生育政策的决议》，规定夫妻双方有一方为独生子女即可生育第二个子女政策（"单独二孩"）。2015年10月，十八届五中全会决定全面实施一对夫妇可生育两个孩子政策（"全面二孩"），并在2016年正式实施，终结了实行了长达36年的独生子女政策。

二是推进土地制度改革，释放供给活力。2015年1月，中共中央办公厅和国务院办公厅联合印发了《关于农村土地征收、集体经营性建设用地入市、宅基地制度改革试点工作的意见》，指导以建立农村集体经营性建设用地入市制度为主要任务推进试点工作，为建立城乡统一的建设用地市场迈出重要一步，标志着我国农村土地改革进入试点阶段。2015年8月，国务院下发了《关于开展农村承包土地的经营权和农民住房财产权抵押贷款试点的指导意见》，支持地方开展农村承包土地经营权、农民住房财产权抵押贷款试点，加大对农村、农业和农民的金融支持力度。2016年10月，中共中央办公厅、国务院办公厅联合印发了《关于完善农村土地所有权承包权经营权分置办法的意见》，实行农村土地所有权、承包权和经营权分置并行，对于明晰农村土地产权关系、促进农村土地资源合理利用有重要意义。2018年底全国人大通过了《农村土地承包法》的修订，确立了"三权分置"的法律地位，从法律上加强了对经营权权利的保护。

三是加快金融体制改革，加强金融支撑。2013年7月，国务院办公厅发布了《关于金融支持经济结构调整和转型升级的指导意见》，鼓励金融机构加大对小微企业、"三农"等领域的信贷支持力度，推动经济结构调整和转型升级。2014年4月，国务院办公厅发布了《关于金融服务"三农"发展的若干意见》，指出加强农村金融体制改革，鼓励发展农村普惠金融，引导涉农资金投放，提高金融对"三农"发展的支撑力度。2015年7月，中国人民银行等十部委联合发布了《关于促进互联网金融健康发展的指导意见》，鼓励加强互联网金融创新，支持互联网金融稳步发展。其中，这些改革的一个重要突破是民营银行的设立，破除了长期以来民营资本不能直接进入银行业的局面，对于中国金融业发展具有重要意义。2014年，银监会批准设立首批5家民营银行，之后逐步扩容，截止到2017年6月，共有17家民营银行被批准设立，其中有13家获得开业批复。

四是实施创新驱动发展战略，开辟供给空间。随着发展阶段的转换，创新逐步成为经济增长的最主要动力,也是未来国家竞争的关键,而且对当前的供给侧结构性改革来说具有现实意义,是改善供给结构、提高有效供给的重中之重。中国政府极为重视创新发展,2012 年党的十八大提出了创新驱动发展战略,指出"科技创新是提高社会生产力和综合国力的战略支撑,必须摆在国家发展全局的核心位置"。2015 年 3 月,中共中央、国务院印发了《关于深化体制机制改革加快实施创新驱动发展战略的若干意见》,就创新驱动的体制机制改革问题进行部署。2016 年 5 月,中共中央、国务院又印发了《国家创新驱动发展战略纲要》,进一步从科技创新和体制机制创新两方面着手推进改革,着力构建国家创新体系。

五是深化简政放权改革,提高供给质量。党的十八大后,中央和地方政府加大了简政放权改革力度,先后多次取消和下放审批事项,并推动政府治理方式改革,旨在减轻企业负担和制度性交易成本,破除束缚市场主体的无形枷锁,激发市场活力。2013 年起,国务院在几年时间中先后多次发文取消和下放一批行政审批项目,2015 年下发了《推进简政放权放管结合转变政府职能工作方案》,2016 年又印发了《推进简政放权放管结合优化服务改革工作要点》,并且开出了年度简政放权任务清单,工作重点逐渐深化,从最初解决"审批多"问题向解决难度更大的"审批难"问题转变。此外,政府还推动转变政府职能改革,明确政府权限和责任,编制权责清单,构建服务型政府,能够由市场解决的则交给市场处理。通过上述改革,市场主体松绑减负明显,市场活力得到增强。

上述改革中,"三降一去一补"改革着力解决制约供给侧最突出、最紧迫的问题,平衡短期供需关系,保持经济持续平稳发展;人口政策、土地制度、金融制度、创新驱动发展战略、简政放权则对制约中国经济持续平稳发展的重大问题进行破题,重点在于促进各种要素优化配置,改善长期供给结构,提高有效供给,进而推动中国经济转型发展。除此之外,中国还推进了很多其他改革,如在户籍制度、政治体制、外贸体制、生态保护机制等方面的改革。这些改革相辅相成、互相促进,推动经济发展方式转变。关于体制改革问题我们将在第九章中进行更为详细的讨论。

(三) 转变经济发展方式取得的初步成效

进入经济新常态后,发展阶段、内外部环境的变化促使中国经济增长态势发生了很大的变化,增速由需求刺激政策后的高速增长区间下降到中高速增长区间,但总体上保持平稳增长,而且随着发展水平的逐步上升,以及上述改革的推进,中国经济增长的质量更好,投资驱动型发展方式趋于弱化,创新对经济增长的支撑作用逐渐加强,转变经济发展方式已显示初步成效。

从需求结构看，中国经济对投资的依赖有所下降，消费对经济增长的贡献逐步加强。2017年，中国的消费率达到53.6%，较2010年进入中高收入阶段时提高了5.1个百分点，并且呈上升趋势；投资率则呈下降趋势，由2010年的47.9%下降至2017年的44.6%。三大需求对经济增长的贡献中，消费的贡献率自2013年以来逐年提高，到2017年达到了57.6%。

从投入结构看，资本投入增长趋缓，技术进步对经济增长贡献加强。全社会固定资产投资仍然保持增长，但可比增速自21世纪以来由多年在20%以上下降至2016年的8.56%，2018年进一步下降到5.9%。同时，科技创新日益活跃，研发资源和投入快速增长。中国2016年研发人员全时当量达387.81万人年，研发支出达15 676.75亿元，分别为2010年的1.52倍、2.22倍。研发成果数量也快速增加，2016年专利授权量达175.38万项，其中发明专利40.42万项，分别为2010年的2.15倍和2.99倍。2018年研发支出进一步增加到19 567亿元，比上年增加11.6%。

从产业结构看，第三产业加快发展，成为经济增长的主导产业。进入中高收入阶段后，中国第三产业加快发展，其增加值在2012年首次超过第二产业，到2017年比重达到了51.9%，2018年进一步上升到52.2%。而且第三产业比重呈加快上升趋势，2011~2018年平均每年提高1.25个百分点，远高于2000~2005年的0.3个百分点和2006~2010年的0.56个百分点。从三次产业的贡献看，第三产业对于稳定经济增长发挥越来越重要的作用，对经济增长的贡献率逐步上升，2016年达到了59.6%，远超过第二产业的35.7%。①

供给侧结构性改革成效持续显现。2016年，中央正式实施了以"三降一去一补"为重点的供给侧结构性改革。通过两年的努力，改革成效显现。去产能方面，以钢铁、煤炭为主要对象的去产能任务在2018年底就完成了，比预定时间提前了两年。其他任务也取得了显著成效。五大任务取得成效的同时，结构调整也稳步推进，产业结构持续优化，新动能加速成长，高技术产业、战略性新兴产业保持良好增长态势，高耗能行业比重趋于下降。2017年，装备制造业、高技术产业、战略性新兴产业增加值分别同比增长11.6%、13.4%、11.3%，均远高于6.7%的规模以上工业增加值的增速；而六大高耗能行业增加值同比增长3.1%，低于全部规模以上工业3.6个百分点。②

总体上看，近几年来中国转变经济发展方式取得了显著成效。这既是经济发展阶段变化的结果，也与中央转换发展思路、推行经济结构战略性调整有很大关

---

① 以上引用的原始数据均来自国家统计局网站年度数据库。
② 资料来源：国家统计局：《2018年国民经济和社会发展统计公报》。

系。但是，中国新的经济发展方式还未形成，前期投资驱动型发展方式下产生的惯性加大了转型难度，同时中国经济面临着来自内外部环境的挑战，投资驱动型发展方式积累的种种结构性矛盾也对中国经济可持续发展带来威胁，要在保持经济平稳发展的前提下推动中国经济结构转型升级的任务依然艰巨。这要求中国必须深化体制机制改革，实施创新驱动发展战略，以创新促发展，推动创新驱动型发展方式的形成。

第三章

需求结构转变

我国经济的高速增长长期依靠投资驱动,导致了消费率低投资率高的需求结构,该种结构在进入中高收入阶段之后已经不适应经济发展的新常态,必须改变。而2008年国际金融危机的爆发使我国依靠出口拉动增长的发展方式暴露出脆弱性。调整过分依赖投资和出口的需求结构已经刻不容缓。本章首先介绍调整需求结构的理论基础,其次考察国内需求结构的合理性问题和调整思路,最后讨论国外需求问题,也就是出口导向型发展方式的转变问题。

第一节 需求结构转变的理论基础

一、宏观经济学中的需求理论

宏观经济学中由国民收入决定的收入—支出模型,借助平面几何图形详细说明了国民收入即GDP的决定机制,也就是在假定价格和利率给定、投资水平既定的条件下,总需求变动决定国民收入水平的变动。从简单的国民收入决定模型中可以看出,均衡的国民收入水平取决于总需求(或有效需求)的支出水平,即总需求支出增加,国民收入水平提高。

需求促进经济增长的方式有两种:一种是需求总量的增加;另一种是需求结

构的调整。国民收入总公式 GDP = C + I + G + X，其中 C 代表居民消费，I 代表投资，G 代表政府支出，X 代表净出口。图 3-1 中，横轴代表总产出或者总供给，即 GDP，纵轴代表总支出或总需求，45°线表示总需求等于总供给的均衡状态，AD 曲线表示总需求曲线。总需求曲线 AD 与 45°线相交于 E_0 点，决定了均衡的国民收入水平 Y_0。从图中可以明显看出，消费、投资或净出口需求的增加，都会带来总需求曲线 AD_0 向上平移至 AD_1，均衡国民收入增加至 Y_1；当消费、投资或净出口需求下降时，总需求曲线 AD_0 向下平移至 AD_2，均衡国民收入减少至 Y_2。消费、投资和出口成为促进经济增长的"三驾马车"。

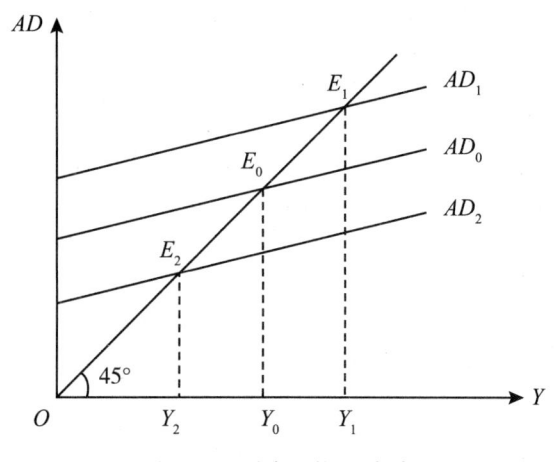

图 3-1 国民收入决定

但是总需求的构成并不是一成不变的，需求结构随着经济增长和发展水平的提高而发生变化。分析总需求是如何变动的，就是分析总需求的各个组成部分是如何决定的。由于总需求中国外需求所占比例很小且国外需求的影响因素主要是汇率、产品结构、国际宏观经济形势和国家竞争力，因而国外需求总量和占总需求比例的变动幅度很小。总需求结构的变动主要源于国内需求结构的变动，即消费和投资的比例，因此在此将重点介绍消费和投资的影响因素。

(一) 消费理论

首先分析消费理论，因为消费的大小不仅决定了储蓄和投资的大小，其也是总需求中最主要的组成部分。凯恩斯在《就业、利息和货币通论》[①]（1936）一书中基于对人们消费心理的主观判断，提出了消费理论，用线性函数形式表

---

① [美] 约翰·梅纳德·凯恩斯：《就业、利息和货币通论》，高鸿业译，商务印书馆1999年版。

示为：

$$C_t = a + bY_t$$

式中 C 表示总消费，Y 表示总收入，下标 t 表示时期；a、b 为参数，参数 a 代表必不可少的自发消费部分，就是当收入为 0 时，即使动用储蓄或借债也必须要有的基本消费，参数 b 称为边际消费倾向，其值介于 0 与 1 之间。

从消费函数中可以看出，收入是决定消费的最重要因素。随着收入水平的提高，消费水平也提高，但是消费水平的提高存在边际消费倾向递减规律，即随着人们收入的增长，人们的消费也随之增加，但是没有收入增加的那么多。边际消费倾向是指消费的增量 ΔC 和收入的增量 ΔY 的比率，公式表达为：$b = \frac{\Delta C}{\Delta Y}$，$0 < b < 1$。平均消费倾向（APC）会随着收入的增加而减少。平均消费倾向（APC）是指消费总量 C 在收入总量 Y 中所占的比例，用公式表示为：$APC = \frac{C}{Y}$。平均消费倾向可能大于、等于或小于 1（因为当收入为 0 时，即使动用储蓄或借债也必须要购买基本消费品）。对于一国或地区来说，平均消费倾向的百分数便是消费率，于是一国消费率的变化也恰恰是平均消费倾向的变化。

凯恩斯的消费函数假定消费是人们收入水平的函数，因而被称为绝对收入消费函数。但是个人的消费函数并不仅仅受到绝对收入水平的影响，还受到相对收入、未来收入、对未来收入的预期等许多其他因素的影响。相对收入消费理论的提出者杜森贝利认为，消费者的消费行为受过去的消费习惯以及周围消费水平的影响，当期消费是相对地决定的。个人的消费行为不仅存在"棘轮效应"，对他人还会存在"示范效应"。生命周期消费理论代表人物弗朗克·莫迪利安尼指出，个人的消费行为受整个生命周期的可支配收入影响，个人会在整个生命周期内实现消费的配置，一般是青年时期和老年时期消费多储蓄少，中年时期消费少储蓄多。永久收入消费理论代表人物米尔顿·弗里德曼认为，消费不是由现期收入决定的，而是受永久收入决定的。个人当期消费的变化会通过储蓄影响未来的收入乃至消费，消费者的消费行为必然是跨期最优选择的结果。

上述消费理论都是在确定情况下考虑消费的影响因素，但是在现实生活中，未来的收入是不确定的。消费者只能利用相关信息对未来的个人收入进行预测，然后根据对未来收入的预期调整个人的最优消费路径。将理性预期假说引入消费函数的经济学家霍尔（Hall, 1978）提出了消费的随机游走假说，即消费者的各期消费水平服从随机游走过程。行为人根据未来收入现值总和的当期预期与上期预期之间的差值对永久收入的预期和消费水平进行调整，当期消费仅与上期消费和预期永久收入的调整项有关，因此也被称为理性预期—永久收入假说。但是，随机游走假说遭到了许多经验研究者的质疑，弗莱文（Flavin，1981）通过构建一个结构模型，利用美国的总和时序数据检验消费的随机游走假说，发现当期的消费行为不仅受到当期劳动收入的边际消费倾向影响，当期消费也受到滞后劳动收入的影响。这一现象被称为消费对劳动收入的"过度敏感性"。坎贝尔和迪顿（Campbell and Deaton，1989）用一个随机过程拟合劳动收入，然后根据随机游走假说估计消费对劳动收入冲击的影响，最后与消费的实际波动进行比较，结果发现消费的实际波动数值小于按照随机游走假说理论得到的估计值。这一现象被称为消费的"过度平滑性"。

为了解释消费的"过度敏感性"和"过度平滑性"现象，经济学家们又提出了预防性储蓄假说、流动性约束假说和 λ 假说。预防性储蓄假说假设效用的三阶导数大于 0，行为人在不确定的情况下会比在相对确定的情况下采取更为谨慎的消费行为。该假说认为，当个人面临劳动收入的不确定性越大时，其采取的预防性储蓄越多。行为人对未预期的劳动收入变化不敏感是导致消费的"过度平滑性"的原因，而对可预期劳动收入的敏感是导致消费的"过度敏感性"的原因。流动性约束假说则从行为人在收入水平较低时无法通过借贷等方式获得收入以维持消费的情况，对个人的消费行为进行解释。流动性约束假说意味着个人当期消费行为不仅受到劳动收入的影响，还受到资产规模的限制。当存在不确定性时，预防性储蓄动机会激励面临流动性约束的人们增加储蓄、减少消费，这部分消费被迪顿称为缓冲消费。λ 假说则将社会中的人群分为两部分，一部分遵从凯恩斯消费行为函数，另一部分遵从消费的随机游走假说，其中遵从凯恩斯消费行为函数的人占总人口的比例为 λ。λ 假说是随机游走假说与凯恩斯近似理性假说的综合，经济的总消费函数一方面由当期收入决定，另一方面由预期的永久收入决定。

上述关于消费理论的分析都强调了收入对消费的影响，但收入并非是影响消费的唯一因素。除了收入，利率、价格水平、政府的财政政策等其他因素也会对消费产生影响。在宏观经济学中，利率也会对消费产生影响。一方面，利率是衡量当期消费成本的指标，通常人们认为随着利率的上升，减少消费增加储蓄是对自己更为有利的行为。利率提高使储蓄增加、消费降低是利率变动对消费的替代效应。另一方面，利率也是利息收入的指标，利率提高会增加人们的利息收入，使人们的收入水平上升，从而增加消费、减少储蓄，这就是利率的收入效应。利率如何影响消费，取决于利率的替代效应和收入效应的综合比较。影响消费的另一因素是价格水平，价格水平通过影响实际收入影响消费数量。当实际收入不变时，价格水平的上升会减少人们的消费量，反之，价格水平的下降会增加人们的消费量。政府的个人所得税也会通过影响人们的可支配收入影响个人的消费数量。当政府征收的个人税率提高时，居民的可支配收入降低，个人消费量也会减少。

宏观经济学关心的是社会的消费函数，但是社会消费函数并不等同于个人消费函数的简单加总。在现实世界中，社会消费函数还受到人口年龄结构、社会财富和收入分配状况、社会保障机制、政府税收政策、传统文化等的影响。根据生命周期理论，如果一国青年和老年人口占总人口的比重增加，社会平均消费倾向会提高，如果中年人口占总人口的比重增加，社会平均消费倾向会下降，因此，一国的消费率受人口年龄结构的影响。另外，由于边际消费倾向递减规律，富人的边际消费倾向小于穷人的边际消费倾向，社会各阶层的边际消费倾向不同。因此，国民收入分配越不均等，社会总消费率就越低。一国的社会保障机制的完善程度也会影响社会总体的消费水平，一国的社会保障体制越完善，该国居民在面临不确定性因素时，其预防性储蓄动机相对越弱，消费水平越高。除了社会保障机制，金融体系的健全也会影响消费水平，一国普惠金融发展越健全，该国居民面临的流动性约束就越弱，行为人即使在收入水平较低时也能通过借贷维持较高水平的消费。

（二）投资理论

在国民收入决定模型中，投资和消费、净出口一样是总需求的组成部分。投资在均衡情况下等于储蓄。投资和利率之间的关系被称为投资函数，公式为：$I = I(r)$，I 表示投资，r 表示利率。凯恩斯提出了一个资本边际效率概念，资本边际效率（MEC）是一种贴现率，这种贴现率使一项资本品在使用期内各预期收益的现值之和等于这项资本品的供给价格或者重置成本。资本边际效率递减，这意味着投资和利率之间存在负向变动关系：利率提高，投资下降；利率下降，投资增加。这一理论被称为古典投资理论。

与古典投资理论不同，由克拉克提出、萨缪尔森发展的加速原理认为投资是由产出决定的。投资者按照利润最大化的原则进行投资，要求资本的边际生产率等于资本的租赁价格，此时资本存量的最优选择是产出的一个比例，这个比例等于资本产出弹性除以资本的租赁价格。假设该比例 Q 一定，资本存量公式表达为：$K = \theta Y$，厂商根据产出的变化调整资本存量；投资水平 I 由产出的变化决定，公式表达为：$I = \theta(Y_{t+1} - (1-\delta)Y_t)$。这里 Y 代表产出，θ 代表资本产出比，δ 代表折旧率。钱纳里（Chenery，1952）和克伊科（Koyck，1954）在此基础上又提出了弹性加速模型，即每期资本存量的调整服从一个适应性预期过程，也就是 $K_t - K_{t-1} = \lambda [K_t^* - K_{t-1}]$。加速原理和弹性加速原理没有考虑长期利润，以乔根森为代表的经济学家将厂商的跨期最优选择行为引入模型，考虑厂商的长期利润最大化,根据资本边际收益与资本边际成本相等的原则确定最优的资本存量,被称为新古典投资理论。虽然新古典投资理论考虑了企业长期利润的最大化,但其最终得出的结论与加速原理得出的结论一致。

上述方法是从资本存量的角度分析投资的影响因素。托宾(Tobin,1969)从资本流量的角度进行分析,认为厂商的投资水平将取决于新增资本的市场价值与重置成本的比值。即当企业新增资本的市场价值大于重置成本时,企业选择增加投资;如果企业新增资本的市场价值小于重置成本时,企业将不选择投资,公式表示为:$Q = \frac{P}{I}$,即安装资本价值 p 与重置成本 I 的比值。在流量模型中,关键的是托宾 Q 的边际价值以及调整成本函数的参数。但是,现实中,在有些情况下,即使投资的未来收益提高,企业也未必会选择投资。为了解释这一现象,经济学家引入了资本调整成本概念。资本调整成本表示资本调整需要一定的时间和成本,包括固定调整成本和可变调整成本,当固定调整成本较大时,即使资本未来收益提高,企业也不一定会提高投资。

进一步地,在现实世界中,投资受到风险的影响。投资与风险之间存在负相关关系,当风险增加时,投资者会变得更加谨慎,投资数量会相应减少。导致投资与风险负相关的关键因素是投资的不可逆性特征。阿罗(Arrow,1968)将不可逆定义为厂商不能出售资本,如果投资具有不可逆性,这意味着厂商的投资变成了一种沉淀成本。因此,当企业面临的不确定性增加时,企业相应的投资行为也会减少。

综上所述,投资会受到实际利率水平、对产出的预期、投资收益和重置成本、资本调整成本、市场风险以及个人对承担风险的意愿和能力的影响。

二、发展经济学中的需求理论

德布拉吉·瑞(2002)在《发展经济学》中指出,对不同经济发展水平的经济体而言,消费和投资的构成存在较大差异,总需求结构随着收入水平的提高发生变化。在低收入国家,大多数居民的收入只是为了维持基本的生存消费水平,没有多余的收入用于储蓄,因而储蓄率较低、消费率较高、投资率较低,经济增长必须依靠资本积累的其他方式,比如外部借贷或国外援助等。但是,随着收入水平的提高,人们在满足基本的生存需要的基础上,有了多余的收入用于储蓄,从而进行投资。而且,对于中等收入经济体而言,为了追赶发达经济体,实现经济赶超,他们有更大的动机抑制当前消费、进行储蓄、提高投资率、加快工业化进程,促进经济增长。随着收入水平的进一步提高以及工业体系的健全,产业结构从第二产业向第三产业升级,居民对"生活必需品"的概念发生转变,消费需求从简单的满足吃穿用行等基本物质生活需要转变为更高质量、更加丰富、更加全面的物质精神文化需要。因此,尽管富裕国家有更高的储蓄能力,但是居民往往更没有愿望通过储蓄来积累财富,当前的消费可能更具有吸引力。① 因此,高收入国家的消费率较高,储蓄率和投资率较低。

罗斯托(Rostow, 1960)最早将经济发展过程分为传统阶段、准备起飞阶段、起飞阶段、走向成熟阶段、大众高消费阶段和追求生活质量阶段,并指出在不同的发展阶段,投资和消费的构成及对经济增长的促进作用不同。在经济发展的起飞和成熟阶段,投资需求对经济增长的拉动作用较强,经济起飞的必要条件之一是投资率从5%及以下提高到10%及以上;在走向成熟阶段,生产性投资一般稳定在10%~20%左右;而在大众高消费阶段,消费需求的不断提高能保证经济的持续增长。

需求结构的演变也得到了经验数据的支持。钱纳里和塞尔昆(Chenery and Syrquin, 1975)使用1950~1970年的101个经济体数据,实证研究了需求结构与经济增长之间的关系,发现投资率与人均国民收入的关系呈"S型"曲线,消费率与人均国民收入呈反向"S型"曲线。按照钱纳里标准模式,工业化初期的消费率和投资率分别是85%、15%,工业化中后期的消费率和投资率分别为80%、20%,工业化后期的消费率和投资率分别是77%、23%。1998年,世界银行经济学家利用1970~1994年的93个经济体数据,发现随着人均GDP的提高,总消费和私人消费占GDP比重逐渐下降,总投资和私人投资以及总出口和制成品出口占GDP比重逐渐提高。②

需求结构随着经济发展阶段的变化而变化,不同发展阶段经济体的消费函数和投资函数呈现不同的差异。阿根诺和蒙蒂尔(2004)在《发展宏观经济学》中指出,将工业化国家的标准跨期消费模型应用于发展中国家时,会带来四个方面的问题:(1)发展中国家的家庭或个人是否面临流动性约束,从而是否可以不受约束的进行借贷和放贷,进而有效的平滑各时期的消费。(2)跨期消费替代函数与简单的凯恩斯消费函数的区别取决于计划时期的长度,即只有在较长的时间长度内,二者之间的差别才会较大。但是在发展中国家,即使家庭可以在不同时期之间平滑消费,他们或许也不会通过选择较长的时期去这样做从而真正使之发挥作用。(3)利率对消费的作用依赖于实证研究,在发展中国家中是利率对消费

---

① [美]德布拉吉·瑞:《发展经济学》,陶然等译,北京大学出版社2002年版,第54页。
② William H. Branson, Isabel Guerrero, Bernhard G. Gunter. Patterns of Development: 1970 - 1994. WorldBank, 1998. 转引自史晋川、黄良浩:《总需求结构调整与经济发展方式转变》,载于《经济理论与经济管理》2011年第1期,第33~49页。

的替代效应占主导地位,还是收入效应占主导地位,与工业化国家未必相同。(4) 财政政策与私人消费之间是互补的还是相互替代的关系,也需要经验数据的支持。发展中国家"叠代式"家庭结构(即家庭中多代人居住在一起)存在更大的宏观经济不稳定性、较强的金融抑制、较弱的风险抵抗和平滑消费的能力 (Gersovitz, 1988; Deaton, 1989)。

虽然投资在发展中国家和在工业化国家一样,对经济增长起着重要作用,但是,在将工业化国家的投资函数应用于发展中国家时,需要对模型设定进行一些调整。因为发展中国家的金融市场环境、外汇市场、债务环境、政府部门的投资与私人投资的关系、政治环境的稳定性等都与工业化国家存在差异,而这些因素都会影响私人的投资行为。具体来说,发展中国家金融市场普遍缺乏和广泛存在的金融抑制使得托宾 Q 理论难以直接应用,信贷配给或非正式金融市场的资金成本对私人投资也会产生很大的影响。宏观经济的不稳定性是发展中国家宏观经济环境的一个重要特点,而投资在面临经济的不确定性时,风险中的人们会倾向于延迟不可逆投资(Dixit and Pindyck, 1994)。但面临不确定性及不可逆性时,投资准则要求预期回报不低于资本的使用者成本加上执行投资决策的机会成本(阿根诺和蒙蒂尔,2004)。色文(Serven, 2000)指出,20 世纪 80 和 90 年代撒哈拉以南的非洲国家出现不良投资的主要原因就是宏观经济的不稳定性、投资的不可逆性和投资回报的不确定性。另外,给定发展中国家进口资本品的重要性,实际汇率也是私人投资行为的重要影响因素。

发展中国家和工业化国家在人均收入水平、经济结构、人口结构和市场环境上存在差异,导致消费函数和投资函数的影响因素也存在差异。随着一国经济增长和发展阶段的转变,家户和社会的消费函数以及投资函数也会发生变化。因此,有必要对不同阶段、不同国家的需求结构总量和构成进行动态的研究。

第二节 需求结构从投资偏向型向投资消费平衡型转变

自 1978 年实施改革开放以来,中国需求结构随着国内经济增长和收入水平的提高不断演变。2008 年金融危机爆发,全球需求疲软,深挖国内需求潜力、积极扩大需求与调整需求结构成为转变经济发展方式的主要途径。了解需求结构演变现状、分析需求结构演变机制是调整需求结构的前提。但是,到目前为止,对于需求结构的形成以及演变机理等问题的研究仍然缺乏让人普遍接受的经济理论，而且也没有找到能适应世界各国或者绝大多数国家的所谓内需结构的标准模式。在此将世界及其他处于相同收入阶段的经济体作为参考标准，通过国际和国内比较，分析中国需求结构在2008年金融危机前后的演变特征，并进一步分析这一趋势背后的机理。需求结构由最终消费率、资本形成率（投资率）和净出口率构成，其中消费和投资之和表示国内总需求，净出口表示国外总需求。

一、全球需求结构演变的一般趋势

按照世界银行标准，1998年中国从低收入阶段跨入中低收入阶段，2010年跨入中高收入阶段。同一收入水平经济体的经济增长和需求结构特征存在较大的共性，因此，在此首先分析全球需求结构演变的一般规律，并将其作为参考标准，分析改革开放以后中国需求结构变化的特征。

图3-2（a）描绘了1960~2015年世界（平均水平）的需求结构变动趋势。整体来看，国内需求结构（居民消费率、政府消费率和资本形成率）比较稳定，变化幅度很小，国外需求结构（出口率与进口率）变动幅度较大，进口率和出口率均显著上升，反映了全球化背景下国际贸易的迅速发展以及各国经济贸易联系的加深。具体来看：（1）居民最终消费率保持在60%左右，政府消费率在10%~20%区间内浮动，最终消费率大约在70%~80%，是总需求的主要部分；（2）投资率整体上呈波动式下降，基本保持在20%~30%；（3）货物和服务进出口占比逐渐上升，从1960年的12%上升到2015年的30%；（4）全球进出口贸易平衡，净出口率为0，国内最终消费投资比在2~4之间变动。从时间趋势看，2008年金融危机对投资率和进出口率有显著的负向效应，对居民消费率和政府消费率有小幅的促进作用，最终消费率有所上升，投资率和净出口率有所下降。

图3-2（b）描绘了1960~2015年中等收入经济体的需求结构变化趋势。从图中可以看出，中等收入经济体的居民最终消费率有明显的下降趋势，投资率明显上升，政府消费率基本保持不变。其中居民消费率从1963年的70%左右下降至2015年的55%，政府消费率维持在10%~20%区间内，投资率则从1963年的低于20%上升至2015年的30%，消费投资比从4下降至2。随着全球化的推进，货物和服务出口、进口占GDP的比重逐年上升，净出口率上升。因此，以世界平均水平作为参考标准，中等收入经济体的需求结构变动具有消费率下降和投资率上升的特征，投资对经济增长的拉动作用逐渐加大。

（a）世界（平均）需求结构变化趋势

图例：
- 居民最终消费支出等占GDP比值
- 一般政府最终消费支出占GDP比值
- 资本形成总额占GDP比值
- 货物和服务出口占GDP比值
- 货物和服务进口占GDP比值

（b）中等收入经济体需求结构变化趋势

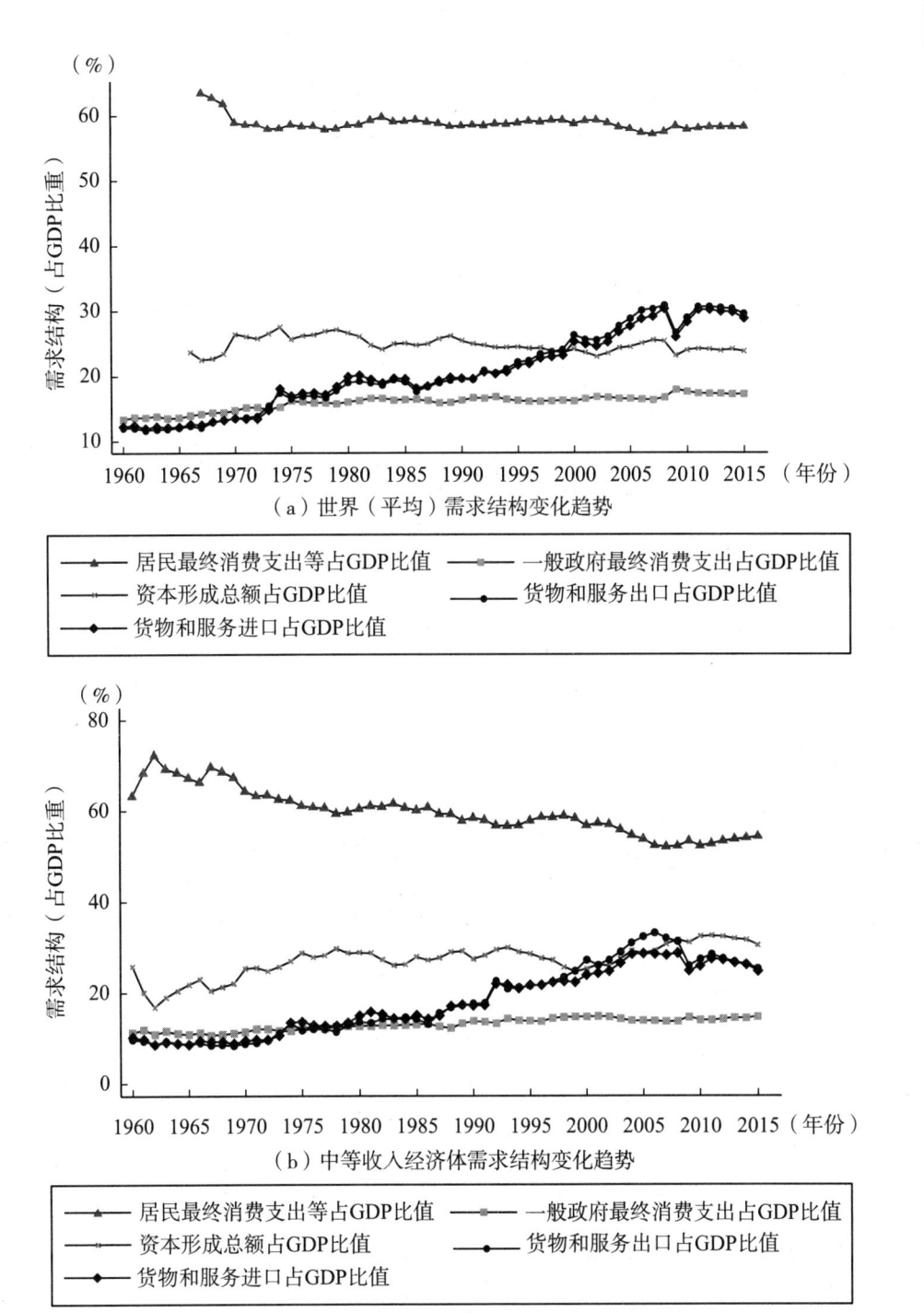

图例：
- 居民最终消费支出等占GDP比值
- 一般政府最终消费支出占GDP比值
- 资本形成总额占GDP比值
- 货物和服务出口占GDP比值
- 货物和服务进口占GDP比值

图 3-2　世界（平均）和中等收入经济体需求结构的变化趋势

资料来源：世界银行 WDI 数据库，databank.worldbank.org/data/。

为了进一步区分不同收入阶段经济体的需求结构特征,图 3-3 描绘了不同收入阶段经济体的需求结构变化趋势。结果显示,随着收入阶段的变化,各类经济体需求结构演变呈现以下特征:

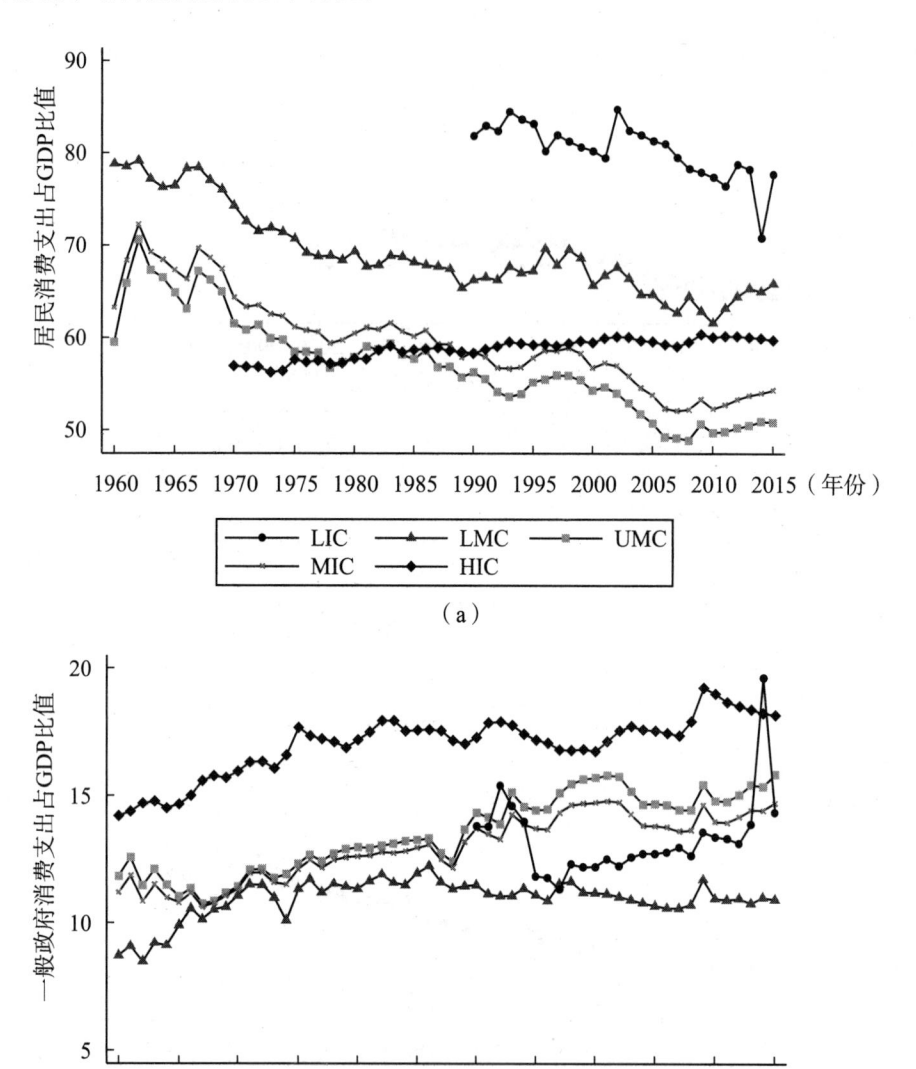

(a)

(b)

（c）

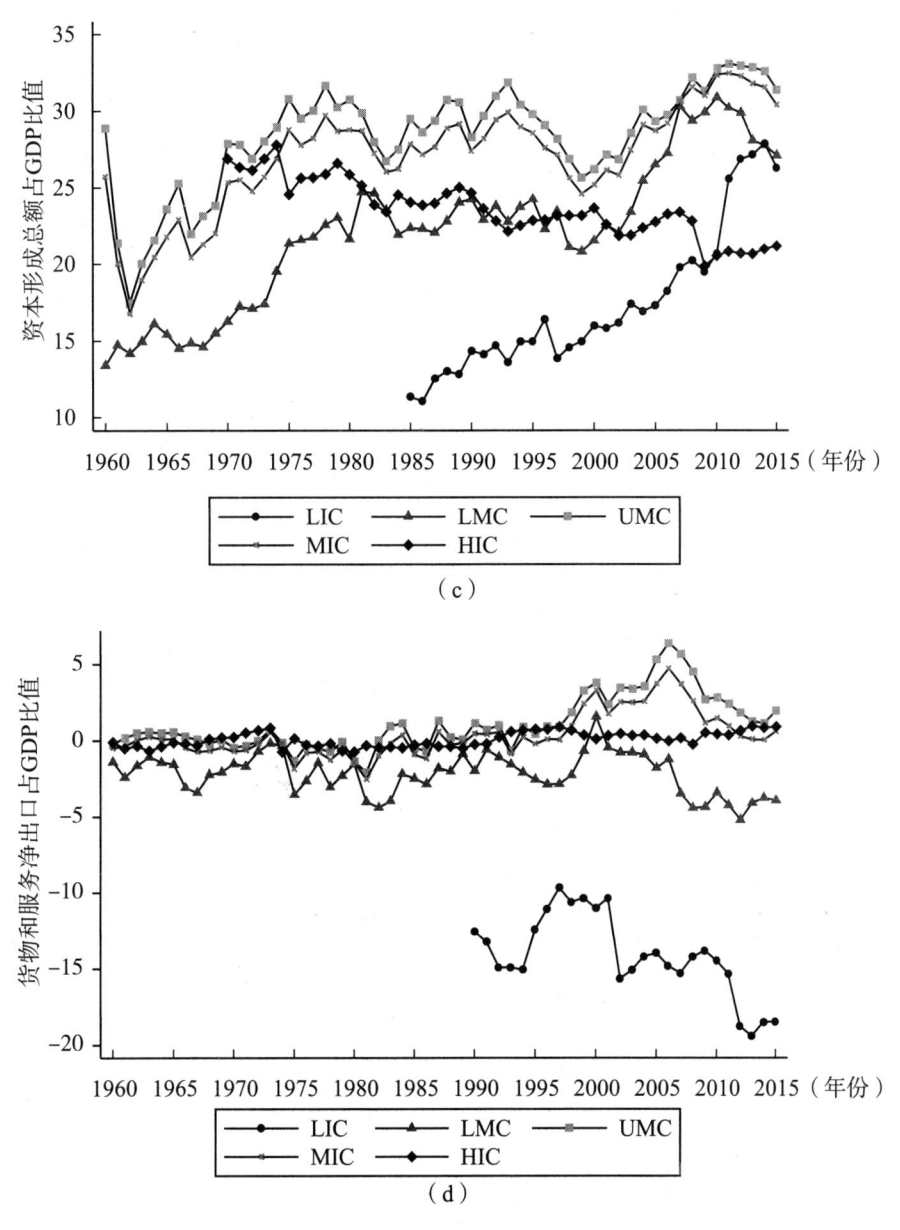

（d）

图 3-3 不同收入阶段经济体的需求结构变化趋势

注：LIC = 低收入经济体；LMC = 中低收入经济体；UMC = 中高收入经济体；MIC = 中等收入经济体；HIC = 高收入经济体。

资料来源：世界银行 WDI 数据库。

（1）居民消费率随着人均收入水平的提高呈"U型"分布。低收入经济体的居民消费率最高，高收入经济体次之，中等收入经济体最低且中高收入经济体的居民消费率显著低于中低收入经济体。低收入经济体的消费率整体上保持在 80% 左右，但呈逐渐下降趋势。中等收入经济体的居民消费率逐年下降，从 1963 年的 70% 下降至 2015 年的 55%。高收入经济体的居民消费率逐年上升，并于 1990 年超过中等收入经济体的居民消费率。

（2）政府消费率随着人均收入水平的提高呈"U 型"分布。高收入经济体的政府消费率最高，中高收入经济体和低收入经济体次之，中低收入经济体最低。相比较而言，政府消费率变化幅度和差距较小，高收入经济体的政府消费率维持在 15%～20%，中高收入经济体的政府消费率维持在 11%～15%，低收入经济体的政府消费率变化幅度较大，剔除异常值后在 12%～14% 区间内波动，中低收入经济体的政府消费率维持在 10%～12%。整体而言，各收入经济体政府消费率呈小幅上升趋势，政府消费支出占 GDP 比重逐年上升。

（3）投资率整体上随着人均收入水平的提高呈"倒 U 型"分布。1960～2008 年，中等收入经济体的投资率最高，高收入经济体次之，低收入经济体最低；2008～2015 年，中等收入经济体的投资率最高，低收入经济体次之，高收入经济体最低。整体而言，高收入经济体的投资率呈逐渐下降趋势，低收入和中等收入经济体的投资率呈逐渐上升趋势。分时间段来看，1970～1975 年高收入经济体投资率略高于中等收入经济体；1975 年后，中等收入经济体的投资率超过高收入经济体，高收入经济体的投资率持续下降，中等收入经济体的投资率持续上升。

（4）2000 年以前，净出口率与人均收入水平呈正相关；但 2000 年后，净出口率与人均收入水平呈"倒 U 型"分布，即低收入经济体和高收入经济体的货物和服务净出口率均低于中等收入经济体，尤其是中高收入经济体。低收入经济体对国外货物和服务的依赖程度最高，进口占比最高，净出口率为负；高收入经济体的净出口率比较稳定，进口率和出口率基本持平，净出口率在 0 附近浮动；2000 年后，中等收入经济体的净出口率显著上升，超过高收入经济体。其中中高收入经济体的净出口率最高，显著提高了中等收入经济体整体的净出口率。

综上所述，我们发现全球需求结构比较稳定，国内需求是总需求结构的主要组成部分。不同收入阶段需求结构的演进存在一般规律，即随着人均收入水平的提高，居民消费率和政府消费率呈"U 型"分布，投资率呈"倒 U 型"分布。这也就是说，低收入和高收入经济体具有高消费和低投资的需求结构特征，中等收入经济体具有高投资和低消费的特征，其中中高收入经济体的消费率低于中低收入经济体，投资率高于中低收入经济体。从时间趋势来看，高收入经济体的消费投资比呈上升趋势，中等收入经济体的消费投资比呈下降趋势。另外，由于受经济周期和全球宏观经济形势的影响，出口率和进口率与人均收入水平的关系在不同时期存在差异。其中，1990～2008 年中等收入经济体国际贸易发展最为迅速,净出口率迅速上升,这与大部分新兴国家采取出口导向型的经济发展战略有关。2008年国际金融危机后,全球经济下滑,需求疲软,再加上各国贸易保护主义的抬头,中等收入国家的净出口率显著下降。

二、中国国内需求结构演变的基本特征

(一) 中国国内需求结构变化的国际比较

图3-4描绘了1960~2015年世界平均、中等收入组别与中国需求结构的演变趋势。从图中可以看出:(1)世界平均需求结构变化趋势比较稳定,消费率和投资率变化幅度很小,消费率在70%~80%之间波动,投资率基本保持在20%~30%区间内;(2)中等收入组别需求结构演变具有消费率不断下降、投资率不断上升的特征,消费率从1963年的80%左右下降至2015年的68%,投资率则从1963年的20%上升至2015年的32%;(3)中国需求结构具有消费率不断下降、投资率不断上升的趋势,消费率从1963年的82%下降至2015年的51.1%,投资率从1962年的18%上升至2015年45.4%。比较而言,中国与中等收入组别的需求结构演变趋势基本一致,即消费率趋于下降,投资率趋于上升。但从程度来看,中国消费率低于中等收入组别和世界平均水平,投资率高于中等收入组别和世界平均水平且差距逐渐扩大。

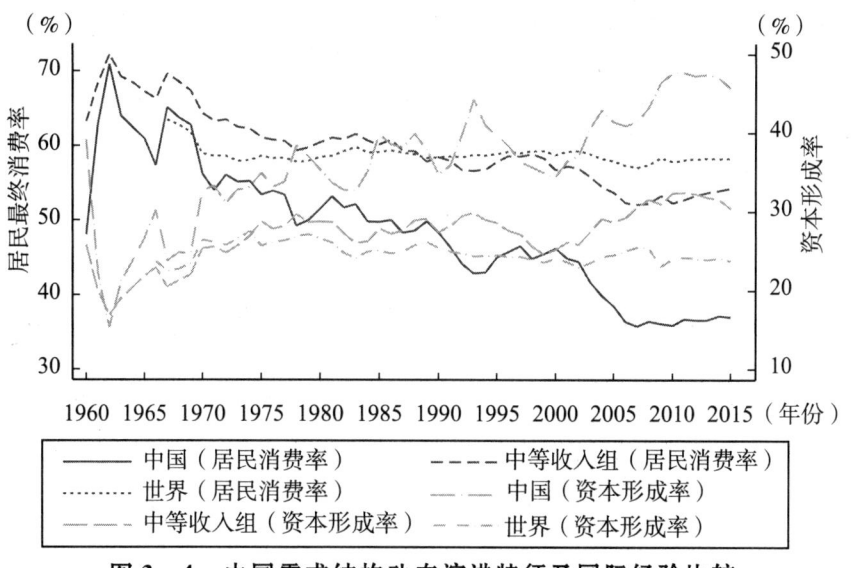

图3-4 中国需求结构动态演进特征及国际经验比较

资料来源:世界银行WDI数据库。

与钱纳里标准模式相比,2008 年之前中国投资率持续上升,消费率持续下降;2008 年后与 2008 年以前相比,投资率要高得多,而消费率要低得多,而且 2008 年以来中国的消费率与投资率基本持平,消费率在 50% 左右波动,比钱纳里工业化后期标准值低了 27%;2009~2013 年的投资率高达 47%~48%,比钱纳里标准高了 25%(见表 3-1)。中国需求结构变动幅度显著大于世界平均和中等收入组,说明中国需求结构变动受全球金融危机影响较大。

表 3-1　　钱纳里多国模型工业化进程中投资率和消费率的标准模式

发展阶段	人均 GDP（1970 年美元）	消费率（%）	投资率（%）
工业化初期	140	85	15
工业化中期	560	80	20
工业化后期	2 100	77	23

资料来源:[美] 钱纳里、鲁滨逊和塞尔奎因:《工业化和经济增长的比较研究》,吴奇、王松宝等译,上海人民出版社 1995 年版,第 71~76 页。

表 3-2 列出了中国与其他新兴经济体的消费投资比,从中可以明显看出:1978~2015 年中国的消费投资比一直低于其他新兴经济体,投资率长期保持在最高水平。由于 1990 年之前部分国家数据缺失,在此重点比较 1990~2015 年新兴经济体消费投资比的变化趋势,结果发现不同国家需求结构变化存在明显差异:埃及和土耳其的消费投资比逐渐上升,2008~2015 年分别达到 5.23 和 4.29,位于新兴经济体前两位;俄罗斯、巴西、南非、波兰和韩国的需求结构小幅波动,总体比较稳定,除韩国外其他三个新兴经济体的消费投资比均在 3 以上;中国和印度的消费投资比逐渐下降,2008~2015 年平均消费投资比分别降至 1.07 和 1.80,位于新兴经济体最后两位。比较不同区域新兴经济体的消费投资比,在此发现亚洲新兴经济体的消费投资比明显低于其他区域新兴经济体,这与亚洲国家大多采取投资驱动型经济发展方式和勤劳节俭的消费文化传统有关。

表 3-2　　　　　　　新兴经济体的消费投资比变化

	国别	1978~1983 年	1984~1989 年#	1990~1995 年	1996~2001 年	2002~2007 年	2008~2015 年
金砖四国	俄罗斯	—	1.93	2.18	3.64	3.17	3.13
	印度	3.97	3.39	3.24	3.15	2.20	1.80
	中国	1.85	1.72	1.49	1.60	1.29	1.07
	巴西	3.64	3.56	3.96	4.85	4.82	3.89

续表

国别		1978~1983年	1984~1989年#	1990~1995年	1996~2001年	2002~2007年	2008~2015年
新钻国家	南非	2.50	3.61	4.84	4.96	4.49	3.86
	墨西哥	3.01	3.63	3.86	3.77	3.55	3.49
	波兰	—	—	4.51	3.50	3.98	3.74
	土耳其	5.31	3.86	3.30	3.82	4.23	4.29
	韩国	2.55	2.38	1.91	2.18	2.06	2.16
	埃及	2.81	2.98	3.90	4.50	4.65	5.23

注：—表示数据缺失，#表示该数值为1989年苏联的消费率（该阶段其他年份数据缺失），其余数值均为对应时间段的平均值。

资料来源：世界银行WDI数据库。

除了新兴经济体，将中国与其他国家相比，投资率水平超过中国的仅有圣基茨和尼维斯、莱索托、赤道几内亚以及基里巴斯等人口较少的小国，而消费率水平低于中国的也仅有伊拉克、卡塔尔、特立尼达和多巴哥共和国以及赤道几内亚等国家。[①] 因此，不论是与经济发展水平类似的新兴经济体相比，还是与同期其他经济体相比，中国内需结构都处于投资率偏高、消费率偏低的状态。

（二）中国国内需求结构演变的区域差异

中国地域广阔，不同区域经济发展水平和资源禀赋差异较大，需求结构也会呈现出显著的区域差异。因此，中国整体需求结构并不代表不同区域和省份的需求结构，有必要进一步深入地比较中国需求结构的空间异质性。

图3-5描绘了1995~2015年中国31个省、自治区、直辖市消费率、投资率和人均GDP的Lowess分布。可以很明显看出，最终消费率与人均GDP之间呈"U型"分布，投资率与人均GDP之间呈"倒U型"分布。内需结构、经济增长率和经济发展战略之间存在紧密联系。在工业化早期，经济增长率与投资率同向变动，经济增长主要依靠投资驱动；工业化后期，经济增长率下降，投资率在保持短暂上升之后开始下降，消费率出现拐点开始上升。后金融危机时期，需求结构开始出现新的特征，即消费率开始缓慢上升，投资率出现缓慢下降。

为了比较中国需求结构的区域变化特征，表3-3列出了中国东部、中部和西部地区不同时间的平均消费投资比变化。比较1998~2015年的平均消费投资

---

① 依据世界银行数据库世界214个国家或地区投资率与消费率数据，进行长期水平比较得出的结论。

比，可以发现东部、中部和西部的差异并不明显，消费投资比在 0.955~0.997 之间，中部最高，东部和西部次之。分时段来看，1998~2008 年东部、中部和西部的消费投资比均值高于 2009~2015 年，消费投资比均值下降明显。这一方面是受 2008 年国际金融危机影响，全球需求结构发生变化；另一方面，与中国进入中高收入阶段，经济增长出现下滑有关。分区域比较，2008 年以前中部地区消费投资比最高，东部地区消费投资比最低；2008 年以后，东部地区的消费投资比最高，中部和西部地区消费投资比相对较低。2015 年，东部消费投资比是 0.97，明显高于中部和西部的 0.766 和 0.695。这说明，东部地区的消费投资比

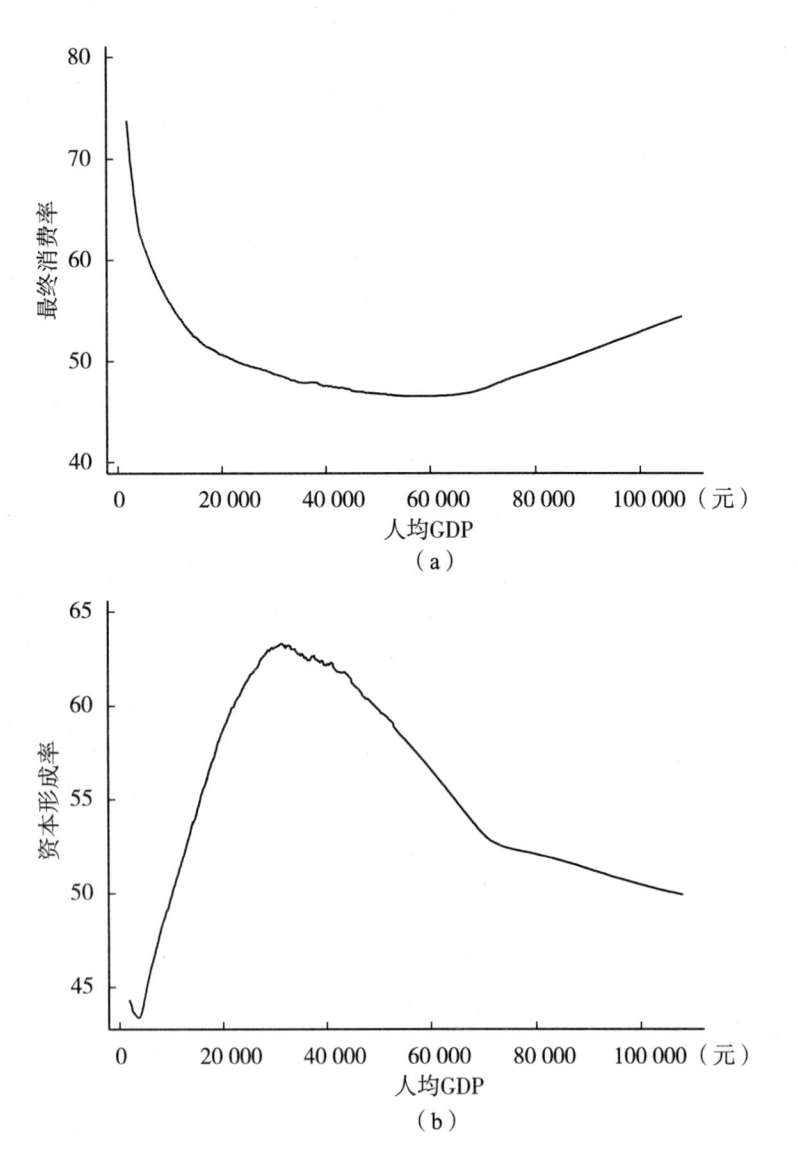

(a)

(b)

(c)

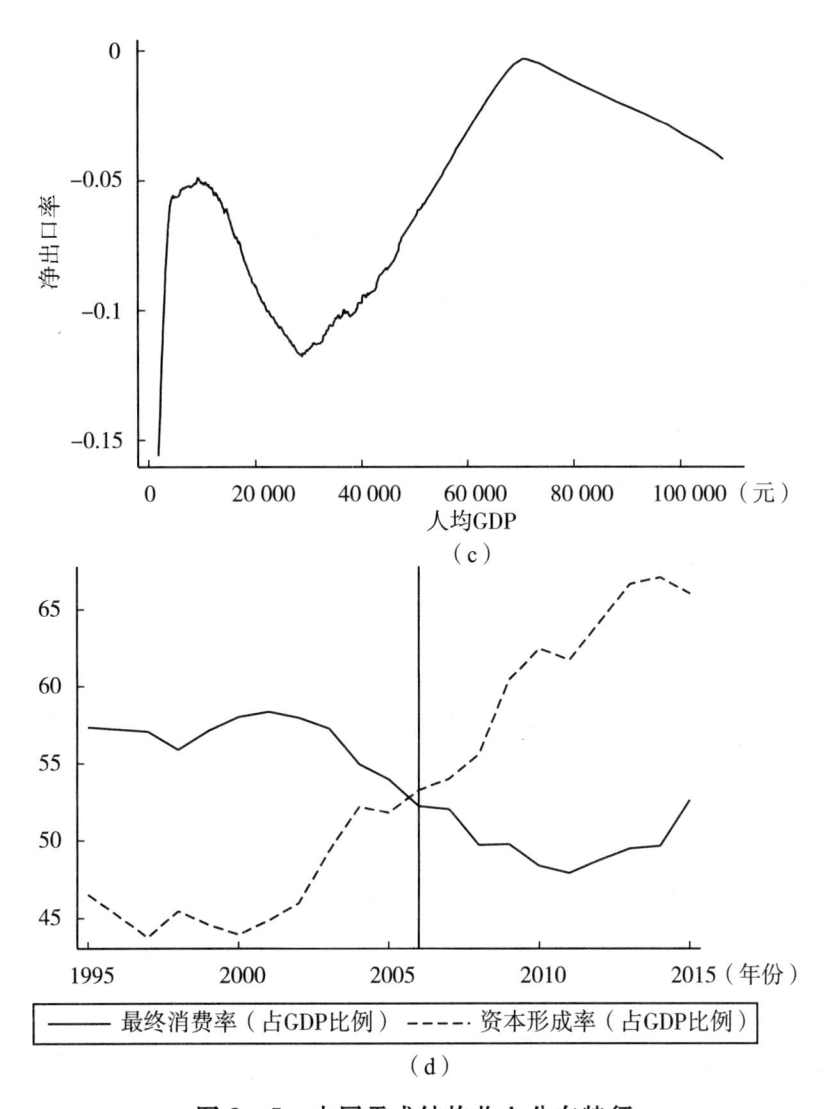

(d)

图 3-5 中国需求结构收入分布特征

资料来源:中国宏观经济数据库。样本为 1995~2015 年中国 31 个省、自治区、直辖市的人均 GDP 与消费率和投资率的年度数据。Lowess 分布采用占样本 4% 的波段宽度进行修匀。

表 3-3　　　　　中国东部、中部和西部消费投资比变化

区域	1998~2015 年	1998~2008 年	2009~2015 年	2015 年
东部	0.981	1.077	0.854	0.970
中部	0.997	1.229	0.737	0.766
西部	0.955	1.152	0.730	0.695

资料来源:表中数据根据中国宏观经济数据库数据整理而得。样本为 1995~2015 年中国 31 个省、自治区、直辖市的消费率和投资率数据。

有所上升，中西部地区消费投资比有所下降，东部和中部、西部地区需求结构的演变趋势存在分化。这意味着东部地区的经济逐渐进入高收入阶段，在这个阶段消费率上升而投资率下降，符合需求结构演变的一般规律。

通过前面对全球需求结构进行的国际比较和区域比较可以发现，中国需求结构的动态演进趋势符合世界需求结构演变的一般规律，即随着人均 GDP 的提高，消费率呈"U 型"分布，投资率呈"倒 U 型"分布。中国在中等收入阶段消费率不断下降，投资率不断上升且中高收入阶段消费投资比低于中低收入阶段，与中等收入组别需求结构的变化趋势也一致。这说明从低收入阶段向中等收入阶段过渡期间，消费率的下降和投资率的上升是经济持续增长和人均收入水平不断提高的客观现象，中国需求结构的变化趋势大致上是合理的。而且，进入中高收入阶段之后，中国需求结构演变出现新特征：消费率和投资率均出现转折趋势，需求结构面临拐点。虽然趋势相同，但是在程度上却呈现出很大不同，相较于其他收入大致相同的经济体，中国需求结构存在"消费率更低和投资率更高"的特征，不同区域和省份之间的需求结构偏离程度存在差异。东部部分省市消费投资比略微上升，需求结构已经出现"U型"拐点，但是中西部大多数省份的消费投资比始终处于下降趋势，不同地区的需求结构演变趋势出现分化。从时间来看，中国金融危机之后的消费投资比普遍低于金融危机之前，金融危机之后的消费投资比波动幅度也低于金融危机之前。

三、国内需求结构变化影响因素的实证分析

为了分析中等收入阶段中国需求结构变化的影响因素，我们采用 1998～2015 年全国 31 个省、自治区、直辖市的数据进行实证分析。首先使用固定效应模型探究收入水平对需求结构演变的影响，然后使用邹至庄检验、年份虚拟变量检验中国需求结构演变的拐点，并通过交互项识别中高收入转型对需求结构演变的效应，最后通过国际数据比较，判断中国在中等收入阶段需求结构的合理性。

（一）模型构建与数据描述

为了实证分析中国需求结构的影响因素，在此构建以下模型：

$$CIR_{i,t} = \partial_{i,t} + \beta_1 X_{i,t} + \beta_2 Z_{i,t} + \gamma_i + \sigma_t + \varepsilon_{i,t} \tag{3.1}$$

其中，$CIR_{i,t}$ 表示需求结构，使用消费投资比衡量，$X_{i,t}$ 表示收入水平，使用人均 GDP 表示，$Z_{i,t}$ 表示控制变量，γ_i 表示省份个体效应，σ_t 表示时间趋势，$\varepsilon_{i,t}$ 表示其他不可观测的因素。参数 β_1 衡量人均收入水平对消费投资比的影响。

除了收入水平，影响中国需求结构的因素还有很多，如经济增长率（魏杰、

白成太，2016）、收入分配（汪同三、蔡跃洲，2006；张来明、李建伟，2016）、要素禀赋（史晋川、黄良浩，2011）、产业结构（李永友，2012）、人口结构（张黎娜、夏海勇，2012）、城镇化（陈昌兵，2010）、出口外向型的发展战略（王仕军，2009）、存量—流量比例（柳欣等，2012）、通货膨胀率（Horioka and Wan，2008）、性别结构（Wei and Zhang，2011）、利率管制（陈彦斌等，2014；陈斌开、陆铭，2016）等。鉴于数据可得性，此处在控制变量中加入了经济增长率、工业化、城镇化、收入分配、对外开放、人口结构等。

具体地，经济增长率由 GDP 增长率衡量，工业化水平用第二产业增加值占比表示，收入分配用城乡收入差距，即城市人均可支配收入对农村人均纯收入的比值衡量，对外开放水平用进出口额占 GDP 比重（经汇率调整）衡量，城镇化水平由城镇人口占总人口比重表示，人口结构用 65 岁及以上人口占比表示。为了估计需求结构与收入阶段之间的非线性关系，在此加入了人均 GDP 的平方项。使用 1998~2015 年中国 31 个省、自治区和直辖市数据。表 3-4 是主要变量的解释说明和描述性统计。

表 3-4　　　　主要变量的解释说明和描述性统计

变量	变量指标	观察值	均值	标准差	最小值	最大值
cir	消费投资比	558	1.055	0.364	0.384	2.591
lnpgdp	人均 GDP	558	9.770	0.865	7.768	11.590
lnpgdp2	人均 GDP 平方	558	96.205	16.904	60.344	134.317
growth	GDP 增长率	558	11.12	2.53	3	23.8
urdif	城乡收入差距	526	2.947	0.669	1.027	5.605
indus	第二产业增加值占比	558	46.022	8.185	19.74	61.5
urban	城镇人口占比	558	0.464	0.161	0.138	0.896
trade	进出口占 GDP 比重	558	0.299	0.358	0.015	1.757
agepop	65 岁及以上人口占比	558	0.085	0.019	0.041	0.164

资料来源：国家统计局：《中国统计年鉴》《中国人口统计年鉴》《中国区域经济统计年鉴》；中国宏观经济数据库。

（二）实证分析

1. 总体回归结果

表 3-5 列出了总体回归结果。第（1）~（3）列估计了人均收入对需求结构的线性效应，第（4）~（6）列考虑了人均收入水平的非线性效应。为了控制不可观测的变量影响，第（3）列和第（6）列均控制了时间和省份固定效应，在

此主要关注第（6）列的回归结果。回归结果显示，人均 GDP 变量一次项系数为负，二次项系数显著为正，这说明人均收入水平与消费投资比均具有显著的"U型"关系，即随着人均收入水平的提高，消费投资比先下降后上升，与前面描述的需求结构的演变趋势一致。增加控制变量之后，人均收入和人均收入平方项的显著性不变，保证了研究结果的稳健性。经济增长率对消费投资比具有显著的负向作用。这是因为在中等收入阶段，快速的经济增长一方面使得居民收入大幅度增加，从而居民储蓄率上升；另一方面，政府财政税收大幅度增加，政府储蓄也在大幅度上升。这两个方面的结合，导致中国储蓄率显著上升，而消费率持续下降。这个时期房地产和耐用消费品的需求不断增加，交通运输、通讯、电力和大型水利等基础设施的大规模建设，产生了持续的投资需求，因此，投资率也持续上升。这个阶段经济增长的主要驱动力就是投资。

表 3–5　　　　　　　　　　　　回归结果

变量	（1）	（2）	（3）	（4）	（5）	（6）
lnpgdp	-0.312*** (0.04)	-0.276*** (0.04)	-0.061 (0.17)	-2.705*** (0.79)	-1.626** (0.65)	-1.509** (0.71)
lnpgdp2				0.123*** (0.04)	0.068** (0.03)	0.075** (0.03)
growth	-0.034*** (0.01)	-0.021** (0.01)	-0.029*** (0.01)	-0.014** (0.01)	-0.014** (0.01)	-0.023*** (0.01)
lnurdif		0.105 (0.10)	-0.030 (0.09)		0.126 (0.10)	-0.027 (0.09)
lnindus		-0.695** (0.28)	-0.786*** (0.26)		-0.548** (0.26)	-0.642** (0.25)
lnurban		0.223** (0.08)	0.256*** (0.08)		0.202** (0.07)	0.235*** (0.08)
lntrade		0.081 (0.05)	0.065 (0.06)		0.085* (0.05)	0.072 (0.06)
lnagepop		-0.429*** (0.14)	-0.505*** (0.18)		-0.290* (0.15)	-0.366* (0.19)
省份效应	否	否	是	否	否	是
时间效应	否	否	是	否	否	是
Observations	558	526	526	558	526	526
R-squared	0.631	0.722	0.740	0.685	0.734	0.753

注：*、**、***分别代表在 10%、5%、1%的水平上显著，括号内为聚类稳健标准误。

从表 3-5 中还可以看到，工业化水平与消费投资比具有显著的负向关系，这是因为工业部门大都是资本密集性行业，工业化程度越高，投资率就越高，因此消费投资比也越低，这已经被很多理论和实证研究反复证明了。城镇化水平对消费投资比具有正向作用，这是因为人口向城市聚集有利于消费的增加（刘艺容，2008）。老年人口占比与消费投资比成负相关关系，这与简单的生命周期理论的结论不一致。该理论认为按照人一生预期收入的均值来消费，年轻时期储蓄多，年老时期消费多。但是，简单的生命周期理论忽略了遗赠动机和寿命不确定性等因素，科特利克夫和萨默斯（Kotlikoff and Summers, 1981）、盖尔和肖尔兹（Gale and Scholz, 1994）等的研究发现，财富的代际转移和遗赠是积累财富的重要原因。考虑到财富遗赠动机和预防动机，老龄人口的储蓄未必会减少。具体说来，中国预期寿命的延长，医疗、教育和养老等社会保障制度的不完善导致中国居民包括老年人有很强的预防动机；中国人重视子女幸福胜于自己幸福的传统观念，造成了很强的遗赠动机。这两个动机的存在，使得即使老龄人口比重上升，消费投资比也不会上升，反而是下降。对外开放水平与消费投资比具有正向关系，城乡收入差距扩大则不利于消费率的提高。

2. 分阶段和区域的回归结果

由于不同区域、不同阶段需求结构的影响因素可能存在不同，在此进一步分析需求结构影响因素的阶段和区域异质性。表 3-6 列出了分阶段和区域的回归结果。

表 3-6　　　　　　　需求结构影响因素分析：分阶段和区域

变量	中低收入	中高收入	东部	中部	西部
lnpgdp	-2.161*** (0.77)	-3.319*** (0.96)	-2.981** (1.33)	-2.651* (1.39)	-2.931*** (0.81)
lnpgdp2	0.099** (0.04)	0.155*** (0.05)	0.134* (0.06)	0.119 (0.07)	0.136** (0.04)
growth	-0.024*** (0.01)	-0.006 (0.00)	-0.013 (0.01)	-0.023** (0.01)	-0.011 (0.01)
lnurdif	0.102 (0.08)	0.380** -0.17	0.115 (0.11)	0.448** (0.16)	0.226 (0.22)
lnindus	-0.273 (0.27)	-0.239 (0.24)	-1.050*** (0.23)	-0.291 (0.41)	0.054 (0.26)
lnurban	0.133* (0.07)	0.263 (0.29)	0.130 (0.10)	0.097 (0.17)	0.186 (0.18)

续表

变量	中低收入	中高收入	东部	中部	西部
lntrade	0.121* (0.07)	0.077** (0.03)	0.320*** (0.08)	0.209* (0.11)	0.034 (0.03)
lnagepop	−0.253 (0.18)	−0.099 (0.13)	−0.236 (0.19)	−0.683** (0.27)	0.119 (0.16)
省份效应	否	否	是	否	否
时间效应	否	否	是	否	否
Observations	340	186	204	153	169
R-squared	0.617	0.417	0.746	0.833	0.803

注：*、**、***分别代表在10%、5%、1%的水平上显著，括号内为聚类稳健标准误。

分阶段来看，中高收入阶段和中低收入阶段消费投资比均存在"U型"结构，但中低收入阶段人均GDP和人均GDP平方的回归系数绝对值明显小于中高收入阶段，因此，中高收入阶段消费投资比的"U型"曲线比中低收入阶段更陡峭。这说明在中高收入阶段，人均收入水平提升对需求结构演变的影响程度更大。分地区来看，各地区人均收入与需求结构的"U型"关系依然存在。综上所述，不论是按照收入阶段划分，还是按区域划分，中国中等收入阶段需求结构与人均收入水平之间的"U型"分布始终存在。但是区分不同收入阶段和经济区域，各因素对需求结构演变的影响发生了改变。这说明尽管需求结构随收入水平变化的一般规律相同，但不同经济发展水平和不同的要素禀赋结构（不同区域有不同的要素禀赋）对需求结构的影响也是不同的。

3. 中高收入转型与需求结构演变：断点识别

根据中国需求结构演变的典型事实，我们发现2010年中国需求结构变化出现了一个拐点。但是，这个拐点是否是需求结构演变的结构性拐点，需要进行检验。我们将2010年作为时间断点，使用似然比进行邹至庄检验。结果显示，p值为0且拒绝原假设，支持了需求结构在2010年存在断点的结论。在此构建中高收入转型变量，引入中高收入转型变量与人均GDP和人均GDP平方项的交互项，估计中高收入转型对人均收入需求结构演变的边际效应。模型构建如下：

$$CIR_{i,t} = \partial_{i,t} + \beta_1 PGDP_{i,t} + \beta_2 PGDP\_S_{i,t} + \beta_3 PGDP_{i,t} \times Trans_{i,2010} \\ + \beta_4 PGDP\_S_{i,t} \times Trans_{i,2010} + \gamma z_{i,t} + \varepsilon_{i,t} \quad (3.2)$$

其中，$Trans_{i,t}$表示中高收入转型虚拟变量，如果样本时间是在2010年以前，取值为1；反之，取值为0。其他变量与公式（3.1）相同。

表3-7第（1）列列出了回归结果。重点关注人均GDP和人均GDP平方项

与中高收入转型的交互项系数,结果发现,人均 GDP 与中高收入转型的交互项系数为负,人均 GDP 平方项与中高收入转型的交互项系数为正。这说明中高收入阶段需求结构调整速度相较于中低收入阶段更快。一国从中高收入阶段向高收入阶段跨越,需求结构将会发生更加明显的调整且调整方向是消费率不断提高、投资率不断下降。

表 3－7　中高收入转型与需求结构演变:断点识别与机制检验

变量	(1) cir	(2) gdpg	(3) indus	(4) urban
lnpgdp		12.755** (5.54)	40.130** (19.00)	－0.783*** (0.22)
lnpgdp2		－0.607** (0.29)	－1.215 (0.95)	0.038*** (0.01)
trans#lnpgdp	－1.766** (0.64)			
trans#Lnpgdp_s	0.081** (0.03)			
growth			0.280* (0.14)	0.002 (0.00)
控制变量	是	是	是	是
省份效应	否	是	是	是
时间效应	否	是	是	是
观察值	526	526	526	526
R^2	0.745	0.684	0.560	0.434

注:*、**、*** 分别代表在 10%、5%、1% 的水平上显著,括号内为聚类稳健标准误。

4. 中高收入转型与需求结构演变:机制检验

为什么收入阶段转型会带来需求结构的演变?为了回答这一问题,在此主要分析人均收入水平对经济增长率、工业化和城镇化的影响,以识别人均收入对需求结构的间接影响机制 [见表 3－7 第 (2)～(4) 列]。结果显示,随着人均收入水平的提高,经济增长速度、工业化水平和城镇化水平均出现了显著变化。具体来说,经济增长速度、工业化水平与人均收入水平之间呈现"倒 U 型"分布,城镇化水平与人均收入水平之间呈现"U 型"分布。经济增长速度和工业化与人均 GDP 的"倒 U 型"关系表明:随着经济发展,工业化和经济增长先加速后减速,与工业化和经济增长相伴随的资本积累也会经历先加速后减速的过程,因此,投资率相应经历了先上升后下降的过程。城镇化与人均收入的"U型"关系反映了中国特色的城镇化发展道路,即开始抑制城镇化发展,而后支持城镇化发展;此外,在统计上,最初只统计户籍人口城镇化率,低估了中国的实际城镇化率;而后来统计常住人口城镇化率。因此,中国城镇化率随着人均收入增加而先下降后上升。城镇化与消费率呈正向关系,因此,消费率随着城镇化发展先下降后上升。经济增长、工业化和城镇化的变化趋势,导致中国消费投资比在从中低收入阶段向中高收入阶段转型中呈现先下降后上升的趋势。

5. 稳健性检验

需求结构不仅会受到人均收入水平、经济增长率、产业结构、收入分配结构等因素的影响,也会反过来影响人均收入水平、经济增长率、产业结构和收入分配等。因此,为了缓解模型因反向因果而存在的内生性问题,在此考虑变量滞后一期的影响,分别使用固定效应模型和GMM模型进行分析。使用GMM模型,需要进行序列相关检验和过度识别检验。在此使用二期滞后项作为工具变量,通过了序列相关和工具变量外生性检验。Arellano-Bond 检验拒绝了一阶无自相关假设,但通过了二阶无自相关假设。过度识别的 Sargan 检验和 Hansen 检验显示,p 值均大于 0.1,说明工具变量联合有效。固定效应模型和GMM模型回归结果均显示,消费投资比的滞后一期对当期的消费投资比具有显著的正向影响,即上一期的消费投资比具有惯性 [见表 3-8 第 (1) ~ (2) 列]。尽管人均GDP和人均GDP平方项滞后一期值的回归系数在统计上不显著,但是人均GDP滞后一期值与消费投资比的当期值依旧具有"U型"关系。为了保证结果的稳健性,在此使用消费率和投资率代替消费投资比。回归结果显示,人均GDP与消费率之间存在"U型"关系,与投资率之间存在"倒U型"关系,研究结果与前文一致 [见表 3-8 第 (3) ~ (4) 列]。第 (5) 列进行安慰剂检验,将 2005 年作为中高收入转型的虚拟变量,发现结果并不显著(在此同时使用了其他年份进行安慰剂检验,由于篇幅有限,并未列出)。

表 3-8 稳健性检验

变量	(1) cir	(2) cir	(3) consm	(4) invst	(5) cir
L. cir	0.764 *** (0.05)	0.757 *** (0.06)			
L. consm			0.436 ** (0.19)		

续表

变量	(1) cir	(2) cir	(3) consm	(4) invst	(5) cir
L. invst				0.832*** (0.07)	
L. lnpgdp	−0.486 (0.29)	−0.288 (0.49)	−19.800* (11.21)	19.294 (12.57)	
L. lnpgdp2	0.023 (0.01)	0.011 (0.02)	0.885 (0.55)	−0.911 (0.62)	
t2005#c. lnpgdp					−0.044 (0.06)
t2005#c. lnpgdp2					0.004 (0.01)
控制变量	是	是	是	是	是
观察值	526	495	526	526	526
R^2	0.905		0.730	0.847	0.744

注：*、**、***分别代表在10%、5%、1%的水平上显著，括号内为聚类稳健标准误。第（1）列采用固定效应模型，控制了因变量和自变量的滞后一期项。第（2）列采用GMM模型，将内生变量的滞后二期项作为工具变量。第（3）列和第（4）列采用固定效应模型，分别将消费率和投资率作为被解释变量，控制了各变量的滞后一期值。第（5）列使用2005年作为收入转型的代理变量，进行安慰剂检验。

（三）中国需求结构变化影响因素的国际比较

根据前面分析可知，收入水平和经济增长是影响一国需求结构演变的关键因素，工业化、城镇化、对外开放水平、人口结构和收入分配是重要因素。为了更清晰地分析中国在中等收入阶段消费率偏低、投资率偏高的原因，表3-9列出了中国与其他中等收入或者高收入经济体的消费投资比、人均GDP（按照2010年不变价美元计算）、GDP增长率、工业化、城镇化和对外开放水平。比较可知，1998~2016年中国的消费投资比均值仅为1.3，远低于其他经济体的消费投资比。中国需求结构"低消费高投资"的特征的确显著，这是毋庸置疑的事实。但就此断言中国的需求结构失衡却是过于简单化。从上述分析可知，人均收入水平与需求结构呈"U型"关系。中国在1998~2010年处于中低收入阶段，随着人均收入水平的提高，消费投资比逐渐下降，而除了印度外的其他经济体在此期间基本均位于中高收入阶段，其消费投资比与人均收入水平之间呈现正相关。因此，从所处的收入阶段来说，中国在中低收入阶段的消费投资比低于其他处于中高收入阶段的国家是一个正常现象。另外，经济增长率和工业化水平与消费投资比负相关，中国的经济增长和工业化比其他国家要快很多，因此消费投资比比其他国家要低得多。

表 3-9 中国需求结构及影响因素的国际比较

国家	需求结构	人均 GDP	GDP 增长率	工业化	城镇化	外向度
中国	1.30	3 736	9.25	45.14	45.20	47.98
印度	2.05	1 165	7.12	31.75	29.98	41.21
韩国	2.11	19 762	4.05	37.59	81.26	81.42
日本	3.10	44 216	0.74	29.69	86.91	27.39
智利	3.22	12 007	3.84	36.57	87.80	66.05
俄罗斯	3.30	9 324	3.62	34.91	73.60	54.19
秘鲁	3.68	4 464	4.62	35.75	75.72	45.24
波兰	3.77	11 208	3.75	32.98	61.19	76.59
南非	4.25	6 904	2.80	30.50	60.60	57.74
巴西	4.32	10 157	2.32	26.03	83.31	24.90

注：表中数据是 1998~2016 年有数值年份的均值。原始数据来自世界银行 WDI 数据库。

与中国经济发展模式类似的东亚国家和地区，如第八章论述的日本、韩国、新加坡和中国台湾，在其经济快速增长、工业化水平较高的中等收入发展阶段，也具有高投资低消费的特征。因此，与其他经济体相比，中国在中等收入阶段消费率偏低、投资率偏高的需求结构特征是中国所处的发展阶段和高速增长与工业化的结果，不存在不合理的问题。

四、迈向高质量发展阶段调整内需结构的政策思路

前文对中国需求结构变化的影响因素进行了实证分析。研究发现：（1）人均收入水平与消费投资比之间存在"U型"分布，经济增长、工业化、城镇化和人口老龄化也影响需求结构的演变。（2）中国在中低和中高收入阶段，需求结构的影响因素不同，东部、中部和西部需求结构的影响因素也不同，需求结构演变与该国和地区经济所处的发展阶段及自身经济结构存在密切联系。（3）中国需求结构变化在 2010 年出现拐点，中高收入转型是需求结构转变的关键因素，且中高收入转型主要通过经济增长、产业结构和城镇化的变化影响需求结构。（4）比较

中国与其他经济体的经济指标，结果显示：中国存在消费率偏低和投资率偏高的现象，是人均收入和城镇化水平较低，而经济增长、工业化速度较高所致。

随着中国进入中高收入阶段，需求结构开始出现明显的转折。人均收入增长率、开放程度、工业化进程、城镇化和人口结构对中国需求结构的形成具有显著的影响。与其他国家比较，中国较高的人均GDP增长率和较高的工业化程度是导致中国消费率过低和投资率过高的需求结构特征的主要成因。鉴于我国目前处于中高收入阶段和国内需求结构出现拐点的新现象，在新时期，我国调整需求结构需要从以下几个方面着手：

第一，需求侧的问题需要根据经济发展所处收入阶段入手，认清需求结构的转变。当前，我国需求不是不足，而是随着收入阶段的转变，需求偏好从中低端向中高端转换。2010年，我国人均收入已经跨入中高收入国家的门槛，同时经济总量已跃居世界第二，我国人均GDP已上升到9 000多美元，达到中高收入国家的平均水平以上。人民的消费需求从"对物质文化需要"变为"对美好生活的需要"，"美好生活"比"物质文化生活"涵盖面更宽、层次更高，对商品的需求不再仅仅局限于使用价值，而是追求更美的外观、更舒适的体验、更个性的设计和更人性化的服务。因此，提高国内消费需求的根本在于进行产业结构的优化升级，使产品结构从中低端产业链向中高端延伸，实现由低水平供需平衡向高水平供需平衡跃升，满足人民的消费需求。

第二，转变经济发展理念和发展方式，从追求速度到追求质量。过去，我国需求结构中投资率明显高于其他相同收入经济体的重要原因在于我国的高速经济增长。经济起飞时期，经济增长依靠投资驱动，大规模的基础设施建设和工业化进程的加速，导致投资增长快和投资率高。但是当前，我国经济发展正处于增长速度换挡期、结构调整阵痛期和前期刺激政策消化期"三期叠加"阶段，面临经济发展速度换挡节点。中国经济已经从高速增长阶段转换到高质量发展阶段，发展方式必须从规模速度型转向质量效率型，发展动力要从主要依靠投资驱动转向创新驱动。地方政府和企业在投资过程中，应重视和提升投资效率和企业效率，而不是盲目追求产能扩张和经济增速。

第三，改善投资结构和提高投资效率。投资结构的调整应该以需求结构的调整为引领，随着居民收入水平提高、人口结构调整和科技进步，我国居民消费呈现出从注重量的满足向追求质的提升，从有形物质产品向更多服务消费，从模仿型排浪式消费向个性化、多样化消费等一系列转变，投资领域也应该从中低端领域向中高端领域转变，从重视基建和房地产等基础设施项目的投资转向重视服务、信息、绿色、智能等服务型项目的投资。调整投资结构的同时，要注意扭转对投资速度的过分关注，把宏观调控重点从投资速度转到投资效率和质量上来，减少重复投资、低效率投资。投资效率的提高离不开政府减少在竞争性行业的干预，调动国有和民营企业家的投资积极性，放宽市场准入，扩大开放领域；完善法治建设、改善投资环境、降低投资成本，提高企业的盈利能力和发展空间；加强对政府投资的规划和监管，提高政府的投资能力，加强适应新消费和新产业、新业态、新模式发展需要的基础设施和公共平台建设，增加有效投资；鼓励企业采用新技术，提高投入效率、提高产品质量，参与国际经济竞争。

第四，提高消费水平和促进消费升级。收入是消费的基础和前提，因此，提高消费水平的前提是大力发展生产力，以经济建设为中心，提高居民的收入水平。政府应坚持制度保障，调整收入分配制度、缩小收入差距，积极培育扩大居民消费能力的资本性收入来源，提高居民的消费能力。扩大就业，提高就业质量、完善社会保障制度，社会福利和医疗体系的健全，有利于提高居民的收入预期，减少预防性储蓄。同时，加强宏观调控、稳定物价水平，全面提高产品的标准化水平，完善质量监管体系、改善市场信用环境，健全消费者权益保护机制。另外，优化政策支撑体系，按照有利于拉动国内消费、促进公平竞争的原则，推进消费税改革，完善消费补贴政策，推动金融产品和服务创新，支持发展消费信贷。除了政府，企业应围绕消费市场的变化趋势进行投资、创新和生产，努力提高产品和服务的质量，提高劳动生产率，降低产品价格，满足人民生活质量改善的需求。最后，个人应树立正确的消费观，形成节约、理性、绿色、健康的现代生产消费方式。

第五，推进产业结构升级，大力发展服务业。消费是最终需求，加快消费升级离不开产业结构升级的支持，尤其是与消费升级有关的服务业的快速发展。产业结构升级应注重改造提升轻工、食品加工、纺织和低端制造业等传统产业，通过制度创新与政策安排，强化对研发设计、精密加工、品牌营销、全球运营等薄弱环节的支持，加快培育技术创新能力、系统集成能力与品牌营销能力，推动传统产业由低端的低附加值环节向高端的高附加值环节转变。以技术创新推进产品创新，鼓励企业加强质量品牌建设，大力推动中国质量、中国品牌建设，提高企业的核心市场竞争力。加快现代服务业发展。服务业升级应积极顺应和把握生活消费方式向发展型、现代型、服务型转变的大趋势，重点发展居民和家庭服务、健康养老服务、教育文化旅游等既满足人民生活质量改善需求，又有利于人力资本积累和社会创造力增强的服务业。服务业应实施更加积极主动的开放战略，加大对内对外的开放力度，全面放宽民间资本市场准入，降低准入门槛，对外资实行准入前国民待遇加负面清单管理模式，分领域逐步减少、放宽、放开对外资的限制。

第三节 外贸发展方式从数量扩张型向质量增进型转变

改革开放以来,中国对外贸易取得巨大成就,贸易大国地位逐步确立,对中国经济社会发展作出了重要贡献。但是,国际金融危机犹如一面镜子,让人们更清晰地看到了中国外贸发展的不平衡、不协调、不可持续问题。在金融危机之后,面临世界经济重大结构性调整,国内经济新常态下产业升级与动能转换,迫切需要稳定和拓展对外贸易规模,调整与优化外贸空间结构,提升对外贸易质量和效益,实现外贸发展方式从数量扩张型向质量增进型转变,进一步增强外贸推动经济增长、全面建成小康社会的作用。

一、中国出口导向外贸发展方式的基本特征

随着全球经济一体化进程的加快,以及我国改革开放的深入,我国对外贸易快速发展,成为推动我国经济发展的三大引擎之一,在全球贸易格局中占据重要的地位。2012 年我国外贸总额达到 38 671 亿美元,超越美国成为全球最大的货物贸易国,这是继 2009 年我国成为世界第一大出口国之后的又一个具有标志性意义的发展。但是,不容忽视的是,中国外贸发展方式具有显著的数量扩张型特征。

(一) 对外贸易规模快速增长

1978~2015 年,中国商品出口额、进口额、贸易总额年均增速分别为 14.2%、12.9%、13.6%,基本上保持了平均 5~6 年翻一番的增长速度,超过同期 10% 左右的 GDP 年均增速。如表 3-10 所示,因为对外贸易增速超过国内生产总值的增速,中国外贸依存度(人民币汇率计算的进出口贸易总额占 GDP 的比重)呈不断上升的总体趋势:先由 1978 年的 9.65% 增至 2008 年的 56.31%,其后受国际金融危机冲击逐步下降,从 2010 年的 48.84% 降至 2017 年的 33.58%。同时,受益于商品出口增速超过进口增速,20 世纪 90 年代以来,中国对外贸易收支出现长期顺差且顺差额度呈扩大趋势:贸易顺差由 1990 年的 411 亿元,增加到 2008 年的 20 868 亿元;其后,在国际金融危机的冲击下,贸易顺差逐步降至 2011 年的 10 079 亿元;2012 年以来有所回升,2014 年回到金融危机前的水平,主要是受进口大幅减少的影响,2015 年贸易顺差达到 36 830 亿元,到 2017 年有

所下降，但也处于 28 521 亿元的高位。

表 3-10　　　　中国对外贸易发展（1978~2015 年）

年份	出口总额（亿元）	进口总额（亿元）	进出口差额（亿元）	外贸依存度（%）
1978	167.60	187.40	-19.80	9.65
1980	271.20	298.80	-27.60	12.42
1985	808.86	1 257.85	-448.99	22.71
1990	2 985.84	2 574.28	411.56	29.46
1995	12 451.81	11 048.13	1 403.68	38.31
2000	20 634.44	18 638.81	1 995.63	39.16
2005	62 648.09	54 273.68	8 374.41	62.42
2006	77 597.89	63 376.86	14 221.03	64.24
2007	93 627.14	73 296.93	20 330.20	61.77
2008	100 394.90	79 526.53	20 868.41	56.31
2009	82 029.69	68 618.37	13 411.32	43.16
2010	107 022.80	94 699.50	12 323.34	48.84
2011	123 240.60	113 161.40	10 079.16	48.31
2012	129 359.30	114 801.00	14 558.29	45.18
2013	137 131.40	121 037.50	16 093.98	43.37
2014	143 883.80	120 358.00	23 525.72	41.03
2015	141 166.80	104 336.10	36 830.73	35.63
2016	138 419.29	104 967.17	33 452.12	32.89
2017	153 311.19	124 789.81	28 521.38	33.58

资料来源：国家统计局数据库。

从外贸依存度的国别比较来看，如表 3-11 所示，中国外贸依存度明显高于金砖四国的其他三国（巴西、俄罗斯、印度）和一些发达经济体（如美国、日本等），但略低于德国和加拿大。正是因为中国对外贸易快速增长，国内很多学者认为中国贸易依存度已经太高，达到了危险的程度（沈骥如，2004；徐晓玲、吴玲，2008）。事实上，中国对外贸易增长主要依赖"两头在外"的加工贸易，贸易额的重复计算夸大了贸易依存度[①]；同时，人民币存在一定程度上的低估，

---

① 2008 年加工贸易进出口总额为 10 535 亿美元，其中从国外进口的 3 784 亿美元又体现在出口产品中，实际中国的加工贸易净出口额为 2 967 亿美元。如果扣除因为加工贸易而导致的重复计算，中国的贸易额将减少 7 568 亿美元，贸易依存度将因此而下降 15%。

也使中国的贸易依存度虚高。① 如果考虑上述两方面的因素，就目前情况来看，中国的贸易依存度尚处在合理的水平。

表3-11　　　　世界主要国家的对外贸易依存度的比较

（1990~2015年）　　　　　　　　　　　单位：%

国家	1990年	1995年	2000年	2005年	2008年	2009年	2011年	2015年
巴西	11.68	13.09	17.70	22.24	23.22	18.22	19.90	20.50
俄罗斯	—	35.91	57.84	48.33	45.80	40.20	45.50	40.10
印度	13.09	18.34	20.41	28.96	42.48	31.46	40.50	31.50
中国	32.34	38.58	39.57	63.00	56.69	44.27	49.80	35.90
美国	15.82	18.24	20.62	20.94	24.06	18.85	25.00	21.10
英国	40.31	43.66	42.87	39.39	41.04	38.36	45.40	38.00
法国	36.24	37.62	50.19	45.08	46.65	39.43	47.30	44.60
德国	45.31	39.14	55.20	62.69	72.40	62.00	75.80	70.70
日本	17.10	14.80	18.40	24.40	31.61	22.35	28.60	29.40
意大利	31.08	39.05	43.68	42.64	48.12	38.74	49.20	47.70
加拿大	43.05	61.07	71.93	60.23	58.40	48.40	52.70	54.40

资料来源：世界银行 WDI 数据库。2017年、2013年数据缺失。

从贸易收支的国别比较来看，由表3-12可知，2001~2003年，中国贸易顺差基本保持平稳，整体水平明显低于俄罗斯、德国和加拿大；2005年中国贸易顺差额迅速扩大，仅落后于德国；2007年中国贸易顺差额高达3 121.18亿美元，分别是德国和日本的1.4倍和两倍；在国际金融危机影响最严重的2009年，中国依然保持了1 921.87亿美元的高额贸易顺差；2011年以来，贸易顺差额又回升至3 300亿美元的水平，2015年更是高达5 761.91亿美元，但2016年、2017年有所下降，分别为5 097.05亿美元和4 195.78亿美元。

表3-12　　　　世界主要经济体贸易顺差额

单位：亿美元（以2005年美元为不变价）

国家	2001年	2003年	2005年	2007年	2009年	2011年	2013年	2015年
中国	448.75	425.03	1 246.25	3 121.18	1 921.87	3 347.28	3 397.96	5 761.91
印度	-133.13	-130.93	-228.98	-409.06	-714.02	-1 037.55	-470.55	-1 368.84

---

① 2009年世界银行按照购买力平价计算的中国GDP为9.09万亿美元，而按照市场汇率计算的GDP仅仅为4.985万亿美元，如果考虑这个因素，中国2009年的贸易依存度将下降为24.28%，达到与美国、日本接近的水平。

续表

国家	2001 年	2003 年	2005 年	2007 年	2009 年	2011 年	2013 年	2015 年
俄罗斯	968.56	1 115.75	1 046.14	551.97	930.96	114.36	-97.18	1 483.98
巴西	-60.40	231.87	318.32	45.77	-177.83	-707.93	-856.40	176.69
美国	-4 601.21	-5 911.78	-7 212.00	-6 534.33	-3 564.59	-4 135.09	-3 759.13	-7 618.55
日本	-452.65	159.90	643.60	1 508.82	673.94	1 171.08	735.89	-73.34
德国	601.29	892.76	1 445.90	2 212.03	1 377.87	1 988.82	2 240.78	2 896.13
英国	-346.07	-524.34	-629.87	-627.65	-233.05	-101.49	-281.52	-1 812.05
法国	212.13	110.84	-91.30	-277.71	-426.18	-447.85	-260.89	-277.88
加拿大	895.85	682.13	453.77	103.20	-144.17	-471.59	-514.56	-180.43
意大利	175.30	-92.45	-20.47	37.02	-206.13	-41.24	602.31	566.22

资料来源：世界银行 WDI 数据库。

(二) 外贸空间结构极不平衡

无论是从历史还是从现状看，中国对外贸易的市场结构都是极不平衡的，国别和地区的集中程度相当高。如表 3-13 所示，2015 年前十大贸易伙伴在中国进出口、出口和进口的份额分别高达 77.11%、79.58% 和 73.76%。尤其是中国（内地）对外贸易顺差主要集中在欧盟（1 470.9 亿美元）、美国（2 609.1 亿美元）和中国香港（3 188 亿美元），三者贸易顺差合计 7 268 亿美元，占中国全球贸易顺差总额的 123%。对中国台湾、韩国、澳大利亚、德国、马来西亚等贸易伙伴，中国（大陆）的贸易处于逆差状态。这显示中国的贸易不平衡是非常突出的。

表 3-13　　　　　2015 年中国与主要贸易伙伴贸易情况

国家或地区	进出口		出口		进口		净出口
	金额（亿美元）	比重（%）	金额（亿美元）	比重（%）	金额（亿美元）	比重（%）	金额（亿美元）
全球	39 569.0	100.00	22 749.5	100.00	16 819.5	100.00	5 930.0
欧盟	5 648.5	14.28	3 559.7	15.65	2 088.8	12.42	1 470.9
美国	5 583.9	14.11	4 096.5	18.01	1 487.4	8.84	2 609.1
东盟	4 721.6	11.93	2 777.0	12.21	1 944.6	11.56	832.4
中国香港	3 443.3	8.70	3 315.7	14.57	127.7	0.76	3 188.0
日本	2 786.6	7.04	1 356.8	5.96	1 429.9	8.50	-73.1

续表

国家或地区	进出口		出口		进口		净出口
	金额（亿美元）	比重（%）	金额（亿美元）	比重（%）	金额（亿美元）	比重（%）	金额（亿美元）
韩国	2 759.0	6.97	1 013.8	4.46	1 745.2	10.38	-731.4
中国台湾	1 885.6	4.77	449.0	1.97	1 436.6	8.54	-987.6
德国	1 568.0	3.96	691.8	3.04	876.2	5.21	-184.4
澳大利亚	1 139.8	2.88	403.4	1.77	736.4	4.38	-333.0
马来西亚	973.6	2.46	440.6	1.94	533.0	3.17	-92.4
前10总计	30 509.9	77.11	18 104.3	79.58	12 405.8	73.76	5 698.50

资料来源：中国海关统计数据库。

除市场结构外，在"梯度开放战略"的逐步推进中，中国东部、中部、西部三大地区对外贸易发展也极不平衡。如表3-14所示，自2007年以来，虽然东部地区贸易受到国际金融危机冲击更大，三大地区贸易不平衡的格局有所改善，但是，总体格局并没有根本性变化。2015年东部地区进出口贸易额为33 718.30亿美元，而同期中部、西部地区分别为2 948.50亿美元、2 919.60亿美元，后两者相加不及前者的五分之一。从贸易相对规模看，2015年东部地区外贸依存度为54.61%，全国外贸依存度为35.63%；而同期中部、西部地区分别为10.89%、13.10%，大约只相当于东部地区的五分之一、全国的三分之一。

表3-14　　　　中国对外贸易的区域结构分布（2007~2015）

全国和地区		2007年	2008年	2009年	2010年	2011年	2015年
全国	金额（亿美元）	21 765.70	25 632.55	22 075.35	29 739.98	36 418.64	39 586.40
	依存度（%）	62.26	56.69	44.23	50.14	49.72	35.63
东部	金额（亿美元）	20 025.01	23 343.71	20 242.43	27 041.02	32 580.64	33 718.30
	依存度（%）	89.04	80.62	62.95	70.39	68.93	54.61
中部	金额（亿美元）	1 096.31	1 443.10	1 126.48	1 679.79	2 351.89	2 948.50
	依存度（%）	11.61	11.48	8.00	9.73	10.70	10.89
西部	金额（亿美元）	615.94	845.74	706.43	1 019.18	1 486.12	2 919.60
	依存度（%）	12.68	13.07	9.75	11.47	12.94	13.10

资料来源：中国海关统计数据库。2012~2014年数据缺失。

(三) 对外贸易结构显著升级,但出口品技术含量有待提高

按 SITC 分类,如表 3-15 所示,中国出口的初级产品比重从 1980 年的 50.30% 下降到 2015 年的 4.57%;同期出口的工业制成品比重由 49.70% 上升到 95.43%。在出口的工业制成品中,机械及运输设备比重由 1980 年的 4.65% 增至 2015 年的 46.57%,增长最为迅猛;同期,化学品及有关产品比重变化不大,轻纺产品、橡胶制品、矿冶产品及其制品比重略有下降,杂项制品比重总体呈上升趋势。中国进口的初级产品比重从 1980 年的 34.77% 下降到 2000 年的 20.76%,2015 年又回升至 28.12%;同期进口的工业制成品比重则呈现先上升后下降的变化。在进口的工业制成品中,所占比重最大的是机械及运输设备,2015 年其比重为 40.63%。

表 3-15　　1980~2015 年中国进出口商品结构变化情况　　单位:%

项目		出口			进口		
		1980 年	2000 年	2015 年	1980 年	2000 年	2015 年
总值(亿美元)		181.19	2 492.03	22 749.5	200.17	2 250.94	16 819.5
初级产品占比		50.30	10.22	4.57	34.77	20.76	28.12
工业制成品占比		49.70	89.78	95.43	65.23	79.24	71.88
工业制成品细分	化学品及有关产品占比	6.18	4.85	5.70	14.53	13.42	10.19
	轻纺产品、橡胶制品、矿冶产品及其制品占比	22.07	17.07	17.20	20.75	18.57	7.93
	机械及运输设备占比	4.65	33.15	46.57	25.57	40.84	40.63
	杂项制品占比	15.65	34.62	25.85	2.71	5.66	8.01
	未分类的商品占比	1.14	0.09	0.11	1.67	0.73	5.12

资料来源:中经网统计数据库。

初级产品出口占比下降表明中国的出口结构在优化升级,是经济发展和工业化发展的标志之一。传统发展经济学理论认为,一国的出口结构是与该国经济发展水平密切相关的。低收入阶段,主要出口初级产品,而到高收入阶段,主要出口的是制成品。中国初级产品出口占比在 1980 年高达 50%,到 2015 年下降到不到 5%,而且出口的制成品中,机械及运输类占比大幅度提高,从 1980 年不到 5% 上升到 2015 年的 40% 以上。这意味着中国工业化程度大幅度提升了,产业结构不断调整升级,是经济发展进步的一个重要表现。但是,值得一提的是,中国进口产品中,初级产品所占比重呈现先降后升的趋势,这主要是中国工业化加速

的必然结果,工业化所需要的矿产品和能源产品迅速增加,国内供应不求,只得依靠从外国进口。

但是,传统发展理论和国际贸易理论也遇到了新的挑战。现代国际贸易不再是过去那种发达国家出口工业品、发展中国家出口初级产品的格局,而是几乎所有国家都主要生产和出口工业品。在这种情况下,判断一个国家对外贸易质量和效益的依据,是该国生产和出口产品的技术含量。改革开放以来,中国出口商品结构不断改善和优化,并形成以机械及运输设备等工业制成品为主体的格局。但是,中国出口商品的技术、档次和附加值仍然处在比较低的层次。如表3-16所示,2015年,中国商品出口总额的35.04%,以及大多数机械及运输设备、高新技术产品出口是通过加工贸易实现的;而且,机械及运输设备多为劳动和材料密集型产品,技术含量和附加价值较低,高新技术产品多使用国外的核心零部件或者关键性技术,中国具有自主知识产权的产品出口比例较低。同时,中国出口贸易的44.13%、进口贸易的49.34%是由外商投资企业完成的;进出口贸易以外商投资企业为主体的格局,在反映中国出口商品结构低级化的同时,也会影响中国提升出口商品技术、档次的主动能力和实际效果。

表3-16   2015年中国分贸易方式、企业性质的进出口情况

项目		出口		进口	
		金额(亿美元)	比重(%)	金额(亿美元)	比重(%)
总值		22 749.50	100.00	16 819.50	100.00
贸易方式	一般贸易	12 172.50	53.47	9 231.90	54.88
	加工贸易	7 977.90	35.04	4 470.00	26.57
	其他方式	2 615.30	11.49	3 118.80	18.54
企业性质	国有企业	2 423.90	10.65	4 078.40	24.25
	外商投资企业	10 047.30	44.13	8 298.90	49.34
	其他企业	10 294.50	45.22	4 443.40	26.42

资料来源:中国海关统计数据库。

二、金融危机之后转变外贸发展方式的主要战略

国际金融危机发生后,尤其是进入中高收入阶段之后,中国数量扩张型外贸发展方式充分暴露了其内在的不平衡、不协调、不可持续问题。在面临世界经济重大结构性调整,以及国内经济新常态下产业升级与动能转换的环境下,迫切需要转换外贸发展方式,促进从数量扩张型向质量增进型转变。

（一）调整需求结构，促进贸易自由化发展

我国长期实施出口促进发展战略，外贸成为我国拉动增长的一驾重要马车。2008年国际金融危机给我国外向型发展战略一个沉重的打击，这次危机使我们认识到这种战略的长期实施会带来一系列问题，它表现在三个方面：首先，过于依赖出口使中国经济越来越多地受制于发达国家的经济状况和非经济因素，发达国家经济波动和政策调整对中国经济的影响越来越大。一旦世界上尤其是发达国家发生经济危机，需求萎缩，中国的出口就会立即受到巨大的冲击，导致外需不足。如果国内投资和消费调整不及时，经济增长就会迅速放慢。其次，中国是一个拥有近14亿人口、经济总量居世界第二位的大国，进出口规模都很大，某种产品出口增加，国际市场价格就会大幅度下跌；某种产品进口增加，国际市场价格就会大幅度上涨。因此，过分依赖出口促进经济增长将会导致国际市场的不稳定。最后，长期依靠以资源为基础的、低附加值的产品出口，也带来了资源过分消耗和环境不断恶化。因此，在进入新阶段之后，中国以出口促进战略为主的外贸发展方式必须适时转变为中性贸易战略，即不鼓励也不限制出口的贸易自由化战略（郭熙保、马媛媛，2013）。此外，降低出口在GDP中的比重，能够改善我国外需和内需的不平衡问题，使我国的需求主要依靠国内需求，特别是消费需求的扩大，实现消费结构的合理化。

（二）拓展外贸规模，促进贸易平衡发展

首先，如第二章所述，2008年发生的金融危机不仅对发达国家造成严重的冲击，而且对发展中国家也造成很大程度的冲击，使得世界经济结构与格局发生了重大变化。金融危机之后，世界经济重大结构性调整将减缓中国对外贸易增长的步伐。一方面，随着世界经济增长格局的变化，发达经济体"有毒资产"清理、"三高"困扰将使世界经济陷入缓慢复苏的境地；与此同时，随着世界经济生产格局的变化，发达经济体旨在纠正实体经济与虚拟经济的严重失衡而推行"再工业化"，将有可能终结发达国家负债消费、新兴经济体出口快速增长的单向循环的世界经济贸易格局。在上述两大因素的综合作用下，中国对外贸易面临的外部需求将大幅萎缩。实际上，近几年我国对外贸易增速呈下降趋势。另一方面，随着世界经济贸易格局的变化，在促进出口增长的过程中（如美国的"五年内出口翻一番"促进出口战略），各经济体纷纷推出以邻为壑的贸易保护措施。在此背景下，商品出口快速增长、持续巨额商品贸易顺差使中国处在全球性贸易保护主义的风口浪尖。2008年以来，中国与世界主要贸易伙伴的贸易摩擦不断增加，甚至升级为贸易战。

其次，长期保持高额贸易顺差，也加大了人民币汇率升值的压力。2010年9月，美国众议院颁布了《汇率改革促进公平贸易法案》，将货币低估行为视为出口补贴，并重点指出人民币汇率低估造成了美国对中国的贸易逆差；2011年10月，美国参议院又通过了《2011年货币汇率监督改革法案》，要求美国政府调查中国是否存在人为压低人民币汇率的行为，以决定是否对中国进行关税等方面的惩罚。同时，欧洲部分国家、印度和巴西等所有与中国有贸易逆差的国家都加入呼吁人民币升值的队伍中，国际货币基金组织（IMF）、世界贸易组织（WTO）、二十国集团（G20）更是多次施压人民币升值。人民币汇率升值必然会削弱中国出口产品的价格竞争优势，影响出口增长；在人民币升值速度过快或升值幅度过大的情况下，极有可能造成大面积的出口型产业衰退和大规模的出口部门失业问题。

综上可见，在中国经济进入中高收入阶段以来，中国对外贸易面临的核心问题不是"过高"的外贸依存度，而是基于世界经济结构调整如何稳定和拓展对外贸易的规模，促进贸易平衡发展。其关键在于：改变中国长期以来的出口导向型贸易战略，由注重出口规模增长转向进出口并重，充分发挥进口对中国经济增长的拉动作用。因为中国进口商品主要为原材料、能源产品和中间产品，消费品的进口比重很低；所以，进口可以解决中国制造业庞大而资源和技术力量不足的问题，对经济增长具有可持续的拉动作用。[1] 与此同时，进出口并重的贸易战略有利于减少中国的贸易顺差及其引发的贸易摩擦，优化中国的对外贸易环境，缓解因贸易顺差带来的货币超发、通胀和宏观经济失衡问题。

（三）调整外贸空间结构，促进贸易协调发展

一般意义上，外贸市场与区域空间结构失衡不利于中国对外贸易的协调发展。外贸市场过度依赖欧盟、美国和日本等发达经济体，将加重中国外贸的脆弱性及其面临的外部需求波动风险。事实上，国际金融危机对中国经济增长最直接的负面影响主要是外贸、货物和服务净出口的锐减给GDP带来负的拉动。更重要的是，金融危机之后，世界经济出现重大结构性调整，将进一步放大和强化外贸市场过度集中带来的外贸的脆弱性与波动风险。[2] 一方面，随着世界经济增长格局的变化，世界经济增长的重心将进一步向新兴经济体转移，新兴经济体将成为与发达国家并驾齐驱，甚至是更为重要的增长发动机。在此背景下，外贸市场

---

[1] 陈太明：《我国改革开放以来对外贸易与经济增长关系的实证分析》，载于《国际商务》2007年第5期，第32~39页。

[2] 郭熙保、陈志刚：《论后危机时期中国外贸发展方式转变——基于世界经济结构调整的视角》，载于《经济学家》2013年第5期，第29~38页。

继续过度依赖欧盟、美国和日本，外贸顺差继续过度集中在欧盟和美国，既不利于中国稳定和拓展对外贸易规模，也更易产生贸易摩擦与争端。另一方面，随着世界经济生产格局的变化，无论是发达经济体的"再工业化"战略，还是新兴经济体的新工业化和新兴产业发展战略纷纷致力于在战略性新兴产业领域寻求战略优势或战略突破。在此形势下，东部沿海地区必须发挥其资本、技术的比较优势，大力培育发展战略性新兴产业，在促进中国产业结构升级的同时站在新一轮产业革命制高点。如果继续过度依赖东部沿海地区以加工贸易为主的贸易贡献，中国将痛失新科技与产业革命带来的重大历史发展机遇。与此同时，中西部地区应积极承接东部地区的产业转移，充分发挥劳动力、土地等要素成本优势，积极开拓国际市场，促进对外贸易的快速发展，提高外贸依存度。

其次，外贸区域过度依赖东部沿海地区，也有损于中国各地区比较优势发挥和区域协调发展。如表3-17所示，从中国31个省、自治区、直辖市净出口率（净出口占GDP的比重）变化来看，河北、江苏、浙江、福建、山东、湖北和广东7个省份三个阶段的净出口率均为正值，上海和福建在第二、第三阶段保持正净出口率，辽宁、黑龙江和河南在第一、第二阶段的净出口率为正值，其余的省份三个阶段的净出口率全部为负值，说明仅东部少数几个省份的外需能够对GDP增长产生积极作用。从增长速度看，净出口率递增趋势最为明显的是广东省，三个阶段净出口率分别为4.2%、10.9%和13.1%，其次是浙江、山东和湖北的净出口率也呈现不断递增的趋势，说明这些省份的外向型经济发展趋势良好。江苏三个阶段的净出口率分别为8.5%、8%和8%，净出口率基本保持了稳定。大部分中西部省份的净出口率都呈现出阶段性下降趋势，并且在2007～2013年这个阶段的净出口率下滑幅度较大，其中，中部地区的山西和河南，西部地区的广西、云南和西藏等省份的净出口率下滑程度最为突出。

表3-17　　　　1993～2013年中国31个省份净出口率水平　　　　单位：%

省份	1993～1999年	2000～2006年	2007～2013年	省份	1993～1999年	2000～2006年	2007～2013年
北京	-16.9	-4.6	0.7	湖北	0.1	0.5	0.9
天津	-1.4	4.7	-8.5	湖南	-0.2	-0.7	-2.0
河北	9.2	11.9	4.1	广东	4.2	10.9	13.1
山西	0.1	-1.9	-9.8	广西	-4.6	-4.2	-23.5
内蒙古	-4.9	-7.7	-17.8	海南	-6.6	-1.2	-8.8
辽宁	10.8	6.1	-3.0	重庆	0.4	-13.6	-7.9
吉林	-2.5	-2.2	-16.7	四川	-0.1	-1.7	-3.3

续表

省份	1993~1999年	2000~2006年	2007~2013年	省份	1993~1999年	2000~2006年	2007~2013年
黑龙江	11.7	11.7	-7.5	贵州	-19.6	-37.4	-19.5
上海	-2.5	7.5	4.0	云南	-3.1	-13.9	-31.7
江苏	8.5	8.0	8.0	西藏	-46.0	-35.7	-60.0
浙江	4.6	6.5	8.3	陕西	-8.2	-7.1	-11.0
安徽	-0.1	-0.2	-1.9	甘肃	-8.6	-8.9	-15.7
福建	-1.3	4.5	2.8	青海	-18.5	-35.9	-38.6
江西	-1.6	-0.9	0.2	宁夏	-18.1	-38.8	-38.7
山东	3.5	5.5	5.7	新疆	-16.9	-8.9	-18.4
河南	5.6	2.2	-12.6	—			

资料来源：中国经济与社会发展统计数据库。表中数值为各时期内的平均值。

我国国土辽阔，不同地区之间自然条件不同、资源禀赋各异、历史基础有别，再加上外贸发展的不平衡，因而长期存在较大发展差距。党的十八届五中全会和十九大提出的新发展理念把协调发展放在我国发展全局的重要位置，坚持统筹兼顾、综合平衡，正确处理发展中的重大关系，补齐短板、缩小差距，努力推动形成各区域各领域欣欣向荣、全面发展的景象。协调要求外贸的空间布局科学合理，充分发挥各地区比较优势，实现区域协调发展。

(四) 提升外贸质量和效益，促进贸易持续发展

因为出口商品整体层次比较低，通过对外贸易中国虽获得了一些利益（如增长、就业和技术进步），但透支了高昂的资源与环境成本。在我国出口贸易结构中，传统出口优势产业中高污染、资源密集型产业占有相当比重，如纺织、皮革及制品、化工、食品和农产品、水泥建材、焦炭、钢铁等。虽然我国对外贸易价值量为顺差但资源环境却在产生"逆差"（李祝平、欧阳强，2014）。长期以来，我国以资源环境密集型产品出口为导向的、以量取胜的粗放型外贸增长模式在我国对外贸易中占有很高的比例，而这一外贸增长模式成为我国目前粗放式的、不可持续生产和消费方式的加速器，加剧了我国资源环境压力，给我国环境保护工作提出了严峻挑战。

同时，金融危机之后，世界经济的重大结构性调整，将迫使中国提升对外贸易质量和效益。一方面，随着世界经济生产格局的变化，发达经济体纷纷推出回归实体经济的"再工业化"战略，中国必须转变以产业链低端产品、劳动密集型

产品出口为主导的贸易增长模式,扩展参与全球化分工的价值链,向产业链高端前进,提高出口产品的技术含量和附加值。另一方面,随着世界经济贸易格局的变化,全球气候和环境加剧恶化,发达国家利用新能源、节能环保方面的优势,推行"碳关税"等贸易规则来保障和提升其产业、产品的竞争力,中国必须实现出口商品由主要依靠增加物质资源消耗与环境污染,向主要依靠科技进步、劳动者素质提高、管理创新转变,提升对外贸易的质量和效益。

三、迈向高质量发展阶段转变外贸发展方式的政策思路

党的十九大提出,拓展对外贸易,培育贸易新业态、新模式,推进贸易强国建设。建设贸易强国必须转变外贸发展方式。以上对转变外贸发展方式的必要性和战略思路进行了分析,现在国内经济正面临阶段转型、动力转换、产业升级、质量提升的重要关口,加快转变对外贸易方式必须与之配合协调,为此我们提出如下政策思路:

第一,稳定和拓展贸易规模。坚持进出口并重的原则,积极扩大进口,优化进口结构,更多进口先进技术装备、国内短缺资源和优质消费品。巩固提升传统出口优势,促进加工贸易创新发展。扩大服务出口,健全售后保养维修等服务体系,促进在岸、离岸服务外包协调发展。大力发展生产性服务贸易,促进货物贸易和服务贸易融合发展。

第二,调整和优化外贸空间结构。一方面,加大对中西部地区"大通关"建设和口岸建设的支持力度,在条件成熟的地区设立海关特殊监管区域或保税监管场所,积极推进沿边内陆省市与相邻的国家建立自由贸易区,① 制定更优惠的政策,大力发展边境贸易,改变过度依赖欧盟、美国和日本的外贸市场格局,优化对外贸易布局,推动出口市场多元化,提高新兴市场比重。另一方面,依托资源丰富、要素成本低、市场潜力大优势,中西部地区积极承接国际和沿海地区劳动密集型、加工贸易型产业转移,改善加工贸易配套条件,提高产业层次,拓展加工深度,推动加工贸易转型升级,加快形成布局合理、比较优势明显、区域特色鲜明的加工贸易发展格局。

第三,提升对外贸易质量和效益。一是在充分利用传统劳动密集型产业的比较优势的同时,重点加强国内企业的自主创新,加快培育以技术、标准、品牌、

---

① 目前,云南和广西可以享受我国与东盟自由贸易区带来的利益,它们与东盟的边境贸易近年来大幅增长。西藏可以通过我国与印度、尼泊尔建立的自由贸易区来发展边境贸易。东北三省可以通过建立东亚自由贸易区来发展边境贸易。

质量、服务为核心的对外经济新优势，推动高端装备出口，提高出口产品科技含量和附加值。在稳定目前出口水平的条件下逐渐提高产品的技术含量，逐步减少高能耗和高排放的产品出口。二是着力推动加工贸易产业链向上游研发设计延伸，鼓励企业逐步从代加工向代设计和自创品牌发展，引导加工贸易企业更多地采用国产料件，延伸产业链条，加强对区域经济的促进作用。三是在新一轮全球生产要素重组条件下，综合考虑国内产业结构升级和承接国际产业转移，从过去注重以外资投入拉动经济总量增长，向着重引进技术、管理、人才促进自主产业升级转变，有目的、有重点地引导高新技术产业外商投资，鼓励跨国公司在中国设立研发中心和培训中心。

第四，推进绿色贸易发展。对海关产品目录进行绿化，使产品按环境分类管理，对进出口企业实行名单绿化制度管理，对行业进行整顿。以征收出口环节的环境关税为主导，制定市场准入和市场准出标准，积极促进外商绿色投资，防范外商直接投资向西部转移污染的环境风险，从而调整进出口总量和结构，改善环境与资源利用。

第五，推动形成全面开放新格局。进一步拓展开放范围和层次，完善开放结构布局和体制机制，以高水平开放推动高质量发展。推进"一带一路"国际合作，坚持共商共建共享，落实"一带一路"国际合作高峰论坛成果。推动国际大通道建设，深化沿线大通关合作。加大西部、内陆和沿边开放力度，拓展经济合作新空间。加强与国际通行经贸规则对接，建设国际一流营商环境。全面复制推广自贸区经验。国务院于2018年出台《中国（海南）自由贸易试验区改革总体方案》，以此为契机，要加快把海南建设成为高等级的自由贸易港，打造改革开放新高地。

第六，建立贸易摩擦预警机制。推动国际经济治理体系改革完善，积极引导全球经济议程，维护和加强多边贸易体制，促进国际经济秩序朝着平等公正、合作共赢的方向发展，共同应对全球性挑战。健全服务贸易促进体系，发挥贸易投资促进机构、行业协会商会等的作用。加强知识产权保护和反垄断执法，深化执法国际合作。积极应对国外技术性贸易措施，强化贸易摩擦预警，化解贸易摩擦和争端。

第四章

投入结构转变

生产过程中最基本的关系是投入产出关系。投入结构也就是供给结构，是指各种要素投入的比例关系，投入结构的转变是指要素投入比例的变化。党的十九大明确把实现高质量发展作为首要目标，并提出"坚持质量第一、效率优先，以供给侧结构性改革为主线，推动经济发展质量变革、效率变革、动力变革，提高全要素生产率"。本章重点考察供给结构即投入结构的转变。首先介绍与投入结构转变相关的增长与发展理论。接下来分三节讨论结构转变问题：一是从动力机制转换的角度讨论要素驱动发展方式向创新驱动发展方式转变，实现动力变革；二是从改善投入效率角度讨论数量增长型发展方式向质量增进型发展方式转变，实现质量变革和效率变革；三是从调整能源结构角度讨论高能耗高污染发展方式向低碳绿色发展方式转变，实现能源结构变革，促进绿色发展。

第一节 投入结构转变的理论基础

在发展中国家的经济发展中，资本形成和资本积累具有至关重要的作用。本书第二章研究发现，投资驱动型发展方式是经济发展过程中一个必然趋势。这里从要素禀赋角度讨论资本积累和技术进步在发展过程中的作用，同时介绍三种理论：发展经济学、增长经济学与可持续发展理论。

一、发展经济学关于资本决定论的观点

在发展中国家，劳动力资源大多比较丰富，而物质资本却十分稀缺，因此早期的发展经济学家多强调物质资本积累对经济发展的关键作用，甚至是决定性作用。后来的研究表明，物质资本并不是决定经济增长的唯一因素，大量研究从不同角度批评这种过于强调物质资本作用的观点。

（一）早期发展经济学中的资本决定论

以斯密为代表的古典经济增长理论，早就强调资本积累对经济增长的重要作用，认为资本积累是经济增长的决定性因素，资本越多，专业化劳动分工就越细，从而能够提高劳动生产率，促进经济增长。哈罗德—多马增长模型把凯恩斯的有效需求理论从短期扩展到长期，认为资本形成是经济增长的唯一源泉，主张通过扩大投资规模来维持充分就业和经济增长。刘易斯二元经济发展模式强调资本积累在劳动力转移和工业扩张中的作用，认为经济发展的核心事实是资本积累，在劳动力转移过程中，资本积累是经济发展和劳动力转移的唯一动力。

另一些学者论证了资本稀缺对经济增长的阻碍作用。纳克斯的贫困恶性循环理论认为，"穷国之所以穷是因为它穷"，其资本形成存在供给和需求两方面的恶性循环。因此，在发展中国家，发展问题的核心就是资本形成，应当通过扩大投资，加速资本形成，以跳出恶性循环。纳尔逊的低水平均衡陷阱理论认为，发展中国家人口过快增长是阻碍人均收入迅速提高的陷阱，应当通过大规模投资，以使国民收入的增长超过人口的增长，跳出"低水平均衡陷阱"。莱宾斯坦的临界最小努力理论也主张通过大规模投资，超过大于临界最小规模的最低限度努力，即所谓的"临界最小努力"，使提高人均收入的力量超过压低人均收入的力量，从而打破低水平均衡陷阱。

还有学者从资本配置效率的角度，考察投资对经济增长的作用。罗斯托的经济增长阶段理论认为，经济起飞的三个先决条件之一是生产性投资占国民收入的比率至少要达到10%。他提倡主导部门优先发展战略，认为主导部门的发展能增加资本积累，扩大对其他部门的需求，带动整个经济增长。罗森斯坦—罗丹基于基础设施和需求的不可分性，提出了大推进理论，认为发展中国家的投资必须一次性达到一个较大的规模，且要各个部门同时进行投资，即采取大推进战略，才能解决资本形成不足，从根本上跳出贫困陷阱，实现起飞。赫尔希曼的联系效应理论认为，资本积累是推动优先发展部门的决定因素，应当优先投资联系效应大的部门，用这些部门的发展带动其他部门的发展。工业部门特别是资本品工业

部门联系效应最大，其他部门联系效应相对较小，工业部门的发展更有利于资本形成。

（二）对资本决定论的评价

如上所述，早期发展经济学家十分强调资本在经济增长中的决定性作用，甚至认为资本是经济增长的唯一重要因素。这种观点被称为"唯资本论"。然而，实践表明，许多储蓄率或投资率很高的国家，经济并没有出现起飞。因此，许多发展经济学家对资本决定论进行了批评，认为资本决定论忽略了投资环境、投资结构、技术进步、人力资本、制度安排等因素的作用。首先，储蓄的增加不一定意味着投资的增加，发展中国家如果没有良好的投资条件和环境，那么高储蓄就很难能转化为高投资；其次，投资的增加不一定会带来产出增加和经济增长。许多发展中国家投资结构不合理，资源利用效率低下，缺乏高层次的人力资本和关键的核心技术，采取的是粗放的经济增长模式，结果即便投资增加、资本积累增加，也难以推动经济增长。舒尔茨的人力资本理论批判了过于重视物质资本的倾向，认为人力资本投资是国民产出增长一直高于物质资本等生产要素投入增长的主要原因。不少发展中国家之所以面临困境，是因为新资本没有用在追加人力投资方面，致使人力资本无法与物质资本齐头并进，最终降低了物质资本的吸收率，成为增长的限制因素。诺思用新古典理论研究经济史，认为资本积累、技术进步、人力资本等因素并不是经济增长的原因，增长的关键是包括确立产权在内的制度安排发挥经济激励作用。

虽然"唯资本论"受到了各方的质疑和批评，但是也有很多学者认为，要区分发展中国家和发达国家来看待资本对经济增长的贡献。麦迪逊（A. Maddison, 1970）对1950~1965年22个发展中国家（地区）经济增长的研究表明，资本、人力资源以及资源配置对经济增长的贡献分别为55%、35%和10%，发展中国家资本投入对经济增长的贡献要大于发达国家，资源配置效率对经济增长的贡献小于发达国家。纳迪里（M. Nadiri, 1972）分析了劳动、资本、全要素生产率和资源流动对经济增长的贡献，认为劳动投入对发展中国家经济增长的贡献最大，劳动和资本要素投入对经济增长的贡献大于全要素生产率的贡献。《世界发展报告》（1991）得出了类似的结论，认为资本形成和全要素生产率对发展中国家和发达国家的经济增长具有不同的意义。对发展中国家而言，经济增长主要是资本投入即资本形成的结果；对发达国家而言，全要素生产率的提高是经济增长的主要源泉。

这些实证研究所得出的结论基本一致，即资本积累对发展中国家是最重要的，具有决定性作用，而作为技术进步代表的全要素生产率不是很重要。这是因为在发展中国家资本是稀缺要素,因此,资本收益率更高。但是,这个结论都是针对发展中国家和发达国家的比较而得出的。这里忽视了发展中国家不同发展阶段的特征。根据定义,发展中国家包括低收入国家和中等收入国家,而中等收入国家又分为中低收入国家和中高收入国家。发展中国家要达到当代发达国家的高收入阶段,中间要经历几个发展阶段,不是说经济一旦进入起飞了,就马上跨入高收入阶段,这中间要经历漫长的过渡时期。在整个发展过程中,发展战略和发展方式也要相应进行调整,否则就可能会中途停滞不前,长期无法进入高收入阶段,进而赶上当今发达国家。就资本积累的重要性而言,也是如此。资本积累在发展初期的确是经济增长的决定性因素,但随着经济的发展、工业化的加速,资本越来越丰富,资本收益开始出现递减,而资本作为经济增长的主要驱动力就会逐渐下降,人力资本和技术进步作为增长的驱动力就会逐渐强化,这就是说,当一个国家从低收入阶段跨入中等收入阶段,尤其是进入中高收入阶段时,经济发展方式要及时转换,否则,经济就会长期停滞不前,无法跨入高收入阶段。

二、经济增长理论关于技术进步决定论的观点

自从哈罗德—多马经济增长模型之后,经济增长理论经历了两次高潮,从过去唯一强调物质资本积累,转向重视外生的技术进步、内生的技术进步以及人力资本积累,物质资本积累的作用被不断淡化。

(一)新古典增长模型

20世纪50年代末,索洛等人在修正哈罗德—多马模型的基础上,提出了新古典经济增长模型。基于规模报酬不变和边际报酬递减等假定,通过对资本积累的动态学分析,得出稳态情形下的人均产出增长率为外生给定的技术进步率的结论。而且,储蓄率的提高仅有水平效应,而无增长效应,即当储蓄率提高时,稳态的人均产出会发生变化,但人均产出的增长率不变。就长期而言,一个经济体的储蓄率决定其资本存量的规模,进而决定其生产水平:储蓄率越高,产出水平也越高。储蓄率的提高在过渡时期会带来一个迅速增长,但本身并不能创造持续的经济增长。战后日本和德国创造的高增长奇迹即印证了索洛模型的结论。战争减少了这些国家的资本存量,通过提高储蓄率促进资本积累,这些国家经历了一定时期的高增长,处于一个更高稳态的资本存量和产出水平。

有不少学者对索洛模型进行了完善和拓展。拉姆齐(F. P. Ramsey)无限期界模型通过引入内生储蓄(区别于索洛模型的外生储蓄率),得出了类似索洛模型的结论:有效劳动的增长是人均产出持续增长的唯一源泉,人均产出的差异由

人均资本的差异引起。贴现率永久性的下降（消费者更加偏好未来，类似索洛模型中的储蓄率上升），会带来人均资本和人均产出的暂时性增长，但长期增长率不变。戴蒙德（P. A. Diamond）的世代交叠模型在内生储蓄情形下考虑了人口的新老更替，经济收敛于平衡增长路径，当贴现率下降时，年轻人将更大部分的收入进行储蓄，人均资本和人均产出永久性提高，但增长率只是暂时性增加。

上述模型都依赖于新古典生产函数的假定，并得出了类似的结论，即经济增长取决于技术进步，储蓄率的提高与资本形成对经济增长在长期内没有影响。这一发现对哈罗德—多马增长模型所强调的资本决定论提出了挑战，且得到了很多增长核算分析的研究文献的支持。增长核算分析法将经济增长的来源分解为要素投入的增加和技术进步。索洛对美国1909~1949年GDP增长率、资本和劳动力数据的分析发现，美国此段时期产出的增加之中只有12.5%来自资本和劳动投入的变化，而剩下的87.5%都来自"索洛余值"，该余值在很大程度上反映了技术变化。而且值得注意的是，固定资产投资中包含大量的技术投资和人力资本投资，却都被归于物质资本积累，技术进步的贡献还有可能会被低估。

（二）新增长理论

新古典增长理论提出经济增长取决于技术进步，然而在该理论中，技术进步率是一个外生给定的值，所以该模型并没有告诉我们关于技术进步源泉的任何信息，且得出的经济增长率是一个预先设定的增长率。如果外生技术进步率为零，那么人均产出的增长率也将为零，这是一个难以令人满意的理论解释。在修正新古典生产函数和假定的基础上，新增长理论将长期经济增长的原因归于内在的因素，从不同角度提出了各种内生经济增长模型，如AK模型、研究与开发模型、干中学模型、人力资本模型等，另有一些模型将内生储蓄和上述模型结合起来。

AK模型通过生产函数的简化，假设资本的边际产出不变（而不是递减），得出了一个内生的长期增长率，这个增长率决定于经济系统内的参数，而不是外生给定的技术进步率，更不是资本投入。和新古典增长模型一样，储蓄率的提高会使得短期增长率提高，但对长期的增长率没有影响，储蓄率变化只产生水平效应而不产生增长效应。研究与开发模型假设知识有很强的溢出效应，得出了一个内生的长期增长率，在一定条件下，这个内生的增长率还可能是不断提高的。干中学模型假设技术进步是生产新资本的副产品，同样得出了一个长期的内生增长率，在一定条件下，经济可能呈现出爆炸性的增长。在研发模型和干中学模型中，储蓄率的提高也同样没有增长效应。人力资本模型强调资本积累是增长的关键，但其资本含义更宽泛，包含了人力资本。该模型利用人力资本的溢出效应解释技术进步，认为人力资本的不断积累带来了经济的持续增长。

新增长理论在传统的资本和劳动要素之外，引入了第三个要素：知识和技术。专业化的知识和人力资本的积累可以提高投资的收益，假定边际产出具有递增的性质，这与传统的生产要素收益递减的假定截然不同。如果一国投资的增加能够刺激知识的积累，知识的积累促进投资的进一步增加，则如此的良性循环能够增加一国的长期增长率。可见，虽然在新增长理论里，资本投入对于经济增长不是最重要的，但是如果资本投入能够有助于知识的积累和技术进步，则会给发展中国家带来更大的经济增长空间。除了关注资本投入的数量之外，发展中国家更应关注资本投入的方向和结构。

（三）对增长理论的评论

新增长理论的兴起掀起了一股否定资本积累重要作用的潮流，似乎物质资本的作用变得微不足道了，而人力资本和技术进步对经济增长的作用被强调到无以复加的地步。我们认为，这种从一个极端走向另一个极端的倾向在理论上是片面的，在实践上是有害的。储蓄率的高低对经济增长无影响的结论是针对长期和超长期而言，时间可能是30年、50年，甚至上百年，而对于短期和较长时期，如5年、10年、20年等，经济处于向长期过渡的阶段，储蓄率对经济增长仍然具有较大的增长效应。发展中国家从低收入阶段到高收入阶段的整个追赶过程中，经济始终处于过渡状态，因此，储蓄率和投资率的提高有助于促进发展中国家的持续经济增长，若没有较高的资本积累率，那些还处于贫穷状态的低收入国家不可能跳出贫困陷阱，进入起飞和持续增长阶段。因此早期发展经济学家提出的资本决定论和政策主张是有效的，并没有过时。不要因为早期发展经济学家没有用严格的数学模型来表述其观点，就对他们的理论加以贬损或者故意忽略。当然，如前所述，发展经济学家提出的观点主要适用于发展中国家的贫困阶段，也就是低收入阶段，而对于一个进入中等收入阶段的发展中国家来说，资本积累的重要性将会逐渐下降，而人力资本和技术进步的作用将会逐渐增强。但即使是在这个阶段，保持比发达国家更高的资本积累率仍然是必要的。

三、可持续发展理论关于资源环境约束的观点

人类的生存与发展离不开资源与环境，然而早期的发展经济学和经济增长理论只是强调资本积累和产出增加，很少关注资源和环境问题。随着经济不断发展，资源耗损和环境恶化问题日益突出，对资源和环境问题的重视与日俱增，可持续发展、低碳经济、循环经济、绿色经济、生态经济等概念不断出现在各种学

术讨论和社会实践之中。这种发展模式转变的背后，是基于可持续发展理论的投入结构转变研究。

（一）增长极限论

早期的一些发展经济学家不关心资源和环境问题，认为自然资源的多寡对经济发展不重要，一些资源丰富的国家长期停滞，另一些资源稀缺的国家却得到了发展。在早期，由于贫困，发展中国家的生态环境还保持良好，因此也不太关注环境保护问题。1962 年，卡森（R. Carson）出版了《寂静的春天》一书，这是人们对资源、环境与可持续发展问题的首次系统研究，唤起了人们的环境保护意识，在世界范围内引起了人们对可持续发展的关注。不过，对可持续发展最有影响的研究是 1972 年梅多斯（D. Meadows）等人出版的《增长的极限》，该书强调了资源的重要性以及人口、资源和环境之间的基本联系。在一个世界模型中，他们考虑了人口增长、粮食供给、资本投资、环境污染和资源耗竭对经济增长的影响，认为这五种呈指数增长的因素综合决定了世界体系经济增长的极限。通过计算机模拟，他们预测即使考虑到技术进步和人口控制等因素，世界的经济增长还是会在 2100 年的某个时间完全停滞。该模型如同马尔萨斯一样，对人类前途抱有极其悲观的态度，因此被称为"世界末日模型""带着计算机的马尔萨斯"。增长极限论向传统的经济发展观提出了挑战，让人们清醒地认识到由于资源数量有限、环境吸收能力有限，世界经济的增长将是不可持续的，警示那些以增长为中心的国家，在发展经济的同时要注意资源、环境与经济的协调发展。

（二）可持续发展

"可持续发展"概念是伴随着人类对能源和环境问题的担忧而产生的。1980 年的联合国大会首次使用了"可持续发展"这一概念。1987 年联合国环境与发展委员会在《我们共同的未来》的研究报告中对可持续发展概念下了一个权威定义，即可持续发展是指既满足当代人的需要，又不对后代人满足其需要的能力构成危害的发展。该定义已经被广泛接受和引用。该报告指出，过去我们关注发展对环境的影响，而现在我们却关注环境退化、资源减少对发展的影响，发展和环境的关系是相互作用的过程，过去的发展道路是不可持续的，我们需要走一条新的发展道路，即可持续发展道路。此后，人们开始广泛关注经济发展方式的可持续性，强调资源、环境和经济以及社会的协调发展问题。

可持续发展强调经济增长的重要性，鼓励通过经济增长来提高人们的福利，不同于环保主义者环保至上、"零增长"的主张。不过，可持续发展强调的增长是可持续的增长，不能超越资源和环境的承载能力，在确保资源和环境永续利用的情况下来谋求经济增长。传统的高投入、高消耗、高污染的发展模式必然是不可持续的，应当避免资源消耗性的资本投入。尽管资本是生产出来的投入品，但是由于资本品的生产需要耗费大量的资源，而自然资源是稀缺的，资本的大量投入必然会加剧这种稀缺性，最终限制相关产业的长期健康发展。过度使用资源消耗性的投入品，也会导致后代资源可得性的减少甚至枯竭，影响未来的可持续发展。另外，环境污染也可以看作是一种生产投入，污染环境会透支未来发展的条件和生活空间，必然不利于长期的发展。因此，既然经济发展受到资源投入、环境投入的约束，那么经济中的生产方式就应当做出调整，需要以可持续的方式使用资源和环境投入，改变过去以资源过度消耗和牺牲环境为代价的粗放式发展模式，转向低资源消耗、低环境污染的生产投入结构，以适应可持续发展的需要。

（三）低碳经济与能源结构转换

低碳经济理论是在早期的可持续发展理论基础之上提出的，最早见诸2003年英国政府发布的能源白皮书《我们能源的未来：创建低碳经济》。该书将低碳经济界定为通过更少的自然资源消耗和更少的环境污染来获得更多的经济产出。低碳经济的发展需要有效的全球合作机制。2005年正式生效的《京都议定书》，明确了各国减排份额，提出了四种减排方式：碳排放机制、碳汇、清洁发展机制和排放贸易机制，奠定了低碳经济全球合作机制的基础。此后碳交易市场发展迅速，成交总额不断扩大。2015年12月通过、2016年4月生效的《巴黎协定》是继《京都议定书》之后一个新的低碳经济全球性合作框架文件。该协定为2020年后全球应对气候变化行动作出安排。《巴黎协定》的主要目标是将21世纪全球平均气温上升幅度控制在2摄氏度以内，并将全球气温上升控制在前工业化时期水平之上1.5摄氏度以内。

低碳经济模式提出后，引发了大量研究和讨论，但迄今并未达成共识。国内较早研究低碳经济的学者庄贵阳（2000）将低碳经济定义为人文发展水平和碳生产力同时达到一定水平的经济状态，认为向低碳经济转型的过程也就是低碳发展的过程。[①] 鲍健强等（2008）认为，低碳经济实际上是经济发展方式、能源消费方式、人类生活方式的一次新变革，其将改造以化石能源为基础的现代工业文明，使之转向生态经济和生态文明。[②]

尽管存在分歧，但低碳经济已经被普遍接受为一种新的经济模式，即从高碳

[①] 庄贵阳：《温室气体减排的南北对立与利益调整》，载于《世界经济与政治》2000年第4期。
[②] 鲍健强、苗阳、陈锋：《低碳经济：人类经济发展方式的新变革》，载于《中国工业经济》2008年第4期。

能源向低碳能源转型的经济发展模式。它包含两方面的含义：首先，发展低碳经济的关键在于降低碳强度。相对于高碳经济，低碳经济发展模式希望在不降低GDP的基础上减少碳排放。碳排放的主要来源是能源的消耗，不同的能源类型，碳强度有很大的差异。因此，需要通过采用低碳技术等方式，降低单位能源消费的碳排放量。其次，采用新的低碳能源投入，转换能源投入结构。传统的经济增长往往伴随着高能源消费和高碳排放，低碳经济要求改变传统的能源投入方式，降低对煤炭等化石能源的高依赖，通过能源替代，采用低碳、无碳的能源，从而实现经济增长与碳的分离，从传统的高碳化石能源发展模式转向可再生能源发展模式。

第二节 动力变革：从要素驱动发展向创新驱动发展转变

改革开放以来，中国经济的持续高增长创造了一个新的世界经济奇迹。然而，这种高增长主要是由要素投入所驱动的，是一种传统的粗放型增长方式。[①] 这种增长方式在低收入发展阶段具有合理性和必要性，但是进入中等收入阶段特别是中高收入阶段之后，随着国际金融危机的持续性影响不断扩散，传统的要素驱动型增长方式显露出了许多固有的问题而难以为继，需要向新的增长方式转变。2012年党的十八大提出要加快形成新的经济发展方式，着力增强创新驱动发展新动力，更多依靠科技进步、劳动者素质提高、管理创新驱动。2015年党的十八届五中全会上，习近平总书记系统阐述了创新、协调、绿色、开放、共享五大发展理念，并把创新置于五大发展理念之首，提出创新是引领发展的第一动力的新论断。这一论断在党的十九大进一步得以强调。本节在分析要素驱动型发展方式的基本特征及其不可持续性的基础上，强调发展的动力机制要从要素驱动转向创新驱动，并指出了创新驱动发展战略的实施途径。

一、要素驱动型发展方式的表征

长期以来，中国经济发展大量依赖廉价劳动力、土地资源、物质资本形成等要素驱动，这种经济发展模式的基本特征就是高劳动力投入、高资本投入、高资源投入，经济发展的技术含量较低。

---

① 从投入结构角度来说，经济增长方式与经济发展方式同义。

（一）高劳动力投入

中国是世界上人口最多的国家，劳动力丰富。如表 4-1 所示，中国不仅人口数量庞大，而且劳动力人口的比重也高于世界平均水平。2000 年和 2015 年中国劳动力人口比重分别高达 57.8% 和 58.7%，而同期世界平均水平仅为 45.4% 和 46.2%，前者比后者高 10 个百分点以上。从表 4-1 中可以看到，中国的劳动力所占比重比高收入国家、中高收入国家和中低收入国家平均水平都要高出 10 个百分点左右。从国别比较来看，中国劳动力比重不仅高于美国、日本和韩国，而且还远比收入水平比中国低的印度要高得多。2015 年，印度人口虽然也达到 13 亿以上，但印度劳动力比重仅为 38.3%，比中国同时期的劳动力比重低 20 个百分点之多。这些数据表明中国的确劳动力资源丰富。中国劳动力比重高是"一胎化"的计划生育政策的结果。这种政策只有在中国实行，因此极高的劳动力比重是中国的特有现象，在其他国家是不可能存在的。印度劳动力比重较低，是与其出生率高而使得少儿人数所占比例高有关。

表 4-1　中国与世界部分国家的劳动力占比和参与率情况比较　　单位：%

劳动力占比和参与率	年份	中国	世界	高收入国家	中高收入国家	中低收入国家	美国	日本	韩国	印度
劳动力人口占总人口比重	2000	57.8	45.4	40.1	47.4	46.9	52.2	53.3	48.2	39.0
	2015	58.7	46.2	49.0	46.4	46.0	50.3	51.7	52.3	38.3
劳动参与率	2000	77.1	65.3	60.4	65.8	66.5	66.3	62.4	61.0	59.1
	2015	70.9	62.9	60.1	62.3	63.5	62.1	59.3	60.8	53.7
女性劳动参与率	2000	70.7	52.0	50.7	50.9	52.3	59.0	49.3	48.9	33.9
	2015	63.6	49.6	52.2	47.1	48.9	56.0	49.1	50.0	26.8

资料来源：世界银行 WDI 数据库；中国数据来自国家统计局网站数据库。

除了劳动力比重高之外，中国的劳动力参与程度也较高。中国是世界上劳动力参与率最高的几个国家之一。2000 年和 2015 年中国劳动力参与率高达 77.1% 和 70.9%，高于世界同期平均水平的 65.3% 和 62.9%，既高于美国、日本和韩国等发达国家，也高于中低收入国家印度。值得注意的是，中国女性劳动力参与率与男性劳动力参与率相差不大，而世界上多数国家女性劳动力参与率远低于男性。由此可见，中国劳动力人口不仅规模大，而且劳动力投入的强度也非常高。中国女性劳动力参与率高与妇女解放有关，也与中国计划生育政策有关，"一胎化"政策导致妇女生育孩子数量少，照料子女的时间减少，自然就提高了女性的劳动参与率。

极高的劳动力人口比重和劳动参与率为中国经济发展带来了很大的人口红利。第一，劳动力数量众多。工业化、城市化很容易获得所需要的任何数量的劳动力资源，到目前为止，中国大约有 3 亿农民不再从事与土地有关的劳作。第二，劳动力价格低廉。那些户籍在农村且工作在城市的农民工工资水平要比城市正规部门的工人的工资要低，且社会保障水平更低，这无疑降低了生产单位的人工成本。第三，劳动力转移促进了结构红利的产生。劳动力从生产率较低的农业部门大量向生产率较高的城市工业部门转移，显著提高了全社会整体劳动生产率，从而促进了经济快速增长。第四，劳动力人口比重高导致赡养负担轻和储蓄率高，这也为中国经济持续高投资提供了坚实的物质基础。

（二）高资本投入

高资本投入是中国经济增长的一个基本特征。1978 年以来，中国资本形成占 GDP 的比重一直都在 40% 左右，1978 年为 38.9%，1990 年为 35.9%，2000 年为 34.9%，金融危机后资本形成率迅速提高，2009 年、2010 年分别为 48.2%、47.3%，近年来呈下降趋势，2016 年、2017 年分别为 44.3%、43.6%。2003 年后每年的资本形成率都超过了 40%。与之相比，1990 年、2000 年、2010 年、2015 年的世界平均资本形成率仅为 25.5%、24.4%、24.2% 和 24.2%，美国这些年份的资本形成率仅为 21.5%、23.6%、18.4% 和 20.4%。[①] 中国资本形成率大大高于世界平均水平，也远高于中、低收入国家水平。韩国、印度资本形成率也较高，但要远低于中国。可见，中国经济增长呈现出十分明显的投资驱动特征。[②]

投资的结果形成了资本存量，资本存量的增长推动着经济增长。本章第一节介绍的理论和经验研究表明，在发展中国家，资本积累对经济增长做出了最重要的贡献。图 4-1 提供了中国和美国、日本资本积累对经济增长的贡献比较，中国分为官方的统计数据估计和世界银行独立的数据估计。从图中可见，无论是哪一种度量方法，1992 年后，中国资本对经济增长的贡献都远高于日本和美国。相应地，相比美国和日本，中国其他要素特别是技术进步的贡献偏小。值得注意的是，20 世纪 90 年代以后，日本的资本贡献率迅速下降，与之相应的是技术贡献率不断上升。美国变化幅度相对较小，但资本总额的贡献也是处于下行之中。2008 年国际金融危机后，中国资本形成的贡献开始迅速下降，这正好说明中国经济已进入一个新的发展阶段，即以投资为主导的发展方式已开始向以技术进步

---

① 资料来源：世界银行 WDI 数据库；国家统计局：《国际统计年鉴》（2016）、《国际统计年鉴》（2018）、《中国统计年鉴》（2006），引自国家统计局网站数据库。

② 关于中国与其他国家的投资率比较在第二章有详细讨论。

为主导（创新驱动型）发展方式转变的阶段。

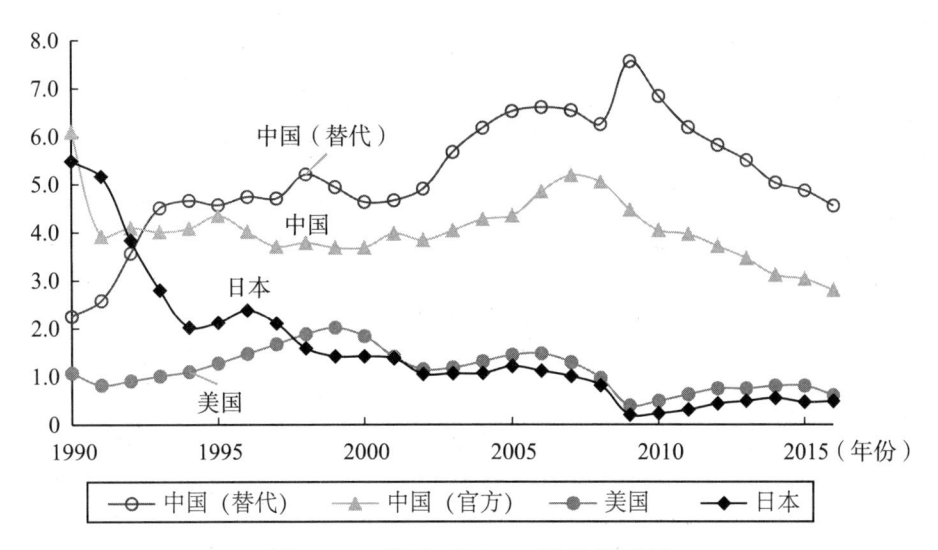

图 4-1　资本对 GDP 增长的贡献

资料来源：世界经济总量数据库（Total Economy Database，TED）。

学术界就资本积累对中国经济增长的贡献进行了大量的实证分析。估计资本对产出增长的贡献就要识别经济增长的源泉，即分析各种因素（投入要素增长、技术进步和能力实现等）对经济增长的贡献，从而也可以判断经济是投入型增长还是效率型增长，确定经济增长的可持续性。在经济增长的源泉和经济是否可持续增长问题上，一般认为全要素生产率的增长具有重要作用。因此，估算全要素生产率将有助于进行经济增长源泉分析。目前，全要素生产率的估算方法可归结为两大类：一类是增长核算法；另一类是经济计量法。增长核算法是以新古典增长理论为基础，是一种非参数的实证估计法，计算方法依靠统计性质和经济学性质很好的一些指数工具，估算过程相对简便，考虑因素较少，主要缺点是假设约束较强，也较为粗糙；而经济计量法一般将总产出或增加值作为因变量，将不同投入变量作为自变量，通过参数估计方法计算。利用各种经济计量模型估算全要素生产率，虽然可以放松增长核算法中完全竞争和规模收益不变的假设，但估算过程较为复杂，必须对估算参数给出先验假设，且容易出现参数估计不稳定等统计上的问题。表 4-2 提供了一些研究对中国经济增长源泉的估算结果。

由于研究方法的不同，计算结果存在差异。但总体看来，新中国成立以来包括改革开放以来我国经济增长主要是资本驱动型的增长，资本贡献率最低为 40%，最高曾达到了 81.4%，其次是全要素生产率（TFP）的增长推动，劳动的贡献最小。可见，资本在我国经济增长中发挥了最重要的作用。

表 4-2 中国经济增长的源泉分解

单位：%

时期	经济增长率	TFP增长率	要素投入增长率			TFP贡献率	要素投入贡献率			数据来源	方法
			劳动份额	资本份额	人力资本份额		劳动贡献	资本贡献	人力贡献		
1979~1999年	8.30	1.46	0.81	5.10	0.93	17.59	9.76	61.45	11.20	王小鲁，2000年	人力资本模型（强调内部效应）
1953~1997年	7.70	1.80	1.45	4.45	—	23.40	18.80	57.80	—	沈坤荣，1999年	超越对数生产函数
1978~1995年	9.40	3.10	2.80	8.80	2.70	32.98	—	—	—	世界银行，2008年	新古典增长模型
1978~1998年	9.30	2.60	0.53	6.17	—	27.96	5.70	66.34	—	乔（Chow），1993年	C-D 生产函数
1978~1999年	9.46	2.40	1.50	4.51	1.04	25.40	15.90	47.70	11.00	王和姚（Wang and Yao），2001年	人力资本模型（强调外部效应）
1978~2002年	9.40	3.42	2.20	9.68	2.20	36.38	—	—	—	林毅夫，刘培林，2003年	新古典增长模型
1978~2003年	9.40	2.40	2.50	9.90	—	26.20	—	—	—	李善同等，2005年	C-D 生产函数

续表

时期	经济增长率	TFP增长率	要素投入增长率			TFP贡献率	要素投入贡献率			数据来源	方法
			劳动份额	资本份额	人力资本份额		劳动贡献	资本贡献	人力贡献		
1980~2004年	9.80	3.50	0.50	5.80	0.80	35.70	5.10	59.20	8.20	邱晓华、郑京平等，2006年	引入结构变量的综合生产函数
1979~2004年	9.42	0.89		8.53		9.46		90.54		郭庆旺、贾俊雪，2005年	潜在产出法
1979~2004年	9.42	3.80	0.44	0.56	—	35.40	4.30	81.40	—	赵志耘、吕冰洋，2007年	非参数线性估计 C-D生产函数
1978~2004年	9.70	4.70	1.90	9.50	2.10	48.00	6.00	40.00	7.00	郑京海、胡鞍钢，2005年	新古典增长模型
1989~1998年	9.59	3.74	—	10.29	3.57	22.40	—	30.25	8.78	王小鲁、樊纲等，2009年	Lucas增长模型（兼顾内、外效应）
1999~2007年	9.72	3.63	—	13.49	2.64	28.20	—	51.26	4.80		

(三) 高资源投入

除了高资本投入和劳动力投入，中国经济增长也耗费了大量的资源。目前，中国依然是世界第一大能源消费国，其能源消费总量要高于低收入国家能源消费总量的总和。根据英国石油公司（BP 公司）2017 年 6 月最新发布的《BP 世界能源统计年鉴》（以下简称"BP"）统计，2016 年中国主要能源消费量增速放缓，较上年仅增长了 1.3%，占世界消费量的 23.0%，但 2005~2015 年年均增长率高达 5.3%，增速位居世界前几位。从各种能源类别来看，2016 年，中国煤炭消费位居世界第一，占世界的 50.6%，石油消费占世界总额的 12.8%，天然气消费占世界的 5.9%。①

从能源消费占 GDP 的比重来看，根据 BP 公司的统计，如图 4-2 所示，中国能源强度经历了 20 世纪六七十年代的上升后，一直处于下降趋势，预期以年均 3% 的速度下降，到 2035 年接近美国水平。不过，中国目前的能源强度还是远高于其他国家，而且这一下降还需要近 20 年的时间。

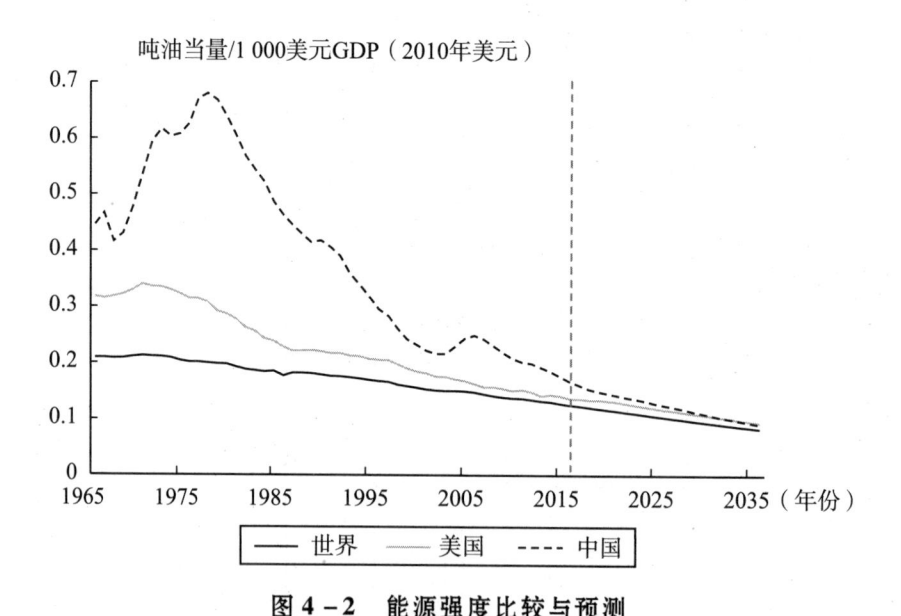

图 4-2　能源强度比较与预测

资料来源：*BP Statistical Review of World Energy* 2017，P. 58，引自 BP 公司网站。

廉价的土地资源也是中国经济快速发展的推动因素。由于中国土地的公有性

---

① 资料来源：*BP Statistical Review of World Energy* 2017，P. 8，P. 17，P. 31，P. 39，http://www.bp.com/zh_cn/china/reports-and-publications/_bp_2017.html。

质,土地要素投入相对容易获得且成本低廉。除了2008年受国际金融危机影响外,2007年以来中国城市建设用地供应量迅速增长,近年来有所下降。2010年,中国人均城市建设用地高达133平方米,而世界发达国家人均城市建设用地仅为82.4平方米,发展中国家也只有83.3平方米。[①] 土地资源投入规模的扩张,显然为经济的迅速发展奠定了基础。另外,政府大规模低价征地高价出售获得了高额土地出让金。根据国土资源部发布的《中国国土资源公报》,如表4-3所示,国有建设用地出让面积和价款连年攀升,出让面积从2006年的23.25万公顷增加到2013年的36.70万公顷,出让价款从2006年的0.77万亿元提高到2013年的4.20万亿元,2009年和2013年土地出让价款同比增长了63.4%和56.3%。大量的土地供应和土地出让金,为当地经济发展积累了大量的资源和资本,是驱动地方经济发展的重要因素。近年来国有建设用地出让面积有所回落,但2017年依然高达22.54万公顷,出让价款高达4.99万亿元,同比增长36.7%。

表4-3　　　　　　　　国有建设用地出让面积和价款

	2006年	2007年	2008年	2009年	2010年	2011年	2012年	2013年	2014年	2015年	2016年	2017年
出让面积（万公顷）	23.25	22.65	16.31	20.90	29.15	33.39	32.28	36.70	27.18	22.14	20.82	22.54
出让价款（万亿元）	0.77	1.30	0.96	1.72	2.71	3.15	2.69	4.20	3.34	2.98	3.56	4.99
同比增长（%）	30.5	59.0	-16.1	63.4	57.8	14.6	-14.7	56.3	-27.4	-13.3	19.3	36.7

资料来源:国土资源部:《中国国土资源公报》(2006~2016)、《2017中国土地矿产海洋资源统计公报》,引自中国自然资源部网站。

除了各类能源和土地资源,中国的许多其他资源也处于过度开发和消耗的状况。例如,2014年中国人均可再生淡水资源为2 062立方米,大大低于同年世界平均水平5 925立方米,而同期高收入国家平均为8 732立方米,中等收入国家平均为5 471立方米,低收入国家平均为4 629立方米。2014年淡水消费量中,中国工业用水比重为23.2%,高于世界平均水平的18.3%。可见,中国工业生产过程消耗了更多的水资源。从森林覆盖率来看,中国森林覆盖率近年来有一定的提升,但2015年也仅为22.2%,低于世界30.8%的平均水平。[②] 各类廉价资源的大量投入,是推动中国经济增长的重要驱动力。

---

① 徐绍史:《落实资源节约优先战略,推动经济发展方式转变》,载于《求是》2011年第4期。
② 资料来源:世界银行WDI数据库;国家统计局:《国际统计年鉴》(2018),引自国家统计局网站数据库。

二、要素驱动型发展方式的不可持续性

要素驱动型发展方式依赖于丰裕的要素供给。然而,从中国要素供给来看,在当前的中高收入阶段,传统的劳动力要素已开始从无限供给转向有限供给,自然资源和物质资本也变得日益稀缺。国内要素的稀缺性增长和国际新一轮科技革命的到来,必然使得中国传统的要素驱动型发展方式不适用于新常态下新的发展环境和发展要求,因此在长期是不可持续的。

(一) 人口红利逐渐消失

中国计划生育政策使中国劳动力所占比重和储蓄率一直保持在高位,推动着中国经济持续30多年的高速增长。然而,严格的人口控制政策所带来的人口红利是一次性的和阶段性的,随着中国少子化和老龄化时代的来临,人口红利正在消失。

首先,劳动力供给数量减少。由于长期持续的"一胎化"人口控制政策,劳动力人口增量下降。中国劳动力人口数(16~59岁人口)于2011年达到峰值,为94 072万人,占总人口的比重为69.8%,2012年首次开始出现下降,比2011年减少345万人,然后年年下降,直到2018年末为89 729万人,占总人口的比重下降到64.3%,人数比上年减少470万。[①] 可以断言,中国劳动人口数下降趋势将会持续下去,而且还可能会加速。因此中国劳动力资源丰富的时代已经一去不返。

其次,劳动力供给结构趋于老化。目前,新中国前两次人口出生高峰时期出生的人口已进入或接近退休年龄,而新生人口形成的青壮年劳动力数量有限,特别是有一定职业技能的青壮年劳动力缺口更大。根据政府2010年的第六次人口普查数据[②],中国0~14岁人口占总人口的比重降到了16.61%,城市地区这一比重仅为12.23%,远低于世界27%左右的平均水平。可见和世界平均水平相比,中国未来的青壮年劳动力将十分匮乏。这种劳动力结构老化,将会导致竞争力下降。

再次,农业劳动力转移接近尾声,依靠劳动力转移实现资源的再配置效应正在下降。改革开放以来的40余年里,工业化和城镇化在加速,农村劳动力源源不断地向非农业部门和城市地区流动,这种大规模流动促进了资源从低生产率部

---

① 资料来源:国家统计局:《国民经济和社会发展统计公报》(2012~2018)。
② 资料来源:国家统计局网站数据库。

门向高生产率部门的再配置,从而推动生产率和经济持续增长。到目前为止,我国农村流转出来的人口达 2.8 亿,留守在农村的人口大都是年龄偏大、文化较低的人群,有文化的年轻人除了少数在农村搞规模经营之外基本上都流入城市,可以说,农业劳动力转移过程基本结束,现在的主要工作是要把在城市务工经商的农民工如何变成城市居民。人口流动作为推动中国经济增长的一个驱动因素正在消失。

最后,人口老龄化进程加速。从人口负担系数来看,如图 4-3 所示,1982 年中国总负担系数为 62.6%,负担少儿系数为 54.6%,负担老年系数为 8%,然而到 2012 年,这三个比率已经分别变为 34.86%、22.2% 和 12.66%。由于计划生育控制人口增加,总负担系数和负担少儿系数已经大大下降,但负担老年系数大大上升,2015 年负担老年系数已经达到 14.3%,养老负担不断加重。2011 年以来,中国总负担系数开始上升,这种上升趋势将会越来越显著。负担率尤其是老年负担率的加重不仅会占用大量的物质资源,而且还会占用大量的劳动力资源(老年人不仅自己退出劳动力市场,而且还需要更多年轻人的照料),这将会使我国劳动力短缺的问题更加雪上加霜。

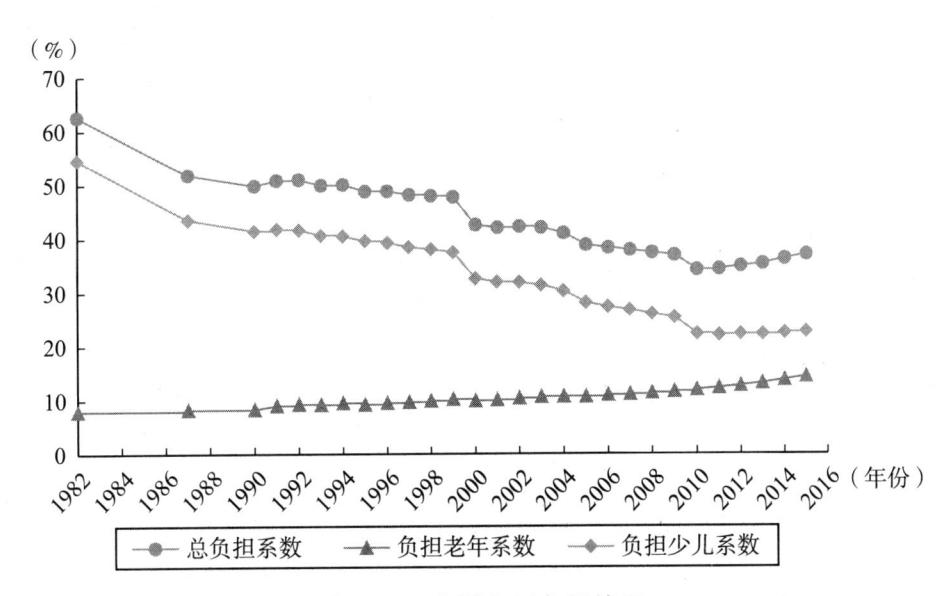

图 4-3 中国人口负担情况

资料来源:国家统计局网站数据库。

随着人口和劳动力老龄化进程的加速,中国的劳动力资源将变得日益稀缺,依靠廉价劳动力投入和农村劳动力转移推动增长的发展模式,在未来是不可持续的。在这样的形势下,劳动力质量提升,将取代劳动力数量扩张,成为促进中国未来经济持续发展的重要力量。

（二）高储蓄、高投资、高积累长期内难以为继

高储蓄、高投资是中国经济增长的基本特征之一，中国过去的增长奇迹很大程度上是由高投资推动的。[①] 长期来看，这种高投资、高积累的模式无法持续下去，原因是多方面的。

首先，中国高投资与低效率并行。长期以来投资规模的不断扩大，带来了总产出的增加，但从边际产出来看，基本是呈下降趋势。稍后将对这种资本积累的低效率状况做详尽的分析。

其次，经济景气时的过度投资容易导致产能过剩、资源闲置和浪费。由于长期以来资本形成率偏高，资本积累挤占了大量消费需求，中国国内市场消费需求明显不足。1999年以来消费需求对GDP增加的贡献率连年下降，从76.8%降到了2010年的43.14%，直到近年才有所回升。与此相对应的是，资本形成的贡献率较高，一般占50%左右，最高甚至达到86.5%（2009年）。过度投资和有限需求带来的产能过剩，在钢铁、水泥、电解铝、平板玻璃、船舶等行业持续蔓延和加剧。在这种情况下，资本形成的增长贡献率也在不断降低，2017年已经降到32.1%，拉动经济增长2.2个百分点。[②]

最后，储蓄率下行趋势使高投资失去基础。高投资率是以高储蓄率为保障的。中国过去30多年储蓄率持续保持高位，除了经济发展使居民收入日益增加之外，还有一个重要的原因，那就是随着计划生育政策的实施和人们生育观念的转变，中国的人口抚养比在不断下降，劳动人口占比一直处于高位，致使储蓄率高企。然而，随着人口年龄结构的变迁和老龄化时代的到来，人口抚养比会不断提高，加之社会公共服务和保障程度的提高，无论是居民储蓄率还是公共储蓄率都将会显著下降。因此，以高储蓄率为保障的高投资、高资本形成将难以维持。

（三）资源、环境硬约束增强

随着经济总量规模的不断扩大，中国经济发展面临的资源和环境硬约束将不断增强，经济增长和资源环境的矛盾日益凸显，依靠大量消耗不可再生资源和不顾环境恶化的传统增长模式难以为继。作为一个近14亿人口的大国，中国面临着高于全球平均水平的资源环境压力。

土地资源变得日益稀缺且利用效率较低。我国人口密度大，土地是稀缺资源。第一，在过去30多年中，工业化、城市化和基础设施建设占用了大量的土

[①] 高投资、高储蓄情况在第二章中有详细分析。
[②] 资料来源：国家统计局网站数据库。

地，而且占用的大都是肥沃的良田，虽然由于复垦从数据上看我国耕地面积总量没有下降多少，但是优质良田的持续减少仍然对中国的粮食安全构成了威胁。第二，土地稀缺带来的直接结果就是土地价格和租金的猛涨，致使企业的生产成本不断上升，侵蚀了企业的利润和国际竞争力。第三，地价房价攀升，一方面使房地产泡沫不断累积，虚拟经济的繁荣侵蚀了实体经济的资本投入；另一方面，也抑制了居民的消费需求，导致有效需求不足。第四，在土地资源越来越稀缺的同时，由于土地的公有性质，很多地方和企业低成本囤积土地，土地资源浪费严重，土地资源利用效率低下，进一步强化了土地资源稀缺性的约束。

中国很多种自然资源面临着不可再生性的约束。目前中国的能源消费结构中，高碳能源煤依然是能源消费的主体，长期以来煤炭消费比重基本上都在70%以上，而天然气等相对低碳的能源占能源消费的比重常年在2%左右徘徊。[①] 近几年来，随着天然气和各种新型能源消费的扩张，煤炭和石油消费比重有所下降，但其绝对水平依然较高。高碳能源带来的高碳排放，给生态环境带来了许多破坏性影响，甚至造成了一些几乎不可逆转的损害，而且有些破坏性后果要过一段时间后才会完全显现出来。

中国的环境污染问题越来越严重。包括水体污染、空气污染，土壤污染的状况都在恶化。以空气污染为例，从二氧化碳总量来看，1990年中国二氧化碳排放占世界总排放量的11%，仅次于美国，而到2011年中国已取代美国成为世界最大的二氧化碳排放国家，排放量超过世界总排放量的1/4。从颗粒物空气污染来看，虽然近年来中国的空气颗粒物污染略有下降，但中国2016年每立方米空气中不足2.5微米的颗粒物含量依然高达56.3微克，远高于美国的9.2微克、日本的13.2微克，也远比这些国家10年前的污染水平高。[②] 可见，如果继续传统的高消耗、高污染发展模式，其负向累积效应会日益明显，从而势必会超过生态环境的承受能力而难以为继。[③]

（四）引进吸收国外技术难度加大

长期以来，虽然中国经济增长主要得益于高资本积累，但是技术引进、消化吸收对中国技术进步和经济增长也起到了十分重要的推动作用。随着中国技术水平的不断提升，今后通过模仿引进国外技术将变得更为困难。第一，技术后发优势日益递减。改革开放以来，通过充分利用技术后发优势，引进吸收外来先进技术，中国

[①] 资料来源：国家统计局网站数据库。
[②] 资料来源：世界银行WDI数据库和世界银行《世界发展指标》；国家统计局：《国际统计年鉴》(2018)，引自国家统计局网站数据库。
[③] 关于能源和环境问题将在本章第四节中详细讨论。

经济创造了世界经济史上的一个追赶奇迹。然而，技术后发优势的大小取决于技术差距的大小。随着中国技术水平的不断提高，中国和发达国家的技术差距已经大大缩小，这使得中国在新阶段可以利用的技术后发优势也相应变小了，而且，随着中国经济不断发展、技术水平日益提升，可以利用的技术后发优势还会继续减少。

第二，技术吸收能力不足。虽然中国引进了大量技术，但是技术吸收能力与发达国家相比，还有较大的差距。图4-4描述了历年中国大中型工业企业消化吸收支出占引进技术支出的比重。从图中可见，1996年这一比率仅为0.04，这意味着中国每引进1元的技术需花费0.04元用于消化吸收。和中国相比，历史上日本在其技术引进时期，平均每1美元的技术引进，要花费大约7美元用于消化吸收，也就是说这一比率为7∶1；韩国也有类似的经历，消化吸收支出与技术引进支出之比为5∶1。2003年后，中国这一比率有了大幅提高，从2003年约0.07提高到了2011年的0.45，说明中国技术吸收能力有所提高，但是和日、韩等国高速追赶时期相比还是存在较大差距。2011年后这一比重呈下降趋势，除了由于统计口径调整的原因外，一定程度上也是由于一些创新支出挤出和替代了消化吸收支出。吸收能力不足，限制了中国对技术后发优势的利用，也限制了消化吸收再创新和原始创新能力的提升。即使在创新驱动引领发展的阶段，这种吸收能力的提升也是非常有必要的。

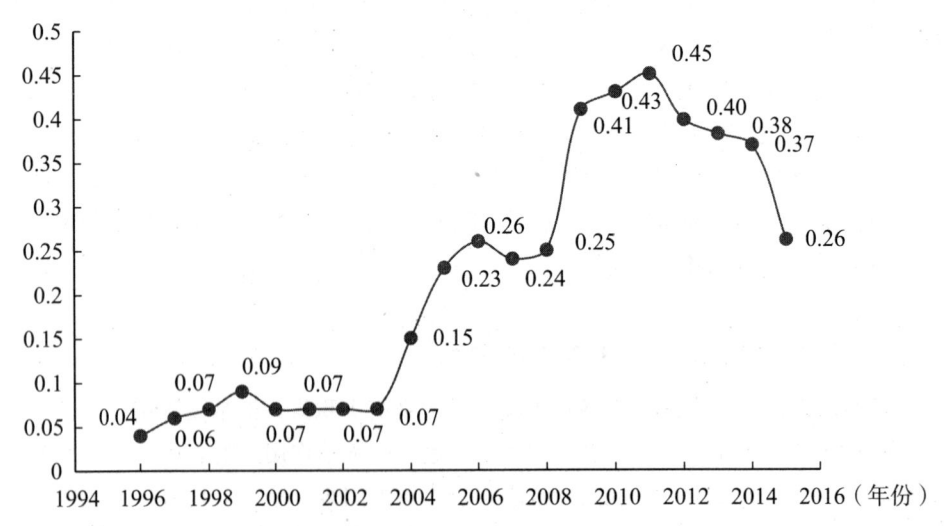

图4-4 大中型工业企业消化吸收经费支出占引进国外技术经费支出比重

注：由于数据统计口径调整，图中2010年及以前为大中型工业企业数据（主营业务收入在3 000万元以上），2011年及以后为规模以上工业企业数据（主营业务收入在2 000万元以上）。

资料来源：国家统计局：《中国科技统计年鉴》，中国统计出版社1997~2016年版。数据经笔者计算整理。

第三，外国直接投资减少，技术引进困难。国外直接投资是跨国公司进行技术转移的主要渠道，也是中国利用技术后发优势的重要途径。如前所述，改革开放以来，外国直接投资流入总量和占世界的比重都在不断增加，这对中国的技术进步起到了很大的作用。值得注意的是，近年来外国直接投资流入占世界的份额增速已经放缓，这与金融危机后世界经济环境的变化不无关系。2008年金融危机后，西方发达国家开始致力于推行"再工业化"战略，促进本土投资，并构筑各种技术输出壁垒，严格限制先进技术特别是高端核心技术的出口，这使得中国在新的历史时期，继续利用技术后发优势进行技术赶超难度加大。

第四，国际知识产权保护制度日益加强，限制了技术模仿的空间。知识产权制度一般是激励技术创新的重要工具。然而，对于很多发展中国家而言，国际知识产权保护制度垄断了创新的收益，限制了技术创新的溢出，压缩甚至消除了后发经济体利用技术后发优势的空间。知识产权壁垒具有隐蔽性和歧视性特征，很容易成为发达国家掠夺发展中国家的工具。例如，当技术标准和知识产权结合时，标准的技术难度大大提高，而发展中国家只能被动接受这种高技术标准，为了达到这一标准，发展中国家往往需要支付高额的使用费。因此，随着国际知识产权保护力度日益加强，中国这样的发展中国家，很难像韩国、日本当年那样进行廉价高效的技术引进、消化吸收和模仿创新，其技术提升在国际知识产权保护制度下处于非常不利的位置。

三、创新驱动型发展方式的内涵及其作用

国际金融危机后，科技革命和产业结构调整升级如火如荼，创新已经逐渐成为世界各国特别是发达国家谋求长期经济快速增长的主要动力。如前所述，过度依赖劳动力、物质资本、资源的要素驱动型增长方式，不可避免地会遇到要素稀缺性的制约，经济发展已经显现出诸多的不可持续性，因此应当适时地转换经济发展的动力，从要素驱动转向创新驱动，促进关键核心技术突破，以实现中国经济发展方式的根本转变。

（一）创新驱动的内涵

创新概念始于经济学家约瑟夫·熊彼特，他认为创新是指企业家对生产要素的新组合，包括引进一种新产品或提供一种产品的新质量、采用新的生产方法、开发新市场、获得原料或半成品的新来源、实行一种新的组织形式等。他还指出，创新不同于发明，发明要能成功地用于经济活动才能算是创新。迈克尔·波

特将国家的竞争优势发展区分为四个阶段,即:生产要素驱动发展阶段、投资驱动发展阶段、创新驱动发展阶段和财富驱动发展阶段。① 创新驱动不同于要素驱动和投资驱动,要素驱动是通过要素投入尤其是投资的数量扩张来驱动增长,而创新驱动则是使创新要素成为经济增长的主要推动力,由创新来带动要素和投资的投入,从而促进经济增长。

创新的外延比较广,包括科技创新、管理创新、制度创新、市场创新、金融创新等,这些创新对于构建创新型经济是不可或缺的,不过其中处于核心地位的是科技创新,创新驱动的经济发展方式主要是由科技创新驱动的,科技创新在全面创新中发挥引领作用,其他创新则发挥不可忽略的联合推动作用。科技创新的基础是科学发现和知识创新。科学发现和知识创新与经济活动结合,凝结成知识密集型产品,形成知识型产业,推动产业结构创新。培养知识创新能力,包括学习、吸收、改造和应用知识的能力和创造知识的能力两个方面,其中前者是基础。中国的科技进步经历了较长的引进、学习、模仿时期,转向创新驱动型经济需要改变技术进步方式,更加关注原创性的自主创新。

创新驱动不同于强调集约使用物质要素、提高要素使用效率的集约型增长方式,它是比集约型增长方式更高层次、更高水平的增长方式,它不仅解决效率问题,而且更强调靠知识资本、人力资本、激励制度等无形要素的新组合,来创造新的增长要素。②

(二) 创新驱动对经济发展的促进作用

创新驱动能够有效地推动经济持续性发展。首先,创新驱动有利于生产效率的长期提高。创新驱动将创新渗透到各种生产要素中,通过更多依靠科技进步、劳动者素质提高和管理创新,提升每一种生产要素的生产潜力,促进各种生产要素的优化配置,从而提高要素利用效率。其次,创新驱动有利于优化经济结构。创新驱动以科技创新为核心,将各种生产要素投入,重新整合到最有效率、结构最优的企业、部门和地区,从而促进产品结构、产业结构和区域结构的优化升级。最后,创新驱动有利于改善生态环境。创新驱动可以通过减少高排放、高污染、高消耗的要素投入、产品生产,借助自主研发和推广有利于改善生态环境的绿色技术、节能技术,避免对资源的过度开发和使用,减少环境污染,加快实现绿色的低碳型经济增长。

---

① [美] 迈克尔·波特:《国家竞争优势》,李明轩、邱如美译,华夏出版社 2007 年版。
② 洪银兴:《关于创新驱动和协同创新的若干重要概念》,载于《经济理论与经济管理》2013 年第 5 期。

四、中国创新型经济的发展现状

党的十九大报告提出要加快建设创新型国家。创新驱动型经济发展方式的目标是建设创新型经济。所谓创新型经济是以创新为主要驱动力,以新知识、新技术、新产业为标志的经济,表现为高端创新人才、科研机构、风险投资资金等高度集聚。可以从创新投入和产出两个方面来评判是否建成创新型经济。

(一) 创新投入

创新投入可以从创新资金投入和人力投入两个角度着手研究。

首先,创新资金投入大大增加,但结构矛盾较为突出。创新驱动型发展方式和要素驱动型发展方式一样,都需要大量的资金投入,不同的是,创新驱动发展方式下的资金投入不是简单地用于扩大资源、劳动力或物质资本,而是用于能促进创新的各种经济技术活动,其中包括投入各种物质要素,但这里的物质要素投入是能带来创新的物质要素投入。科学发现和知识创新都需要资金投入来驱动。一般来说,研发投入越高,经济用于创新的支出越大,代表该经济的创新水平越高,当然这一指标也要和其他相关指标结合起来判断。当前,创新型国家的研发支出占 GDP 的比重多在 2% 以上。如图 4-5 所示,近年来中国研发经费支出占 GDP 的比重大大提升,已从 1995 年的 0.6%、2000 年的 0.9% 提高到了 2014 年的 2.0%。2017 年,中国这一比例继续上升到 2.1%,接近世界平均水平 2.2%,但还低于高收入国家 2.6% 的水平,更低于日本、韩国、美国 3.3%、4.2% 和 2.8% 的水平。[①] 从图 4-5 可见,受金融危机冲击,除韩国外,美国和日本研发支出强度在危机后一度开始下降直到近年才慢慢开始复苏,与之不同的是,中国 2008 年后研发支出强度增长速度加快,这主要是由于中国技术进步的方式已经开始从引进向创新转变。

需要指出的是,中国研发支出强度上升的背后是中国各地方政府热衷的研发支出"锦标赛",由于研发强度和 GDP 一样成为地方政府绩效考核的一个重要指标,许多地方政府盲目追求研发支出的增加,而忽视了研发支出的结构优化和使用效率。从表 4-4 来看,和发达国家不同的是,中国研发经费由政府部门执行的比例相对偏高 (14.4%),而由高等教育部门执行的比例相对偏低 (6.8%),说明中国的创新活动,在很大程度上是由政府推动的。从研究的类型来看,中国

[①] 资料来源:世界银行 WDI 数据库;国家统计局:《国际统计年鉴》(2018),引自国家统计局网站:http://data.stats.gov.cn/files/lastestpub/gjnj/2016/indexch.htm。

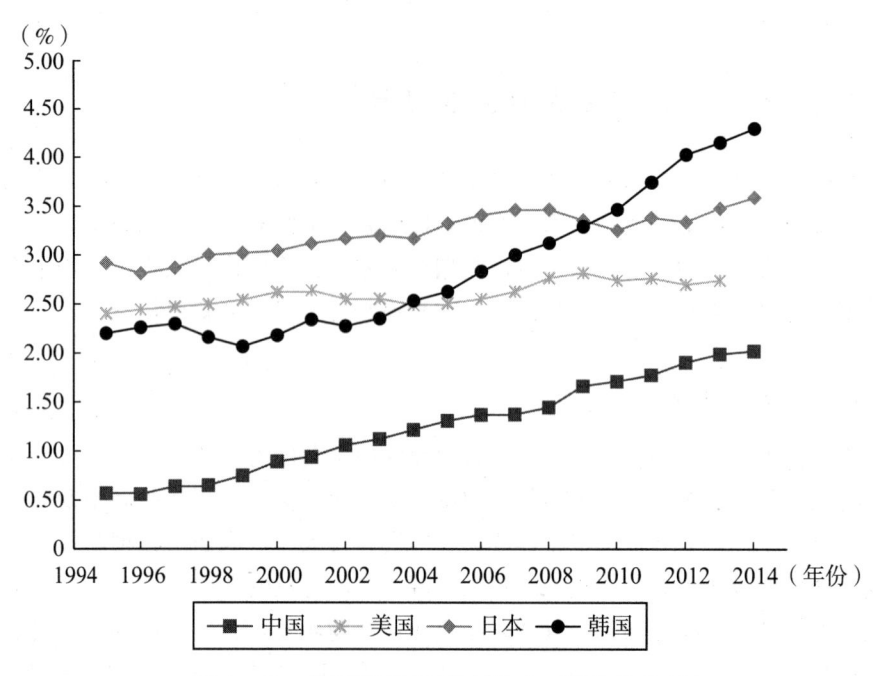

图 4-5　各国研发经费支出占 GDP 的比重

资料来源：国家统计局：《中国科技统计年鉴》（2016），中国统计出版社 2016 年版。

2016 年 84.5% 的研发经费属于试验发展研究，而美国、日本等国这一比率仅为 60% 多，与之相应的是，中国基础研究占研发经费投入的比重太低，仅为 5.2%，而美国和韩国则高达 17.2%。类似地，虽然中国的总体研发投入强度已经紧跟发达国家，但是基础研究占 GDP 的比重仅为 0.11%，而美国则为 0.48%，韩国高达 0.73%。基础研究投入不足，必然会影响创新能力的培育和长期的创新产出。

表 4-4　研发经费支出和研发人员的国际比较

项目	中国	日本	韩国	美国
一、R&D 经费				
1. 按执行部门分（%）	2016 年	2015 年	2015 年	2015 年
企业部门	77.5	78.5	77.5	71.5
政府部门	14.4	7.9	11.7	11.2
高等教育部门	6.8	12.3	9.1	13.2
其他部门	1.3	1.3	1.6	4.1
2. 按研究类型分（%）	2016 年	2015 年	2015 年	2015 年
基础研究	5.2	12.5	17.2	17.2

续表

项目	中国	日本	韩国	美国
应用研究	10.3	20.8	20.8	19.4
试验发展	84.5	66.7	61.9	63.4
3. 基础研究占 GDP 的比重（%）	2016 年	2015 年	2015 年	2013 年
	0.11	0.42	0.73	0.48
二、R&D 人员				
1. 人力资源	2016 年	2015 年	2015 年	2014 年
从事 R&D 活动人员（千人/年）	3 878.1	875.0	442.0	—
研究人员（千人/年）	1 692.2	662.0	356.4	1 351.9
研发人员中研究人员人比重（%）	43.6	75.7	80.6	—
每万人就业人员中从事 R&D 活动人员（人/年）	50	134	170	
研究人员（人/年）	22	101	137	91
2. 从事 R&D 活动人员按执行部门分（%）	2016 年	2015 年	2015 年	2014 年
企业部门	77.6	67.7	73.2	—
政府部门	10.1	6.9	8.6	—
高等教育部门	9.3	23.8	16.5	—
其他部门	3.0	1.6	1.7	—

资料来源：国家统计局：《中国科技统计年鉴》（2017），中国统计出版社 2017 年版。

其次是研发人员投入及结构。科学发现和知识创新最终都源于人的创造活动，所以人员投入也是判断创新水平的重要标志。根据世界银行统计，2000 年、2010 年、2015 年高收入国家中每百万人口中研究人员数平均分别为 3 118.3 人、3 734.2 人和 4 014.1 人，中国同期则为 547.3 人、903.0 人和 1 176.6 人，和高收入国家相比还相去甚远，更是远低于韩国、日本、美国等国家。[①] 可见，尽管中国创新投入的经费支出强度在接近发达国家，但人员投入强度还远远不足。从表 4-4 中显示的研发人员投入结构来看，中国研发人员中研究人员的比重相对较低，2016 年仅为 43.6%，远低于日本 75.7% 和韩国 80.6% 的水平，说明中国研发人员中从事非研发管理和服务等非直接研究活动的人员占比过高，这势必会

---

① 资料来源：世界银行 WDI 数据库；国家统计局：《国际统计年鉴》（2018），引自国家统计局网站数据库。

影响研发活动的产出。此外，和研发经费支出执行部门结构一致，中国研发人员中政府部门的比重也偏高，而高等教育部门研发人员比重则大大偏低，2016 年为 9.3%，而日本和韩国 2015 年则分别高达 23.8% 和 16.5%。以上数据表明，从研发人员投入的数量和结构来看，中国创新能力还有待大幅提升。

（二）创新产出

从创新产出来看，从宏观层次上讲，直接的指标是科技进步对经济增长的贡献；从微观层次来看，包括创新的产出数量和产出结构。

一是科技进步对经济增长的贡献率稳步提高。科技进步贡献率反映了技术创新的综合绩效。目前，发达国家经济增长的主要来源是科技进步，其贡献率已经高达 70%~80%，但发展中国家经济增长的主要来源是物质资本积累，显然还处于要素驱动的经济发展阶段。在《国家中长期科学和技术发展规划纲要（2006~2020 年）》中，中国提出到 2020 年科技进步贡献率要达到 60%。这一目标的实现指日可待：1998~2003 年中国科技进步贡献率为 39.7%，2010~2015 年已经提高到了 55.3%，2011~2016 年进一步提高到 56.4%。[①]

二是创新产出的数量增长迅速。可以从专利数、科技论文数等指标来看。这也是创新型国家的一个重要量化标志，包括专利申请数和授权数，由于专利授权数可能受一些不可控因素影响，因此研究中多使用专利申请数。中国 2000 年居民专利申请量为 25 346 件，占当时世界居民专利申请量的 3.1%，当时世界 90% 以上的专利申请都集中在高收入国家，其中约 20% 集中在美国。2010 年中国居民专利申请总量为 293 066 件，占世界总量的比重提高到 27.6%，而 2016 年则为 1 204 981 件，占世界总量的比重达到 56.6%，而同期美国占比仅为 13.9%。[②] 从创新产出来看，还有一些其他指标作为补充，如科技论文尤其是高水平科技论文数量，科技创新企业数量等。例如，2005 年 1 月~2015 年 4 月 30 日中国基于科学指标数据库（ESI）论文数量已居世界第二，仅次于美国，被引用次数居世界第四。[③]

三是创新产出的结构和质量有待改善。从专利数量来看，中国已经居于世界第一，但值得注意的是，从专利类型和专利质量来看，还不能说中国已经处于世界创新前沿。中国的专利中，原创性的发明专利相对占比较少，而外观设计和实

[①] 资料来源：国家统计局：《中国科技统计年鉴》（2016）、《中国科技统计年鉴》（2017），中国统计出版社 2016 年、2017 年版。

[②] 资料来源：世界银行 WDI 数据库；国家统计局：《国际统计年鉴》（2018），引自国家统计局网站数据库。

[③] 资料来源：国家统计局：《中国科技统计年鉴》（2017），中国统计出版社 2017 年版。

用新型专利比重较高。另外,中国专利申请数的增加主要是居民专利申请拉动的,非居民专利相对较少,2016 年非居民专利申请数是居民专利申请数的 11.1%,而高收入国家则是 65.1%①,可见中国的非居民创新还不够活跃。从其他创新产出指标看,例如 2005 年 1 月~2015 年 4 月 30 日中国 ESI 单篇论文平均引用次数仅为 8.55 次,而美国则为 17.12 次,中国论文影响力远落后于排前几位的国家。② 可见,虽然从数量上来看,中国近年来有了突出的表现,但从创新产出的结构和质量来看,实施推动创新驱动创建创新型经济,中国还有很长的路要走。

五、创新驱动发展的实施途径

中国目前的发展方式正在从要素驱动型发展方式向创新驱动型发展方式转变,创新投入和产出增长较快,但依然存在较多结构性问题。为此,需要充分利用各种创新要素,对现有的生产要素进行重新组合,并重点从以下几个方面入手。③

(一)加大创新投入强度,完善创新投入结构

改革开放以来,中国全要素生产率不断提高,在很大程度上得益于各类技术引进的溢出效应。中国虽然进入中高收入阶段,但与发达国家的经济与技术差距仍然比较大,即使在将来跨入高收入阶段的门槛时,中国与发达国家的差距仍然存在。既然有技术差距,那么引进、吸收前沿国家的先进技术仍然是必要的。但是,与低收入和中低收入阶段不同,在进入中高收入阶段之后,引进、模仿、吸收和消化先进技术的难度会越来越大,而且现阶段国际知识产权保护不断加强,过去以引进吸收为主要途径的技术进步方式不再适应新时期的需要,应当适时转向创新驱动为主要途径的自主创新型发展方式。

实行创新驱动,首要的是加大创新投入,提升国家的整体创新能力。和 2000 年相比,中国研发投入已经有了大幅度提升,但是离先进的创新型经济还有很大一段距离。因此要持续加大研发资金投入,促进各种资本和资源向创新领域流动,促进各种创新要素的集聚,从而提升自主创新能力。此外,加大创新投入还应特别注

---

① 资料来源:世界银行 WDI 数据库;国家统计局:《国际统计年鉴》(2016),引自国家统计局网站数据库。
② 资料来源:国家统计局:《中国科技统计年鉴》(2017),中国统计出版社 2017 年版。
③ 创新与科技教育体制改革和政策支持是分不开的,本书第九章中将详细讨论。

意创新投入的结构优化，注意创新投入在各创新要素、创新部门、创新地区之间的合理化配置，要加大高等教育部门的研发投入，促使高等教育部门在全面创新中发挥重要作用，要立足长远加大基础研究投入，促进基础前沿科学研究。

（二）促进人力资本投资，提高劳动者素质

加大研发人员投入，以人力资本投资和积累作为创新驱动发展战略的重点。创新型经济的一个重要指标就是从事研发活动的人员比重，尤其是科学家和工程师占从业人员比重。目前，中国科技人才尤其是高端创新型人才明显不足，加大这方面的投入将是发展创新型经济的重点，《中华人民共和国国民经济和社会发展第十三个五年规划纲要》也明确强调要突出"高精尖缺"导向、实施重大人才工程。为此，应当构建知识密集型高端产业平台，大力引进高端创新人才，营造有利于创新人才发展的环境，促进创新型人才向企业流动。同时，也应优先发展教育，大力推动各类正规教育和非正规教育，提高基础技能劳动者的素质；倡导弘扬工匠精神，培育大批技能人才。

（三）明确企业的创新主体地位，促进创新推广应用

企业既是市场竞争的主体，也是技术创新的主体，在创新驱动战略中处于核心位置。企业在创新产出中的比重越来越高。1995年中国职务发明专利中有36.3%是由企业创造的，2015年这一比例提高到了75.1%，实用新型和外观设计专利中，企业所占比重更高，2015年已经分别达到85.1%和94.1%[①]，企业是中国今后技术创新的当然主体。《中共中央关于制定国民经济和社会发展第十三个五年规划的建议》明确强调要"强化企业创新主体地位和主导作用"，要"形成一批有国际竞争力的创新型领军企业"。强化企业的技术创新主体地位，要鼓励企业加大研发投入和人才积累，加强基础前沿研究，培养创新型企业家；扶持有自主知识品牌的大企业，扶持创新型中小企业发展；完善知识产权保护制度，确保企业的创新收益；营造有利于激励企业创新的环境，发展企业创新文化；全方位创造条件促进创新成果的推广和商业化应用。

（四）推动产业创新，大力发展战略新兴产业

加大对关键核心领域的关键技术的研发，大力推进产业创新是创新驱动的重要内容。产业创新可以从三个方面看：第一，推动农业产业现代化、科技化。大

---

① 数据来源：根据《中国科技统计年鉴》（2016）计算得到。

力激励和支持各种惠农的科技创新及其在农业生产中的推广应用，促进农业现代化经营管理方式的运用，以现代家庭农场为基础构建现代化的农业产业体系。第二，在用现代科学技术改进传统工业企业的基础上，大力发展战略新兴产业、技术密集型的高新技术企业、现代特色优势产业，将技术创新、信息化、金融创新、管理创新有机融合。第三，用科技创新推动现代服务业发展。以对传统服务业改造为契机，及时引入各种现代化的服务产业，提升服务业的产业层次和发展活力。服务业和制造业息息相关，生产性服务业中许多行业与知识的创造、传播和推广利用联系紧密，包含了许多制造业升级换代所需要的知识、技术。此外，也要构建产业技术创新联盟，促进跨产业、跨领域的协同创新。

（五）促进创新要素的协同，构建全面创新体系

创新驱动涉及各方面的创新，包括技术创新、管理创新、制度创新、文化创新、金融创新等多个层面。构建"政产学研用"协同的全面创新体系，有效促进生产要素的合理流动和优化整合。高等院校、科研院所的知识创新与企业的技术创新相互结合，技术创新是基础，技术创新的成果通过科学的管理创新，较好地应用于生产过程，带来产品创新；金融创新通过构建风险分担机制、构建多层次的股权投资体系，实现新兴产业资本与金融资本良性互动；制度创新和文化创新则为各种创新活动构造有利的制度环境保障。

第三节 效率变革：从数量增长向质量增进转变

一、数量扩张型发展方式的基本特征

（一）资本投资效率低下

改革开放以来，中国的高速经济增长很大程度上是由投资驱动的。[①] 中国投资率长期在40%左右徘徊，2000年以来投资率还呈现出上升的势头，2009年迄今的平均投资率更是高达47%。高投资并未伴随高效率，这可以从增量资本产出比（增量资本÷增量GDP）来看（见图4-6）。1978～2015年，中国平均的

[①] 本书第二章对我国投资驱动型发展方式的基本特征进行了详细讨论。

增量资本产出比为3.4，而与之相比，20世纪日本在工业化转型时期这一比率仅为2左右。而且，在20世纪90年代中期中国还经历了增量资本产出比的快速攀升，直到1999年达到顶峰后才开始下降，但这一比率依然高于改革开放之初，且近年来呈上升趋势，2015年还突破了6，说明每增加1元GDP要增加6元以上的资本投入。这一指标居高不下，说明中国资本投资效率依然十分低下，且还有进一步降低的趋势。投资效率还可以从每元投资所带来的产出来看，从图中可以看出，GDP与固定资产投资比是持续下降的，从1978年的5.4下降到了2015年的1.2。

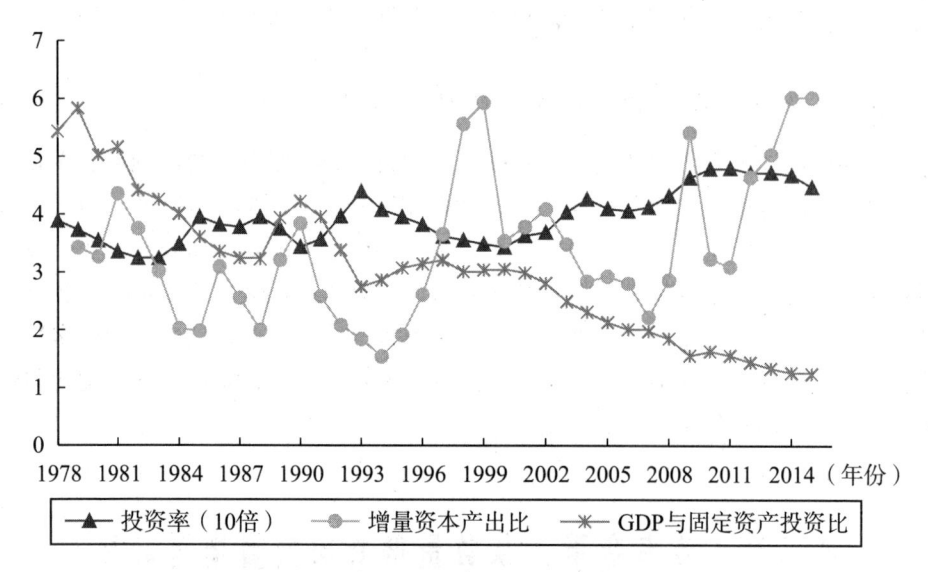

图4-6　中国投资率与投资效率的变化

资料来源：国家统计局网站数据库，增量资本产出比根据计算而得。

高投资带来了高增长，这说明投资效率并不低。在计划经济时代，高投资没有带来高增长，而在改革开放时期高投资却带来了高增长，这主要是由于市场经济体制的建立和完善，以及工业化、城市化的推进。也有人对中国改革开放以来资本投资回报率进行了研究，结论是中国资本投资回报率是很高的。[①] 但是，这种较高的回报率是建立在要素市场扭曲基础上的，由于农民工工资被压得很低，使劳动力成本低下，土地是公有的，其土地成本也很低，另外，资源使用成本与环境污染成本均比较低。在这种要素价格扭曲的情况下，资本边际报酬高并不真正反映资本的投资效率。从"一元投资"所带来的产出来看，资本投入效率还是比较低的。

---

① 第二章对资本投资的动力和回报率进行了详细讨论。

中国政府对高投资和低效率这种状况的存在起到了重要推动作用。长期以来某些地方政府以 GDP 为目标，热衷于抓政绩工程，盲目扩大投资项目，引起部分行业产能过剩，导致经济结构以及需求与供给的不平衡。以钢铁行业为例，早在 2008 年中国粗钢的产能就达 6.6 亿吨，远超过 5 亿吨的市场需求。受 2008 年金融危机的冲击，中国工业如有色金属、钢铁、水泥等行业面临很大的困难。为此，政府出台"4 万亿"投资计划等强刺激措施，大大促进了这些行业的复苏，但是也刺激了这些高能耗、高排放的行业进一步扩大产能，全社会固定资产投资同比增加了 25.85%，从而加剧了原有的重复建设、产能过剩现象。产能过剩是投资效率低下的主要表现。

除了总体的资本投资效率下降，中国资本投资也呈现出结构性的效率下降，无论是从产业资本效率来看，还是从区域资本效率来看，都存在资本投资效率差异大等不均衡现象。①

（二）劳动生产率低下

改革开放以来，劳动生产率逐渐提高，对经济增长发挥了十分重要的促进作用，但从国际比较来看中国劳动生产率水平总体上还比较低。如表 4-5 所示，2000 年中国实际劳均 GDP 仅为 6 554 美元，刚过世界平均水平的 1/4，居于低收入国家和中低收入国家之间，仅相当于美国的 7%、日本的 10%。此后，中国劳动生产率得到了大幅度提高，步入中等收入国家行列，和发达国家的相对差距大大缩小。不过，即使到 2017 年，虽然中国实际劳均 GDP 达到 27 153 美元，但依然低于世界平均水平的 34 609 美元，仅相当于美国的 24% 和日本的 36%。可见，和这些发达国家相比，尽管中国劳动力投入大，但劳动生产率水平仍然较低，远低于各发达国家。

表 4-5　　　　　　　劳动生产率的国际比较　　　　　　单位：美元

国家或地区	2000 年	2005 年	2010 年	2015 年	2016 年	2017 年
中国	6 554	10 013	16 778	24 324	25 988	27 153
世界	25 281	26 784	30 328	33 830	34 494	34 609
高收入国家	77 403	831 435	85 997	89 482	89 807	88 908
中等收入国家	12 130	14 780	19 344	23 573	24 415	24 884
中低收入国家	11 404	13 808	17 898	21 539	22 253	22 626

---

① 中国经济增长前沿课题组：《中国经济长期增长路径、效率与潜在增长水平》，载于《经济研究》2012 年第 11 期。

续表

国家或地区	2000 年	2005 年	2010 年	2015 年	2016 年	2017 年
低收入国家	3 552	3 863	4 345	4 159	4 131	4 098
美国	92 141	101 979	107 881	111 580	111 587	111 056
日本	66 281	71 112	72 076	74 461	74 555	74 427
韩国	44 396	52 032	61 840	66 501	67 771	67 956
印度	6 771	8 161	11 944	15 491	16 305	16 774

注：此表中劳动生产率为每个就业者创造的国内生产总值（即劳均 GDP，采用购买力平价法，以 2011 年不变价美元计算）。

资料来源：世界银行 WDI 数据库；国家统计局：《国际统计年鉴》（2018），引自国家统计局网站数据库。

值得注意的是，改革开放以来中国劳动生产率的迅速提高，在很大程度上是通过劳动力的转移实现的，劳动力从生产率较低的农业部门向制造业和服务业转移，从农村向城市转移，带来了社会总体生产率的增长。但是，当前这种转移过程接近尾声，意味着劳动力转移带来的结构红利即将消失。

（三）资源利用效率低下

中国丰富而廉价的自然资源，为经济发展创造了低成本的比较优势。但是，由于中国自然资源都是国家所有，许多资源能够以较低的成本轻易取得，在产品生产过程中较为普遍地出现了重投入而轻效率的现象，表现为资源利用效率低下且造成了资源耗竭、环境污染等恶果。

以能耗为例。中国能耗水平远高于发达国家，甚至高于许多发展中国家。如表 4-6 所示，2000 年世界平均万美元 GDP 能耗为 1.54 吨油当量，而中国则是世界平均水平的 1.6 倍，为 2.43 吨油当量。虽然随着对能源问题的日益重视和各种节能技术的推广，中国能耗水平不断下降，但到 2014 年，中国万美元 GDP 能耗依然还是高达 1.75 吨油当量，介于中等和低收入国家水平之间，是世界平均水平的 1.4 倍，是日本同期水平的 1.9 倍。从生产过程中的各种具体产品来看，大中型钢铁行业、有色金属冶炼、建材等行业能耗很高。中国的能耗高、利用效率低下与煤炭为主的能源结构有很大关系。因为，以煤为燃料的中间转换装置、终端利用装置的效率都很低下，低于以油气为主的能源效率。

表 4-6　　万美元国内生产总值能耗（2011 年不变价，PPP）

单位：吨油当量/万美元

国家或地区	2000 年	2005 年	2010 年	2013 年	2014 年	2015 年
世界	1.54	1.47	1.38	1.30	1.27	—
高收入国家	1.40	1.31	1.23	1.15	1.23	1.13
中等收入国家	1.75	1.67	1.52	1.43	1.43	1.38
中国	2.43	2.44	2.05	1.85	1.75	
印度	1.68	1.42	1.28	1.20	1.18	
日本	1.21	1.14	1.09	0.96	0.93	0.91
韩国	1.93	1.71	1.66	1.61	1.58	1.58
美国	1.75	1.58	1.45	1.35	1.34	1.28

注：PPP 即购买力平价，purchasing power parity 的缩写。
资料来源：世界银行 WDI 数据库；国家统计局：《国际统计年鉴》（2018），引自国家统计局网站数据库。

除了能源，中国土地资源利用也存在效率低下的问题。一些地方政府为了吸引投资，将土地低价提供给生产企业，不惜牺牲环境，而且还给予税收优惠，放任和激励高能耗、高污染企业投资生产，结果引起土地资源低效率使用甚至闲置浪费，而且一些污染性企业的生产导致土地质量大大下降，甚至失去了再利用的价值。从水资源利用来看，2009 年中国人均可再生淡水量为 2 113 立方米，低于低收入国家平均水平（5 358 立方米）的一半；淡水消费量占水资源总量的 19.5%，高于世界 7.3% 的平均水平，而且这种状况近年来并没有得到改善，2014 年中国人均可再生淡水资源为 2 061.9 立方米，依然低于低收入国家的一半。[①] 此外，目前中国农业灌溉用水效率仅为世界先进水平的一半左右。可见，各种廉价而丰裕的自然资源均面临着高消耗、高污染和低效率的问题，过去中国的高速经济增长付出了较高的资源环境代价。

（四）科技进步贡献率较低

长期以来，中国依靠吸引外资、以市场换技术等方式促进了传统产业的技术改造和升级，然而，目前中国技术进步对经济增长的贡献率依然较低。目前，许

[①] 资料来源：世界银行 WDI 数据库；国家统计局：《国际统计年鉴》（2012）、《国际统计年鉴》（2018），引自国家统计局网站数据库。

多研究利用索洛余值来度量技术进步贡献率,这些研究大多表明,中国经济增长主要得益于物质资本积累,技术进步贡献较小。早在1994年,保罗·克鲁格曼就曾经指出,东亚地区的经济增长完全取决于要素投入的增加,而非全要素生产率的增长,后来又提出了"东亚无奇迹"的论断(保罗·克鲁格曼,1999)。国内很多学者对我国全要素生产率(TFP)进行了估算,虽然估计方法、估计期限、估计结果都存在差异,但基本结论是中国TFP比较低(见表4-2)。

不过有些学者认为,按照索洛余值法测算的技术进步贡献率忽视了资本投入质量的改进,忽视了资本投入中蕴含的技术进步,因此这种技术进步贡献率普遍偏低。[①] 近年来,许多学者采取不同方法重新估计了科技进步的贡献。例如,蔡跃洲、付一夫(2017)经测算发现,中国1978~2014年经济增长的动力约1/3来自技术水平的普遍提升。周绍森、胡德龙(2010)认为,1980~2007年全要素生产率的贡献为45.62%,并预测2010~2020年中国科技进步贡献率有望达到《国家中长期科学和技术发展规划纲要(2006~2020年)》指定的60%贡献率的目标。2011~2016年,中国科技进步贡献率已经达到56.4%[②],距离60%的目标不算太远。不过,中国目前工业初级产品较多,产品科技含量和附加值较低,要迅速大幅提高科技进步对经济增长的贡献并非易事,这一目标的实现依赖于技术进步率保持不断增长,经济增长率和物质资本积累率保持持续稳定。和创新型发达国家70%~80%的科技进步贡献率相比,中国的科技进步贡献率即使达到预定目标还是相对较低。

二、增长质量的内涵及其评价

(一)增长质量的内涵

经济增长理论关注经济增长的源泉和动力,经济周期研究探讨各种冲击对GDP波动的影响。这些研究关注的都是经济增长中的数量变化,较少涉及经济增长的质量。近年来,随着中国高速度、低质量的传统增长模式弊端日益显现,一些经济学家们开始把目光投向经济增长质量。不过,有关经济增长质量的研究尚未形成一个系统的理论框架,特别是对于其内涵还并没有统一的界定。罗伯特·巴罗将经济增长质量看成是与经济增长密切相关的社会、政治及宗教等因素,包

[①] 赵志耘、吕冰洋、郭庆旺、贾俊雪:《资本积累与技术进步的动态融合》,载于《经济研究》2007年第11期。

[②] 资料来源:国家统计局:《中国科技统计年鉴》(2017),中国统计出版社2017年版。

括受教育水平、预期寿命、健康状况、法律秩序、发展程度、收入不平等[①]。刘树成（2007）将增长质量与增长态势的稳定性、增长方式的可持续性、增长结构的协调性、增长效益的和谐性联系起来。任保平（2012）认为，经济增长质量是在经济的数量增长到一定阶段的背景下，经济增长的效率提高、结构优化、稳定性提高、福利分配改善、创新能力提高的结果。

可见，经济增长质量有广义和狭义两方面的含义，狭义的经济增长质量是相对于数量而言的经济增长的效率，而广义的增长质量则蕴含了更多的内容。我们认为，经济增长质量的提高大体上可体现在四个层次。第一层次着眼于传统的投入产出关系，认为经济增长的质量增进表现为投入产出效率的提高，即既定的投入带来更高的产出，或既定的产出需要更少的投入。质量增进体现为各种投入要素生产率的提高，单位产出耗费更少的劳动力、物质资本和自然资源。第二层次着眼于增长质量的外延，即经济增长质量增进表现为最终产品和劳务的质量提升。简单说来，就是虽然投入产出效率不变，但是这些产出的质量提升了。这里的质量提升包含两方面含义。一方面是指产品质量的改进和提高。例如，现在的电子科技产品的技术含量相比几年前大大提升，具有了更高的附加价值，能给消费者带来更大的满足。另一方面是指产出更大程度地包含了低碳属性。这可能是在产品生产过程之中引入了低碳技术，充分考虑其自身的资源和环境成本，因此产出的是具有更低污染和更低消耗的产品。第三层次的增长质量着眼于经济结构的合理性和协调性。具体说来，增长质量的提升即经济的需求结构、投入结构、产业结构更加合理，且彼此相互协调，经济系统整体运行效率较高。第四层次着眼于经济增长的公平性，高质量的增长是"以人为本"的包容性增长，意味着更公平地利用经济增长的资源，更公平地分享经济增长的成果。其实，这个广义的增长质量内涵相当于是发展的内涵。

就本章要讨论的投入结构问题而言，这里我们主要关注狭义的增长质量，即经济增长的效率，这也是提高增长质量最核心、最基础的内容。因此，本节在第一部分重点关注了中国当前经济增长的低效率现状。如前所示，中国当前经济增长质量没有明显提升，首先表现为经济增长的效率比较低。

（二）增长质量的评价

要实现从数量扩张到质量增进的增长方式转变，首先必须对每一个发展时期的经济增长质量有一个准确的评价。这种评价包括两类，一类是定性的评价，另

[①] Robert J. Barro. *Quantity and Quality of Economic Growth*, Working Papers from Central Bank of Chile, 2002.

一类是定量的评价。定性的评价即评价经济增长的"好、坏""优、劣"。早期有关经济增长质量的研究多是从这一方面来考察的，表现综合评价增长速度、经济效益、经济结构等多方面发展的状况。定量的评价则是要具体地回答当前经济增长质量是高还是低，以及处于一个什么样的相对位置。这种评价的优势在于相比定性评价更为客观，而且便于进行不同维度的比较。但是由于经济增长质量（特别是广义的经济增长质量）通常包含很多非定量的因素，要将许多定性因素用代理变量定量地表达出来，必然面临着测度上的困难，受到指标选取、数据质量、权重分配以及测度方法选择上的主观影响。

定量地度量经济增长质量，一般有两种思路：一种是采用各种单一的指标，其中主要是增长效率指标；另一种是构建综合指标体系，利用各种统计分析工具来评价增长质量。增长效率指标属于狭义的经济增长质量指标，主要反映投入产出关系。目前学者大多采用全要素生产率等指标来度量增长质量，劳动生产率、资本生产率等也是增长质量的辅助指标。例如，杨（Alwyn Young）利用中国官方数据发现，中国 1978～1998 年 TFP 年均增长率为 3.0%，而用其自己调整后的数据测试的数值更低，仅为 1.4%。[1] 此前，保罗·克鲁格曼（1993）就曾经指出，东亚地区的经济增长完全取决于要素投入的增加，而非 TFP。从图 4-7 可见，中国的 TFP 增长率在 2008 年金融危机下跌后，经历了一段时期的增长，但总体上呈下降趋势，2016 年 TFP 甚至下降了 1.7%。可见，如果用 TFP 来度量经济增长质量，中国目前的经济增长质量十分低下。不过，由于 TFP 主要反映资本和劳动投入要素之外的技术进步等因素，因此用 TFP 来度量经济增长质量有些片面。

广义的增长质量指标体系研究较为丰富。李周为、钟文余（1999）从增长集约化水平和增长方式转变的源泉与机制两方面构建增长质量指标体系[2]，前面提到的罗伯特·巴罗（2002）、刘树成（2007）、钞小静、任保平（2011）等也构建了增长质量指标体系。以钞小静、任保平（2011）为例，他们从四个方面来构建经济增长质量指数：经济增长的结构（分项指标为产业结构、投资消费结构、金融结构、国际收支）、经济增长的稳定性（分项指标为产出波动、价格波动、就业波动）、经济增长的福利变化与成果分配（分项指标为福利变化、成果分配）以及资源利用和生态环境代价（分项指标为资源利用、生态环境变化），每一个分项指标设置了若干基础指标。根据这一指标，他们发现，改革开放以来，

---

[1] Young, Alwyn. Gold into Base Metals: Productivity Growth in the People's Republic of China during the Reform Period. *Journal of Political Economy*, 2003, 111 (6): 1220-1261.

[2] 李周为、钟文余：《经济增长方式与增长质量测度评价指标体系研究》，载于《中国软科学》1999 年第 6 期。

除了 20 世纪 90 年代前后略有下降，中国经济增长质量随着数量扩张总体上有所提高，引起经济增长质量提高的主要因素是资源利用和生态环境改善，经济增长结构对中国的经济增长作用有负向的影响。① 这也说明了中国当前通过调整经济结构转变经济增长方式的必要性。

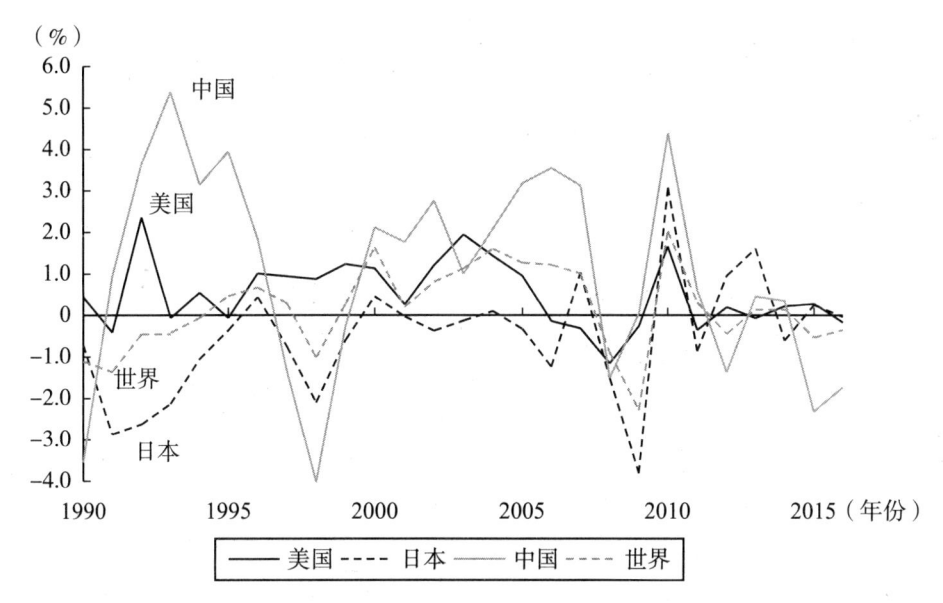

图 4-7　各国全要素生产率增长的动态变化

资料来源：世界经济总量数据库（Total Economy Database，TED）。

三、投入结构调整与增长质量的提升

经济增长质量的提升，应当以数量扩张和结构调整为基础，而经济结构的调整涉及需求结构、投入结构、产业结构等多个方面，这些结构是否能够得到有效调整，直接关系到经济增长的质量和效益。党的十九大报告强调质量第一、效率优先，以供给侧结构性改革为主线，我们提出的投入结构调整很好地切合了这一思路。因此，这里我们从投入结构转变的视角来探讨通过质量增进转变发展方式的可行路径。

---

① 钞小静、任保平：《中国经济增长质量的时序变化与地区差异分析》，载于《经济研究》2011 年第 4 期。

（一）提高物质资本的技术含量

如前所述，在计算技术进步率时，传统的索洛余值法割裂了资本投入和技术进步，忽视了资本投入的质量改进所蕴含的技术进步效应，而这种效应恰恰是很大的。由此可见，资本投入质量的改进，对于提高生产效率促进经济增长有着和传统技术进步同样重要的作用。中国技术引进有多种形式，包括工业产权转让或许可合同，专有技术许可合同，技术服务合同，合作生产或设计合同，生产线、设备进口合同等，但中国纯技术进口所占的比重却很小，资本设备引进是技术引进的主要方式，所占比重常常在80%以上。因此，在引进资本设备时，应当注意引进技术含量高、附加值大、技术生命周期长的设备，这些设备往往富含更多的体现式技术进步要素，更有利于促进经济增长质量的提高。除了使用引进的技术设备，也要注意对现有设备的技术改造和对新设备的自主研发。升级资本结构，扩大高新技术资本投入的比重，逐步淘汰落后低效的资本，提高生产过程中物质资本的技术含量，从而提高资本的投入产出效率。

（二）提高知识型劳动力的比重

增长质量的提高离不开知识型、技术型人才。王小鲁等（2009）对经济增长方式转换的分析发现，技术进步和人力资本质量提高正在替代劳动力数量扩张，对经济增长产生重要影响。刘海英等（2004）在分析人力资本对经济增长质量的影响时，认为人力资本积累是高质量经济增长循环的基点。从投入结构的视角来看，增进经济增长质量关键是要提高知识型劳动力的比重。为此，首先要全面提高劳动生产率，提高劳动者素质。过去通过劳动力转移来提高劳动生产率的手段在长期内难以维持，因此，关键是通过加大科技研发投入，扩大和深化教育，推进教育体制改革，探索创新人才的培养和激励机制，提高普通劳动者的基本技能，培养创新型人才，大力引进知识型人才[①]，充分发挥人力资本的作用。其次，优化人力资本结构，提高科学家和工程师等高技术人员占劳动力的比重。根据

[①] 近年来中国出国留学人员数日益递增，但学成回国人员数量有限，智力外流现象比较明显。根据科技部的统计，2006~2011年，中国出国留学人员分别为13.4、14.4、18.0、22.9、28.5和34万人，但同期学成回国人员仅为4.2、4.4、6.9、10.8、13.5和18.6万人。资料来源：《科技统计数据（2012）》，科技部网站数据。近年来，我国出国留学人员回国大幅增加。2017年，我国留学回国人员数量就达48万人。从1978年到2017年，我国总共有313.20万名留学生在完成学业后选择回国发展，占已完成学业留学生人数的83.73%。党的十八大以来，随着留学回国人数的不断攀升，已有231.36万人学成归国，占改革开放以来回国总人数的73.87%。这意味着我国留学人员回国潮主要发生在近5年（数据来自教育部网站）。

《中国高技术产业统计年鉴》(2016),高技术产业集聚了大量知识型劳动力。目前,中国高技术产业就业人员占制造业的比重有所提升,从 2000 年的 8.5%、2005 年的 11.2%、2010 年的 13.0% 提高到了 2015 年的 15.9%[①],但是和发达国家相比高科技人才还是明显不足。

(三) 优化资源、能源投入结构

提高资源利用效率,促进可持续增长。近年来,中国在节能减排环保方面取得了明显进展,能源投入结构有了一定的改善,但是单位资源和能源消耗依然较高,环境污染依然没有得到有效改善。优化资源投入结构,提高资源利用效率,推动绿色发展是党的十九大提出的重要目标之一。为此,首先要改革能源生产和利用方式,加强高耗能企业的节能低碳技术改造,限制高碳能源消费总量。其次,积极开发各种节能新技术,大力开发清洁能源和可再生能源,促进节能低碳技术的研发和推广应用,提高能源资源使用效率。最后,产业发展规划和政策应充分考虑资源和环境因素,逐步减少和杜绝资源能源消耗高、环境污染大的生产投入,通过政策倾斜引导和激励节能环保型产业发展。对于现有的产业,应积极推进增长方式转变,将节能减耗、绿色环保作为重要任务,维护经济生态环境的承载能力。淘汰高消耗、高排放、高污染的落后产能,提升产业综合素质。

(四) 整合创新资源

实施创新驱动发展战略是提高经济增长质量的关键,也是党的十九大提出的七大发展战略之一。各种创新要素只有进行有效的合理配置,才能最终提高生产效率、推动经济增长。整合创新资源,提升创新能力,包括两方面的内容。第一,整合资金、资本、人力资源,实现优化配置。对于创新资金的使用,要改革科技投入机制,加大对基础前沿研究的扶持力度,建立健全创新资金的考评和监督管理机制,确保创新经费使用实现预期效益;对于创新资本,应全面统筹和布局,加强基础创新平台建设,提高资本使用效率,避免低水平建设和重复浪费;对于创新人力资源,应创造多层次的创新人才培养模式和引进模式,注重中青年创新人才的培养,完善创新激励机制,加强创新团队建设等。第二,各类创新相结合,彼此互动。如前所述,知识创新、技术创新、产品创新、管理创新、金融创新、制度创新等要相互支持、相互服务,形成全面的国家创新体系,从而最大限度地使用创新资源,提高创新效率。

---

① 国家统计局:《中国高技术产业统计年鉴》(2016),中国统计出版社 2016 年版。

第四节 能源结构变革：从高能耗高污染发展方式向低碳绿色发展方式转变

近年来，尤其是国际金融危机爆发以来，全球化呈现出许多新特征，其中之一就是温室效应凸显、全球气候变暖、环境污染严重。全球气候变暖给人类的可持续发展带来了巨大的挑战，低碳经济、循环经济、绿色发展等概念顺势而生。作为发展中国家的中国，也不无例外地受到这一全球现象的影响，而且表现得更为明显。进入中高收入阶段之后，中国高能耗投入、环境污染状况显得尤为突出。提高能源使用效率、优化能源结构势在必行。党的十八届五中全会首次提出五大发展理念，而绿色发展包括其中，十九大报告进一步强调了绿色发展和生态文明建设，提出了更为具体的发展目标和发展路径。

一、高能耗、高污染的经济发展方式的基本特征

经济系统和自然系统之间存在原料投入和废弃物排放的循环：自然系统内的原料投入到经济系统，经济系统产生的废弃物排放到自然系统。在这两个环节中，涉及资源利用和环境保护的问题。中国当前的经济发展过于偏重从能源的密集投入到产出快速扩张的生产过程，这是一种高能耗、高污染的粗放模式，尚未形成两个系统之间的良性循环，是一种不可持续的发展方式。

（一）能源消耗大、利用效率低

近年来，随着中国经济高速增长，能源消耗迅速增加，全球能源消费的净增加几乎都发生在新兴经济体。中国目前是世界第一大能源消费国。根据英国石油公司（BP公司）统计，中国2016年能源消费占全球总量的23%，占全球能源消费增长的27%，已连续第16年成为全球增速最快的能源市场。据埃克森美孚公司估计，2040年中国能源消费将增长32%，从2014年的约29亿吨油当量增加到38亿吨油当量，约占全球总量的22%。[①]

中国的GDP增加很大程度上是靠高能源投入推动，但是中国能源投入的效

---

① 资料来源：艾克森美孚公司：《2040年能源展望》（*The Outlook for Energy: A View to 2040*），该公司网站数据。

率较低，同样的 GDP 增加，中国花费了更多的能源投入。如表 4-7 所示，2000 年，中国万美元 GDP 能耗为 2.43 吨油当量，而同期的中等收入国家为 1.75 吨油当量，高收入国家为 1.4 吨油当量。随着各项节能措施的实施，中国 2014 年的万美元 GDP 能耗已经降到了 1.75 吨油当量，但和世界平均水平的 1.27 吨油当量相比还是有较大差距。这表明，相比世界其他国家，中国的能源使用效率还是较为低下。

表 4-7　　　　　　　　　能源消耗的国际比较

指标	国家或地区	2000 年	2005 年	2010 年	2013 年	2014 年	2015 年
万美元国内生产总值能耗（吨油当量/万美元，2011年 PPP 不变价）	世界	1.54	1.47	1.38	1.30	1.27	—
	高收入国家	1.40	1.31	1.23	1.15	1.13	1.09
	中等收入国家	1.75	1.67	1.52	1.43	1.38	—
	中国	2.43	2.44	2.05	1.85	1.75	—
	美国	1.75	1.58	1.45	1.35	1.34	1.28
核能及其他清洁能源占能源总消费比重（%）	中国	2.3	2.9	3.7	4.8	5.4	—
	美国	10.8	10.6	11.7	12.1	12.1	12.3
易燃的可再生能源及废弃物消费占能源总消费比重（%）	中国	17.9	11.2	8.2	7.2	7.1	—
	美国	3.2	3.3	4.0	4.4	4.7	4.6

资料来源：世界银行 WDI 数据库；国家统计局：《国际统计年鉴》（2018），引自国家统计局网站数据库。

（二）高排放、高污染

目前，中国温室气体排放量已经居于世界第二位，煤炭等能源的使用带来了大量的碳排放。如表 4-8 所示，中国 2009 年能源使用的二氧化碳排放密度是世界最高的，为每十亿 Btu[①] 约 78.9 公吨，近年来随着一系列节能减排措施的实施，中国的能源碳排放强度在迅速下降，2012 年已经降到 72.8 公吨。美国能源信息署（U.S. Energy Information Administration，EIA）预计未来 20 多年，中国碳排放密度会继续以较快的速度下降，到 2040 年估计可以下降到 58.1 公吨，但中国依然是所有考察国家之中除印度外能源使用碳密度最高的国家，比当时的世界平均水平还高约 5 公吨。这种现象主要与中国长期以来的能源投入结构和能源使用的污染排放控制有关，高碳能源的使用和在生产利用环节对碳排放控制不严，直接导致了中国的高碳密度。此外，中国长期使用小机组煤炭发电，导致粉尘排放和二氧化硫排放高，多数城市大气质量不及一级标准的 1%。

---

① Btu：British Thermal Unit，英国热量单位，1Btu 约等于 251.9958 卡路里。

表 4-8　　世界主要国家能源使用的碳排放强度比较与预测

单位：公吨/十亿 Btu

国家或地区	历史		预测					平均年变化率
	2009 年	2012 年	2020 年	2025 年	2030 年	2035 年	2040 年	2012~2040 年
世界	59.6	58.6	56.7	55.5	54.5	53.7	53.0	-0.4
经合组织国家	54.0	53.3	51.3	50.6	49.9	49.4	49.0	-0.3
美国	57.1	55.0	54.5	54.0	53.6	53.2	52.5	-0.2
日本	52.7	60.1	53.7	52.6	51.9	51.6	51.8	-0.5
韩国	52.8	56.1	52.8	50.6	49.5	49.9	50.3	-0.4
非经合组织国家	64.5	62.7	60.3	58.7	57.2	56.1	55.2	-0.5
中国	78.9	72.8	67.0	65.1	62.4	60.2	58.1	-0.8
印度	70.1	68.0	65.4	62.3	60.0	59.9	59.9	-0.5

注：经济合作与发展组织（OCED），以下简称"经合组织"。

资料来源：U. S. Energy Information Administration（EIA），*International Energy Outlook* 2016。

中国环保法规执行不严，工业企业控排意识不强、排污设施不齐全或排污技术不到位，导致污水、废弃物、废气排放量较高。中国废弃物排放水平远高于发达国家，每增加一单位 GDP 的废水排放量比发达国家高 4 倍，单位工业产值产生的固体废弃物比发达国家高 10 多倍。虽然工业废水排放量自 1985 年以来有所控制，降低到了 1997 年的最低值 188.3 亿吨，但随后又回升到 2007 年的 246.6 亿吨，近年来开始下降，到 2015 年依然有 199.5 亿吨工业废水排放。废水和废弃物的大量排放导致海域和流域污染未能得到改善。全国七大流域近一半河流污染严重，城市河段近 90% 水质超标，城市地下水 50% 受到污染。除了废水污染，工业废气污染也很严重，工业废气排放量从 1993 年的 93 423 亿立标立方米增加到了 2015 年的 685 190 亿立标立方米，增加了 6 倍多；二氧化硫排放量从 1 292.49 万吨，增加到了 1 556.7 万吨。工业三废治理值得肯定的是固体废弃物治理，其排放量从 1993 年的 2 152 万吨减少到了 2015 年的 55.8 万吨，综合利用率 2015 年达到 60.2%，成绩卓然。[①]

（三）能源储量有限、需求大

虽然中国能源总量丰富，但相对中国的人口和经济增长速度而言就不充裕了。根据 BP 公司统计，从各种具体能源来看：2016 年底中国石油探明储量 35

[①] 资料来源：EPS 数据统计平台，中国环境统计数据库年度数据，1993~2016 年。

亿吨，占世界储量总额的1.5%，年产量2.0亿吨，占世界年产量的4.6%，储产比为17.5，远低于世界平均50.6的储产比。煤炭探明储量244 010百万吨油当量，占世界储量总额的21.4%，生产1 685.7百万吨油当量，占世界生产总额的46.1%，储产比为72，远低于世界平均153的储产比。天然气探明储量5.4万亿立方米，占世界储量总额的2.9%，生产1 384亿立方米，占世界生产总额的3.9%，储产比为38.5，低于世界平均52.5的储产比。[1] 可见，无论是储量丰富的煤，还是储量较少的石油、天然气，和世界平均水平相比储产比均偏低，呈现出过度开采的特征。

中国一次能源消费增长迅速，特别是2001年以来增速加快。从图4－8可知，美国一次能源消费与中国刚好相反，中国一直在快速增长，而美国却在持续下降。从图4－8中看到，中国煤炭、石油和天然气的生产及消费直到20世纪末还基本上达到平衡，但进入21世纪以来消费量开始大于生产量，而且这种差距正在扩大。具体地说，石油在90年代就开始出现需求缺口，原煤在21世纪初开始出现需求缺口。而美国刚好相反，进入21世纪以来，煤炭消费在急剧下降，石油消费也在快速下降。对于洁净的天然气，美国的消费量不仅大而且一直在增长，而中国消费量小但在最近几年开始快速增长。

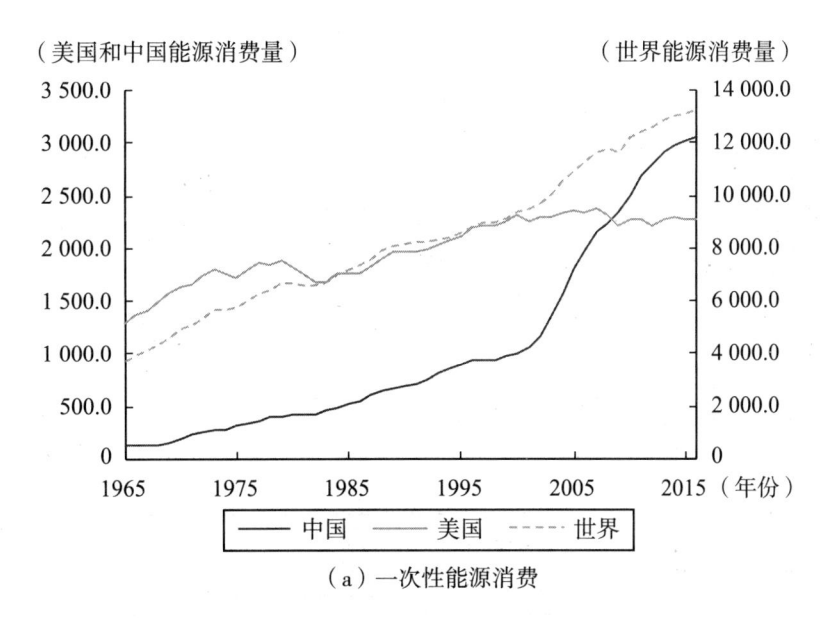

（a）一次性能源消费

---

[1] 资料来源：BP公司：《2017年世界能源统计报告》(*BP Statistical Review of World Energy* 2017)，引自BP公司网站。

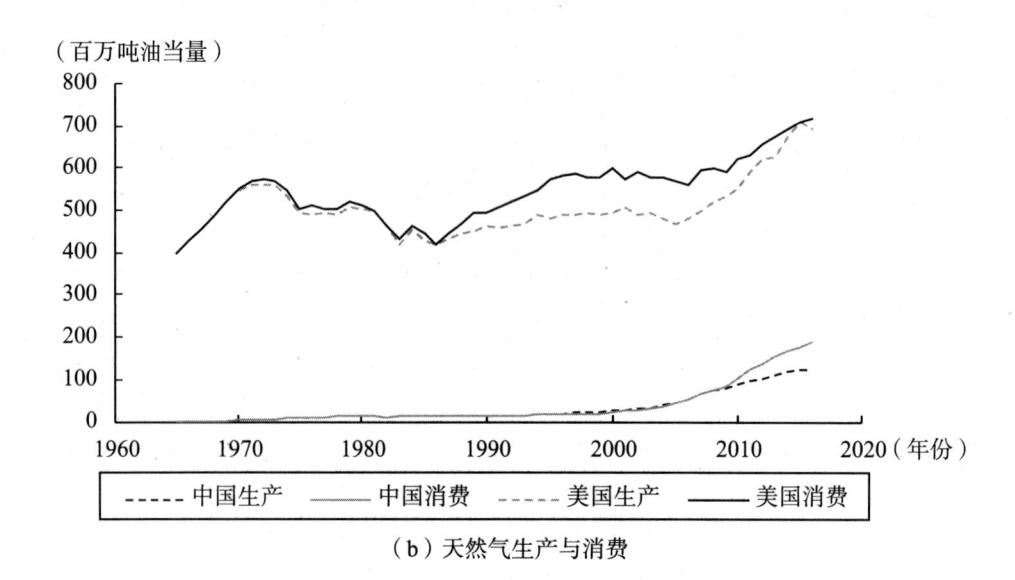

（百万吨油当量）

（b）天然气生产与消费

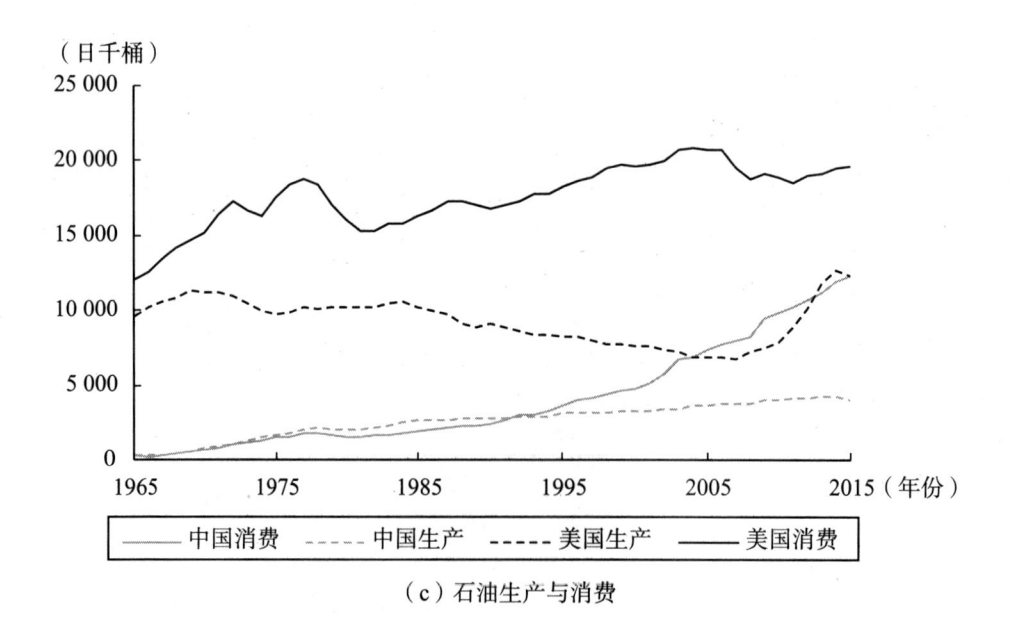

（日千桶）

（c）石油生产与消费

（百万吨油当量）

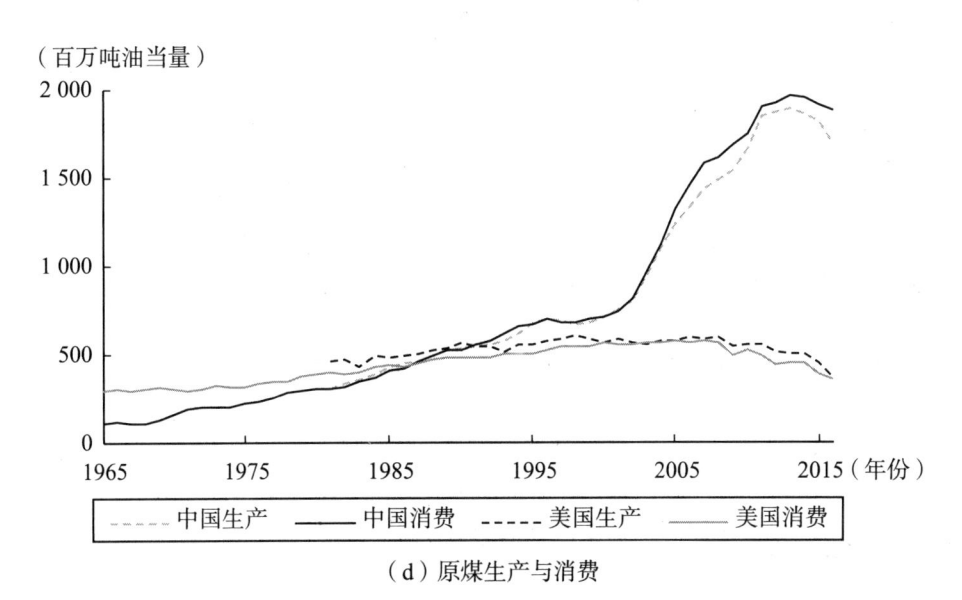

```
2 000
1 500
1 000
 500
   0
   1965    1975    1985    1995    2005    2015（年份）
```

----- 中国生产 —— 中国消费 ----- 美国生产 —— 美国消费

（d）原煤生产与消费

图 4-8　中、美能源消费与生产的历史比较

资料来源：BP 公司：*BP Statistical Review of World Energy* 2017，引自 BP 公司网站。

从长期来看，随着经济的不断发展，中国依然会维持旺盛的能源需求。根据 EIA 的最新预测，2020 年全球主要能源消费将从 2012 年的 549.3 百万亿 Btu 提高到 2020 年、2030 年、2040 年的 628.9 百万亿、717.7 百万亿、815.0 百万亿 Btu，年均增长 1.4%。中国主要能源消费将从 2012 年的 115.0 百万亿 Btu 提高到 2020 年、2030 年、2040 年的 147.3 百万亿、170.4 百万亿、190.1 百万亿 Btu，年均增长 1.8%。不难看出，中国主要能源消费增长快于世界平均水平，占世界能源消费的比重将会不断提高，2010 年为 19.32%，到 2030 年后达到顶峰 23.74% 之后开始小幅缓慢下降，预计到 2040 年为 23.3%。[①] 这一估计略高于埃克森美孚公司 22% 的估计。图 4-9 提供了四个国家能源消费的长期趋势。2010~2040 年，中国的能源消费一直在上升，而美国、日本、韩国在未来 30 年能源消费几乎保持零增长，结果是中国的能源消费与这三国的差距在不断拉大。

[①] 资料来源：美国能源信息署：《2016 年世界能源展望》（*International Energy Outlook* 2016），引自 EIA 网站。

（百万亿Btu）

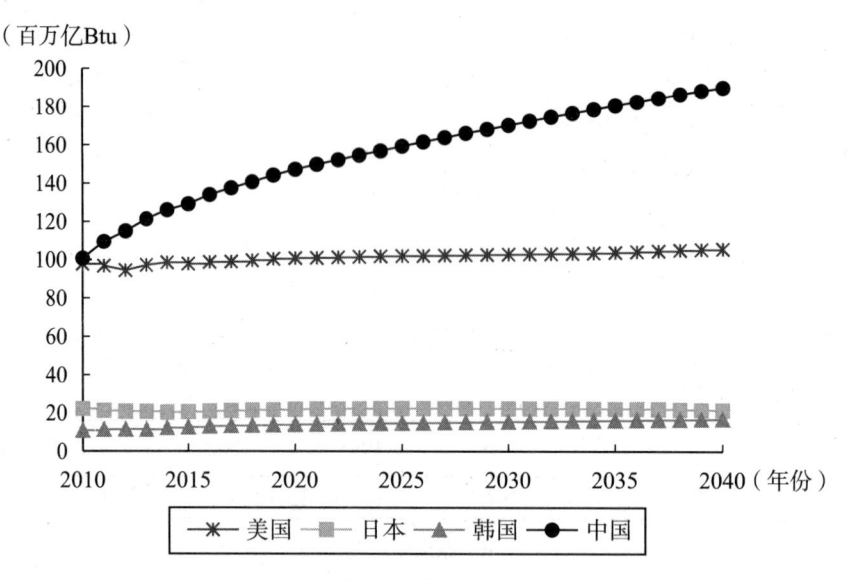

图 4-9 各国能源消费及其长期趋势预测

资料来源：U. S. Energy Information Administration（EIA），*International Energy Outlook* 2016，引自 EIA 网站。

可见，由于中国依然是发展中国家，正处于城市化、工业化进程中，中国能源状况呈现出开采过度和需求旺盛的特征，尽管近年来能源需求增速放慢，但中国需求还是呈现增长态势，而消费与生产的差距还会持续扩大。如果不转变能源投入结构，当前密集能源消耗式的增长必然是不可持续的。

（四）高碳能源比重大、结构不合理

2016 年世界主要能源消费依然保持低速增长。根据 BP 公司的统计，2016 年世界一次能源消费增长了 1%，低于世界过去 10 年的平均水平 1.8%。2016 年世界主要国家的能源结构是：石油依然是最主要燃料，但其占世界能源消费的份额在不断下降，已经从 1965 年的 59% 降到了 2016 年的 33.3%。与此同时，天然气、水力发电、可再生能源等迅速增长，这也是美国、日本等发达国家能源消费结构变化的基本特征。

由图 4-10 和表 4-9 可知，中国原煤消费一直占主导地位，几乎是世界使用煤炭比重最高的国家。不过，和 1965 年 87.1% 的原煤消费相比，中国煤炭消费比重已经大幅下降，2014 年甚至出现了煤炭消费绝对量的减少，2016 年原煤消费占比已经降低到 61.8%，但还是远高于美国 15.8% 的比重，也高于世界平均 28.1% 的比重。原油消费位居第 2 位，1965 年占 8.3%，经历 2000 年左右的上升后近年来略有下降，2016 年为 19.0%，但还是远低于欧美发达国家和印度

等一些发展中国家30%~40%左右的原油消费比重。第3位是水力发电,这一比例已经从1965年的3.8%提高到了2016年的8.6%,高于6.9%的世界平均水平,也高于美国、日本等发达国家。天然气居第4位,占6.2%,虽然近年来所占比重有明显提升,但还是大大低于2016年世界平均24.1%的比重。此外,中国核能、再生能源等其他能源经历了从无到有,目前所占比重较低,但也是呈上升势头,2016年核能消费占1.6%。此外,中国的太阳能、风能等也有了一定的发展,但成为中国的主要能源尚需时日。与之相比,如图4-10所示,美国能源消费位居前三位的是原油、天然气、原煤三大基本能源,2016年三者比重依次为38.0%、31.5%和15.8%。和中国相比,美国的天然气使用较为普及,所占比重较高,另外核能应用也比较广泛,2016年所占比重达8.4%。如表4-9所示,经合组织(OECD)国家的能源消费结构与美国类似,原油消费排第一,天然气消费排第二,而煤炭排第三。日本和韩国与欧美能源消费结构有些差异,主要能源消费顺序是原油、煤炭和天然气。印度是个人口大国,而且经济增长也比较快,但其能源消费结构与中国类似:基础能源消费排在前三位的是煤炭、原油和天然气。但印度的煤炭消费比例要低于中国,石油和天然气消费比例要高于中国。对于非OECD国家,其基础能源消费比重顺序是煤炭、原油和天然气。

(a)中国能源消费结构　　　　(b)美国能源消费结构

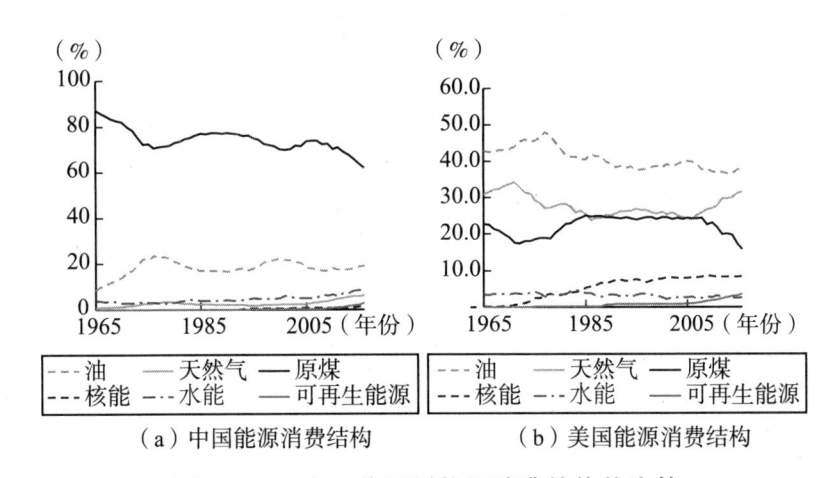

图 4-10　中、美两国能源消费结构的比较

资料来源:根据 BP Statistical Review of World Energy 2017(BP公司网站)数据整理。

表4-9 各国及地区一次性能源消费结构比较

项目	1965年	1985年	2005年	2015年	2016年	1965年	1985年	2005年	2015年	2016年
	中国					美国				
原油比重（%）	8.3	16.9	20.5	18.7	19.0	42.9	40.5	40.0	37.6	38.0
天然气比重（%）	0.8	2.2	2.6	5.8	6.2	30.9	25.4	24.2	31.2	31.5
原煤比重（%）	87.1	76.9	70.5	63.7	61.8	22.7	25.1	24.4	17.2	15.8
核能比重（%）	0.0	0.0	0.8	1.3	1.6	0.1		12.5	8.3	8.4
水力发电比重（%）	3.8	3.9	5.6	8.4	8.6	3.5		1.2	2.5	2.6
再生能源比重（%）	0.0	0.0	0.1	2.1	2.8	0.0		3.4	3.1	3.7
消费总量（百万吨等价油）	131.4	530.4	1601.2	3005.9	3053.0	1287.3	1756.4	2351.2	2275.9	2272.7
	韩国					日本				
原油比重（%）	20.1	49.5	47.4	40.6	42.7	59.0	55.8	46.8	42.4	41.4
天然气比重（%）	0.0	0.0	12.4	14.0	14.3	1.1	9.3	13.3	22.9	22.5
原煤比重（%）	77.4	41.8	24.8	30.5	28.5	29.3	19.8	22.8	26.9	26.9
核能比重（%）	0.0	7.2	15.0	13.3	12.8	0.0	9.3	12.5	0.2	0.9
水力发电比重（%）	2.5	1.6	0.4	0.2	0.2	0.0	0.8	1.2	4.3	4.1
再生能源比重（%）	0.0	0.0	0.0	1.4	1.5	10.6	5.0	3.4	3.3	4.2
消费总量（百万吨等价油）	6.4	52.7	220.8	280.2	286.2	149.0	371.7	531.4	445.8	445.3

续表

项目	1965年	1985年	2005年	2015年	2016年	1965年	1985年	2005年	2015年	2016年
	印度					经合组织国家				
原油比重（%）	24.0	32.7	33.2	28.6	29.4	40.4	39.3	36.5	37.5	37.7
天然气比重（%）	0.4	3.0	8.8	6.0	6.2	15.8	20.8	23.3	26.6	27.0
原煤比重（%）	67.4	54.7	50.3	57.9	56.9	38.1	28.9	27.3	17.7	16.5
核能比重（%）	0.0	0.8	1.1	1.3	1.2	0.2	4.7	5.9	8.1	8.1
水力发电比重（%）	8.2	8.8	6.0	4.4	4.0	5.6	6.3	6.2	5.6	5.7
再生能源比重（%）	0.0	0.0	0.6	1.9	2.3	0.0	0.2	0.8	4.5	4.9
消费总量（百万吨等价油）	52.7	132.7	366.8	685.1	723.9	2625.0	4190.8	5676.4	5505.5	5529.1
	非经合组织国家					世界				
原油比重（%）	43.0	41.6	40.6	30.0	30.1	59.0	55.8	46.8	33.1	33.3
天然气比重（%）	17.1	19.2	22.8	22.1	22.1	1.1	9.3	13.3	24.0	24.1
原煤比重（%）	33.5	25.8	20.8	37.0	36.4	29.3	19.8	22.8	28.9	28.1
核能比重（%）	0.2	6.7	9.4	1.8	1.9	0.0	9.3	12.5	4.4	4.5
水力发电比重（%）	6.1	6.4	5.2	7.5	7.7	0.0	0.8	1.2	6.7	6.9
再生能源比重（%）	0.0	0.2	1.2	1.6	1.9	10.6	5.0	3.4	2.8	3.2
消费总量（百万吨等价油）	1130.0	2980.8	5031.3	7599.5	7747.2	3755.0	7171.7	10707.7	13105.0	13276.3

资料来源：根据 *BP Statistical Review of World Energy 2017*（BP 公司网站）数据整理。

综上所述，世界能源消费结构呈现出如下特点：发达国家主要能源消费是原油和天然气，煤炭消费比重较低；而不发达国家主要能源消费是煤炭和原油，天然气消费比例较低。中国的能源消费结构与不发达国家类似，但相比于其他国家，中国的煤炭消费占比更高，而天然气消费占比更低。由于煤炭碳排放量最高，天然气碳排放量最低，因此这表明中国的能源消费结构相对于其他国家更加偏重于高碳能源，能源消费结构向低碳转型的形势更为严峻，任务更为艰巨。

二、投入结构调整与低碳绿色发展模式

前面的分析表明，中国当前的经济发展模式依然是一种典型的高投入、高能耗、高排放、高污染、低效率的高碳型经济发展方式，这种发展方式透支未来的生产能力和发展空间，显然是不可持续的。相反，低能耗、低污染、低排放、高效率的低碳绿色发展方式，是中国发展方式转变的基本方向。实现低碳发展方式可以有许多途径，也需要技术进步、产业结构调整等因素的配合，这里我们主要基于投入结构调整的视角来分析。

（一）调整资金投入结构和资源投入结构

资金投入结构是指将生产资金配置到哪些部门和行业。基于前面所述的中国高碳经济特征，显然应当将生产资金投入到资源投入少、能源强度低、排放少、污染低的行业，即侧重发展低碳绿色产业，这就涉及产业结构的调整，譬如把更多资金投入第三产业的发展，就会减少能源使用强度；把资金投入技术创新活动，将有利于减少能源使用量。由于许多高能源投入行业往往是关系国计民生的行业，这些行业发展滞后可能会影响中国经济的健康发展，因此，这里强调的是资金投入要偏向发展低碳产业，至于偏向的程度，要结合中国经济发展的阶段性予以综合考虑。在经济发展的低收入阶段和中低收入阶段，经济产出和国民收入的增长是主要任务，过分强调低碳经济是不现实的；而到了中高收入阶段和高收入阶段，绿色低碳和可持续发展问题就要着重关注了，这也是中国目前发展方式转变的一个重要方面。

资源投入结构涉及在生产过程中投入的各种资源的比重大小，由于能源是主要的生产资源投入，因而主要考虑能源投入结构。能源结构包括能源生产结构和能源消费结构，能源投入是指对生产过程的投入，因此既不同于能源生产，也不是居民能源消费，这里的能源投入结构主要指作为生产投入的能源消费结构。应该减少煤炭的投入，增加其他能源如天然气的投入。例如，关闭和减少煤电项目，增加天然气发电项目，就可以减少煤炭消费，增加天然气消费，从而改变能

源投入结构，促进低碳经济的发展。

（二）能源投入结构调整对碳减排的影响

影响碳排放的因素有很多，包括能源强度和能源效率、能源结构、经济发展阶段、产业结构变化、技术进步等。其中，能源效率的提高和能源强度的下降，是减少碳排放的有效途径，但这里我们主要关注能源结构优化对碳排放的影响。碳排放强度受到能源使用效率的影响，但主要受到能源结构的影响。要实现中国经济的低碳化转型，关键是实现能源结构的优化。王锋、冯根福（2011）证明，通过调整一次能源结构，对减少二氧化碳排放是有效的，优化能源结构是驱动碳强度下降的有效措施。在一定的增长速度和能源消费量下，能源结构优化幅度越大，碳强度的下降幅度就越大。林伯强等（2010）研究认为，不同的能源结构对应的碳排放量有很大的差异，积极的能源政策和能源战略调整，能明显改善能源结构，降低煤炭消费比例，减少二氧化碳排放。积极推进能源结构调整，实际上就是加强排放的自我约束，即选择一个现阶段经济发展能够承受的能源结构和能源成本。他们测算发现，当碳排放约束从无规划的94.7亿吨下降到84亿吨时，2020年煤炭占一次能源结构的比例将会下降到53.2%，清洁能源所占比重可达到总能源消费的19.5%。可见，调整能源投入结构，能够有效地减少碳排放，促进向低碳经济发展方式转型。

事实上，近年来，中国通过严格的措施限制高耗能产业的发展，特别是煤炭的使用，这种能源投入结构的调整已经初见成效，2006年以来中国煤炭消费的比重大幅下降（见图4-10和表4-9），而且2014年开始，煤炭消费的绝对量也减少了，由此带来的结果是2014年中国碳排放达到顶峰后，2015年开始出现历史性的下降（见图4-11）。可见，优化能源投入结构，对碳减排有非常显著的影响。由图4-11可知，世界整体碳排放还是呈上升趋势，这种趋势主要是由一些非经合组织的落后国家所拉动，对于一些高收入国家（经合组织国家），碳排放则呈减少趋势。可见，在中高收入阶段，及时调整能源投入结构减少碳排放，也体现了发展阶段变化后发展方式转变的必然性和合理性。

（三）能源投入结构调整的基本方向

当前能源投入结构调整的基本方向，主要是结合碳减排的目标，减少高碳能源的使用，将清洁能源在能源结构中的比例提高到一个合适的水平。逐步减少各种化石能源尤其是煤炭的使用，在短期内应当加速发展天然气，长期内应适当发展核电，大力发展各种低碳新能源。

(a) 代表性国家的碳排放

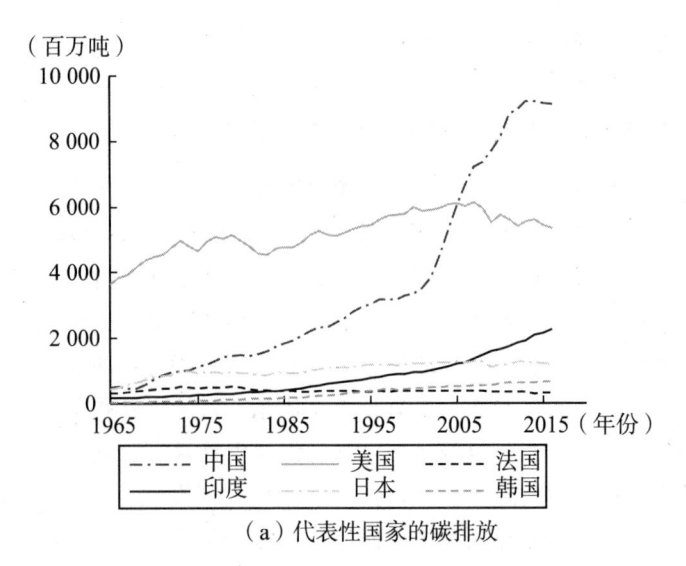

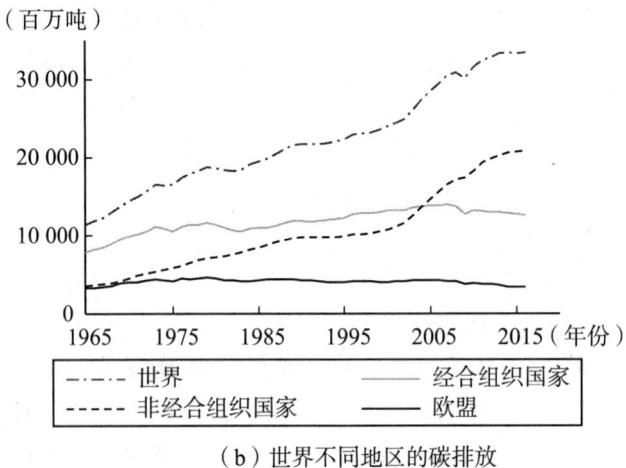

(b) 世界不同地区的碳排放

图 4-11 世界不同国家和地区碳排放水平的变化

资料来源：BP 公司：*BP Statistical Review of World Energy* 2017，引自 BP 公司网站。

第一，减少和控制煤炭的使用。中国煤炭资源丰富且价格低廉，这决定了在今后很长时期煤炭将一直是中国的主要能源，以煤炭为主的能源结构短期内不会有显著的根本性改变。但是，煤炭是化石能源中碳排放最高的能源，超过全世界 50% 的煤炭消费份额给中国带来了巨大的减排压力。因此必须控制煤炭使用的过快增长，逐步降低煤炭能源的比重。在利用煤炭资源时，要积极改进电煤技术、推进热电煤气联产联供、大力发展洁净煤技术，提高煤炭资源的综合利用效率。

第二，扩大天然气的使用。天然气是一种碳排放程度较低的化石能源，由于短期内各种新型清洁能源难以得到大规模开发和利用，所以应当加大天然气资源的开发利用，积极进口周边优质天然气资源，促进天然气对煤炭和石油的替代。

第三，积极开发低碳新能源。从长期来看，优质的能源结构应当是以清洁能源而非高碳能源为主的能源结构，因此要积极开发水能、风能、地热能、潮汐能、太阳能、生物质能源等低碳或无碳的新型能源。核电作为清洁高效的能源，污染少、排放低，可作为优化中国能源结构的优先选择。另外中国水资源丰富，但目前装机容量少，风电发展有很大的发展潜力。受到技术和经济上可行性的限制，新能源的开发不可能一蹴而就，是一个循序渐进的长期的过程。

三、调整能源投入结构的途径

从高碳能源结构向低碳能源结构的调整，不是简单地降低高碳能源的比重，还需要政府、市场、技术等多方面的配合，是一项系统工程，其中优化能源价格形成机制、设立碳排放交易机制、促进低碳技术的创新和扩散，是几个值得特别关注的环节。

（一）优化能源价格机制

要素市场化配置是党的十九大提出的体制改革的重点。中国目前产品市场比较完善，而资源、资本、劳动力等要素市场的价格机制还不够健全，受到许多行政干预，价格形成未能很好地反映要素的稀缺性。价格扭曲表现最突出的当属能源市场，目前有必要以市场为基础推进能源价格机制改革。

能源投入结构的调整离不开能源价格机制的调整，优化能源投入结构，必须建立市场调节和政府调控相结合且以市场调节为主的能源价格形成机制。目前，中国的能源价格形成机制尚不能体现资源的稀缺性、环境外部性、战略性等，需要逐步放松能源价格管制，用价格手段限制高能耗、高污染行业的发展。最突出的是2004年提出的煤电联动机制迟迟未真正实行。虽然煤炭价格基本由市场决定，但电力价格仍由政府控制，致使煤炭价格不断大幅度上涨，而电力价格只是微调，导致煤炭企业赚得盆满钵满，而火电生产企业却亏损严重。煤电价格定价机制改革不到位显然不符合十九大提出的要素市场化改革的方向，需要进行根本性改革。当然，能源价格市场化改革不是单方面进行的，它还要和整个产业的市场化、结构调整改革结合起来，使能源价格的定价机制更加市场化，同时其他改革也要同步推进，避免价格改革带来价格刚性上涨。此外，能源价格改革要充分考虑经济发展的阶段性和老百姓的承受能力等诸多因素，兼顾平衡生产者和消费者等多方的利益。

（二）推动碳交易市场化

利用市场机制解决环境问题，国际上已经有较为成熟的经验。中国环境交易市场潜力巨大，引入市场机制，借助市场化的手段来有效控制碳排放。2008年8月，中国首家环境权益交易机构北京环境交易所正式挂牌成立，成为利用经济手段解决环境问题的专业市场化平台。2011年10月底，国家发展和改革委员会发文批准北京、天津等七个省市的碳排放权交易试点工作。2013年，深圳率先启动了实质性的市场交易。2017年，全国碳排放交易体系启动。不过，碳排放市场化还存在许多突出问题，如没有相应的具体法律保障参与碳交易企业的利益、交易品种偏少、违约成本低等。此外，由于在碳排放额的分配、碳交易价格等方面存在大量不确定性，许多企业都处于观望状态。基于此，当前应当积极推进碳排放的交易制度建设，加快明确规范具体的碳排放制度体系和实施方案，加快碳交易立法，推进碳金融，消除企业的观望情绪等，来推动碳交易市场化进程。

（三）促进低碳技术研发、利用和转移

能源投入结构的转变，需要相应的技术支持。如果没有相应的配套技术，那么投入结构调整就成了无本之木，结果必然是低效率甚至失败。而且，由于资源结构的限制，中国以煤炭为主的能源投入结构在短期内难以很快调整，此时各种低碳技术的采用就显得尤为必要。第一类是提高能源使用效率的技术。前面的分析已经表明，中国单位GDP的能源密度远高于发达国家和许多发展中国家，能源利用效率低下。除了避免浪费之外，还需要采取必要的节能技术，这样可以在同样的产出下耗费更少的能源。例如，在家用电器、照明设备、工业机械等领域进行技术改造，提高能源利用效率和能源转换效率。第二类是减少污染排放的技术，即碳中和（carbon-neutral）技术。碳中和技术一般包括温室气体的捕捉技术和温室气体的封存技术，采用此类技术，在煤炭等化石能源使用前、使用中以及使用后进行低碳化和无碳化处理，以在既定的能源投入和产出下带来更少的排放和污染。为此，需要设立各种促进低碳技术研发的碳基金，鼓励低碳技术创新。此外，还应当注重推进低碳技术的商业化运用，并采取必要的激励措施，促进低碳技术的扩散，最大限度地发挥低碳技术的作用。

（四）深化供给侧结构性改革

以供给侧结构性改革为主线，调整投入结构和产业结构，提高供给体系质量，是实现经济发展方式根本转变的有效途径。就改善能源结构和降低环境污

染、减少碳排放来说，供给侧结构性改革也至关重要。2015年底，中央提出供给侧结构性改革，并提出五大任务，其中排在第一位的任务就是去产能，并确定了去产能数量指标，即在"十三五"期末，煤炭去产能8亿吨，钢铁去产能1.5亿吨。截至2018年底，这些任务已提前两年完成和基本完成。煤炭是污染最严重的高碳能源，在中国能源消费结构中占据主导地位。去产能一方面能够促进产业结构的调整优化，另一方面也能够促进能源结构的调整，推动低碳经济的发展，实现生态环境的改善。因此，进一步深化供给侧结构性改革也是把高能耗污染发展方式转变为低碳绿色发展方式的重要途径。

第五章

产业结构转变

在中国经济进入中高收入阶段之后,以工业为主导的产业结构所带来的不平衡、不协调矛盾日益突出。国际金融危机的外部冲击加剧了这种产业结构的不平衡。因此,在迈向高质量发展阶段时,迫切需要加快产业结构的战略性调整。党的十八大将推进经济结构调整确定为现阶段最重要的战略任务之一,党的十九大提出把供给侧结构性改革作为主线,其中产业结构调整是核心内容。本章将对产业结构转变相关理论和中国产业结构不平衡状况的原因和调整展开分析,其中服务业发展滞后和工业结构偏重的原因和产业结构调整的思路是本章研究的重点。

第一节 产业结构转变的理论基础

一、产业结构转变与工业化

发展经济学理论将经济发展视为与经济增长相伴随的一系列长期的结构转变过程,产业结构转变是其中的核心部分。产业结构代表了各部门在经济中的相对地位和重要性。发展经济学更多的是关注产业结构的转变,而重点是推进工业化。发展经济学家把工业化看作经济发展的目标,工业化完成了,经济就发展起来了，然后进入成熟社会，服务业发展加快，最终取代了工业，成为经济中最大的部门，这一阶段被称为"后工业化社会"。

（一）理论分析

发展经济学主要关注工业化，对为何要实现工业化、如何实现工业化这些问题讨论最多。刘易斯—拉尼斯—费二元经济发展理论也是一种工业化理论，主要探讨在一个传统部门和现代部门并存的经济中，资本积累、工业扩张和劳动力转移之间的机制。二元经济发展模型将在第六章中介绍。这里我们要讨论一下产业结构变化与工业化的理论依据，也就是为什么一个经济首先实现工业化？而实现工业化之后为何会出现服务业占优？

1. 需求结构的变化

恩格尔需求规律表明，当人们收入水平很低时，收入中绝大部分用于食物支出。食物是由农业部门生产的，因此，在经济发展的初级阶段，农业部门的比重很大，非农业部门比重相对较小。随着经济的发展和人们收入水平的提高，经济发展进入中等收入阶段，人们的需求结构也将发生变化，对食物的相对需求逐渐减少，对工业产品和服务的需求则趋于增加。需求引导生产，这样，一个经济体中的产业结构必然发生变化，生产食物的农业部门相对变小，而工业部门和服务业部门相对变大。当人们的收入水平和生活水平继续提高时，对工业品的需求就会达到饱和状态，对非物质的生活性服务业的需求就会增加；同时，由于社会分工越来越细，很多生产性服务业日益发展壮大。因此，在经济发展到高收入阶段时，服务业将取代工业而占主导地位。

2. 劳动生产率的变化

在经济还处在落后状态时，一个国家的农业劳动生产率很低，因此，大部分劳动者必须从事农业生产以维持生存。比如，一个农业人口只能养活1.5人，于是，该国必须有三分之二的人口从事农业。这样，农业部门的比重当然就很大，而非农业部门的比重相对较小，只有三分之一的人口从事非农业生产。当经济开始快速增长时，第二、第三产业扩张迅速，一方面为农业部门劳动者的转移提供了大量的工作机会；另一方面，为农业生产提供日益增多的现代要素（如农机、化肥等）。结果，农业劳动生产率不断增长，使得社会所需的农产品（特别是粮食）数量只需越来越少的农民即可生产出来。比如，现在农业劳动生产率提高了，一个农业人口可以养活5个人。这样，一个国家只需要20%的人口从事农业生产，其余80%的人口从事非农业生产和其他活动。由此可见，随着经济发展和农业劳动生产率的增长，农业部门变得相对越来越小，工业和服务业部门变得越来越大。同样，当工业部门劳动生产率持续增长时，一定量的工业品生产只需要较少的劳动力，于是劳动力开始向服务业转移。最终服务业劳动力比重将达到最大。

3. 分工与专业化的扩展

分工和专业化能大大促进生产力水平的提高。基于这一点，随着经济的发展和技术与管理方法的进步，劳动分工愈来愈细，专业化程度越来越高，原来由农业部门自己从事的生产活动和职能日益分离出来，变为非农业生产部门。不仅与农业生产无关的活动（如纺纱、织布、缝衣等）从农业部门中不断地独立出来，就连与农业生产有关的职能和活动也渐渐的从农业部门中分离出来，变为非农业部门。例如，农业生产工具和机械的制造与维修，化肥、农药等农用化学品的生产和运销等农业产前服务部门，农产品加工、包装、储藏、运输、销售等农业产后服务部门，动植物种子的培育和繁殖、饲料的加工、从耕地到收割每个环节的机械服务购买等农业产中服务部门，以及农村商业、农村金融保险业、农业科技服务等农业社会服务部门，在传统阶段属于农业部门自己的职能，但随着经济发展和专业化程度的提高，已逐渐地变为非农业部门的经济活动。从而生产职能变得越来越少的农业部门自然就成为相对越来越小的部门，相应地，非农业部门变得越来越大。在非农业部门内部，由于许多生产环节日益从工业部门中分离出来，变成独立的服务业，例如，产品和原材料运输、技术研发、企业融资等从工业企业中不断分离出来，变成了生产性服务业。此外，信息化时代的到来以及互联网的普及，产生了很多与信息有关的服务业，也导致了服务业的快速发展。

4. 农业的生产性质与专业化局限性

从国际贸易比较优势观点来说，那些由于农业自然条件好使得农业生产处于比较优势地位的国家应该专门从事农产品生产，以供出口，从而换回本国所需的外国生产的工业品。另外，那些农业生产处于比较劣势地位的国家应该专门或主要从事工业品生产，用工业品来交换自己所需的农产品尤其是食品。这样，为了获得更大的利益，在以农业生产为主的国家里，农业部门相对较大。丹麦、加拿大、澳大利亚和新西兰通常被作为具有高效率农业、专于农业生产的高收入国家的样板。这些国家农产品在总出口中所占份额都相当高，但它们并不是农业国，而是高度工业化国家。四国农业产值占 GDP 的比重相当低，分别为 1.15%（2017 年）、1.42%（2014 年）、2.77%（2017 年）和 5.49%（2015 年）；它们的农业就业人数占全部就业人数的比重分别为 2.53%（2018 年）、1.93%（2018 年）、2.55%（2018 年）和 6.54%（2018 年）。①

那么，是什么原因导致一个即使在农业领域具有比较优势的国家也不能专门

---

① 资料来源：世界银行网站数据库。

从事农业生产？

首先，从农业生产性质来说。农业生产把土地作为最基本的生产要素。经济增长和收入水平的提高主要依赖劳动生产率的提高。假设某国土地资源丰富且肥沃，在世界上占绝对优势，从而所有的人口都从事农业生产，该国所需的工业品全部依赖进口。在这个假定下，劳动生产率的提高依靠两个途径：提高土地生产率和扩大耕种面积。然而，即使土地资源丰富，也总是有限的，开垦新耕地变得越来越不容易，成本越来越高，甚至在到达一定程度后，会造成生态环境永久性的毁坏。因此，劳动生产率的提高主要是依赖土地生产率的提高（实际上，当今大多数国家主要是靠提高土地生产率来增加农业生产的）。但是，土地生产率的增长由于受自然条件制约总是有限的，从统计资料看，土地生产率增长最快的国家其长期土地生产率增长率也不会超过3%。由此可见，就是农业占相对或绝对优势的国家也不能把所有的人都用于农业生产。为了促进经济持续增长和人民收入及生活水平的提高，这些国家也必须逐渐地把农业人口转移到非农业部门中去。另外，非农业部门尤其是制造业部门的发展与农业部门不同，这些部门的劳动生产率增长不受土地资源的约束，它们可以在一定的土地面积上借助于资本的累积性投入而大幅度地、无限地提高劳动生产率。这样，发展工业就比发展农业在空间上更容易促进经济持续的增长和人民生活水平的不断提高。这也是城市人口密度为什么远远高于农村人口密度的原因。对于服务业更是这样，在城市化程度很高的国家，服务业也比较发达，因为服务业发展不像农业，甚至不像工业那样，受空间约束。

其次，在农业具有相对优势或绝对优势的国家中，还有一些因素限制了农业生产的专业化。很多非农产品和劳务活动的进口是不划算的，或者是完全不可能的。例如，有些建筑材料如石料砖瓦等商品既笨重价值又小，长途运输成本高昂，进口是不划算的。诸如交通运输、电力、商业、金融保险、教育、文化活动、医疗保健、生活和生产服务、军队、警察、法律等服务部门和政权机关的劳务活动几乎或根本就不可能通过进口来满足。所以，随着经济发展和人民生活水平的提高，许多工业品和第三产业大部分服务活动是必须由本国劳动者自己来生产或提供的。

综上可见，无论一个国家是否较为开放，经济发展的结果必然是工业化，而且最终由工业化发展到后工业化，也就是服务业占据绝对优势地位。这对于发达国家是如此，对于不发达国家也将是如此。发展中国家把工业化作为追求的目标，不是一个选择问题，而是一个如何加速工业化进程的问题。以前有一种观点认为，那些自然资源富饶的国家，可以通过出口初级产品来促进经济增长，通过进口工业品来满足国内的需求，因此，这些国家不必走工业化的道路。这种观点已被实践证明是错误的。依靠出口农产品和矿产品等初级产品来发展经济的国家是不可能变为发达国家的。国际贸易只有从促进工业化的这个意义上才能促进经济发展。没有工业化,国际贸易是不可能把一个国家变为富强的。

(二) 经验研究

工业化是一个长期的、不断变化的经济结构变化过程,在这个过程中,工业部门持续扩张,特别是制造业增长迅速,使得农业部门净产值和劳动力比重持续下降,而工业部门尤其是制造业部门比重持续上升,服务业部门比重则大体保持不变,结果,工业部门在国民经济中渐占优势。对这一变化历史过程中的经验事实及其与经济增长关系的开创性研究,来自库兹涅茨、钱纳里、赛尔昆等人。

库兹涅茨(S. Kuznets, 1971)针对工业化中的产业结构转变进行了系统研究,"现代经济增长是以一国产值行业结构的迅速变动,以及作为其后果的劳动就业部门比重的迅速变化为特征的……如果不去理解和衡量生产结构的变化,经济增长是难以理解的"[①]。在他看来,经济增长只是表面现象和结果,而结构转变才是本质和原因,必须通过结构转变来认识经济增长。由此,库兹涅茨不仅从劳动力结构,而且从产业结构的角度对人均GDP与结构转变的关系进行了研究。他所得出的主要结论是:从长期来看,农业在GDP和总劳动力中所占比重都有显著下降的趋势,而工业和服务业所占比重则趋于上升。

钱纳里(H. Chenery, 1975)、钱纳里和赛尔昆(H. Chenery and M. Syrquin, 1975;1986)指出,新古典主义观点和结构主义观点的最重要区别体现在他们的全部假设上。结构主义不同于新古典理论的主要假设是:国内需求随着收入水平上升而变动;外部市场受到约束;资源配置调整滞后;生产结构转变导致要素市场非均衡。这意味着不能单纯从经济总量角度考虑问题,把握结构转变的趋势对于理解经济发展过程是不可或缺的。他们根据101个国家1950~1970年的统计资料,分析比较了这些国家在经济增长中经历的经济结构转变过程,构造了反映结构转变主要变量之间关系的"发展模型",进而得出了一个一般意义上的"标准结构"。依据这个"标准结构",他们得出了以下结论:

第一,在经济结构转变的大多数时期,农业劳动力转移都存在滞后现象,与此对应的是,农业劳动生产率的增长速度也较慢。但是,工业就业的增加远远低于农业就业的减少,因此劳动力转移主要发生在农业和服务业之间。这与劳动力在三次产业间依次转移的传统观点不同,劳动力部门流动可以跨越式推进,即在

---

① 库兹涅茨:《现代经济增长》,北京经济学院出版社1989年版,第435页;库兹涅茨:《各国的经济增长》,商务印书馆1985年版,第123页。

农业和服务业之间进行。

第二，结构转变可以划分为三个阶段：初级产品生产阶段、工业化阶段和发达经济阶段。初级产品生产阶段增长主要依靠农业，工业化阶段增长主要依靠工业，而发达经济阶段增长主要依赖服务业。总的结构转变的75%~80%发生在人均国民生产总值（GNP）处于300~1 500美元这个区间，在此区间内，影响经济增长的资本积累和资源配置都将发生深刻变化。

第三，对于影响结构转变的因素，存在三类假说：需求说，以消费支出的恩格尔定律为基础；技术说，以制成品对原料的替代以及各部门生产率增长速度的差异为基础；贸易说，以随资本积累和技能积累所产生的比较优势变化为基础。

第四，针对发展中国家如何实现工业化的问题，根据发展战略，尤其是贸易战略，概括出三种工业化模式：外向型模式、内向型模式和中间型模式，并说明了战略、政策和结构转变及发展绩效间的联系。实行不同发展战略和贸易战略的国家，其经济结构转变的时间、顺序和速度均不相同，要素对经济增长的贡献也就不同。

第五，对于经验研究结论的适用性，他们指出结构转变的"标准形式"只是对工业化国家共有因素的一种概括，并未揭示结构转变全部的普遍原理。结构转变要受资源禀赋、初始结构以及发展政策的影响，在实践中，各国的经济结构转变可能会有差异，并不存在适用于任何国家或地区结构转变的统一模式。

由于发展经济学把结构转变看作是经济发展过程的本质特征，因此，发展经济学通常被称为结构主义者，与新古典主义发展理论强调市场的决定性作用形成了鲜明的对照。中国经济发展的实践总体上符合发展经济学的结构转变理论，中国的经济发展过程实际上也是一种产业结构的转变过程，但同时中国的产业结构转变具有自己的特点。此外，发展经济学虽然描述了三次产业的变迁过程，但对服务业论述很少，主要研究工作都是放在如何实现工业化上。中国经济已经进入到中高收入阶段，产业结构调整开始从工业向服务业发展。

二、产业结构转变与服务业发展

（一）服务业发展的一般趋势研究

现代经济产业结构的转变，除了工业化过程之外，还表现为在完成工业化之后，服务业部门在国民经济中的地位不断上升，并逐步取代工业的主体地位。关于三次产业变动的思想渊源可以追溯到17世纪威廉·配第（Willian Petty）的有关论述。配第早就注意到了农业劳动者与工业劳动者的收入存在差别。之后，费舍尔（A. Fisher，1935）首次提出了三次产业划分的思想，并将人类生产活动的演进划分为以农牧业为主的阶段、以工业大规模发展为主的阶段，以及以服务业迅速发展为主的阶段。其中，第三阶段的主要特征是服务业的就业人数和国民收入创造额迅速增加。他进一步指出，生产结构的变化表现为各种生产要素将不断地从农业转向工业，再从工业转向服务业。克拉克（C. Clark，1940）在费舍尔的三次产业划分基础上，利用不同国家的时间序列数据从统计上揭示了结构转变与人均国民收入变动间的关系：随着人均国民收入水平的提高，劳动力将由第一产业流向第二产业，随着人均国民收入水平的进一步提高，劳动力又开始流向第三产业，这就是经济学中为人所熟知的"配第—克拉克定理"。

福克斯（Fuchs，1968）利用美国服务业的统计资料，通过对服务业部门和制成品生产部门进行比较，分析了服务业就业增长的情况，并将其概括为服务业就业结构变化理论：（1）服务业随整体经济的发展而变化，总的趋势是服务业在经济中的比重尤其是就业比重随经济发展水平的提高而上升；（2）服务业的发展水平必须与人均收入水平相适应，如果服务业发展过于滞后（就业比重与产值比重偏低），就会制约经济发展和经济结构的调整；（3）服务业具有大量吸纳劳动力的潜力，在经济发展的各个阶段，服务业就业基本均维持上升趋势，在工业化过程中，劳动力同时向工业和服务业转移，而最终发展到以向服务业转移为主，服务业就业比重赶超工业，进而会超过农业和工业就业的总和。

库兹涅茨（S. Kuznets，1971）和钱纳里等（1986）的研究以经验分析和跨国比较为主。他们通过分析更大样本的时序数据和截面数据验证：随着人均收入水平的提高，服务业在国民经济中的比重呈上升趋势，并最终超过农业和工业而在国民经济中占据主导地位。

（二）服务业发展的内生驱动机制研究

与库兹涅茨、钱纳里早期的研究不同，近期关于产业结构转变的研究更趋规范化、形式化。它们一般都使用标准的多部门经济增长模型研究产业结构转变的各方面特征。依据对于结构转变赖以产生的具体机制的不同假定，可以将这些研究分为两类。

第一类可以称为"需求说"，它们主要是以与收入分配、恩格尔定律相关的需求驱动机制为核心，讨论经济增长与产业结构转变问题。这一类的研究以"恩格尔定律"为基础，根据这一定律，它们基本都假设消费者具有非位似偏好，因此对不同部门产品的收入需求弹性就不同，随着生产率进步带来的收入水平提高，各部门在总产出和就业中所占比重就会随之变化。一般认为服务业产品的收入需求弹性最高，因此服务业比重会不断提高，最终占据主导地位（Laitner，

2000；Kongsamut et al.，2001；Buera and Kaboski，2012a；2012b）。

第二类可称为"供给说"，它们认为结构转变的产生机制在于部门间不同的劳动生产率、技术进步率。这一类的研究最早始于鲍莫尔（Baumol，1967）强调不平衡增长（增长过程中伴随着经济的结构与比例的变化）可能源于不同部门生产率增长速度的不同。但是不同部门产品之间不能完全替代，由于服务业生产率增长慢于工业，因此服务业在经济中的比重就会不断上升，最终成为主导部门。纳吉和皮萨里德斯（Ngai and Pissarides，2007）、阿西莫格鲁和圭列里（Acemoglu and Guerrieri，2008）则都尝试为结构转变提供一个供给面的解释。在他们的多部门增长模型中，技术进步率最低部门或者资本劳动比较低部门的就业将会扩张，其他部门或者单调减少或者呈驼峰形。这就解释了制造业部门在总就业中所占比重的下降和服务业占比的上升。

尽管出发点与假设不尽相同，但上述两类研究中产业结构变化的根本驱动力都是部门生产率的进步，并且它们也都得出了工业比重将会下降、服务业比重将会上升的结论。

第二节 产业结构从工业主导向服务业主导转变

中国改革开放以来的工业化过程发生在世界经济日益开放的全球化时代，这不同于发达国家以往的经历，再结合中国出口导向的增长模式，就使得中国的工业化过程表现出一些独有的特征。具体到非农产业内部，与发达国家和与中国收入水平相似的发展中国家相比，就表现为制造业占比较大，而服务业占比偏小。

一、中国产业结构的国际比较

自新中国成立以来，中国产业结构经历了一个曲折变化的过程。计划经济时期中国主要采取重工业优先发展战略，因此在此期间第二产业占比[①]显著提高，而第一和第三产业比重逐渐下降。改革开放前夕，中国第二产业占比已经由新中国成立之初的20%提高到近50%，同时第一产业比重由50%降至30%左右，第三产业比重由30%减少到不足25%（见表5-1）。进入改革开放时期，尽管扭转了不符合中国比较优势的重工业优先发展战略，但是中国仍处于快速工业化的

---

① 这里所说的产业比重都是指产业增加值在GDP中所占比重，下同。

阶段，因此第二产业比重仍保持在很高水平，第一产业比重不断下降，第三产业比重稳步提高。到2007年，第一产业比重降至10%，第二产业比重仍然保持在接近50%，第三产业比重提高到40%左右。从2007年开始，随着中国工业化初步完成，逐步进入工业化后期阶段，工业比重开始下降，服务业比重稳步上升。到2013年，第三产业占比首次超过第二产业，2015年后已经超过50%，第二产业比重则降至约40%。

表5-1　　　　　1952~2017年中国三次产业结构的演变　　　　单位：%

年份	第一产业比重	第二产业比重	第三产业比重
1952	50.5	20.9	28.6
1957	40.3	29.7	30.1
1962	39.4	31.3	29.3
1967	40.3	34.0	25.8
1972	32.9	43.1	24.1
1977	29.4	47.1	23.4
1982	32.8	44.6	22.6
1987	26.3	43.3	30.4
1992	21.3	43.1	35.6
1997	17.9	47.1	35.0
2002	13.3	44.5	42.2
2007	10.3	46.9	42.9
2012	9.4	45.3	45.3
2013	9.3	44.0	46.7
2014	9.1	43.1	47.8
2015	8.8	40.9	50.2
2016	8.6	39.8	51.6
2017	7.6	40.5	51.9

资料来源：国家统计局数据库。

更进一步地，从国际比较的视角出发，将中国产业结构变迁情况与世界同类收入国家进行比较，可以让我们更为清晰地理解中国产业结构演变的特征。首先，中国在1997年及之前仍然属于低收入国家。由图5-1可见，无论是1997年以前或以后，中国农业占比一直显著小于低收入国家，而工业占比则大大高于低收入国家平均水平，二者服务业占比差别不大，直至2010年以后中国服务业占比才逐渐高于低收入国家。

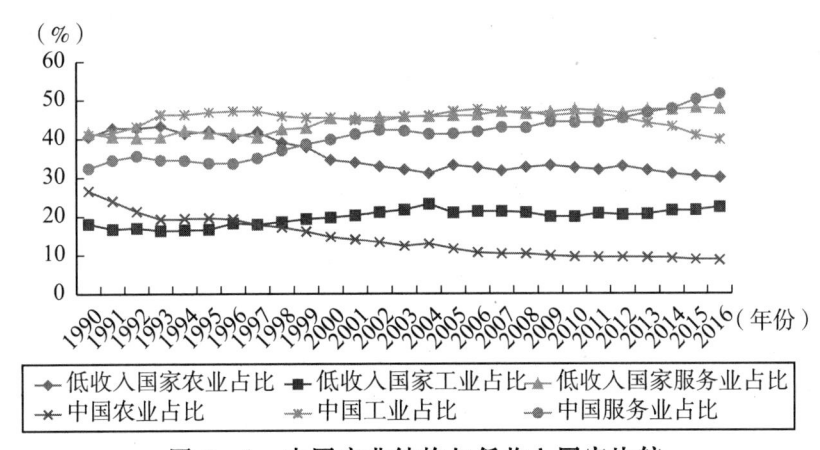

图 5-1 中国产业结构与低收入国家比较

资料来源：世界银行 WDI 数据库；国家统计局数据库。

其次，中国从 1998 年起进入中低收入国家行列，2010 年人均 GDP 更进一步达到中高收入国家水平。由图 5-2 可见，中国农业比重基本与中高收入国家相似，明显低于中低收入国家平均水平；工业占比则一直显著高于中低和中高收入国家；服务业比重无论是在 1998~2009 年，还是 2010 年至今，都显著低于自身所在的中低或中高收入国家平均水平。2016 年中国三次产业比重分别为 8.6%、39.8%、51.6%，而同期中高收入国家三次产业比重平均值则分别为 7.1%、33.9%、59%。

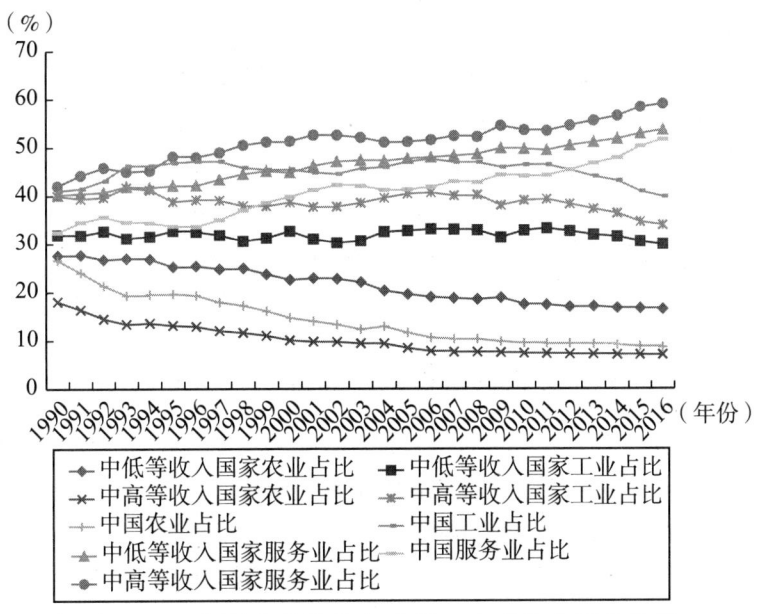

图 5-2 中国产业结构与中低、中高收入国家比较

资料来源：世界银行 WDI 数据库；国家统计局数据库。

最后，由图 5-3 可见，与高收入国家相比，中国的农业比重和工业比重更高，而服务业比重则大大低于高收入国家平均水平。2015 年中国三次产业比重分别为 8.8%、40.9%、50.2%，而同期高收入国家三次产业比重平均值则分别为 1.4%、24.4%、74.2%。

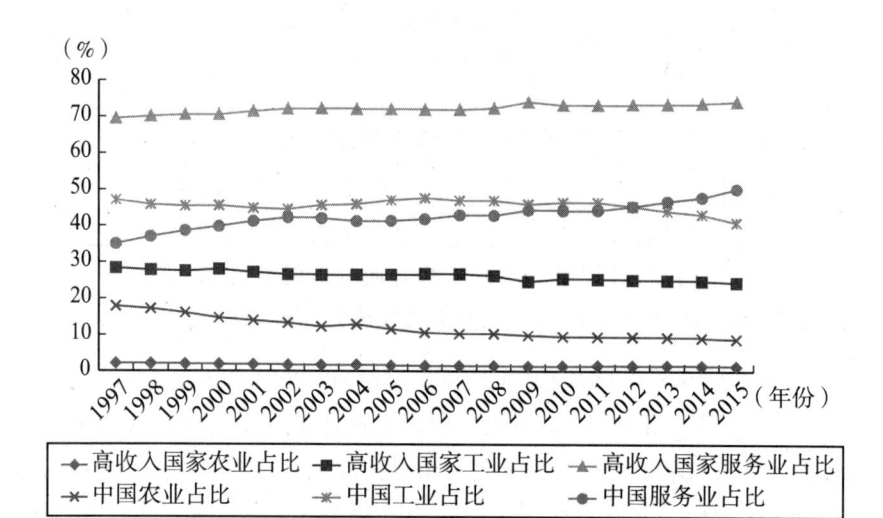

图 5-3　中国产业结构与高收入国家比较

资料来源：世界银行 WDI 数据库；国家统计局数据库。

由上面的国际比较可见，从 20 世纪 90 年代至今，无论是与本身所在收入组别国家还是相近收入组别国家平均水平相比，中国的农业产值比重差异都不大，但是工业比重偏高，而服务业比重明显偏低。因此，中国的三次产业平衡增长很大程度上是一个服务业发展问题。

二、出口导向发展战略对服务业发展的影响

（一）中国服务业占比偏低的原因分析

按照上述理论和经验比较分析，一国产业结构的变化就是其经济增长的自然结果。经济发展水平相近的国家其三次产业结构也应当相近。可是事实上，许多收入水平相近的国家其服务业占 GDP 比重的差异却很大。由上面的国际比较可见，中国无论与哪个收入组别国家相比农业产值比重差异都不大，但是工业产值比重明显偏高，而服务业产值比重偏低。

显然，中国工业化进程中服务业比重低于收入相近国家的事实，用配第—克

拉克定理很难解释。我们认为，该定理基本上都是基于发达国家早先的发展经验，而且是在封闭经济条件下得出的。中国改革开放以来的工业化过程是与对外开放以及全球化进程的不断深化紧密联系在一起的，因此中国的经验与传统理论的预期不相符。在开放经济条件下，一国劳动生产率的提高会通过比较优势的作用推动其出口增加，而工业劳动生产率的提高，往往要比农业和服务业快得多，这就使得该国的工业产出比封闭经济条件下更高，同时其工业也可以吸收比封闭经济条件下更多的就业。因此出口较多的国家其工业占比也会较高。

除了出口依存度与工业占比成正相关之外，还有一个原因是大部分服务产品是不可贸易的。有些服务产品只能在固定地点供应和消费，如政府行政司法、零售业、餐饮业、房地产业等的服务。这些服务需要服务产品的生产者和消费者直接的、面对面的相互交流；而可贸易服务可通过某种媒介完成类似过程，电信业、软件外包等IT行业即是典型。但是尽管可贸易服务行业的发展方兴未艾，然而通过表5-2可以看出，在过去近30年中服务业产品无论是占世界贸易总额比重还是占世界出口或进口总额比重都一直保持在20%左右未变。服务贸易占全世界GDP的比重虽然略微增加了约5个百分点，不过与此同时国际贸易占世界GDP的比重却大增近20%，这就意味着世界经济中的贸易扩张主要是由货物产品贸易驱动的。

表5-2　　　　　服务贸易在世界贸易总额中的地位　　　　　单位：%

年份	贸易占世界GDP比重	服务贸易占世界GDP比重	服务贸易占世界贸易总额比重	服务出口占世界货物和服务出口总额比重	服务进口占世界货物和服务进口总额比重
1990	38.3	7.8	20.3	20.0	20.6
1991	38.1	7.9	20.7	20.5	21.2
1992	39.0	8.1	20.8	21.2	21.8
1993	38.8	8.1	20.8	21.5	22.0
1994	39.9	8.0	19.9	20.7	20.9
1995	42.0	8.2	19.6	19.7	20.2
1996	42.5	8.6	20.3	20.0	20.2
1997	44.2	8.9	20.2	20.1	20.0
1998	44.5	9.3	20.9	20.7	20.5
1999	44.9	9.3	20.7	20.6	20.3
2000	49.1	9.5	19.4	19.7	19.2

续表

年份	贸易占世界GDP比重	服务贸易占世界GDP比重	服务贸易占世界贸易总额比重	服务出口占世界货物和服务出口总额比重	服务进口占世界货物和服务进口总额比重
2001	48.7	9.7	19.9	20.3	20.1
2002	48.1	9.9	20.6	20.5	20.3
2003	48.6	10.1	20.7	20.3	20.0
2004	51.7	10.7	20.7	20.3	19.6
2005	54.0	11.0	20.4	20.0	19.1
2006	56.8	11.4	20.1	19.6	18.6
2007	62.8	12.1	19.3	20.6	19.9
2008	65.7	12.4	18.9	20.2	19.6
2009	55.4	11.8	21.3	22.7	22.2
2010	60.3	11.8	19.6	20.8	20.4
2011	64.2	11.9	18.5	19.6	19.1
2012	62.3	11.8	18.9	19.7	19.5
2013	60.2	12.2	20.3	18.8	16.7
2014	60.0	12.8	21.3	20.0	18.2
2015	58.0	12.7	21.9	22.2	19.7

资料来源：世界银行 WDI 数据库。

再看图 5-4 里中国的情况，比之世界平均水平尤甚的是，1990~2015 年中国的服务产品出口额占出口总额比重仅略高于 10%。同期货物出口占 GDP 的比重最高时增加了 20% 多，而服务出口占比增加一直不足 2%。货物出口总额一直是服务出口总额的 8~10 倍。综合全世界与中国的情况都可以表明，服务业产品很大程度上是不可贸易（untradeable）的，工业产品构成了国际贸易的主流。

综上所述，由于工业部门劳动生产率增长较快，以及服务业产品的不可贸易性，贸易开放对非农产业结构的影响主要体现为工业产值和就业占比都较高，而服务业占比较低。中国的工业化恰恰是和贸易开放结合在一起的，工业劳动生产率的提高，伴随的是出口的迅速扩张，这使得中国的工业产值更高，并且可以吸收比一个封闭经济多得多的就业。因此中国的服务业占比较低就是中国工业化进程中出口导向型经济的特征使然。

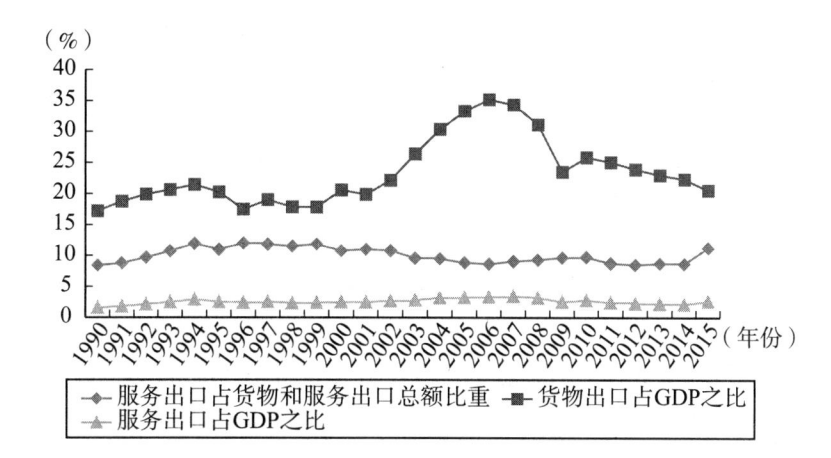

图 5-4　服务贸易在中国贸易总额中的地位

资料来源：世界银行 WDI 数据库。

（二）模型设定

我们借助并拓展了松山（Matsuyama，1992）、孔萨穆特等（Kongsamut et al.，2001）的思路，通过对比分析封闭模型与开放模型得到的不同结果，来说明对外开放如何对非农产业结构演变产生不同的影响。

设经济中有三种产品：农业产品 A、工业产品 M 和服务业产品 S，其中农业产品作为计价物，令其价格 $P_0=1$，其自然禀赋数量为 y；有两个物质生产部门：工业部门 M 和服务业部门 S。① 为简化起见，假定只有一种生产要素劳动 L，令其数量为 1，两个部门的生产函数均为规模报酬不变的 AK 形式：

$$M = A_M L_M \tag{5.1}$$

$$S = A_S L_S = A_S(1 - L_M) \tag{5.2}$$

$$\dot{A}_M = A_M g_1 \tag{5.3a}$$

$$\dot{A}_S = A_S g_2 \tag{5.3b}$$

其中，A_M、A_S 代表两个部门各自的劳动生产率，两个部门的技术进步是劳动扩大型的，技术进步率分别为 g_1、g_2；L_M、L_S 分别为工业部门与服务业部门所使用的劳动投入量。假定劳动力可以在两个部门间自由流动，那么令 W 为劳动力工资，就有：

$$W = A_M P_M = A_S P_S \tag{5.4}$$

---

① 此处主要是探讨非农产业内部两部门的相互关系和结构变化的过程，农业产品在此处只是充当计价物的作用，即便加入农业部门生产函数也不影响结论，因此为了分析方便简洁就采用两部门生产函数而非三部门生产函数的设定。

$$P_M = \frac{W}{A_M} \tag{5.5a}$$

$$P_S = \frac{W}{A_S} \tag{5.5b}$$

消费者的偏好则如下式：

$$U = (c_0 - \gamma_0)^\alpha (c_M - \gamma)^{\beta(1-\alpha)} c_S^{(1-\beta)(1-\alpha)} \tag{5.6}$$

其中 α、β、γ_0、γ 均严格为正且小于 1，α、β 用以刻画均衡状态时消费者在每种商品上的支出占其可支配收入的比例，γ_0、γ 分别为个人维持生存所需的最低农产品消费量和工业产品消费量。代表性消费者据此进行效用最大化的消费决策，它的预算约束为 $c_0 + P_M c_M + P_S c_S \leqslant W + y$，其中 y 是得自其自然禀赋的收入，再根据 C-D 函数的性质，由 (5.6) 式得消费者的均衡条件为：

$$c_0 - \gamma_0 = \alpha(W + y - \gamma_0 - \gamma \times P_M) \Rightarrow$$
$$c_0 = \gamma_0 + \alpha(W + y - \gamma_0 - \gamma \times P_M) \tag{5.7a}$$

$$P_M(c_M - \gamma) = \beta(1-\alpha)(W + y - \gamma_0 - \gamma \times P_M) \Rightarrow$$
$$c_M = \frac{\beta(1-\alpha)(W + y - \gamma_0 - \gamma \times P_M)}{P_M} + \gamma \tag{5.7b}$$

$$P_S c_S = (1-\beta)(1-\alpha)(W + y - \gamma_0 - \gamma \times P_M) \Rightarrow$$
$$c_S = \frac{(1-\beta)(1-\alpha)(W + y - \gamma_0 - \gamma \times P_M)}{P_S} \tag{5.7c}$$

其中 (5.7a) 式~(5.7c) 式分别代表均衡状态时消费者对农产品、工业产品、服务业产品的消费数量。

市场出清又要求每种产品的消费与生产相等，即：

$$c_0 = y \tag{5.8a}$$

$$c_M = A_M L_M \tag{5.8b}$$

$$c_S = A_S L_S = A_S(1 - L_M) \tag{5.8c}$$

由 (5.7a) 式、(5.8a) 式得：

$$y = \frac{1}{1-\alpha}[\gamma_0 + \alpha(W - \gamma_0 - \gamma \times P_M)] \tag{5.9}$$

由 (5.8c) 式得：

$$L_M = 1 - \frac{c_S}{A_S}$$

将 (5.7c) 式代入上式得：

$$L_M = 1 - \frac{(1-\beta)(1-\alpha)(W + y - \gamma_0 - \gamma \times P_M)}{P_S \cdot A_S}$$

再将 (5.9) 式代入上式得：

$$L_M = 1 - \frac{(1-\beta)(1-\alpha)\left\{W + \frac{1}{1-\alpha}[\gamma_0 + \alpha(W - \gamma_0 - \gamma \times P_M)] - \gamma_0 - \gamma \cdot P_M\right\}}{P_S \cdot A_S}$$

化简得到：

$$L_M = \beta + (1-\beta)\frac{\gamma}{A_M} \quad (5.10)$$

将（5.10）式对 A_M 求导得：

$$\frac{dL_M}{dA_M} = -(1-\beta)\frac{\gamma}{A_M^2} < 0 \quad (5.11)$$

于是我们就得到命题1：

命题1：封闭经济条件下，一国工业部门的技术进步使得该部门市场出清水平下的均衡就业减少，多余的劳动力向服务业部门转移，由此使得工业部门在总就业中的比重减少，服务业部门在总就业中的比重增加。

上述结论源于消费者对不同产品的收入弹性不同。$\gamma > 0$ 意味着消费者的收入每增加1单位，工业品消费只增加 $1-\gamma$ 单位，即工业产品的收入需求弹性小于1，这表明随着收入的提高，尽管消费者对工业产品的消费也会增加，但是增加比例小于收入增加的比例。而他们对服务业产品的消费则与收入同比例增加。此时如果就业维持不变，工业部门的生产率进步就会使得该部门的产出超过需求，为了保持市场出清的均衡状态，工业部门的劳动力就会向服务业转移。最终，工业部门的生产率进步导致了工业部门就业的减少和服务业部门就业的增加。

前文是在封闭经济条件下研究工业生产率进步对工业与服务业就业的影响，此处我们接着分析在开放经济条件下，工业生产率进步对非农产业内部两部门就业的影响。遵循以上模型，我们采用李嘉图贸易模型的设定，假设世界包括两个国家：A国和B国。关于产品生产的假定与封闭经济模型相同。在开放经济中，我们进一步假定劳动力要素只能在一国内部自由流动；三种物质产品中，农业产品A和工业产品M可以在全世界范围内进行贸易且贸易成本为零。而服务业产品则是不可贸易的，一国生产的服务业产品只能在该国内部进行消费。本国的各部门生产函数如前（5.1）式～（5.3）式，外国的生产函数则为：

$$M^* = A_M^* L_M^* \quad (5.12)$$

$$S^* = A_S^* L_S^* = A_S^*(1 - L_M^*) \quad (5.13)$$

$$\dot{A}_M^* = A_M^* g_1^* \quad (5.14a)$$

$$\dot{A}_S^* = A_S^* g_2^* \quad (5.14b)$$

诸变量符号含义与前相同，原符号代表A国，加"*"号代表B国。

由于工业产品可以自由贸易，因此，完全竞争情况下两国的工业产品价格相同，均为 P_M，而服务业产品价格在A国仍为 P_S，在B国为 P_S^*。此时两国的劳动力工资分别为：

$$W = A_M P_M = A_S P_S \tag{5.15a}$$

$$W^* = A_M^* P_M^* = A_S^* P_S^* \tag{5.15b}$$

由此得出两部门产品价格分别为：

$$P_M = \frac{W}{A_M} = \frac{W^*}{A_M^*} \tag{5.16a}$$

$$P_S = \frac{W}{A_S} \tag{5.16b}$$

$$P_S^* = \frac{W^*}{A_S^*} \tag{5.16c}$$

B 国代表性消费者的偏好仍如（5.6）式所示，外国消费者的偏好与之类似：

$$U^* = (c_0^* - \gamma_0)^\alpha (c_M^* - \gamma)^{\beta(1-\alpha)} c_S^{*(1-\beta)(1-\alpha)} \tag{5.17}$$

A 国的消费者均衡条件如（5.7a）式 ~（5.7c）式所示，同样依据 C-D 函数的性质，B 国消费者的均衡条件为：

$$c_0^* = \gamma_0 + \alpha(W^* + y - \gamma_0 - \gamma \times P_M) \tag{5.18a}$$

$$c_M^* = \frac{\beta(1-\alpha)(W^* + y - \gamma_0 - \gamma \times P_M)}{P_M} + \gamma \tag{5.18b}$$

$$c_S^* = \frac{(1-\beta)(1-\alpha)(W^* + y - \gamma_0 - \gamma \times P_M)}{P_S^*} \tag{5.18c}$$

此时，由于存在贸易，市场出清条件发生了变化，可贸易产品，即农业产品 A 和工业产品 M 需要在整个世界市场上保持供需平衡，而不可贸易产品，即服务业产品 S 只需在两国国内市场分别出清即可，于是就有：

$$c_0 + c_0^* = 2y \tag{5.19a}$$

$$c_M + c_M^* = A_M L_M + A_M^* L_M^* \tag{5.19b}$$

$$c_S = A_S(1 - L_M) \tag{5.19c}$$

$$c_S^* = A_S^*(1 - L_M^*) \tag{5.19d}$$

将（5.7a）式、（5.18a）式分别代入（5.19a）式得：

$$y = \gamma_0 - \frac{\alpha}{1-\alpha} \times \gamma \times P_M + \frac{1}{2} \times \frac{\alpha}{1-\alpha}(W + W^*) \tag{5.20}$$

将（5.7c）式、（5.20）式代入（5.19c）式得：

$$L_M = \beta + (1-\beta)\left[\frac{\alpha}{2}\left(1 - \frac{A_M^*}{A_M}\right) + \frac{\gamma}{A_M}\right] \tag{5.21}$$

将（5.21）式分别对 A_M、A_M^* 求导得：

$$\frac{\partial L_M}{\partial A_M} = -(1-\beta)\frac{\gamma}{A_M^2} + (1-\beta) \times \frac{1}{A_M^2} \times \frac{\alpha}{2} A_M^* \tag{5.22a}$$

$$\frac{\partial L_M}{\partial A_M^*} = -(1-\beta) \times \frac{\alpha}{2} \times \frac{1}{A_M} \quad (5.22b)$$

比较 (5.22a) 式和 (5.11) 式可以看出，与封闭经济状况不同，在开放经济条件下，A 国工业生产率 A_M 的提高对工业部门就业 L_M 的影响是不确定的，可能为正也可能为负。而 (5.22b) 式表明，B 国工业生产率 A_M^* 的提高会降低 A 国的工业部门就业 L_M。并且还存在下述关系：

$$\left(\frac{\partial L_M}{\partial A_M}\right)_{开放} - \left(\frac{\mathrm{d}L_M}{\mathrm{d}A_M}\right)_{封闭} = (1-\beta) \times \frac{1}{A_M^2} \times \frac{\alpha}{2} A_M^* > 0$$

具体而言，若 $\frac{\partial L_M}{\partial A_M}$ 为正，就意味着与封闭经济状况截然相反，开放经济状况中，A 国工业生产率 A_M 的提高非但不会降低 L_M，反而会提高 L_M；若 $\frac{\partial L_M}{\partial A_M}$ 为负，则尽管开放经济中的 A_M 提高会导致 A 国 L_M 减少，但是此时减少的数量却要小于封闭经济状况中 L_M 的减少量。总结上述两种情况，无论 $\frac{\partial L_M}{\partial A_M}$ 符号为正或为负，与封闭经济状况相比，开放经济条件下 A_M 的提高总是会对 L_M 带来更大的正向影响。这就完全可能导致开放经济中 A 国的 L_M 大于封闭经济中的 L_M。

对于 B 国经济而言，同样存在类似关系，将 (5.18c) 式、(5.20) 式代入 (5.19d) 式可得：

$$L_M^* = \beta + (1-\beta)\left[\frac{\alpha}{2}\left(1 - \frac{A_M}{A_M^*}\right) + \frac{\gamma}{A_M^*}\right] \quad (5.23)$$

将 (5.23) 式分别对 A_M、A_M^* 求导得：

$$\frac{\partial L_M^*}{\partial A_M} = -(1-\beta) \times \frac{\alpha}{2} \times \frac{1}{A_M^*} \quad (5.24a)$$

$$\frac{\partial L_M^*}{\partial A_M^*} = -(1-\beta)\frac{\gamma}{(A_M^*)^2} + (1-\beta) \times \frac{1}{(A_M^*)^2} \times \frac{\alpha}{2} A_M \quad (5.24b)$$

同样的，对 B 国经济而言，自身工业生产率的提高对其工业就业的影响是不确定的，而外国即 A 国工业生产率的提高则会减少本国的工业就业。综合上述分析，就得到命题 2：

命题 2：开放经济条件下，一国工业部门的技术进步一方面通过收入效应提高服务业占比；另一方面，通过贸易效应降低服务业占比，其对本国服务业部门比重总的影响是不确定的，既可能为正也可能为负。即使总的影响仍然为正，服务业占比提高的份额也要小于封闭经济条件下的状况。

命题 2 明显不同于封闭经济情形中得到的命题 1。这主要是由于封闭经济中一国工业生产率 A_M 的提高只通过收入效应一种渠道影响工业部门的就业 L_M。工业生产率的提高会使得工业产品价格下降,这相当于提高了消费者的实际收入,但是消费者对工业产品的需求并不会与收入同比例增长,因此,这种收入效应就意味着一国工业生产率的增长会使得其工业部门自身就业减少、服务业就业增加。在开放经济中,除了收入效应以外,A_M 的提高还会通过贸易渠道来影响 L_M。一国生产率提高引起比较优势发生变化,由此导致的工业净出口增加反而会提高工业就业。综合两种效应,就无法确定一国生产率提高对本国工业就业的影响究竟为正还是为负,对服务业就业的影响也随之无法确定。这一生产率增加对外国而言则只有贸易效应没有收入效应,因此本国的工业部门技术进步就会降低外国的工业就业。

(三) 中国出口与服务业发展的经验分析

前文的理论模型可以用来描述开放经济条件下中国产业结构演变的历程。该模型表明,贸易开放带来的出口增加相对提高了中国的工业占比,抑制了服务业占比的迅速上升。下面我们就采用中国 1990～2015 年的分省面板数据对此假说进行经验检验。数据来自各年的《中国统计年鉴》和《新中国 60 年统计资料汇编》,其中不包括西藏自治区及港澳台地区。主要包括如下变量:第三产业产值占 GDP 比重 (ser),第三产业就业人数占总就业人数比重 (rlabor3),它们都可用以衡量一省的服务业发展水平;货物与服务净出口值的对数 (lnexp),货物与服务净出口值占 GDP 比重 (rexp),上述两个变量都可以用来测度一省的出口贸易水平,此处用货物与服务净出口值主要基于以下考虑:上一节的理论模型考察了世界贸易平衡状态下贸易开放对一国产业结构的影响,其中的贸易量就是一个净值的概念;控制变量包括各省实际人均 GDP (pgdp)、投资率 (inv)、城市化率 (urban)、政府支出比 (gov)、人均受教育年限 (edu) 等,表 5-3 给出了所有变量的统计描述。

表 5-3　　　　　　　变量及统计描述

变量	观察值个数	均值	标准差	最小值	最大值
ser	774	37.57	7.28	24.40	77.90
rlabor3	771	30.20	10.06	10.40	77.30
lnexp	768	-0.74	5.30	-9.12	8.78
rexp	768	-4.90	13.29	-80.56	18.76
pgdp	774	17 479.06	19 066.56	810.00	105 231.00
inv	774	50.38	13.63	23.90	130.40

续表

变量	观察值个数	均值	标准差	最小值	最大值
gov	780	15.83	7.86	4.92	61.21
urban	774	41.02	18.25	12.26	99.40
edu	774	7.70	1.29	3.51	12.03

资料来源：国家统计局：《中国统计年鉴》《新中国60年统计资料汇编》。

我们使用如下回归方程：

$$Y_{i,t} = \beta_0 + \beta_i X_{i,t} + \gamma_i Z_{i,t} + \eta_i + \mu_t + \varepsilon_{i,t} \quad (5.25)$$

其中 Y 是服务业发展水平，分别用 ser 和 rlabor3 进行衡量；X 代表各省出口贸易水平，分别用 rexp 和 lnexp 测度，Z 代表其他控制变量，具体包括 pgdp、urban、gov、edu，η_i 和 μ_t 分别为省份固定效应和时间固定效应，i 代表省份，t 代表时间。以服务业产值占比作为因变量的回归结果见表 5-4，从第（1）~（3）列可以发现，1990~2015 年净出口占 GDP 比重（rexp）对服务业产值比重有显著的负向影响。具体而言，由第（1）列可见，净出口比重（rexp）每增加 1%，服务业产值占比就会减少约 0.26%。考虑到 2008 年金融危机之后出口剧烈下降，以及 2010 年后中国正式进入中高收入国家行列，发展阶段与之前存在差异，我们又进一步在第（2）、第（3）列中将样本划分为 1990~2008 年、2009~2015 年两个时间段进行回归，结果同样表明出口对服务业发展存在显著的负面影响，并且这一影响在后一阶段更为明显，此时净出口比重（rexp）每增加 1%，服务业产值占比就会减少约 0.43%。而受金融危机与发展阶段转换双重影响，这一时期恰好净出口大为减少，而服务业占比则迅速上升，这从另一个角度证明出口对服务业的影响呈负向关系。人均 GDP（pgdp）对服务业产值比重的影响显著为正，这说明经济发展水平的提高会推动服务业的发展。投资率（inv）对服务业产值比的影响则一直显著为负，这是由于中国的总投资以工业投资为主，投资率越高意味着工业占用的资源越多，则服务业的发展就受到抑制，这一结果也进一步表明中国过往高度依赖投资的发展模式必然会导致服务业占比较低。教育水平（edu）的增加对服务业有一定负面影响，这说明长期以来中国的人力资本结构更适于制造业而非服务业发展（Lo and Liu, 2009）。政府支出占比（gov）一直显著为正也是易于解释的，由于在国民经济统计的产业分类中将政府部门算在服务业的公共管理与社会服务部门之中，因此政府支出越多，其在经济总产出中所占比重越高，统计上就体现为服务业占比越大。城市化水平（urban）的提高会促进服务业占比扩大，这说明经济集聚程度的提高是有利于服务业发展的，这与很多学者的研究结论相符。为了检验上述结果的稳健性，在第（4）~（6）列中，我们又改用净出口总值的对数（lnexp）来代表一省的出口水平，从中可以发现在 1990~2015 年，净出口总值每提高 1%，服务业占比就会减少约 0.17%，这是因为出口的产品基本上都是工业产品。其他变量的结果与前面的分析基本没有差别，这就说明我们上面的发现较为稳健可靠。

表 5-4　　1990~2015 年出口贸易与服务业产值比重（因变量：ser）

变量	(1) 1990~2015 年	(2) 1990~2008 年	(3) 2009~2015 年	(4) 1990~2015 年	(5) 1990~2008 年	(6) 2009~2015 年
rexp	-0.258*** (0.0239)	-0.183*** (0.0265)	-0.425*** (0.0624)			
lnexp				-0.170*** (0.0431)	-0.280*** (0.0499)	0.0976 (0.0838)
pgdp	8.61e-05*** (1.79e-05)	0.000177*** (2.60e-05)	1.00e-05 (3.91e-05)	0.000140*** (1.84e-05)	0.000241*** (2.62e-05)	-2.91e-06 (4.48e-05)
inv	-0.304*** (0.0213)	-0.172*** (0.0251)	-0.421*** (0.0629)	-0.158*** (0.0164)	-0.0907*** (0.0202)	-0.0110 (0.0226)
edu	-0.825** (0.376)	-0.913*** (0.353)	0.769 (0.774)	-0.632 (0.404)	-0.756** (0.359)	0.479 (0.901)
gov	0.0775* (0.0409)	0.218*** (0.0629)	-0.00362 (0.0936)	0.172*** (0.0428)	0.297*** (0.0616)	0.0115 (0.108)
urban	0.0181 (0.0231)	0.0576** (0.0257)	-0.0266 (0.112)	0.00827 (0.0249)	0.0669** (0.0261)	-0.242* (0.129)
Constant	46.12*** (2.596)	38.56*** (2.735)	57.13*** (7.911)	38.69*** (2.687)	33.40*** (2.612)	49.91*** (9.006)
Observations	767	557	210	767	557	210
R-squared	0.673	0.644	0.662	0.625	0.633	0.553

注：系数下括号内的值为标准误（standard error），*、**、*** 分别表示在 10%、5%、1% 的水平上显著。

现在我们继续研究净出口对服务业就业比重的影响，使用的回归方程与 (5.25) 式相同，区别只在于此时的被解释变量是各省服务业就业人数在总就业中所占比重 rlabor3，结果见表 5-5。从第 (1) 列可以发现，1990~2015 年净出口比重（rexp）的提高确实会降低服务业就业比重，净出口比重每增加 1%，服务业就业占比就会减少约 0.11%。第 (2)、第 (3) 列的分段回归进一步表明，上述负面效应在金融危机之后的 2009~2015 年影响更大,此时净出口比重每增加 1%,服务业就业占比就会减少约 0.3%,这与表 5-4 的发现一致。而净出口总值(lnexp)对服务业就业比重同样存在一定的负面影响。人均 GDP(pgdp)对服务业就业比重的影响一直显著为正,这说明经济发展水平的提高会推动服务业的发展。投资率(inv)、政府支出(gov)和城市化水平(urban)的回归结果与表 5-4 基本相似。教育水平(edu)的影响则不太显著,这可能由于教育水平的提高更多的促进了知识密集型服务业的发展,而这一类服务业部门吸收的就业较为有限。

表 5-5　1990~2015 年出口贸易与服务业就业比重(因变量:rlabor3)

变量	(1) 1990~2015 年	(2) 1990~2008 年	(3) 2009~2015 年	(4) 1990~2015 年	(5) 1990~2008 年	(6) 2009~2015 年
rexp	-0.112*** (0.0222)	-0.0397* (0.0234)	-0.299** (0.122)			
lnexp				-0.0847** (0.0382)	-0.0583 (0.0433)	0.0384 (0.144)
pgdp	0.000145*** (1.65e-05)	0.000156*** (2.29e-05)	0.000173** (7.57e-05)	0.000169*** (1.62e-05)	0.000169*** (2.28e-05)	0.000164** (7.72e-05)
inv	-0.120*** (0.0196)	-0.0786*** (0.0221)	-0.229* (0.123)	-0.0583*** (0.0144)	-0.0608*** (0.0175)	0.0588 (0.0389)
edu	-0.159 (0.347)	0.389 (0.311)	-0.785 (1.504)	-0.0663 (0.354)	0.423 (0.311)	-1.084 (1.556)
gov	0.260*** (0.0378)	0.456*** (0.0553)	0.150 (0.181)	0.302*** (0.0375)	0.474*** (0.0534)	0.157 (0.185)
urban	0.0194 (0.0216)	0.0603*** (0.0227)	-0.616*** (0.219)	0.0163 (0.0220)	0.0623*** (0.0226)	-0.759*** (0.224)
Constant	20.40*** (2.410)	11.56*** (2.407)	76.33*** (15.34)	17.14*** (2.361)	10.43*** (2.267)	71.63*** (15.55)
Observations	774	557	207	774	557	207
R-squared	0.859	0.872	0.292	0.855	0.871	0.261

注:系数下括号内的值为标准误(standard error),*、**、*** 分别表示在 10%、5%、1% 的水平上显著。

综上所述，经验分析的结果与理论模型的预期完全一致，即贸易开放条件下的出口扩张使得中国的服务业在国民经济中所占比重偏低。而随着收入水平的提高，服务业比重会逐步上升。总而言之，经验分析的结果验证了我们的理论假说，贸易开放带来的出口增加抑制了服务业占比的迅速上升。因此服务业占比较低很大程度上就是中国经济出口导向发展方式的结果。

然而，金融危机之后，外部需求长期不振，2009～2015年这7年中有5年净出口对中国经济增长的贡献率是负数，出口导向的增长模式难以为继，而逐步改变出口导向的经济增长模式，就成为推动服务业在未来得到更快发展、国民经济三次产业平衡增长的必要措施。

三、投资驱动型发展方式对服务业发展的影响

（一）高投资对服务业发展的影响

中国经济增长的一个显著特征就是其高投资驱动。一方面，由于自改革开放以来，中国在一定时期之内仍然处于工业化持续推进阶段，全国及各地区的资本边际报酬都比较高（郭熙保、罗知，2010），因此这一增长方式有其合理性。[①]另一方面，由于投资需求主要由工业拉动（工业尤其是重工业，属于资本密集型产业），投资规模过大往往造成工业过度膨胀，从而导致服务业占比下降，加剧了产业结构的失衡。下面我们继续采用分省面板数据检验投资增长对工业及服务业发展的不同影响，使用的回归方程及变量与（5.25）式类似，结果见表5-6，其中第（1）～（3）列的被解释变量为工业产值占比（ind），第（4）～（6）列的被解释变量为服务业产值占比（ser）。由第（1）、第（4）列回归结果可见，1990～2015年期间投资率（inv）的提高确实会增加工业产值占比，同时抑制服务业比重提高。具体而言，投资率每提高1%，工业产值比重就会增加约0.45%，而服务业占比则会减少约0.3%。第（3）、第（6）列的分段回归进一步表明，上述此消彼长的效应在金融危机之后影响更大，这一阶段投资率每提高1%，工业产值比重就会增加约0.47%，而服务业占比则会减少约0.42%。

值得注意的是，金融危机后中国的投资率已达到改革开放以来的最高水平，2009～2015年平均投资率为47%，并且其中任意一年的投资率都高于2009年之前所有年份。这固然是源自金融危机导致外需不振，使得政府出台以"4万亿计划"为代表的各种扩大内需政策措施，但与此同时也阻碍了产业结构转变的顺利

[①] 投资驱动型发展方式的详细论证见本书第二章。

推进。因此逐步改变投资驱动型经济增长方式，就成为促进服务业更快发展，进而推动产业结构及经济发展方式实现顺利转变的必然要求。

表5-6   1990~2015年投资与工业、服务业比重

变量	(1)	(2)	(3)	(4)	(5)	(6)
	ind			ser		
	1990~2015年	1990~2008年	2009~2015年	1990~2015年	1990~2008年	2009~2015年
inv	0.447*** (0.0246)	0.274*** (0.0290)	0.465*** (0.0714)	-0.304*** (0.0213)	-0.172*** (0.0251)	-0.421*** (0.0629)
pgdp	-0.000167*** (2.07e-05)	-0.000318*** (3.01e-05)	-4.18e-05 (4.43e-05)	8.61e-05*** (1.79e-05)	0.000177*** (2.60e-05)	1.00e-05 (3.91e-05)
rexp	0.397*** (0.0277)	0.229*** (0.0306)	0.485*** (0.0708)	-0.258*** (0.0239)	-0.183*** (0.0265)	-0.425*** (0.0624)
human	1.266*** (0.435)	1.232*** (0.408)	-0.247 (0.878)	-0.825** (0.376)	-0.913*** (0.353)	0.769 (0.774)
gov	-0.0540 (0.0473)	-0.166** (0.0726)	0.0261 (0.106)	0.0775* (0.0409)	0.218*** (0.0629)	-0.00362 (0.0936)
urban	0.0950*** (0.0268)	0.0146 (0.0297)	0.0992 (0.127)	0.0181 (0.0231)	0.0576** (0.0257)	-0.0266 (0.112)
Constant	14.20*** (3.004)	24.88*** (3.159)	21.77** (8.975)	46.12*** (2.596)	38.56*** (2.735)	57.13*** (7.911)
Observations	767	557	210	767	557	210
R-squared	0.636	0.608	0.562	0.673	0.644	0.662

注：系数下括号内的值为标准误（standard error），*、**、*** 分别表示在10%、5%、1%的水平上显著。

（二）FDI对服务业发展的影响

伴随着中国经济的对外开放进程，吸引外国直接投资（FDI）就成为解决国内建设资金不足的重要途径。就全球FDI行业分布角度而言，根据联合国贸发会议（UNCTAD）提供的数据，过去20年来服务业FDI增长速度明显高于制造业FDI。1990~2016年，服务业FDI占世界FDI总量的比重从49%提高到63%，而制造业FDI比重则从41%降至25%，并且在发达国家与发展中国家都表现出同

一趋势。

中国作为全世界最大的外商直接投资吸收国之一，FDI行业分布则表现出一些不同的特点。一方面，在2002～2016年间，FDI规模从527.43亿美元增加到1 260亿美元。其中制造业FDI由368亿美元增加到最高峰时的521亿美元，增长了42%，而服务业FDI由122.5亿美元增长到801亿美元，增长了554%。服务业FDI增速远远高于制造业FDI增速，这一点与世界各国的情况相似。另一方面，制造业FDI占FDI总额的比重从2002年的69.8%降低到2016年的28.2%，服务业FDI占比则从2002年的23.2%提高到2016年的63.6%（见图5-5）。

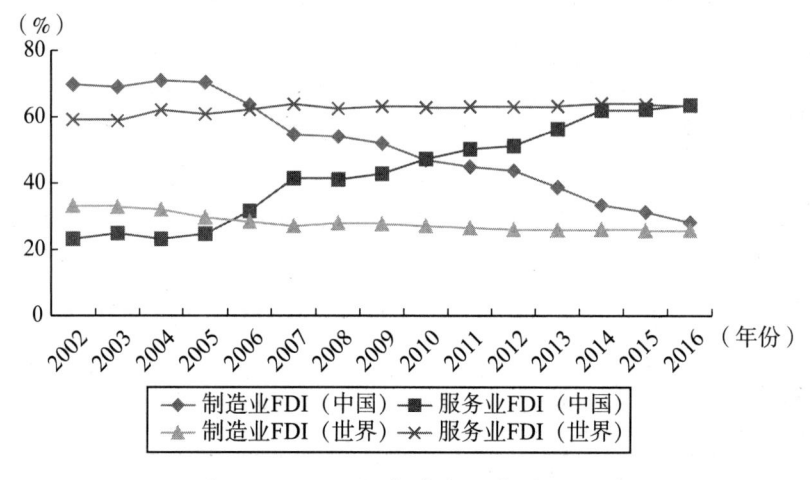

图5-5 FDI行业分布：中国与世界

资料来源：联合国贸发会：*World Investment Report*；国家统计局：《中国统计年鉴》。

但是这一过程呈现阶段化的特点。2006年以前，制造业FDI比重一直较大，最高时达到70%左右，远高于世界总体以及发展中国家的相应比重，而服务业FDI比重则一直稳定在25%左右，远低于世界总体以及发展中国家水平。从2006年起两者相对关系发生显著变化，前者不断下降，后者大幅上升。这是由于自金融危机以来，尤其是党的十八大以来，中国对外开放的步伐加快，一些服务业领域放开了对外国投资者准入的限制。但是，这里需要注意的是，2006年之后中国服务业FDI比重的上升主要是由房地产业FDI增长所致，而其他服务业行业FDI的增长仍极为有限。这一方面是由于房地产业属于资金密集型行业，符合地方政府的引资偏好；另一方面也是由中国的分权体制造成的。1994年的分税制改革，大大削减了地方政府在税收收入中所占的份额，中央政府为了弥补地方政府的损失，赋予其对当地土地出让收入的控制权。这导致地方政府从大力促进工业化变为积极推动城市化，甚至更多的转向通过推动房地产业发展来取得经济增长与财政收入（Kung et al.，2013）。2006年房地产行业FDI占全部FDI总额的比率为13%，2007年就急升到22.8%，到2014年进一步上升到28.9%。① 近几年由于国家对房地产调控，这个比率有所下降。如果不包括房地产业外资，则中国服务业FDI还是比较低的。

出现上述现象，一方面固然是由于中国的比较优势集中于制造业部门，因此外资积极主动进入制造业领域，但另一方面很大程度上也是由于中国对服务业部门的外资准入限制较多。这一限制主要表现在对世界贸易组织（WTO）服务贸易总协定（GATS）中服务业部门外国生产者商业存在的有关承诺上。根据我们对《中国加入世界贸易组织法律文件附件9：服务贸易具体承诺减让表》的分析，无论是与发达国家还是发展中国家相比，中国对于外资商业存在没有限制的部门比重都比较低，而不做具体开放承诺的部门比重都比较高（见图5-6）。更进一步地，联合国贸易与发展会议（UNCTAD，2006）的研究表明，中国服务业的实际对外开放水平还远低于依据入世GATS承诺测算所得的名义水平。在世界银行针对各国服务业部门FDI开放程度的研究中，中国在104个样本国家中也仅排在第80位（Borchert et al.，2014）。

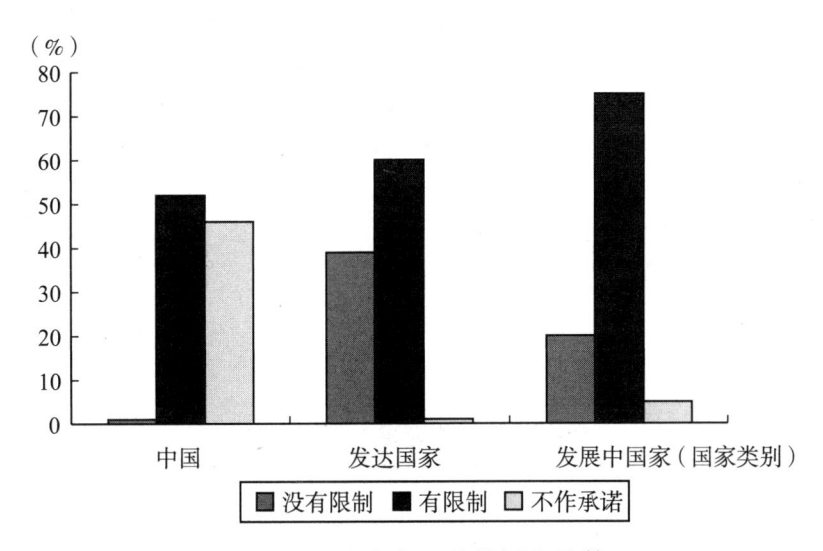

图5-6 服务业开放的国际比较

---

① 根据国家统计局网站年度统计数据计算。

不利于中国国内服务业的发展。

下面我们就针对 FDI 对中国服务业发展的影响进行实证分析，首先设定回归方程如下：

$$Y_{i,t} = \beta_0 + \beta_i X_{i,t} + \gamma_i Z_{i,t} + \eta_i + \mu_t + \varepsilon_{i,t} \tag{5.26}$$

其中 Y 是服务业发展水平，用服务业产值占 GDP 比重进行衡量；X 是我们主要关注的 FDI 变量，分别用 FDI 占固定资产投资比例、FDI 总额来衡量；Z 代表其他控制变量，依据现有研究，我们主要选取了以下变量：人均 GDP（用以代表经济发展水平）；人力资本水平（用人均受教育年限衡量）；投资率（用资本形成占 GDP 比重进行测度）；贸易开放水平（用净出口值衡量）；政府支出占 GDP 比重；城市化水平（用城镇人口占总人口比重代表）。i 代表省份，t 代表时间，η_i 和 μ_t 分别为省份固定效应和时间固定效应。

我们选取 2002~2014 年的省级层面数据展开分析，其中不包括西藏自治区。以 2002 年为起点是因为中国由此正式加入 WTO，关于 FDI 的行业准入政策与之前相比发生了较大变动，而自此之后一直保持相对稳定。采用的 FDI 数据来自各省区历年统计年鉴，其他数据来自《中国统计年鉴》。

首先从总量角度分析 FDI 对服务业发展的影响。以服务业增加值占比为被解释变量，回归结果见表 5-7，其中第（1）~（2）列以 FDI 占固定资产投资比重作为主要解释变量，第（3）~（4）列以 FDI 总量作为主要解释变量。由第（1）列结果可见，FDI 比重对服务业发展存在负面影响，回归系数非常接近 10% 显著性水平。当我们进一步控制了年份固定效应之后，第（2）列的结果显示，FDI 比重对服务业发展存在非常显著的负面影响。具体而言，FDI 占固定资产投资比重每增加 1%，服务业产值占比就会减少约 0.18%。人均 GDP 对服务业产值比重的影响显著为正，这说明经济发展水平的提高会推动服务业的发展，不过在控制了年份固定效应之后其显著性有所下降。

表 5-7　　　　FDI 与服务业发展：总量分析

解释变量	(1)	(2)	(3)	(4)
FDI 占比	-0.0967 (0.0597)	-0.175*** (0.0570)		
FDI 对数值			-0.242 (0.319)	-0.518* (0.313)
人均 GDP	0.000141*** (1.98e-05)	3.69e-05 (3.02e-05)	0.000151*** (1.95e-05)	5.81e-05** (2.95e-05)
人力资本	-0.751 (0.533)	-0.783 (0.579)	-0.721 (0.539)	-0.640 (0.585)

续表

解释变量	(1)	(2)	(3)	(4)
投资率	-0.0812*** (0.0225)	-0.0907*** (0.0213)	-0.0792*** (0.0226)	-0.0872*** (0.0215)
净出口对数值	-0.0949* (0.0568)	-0.0388 (0.0524)	-0.0989* (0.0585)	-0.0505 (0.0544)
政府支出比	0.125** (0.0523)	-0.00338 (0.0609)	0.120** (0.0525)	-0.0145 (0.0626)
城市化	-0.108*** (0.0389)	-0.202*** (0.0424)	-0.0844** (0.0402)	-0.164*** (0.0415)
截距项	50.17*** (3.986)	58.77*** (4.970)	50.81*** (4.597)	60.21*** (6.187)
年份效应	No	Yes	No	Yes
样本数	390	390	390	390
R^2	0.273	0.417	0.269	0.405

注：系数下括号内的值为标准误（standard error），*、**、*** 分别表示在10%、5%、1%的水平上显著。

在第（3）~（4）列中，我们又改用FDI总量的对数值进行回归。从第（4）列FDI对数值变量的回归系数中可以发现，FDI总值每提高1%，服务业占比就会减少约0.005%（-0.518%×1%），其他变量的结果与前面的分析基本没有差别，这就说明我们的实证发现较为稳健可靠。

现在我们进一步考察制造业FDI与服务业FDI对服务业发展的影响。由表5-8的回归结果可见，无论是以占固定资产投资比重还是绝对数量总值衡量，制造业FDI对服务业发展都产生了显著的负面影响。从作用大小角度而言，第（1）~（2）列表明制造业FDI占固定资产投资比重每增加1%，服务业产值占比就会减少约0.3%；第（3）~（4）列表明制造业FDI总值每提高1%，服务业占比就会减少约0.015%（-1.523%×1%）。与此同时，服务业FDI对本行业发展却没有产生任何显著影响。这与姚战琪（2013）、张志明（2014）等的发现类似，说明现有的服务业外资进入结构对中国服务业增加值的推动作用较弱。我们在控制总投资率的同时还进一步控制了服务业投资率，用服务业固定资产投资占GDP比重进行衡量，结果发现其对服务业发展的影响并不显著或为负。需要说明的是，这并不意味着服务业投资越多产出值越低。由于我们的被解释变量是服务业比重，这一结果表明服务业投资的产出效率相对其他行业较低，因此更多投资并不能带来服务业在总产出所占比重的显著提高。其他变量的系数方向及显著性与表 5-7 基本类似。上述发现无论是否控制年份固定效应都仍然成立，说明我们的研究结论是比较稳健的。

表 5-8　　　　FDI 与服务业发展：分行业分析

解释变量	(1)	(2)	(3)	(4)
制造业 FDI 占比	-0.285*** (0.0962)	-0.338*** (0.0933)		
服务业 FDI 占比	-0.0369 (0.142)	-0.0769 (0.139)		
制造业 FDI 对数值			-1.705*** (0.349)	-1.523*** (0.329)
服务业 FDI 对数值			0.0315 (0.310)	0.0289 (0.297)
人力资本	-1.142* (0.590)	-1.196* (0.622)	-1.095* (0.570)	-0.969 (0.612)
人均 GDP	0.000126*** (2.33e-05)	4.92e-05 (3.57e-05)	0.000157*** (2.10e-05)	8.11e-05** (3.41e-05)
投资率	-0.115*** (0.0321)	-0.0750** (0.0309)	-0.0841*** (0.0314)	-0.0578* (0.0305)
服务业投资率	-0.00114 (0.0355)	-0.0927** (0.0383)	-0.00850 (0.0342)	-0.0778** (0.0378)
净出口对数值	-0.0937 (0.0655)	-0.0643 (0.0602)	-0.120* (0.0636)	-0.0869 (0.0596)
政府支出比	0.415*** (0.0776)	0.374*** (0.105)	0.419*** (0.0772)	0.303*** (0.100)
城市化	-0.163*** (0.0521)	-0.185*** (0.0543)	-0.0726 (0.0517)	-0.128** (0.0534)
截距项	54.15*** (4.517)	58.14*** (5.369)	65.07*** (5.146)	67.56*** (6.025)
年份效应	No	Yes	No	Yes
样本数	282	282	282	282
R^2	0.401	0.527	0.437	0.539

注：系数下括号内的值为标准误（standard error），*、**、*** 分别表示在 10%、5%、1% 的水平上显著。

针对表 5-7 与表 5-8 的发现,我们就其具体作用机制进一步展开分析。如前所述,根据现有研究,外资制造业企业大量从事两头在外的出口加工贸易,可能是其抑制关联服务行业发展的主要原因。为了验证这一机制是否存在,我们在表 5-9 中加入了外资企业货物出口变量与 FDI 变量的交叉项,其中外资出口比用其货物出口量占当地 GDP 比重衡量。从第(1)~(4)列的回归结果可以发现,交叉项的系数全部显著为负,而 FDI 变量的系数都不再显著甚至为正。这意味着给定一个地区的 FDI 数量,外资企业的货物出口越多,当地服务业比重越低。由此说明 FDI 对服务业发展的负面影响主要是由于外资企业大量进行出口贸易。这与现有研究结论相符,同时也验证了上述推测。

表 5-9   FDI 与服务业发展:机制分析

解释变量	(1)	(2)	(3)	(4)
FDI 占比	-0.0540 (0.0737)			
FDI 占比 × 外资出口比	-0.481** (0.187)			
FDI 对数值		1.070** (0.462)		
FDI 对数值 × 外资出口值		-0.103*** (0.0205)		
制造业 FDI 占比			-0.163 (0.132)	
服务业 FDI 占比			-0.0687 (0.138)	
制造业 FDI 占比 × 外资出口比			-0.558* (0.298)	
制造业 FDI 对数值				0.505 (0.530)
服务业 FDI 对数值				0.104 (0.285)
制造业 FDI 对数值 × 外资出口值				-0.128*** (0.0269)
截距项	59.09*** (4.932)	57.56*** (6.003)	58.20*** (5.341)	63.98*** (5.818)

续表

解释变量	(1)	(2)	(3)	(4)
年份效应	Yes	Yes	Yes	Yes
控制变量	Yes	Yes	Yes	Yes
样本数	390	390	282	282
R^2	0.428	0.446	0.533	0.579

注：系数下括号内的值为标准误（standard error），*、**、***分别表示在10%、5%、1%的水平上显著。

总体而言，实证分析结果表明，FDI的增加确实抑制了中国服务业比重的上升，这主要是由于制造业FDI对服务业发展的负面影响。其作用机制源自外资企业大量进行出口加工贸易，使得其本地产业关联作用较弱。另外，外资主要是在制造业部门，外资产值主要统计在制造业部门中，本身也增加了工业产出的比重，相对降低了服务业产出比重。

四、加快服务业发展的政策思路

加快发展服务业是促进产业结构调整升级的关键。《中共中央关于制定国民经济和社会发展第十三个五年规划的建议》明确就产业调整升级提出了目标任务："加快发展现代服务业，放宽市场准入，促进服务业优质高效发展。推动生产性服务业向专业化和价值链高端延伸、生活性服务业向精细和高品质转变，推动制造业由生产型向生产服务型转变。"党的十九大报告进一步提出，"深化供给侧结构性改革，支持传统产业优化升级，加快发展现代服务业，促进中国产业迈向全球价值链中高端"。按照党的十八届五中全会和十九大精神，我们应该通过以下政策措施推动服务业发展，进而促进三次产业调整升级。

（一）改变出口导向发展方式

以上已对出口与服务业的关系进行了实证分析，分析结果表明，净出口与服务业发展呈负向关系，因此要发展服务业，就必须要改变出口导向的发展模式，转变到以内需为主的发展模式。

要调整出口导向的外贸发展方式，有必要建立健全出口管理机制，通过实施出口配额、下调出口退税率、实施差别出口退税等措施降低低附加值产品的出口退税，对某些产品如资源类产品征收出口税等管理手段，及时调控出口规模和出口结构，保持进出口贸易基本平衡。以更加开放的态度对待进口，遵照世界贸易组织达成的协议规则，扩大货物、服务的市场准入程度，进一步降低进口关税，规范和取消非关税措施，增加贸易政策和有关法规的透明度，逐步扩大进口比例，实现进出口的平衡。

（二）加大服务市场开放力度

中国新一轮的产业结构升级是主导产业由第二产业向第三产业转移的过程，如何打破服务业发展瓶颈，释放服务业的发展潜力也就成为政府工作的当务之急。长期以来，中国的交通、金融、电信、教育、医疗和文化娱乐等服务产业基本上由国企垄断，在各种法律法规和行政管制下，民企和外企难以进入服务业市场，造成了这些服务产业发展缓慢、缺乏国际竞争力。党的十九大报告明确提出，要打破行政性垄断，防止市场垄断，放宽服务业准入限制，在国有企业能够进入的领域，民营企业也能够进入；同时扩大服务业对外开放，保护外商投资合法权益。对于服务业市场的垄断，可以分类治理。生产性和生活性服务产业应当全面放开，消除体制内外差别与价格管制，由国有资本主导向各种所有制齐头并进转变；公共服务产业，可以借鉴发达国家的经验，通过凭单制度、公私合营（PPP）、合同外包等方式向民企和外企开放，引入市场竞争机制。

（三）改变投资驱动型的经济发展方式

研究发现，投资过高严重抑制了服务业的发展，因此必须努力扩大消费需求，充分发挥消费需求拉动经济增长的基础性作用，尽快促进中国经济增长由投资驱动型向投资和消费平衡驱动型转变。除了抑制过高的投资之外，还要注重投资结构的合理化，把更多的投资项目向服务业领域倾斜，一方面可以促进经济增长，另一方面可以促进服务业的发展，提高服务业在国民经济中的比重。例如，政府采取各种优惠政策，引导企业更多投资老年服务业，如老年养生、老年健康、老年医疗、老年娱乐、老年照料等，既可以适应中国人口老龄化引起的需求日益扩大的趋势，也可以提高服务业在国民经济中的比重，使产业结构不断调整升级。

（四）改变现有的政绩考核方式

GDP导向的"晋升锦标赛"使得地方政府一味追求增长速度，这也助长了各地政府更为偏好工业和房地产业的投资（房地产虽然是服务业，但与建筑业、钢材、水泥、玻璃等众多的工业部门联系密切，对工业的带动作用强，房地产过度发展产生了严重的泡沫成分，金融风险不断积累）。党的十九大报告已经明确指出，中国经济已由高速增长阶段转向高质量发展阶段。因此，我们要改变 GDP 导向的考核机制，将地方政府从 GDP 竞赛中解放出来，由数量扩张式的粗放型发展转向以提高质量为主的科学发展。

(五) 不断提高人力资本积累

党的十九大报告将实施科教兴国战略、人才强国战略作为全面建成小康社会的基本国策。研究表明，人力资本水平的提高会促进服务业发展。具有专业知识和技术的高素质人才是现代服务业发展最重要的生产要素，因此提高人力资本的积累对发展服务业和产业结构升级都非常重要。中国目前的要素禀赋结构中，人力资本仍是相对稀缺的要素，要采取各种措施增大对人力资本的投资。首先，通过高等教育体制改革，提高教育质量，积极培养发展现代服务业所需的特定人才。其次，充分利用全球化时代生产要素高度流动的机遇，拓展人力资本来源。一方面大力引进国内急需的高端人才；另一方面增加对外交流合作，通过各种方式促进国内现有人才对国际前沿知识与国际规则的熟悉与了解，造就符合国际化、开放式要求的人才队伍。同时，教育和科技研究事业本身是服务业的一部分，大力发展教育科技事业不仅仅是提高人力资本水平的重要途径，而且本身也能促进服务业的发展，提高第三产业的比重。

(六) 借助现代服务业促进传统产业转型升级

现代服务业将现代经济生产方式与最新信息技术相结合，既提供生活性服务，也提供生产性服务，其技术含量与附加值都远高于传统服务业。同时，现代服务业的发展不仅意味着服务业自身的产出扩张，还能够通过其与工农业生产过程的深度融合，促进传统产业转型升级。国务院发布的《中国制造 2025》中就明确提出，大力发展先进制造业，改造提升传统产业，推动生产型制造向服务型制造转变。

与传统工业生产方式相比，现代工业生产技术更为先进，管理效率更高，单位产品附加值更高，资源消耗和环境污染水平更低。而为达到上述标准，使传统工业顺利实现转型升级，现代服务业在信息高效传递、生产运营方式革新、节能减排等方面的促进与支持作用不可或缺。当前，政府也已经充分认识到现代服务业特别是生产性服务业发展在此方面的巨大潜力。国务院 2014 年 7 月下发《关于加快发展生产性服务业促进产业结构调整升级的指导意见》，积极进行政策规划与引导。与此同时，由于中国各地区经济发展水平与产业结构存在一定差异，如何使传统工业与服务业顺利实现融合发展，也面临一定阻碍。具体而言，东部沿海发达地区尽管已经逐步迈入服务业主导的经济发展阶段，但是由于历史形成的优势地位，其在工业领域依然具备一定产业比较优势，地方政府基于辖区经济增长与财政收入等方面的考虑，也仍然非常重视工业发展，主动促进产业融合的积极性相对不足。而中西部内陆地区仍然处于工业化高速推进阶段，缺乏发展现代服务业的现实经济基础。面对这些难题，就需要政府转变发展理念，制定产业政策，积极统筹规划，因地施策，促进产业转型升级顺利实现。

欧美发达国家在通过现代服务业改造传统农业、促进农业现代化方面，取得了很多成功经验，可资中国借鉴。从提供改良种子、新型肥料、农业机械设备等高技术含量投入品，到农产品的储运、加工与宣传推广，各类生产性服务已经与农业生产深度融合。最终表现为单个家庭生产单位的高度规模化，经营管理土地面积很大。反观中国，农业生产的专业化和规模化程度还比较低，进而影响了劳动生产率的提高。一些经济相对落后省份，农业就业人员比例仍然高达50%以上，而农业增加值在GDP中的占比却不足15%，说明农业现代化的程度不高。为了改变这一状况，应当大力发展与之相关的现代服务业：第一，加大农业科技研发投入，为农业提供更多高技术含量、高附加值的投入产品；第二，加强农业人力资本投入，提供现代农业生产技术培训，提高劳动生产率和全要素生产率；第三，大力建设信息基础设施，充分利用信息化手段，提高农业生产经营的精细化程度和运营效率。

第三节　工业结构从重化工业主导向高端制造业主导转变

发展经济学指出，工业化不仅是三次结构的演变过程，而且是工业部门内部结构的演变过程。在低收入阶段，也就是工业化的起步阶段，由于劳动力丰富而资本短缺，技术落后，再加上居民基本温饱问题没有解决，对日常消费品需求巨大，因此这个阶段主要发展消费品工业，所需要的资本品主要依靠进口来满足。进入中低收入阶段之后，也就是工业化加速发展阶段，资本比较丰富了，技术水平有了很大的提高，消费品工业的发展壮大对机器设备等资本品的需求大幅度增加，这时发展资本品的工业条件已经具备，于是资本品工业加快了发展步伐，逐渐超过了消费品工业而占主导地位。德国经济学家霍夫曼利用工业化国家的历史数据进行比较，得出了一个霍夫曼定律，也就是把工业发展分为三个阶段：消费品工业占优势地位阶段，消费品工业与资本品工业平分秋色阶段，资本品工业占优势地位阶段。工业内部结构的转型升级与发展阶段紧密相关，符合资源禀赋和比较优势原理，也与居民的消费层次理论一致，这既有理论依据，也有经验支撑。

一、中国工业内部结构的演变

新中国成立以来，中国工业发展经历了一个重工业优先发展过程，改革开放之初转到轻工业加速发展时期，再到20世纪初重工业加速发展时期，使得轻重工业的比重出现了一个曲折的变化过程。

在改革开放之前，经过新中国成立之初的三年国民经济恢复时期，从1953~1957年的"一五计划"开始，国家把实现工业化作为首要目标，通过建立计划经济体制，集中社会经济资源，实行重工业优先发展的赶超战略。这使得"一五"期间的重工业发展明显快于其他行业，到1957年，重工业产值在工业总产值中的比重从1953年的37.3%增加到45%，轻工业比重则减少到55%（见表5-10）。

表5-10　　中国轻重工业结构变化（1950~1977年）　　单位：%

年份	轻工业比重	重工业比重
1950	70.7	29.3
1952	64.5	35.5
1957	55.0	45.0
1960	33.4	66.6
1962	47.2	52.8
1965	51.6	48.4
1970	46.2	53.8
1973	43.4	56.6
1977	44.0	56.0

资料来源：国家统计局国民经济综合统计司：《新中国五十年统计资料汇编》，中国统计出版社1999年版。

受到"一五计划"成就的激励，从1958年起，国家提出要实现社会主义建设的"大跃进"。表现在工业经济方面，则是进一步突出强调重工业发展的重要性，确立"以钢为纲"的工业发展战略。结果一方面，重工业得到高速增长，到1960年占工业总产值的比重达到66.6%，但另一方面也导致了轻重工业比例的严重失调，造成了轻工业产品供求矛盾尖锐，短缺经济状况加剧。随后国民经济不得不进入调整时期，1961年党的八届九中全会提出"调整、巩固、充实、提高"的八字方针，主动调整国民经济各部门间的比例，加强短缺领域的产业建设。针对前一阶段重工业发展过快带来的问题，国家要求适当控制重工业发展速度，同时注意提高轻工业发展速度以增加消费品供应。这使得工业中的重工业比重减少到1965年的48.4%，轻工业则增加至51.6%，工业内部结构趋于合理。

到了"文化大革命"时期，由于国内国际环境的重大变化，经济建设政策设计转向为战备服务，建设重点放在"三线"战略后方，集中力量在中西部内陆地区建设了一批重工业项目。但是由于建设目的主要出于军事考虑，国家投资大量用于与国防有关的重工业项目，重工业优先发展战略进一步得到实施，导致轻重工业结构再次失调。到改革开放之前的1977年，重工业比重上升到56%，轻工业下降到44%。

总体而言，改革开放之前这一时期的工业化主要采取的是重工业优先发展的赶超战略，资源向重工业倾斜，其增长速度大大超过轻工业。从1958年起直到改革开放的20年中，重工业产值比重基本都高于50%（见表5-10）。然而在工业化初期，也就是在低收入阶段，技术比较落后，资本短缺，劳动力丰富，加上人民生活水平较低，对日用工业消费品的需求比较旺盛，优先发展轻工业符合李嘉图的比较优势原理和马斯洛的需求层次理论。因此重工业优先发展战略虽然为中国打下了比较坚实的工业基础，但却违背了经济发展的一般规律，从而带来了产业结构失调、轻工业产品短缺、人民生活水平提高缓慢等一系列问题。

上述扭曲政策的不断累积，造成了畸形经济结构和短缺经济并存的状况。为了发展经济、改善人民生活水平，中国共产党带领中国人民坚定地走上了改革开放之路。在工业领域，调整重工业优先发展战略，纠正轻重工业高度不平衡的畸形产业结构，注重产业平衡协调发展，重点发展轻工业。由于发展战略思路和政策导向的变化，改革开放初期的1978~1999年，轻工业获得较快发展，重工业增长速度相对放缓，轻重工业比例基本平衡（见图5-7），保持了协调发展的态

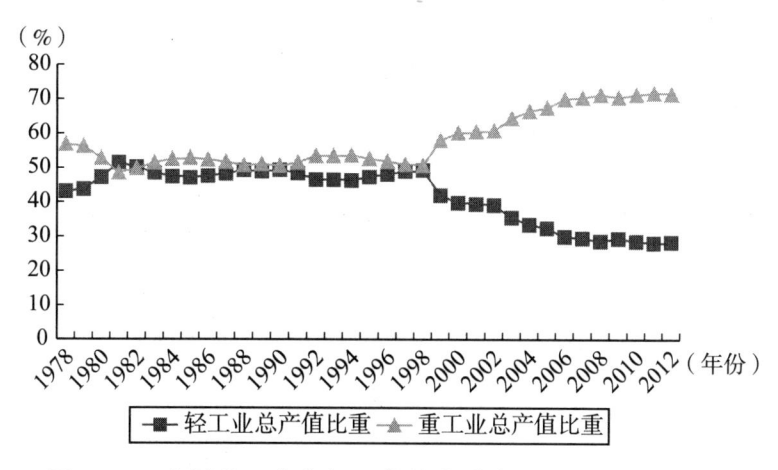

图5-7 中国重工业和轻工业的比重变化：1978~2012年

资料来源：国家统计局国民经济综合统计司：《新中国五十年统计资料汇编》；国家统计局：《中国统计年鉴》。

势。这一阶段中国的工业化道路和政策选择遵循了经济发展的一般规律，重点发展符合中国发展阶段与比较优势的劳动密集型轻工业，取得了巨大成就，极大提高了人民生活水平。

之后中国工业结构开始发生新的变化，出现了重新重工业化的趋势。从2000年开始，重工业比重达到59.1%，明显超过轻工业，并由此一路上升，在2004年达到历史最高的67.6%。此后重工业快速发展的趋势没有改变，2007~2012年，重工业比重一直保持在70%以上（见图5-7）。表面看来，这一发展趋势与改革开放之前的情况存在相似之处，但是我们不能仅根据轻重工业比例关系就简单地判断工业结构是否存在失衡，而需联系经济发展阶段的不同特征进行分析。在经历过改革开放初期的轻工业加速发展阶段之后，中国逐步进入工业化中期，也就是中低收入阶段，此时工业化加速发展，资源禀赋结构发生了变化，资本比较丰富，技术水平提高。同时，交通运输、通信、电力等公共基础设施建设大规模展开，对钢铁、水泥、石化、能源等工业的需求大幅度增加；另外，消费品工业的发展和农业现代化的推进，也日益需要重工业为其提供高品质的机械设备等投入品，人民生活水平的提高对住房需求的大幅增加导致房地产业繁荣，进而带动钢铁、水泥等相关重工业行业发展。因此，这一阶段重工业发展加速是不可避免的。

实际上以英美为代表的发达国家，其工业化进程也经历了轻工业率先发展到轻重工业比例基本平衡，进而重工业加速发展取得优势地位的相似历史进程（见表5-11）。而中国改革开放以后先轻工业加速发展而后重工业加速发展的发展顺序既与发达国家的历史经验相似，也说明先轻工业后重工业的发展顺序符合工业发展的一般规律，该规律就是霍夫曼定律。

表5-11　　　　　英国和美国的轻重工业结构变化　　　　　单位：%

年份	英国		年份	美国	
	轻工业比重	重工业比重		轻工业比重	重工业比重
1740	84	16	1880	65.4	34.6
1783	71	29	1890	60	40
1812	69	31	1900	55.8	44.2
1881	53	47	1921	49.4	50.6
1907	42	58	1929	44.3	55.7
1924	47	53	1939	47.1	52.9
1950	37	63	1967	36.4	63.6
1980	31.5	68.5	1975	34.3	65.7

资料来源：经济结构组办公室资料组：《主要资本主义国家的经济结构》，中国社会科学院出版社1981年版。

随着重工业化的推进,到达中高收入阶段后,产业结构逐渐向服务业转型,人民的需求层次也从温饱型到发展型,再到享受型演变,对环境的保护意识日益增强。在这种情形下,以重工业为主导的工业结构必须转型,重工业比重需要降低,重工业内部结构也需要优化升级。2010 年中国经济发展就已进入到中高收入阶段。但随着阶段的转换,结构调整滞后,以各种矿产采选业和设备制造业为代表的重工业比重常年稳居前列(见表 5-12),产能过剩成了当前和今后一段时期的主要问题。同时这种过度偏向重化工行业的产业格局对中国社会经济发展产生了一些不利影响。首先,通过要素价格扭曲和政策倾斜推动重化工业部门扩张,破坏了市场机制,压低了投资成本,降低了投资效率,造成原材料、燃料资源的供应紧张。其次,重工业属于资本密集型产业,其比重偏高不利于增加就业,影响农业人口向工业部门的转移。最后,重工业部门进行生产需要消耗大量的矿产能源,并且排放出大量废气、废水和固体废弃物,造成资源消耗过快和环境破坏严重。不过,从表 5-12 中我们看到了工业结构的可喜变化。从 2007 年开始,金属冶炼、制造等重化工业行业在工业产出中的比重不断下降,电气机械、计算机制造等行业占比显著提高,至 2012 年已经稳居前五。到 2016 年,计算机通信和其他电子设备制造业进一步取代矿产和冶炼重工业,成为工业部门中最大的行业。这表明中国的工业结构正在逐渐去重工业化。

表 5-12 不同年份工业企业产成品居前五位的行业   单位:%

年份	行业与占比	1	2	3	4	5
2002	行业	其他矿采选业	文教体育用品制造业	有色金属矿采选业	橡胶制品业	非金属矿采选业
	比重	8.29	7.72	7.7	7.46	6.83
2007	行业	非金属矿物制造业	专用设备制造业	交通运输设备制造业	石油加工及炼焦业	电气机械及器材制造业
	比重	8.28	7.81	7.69	7.13	7.02
2012	行业	黑色金属冶炼和压延加工业	电气机械和器材制造业	化学原料和化学制品制造业	计算机、通信和其他电子设备制造业	汽车制造业
	比重	8.07	7.54	7.49	6.27	5.66
2016	行业	计算机、通信和其他电子设备制造业	电气机械和器材制造业	汽车制造业	化学原料和化学制品制造业	黑色金属冶炼和压延加工业
	比重	8.56	7.68	7.44	6.85	6.08

资料来源:国家统计局:《中国统计年鉴》。

二、新常态下促进工业结构调整升级的政策措施及其效果

中国制造业在 21 世纪初期迎来了一段发展繁荣期,传统制造业和重化工业制造业的成本费用利润率、总资产贡献率都有不同程度的提高。然而,金融危机的爆发和"4 万亿计划"的实施,使得这些行业的供给迅速达到历史峰值。之后一方面,国际经济长期不振,外需大幅减少;另一方面,随着中国进入中等收入国家行列,国内需求结构逐步转向以消费需求为主导。这些行业迅速膨胀的供给能力与不断萎缩的实际需求之间形成了矛盾,制造业开始出现明显的产能过剩。

度量产能过剩严重程度的国际通用指标是产能利用率,通常 80% 的产能利用率被认为是工厂和设备的正常闲置。2012 年,IMF 在《国别评估报告》中评估了中国产能过剩程度,该报告指出中国在国际金融危机爆发前的产能利用率最高时期为 80%,之后危机中推出了"4 万亿政府投资"等大规模经济刺激计划,使得产能利用率不断下降,在 2011 年时降低至 60%;而美国金融危机高峰期的全工业产能利用率为 66.8%,目前的全工业利用率为 78.9%。两相对比,中国产能利用率还不及美国金融危机高峰期的水平。中国政府部门公布的产能利用率水平也基本认同中国产能利用率低于国际通常水平。2013 年 10 月国务院制定的《关于化解产能严重过剩矛盾的指导意见》指出,"2012 年底,中国钢铁、水泥、电解铝、平板玻璃、船舶产能利用率分别仅为 72%、73.7%、71.9%、73.1% 和 75%,明显低于国际通常水平"。从 2013 年中国制造业设备利用率来看,有 54.8% 的制造业企业的设备利用率低于 75%,仅 12.5% 的制造业企业设备利用率在 90% 以上,而整体企业的平均设备利用率是 70.8%(见表 5-13)。其中,设备利用率水平最高的是医药制造业、仪器仪表制造业、计算机、通信及其他电子设备制造业,这几个行业都属于高端制造业;其次是纺织业、金属制品业等传统制造业;而设备利用率水平最低的是食品、酒及饲料制造业、化学原料及化学制品制造业、化学纤维制造业、非金属矿物制品制造业、黑色金属冶炼及压延加工业,除食品、酒及饲料制造业外,其他行业都属于重化工行业。

表 5-13　　　　　　　　2013 年制造业设备利用率　　　　　　　　单位:%

行业	75% 以下	75% ~ 90%	90% 以上	平均利用率
制造业总体	54.8	32.7	12.5	70.8
食品、酒及饲料制造业	70.2	23.8	6.0	63.6
纺织业	43.1	34.5	22.4	76.0
纺织服装、服饰业	57.6	33.7	8.7	69.4

续表

行业	75%以下	75%~90%	90%以上	平均利用率
造纸及纸制品业	48.9	38.3	12.8	71.3
化学原料及化学制品制造业	62.1	23.2	14.7	67.6
医药制造业	30.8	46.1	23.1	79.6
化学纤维制造业	60.9	34.8	4.3	68.6
橡胶及塑料制品业	57.2	34.1	8.7	69.0
非金属矿物制品业	57.7	31.0	11.3	68.8
黑色金属冶炼及压延加工业	65.0	27.5	7.5	67.3
有色金属冶炼及压延加工业	52.0	40.0	8.0	70.3
金属制品业	50.7	35.1	14.2	74.1
通用设备制造业	57.5	33.0	9.5	70.2
专用设备制造业	51.9	36.2	11.9	71.4
汽车制造业	49.4	35.5	15.1	71.4
铁路、船舶、航空航天及其他运输设备制造业	67.9	21.4	10.7	71.4
电气机械制造业	55.2	30.1	14.7	70.9
计算机、通信及其他电子设备制造业	40.0	50.0	10.0	77.0
仪器仪表制造业	45.3	33.3	21.4	78.8

资料来源：中国企业家调查系统，http://www.cess.net.cn/。

产能过剩会在多个方面对宏观经济运行产生不利影响，如资源浪费、物价不稳、经济波动等，产能过剩问题不解决好，必将削弱经济发展的平衡性、协调性和可持续性。因此，在进入中高收入阶段之后，中国制造业也面临着调整和转型，一方面要淘汰和重构部分重化行业；另一方面，要对传统制造行业进行改造升级，开始向高端制造业转型。

中央在近年来也出台了一系列政策措施以促进制造业转型升级。党的十八大报告首次提到要通过"推动战略性新兴产业、先进制造业健康发展，加快传统产业转型升级"，以推进经济结构战略性调整。2015年5月，国务院印发《中国制造2025》，部署全面推进实施制造强国战略。其中提出要通过全面深化改革和进一步扩大开放，促进制造业转型升级。针对制约制造业发展的瓶颈和薄弱环节，加快转型升级和提质增效，切实提高制造业的核心竞争力和可持续发展能力。《中共中央关于制定国民经济和社会发展第十三个五年规划的建议》明确提出

"支持节能环保、生物技术、信息技术、智能制造、高端装备、新能源等新兴产业发展,支持传统产业优化升级。"国务院也出台了一系列具体政策措施,包括《关于金融支持经济结构调整和转型升级的指导意见》《关于积极推进"互联网+"行动的指导意见》等。2015年底,中央提出供给侧结构性改革,并相应提出五大任务:"三去一降一补",其中"去产能"置于五大任务之首。上述政策措施对于推动制造业转型升级取得了显著成效,主要表现在以下方面。

第一,"十三五"规划确定的钢铁煤炭行业去产能目标任务提前完成。从2016年到2018年,三年时间减少钢铁产能1.5亿吨,并且还取缔了地条钢1.4亿吨,提前两年完成"十三五"规划的任务。"十三五"规划确定的减少煤炭产能8亿吨,到2018年底已化解过剩产能6.9亿吨,完成了87%的目标任务,预计也可以提前完成任务。淘汰关停落后煤电机组2000万千瓦也提前两年完成。企业兼并重组和结构调整取得进展,钢材和煤炭等生产资料价格显著回升,多个行业较大幅度地实现了扭亏为盈的目标,全要素生产率由降转升。

第二,高技术产业快速增长,对经济带动作用明显增强。2013~2015年,高技术产业增加值年均增长11.4%,高于同期工业总体增速3.4个百分点。由此使得高技术产业比重稳步提高,高技术产业产值占工业总产值的比重分别达到9.9%、10.6%和11.8%。

第三,工业内部结构逐渐优化,工业发展的资源依赖程度降低。2015年装备制造业占工业总产值比重达到31.8%,已成为占比最大的工业行业。消费品制造业比重不断上升,2013~2015年消费品工业占比分别为24.5%、25.1%、26.1%。高能耗行业比重逐年降低,2013~2015年高能耗行业占工业的比重依次为28.9%、28.4%、27.8%。

第四,能源使用效率不断提高,节能成效显著。2013~2015年,单位GDP能耗分别下降3.7%、4.8%和5.6%,顺利完成"十二五"规划的节能减排目标。"十三五"期间,单位能耗进一步下降。2017年单位能耗比2016年下降了3.7%,2018年进一步下降了3.1%。2016年碳排放量下降了6.6%,2017年又进一步下降了5.1%。2018年,二氧化硫、氮氧化物排放量分别下降了6.7%和4.9%,超额完成了3%的目标任务。

第五,通过创新驱动经济增长成效显著,促进工业产业结构不断优化。研发投入不断提高,2012年科学研究与实验发展(R&D)经费支出首次突破1万亿元,2015年增至1.4万亿元,2017年进一步增加到1.76万亿元,成为仅次于美国的世界第二大R&D投入国,占GDP比重为2.1%,达到中等发达国家水平。科技创新在企业发展中的作用日益重要,2015年工业企业R&D经费支出达到1.06万亿,新产品销售收入15.1万亿元,占主营业务收入的比重达到13.6%,

比2012年提高了1.7%。以电子及通信设备制造为代表的高新技术产业在工业中所占比重不断提高。2012～2016年，计算机、通信及其他电子设备制造业产出占工业企业产成品比重由6.3%提高至7.8%，跃居细分工业行业第一。

三、高质量发展阶段促进工业部门转型升级的政策思路

中国工业结构调整升级虽然取得了较大成绩，但调整工作远没有完成，在高质量发展阶段，应该在如下几个方面继续推进工业结构调整升级。

（一）打破上游行业垄断格局

中国目前的垄断行业主要集中在能源、交通、通信等上游生产部门，上游垄断不但会影响其行业自身的运行效率，同时也会对下游行业的经济绩效及创新活动等产生负面影响。党的十九大报告就提出，要通过打破行政性垄断、防止市场垄断，来完善社会主义市场经济体制。因此，上游行业应当成为打破垄断、增强规制的重点领域。在此领域内放开进入壁垒，引入竞争，可以对工业部门转型升级起到事半功倍的效果。具体而言，一方面，要明确落实并执行扩大准入条件，防止再现"玻璃门""弹簧门"等名义准入、实际难执行的现象，使得不同类型新进企业可以自由选择进入决策。另外，为了削弱既有企业的垄断优势，提高竞争程度，应当积极尝试对原有垄断企业进行拆分，真正实现政企分开、管办分离。另一方面，要遵循市场化原则，借助混合所有制改革的机遇，鼓励和引导民间资本进入上游垄断行业，促进行业经营与投资主体产权构成多元化，形成相互竞争、相互制约的公平有序市场格局。另外，在具体操作过程中，政府应当坚持法治经济，根据《反垄断法》有关规定，依法废止与破除各类抑制竞争的垄断性法规和政策行为，为建立健全上游行业竞争机制奠定坚实法律基础。

（二）加快创新步伐，促进工业转型升级

创新是经济长期持续发展的根本动力。对于中国工业部门而言，只有加快创新才能推动产业向中高端升级，形成新的竞争优势，真正实现制造大国向制造强国的转变。与发达国家相比，中国的研发投入力度依然具有很大提升空间。党的十九大报告提出，坚定实施创新驱动发展战略，加快建设创新型国家。因此我们应当通过加大研发投入力度、积极培育自主创新能力来推动工业部门转型升级。首先，已有研究表明，中小企业是创新的重要主体。而中国大量中小企业不仅难以独立负担研发前期的高额投入，而且面临较强融资约束。因此政府应当加大对

中小企业研发投入的补贴力度,推动创新能力提高。其次,在企业经营中,要积极营造鼓励创新的企业文化,构建与创新绩效紧密挂钩的薪酬与激励体系。应当提供全方位配套条件,不遗余力地吸引具备很强创新能力的高端人才。最后,政府部门也要进一步加强知识产权保护制度建设,以保障创新回报,提高企业创新激励。一方面完善立法,借鉴国内外有关经验,建立全面保护知识产权、鼓励创新的法律法规体系;另一方面加强执法,保证企业和个人创新成果得到有效保护,依法享有创新所得的全部收益。

(三) 继续坚持化解过剩产能

如前文所述,产能过剩会在多个方面对经济运行产生不利影响,产能过剩问题解决不好,必将削弱经济发展的平衡性、协调性和可持续性,阻碍工业部门顺利实现转型升级。党的十九大报告就将坚持去产能、优化存量资源配置,作为深化供给侧结构性改革的重要内容。因此,我们要继续坚持采取多方面措施化解过剩产能。一方面,中国过往化解产能过剩一直以压缩产能、总量控制为主要手段。但产能过剩不仅是过度供给的产物,而且取决于供给与需求在数量、结构等方面的匹配程度。但是过往经济调控的实践表明,政府有关部门的需求预测常常较大程度地背离于事后的经济发展实践。因此,需要主动利用大数据等新技术手段,不断提升决策科学性与预测精准度,实现对产能过剩的有效调控。另一方面,针对形成产能过剩的经济根源,需要强化对地方政府、金融机构和国有企业的预算硬约束,坚决抑制不合理的投资冲动;改革官员考核体系,弱化经济指标权重;通过新预算法的实施,加强对各级地方政府财政支出的有效监督,避免盲目进行投资支出,形成新增过剩产能。最后,要坚持采取市场化的手段实现化解过剩产能的目标,政府在其中主要发挥政策引导作用。积极鼓励企业根据市场需要兼并重组,淘汰落后产能,推动传统产业转型升级;通过金融领域的改革创新,如提供并购贷款、建立并购基金等方式为符合市场化方向的行业整合提供多元融资渠道。

第四节 服务业结构从传统向现代转变

一、现代服务业的发展方向

上述分析表明,中国的工业化进程已接近完成,去工业化初露端倪。与此同时，随着收入水平的提高并进入中高收入国家行列，服务业正在加速发展。但是，服务业是个大杂烩，包含很多分支部门，从生产性服务业到生活性服务业，从盈利性商业服务业到非盈利性公共服务业。这里讨论的服务业主要是指生产经营性的营利性服务业。

服务业内部结构优化也是服务业发展与产业结构调整的重要内容。那么服务业结构优化调整的方向在哪里？现有研究表明，生产性服务业代表服务业内部结构演进的方向。格鲁伯和沃克（H. Grubel and M. Walker, 1993）通过对发达国家20世纪七八十年代服务业发展的实证分析得出以下结论：后工业社会时期，生产性服务业较之其他服务行业更为重要，占服务业的份额最大。经合组织（2001）研究了1984~1998年经合组织国家服务业内部结构的变动。它们发现，生产性服务业是服务业内部变动最大的部门，在90年代后期几乎所有经合组织国家的生产性服务业的比重都有大幅上升；大多数国家的政府服务部门的比重也有所上升，但上升幅度不及生产性服务业，且上升至一定程度后比重趋于稳定；而流通服务业的比重趋于停滞，在一些国家还出现了大幅度下滑。刘志彪（2006）也指出，发达国家近20年来经济结构与产业升级中最令人瞩目的戏剧性现象便是生产性服务业发展成为国民经济中的支柱产业。上述研究都得到相似结论，即随着经济发展水平的提高和工业化的推进，生产性服务业比重不断上升，成为服务业内部最为重要的分类服务业。

生产性服务业是随着分工深化从现代工业部门内部独立出来的生产性部门。它是一种中间投入而非最终产出，用来生产其他的产品或服务。而生产性服务业大量使用人力资本和知识资本，因而其产品中人力资本和知识资本密集程度较高，以其为投入进行生产就能够提高下游行业的生产专业化程度和产品技术含量。由此可见，生产性服务业是增加产业附加值、优化社会资源配置的重要途径，也是传统产业向技术进步和效率提升驱动发展方式转型的重要推动力。因此，中国服务业内部结构优化调整的目标应当是大力发展生产性服务业，实现服务业发展与经济发展方式转变的相互促进。

二、中国生产性服务业发展的现状

改革开放以来，中国的生产性服务业[①]逐渐得到发展。1978~2000年，国民

---

① 依据国家统计局颁布的《生产性服务业分类》（2015），我们将生产性服务业主要界定为批发和零售业，交通运输、仓储和邮政业，信息传输、软件和信息技术服务业，金融业，租赁和商务服务业，科学研究和技术服务业6个主要行业。

经济发展更多源自农业与工业领域的改革,服务业整体对经济增长的贡献有限,对 GDP 增长的贡献率仅为 30% 左右,而生产性服务业发展也处于萌芽状态,对国民经济只起到补充作用。如图 5-8 所示,生产性服务业在 20 世纪 80 年代中期至 90 年代初期有一个显著增长,然后处于停滞不前状态,批发零售业、交通运输等服务业部门的相对地位几乎没有上升,发展相对缓慢,而金融业比重还呈下降趋势。

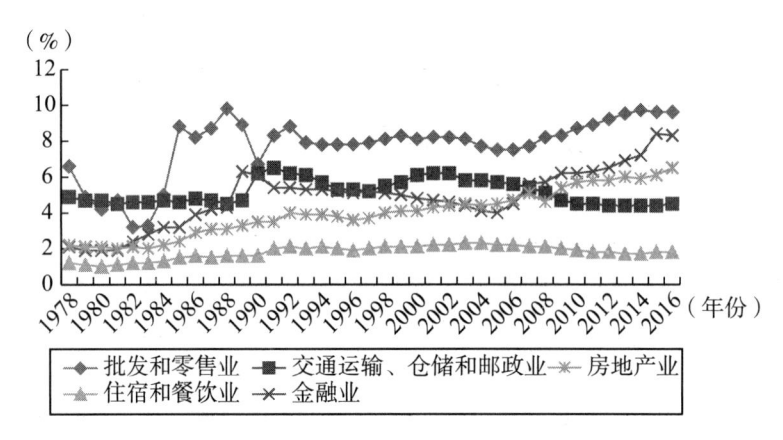

图 5-8　服务业各部门在 GDP 中比重：1978~2016 年

资料来源：国家统计局数据库。

2006 年之后,国家开始日益重视服务业对国民经济发展的作用,服务业得到迅猛发展,对经济增长的贡献率在波动中上升,2015 年达到 53.7%,首次超过第二产业对经济增长的贡献率,2016 年进一步提升到 58.2%,大大超过第二产业 37.4% 的贡献率。而生产性服务业在这一时期也得以快速发展,批发零售、金融等生产性服务业所占比重显著提高,对国民经济起到日益重要的支撑作用。具体而言,在服务业对国民经济的贡献中,一半以上来自生产性服务业。2010 年,第三产业占 GDP 比重为 43.2%,而生产性服务业在其中贡献了 24.4%,占全部服务业比重达 56.5%。2015 年,第三产业占 GDP 比重进一步提高到 50.2%,而生产性服务业在其中的占比高达 59%。进一步观察各行业在服务业内部所占比重可以发现,批发零售业、交通运输、仓储和邮政业、金融业一直位列前茅,其中金融业的地位稳步上升,而交通运输、仓储和邮政业则有所下降（见表 5-14）。

尽管已经有了上述长足发展,但是与发达国家相比,中国生产性服务业仍然有待进一步提高。对比表 5-14 和表 5-15 可以发现：首先,科技与专业服务业在发达国家服务业中处于非常重要的地位。反观中国,该行业的发展仍然比较薄弱,2015 年租赁和商务服务业、科学研究和技术服务业合计只占服务业总产值的 8.9%。其次,信息与通信业作为现代生产性服务业的重要代表,在发达国家服务业中占比普遍达到7%左右,而2015年信息传输、软件和信息技术服务业在中国服务业总产出中仅占5.4%。最后,由于发达国家服务业占国民经济总体比重普遍高于中国,因此如果以占GDP比重衡量,中国生产性服务业与发达国家的差距则会更为明显。以美国为例,2015年其生产性服务业占GDP的比重达到40.1%,而同期中国生产性服务业在GDP中的占比仅为29.6%。

表5-14 不同年份服务业内部占比居前五位的行业 单位:%

年份	行业与占比	1	2	3	4	5
2004	行业	批发和零售业	交通运输、仓储和邮政业	房地产业	公共管理和社会组织	金融业
	比重	19.29	14.41	11.11	9.51	8.35
2008	行业	批发和零售业	交通运输、仓储和邮政业	金融业	房地产业	公共管理和社会组织
	比重	19.93	12.46	11.32	11.22	10.49
2012	行业	批发和零售业	房地产业	金融业	交通运输、仓储和邮政业	公共管理和社会组织
	比重	21.30	12.66	12.38	10.63	8.67
2015	行业	批发和零售业	金融业	房地产业	交通运输、仓储和邮政业	公共管理和社会组织
	比重	19.13	16.73	12.06	8.81	7.7

资料来源:国家统计局数据库。

表5-15 发达国家服务业内部生产性服务业占比情况 单位:%

经济体	年份	销售与运输业	信息与通信业	金融与保险业	科技与专业服务业
美国	2010	19.9	7.8	8.7	14.4
	2015	20.6	7.7	9.2	15.0
欧盟	2010	25.8	6.6	7.6	13.9
	2015	25.6	6.7	7.2	14.8
日本	2010	30.5	7.3	6.9	9.9
	2015	31.0	7.2	6.4	10.5
韩国	2010	25.8	6.7	10.6	11.5
	2015	25.1	6.4	9.3	12.7

资料来源:https://stats.oecd.org/。

三、中国生产性服务业发展存在的问题

(一) 生产性服务业总体规模偏小,比重偏低,服务业结构不合理

中国服务业发展滞后不仅表现在总量规模上,也表现为内部结构不合理。

首先,中国传统服务业占比较高且内部结构不合理。2015年批发和零售业,交通运输、仓储和邮政业以及住宿和餐饮业三项占GDP比重高达15.8%(见表5-16),比2010年上升了0.1%;其中批发和零售业始终是服务业中占GDP比重最高的行业,相比2010年,2015年批发和零售业占比还上升了0.7%;面向生产服务的交通运输、仓储和邮政业的发展相对不足,2015年其占GDP比重仅为4.4%,而该行业投资占全社会投资比重为8.8%,投资产出比(各行业占GDP比重除以各行业占全社会投资比重)为0.5。交通运输、仓储和邮政业投资产出比较低的主要原因在于这一类行业属于国有垄断行业,市场开放程度较低,没有和国际服务业形成竞争,总体发育成长较缓慢。

表5-16　　　　　　　　服务业内部结构　　　　　　　　单位:%

行业		2010年		2015年	
		占GDP的比重	占全社会投资比重	占GDP的比重	占全社会投资比重
服务业合计		43.2	54.7	50.2	56.2
传统服务业	批发和零售业	8.9	2.2	9.6	3.4
	交通运输、仓储和邮政业	4.8	10.8	4.4	8.8
	住宿和餐饮业	2.0	1.2	1.8	1.2
现代服务业	信息传输、软件和信息技术服务业	2.2	0.9	2.7	1.0
	金融业	5.2	0.2	8.4	0.2
	房地产业	5.7	23.3	6.1	23.9
	租赁和商务服务业	1.9	1.0	2.5	1.7
	科学研究和技术服务业	1.4	0.5	2.0	0.8
	文化、体育和娱乐业	0.6	1.1	0.7	1.2
	居民服务、修理和其他服务业	1.5	0.4	1.6	0.5

续表

行业		2010年		2015年	
		占GDP的比重	占全社会投资比重	占GDP的比重	占全社会投资比重
公共服务业	教育	3.0	1.5	3.5	1.4
	卫生和社会工作	1.5	0.8	2.2	0.9
	水利、环境和公共设施管理业	0.4	8.9	0.6	10.0
	公共管理、社会保障和社会组织	4.0	2.0	3.9	1.4

资料来源：国家统计局数据库。

其次，中国现代服务业[①]占比较低且内部结构也不合理。2010年和2015年现代服务业占GDP的比重分别为18.6%和24%，其中金融业和房地产业一直位居前二；而现代服务业中信息传输、软件和信息技术服务业以及科学研究和技术服务业是引领与支撑中国产业结构转型升级的关键产业，但这两个行业占GDP的比重却相对较低，2015年分别为2.7%和2.0%。现阶段，房地产业属于投资效率较低的产业，2015年投资产出比仅为0.26，但却占用了大量资金；信息传输、软件和信息技术服务业以及科学研究和技术服务业属于高附加值、高投资效率的产业，但这类服务业的投资比重却很低。

最后，教育、卫生和社会工作以及公共管理、社会保障和社会组织等社会公共服务产业的发展也相对滞后。教育以及卫生和社会工作部门的发展对于控制人口规模、改善人口结构和提高人口素质有着极为关键的影响作用，但这类产业的投资比重比较低，2015年占全社会总投资比重分别为1.4%、0.9%，与2010年相比基本不变。显然难以满足中国居民对教育和医疗服务日益增加的需求。公共管理、社会保障和社会组织产业的发展在保障改善居民生活状况、提高政府行政管理能力上能够发挥积极作用，但该部门投资占比同样较低，2015年为1.4%，比2010年还下降了0.6%。公共服务业发展相对不足必然会阻碍中国由人口大国向人力资源强国、由管制型政府向服务型政府的转变。

（二）生产性服务业市场开放程度不足

生产性服务业发展滞后的另一个重要原因是市场开放程度不足。这一方面表

---

① 根据2012年2月22日国家科技部发布的文件，现代服务业一般指在工业产品进入大规模消费阶段时，主要依托信息技术和现代管理理念而发展起来的服务业。现代服务业主要包括金融业、信息传输、软件和信息技术服务业、租赁和商务服务业、科学研究和技术服务业、文化体育和娱乐业、房地产业及居民服务、修理和其他服务业等。传统服务业则包括批发和零售业、交通运输、仓储和邮政业以及住宿和餐饮业。

现为部分服务行业垄断严重,如电信、铁路、民航、教育、文化新闻出版等行业都属于典型的行政垄断行业。同时部分行业市场准入门槛还比较高,如银行业、保险业的经营牌照很大程度上还是以政策分配为主。另一方面则表现为服务业对外开放进程相对滞后。世界银行编制的服务贸易限制指数测度了世界各国服务业开放程度。我们在表5-17中提供了中国总体及分行业的限制指数(限制指数为开放程度的反向指标),并与经合组织发达国家和世界平均水平进行了对比。从中可以发现:第一,以绝对水平而言,中国的服务业开放程度较高,但是仍然存在较大限制。跨国横向比较则显示,开放程度仍然低于发达国家与世界平均水平,并且在各国排名当中处于后四分之一的位置。第二,具体到各个行业的情况,运输业与零售业的开放程度较高,金融业、通信业和专业服务业的开放程度则相对滞后。阿诺德等(Arnold et al., 2016)的研究表明,金融业和通信业的对外开放对下游制造业企业的生产率促进作用最为明显。因此这两个行业的开放不足应当予以格外重视。

表5-17　　　　中国服务业开放限制指数(即开放水平的反向指标)

	中国	中国排名[a]	世界平均	经合组织国家平均
服务贸易总体限制指数[b]	36.6	78	28.32	19.12
金融业	34.8	78	22.34	6.82
通信业	50	75	26.68	10.53
零售业	25	60	16.35	9.21
运输业	19.3	30	30.98	22.44
专业服务业	66	85	48.35	46.76

a:STRI数据库中共包括103个国家。

b:Borchert, Gootiiz, Mattoo (2014)对该指数的编制方法与结果进行了详细的介绍。简而言之,该指数取值在0~100之间,0代表完全开放,25代表基本开放但有一定限制,50代表有明显限制,75代表基本封闭,100代表完全封闭。

资料来源:Services Trade Restrictions Index Database, World Bank, 2014。

开放不足进而影响服务业的国际竞争力。2013~2016年,中国服务贸易逆差分别达到1 185亿美元、1 599亿美元、1 366亿美元和2 601亿美元,连续四年成为世界最大服务贸易逆差国。针对这一问题,近年来国家开始大力推进服务业特别是生产性服务业领域的对外开放,很多过去限制进入的行业领域开始逐渐取消或即将取消准入限制。2017年1月,《国务院关于扩大对外开放积极利用外资若干措施的通知》要求以开放发展理念为指导,放宽服务业领域外资准入限制,推动新一轮高水平对外开放,其中重点放宽金融业外资准入限制,鼓励外商投资生产性服务业。党的十九大报告更明确提出，大幅度放宽市场准入，扩大服务业对外开放，推动形成全面开放新格局。不过服务业开放涉及行业门类繁多，具体政策设计复杂，仍然需要在实践中不断探索推进。

（三）生产性服务业与制造业协调发展能力较差

生产性服务业的发展与工业化进程不同步。由于外在竞争压力与自身技术水平的限制，中国制造业发展过程中普遍比较重视物质产出水平，而忽视提高配套的生产服务水平，由此就减缓了技术进步和产业升级的速度。同时处在产业链中心环节的制造业企业，其外包流程还是以产品生产环节为主，服务环节外包较少且涉及范围狭窄。与产品开发和升级紧密相关的研发、金融、信息技术等环节占企业支出比重偏小。

四、促进生产性服务业发展的政策思路

如上所述，服务业发展是中国迈向高质量发展阶段产业结构调整的重点。更进一步，由于生产性服务业既是增加产业附加值、优化社会资源配置的重要途径，也是改造、提升传统产业的重要推动力，因此，实现服务业发展与经济发展方式转变相互促进这一目标的关键就在于生产性服务业的发展。具体而言，应当采取以下政策措施以达到上述目标。

（一）消除抑制生产性服务业发展的各种体制障碍

如前所述，中国当前在不少生产性服务行业如电信、电力传输、银行、保险等领域中，都存在一定垄断现象。还有一些生产性服务行业如科学研究、商务服务等行业则存在政府干预过多、管办不分、政企不分的状况，这些因素都构成了抑制生产性服务业发展的体制障碍。针对这一状况，2013年党的十八届三中全会通过的《中共中央关于全面深化改革若干重大问题的决定》（以下简称《决定》）提出，对于自然垄断行业，实行以政企分开、政资分开、特许经营、政府监管为主要内容的改革，根据不同行业特点实行网运分开、放开竞争性业务，推进公共资源配置市场化。进一步破除各种形式的行政垄断。2014年出台的《国务院关于加快发展生产性服务业促进产业结构调整升级的指导意见》也提出要进一步放开生产性服务业领域市场准入，营造公平竞争环境，不得对社会资本设置歧视性障碍，鼓励社会资本以多种方式发展生产性服务业。党的十九大报告更明确提出，将打破行政性垄断、防止市场垄断、放宽服务业准入限制，作为加快完

善社会主义市场经济体制的基本要求。

首先,按照党的十八届三中全会《决定》的思路,坚持市场在资源配置中起决定性作用,同时更好发挥政府作用。具体而言,需要进一步深化政府行政体制改革,构建公平有序的市场环境,促进生产性服务业发展。对于过往存在行政垄断或政府干预过多的行业,可以按照其公共产品属性的强弱程度,分类引进竞争机制,提高生产性服务业的市场化、规范化程度。在打破垄断的过程中,要尤其注意坚持公平、公正、公开的市场准入规则,鼓励和支持各类市场主体依法进入。

其次,在土地政策与城市规划中向生产性服务业进行一定倾斜。基于高附加值、绿色环保的行业性质,积极引导其在城市核心区域布局,替换原有的传统产业。金融政策方面,引导和鼓励金融机构顺应经济转型升级趋势,主动开发与生产性服务业需求相符的创新型金融产品。

最后,针对原有的传统工业企业,采取财税、金融、产业政策等多种手段,鼓励引导其优化生产流程,将商贸物流、市场推广、科技服务等非核心环节逐步外包,这样既提高了自身专业化程度和生产效率,又深化了行业分工,为生产性服务业发展提供了更为广阔的空间。

(二) 扩大开放,促进生产性服务业国际化发展

在全球化的背景下,所有国家都处于开放的全球大市场中,所有的产业也都是全球产业价值链中的一个环节。近年来,以上海自贸区建设为契机,服务业对外开放取得了很大进步。但是如前所述,开放程度仍然有待进一步提高。经济合作发展组织 2016 年的最新研究就表明,中国在 22 个细分服务行业中有 20 个的开放程度低于世界平均水平。[①] 因此,在经济全球化的大背景下,中国发展生产性服务业应该大力提高对外开放度。2017 年 1 月,《国务院关于扩大对外开放积极利用外资若干措施的通知》提出,放宽服务业外资准入限制,鼓励外商投资生产性服务业,改造提升传统产业。2017 年 6 月,国务院对《深化改革推进北京市服务业扩大开放综合试点工作方案》进行批复,要求进一步深化北京市服务业扩大开放综合试点,深入探索服务业开放模式,突出服务业体制机制改革,加快构建与国际规则相衔接的服务业扩大开放基本框架,为全面深化改革、探索开放型经济新体制做出新贡献。党的十九大报告更明确提出,大幅度放宽市场准入,扩大服务业对外开放。2018 年 4 月,习近平总书记在博鳌亚洲论坛开幕式上的主

---

① Services Trade in the Global Economy, http://www.oecd.org/tad/services-trade/services-trade-restrictiveness-index.htm.

旨演讲中向全世界宣示,要大幅度放开市场准入,尤其加快以金融保险为重点的服务业对外开放步伐。服务业对外开放作为整个经济对外开放战略的一个重要组成部分,应当包括以下内容:第一,坚持"引进来"思路,重点吸引生产性服务业领域外商直接投资,通过扩大开放实质性提升合资合作水平。第二,大胆"走出去",利用全球化时代世界服务业格局不断转换的机遇,主动提高自身参与承接能力,积极加入全球产业分工体系,为大型跨国公司提供服务外包产品,促进自身创造附加值的能力不断升级提高。第三,坚持"双向开放",一方面,努力推进在 WTO 框架下,各国服务业的全面公平开放进程;另一方面,积极与世界各国就服务业开放对等待遇展开协商,签订有关双边贸易协定,尽力削减中国企业"走出去"面临的政策法律障碍,实现服务业全球化配置的目标。

(三) 加强现代基础设施建设

生产性服务业的发展,离不开信息通信、高速交通、现代物流等基础设施的支持。党的十九大报告也提出,通过加强交通、管道、电网、信息、物流等基础设施网络建设,深化供给侧结构性改革。因此,中国应当重点加强与生产性服务业发展高度相关的现代基础设施建设,为前者的发展提供有力保障。鉴于现代基础设施网络化、智能化、一体化的运行特征,在建设过程中要注意新建项目与原有基础设施的组合衔接;破除各类阻碍互联互通的政策壁垒;科学规划,合理布局,提高基础设施的运行效率与服务能力。

(四) 推动制造业与生产性服务业的融合发展

随着信息技术进步与生产流程分工的不断深化,现代制造业的生产方式已经日益呈现出"服务化"趋势。制造业企业逐渐将过去由自身进行的非核心业务外包,这就使得制造业对生产性服务投入的需求大为扩张。而密集使用专业化的服务中间投入产品,既可以使制造业部门专注于核心业务,通过专业化提高自身全要素生产率,也有利于产业分工程度提高与结构优化。生产性服务业与制造业的这种高度关联与良性互动,就使我们可以通过推动两者融合程度的不断深化来促进其各自发展。《中国制造 2025》就提出通过生产性服务业发展,鼓励企业向价值链高端发展,推进农业生产和工业制造现代化,加快生产制造与信息技术服务融合,最终促进中国产业逐步由生产制造型向生产服务型转变。因此,应以产业融合与互动为着眼点发展生产性服务业。对制造业企业而言,要改变对企业生产组织形式的传统观念,合理定位自身竞争优势所在,保留核心生产能力,利用现代信息技术,大胆外包非核心业务,提高专业化程度。对生产性服务业企业而言,则要通过对产业链上下游信息的全面掌握,了解制造业需求方向,主动寻找合作机会，在为制造业客户创造价值的同时，也实现产业间的有效对接和融合发展。

（五）大力支持"互联网+服务业"新业态的发展

近年来，"互联网+"加速渗透国民经济各行业，促进了经济转型升级，成为中国经济发展的新动力。2015年7月4日国务院印发《关于积极推进"互联网+"行动的指导意见》，标志着"互联网+"正式成为国家战略并进入实施阶段。党的十九大报告也提出通过推动互联网和实体经济深度融合，深化供给侧结构性改革。在国民经济各行业中，服务业的互联网应用程度更深，这也使得其具备了充分利用"互联网+"促进自身发展的先天优势。服务业对互联网的深度应用一方面已经深刻改造了传统服务业，教育、医疗、餐饮、娱乐等领域的生产方式已经高度互联网化；另一方面更进一步催生出一系列新兴业态，如电子商务、在线约车、共享单车等，提供了以前无法实现的服务产品。"互联网+"对生产性服务业的影响也极为明显，研发设计、商务咨询等行业借此加速发展。因此，为了借助"互联网+"实现对传统服务业的改造，进而推动服务业转型升级，具体应当采取以下措施。

第一，推动信息基础设施建设，重点加快信息服务业发展。以城镇化发展为契机，完善信息服务业基础设施建设，加快新一代宽带基础设施建设和应用，提高网络传输能力和网络安全保障能力。以网络基础设施建设和信息资源开发利用为核心，促进信息服务业与其他行业的互动发展，保证信息服务业充分发挥在整个生产性服务业体系中的基础支撑作用。

第二，借助"互联网+"，大力发展平台经济。互联网平台在生产性服务业的互联网化中发挥了类似于公共产品的作用，众多中小服务业企业都可以借助平台实现业务流程改造，提高自身信息化程度和服务能力。因此，应当大力支持基于"互联网+"的互联网平台建设，保证其可为广大用户提供低成本、高效率的服务，全面提升生产性服务业竞争力，充分实现互联网基础设施的潜在经济价值。

第三，通过开放公共数据，加快推进"互联网+公共服务"模式建设。数据是"互联网+"赖以产生和发展的基础性生产要素，而政府掌握的各类公共数据就成为"互联网+公共服务"建设的基本投入。政府应当依法开放有关数据，利用市场机制的效率优势，与互联网服务企业合作开发利用公共数据，为人民群众提供更为便捷高效的公共服务。

第六章

城乡结构转变

城乡关系问题是发展中国家在经济发展过程中的核心问题，是关系到工业化、城市化能否顺利实现的关键。城乡关系涉及两个相互关联的层面：一是工业与农业的关系；二是城市与农村的关系。中国的经济发展经验一再表明，什么时候工农城乡发展比较均衡，经济发展过程就比较顺利；什么时候工农城乡发展失衡，经济发展过程就会受到阻碍。转变经济发展方式，也包括城乡结构的平衡协调，即从城乡二元结构的不均衡发展转变到城乡一体化的均衡发展，其转变的途径包括"三化"：工农业发展的动态均衡化、城乡生产要素交换市场化、城乡公共资源配置均等化。本章首先介绍城乡发展相关理论，然后讨论工农业关系从农业支持工业到工业反哺农业的演进过程，最后考察城乡发展从不平衡到平衡的协调转变过程和政策思路。

第一节 城乡经济结构转变的理论基础

城乡结构也就是城乡关系。城乡关系涉及许多层面，包括经济、社会、政治、地理、文化和生态环境等多个维度，因此，城乡关系研究涉及不同的学科和领域。本章主要是讨论城乡经济关系，也就是商品、要素在工业和农业、城市和农村之间的流动问题。因为农村主要从事农业，城市主要从事工业和服务业，因此，常常把工业与农业关系、城市和农村关系放在一起考察。

一、二元经济发展理论

(一) 刘易斯模型

美国发展经济学家、诺贝尔经济学奖获得者阿瑟·刘易斯（Arthur Lewis）在20世纪50年代创立了第一个人口流动模型。该模型的提出引起了发展经济学家的极大兴趣，之后各种人口流动模型相继问世。刘易斯把发展中经济划分为两个异质部门：一个是以传统生产方法进行生产的、劳动生产率和收入水平极低的非资本主义部门，以农业部门为代表；另一个是以现代方法进行生产的、劳动生产率和工资水平相对较高的资本主义部门，以工业部门为代表。经济发展依赖现代工业部门扩张，而农业部门为工业部门的扩张提供劳动力资源。

1. 无限的劳动供给

1954年，刘易斯发表了《无限劳动供给下的经济发展》的经典论文。该文题目清楚地表明，无限的劳动供给是刘易斯建立人口流动模型的前提条件。按照刘易斯的解释，所谓无限的劳动供给是指城市现代工业部门在一个固定的工资水平上能得到所需的任何数量的劳动供给。那么，劳动供给为什么是无限的呢？

发展中国家农业中缺乏资本投入，而人口增长迅速，因而农业中剩余劳动规模巨大。由于农业劳动生产率极低，导致农业人均收入水平也很低，一般只能维持最低限度的生活水平。刘易斯指出，正是这种生存收入决定了现代工业部门的工资界限。工业部门的工资水平当然不会低于农业部门的收入水平，因为工业劳动生产率总是高于农业劳动生产率，但也不可能比农业部门收入水平高很多，因为只要收入差别过大，流入城市的农业劳动力就会大大超过工业部门所能提供的就业机会。结果，由于劳动市场供过于求，工资水平必定下降。

由于城市工业部门的工资水平高于农业部门的收入水平，农业人口若不受限制，就会向城市流动。在发展中国家，农业人口所占比重大，而且劳动生产率低下，因而存在着数量巨大的剩余劳动力，只要工业部门扩张生产，就可以按现行工资水平雇佣到任何数量的劳动力。

刘易斯还认为，无限的劳动供给还应包括城市非现代工业部门（或称为非正规部门）劳动者提供的劳动。城市非现代工业部门的劳动者，是指一些临时工、小商贩等。此外，发展中国家的妇女中有相当部分处于无业状态，她们也构成了无限劳动供给的后备军。但是，农业部门以外的劳动供给数量相对说来较小，工业部门的劳动供给主要来自农业部门。

2. 工业扩张与劳动力转移过程

工业部门在生产中获得的利润被假定全部用于投资，形成新的资本积累。资本积累的增加使每个工人的装备水平提高了，从而使劳动生产率相应提高。于是，资本家将雇佣更多的劳动力来扩大生产规模，劳动力需求的增加引起农村劳动力向工业部门流动。但是，由于农村中存在着大量的非生产性剩余劳动，因此，虽然劳动力需求增加了，但工业部门的工资水平仍然不会提高。结果，生产扩张给资本家带来更大的利润。资本家把利润又转化为投资，形成更大的资本积累，这又促进了劳动生产率的提高。受利润引诱，资本家将继续增雇工人来扩大生产规模。城市工业部门对劳动需求的增加进一步引诱农村人口向城市流动。由于农村中剩余劳动规模巨大，劳动供给是无限的，工业工资水平仍将保持不变，结果资本家利润更大了。于是，新一轮的循环过程又开始了，这个过程一直要进行到农村剩余劳动力全部被工业部门吸收完为止。一旦农村剩余劳动力转移完时，农业劳动生产率就会提高，收入水平也相应地提高。在这种情况下，工业部门要想雇佣更多的农村劳动力，就不得不提高工资水平，来同农业部门竞争。这时，工业部门的劳动供给就不再是无限丰富的，而是像资本一样变得相对稀缺；农业部门像工业部门一样现代化了，二元经济也就变为一元经济，发展中国家从此进入了工业化。下面我们用图 6-1 来进一步说明刘易斯的劳动力转移过程。

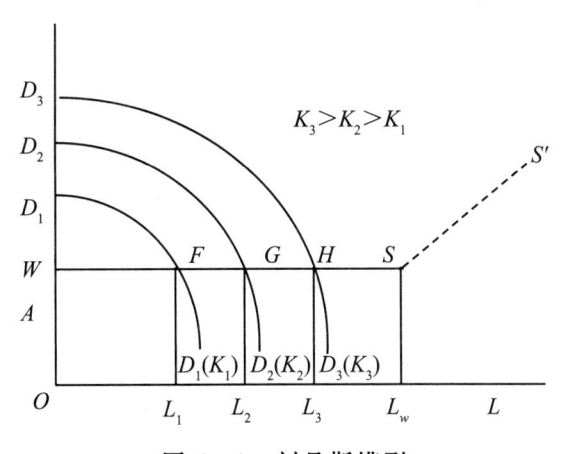

图 6-1 刘易斯模型

在图 6-1 中，横轴 OL 量度劳动量，纵轴量度劳动的边际产品和工资。OA 为传统农业部门的生存收入，OW 是现代工业部门的现行工资水平。如上所述，在这个稍高于农村生存收入的工资水平上，现代工业部门的劳动供给是无限的。因此，劳动供给曲线 WS 是一条平行于横轴的水平线（这里暂不考虑虚线 SS'）。

刘易斯假定工业部门只使用资本和劳动两种要素，资本是稀缺的，而劳动是丰富的。根据西方经济学的可变比例规律，对于一笔固定资本额，就有一条特定的劳动边际生产率曲线（劳动需求曲线）与之相对应。在图6-1中，假设现代工业部门最初的资本量为K_1，于是，对应的劳动边际生产率曲线为$D_1D_1(K_1)$，它向右下方倾斜，表示在既定的资本量下，随劳动投入的增加，劳动的边际产品递减。

根据刘易斯的观点，现代工业部门以追求利润最大化为目标。利润最大化的条件是边际生产率等于工资。在图6-1中，当资本为K_1，劳动边际生产率曲线为$D_1D_1(K_1)$时，资本家将雇佣OL_1数量的劳动量，因为只有在这个劳动量上，工资等于劳动的边际产品（见图6-1中的F点），利润才是最大的。在这一均衡状态中，现代工业部门所获得的总产量为OL_1FD_1，其中OL_1FW为工人的工资，WFD_1为资本家获得的利润。

劳动力是如何从农业转移到工业的呢？刘易斯认为，工人的工资收入只够养家糊口，储蓄很少。因此，经济发展的关键就在于资本家利润即剩余的使用。刘易斯假定资本家的利润全部被储蓄起来，以作投资之用。当资本家的利润被用于投资时，现代工业部门的资本量就增加了，从传统农业部门吸收的剩余劳动就更多了。这个过程可以用图6-1来描述。当最初资本为K_1，雇佣的劳动为OL_1时，资本家的利润为WFD_1。假设利润全部用作新资本投资，于是，资本量从K_1增加到K_2，劳动的边际生产率曲线即劳动需求曲线也相应地从$D_1D_1(K_1)$外移到$D_2D_2(K_2)$，它与劳动供给曲线WS相交于G，决定了资本家雇佣的劳动量为OL_2。$OL_2>OL_1$，表明劳动就业随着工业部门扩张而增加了，增加的数量为L_1L_2。这时，总产品为OL_2GD_2，其中归于劳动的份额为OL_2GW，归于资本的份额为WGD_2。显然，$WGD_2>WFD_1$，这表明资本家的利润或剩余增加了。根据假定，资本家把WGD_2的剩余继续全部用于新资本投资，结果，资本存量又增加了，由K_2增加到K_3。由于资本存量的增加，劳动者的生产效率也相应地提高，于是，劳动边际生产率曲线从$D_2D_2(K_2)$向右移到$D_3D_3(K_3)$。它与一条水平的劳动供给曲线WS相交于H，决定了劳动最优投入量为OL_3，$OL_3>OL_2$，增加量为L_2L_3。在新的均衡上，工业总产出为OL_3HD_3，其中工资总额为OL_3HW，利润总额为WHD_3。$WHD_3>WGD_2$，表明资本家的利润增大了。这笔利润被假定再次全部投资于现代工业部门，于是，资本存量进一步增大，劳动生产率进一步提高，劳动力转移到工业部门的规模进一步扩大。这个过程一直可以进行到农业部门的剩余劳动量全部被工业部门吸收为止。

从以上的描述中可以看到，刘易斯把资本积累看成是经济发展和劳动力转移的唯一动力，技术进步对经济发展的作用没有单独作为一个因素来考察。但是，刘易斯注意到了技术知识增进对经济增长的积极意义。他认为资本积累即包含了技术进步，两者是密不可分的。因此，在他的分析中，"生产资本的增长与技术知识的增长被看成是单一现象"①。

按照刘易斯的观点，当剩余劳动消失时，农业的劳动边际生产率就会提高，从而，农村劳动者的收入也会相应增加。这时，工业部门要想得到更多的农业劳动力，就不得不提高工资水平，以与农业部门竞争。在图6-1中，假设一个国家的剩余劳动总量为OL_n，当超过OL_n时，劳动供给曲线开始上升，如虚线SS'所示。从水平线到上升的线的转折点被称为刘易斯转折点。

刘易斯把发展中国家的经济发展分为两个阶段。第一个阶段为无限的劳动供给阶段，即非资本主义阶段，如图6-1中劳动供给曲线的水平部分所示。在这个阶段中，资本是稀缺的，劳动是丰富的，资本积累所产生的剩余全部归资本家所有。"当资本赶上了劳动供给时，经济就进入了第二个发展阶段（见图6-1中上升的劳动供给曲线），即资本主义阶段。自此古典经济学就不再适用了，我们就处在新古典经济学的世界里，在这里，所有的生产要素都是稀缺的，即是说，它们的供给是无弹性的。当资本积累进行时，工资不再不变，技术变革的利益不会完全归于利润，利润额不一定总是增加。"②

3. 对刘易斯模型的评价

（1）刘易斯模型的理论贡献。

刘易斯模型是发展经济学中第一个二元经济发展模型和乡—城人口流动模型，对经济发展理论产生了巨大影响，已成为发展经济学的经典模型，之后提出的二元经济发展理论和模型都是在该模型基础上发展起来的，或者与该模型有密切关系。该模型的贡献至少包括如下三点。

首先，这个模型强调现代部门与传统部门的结构差异，把经济增长过程与工业化过程以及人口流动过程三者紧密结合在一起分析，这比哈罗德—多马增长模型更切合发展中国家的实际情形，为研究发展中国家的经济发展开辟了一个新的思路——结构主义思路。

其次，刘易斯模型把工业化和城市化密切联系起来。该模型所说的农业部门也就是农村部门，工业部门也就是城市部门，即把劳动力的职业转换与人口的空间迁移看作是同一个过程，或者说是同步进行的。这个观点与发达国家曾经走过的道路是一致的。但是，这一点与中国实际情况有很大差别，中国工业化和城市化不是同步进行的，因为职业转换和身份转换是两个独立的过程。但这只是中国

---

① ［美］刘易斯：《无限劳动供给下的经济发展》，载于《曼彻斯特经济和社会研究学派》1954年第5期，第153页。

② ［美］刘易斯：《再论无限劳动供给》，载于《曼彻斯特经济和社会研究学派》1958年第1期，第26页。

特有的工业化道路和劳动力转移过程，并不是一个普遍规律。

最后，刘易斯模型虽然没有讨论收入分配和城乡不平衡问题，但从他的模型中可以推论出收入分配的变动趋势。在工业化和劳动力转移过程中，收入分配会向资本所有者倾斜，劳动在国民收入中的份额会持续下降，因为在剩余劳动力转移完之前，工资始终是不变的，而利润是在不断增加的，但是，当剩余劳动力转移完之后，劳动供给变得稀缺了，工资水平将上升，工资在国民收入中的份额就会上升，利润份额将会下降，收入分配不平等开始下降。因为工业（非农业部门）在城市，因此，随着工业化的加速发展，城乡收入差别会扩大；但当剩余劳动力转移完之后，农业也开始现代化了，二元经济消失，城乡不平衡开始向平衡转变。收入分配的这种变动趋势与库兹涅茨"倒U型"假说是一致的。

（2）刘易斯模型的缺陷。

刘易斯模型虽然描述了发展中国家工业化和乡—城劳动力转移的动态过程，但还比较粗糙，只是为发展中国家工业化勾画出了一个简单的图景，如果要把该模型用于指导发展中国家实践就会存在很多问题，因为该模型存在着许多不切实际的假定，由此也引发了不少争议与批评。

第一，刘易斯模型暗含假定，现代工业部门的资本—劳动比例始终是不变的，即资本投资增加10%，对劳动的需求也增加10%。这显然不符合实际。工业部门是资本密集性部门，随着工业部门的扩大，该部门的资本密集度将会越来越高，结果，一个既定的资本增加创造的就业机会将会越来越少。比如，资本投资增加10%，而对劳动的需求可能只增加5%，而且这个比例还会逐渐下降。这样一来，农业剩余劳动就不会像刘易斯模型所设想的那样随着资本积累增加而顺利地转移到非农业部门。

第二，刘易斯模型过分强调现代工业部门的扩张，而忽视农业的发展。在刘易斯模型中，农业部门对工业部门扩张所做的唯一贡献就是输送无限丰富的劳动力资源。也就是说，只要存在着现行农业劳动者收入低于工业工资水平，现代工业部门的扩张就可以持续下去，而不管农业是否得到发展。对这个缺陷的批评是最激烈的。批评者认为，如果农业处于停滞状态，工业扩张是不可能长期维持下去的。①

第三，刘易斯模型暗含假定农村存在大量的剩余劳动力，而城市中不存在失业。这意味着农村流入城市的迁移者立即会在城市找到一份正规的工作。这一假定与发展中国家实际情况也是不相符的。在经济落后的低收入国家，虽然农村存

---

① 其实刘易斯本人并没有忽视农业问题，在很多地方都论述农业的重要性，但从他的模型本身来看，的确是忽视了农业的发展。

在着大量剩余劳动力，但城市失业问题也很严重。在 20 世纪 60 年代末，美国发展经济学家托达罗建立了一个乡—城人口流动模型，用以解释发展中国家城市中存在的大量失业问题，认为农村劳动力向城市流动，首先是在非正规部门就业，然后再进入正规部门就业。中国过去几十年的实践表明，农民进城务工经商基本上是在非正规部门就业，很少进入城市正规部门。

第四，刘易斯模型暗含的假定从农村流入到城市里的劳动者与留守在农村的农民在素质、年龄和性别等方面是同质的、无差别的。其实，从农村转移到城市去的劳动力大都是年轻人和素质较高的人，这些人从农村转移出来必然会导致留守农民的素质下降，从而对农业生产造成不利影响。改革开放以来的40余年中，中国农业劳动力转移到非农业部门，基本上都是有文化的年轻人，而且以男性居多。留守在农村的人大都年龄偏大、素质较低，导致农业劳动力结构老化，农村人口老龄化，这是在城乡发展过程中存在的一个特别重要的问题，需要政府采取特别支持政策鼓励更多年轻人到农村去从事农业生产，以此来改变这种状况。

第五，刘易斯模型描述的劳动力转移和工业化过程没有刻画发展中国家经济发展的整个历史过程。实际上它只是描述了发展中国家在低收入阶段的经济发展过程，也就是农业支持工业的阶段。当劳动力转移结束之后，发展中国家并没有立即实现工业化和城市化，进入到发达阶段，而只是进入到中等收入阶段。这个阶段中，农业劳动力转移结束，但农业依然没有实现工业化，而需要工业反哺农业，由工业的积累来推动农业现代化。中国的发展实践证明了这一点。中国现在已经走过了工业化过程的前半路程，即农业支持工业的阶段，农村剩余劳动力转移接近尾声，劳动者工资水平开始上升。但是工业化和城市化还没有完成，而是进入到工业反哺农业、促进农业现代化的新阶段。

（二）拉尼斯—费模型

20 世纪 60 年代初期，美国经济学家拉尼斯（G. Ranis）和费景汉（John C. H. Fei）合作，建立了一个比刘易斯模型更为复杂的模型，即拉尼斯—费模型。该模型是直接由刘易斯模型发展而来的，清楚地揭示了农业部门与工业部门之间的相互联系，由此也突出了农业在工业化进程中的重要性。

1. 拉尼斯—费模型的基本观点

拉尼斯和费景汉与刘易斯一样，认为发展中国家的农业部门存在着数量巨大的剩余劳动力，在他们全部转移到工业部门以前，农业劳动力的收入水平被假定不变，并且始终等于平均产品。拉尼斯和费景汉把不变的平均收入水平叫作不变制度工资（constant institutional wage），因为当有农业剩余劳动力存在时，农业劳动者的收入是由制度决定的，而不是由市场决定的。在这些假定下，拉尼斯和费景汉把经济发展过程和农业劳动力转移过程划分为三个阶段（见图6-2）。

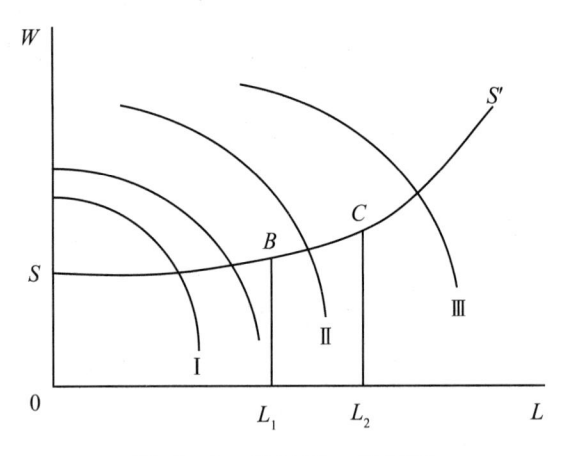

图6-2　拉尼斯—费模型

第一阶段：农业劳动边际生产率等于零。拉尼斯和费景汉把边际生产率等于零的农业劳动力称为多余的劳动力（redundant labor force）。这部分劳动力转移到工业部门不会引起农产品总量的减少和粮食的短缺，因为这一阶段的农业劳动边际生产率为零。农产品总量不减少，工业部门工资水平就不会提高，从而工业部门的劳动供给是无限的，供给曲线是水平的，如图6-2中的水平供给曲线SB部分所示。这个阶段与刘易斯模型是一致的。

第二阶段：农业劳动边际生产率大于零，但小于农业劳动者的平均收入水平，或用拉尼斯和费景汉的话说，小于不变制度工资。当这部分劳动力开始从农业部门转移出去时，农业总产出就会下降。此时，农产品和粮食短缺就发生了。粮食短缺必然导致粮食价格上涨，工资水平也必然相应提高。所以，第二个阶段中工业部门的劳动供给曲线是上升的，如图6-2中的劳动供给曲线BC部分所示。

第三阶段：农村剩余劳动力全部转移到工业部门中。拉尼斯和费景汉把农业劳动边际生产率低于不变制度工资的劳动力定义为隐蔽的失业者（the disguised unemployed），即剩余劳动力。依据这一定义判断，第一、第二阶段的农业劳动力都为剩余劳动力。当这些剩余劳动力全部转移到工业部门中时，劳动力转移就进入了第三个阶段。在这一阶段中，剩余劳动力消失了，农业部门的工资水平再也不是由制度决定，而是由市场原则决定，即由劳动边际生产率决定。劳动边际生产率高于不变制度工资，因此，这一阶段农业部门的工资水平高于不变制度工资。由于农业的工资水平上升了，工业部门的工资水平必须上升得更高，否则，农业劳动力就不会转移到工业部门。因此，第三个阶段的劳动供给曲线上升得更陡，如图 6-2 中 C 点之后的部分所示。

拉尼斯和费景汉认为，农业剩余劳动力全部转移到工业部门中是发展中国家实现工业化的关键。在第一阶段，劳动力转移不会受到阻碍，因为此时农业总产出并没有减少，粮食短缺不会发生。在第二阶段，劳动力转移将受到影响，因为此时农业总产出减少了。粮食短缺将会引起粮食价格和工资上涨，农业劳动力转移得越多，粮食短缺越严重，粮食价格上升得就越高。粮价上涨意味着生活费用提高，由此导致货币工资上升，工业部门劳动供给曲线随货币工资上升变得越来越陡。结果，在农业剩余劳动力全部转移到工业部门之前，工业部门的扩张过程就会停止下来。因此，要使农业劳动力转移从第二阶段顺利进入第三阶段，农业劳动生产率必须提高，使得在农业劳动力数量减少的情况下农业总产出不减少。

拉尼斯和费景汉进一步指出，农业劳动生产率的提高是保证工业部门扩张和农业剩余劳动力转移的必要条件。在一个停滞的农业中，工业部门不可能实现持续扩张，这样，农业剩余劳动力是不可能全部转移的。要使农业剩余劳动力顺利转移，农业劳动生产率还必须与工业劳动生产率保持平衡增长，使工业与农业的贸易条件保持不变。①

2. 拉尼斯—费模型的理论贡献及其局限性

拉尼斯—费模型是对刘易斯模型的重大发展。在刘易斯模型中，农业对工业部门扩张的贡献就是提供廉价劳动力，只要工业部门持续发展，农业劳动力就可以转移到工业部门。但在拉尼斯—费模型中，农业不仅为工业部门提供劳动力资源，而且也提供农业剩余。如果农业剩余不能满足工业部门扩张对农产品需求的日益扩大，劳动力转移就会受阻，工业扩张就会放慢，甚至停滞下来。这一点被认为是拉尼斯—费模型对刘易斯模型的最重要发展，也为发展中国家在工业化过程中注意工业与农业平衡发展提供了重要的理论依据。

拉尼斯—费模型几乎保留了刘易斯模型所有的假定，刘易斯模型的缺点同时也就是拉尼斯—费模型的缺点，以上对刘易斯模型的评论也适用于拉尼斯—费模型。

二、工农业关系理论

（一）农业在工业化过程中的作用

发展中国家经济发展的目标是实现工业化，而农业在促进工业化方面作出了

---

① 对拉尼斯—费模型的详细讨论，参看谭崇台：《发展经济学》，上海人民出版社 1989 年版，第七章第二节。

必不可少的贡献，如果没有这些贡献，工业化就会停滞不前。诺贝尔经济学奖获得者、美国经济学家库兹涅茨把农业的作用概括为四个贡献：产品贡献、要素贡献、市场贡献和外汇贡献。

1. 产品贡献

随着工业化程度的提高，农产品总量必须不断增加，否则工业化和经济发展将会受到农产品不足的限制。农业总产品中扣除农业部门的消费后即为农产品剩余或农业剩余，也就是农业部门对非农业部门发展作出的产品贡献。一般来说，农产品剩余越大，农业部门的产品贡献就越大。产品贡献又可分为原料贡献和粮食贡献。

（1）原料贡献。在发展中国家，许多工业部门都把农产品作为主要原料。没有农业部门提供的原料，这些工业部门就不能发展起来。在经济发展水平较低的发展中国家，以农产品为原料的工业生产一般在整个工业生产中占有相当大的比重。当然，随着经济的发展，以农产品为原料的工业生产比重会逐渐趋于下降。但是，应当看到，在进入工业化之前，以农产品为原料的工业在整个工业中仍然处于相当重要的地位。

（2）粮食贡献。农业对工业化最重要的贡献是粮食贡献。根据马克思历史唯物主义观点，人首先要解决吃饭问题才能够活下来，才能从事其他经济和社会活动。粮食供给的重要性怎么强调都不过分，有时可以把农业的重要地位看作等同于粮食供给的重要性。经济学家和国家决策者都十分重视粮食在经济发展中的关键作用。这是因为在许多发展中国家，由于农业生产率低下，或者由于国家发展战略的失误，对农业索取得多，给予得少，常常出现粮食短缺现象，甚至有的国家出现大面积饥荒。粮食供给不足严重地影响着经济的发展和工业化进程。中国曾经经历过粮食严重短缺、很多工业建设项目不得不停止的深刻教训。从过去几十年的粮食进出口贸易来看，发展中国家作为一个整体，是净粮食进口者。粮食贸易逆差的出现和扩大，表明发展中国家粮食生产的增长日益落后于对粮食需求的增长。实际上，发展中国家作为一个整体，粮食生产的增长速度并不慢，但是对粮食需求的增长却更快，致使发展中国家的粮食不能自给自足。发展中国家粮食需求巨大，主要是由以下原因造成的。

一是发展中国家居民的消费倾向比发达国家要高得多。在经济发展初期，增加的收入大部分用于消费，很少用于储蓄。此外，恩格尔定律表明，处于低收入水平时，食物支出占预算支出的比重很大。这样，发展中国家粮食需求收入弹性远比发达国家高。据估计，发展中国家需求收入弹性达 0.8 以上，而发达国家只有 0.15 左右。

二是与发达国家相比，发展中国家的人口增长率要高得多。低收入国家作为一个整体，2000～2017年的人口增长率为2.7%；中低收入国家是1.6%。这样，即使不考虑其他因素，仅就人口增长而言，发展中国家对粮食的需求也比发达国家要大得多。

三是工业化及随之而来的城市化扩大了对粮食的需求。发展中国家的城市人口年均增长率很高。2016年，低收入国家城市人口增长率高达3.9%，而高收入国家只有0.8%。发展中国家城市人口快速增长主要是由乡—城人口流动激增所致。城市居民消费的粮食高于农村居民，所以快速城市化使得粮食需求增加。

粮食短缺的后果是较为严重的。粮食短缺必须通过进口来弥补，这就需要大量外汇支出，而低收入国家一般创汇能力有限，把有限的外汇用来进口大量的粮食，势必影响国内工业生产所需的紧缺物资和技术的进口，从而抑制了非农业部门经济的扩张。粮食短缺及造成的后果使人们认识到农业尤其是粮食生产在经济发展中的重要作用。没有农业和粮食生产以一定速度的增长，就不可能满足日益增大的粮食需求，并延缓工业化进程。

2. 市场贡献

农业部门的产品贡献来自农产品剩余的供给，而农业部门的市场贡献则来自对非农业部门的产品需求。农业生产所需的投入一部分来自本部门自己的供给，如种子、肥料农具等；另一部分则来自非农业部门的产品，如化肥、地膜、农业机械等。此外，农业人口所需的生活消费品一部分来自本部门的产出，如粮食、蔬菜等；另一部分则来自工业部门，如衣着、日用工业品、家电以及其他服务等。农业部门对非农业部门生产资料和消费品需求的增加，扩大了非农业部门的销售市场，促进了非农业部门的增长和繁荣。从这个意义上说，农业部门为非农业部门作出了市场贡献。

在发展中国家，大多数人口生活在农村地区。虽然农业人口的人均收入低于城市居民，但从总量上说，在一定时期，农业部门的货币总收入并不比非农业部门少。因此，广大的农村地区是一个非常重要的工业品销售市场。在发展中国家，由于农民的收入水平比城市居民低，因而农民的消费倾向比城市居民高。这样，在一定数量货币收入条件下，农民对工业消费品的购买就比城市居民多。此外，从动态角度来说，农民货币收入的增加比城市居民的同量增加更有利于消费品市场的扩大和消费品工业的发展。据笔者估计，1992年，中国农村居民的消费倾向是0.666，城镇居民的消费倾向是0.547。这就是说，在100元收入中，农民消费掉66.6元，而城镇居民只消费54.7元，前者比后者多花费12元。[①]

农业部门对工业部门生产的农业生产资料的需求也形成一个重要的工业品市

---

① 郭熙保：《农业发展论》，武汉大学出版社1995年版，第72页。

场。农业部门与制造农业生产资料的部门之间的联系被称为后向联系，这种联系随着农业的发展而越来越密切。这是由于农业生产率的提高和农业生产的增长越来越依赖现代工业投入品的增加。因而，农业的发展也促进了农业生产资料工业部门的扩张。

3. 资本贡献

要素贡献包括劳动力贡献和资本贡献。农村存在着数量巨大的剩余劳动力，可以为工业的发展提供大量的廉价劳动力，如前面刘易斯模型所描述的那样，这里不再赘述。对于发展中国家来说，资本是稀缺的，农业部门能为非农业部门的扩张提供资本积累，从而对工业部门扩张作出资本贡献。特别是在发展初期，农业部门要素贡献巨大，工业的发展依赖农业部门为其提供宝贵的可投资资源。

农业部门的资本贡献是指农业剩余的净流出。农业部门在向非农业部门提供农产品的同时，还要从非农业部门中购买工业品，以满足本部门的需要。从农业剩余中减去农业部门购买的工业品数额即得到净农业剩余，此即农业部门的资本贡献。例如，假设一国在某一年内，农业部门为非农业部门提供的农业剩余是1亿吨粮食，价值为2 000亿元，而农业部门向非农业部门购买工业品花费了1 600亿元。这样，在这一年中，农业剩余的净流出是400亿元。这就是农业部门为非农业部门作出的资本贡献。

工业化的推进有赖于工业部门和第三产业的扩张，而非农业部门的扩张则需要巨额的资本投入。在工业化初期阶段，一个国家的非农业部门尤其是工业部门规模甚小，依靠自身来筹措发展资金是远远不够的。这样，农业部门就成了国内储蓄和资本积累的主要来源。当然，在工业化初期，农业部门也要有适度增长，农业的发展也需要有资本投入。但是，在农业部门中，生产的增长和生产率的提高不一定需要投入大量的资本，它可以通过增加更多的劳动投入来解决这个问题（如修筑水利设施和道路、平整土地等）。因此，农业部门为非农业部门提供资本是完全可能的。

日本就是一个典型例子。该国在工业化早期阶段即通过对农业部门征收重税把农业资本转移到非农业部门，1882～1892年，日本政府税收收入中85%来自农业税，到1918～1922年，农业税仍占总税收收入的40%左右。日本政府把这些税收收入主要用于非农业部门投资。1887～1936年，日本政府的公共投资支出主要用于扩张和改善铁路系统，建立"模范"工厂，补贴海洋运输等项目，而政府对农业的投资则极为有限。在中国台湾地区的经济发展中，农业部门为非农业部门的增长也提供了大量的资本。20世纪20年代以前，台湾地区农业部门流出的资本量是相当大的，据估算，农业剩余净流出占农业总产出的比率高达30%。换句话说，100元农业总产出中就有30元转移到非农业部门中。以后，这个比率逐渐下降。但到 60 年代，农业部门资本净流出率仍达到 13% 以上。

4. 外汇贡献

在发展初期，工业基础薄弱，工业发展所需的机器设备以及原材料大多依靠进口，这就需要花费大量的外汇。而这一时期，工业创汇能力有限，发展中国家主要依靠农产品出口创汇，因此在工业化初期，农业部门扮演着出口创汇的重要角色。此外，除了出口创汇之外，农业部门增加粮食生产还能节约外汇，因为粮食如果短缺，就得依靠外汇来进口粮食。如果有限的外汇被用于进口粮食，那么资本品进口就不得不减少，因此就拖累了工业的发展。当然，随着一国经济的发展，工业部门逐渐发展壮大，出口创汇能力增强，农业作为创汇部门的作用就趋于下降，农业部门的外汇贡献就自然减少。

5. 各种贡献之间的关系

以上所述农业的各种贡献不是彼此孤立的，而是存在着密切的联系。

（1）市场贡献与产品贡献之间的关系。一般来说，农业部门市场贡献与产品贡献基本上是一致的。实际上，产品贡献可以看作是农业部门对非农业部门的农产品供给，市场贡献是农业部门对非农业部门的工业品需求。没有农业部门的农产品供给，非农业部门就没有收入，也就谈不上对非农产品的需求。当然，市场贡献与产品贡献也不是一对一地完全相等。当农业部门向非农业部门提供农产品剩余时，它还必须向国家缴纳税金和其他规费，不管农业税是用现金支付还是用实物支付，都必须从农产品销售总收入中扣除掉。此外，农民不会把所有收入都花费掉，总有一部分会被储蓄起来。因此，农产品销售收入中只有一部分用于购买工业品。另外，政府对农业部门的投资和其他支出，以及金融部门对农业的贷款又使农业部门的实际收入增加。在一定时期内，农业部门的市场贡献是大于还是小于产品贡献，取决于农产品流出与非农产品流入之间的关系。若前者大于后者，则市场贡献小于产品贡献；若后者大于前者，则市场贡献大于产品贡献。

（2）市场贡献与资本贡献之间的关系。应当说，市场贡献与资本贡献之间是有矛盾的。市场贡献要求农业部门的货币收入越多越好，因为收入越多，购买力越强，对非农产品的需求也越大。相反，资本贡献要求农业部门掌握的收入越少越好，因为农业资本净流出越多意味着对非农业部门的贡献越大。市场贡献与资本贡献之间的矛盾需要进行协调，协调得好坏直接关系到国民经济能否持续健康发展。经验表明，凡是对农业资本抽取太多而使农村市场萎缩的国家，经济发展也是不成功的，或是不太成功的。相反，那些保持农民收入以一定速度增长、保持农村市场兴旺的国家，经济发展也较为迅速。这是由于对农业剩余抽取太多，农民所掌握的收入就很少，非农业部门因缺乏农村这个潜力巨大的市场而不能得到迅速发展。

以上所述的各种贡献之间的关系,是就一个较短时期而言的。就长期来说,从几十年的发展过程看,农业部门在国民经济中的地位将逐渐下降,从而农业部门的各种贡献也相应地趋于下降,虽然每种贡献下降的幅度和速度是不一致的。①

(二) 工业部门对农业发展的作用

农业为工业发展做出了多方面贡献,但必须有一个条件,即农业必须有相应的增长和发展,否则,一个停滞的农业是不可能为工业做出贡献的。而农业生产的持续增长必须依靠工业部门的发展。工业的发展从需求和供给两个方面促进农业的发展。

1. 需求方面的贡献

首先,工业部门的发展壮大,增加了对农业劳动力的需求。发展中国家农业剩余劳动力规模巨大。对于发展中国家来说,要想提高农业劳动生产率和农民收入水平,一个重要的途径就是把这些剩余劳动力转移出去。而工业和服务业部门是吸收这些剩余劳动力的唯一途径。工业发展得越快,对农业劳动力的吸收能力就越强。随着农业剩余劳动力不断地转移到工业和服务业部门,农业劳动生产率和收入水平也会相应地提高。刘易斯二元经济发展模型告诉我们,农业部门为工业和服务业的发展输送了源源不断的劳动力,满足了工业对劳动力的需求,为工业化作出了劳动贡献。不过,在农业中存在着大量剩余劳动力的情况下,与其说农业部门为工业化作出了劳动贡献,还不如说工业化为吸收农业剩余劳动作出了贡献。

其次,工业的发展和城市人口的增加为农产品提供了广阔的销售市场。一般来说,国内工业、服务业部门以及城市居民是农产品的主要购买者,工业化的快速推进和非农业人口的大量增加会扩大对农产品原料和粮食的需求,使农产品价格保持在较高的水平上,并使农民收入持续稳定的增加,这无疑会促进农业生产的发展。反之,如果工业发展缓慢,对农产品需求减少,则农产品价格下跌,农民收入大幅度下降,农业生产就会萎缩。从这个角度来说,工业部门也为农业的发展作出了市场贡献。

2. 供给方面的贡献

工业为农业部门提供了越来越多的现代化投入品和技术条件。现代农业的增长表现为农业劳动生产率和土地生产率的持续增长。农业生产率的增长主要依靠现代技术进步,而技术进步很大程度上体现在现代投入品的大量增加、农业新技术的发明以及农业基础设施的发展上。现代的农业物质投入品包括种子、化肥、

---

① 郭熙保:《农业发展论》,武汉大学出版社1995年版,第117~118页。

机械等全部都是由工业部门和服务部门提供的，同时农业新技术的发明和应用也要靠工业部门提供物质技术基础。此外，农业基础设施建设也需要工业部门提供各种工业投入品。

更进一步地，当工业化发展到较高阶段时，国家财政实力增强，工农业之间的资本流动就发生了逆转，最初是农业资源流向工业，为工业化提供资本积累，但后来是工业和服务业积累了大量资本，开始补贴农业和农民，即所谓的工业反哺农业，城市支持农村。政府财政和金融系统对农业发展的支持表现在很多方面，如对农业和农民直接补贴，还可以通过建立农业科技研发和推广体系向农业提供技术服务，可以通过在农村兴办学校和培训机构来提高农村人口素质和掌握科技水平与管理能力。

三、城乡一体化理论

（一）国外城乡一体化理论

城乡一体化是中国学术界和实践界创造的一个特有概念，在国外一般不使用这个概念，而是用城乡融合（urban-rural composition）和城乡关系（urban-rural relation）等词汇。

英国古典经济学家亚当·斯密在《国富论》（1776年）中从分工和自然顺序论出发对城乡关系进行了描述。他指出：按照事物发展顺序，先发展农业，再发展工业，最后是商业和国际贸易。斯密的"自然顺序"不仅说明了产业的发展顺序，更强调了从乡村到城市的发展顺序。斯密指出："设使人为制度不扰乱事物的自然倾向，那就无论在什么政治社会里，城镇财富的增长与规模的扩大，都是乡村耕作及改良事业发展的结果，而且按照乡村耕作及改良事业发展的比例而增长扩大。"[①] 总之，斯密不但明确了先有乡村后有城市的顺序，而且将乡村与城市以及农业与工商业对应起来进行历史分析，奠定了城乡关系理论的基础和框架。从空间和区位角度探讨城乡一体化的早期著名学者要追溯到区位经济学创始人约翰·杜能（Johann Heinrich von Thünen，1826）。在区位论的开山之作《孤立国同农业和国民经济的关系》一书中，杜能提出了著名的"孤立国"理论。在他假定的孤立国中，有一个都市，都市所需农产品皆由乡村提供，农村所需加工品由都市提供。在这种假设下，杜能提出了各种产业的分布范围或适宜区位。杜能

---

① ［英］亚当·斯密：《国民财富的性质及其原因的研究》，郭大力、王亚南译，商务印书馆2002年版，第348页。

从区位地租出发,得出了农产品种类围绕市场呈环带状分布的各种模式,从而为区位论中的重要规律和原理——距离衰减规律和空间相互作用原理提供了理论基础。

空想社会主义者主要站在批判城乡对立和对未来社会城乡和谐设想的角度来论述城乡关系。圣西门、傅里叶、欧文等都对未来社会设计了工农平等、城乡和谐的美好图景,这个社会没有城乡差别、工农差别以及体力劳动与脑力劳动的差别。但空想社会主义者是基于伦理道德层面而不是历史唯物主义观点来论证的,因此是难以实现的。

马克思、恩格斯在分析资本主义制度的时候也对城乡关系进行过比较全面、系统的论述。马克思、恩格斯认为城乡分离是生产力发展的必然结果,是人类社会发展到一定阶段的必然产物。生产力的发展及社会分工的细化,推动了城市跟乡村职能的分化。劳动的分工导致工商业与农业的分离,工商业与农业的分离又引起了城市和乡村的分离与对立。它是人类社会从愚昧走向文明的象征,可能贯穿于整个人类文明发展的历史过程(刘维奇等,2013)。但是,城乡分离和对立不是永远存在的,而是随着生产力的发展,资本主义制度被共产主义制度替代,城乡对立将被城乡融合取代。可见,马克思恩格斯关于城乡关系从分离到对立,从对立到融合的动态演进过程是与生产力发展阶段紧密相关的。用现代的话说,城乡从不平衡发展到平衡发展是经济发展过程的结果,是经济发展的必然趋势。

早期的城市规划理论也蕴含城乡一体化发展的思想。英国城市学家霍华德(Ebenezer Howard)在其《明日田园城市》(1902年)一书中提出将田园城市理论(garden cities)作为早期城乡一体化发展理论的代表。他在该书中倡导用城乡一体的新社会结构形态来取代城乡对立的旧社会结构形态。霍华德认为,城市中人口过于集中是由于它有着吸引人的磁性,所以要将城市与农村相结合来统一管理土地,以便于解决城市发展中的问题。1961年,美国著名城市学家芒福德(Lewis Mumford)在其巨著《城市发展史:起源、演变与前景》中对城市史做了详细考察之后得出一个著名的结论,即"城与乡,不能截然分开;城与乡,同等重要;城与乡,应当有机结合在一起"①。芒福德的城市规划理论真正将城乡融合的思想提升至空间层面,为城乡一体化思想体系开创出重要的学科分支。

加拿大学者麦基(Terence Gary McGee, 1987)在20世纪80年代发表了系列论文,通过对中国、韩国、泰国等亚洲国家的长期研究发现,由于城市与乡村之间相互作用、影响,这些国家的城乡界限日渐模糊,城市与农村之间的联系日益密切,从而出现一种农业与非农业活动并存、互动的地域结构类型,据此提出

---

① [美]刘易斯·芒福德:《城市发展史:起源、演变与前景》,倪文彦等译,中国建筑工业出版社1989年版。

了"desakota"亚洲城乡一体化模式。"desakota"是由印尼语创造的复合词。"desa"为"乡村"（rural）之意，"kota"为"城镇"（urban）之意，二者合成词的含义是"城乡一体化"（吴传清等，2005）。该理论打破了传统意义上划分明确的空间概念，摒弃了城乡二分法的观念，为欠发达国家经济社会发展提供了理论支撑（秦高炜等，2017）。

（二）国内城乡一体化理论

国外城乡关系理论实际上涉及城乡一体化问题，只是没有提到城乡一体化这个概念，当然有与之类似的概念，如麦基提出的"desakato"就是他造的一个新词汇，是城市与乡村一体的意思。在我国，"城乡一体化"概念是在20世纪80年代提出来的。当时有人在总结苏南地区乡镇企业发展时提出了城乡一体化概念。但是对城乡一体化的密集研究是在21世纪初。进入21世纪以来，面对城乡发展严重失衡的状况，破除城乡二元结构、推进城乡发展一体化的现实课题摆到我们面前。2002年党的十六大提出统筹城乡发展，2012年十八大提出城乡发展一体化。在此背景下，对城乡一体化发展的研究成为学术界的一个热点。

城乡一体化是一项复杂的系统工程，涉及城乡空间规划、社会经济、文化生活、生态环境等各个方面，不同的学科对其内涵的界定会有不同程度的偏重。孙来斌、姚小飞（2016）将国内学者的观点总结为四个方面：一是城乡一体化是以生产力发展达到较高水平为前提条件的，应建立在工业化、信息化、城镇化、农业现代化发展到一定阶段的基础上。二是城乡一体化是与城乡二元结构相对应的、属于制度层面的概念，其实质就是废除或者改变城乡二元体制机制。三是城乡一体化是双向的互动发展过程，是城乡双方发挥各自优势，互为资源、互为市场、互相服务，从而达到城乡协调发展的过程。四是城乡一体化是一个系统工程，包括城乡经济一体化、城乡政治一体化、城乡社会一体化、城乡文化一体化、城乡生态一体化、城乡空间一体化等方方面面。① 根据学术界的研究，我们把城乡一体化概括为将工业与农业、城市与乡村、城市居民与农村居民作为一个整体来发展，最终消除城乡二元经济社会结构和缩小经济社会差距，使城乡同步实现现代化。

关于城乡发展一体化实现途径的研究较多，包括如下一些观点。第一种观点认为城乡一体化的最终目标是实现城市化。城市化是人类社会发展的客观趋势，

---

① 孙来斌、姚小飞：《城乡一体化研究述评》，载于《湖北社会科学》2016年第4期，第53~54页。也有人把城乡一体化概括为七个方面一体化：空间一体化、人口一体化、经济一体化、生态环境一体化、市场一体化、社会一体化、制度一体化，见曾庆学：《实现城乡一体化发展的机制体制研究》，载于《商业时代》2011年第8期。

城乡一体化是化乡村为城市,而非化城市为乡村,统筹城乡发展也并不是城乡同步或同等发展。作为一个发展中国家,我国解决城乡差距的根本途径是城市化。这种观点是通过把农村变为城市而最终消灭农村来实现城乡一体化,这就把城乡一体化问题转化为如何实现城市化问题。该观点不太符合实际,即使当今高度城市化的国家,除了新加坡等城市国家之外,农村依然是存在的,因此城市和农村仍然是两个独立的群落。所以,此观点是片面的。

第二种观点是从农村农业发展角度来思考城乡发展一体化。我国农村发展滞后于城市,农业现代化滞后于工业化,因此,必须加快农村农业发展,使农业农村发展水平最终赶上工业和城市发展水平,最终实现城乡协调平衡发展。这种观点大多是从城市支持农村的角度来思考,国家投入如何向农村倾斜,如加大农村基础设施的建设,增加对农村教育、卫生和社会保障等公共服务的投入等。该观点与第一种观点刚好相反,不是把重点放在城市,而是重视农村发展,虽然符合当前国家的发展思路,但我们认为它忽略了城乡互动、城乡一体的相互联系。

第三个观点是从制度层面来考察城乡一体化的实现途径。有学者指出,要破解城乡二元结构问题,实现城乡一体化,必须进行相应的体制改革。我国长期实施的城乡分治的二元制度必须通过改革来打破。体制改革的核心是要废除城乡分治的户籍制度,这是造成城乡二元结构的主要障碍。与户籍制度改革同步进行的是城乡二元社会保障制度,城乡二元公共服务体制,城乡二元资源配置制度改革等。这种观点强调我国实施多年的城乡二元经济社会体制是导致我国城乡差距巨大的主要原因,要缩小和最终消除城乡差距,必须要破除这种城乡二元管理制度。也有学者指出农村体制改革也是实现城乡一体化的重要途径,其中土地制度改革是关键。这种观点就中国而言是正确的,中国计划经济时代遗留下来的许多制度的确是造成我国城乡差距较大的重要原因。要实现城乡一体化发展,必须破除这些制度障碍。但是,这种观点也有一定片面性。城乡不平衡发展是一个经济发展的必然过程,在工业化城市化加速发展过程中,必然会在一个时期出现城乡发展不平衡现象,这不是城乡分治制度造成的。因此,把城乡二元结构都归因于城乡分治制度也是不客观、不全面的。

我国学术界对城乡发展一体化问题的研究文献极为丰富,有人在知网(CNKI)数据库做了文献搜索发现,关于城乡一体化的论文截至2015年底大约有10万多篇。[①] 不仅数量多,而且研究视角广泛,随着理论和实证分析不断深入,形成了一个庞大的研究领域,不仅在理论探索上,而且在经验总结提炼上,

---

① 秦高炜等:《国内外城乡一体化研究进展》,载于《现代城市研究》2017年第8期,第73页。

又或在政策建议上，都做出了巨大贡献。

第二节 工农业关系从农业支持工业到工业反哺农业的转变

前一节对工农业相互关系理论进行了介绍。从动态角度来考察，工农业发展是从不平衡到平衡的发展过程。工农业之间的关系一般要经历三个阶段：(1) 工业化初期阶段，工业基础薄弱，工农关系表现为以农促工，通过农产品不平等交换方式把农业剩余转移到工业部门，工业化的成长主要依靠农业提供资本积累。(2) 工业化中期阶段，工农关系表现为工农业平衡发展，此时农业剩余不再外流，工业的发展完全依靠自身的剩余积累进行。(3) 工业化后期阶段，工农业关系进入到以工促农、以城带乡的发展阶段，工业日益成长壮大，工业的剩余除了满足自身积累需要之外还通过各种方式开始反哺农业，推动农业实现现代化。

2004年9月，胡锦涛在十六届四中全会上明确提出了"两个趋向"论断，即：在工业化初始阶段，农业支持工业、为工业提供积累是带有普遍性的趋向；在工业化达到相当程度后，工业反哺农业、城市支持农村，实现工业与农业、城市与农村协调发展，也是带有普遍性的趋向。我们以胡锦涛同志的讲话为时间节点，把2004年作为一个时间节点，在此之前作为农业支持工业阶段，之后作为工业反哺农业阶段。

一、农业支持工业阶段

根据前面工农业关系理论，我们把我国农业对工业的支持分为：产品贡献、要素贡献、市场贡献和外汇贡献。

（一）产品贡献

我国的农业部门为国民经济发展作出了巨大的产品贡献。粮食总产量总的趋势是持续性增加，人均粮食产量基本上与粮食总产量的增长趋势吻合。如图6-3所示，我国的粮食总产量从新中国成立时的11 320万吨增加到2016年的61 625万吨，年均增长率为2.56%，人均粮食产量由1949年的208.9公斤增至2016年的446.99公斤，年均增长率为1.14%。其他主要农畜产品也一直在增加，尤其是畜产品和水产品增加更为迅速。从世界范围上来看，我国农产品中粮食、肉类、油料作物以及棉花的总产量也已连续数年位列世界第一。从人均占有量上看，粮食、水果、肉类以及水产品已都超过或与世界平均水平持平。农业部门充足的粮食供给是工业部门发展的基础。

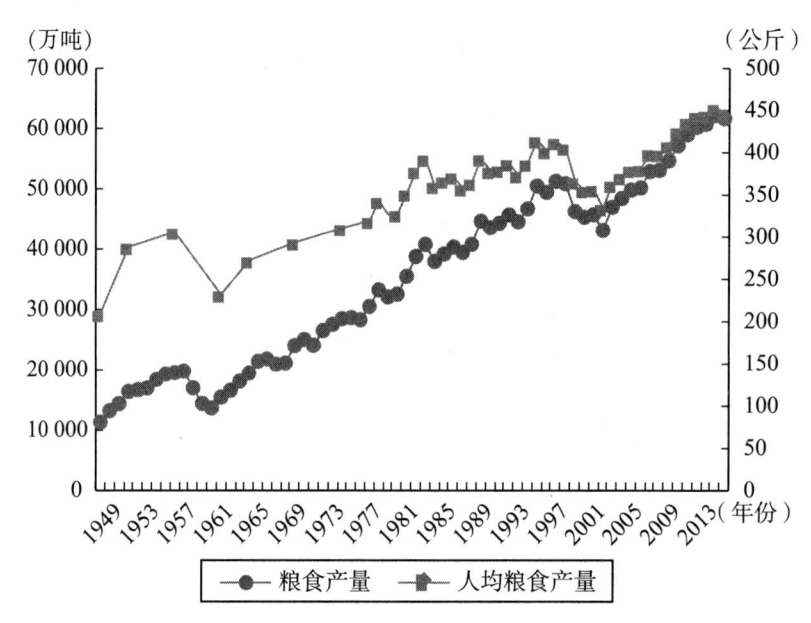

图 6-3　人均粮食产量和总产量变化趋势

资料来源：国家统计局网站数据库。

农业为工业发展提供的原材料也是巨大的，以此支持着轻工业的发展。从表6-1中可以看出以农产品为原料的轻工业占据了轻工业的主导地位，在新中国成立初期，其比重高达80%，甚至占据整个工业总产值的半壁江山。但是随着工业化进程的加速，以农产品为原料的工业占轻工业产值比重逐步下降，但其比重仍然在60%以上，且占工业总产值的18%左右。农业的原材料贡献可见一斑。

表 6-1　以农产品为原料的轻工业产值及其比重

年份	以农产品为原料的轻工业产值（亿元）	轻工业产值（亿元）	工业总产值（亿元）	占轻工业产值的比重（%）	占工业产值的比重（%）
1952	193.5	221.14	349.00	87.5	55.44
1957	407.5	499.39	704.00	81.6	57.88
1962	289.4	395.36	920.00	73.2	31.46
1965	504.0	702.93	1 402.00	71.7	35.95
1978	1 235.9	1 806.87	4 237.00	68.4	29.17

续表

年份	以农产品为原料的轻工业产值（亿元）	轻工业产值（亿元）	工业总产值（亿元）	占轻工业产值的比重（%）	占工业产值的比重（%）
1980	1 604.3	2 345.47	5 154.26	68.4	31.13
1985	2 756.6	4 000.87	9 716.47	68.9	28.37
1990	6 119.5	8 779.77	23 924.40	69.7	25.58
1995	15 869.3	23 475.30	91 894.00	67.6	17.27
2000	21 069.9	32 819.16	85 673.66	64.2	24.59
2005	48 846.7①	78 279.97	251 619.50	62.4	19.41
2010	132 252	200 072.30	698 590.54	66.1	18.93
2011	158 103	237 700.20	844 268.79	66.5	18.73

资料来源：以农产品为原料的轻工业产值数据来自1957~2012年相对应年份的《中国工业经济统计年鉴》；轻工业产值和工业总产值（当年价格）为《中国统计年鉴》工业部分规模以上工业企业主要指标，由于2012年后工业总产值指标不再列入统计指标，因此，表中的年份数据只统计到2011年。

（二）要素贡献

中国农业部门为工业化作出了巨大的资本贡献，我国很多学者对此进行了量化分析。例如，郭熙保对中国农业部门为非农业部门作出的资本贡献的分析结果是，1952~1992年，农业部门为非农业部门提供的农业净剩余即资本贡献年均为236亿元，占年均农业总产值的11.2%，农业实际资本净流出额占国民收入中积累额的比重平均达到17.7%。可见，农业部门为中国的工业化作出了巨大的资本贡献。农业部门向工业部门转移剩余一般是通过三个途径：工农业产品价格"剪刀差"、净税收和净储蓄。郭熙保（1995）认为，过去40年（1952~1992年），农业部门向工业部门转移的资本完全是通过价格"剪刀差"这个渠道实现的，至于另两个渠道——净税收和净储蓄却是负数。

农业也为国家工业化建设提供了大量的劳动力。20世纪50年代，在我国工业化初期阶段，国家开始进行大规模工业化建设的时候，工业部门对劳动力的需

---

① 由于2004年后统计项目更改，这里以农产品为原料的轻工业总值根据《中国工业经济统计年鉴》中按行业分组规模以上工业企业中的农副食品加工业，食品制造业，饮料制造业，烟草制品业，纺织业、纺织服装、鞋、帽制造业，皮革、毛皮、羽毛（绒）及其制品业，木材加工及木、竹、藤、棕、草制品业，家具制造业，造纸及造纸业工业产值的加总而得。

求迅速增加，农业劳动力开始大规模向工业部门转移，使得工业劳动力人数由1952年的1 246万人，增加到1958年的4 416万人，增长2.5倍。在国民经济调整时期，精减城市人口和职工人数以减轻对粮食供给的压力，从1961年起的三年时间城镇人口减少了2 600万，精简城镇职工2 000万人，以后又逐年增加。改革开放以后，素质较高的农业劳动力大量转移到城市第二、第三产业，并且工资水平较低。据统计，改革开放40年来，中国总共大约有近3亿农民转移到非农产业，为工业化的加速发展作出了巨大的贡献。农村剩余劳动力呈现出逐年递减的态势，据测算，农村剩余劳动力已从2002年的8 271万人迅速减少到2011年的1 669万人，目前农村剩余劳动力的数量已不及2002年的1/6。[①][②] 这表明农业部门为工业部门发展所作的劳动力贡献逐年下降。

（三）市场贡献

我国农业部门人口众多，这就意味着消费市场广大，为工业部门生产的各种商品提供了巨大的市场。在完成"一五"计划后，我国农业生产资料商品零售呈现出逐年递增的态势，特别是在改革开放以后表现得尤为突出。如表6－2所示，1952～1990年，农业部门对工业品的购买支出占GDP的比重为20.5%，也就是说，每100元的GDP中就有20.5元是由农业部门消费的。可见，我国农业部门为非农部门的发展作出了重要的市场贡献。尤其是家庭承包责任制施行后，广大农民的生产积极性被激发出来了，且农民收入出现了前所未有的大幅度增加，导致对农业投入品和消费品的购买出现显著的增加。在1981～1985年间，农业部门对工业品的购买支出占GDP的比重上升到21.9%，而后呈现逐年下降的趋势。另外一个反映农业部门市场贡献的指标是农村地区社会商品零售总额占全社会商品零售总额的比重。从图6－4中，我们可以看出农村地区社会商品零售总额在新中国成立后很长一段时间内与城市地区旗鼓相当，直到改革开放后，由于农村地区的率先改革使得农村地区社会商品零售总额超过城市地区，并且一直保持到1993年。虽然在1994年之后，农村地区社会商品零售总额被城市地区超越，但是乡村消费品零售额从1994年的6 498亿元增加到2016年的46 503亿元，22年时间增加了7.16倍，我们可以从乡村消费品零售额持续增长看出农村市场贡献仍很重要。[③] 由此可见，随着农村居民收入和消费水平的提高，必然会为工业乃至整个国民经济增长提供强大的需求动力。

---

① 王展祥：《工业化进程中的农业要素贡献研究》，中国农业出版社2010年版。
② 孟令国、刘薇薇：《中国农村剩余劳动力的数量和年龄结构研究——基于2002～2011年的数据》，载于《经济学家》2013年第4期。
③ 国家统计局：《中国统计公报》（1994～2016）。

表 6–2　　1952～1992 年中国农业部门对工业品购买支出及比重

时间	农业部门对工业品的购买支出			国内生产总值（亿元）	总购买占GDP的比重（%）
	投入品购买（亿元）	消费品购买（亿元）	总购买（亿元）		
1952 年	14.1	127.3	141.4	679.0	20.8
1953～1957 年	28.4	165.5	193.9	937.9	20.7
1958～1962 年	76.0	188.4	264.4	1 314.6	20.1
1963～1965 年	68.5	229.6	298.1	1 467.8	20.3
1966～1970 年	102.4	266.9	369.3	1 911.1	19.3
1971～1975 年	186.4	333.4	519.8	2 690.5	19.3
1976～1980 年	292.5	472.4	764.9	3 683.0	20.8
1981～1985 年	428.0	991.8	1 419.8	6 494.6	21.9
1986～1990 年	852.7	2 112.8	2 965.5	14 675.3	20.2
1992 年	1 288.9	2 938.4	4 227.3	27 068.3	15.6
1952～1990 年平均	257.7	601.9	859.6	4 195.3	20.5

资料来源：转引自郭熙保：《农业发展论》，武汉大学出版社 1995 年版，第 70 页表 3–8。国内生产总值数据来自《新中国五十年统计资料汇编》。

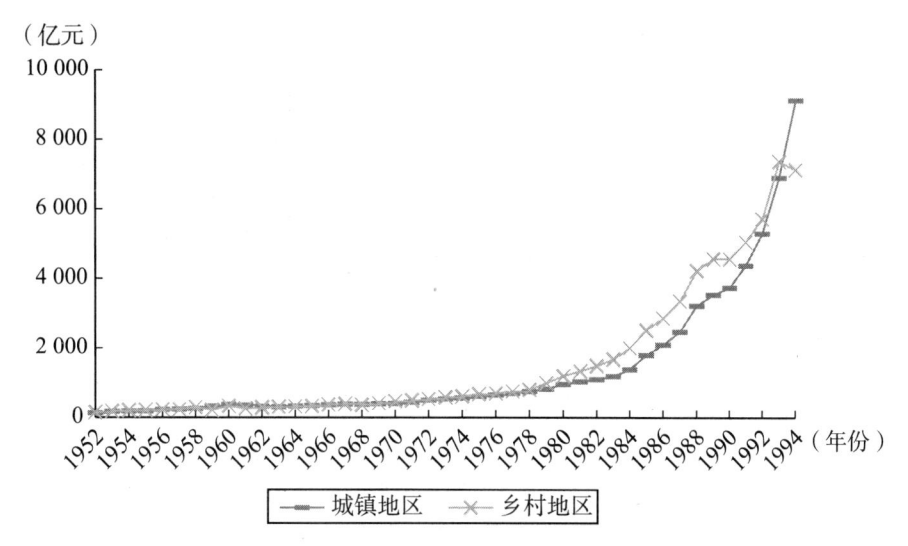

图 6–4　1952～1994 年城镇和乡村地区社会商品零售总额变化

资料来源：国家统计局：《中国统计年鉴》(1981～1995)。

（四）外汇贡献

新中国成立以来，农业对国民经济的外汇贡献主要是通过出口换汇增加外汇收入来实现的。如图 6-5 所示，我国主要农产品出口呈逐年上升的趋势。农产品出口换来的外汇主要用于工业生产中，为我国工业化的发展做出了重要贡献。尤其是在我国工业化的初期阶段，对外贸易中农产品出口在总出口中所占比例较高，在 1953 年达到 72%，而后逐渐降低，直到 1990 年仍然达到 16.2%。20 世纪末之前我国农产品外贸一直是顺差，持续的农产品顺差为当时工业起步积累了宝贵的外汇资金。进入 21 世纪以来，我国的主要农产品进口在增加，尤其是在 2004 年以后增加迅速，超过了农产品出口，从图 6-3 可以看出，在 2002 年时农产品还处于贸易顺差，净出口额为 57 亿美元，而到了 2004 年农产品对外贸易出现逆差，净出口额由正转负为 -46.4 亿美元。之后农产品对外贸易逆差逐步扩大，到 2016 年净出口额为 -380 亿美元。并且从农产品出口额占出口总额的比重来看是持续下降的，自 1953 年的 72% 下降到 2016 年的 1.89%。以上数据说明随着经济发展，农业在国民经济中的地位逐渐下降，农业的外汇贡献也随之萎缩，并从 2004 年之后变为负数（农产品净出口为负数）。

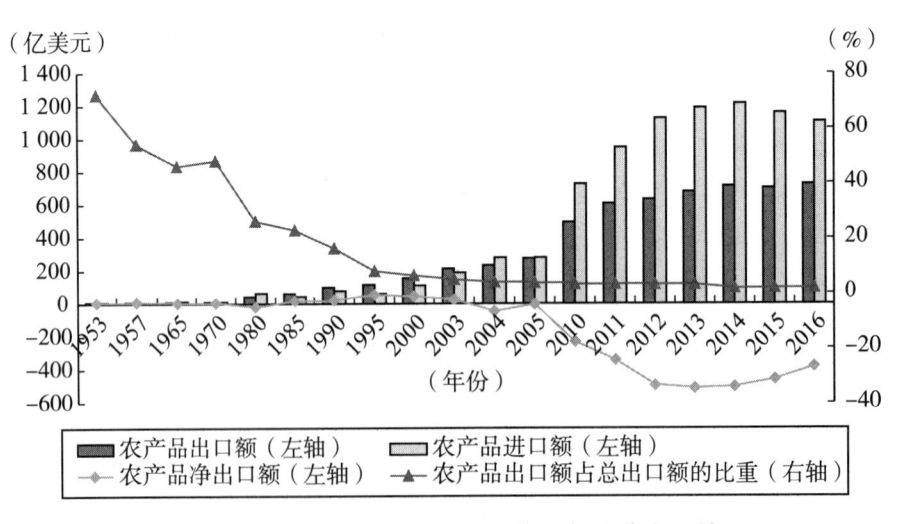

图 6-5　1953~2013 年我国主要农产品进出口情况

资料来源：1953~1970 年农产品出口额的数据根据《中国统计年鉴》（1981）中出口额与农副产品加工品和农副产品的总占比相乘而来。1953~1970 年农产品进口额的数据根据《中国统计年鉴》（1982）中进口额与生活资料占比相乘而来。其余各年根据《2012 年中国农业发展报告》和《中国农业统计年鉴》（1980~2016）整理而来。

农业支持工业阶段并不代表可以忽视农业的重要性。如果对农业剩余转移过多，农民收入过低，农民生产积极性受到极大压制，农业必然长期萎缩，而农业停滞不前，就不能为工业发展提供农业剩余，工业发展就会受到抑制。相反，如果我们重视农业的基础作用，反而会更加有利于促进工业的发展。改革开放前，我国农业实施集体经营制度，效率较低，因此农业发展缓慢，粮食短缺问题长期得不到解决，进而工业发展也受到制约。改革开放初期，改革始于农村，"包干到户"的家庭承包责任制大大激发了农民的生产积极性。如图6-3所示，改革开放前，我国粮食产量一直比较低，但20世纪80年代初期农业发展进入黄金发展期，粮食总产量和人均粮食产量年年创新高，这为工业部门输送了更多的农业剩余，为工业发展提供了坚实的基础。90年代末期到21世纪初，由于我们对农业发展的懈怠导致粮食总量和人均粮食产量出现持续性的下滑，农村地区出现大面积土地抛荒，粮食安全受到威胁。农业发展迟缓拖累工业部门的发展，进而影响到整个国民经济的发展。无论处于工农业之间关系的哪个阶段，都要重视农业的基础性地位，只有农业保持持续发展，工业才能保持健康持续的发展。

二、工业反哺农业阶段

进入21世纪，尤其是在2004年胡锦涛提出"两个趋向"论断之后，我国步入工业化中后期，工农业关系也在发生显著的变化，由过去的农业支持工业，开始逐渐转变为工业反哺农业的发展阶段。政府逐步加大对农业的政策支持力度。以工业反哺农业为动力，突破城乡二元体制、改变城乡二元结构。表6-3列出了2003年以来中共中央对农业发展支持的纲领性文献。

表6-3　　　　2003年以来中央关于工业反哺农业的政策表述

党的十六届三中全会	《中共中央关于完善社会主义市场经济体制若干问题的决定》	建立有利于逐步改变城乡二元经济结构的体制，国家新增教育、卫生、文化等公共事业支出主要用于农村
党的十六届五中全会	《中共中央关于制定国民经济和社会发展第十一个五年规划的建议》	坚持"多予少取放活"，加大各级政府对农业和农村增加投入的力度，扩大公共财政覆盖农村的范围，强化政府对农村的公共服务，建立以工促农、以城带乡长效机制，形成城乡经济社会发展一体化新格局

续表

党的十七届三中全会	《中共中央关于推进农村改革发展若干重大问题的决定》	尽快在城乡规划、产业布局、基础设施建设、公共服务一体化等方面取得突破、促进公共资源在城乡之间均衡配置、生产要素在城乡之间自由流动,推动城乡经济社会发展融合;并提出"五个统筹"
党的十七届五中全会	《中共中央关于制定国民经济与社会发展第十二个五年规划的建议》	必须坚持把解决好农业、农村、农民问题作为全党工作重中之重,统筹城乡发展,坚持工业反哺农业、城市支持农村和"多予、少取、放活"方针,加大强农惠农力度,夯实农业农村发展基础,提高农业现代化水平和农民生活水平,建设农民幸福生活的美好家园
党的十八大	十八大报告:《坚定不移走中国特色社会主义道路,夺取中国特色社会主义新胜利》	城乡发展一体化是解决"三农"问题的根本途径;加快完善城乡发展一体化体制机制,着力在城乡规划、基础设施、公共服务等方面推进一体化,促进城乡要素平等交换和公共资源均衡配置,形成以工促农、以城带乡、工农互惠、城乡一体的新型工农、城乡关系
党的十八届三中全会	《中共中央关于全面深化改革若干重大问题的决定》	城乡二元结构是制约城乡发展一体化的主要障碍;必须健全体制机制,形成以工促农、以城带乡、工农互惠、城乡一体的新型工农城乡关系,让广大农民平等参与现代化进程、共同分享现代化成果
党的十八届五中全会	《中共中央关于制定国民经济和社会发展第十三个五年规划的建议》	坚持工业反哺农业、城市支持农村,健全城乡发展一体化体制机制,推进城乡要素平等交换、合理配置和基本公共服务均等化。 促进城乡公共资源均衡配置,健全农村基础设施投入长效机制,把社会事业发展重点放在农村和接纳农业转移人口较多的城镇,推动城镇公共服务向农村延伸
党的十九大	十九大报告:《决胜全面建成小康社会夺取新时代中国特色社会主义伟大胜利》	实施乡村振兴战略。要坚持农业农村优先发展,按照产业兴旺、生态宜居、乡风文明、治理有效、生活富裕的总要求,建立健全城乡融合发展体制机制和政策体系,加快推进农业农村现代化

除了表 6-3 中所列过去 10 多年中央重要纲领性文件指出和重申加快农业和农村发展、促进城乡协调发展之外,2004~2019 年,中央一号文件已连续 16 年聚焦"三农",内容涵盖"三农"问题的各个方面,从促进农民增收、提高农业综合生产能力、建设社会主义新农村、发展现代农业、加强农村基础设施建设到

统筹城乡一体化发展并提出"三化"同步和"四化"同步,直到2018年聚焦乡村振兴战略,2019年聚焦农业农村优先发展。

进入21世纪以来,中央政策对农业的持续支持使得我国农业保持了10多年的持续繁荣发展,一举扭转了20世纪末农业和粮食生产下滑的局面。我们将中央支持农业发展的政策分为两类:一类是制度反哺,如农村土地制度改革,准许土地流转和土地所有权、承包权、经营权分置;户籍制度改革,打破城乡户籍壁垒,加快农民工市民化等。另一类是财政反哺,如农业税费减免、各项农业财政补贴、农村养老保险以及公共基础设施建设等。

(一) 支持土地流转,大力推进家庭农场等各种新型经营主体的发展

自20世纪90年代以来,中央一直是允许土地流转的,但是进入21世纪以来,由于农村劳动力不断向非农业转移,农村土地抛荒和粗放经营比较严重,于是,中央从允许农地流转转变为鼓励和支持农地流转(郭熙保等,2016),并且还首次提出鼓励和支持发展家庭农场等新型经营主体。党的十七届三中全会强调有条件的地方可以发展专业大户、家庭农场、农民专业合作社等规模经营主体,并指出允许农民以转包、出租、互换、转让、股份合作等形式流转土地承包经营权。2013年"中央一号文件"进一步强调土地流转和农业规模化经营,更明确支持专业大户、家庭农场和农民合作社等新型农业经营主体的发展。由于国家政策上的鼓励和支持,土地流转的规模呈现出逐年不断扩大的趋势。如表6-4所示,从2007年到2016年,全国土地流转面积从0.64亿亩增加到4.71亿亩,占家庭承包耕地总面积从5.2%上升到35.1%,2016年土地流转面积比2007年底增长了6.75倍。

表6-4 我国土地流转面积与比例(2007~2014)

年份	流转面积(亿亩)	占家庭承包耕地总面积的比例(%)	增幅(%)
2007	0.64	5.2	0.7
2008	1.09	8.9	3.7
2009	1.50	12.0	3.1
2010	1.87	14.7	2.7
2011	2.28	16.2	1.5
2012	2.78	21.1	4.9
2013	3.41	25.7	4.9
2014	4.03	30.4	4.7

续表

年份	流转面积（亿亩）	占家庭承包耕地总面积的比例（%）	增幅（%）
2015	4.47	33.8	3.4
2016	4.71	35.1	1.3

资料来源：《2017年中国家庭土地流转面积、家庭承包耕地流转去向分析》，中国产业信息网，http://www.chyxx.com/industry/201711/579455.html。

目前我国家庭农场发展处于起步阶段，但是已表现出较大的发展潜力。截至2016年底，全国30个省、区、市（不含西藏及港澳台地区）共有符合本次统计调查条件的家庭农场87.7万个，经营耕地面积达到1.76亿亩，占全国承包耕地面积的13.4%。并且政府部门注重扶持家庭农场发展，提高管理服务水平。在全部家庭农场中，已被农业部门认定的达到41.4万户，平均每个种植业家庭农场经营耕地170多亩。农民合作社在政府的鼓励和支持下得到迅速发展。截止到2016年底，全国依法登记的农民合作社达179.4万家，入社农户占全国农户总数的44.4%。[①]

（二）农民工市民化工作列入中央重要议事日程

农民工市民化的各种障碍正在逐步加以消除，特别是近几年，无论是党的十八大报告、十八届三中全会还是五中全会都对农民工市民化提出了新的方针政策和重大举措。十八大报告指出，"加快改革户籍制度，有序推进农业转移人口市民化，努力实现城镇基本公共服务常住人口全覆盖"。2013年"中央一号文件"再次强调"有序推进农业转移人口市民化"，并提出"加快改革户籍制度，落实放宽中小城市和小城镇落户条件的政策"。十八届五中全会进一步指出要加快提高户籍人口城镇化率，提出在"十三五"期间要把户籍人口城镇化率提高10个百分点，即把一亿农民工转变为城市市民，让农民工享受与现有城市居民同等的社会福利和社会保障。为实现这一目标，提出了有针对性的配套政策，即"两个挂钩机制"。十九大报告进一步重申要进一步加快农业转移人口市民化。

根据国务院农民工办公室主任、人力资源和社会保障部副部长邱小华透露，截至2016年底，中央用于农业转移人口市民化的奖励资金达到100亿元。国务院办公厅印发《推动1亿非户籍人口在城市落户方案》，各地区普遍放宽农业转移人口落户城镇的条件，25个省（区、市）出台或修订了居住证暂行条例实施办法。全国近90%的地区将农民工随迁子女义务教育纳入政府财政保障，除西

---

① 资料来源：《我国新型农业经营主体数量达280万个》，央广网，http://country.cnr.cn/gundong/20170308/t20170308_523645226.shtml。

藏和港澳台地区外的各地共有 11.8 万名符合条件的随迁子女在当地参加高考，较 2015 年增长 47%。基本公共卫生计生服务已基本覆盖农民工及其随迁家属。多渠道改善农民工居住条件，全国有 1 800 多个市县已将农民工纳入公租房保障范围。

（三）全部取消所有农业税费

1999 年，国家开始制定农村税费改革方案。在此之前，中国农民可统计的税费负担共有 13 项，总额 1 250 亿元。[①] 2000 年开始在一些地区开展降低农业税税率的试点工作，试点地区农民的农业税负担得到了减轻。党的十六大以后，农业税费改革脚步加快，农业税减负工作全面展开，在慎重考虑的情况下中央适时提出从 2006 年 1 月 1 日起全面取消农业税各个税种的征收，其中主要包括农业税、牧业税、农业特产税、畜禽屠宰税。从图 6-6 中，我们可以看出 1986~2003 年农业税呈现出阶梯式攀升，该期间可以划分为四个阶段：1986~1993 年农业税温和增长，从 44.22 亿元增加到 90.18 亿元；1994~1997 年农业税陡增，短短四年间农业税增长 1.82 倍；1998~2001 年农业税出现下降的趋势，降幅较小；至 2002 年后到 2003 年农业税达到历史峰值，为 423.82 亿元。至此之后农业税逐年递减，到 2006 年后全部取消农业税。自 1986 年算起到 2006 年取消为止，累计农业税总额为 3 922.31 亿元。

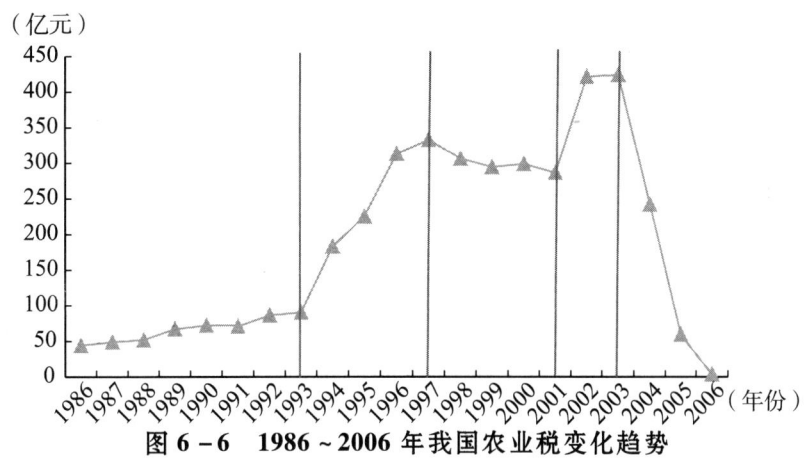

图 6-6　1986~2006 年我国农业税变化趋势

注：这里的农业税为农牧业税和农业特产税之和，不包括契税、烟叶税和耕地占用税。
资料来源：中国财政年鉴编辑委员会：《中国财政年鉴》，中国财政杂志社 2010 年版，第 435 页。

在全面取消农业税的同时，国家还明确取消了对农民的各种收费，包括集体

[①] 乔方斌，张林秀：《农业税取消对农民负担的影响》，载于《中国社会科学报》2011 年 7 月 7 日第 11 版。

对农民的收费。据有关专家估计，2000年农村各种收费可能在724亿~1 086亿元之间，远高于国家公开的统计数据。提留统筹及其他收费金额在1994年为727亿元，1995年为877亿元，1998年甚至达到1 000亿元，到2000年虽然有所回落但也达到894亿元。① 国家取消了各种与农业相关的税费是对农业发展前所未有的支持，它大大减轻了农民的负担，增加了农民收入，刺激了农民从事生产的积极性。据有关部门统计，取消农业税费后，全国农民每年减轻负担1 335亿元（陈锡文，2013）。

（四）对"三农"给予前所未有的财政和金融支持

从图6-7中我们可以看出，1990~2003年的14年间财政支农资金总额为12 310.61亿元，而2004~2015年的12年间，国家财政中用于"三农"的支出部分呈现快速增长趋势，无论是从绝对量上还是财政支持强度上（财政支农资金占农业总产值的比例）均出现了大幅度提高。从绝对数量上看，由2004年的2 337.6亿元增加到2015年的17 380.49亿元，增长了7.43倍，平均每年递增18.19%，占中央财政总支出的比重上升了1.67个百分点；从支持强度来看，财政支农资金占农业总产值比重由2004年的6.5%提高到2014年的28.55%。② 金融机构对农业的支持力度也在增强，金融机构涉农贷款持续增长。如图6-7所示，2000年之前金融机构涉农贷款增长幅度不大（除去1996年），随后金融机构涉农贷款逐年提高，到2015年达到26.35万亿元之巨（大部分变化可以归因于统计口径的变化）。不过，金融机构对涉农贷款的强度还没有达到预想的规模，不像财政对农业的支持力度那么大，这主要是因为金融体制还没有理顺，有些金融政策还不到位。

具体分析财政支农资金的各项目支出结构变化能够清晰地看出财政支农侧重点的变化。从图6-8（a）中可以看出，支援农村生产支出和农林气象等部门的事业费所占比例最大，平均占财政支农总金额的65.2%，而且在2003年后出现快速增长，到2006年达到2 161.4亿元；其次是包括路桥建设、通信、水利设施等农业基本建设支出，该项支出在1997年前逐年平稳增长，1997年之后跃升到一个新的增长水平后在波动中有所下降，但在2006年仍占到财政支农总金额的15.9%；而科技三项费用支出占总支出的比例不大，基本不到1%；包括农村救济费、福利费等在内的其他支出从2003年开始逐年提高，到2006年达到财政支

---

① 国务院发展研究中心：《调查研究报告——在城乡一体化发展中推进农村富余劳动力转移》（2006年第26号）。

② 根据1990~2001年《中国农村统计年鉴》计算而来。其中2014年"三农"支出由于统计年鉴中统计项目名称变更，以农林水事务项目的数值代替。

农总金额的15.3%。2007年后统计口径的变化主要体现在财政资金向农民直接补贴和农村社会保障逐渐增多。如图6-8（b）所示，农村社会事业发展支出快

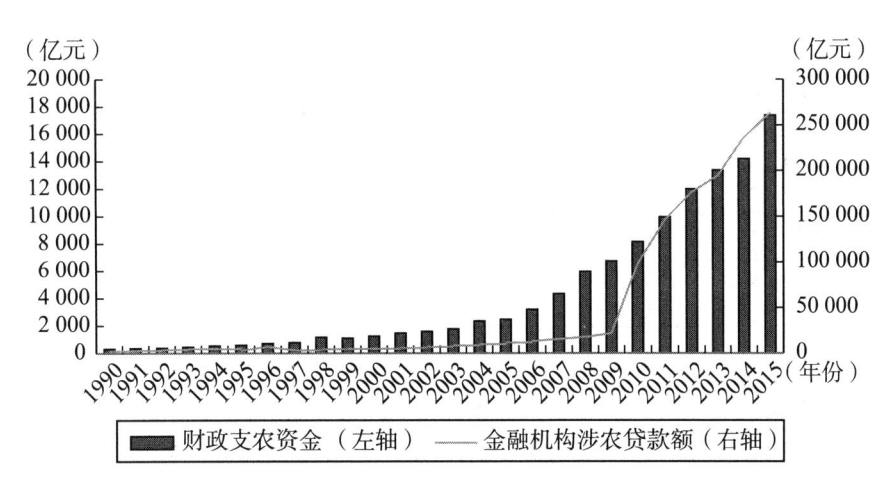

图6-7 1990~2015年我国财政支农和金融机构涉农贷款情况

注：1991~2009年涉农贷款以农业贷款表示，2010年后涉农贷款作为单独统计项目在《中国金融年鉴》中列出。

资料来源：财政支农资金数据来自1991~2016年各年《中国财政年鉴》。金融机构涉农贷款额数据来自1991~2015年各年《中国金融年鉴》。

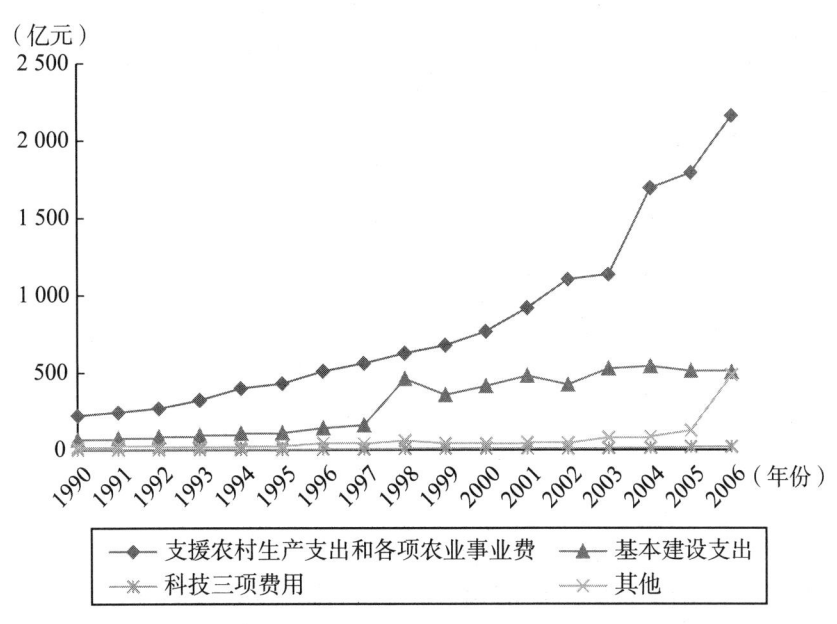

图6-8（a） 1990~2006年我国财政支农资金分类

图 6-8（b）　2007~2012 年我国财政支农资金分类

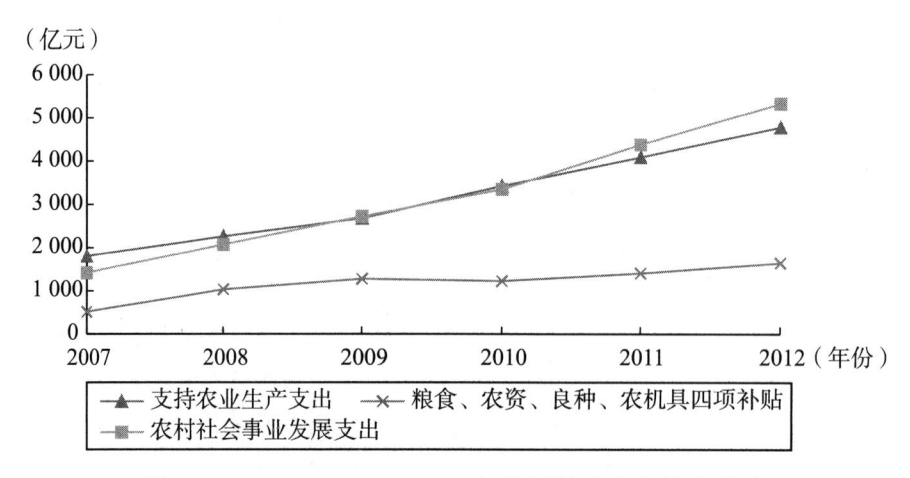

注：2007 年后对财政支农资金的分类统计口径进行了调整，由之前分为支援农村生产支出和各项事业费、基本建设支出、科技三项费用及其他四项统计科目，变更为支持农业生产支出、农村社会事业发展支持以及粮食、农资、良种、农机具四项补贴三项统计科目。

资料来源：1991~2013 年《中国农村统计年鉴》，引自中国经济与社会发展统计数据库。

速增长，到 2011 年后开始超过农业生产支出，这说明政府对农村公共产品的供给逐步增加，如教育医疗卫生、农村社会保障以及社会救济等的支出，从 2007 年的 1 415.8 亿元增加到 2012 年的 5 339.1 亿元，短短 6 年时间翻了近两番。四项补贴作为对农民的直接补贴稳步增长，从 2007 年的 513.6 亿元增加到 2012 年的 1 643 亿元，增长了 3.2 倍。从以上的分析中可以看出，财政支农资金在支持重点的农业生产建设的同时，开始逐渐向支持民生和促进农民收入增长转变。

（五）工业反哺农业阶段所取得的成就

近十多年来，国家对农业的支持力度前所未有，取得的成就非常显著。成就是多方面的，这里仅列出两个重要方面。

首先，中国粮食总产量和人均产量都在较高水平上继续增长。从 2003 年起我国的粮食总产量持续上升，从 43 069 亿吨上升到 2017 年的 66 160 亿吨，增加了 2.3 万亿吨，涨幅达 53%，平均每年递增 3.11%；人均粮食产量从 2003 年的 334 公斤增加到 2017 年的 477 公斤，增加了 42.8%。[①] 粮食是经济发展的基础，粮食持续增长为我国工业化和城镇化的加速发展提供了坚实的前提条件。

---

① 资料来源：国家统计局网站年度数据库。

其次，农民收入持续增加。农民家庭人均纯收入从 2003 年的 2 622 元增加到 2013 年的 8 895 元，平均每年递增 12.99%。2013 年以后统计指标口径与调查方法、调查范围发生了变化。按照最新统计指标，农村居民人均可支配收入从 2013 年的 9 430 元增加到 2017 年的 13 432 元，平均每年递增 7.33%。① 农民收入增长不仅快于人均 GDP 的增长，也快于城镇居民的人均可支配收入的增长，致使城乡收入差距趋于下降。如图 6-9 所示。2002~2009 年，农村居民人均纯收入虽然也在不断增加，但是增加的幅度不如城镇居民的大，此期间城乡收入差距从 2002 年的 3.1 扩大到 2009 年的 3.3。而后由于各项工业支持农业的政策持续发力，农村居民的收入增长加速，到 2014 年后城乡收入比开始进入"2"时代，2017 年城乡收入比下降到 2.71，差距持续缩小。这些成绩的取得都和工业部门逐步加大对农业部门的反哺力度紧密相连。

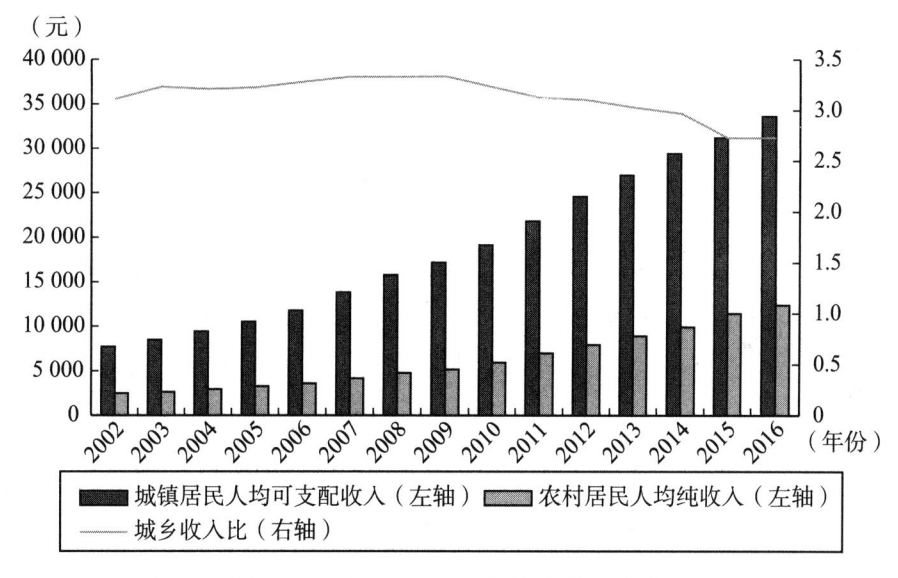

图 6-9　2002~2016 年城乡收入变化

资料来源：国家统计局：《中国统计年鉴》(2017)。

但是，由于农业本质上是一个弱势产业，以及多年发展不平衡的惯性，农业发展仍然是"四化"中的短板，农民收入水平与城镇居民收入水平差距仍然较大，农业基础设施建设依然滞后，还需要国家对农业农村发展持续加大支持力度，加快农业农村现代化步伐，使我国农业基础地位更为稳固，使农业发展这块短板迅速得到补齐，促进"四化"同步平衡发展。

---

① 资料来源：国家统计局网站年度数据库。

第三节 城乡发展从不平衡到平衡协调转变

尽管近年来国家持续加大对农业和农村的各种支持力度,并且粮食产量连年增产,农民收入大幅度提高,农村贫困人口显著减少,但城乡之间发展不平衡不协调的矛盾仍然比较突出,不仅表现为城乡生产要素交换不平等,而且还包括城乡公共服务供给的不均等。这些不平等势必会成为城乡发展一体化进程中的障碍。

一、城乡生产要素交换不平等

从市场经济角度来看,一个经济的资源配置是否有效率,就看要素市场交换是否自由。另外,一个经济的初次收入分配是否公平,要看要素市场交换是否平等。从城乡关系来说,城乡生产要素能否做到平等的交换是能否实现城乡一体化的关键所在。我国长期存在的城乡二元结构经过多年的改革在很多方面得到了改善,最主要的改善是农产品价格管制被取消了,促进了工农业产品的平等交换。但是计划经济时代建立的城乡二元管理体制所带来的城乡生产要素交换不平等的现象至今仍然十分突出。在改革开放之前,城乡不平等交换主要体现在工农产品价格"剪刀差"上,而现阶段则主要表现为土地、资本和劳动力等生产要素在城乡之间的不平等交换上。

(一)土地的不平等交换

我国城乡二元土地制度是在 20 世纪 50 年代建立起来的,至今仍然没有变化。在我国二元土地制度的框架之下,作为基本的生产要素——土地,由于产权属性的差异而不能够进行平等有效的交换。城市土地是国家所有,农村土地则属于集体所有(除了少量的国有农场)。正是由于这种不同的土地所有制度的安排,导致城乡土地权能上的差异,这种差异直接造成了农村集体土地所具有的权能显著低于国有土地,而且通过一级土地市场的政府垄断以及政府对土地用途和规划的管制使得这种权能上的不平等进一步扩大。随着我国工业化和城镇化加速发展,对农村集体土地的征用越来越多。尽管征地的补偿费用在逐年提高,农民所获得的征地补偿仅占政府土地出让金很少的比例,而且大大低于土地市场价格,土地净收益流入城市和工业,每年以万亿计。从表 6-5 中我们可以看出,近年来地方财政收入很大一部分依靠土地转让收入，从 2010 年到 2014 年土地出让金收入平均占到地方财政收入的 57%，而用于补偿被征地农民支出平均仅占征地和拆迁补偿支出的 4.3%，占土地出让金的 2%。此后土地出让金收入占财政收入比重有所下降，但 2016 年仍然达到 42%。这就意味着绝大部分的土地财产性的增值收益归地方政府和开发商所有，而农民只能拿到很少的一部分补偿。

表 6-5　2010~2016 年我国地方财政收入和土地出让金及征地补偿情况

年份	地方财政收入（亿元）	国有土地使用权出让金收入基金累计结余（亿元）	征地和拆迁补偿支出基金累计结余（亿元）	补偿被征地农民支出基金累计结余（亿元）	土地出让金占地方财政收入的比重（%）	补偿征地农民支出占征地和拆迁补偿支出的比重（%）	补偿征地农民支出占土地出让金的比重（%）
2010	40 613.04	28 197.70	10 206.96	457.11	69.43	4.48	1.62
2011	52 547.11	31 140.42	14 358.75	689.72	59.26	4.80	2.21
2012	61 078.29	26 652.40	13 828.92	520.75	43.64	3.77	1.95
2013	69 011.16	39 072.99	20 917.69	852.21	56.62	4.07	2.18
2014	75 876.58	40 385.86	20 281.78	856.97	53.23	4.23	2.12
2015	83 002.04	30 783.80	—	—	37.09	—	—
2016	84 850.00	35 639.69	—	—	42.00	—	—

资料来源：中国财政年鉴编辑委员会：《中国财政年鉴》（2011~2017），其中 2015 年以后《中国财政年鉴》中征地和拆迁补偿支出基金支出与补偿征地农民支出的两个科目未单列。

（二）农村资金大规模外流

长期奉行的城市偏向型发展战略的惯性，导致政府和社会资本的投资非农偏好依然突出，而以银行业为主的金融体系源源不断地以"金融存贷差"把农村资金转移到收益率更高的城市工业部门之中。虽然，近年不断加大对惠农的财政支持和政策支持力度，但是农村资金持续流向城市的趋势仍旧没有得到根本的改变。如表 6-6 所示，全国农户储蓄余额从 2005 年的 24 606.37 亿元增加到 2013 年的 101 268.7 亿元，增长了 4.12 倍；但是农户储蓄余额和贷款余额之差逐步扩大，从 2005 年的 16 619.99 亿元扩大到 2014 年的 62 517.17 亿元之巨。大量的农户储蓄通过银行系统流向城市部门，而没有用于农村发展和农业生产。本已紧张的农村投资资金供给更加短缺，进一步推高农业的融资成本。这种不平等的资金配置使得城市居民获得了较高的资本报酬，而农民仅获得较低的利息收入。而且在部分农村地区还存在金融服务盲区，我国有4万多个乡镇，而金融机构空白或仅有一个金融机构的乡镇数量仍有近万个。[①]

表6-6　　　　　2005~2016年我国农村资金净流出情况　　　　单位：亿元

年份	农户储蓄	农户贷款	农村资金净流出
2005	24 606.37	7 986.38	16 619.99
2006	28 805.12	9 213.03	19 592.09
2007	33 050.26	10 677.42	22 372.84
2008	41 878.69	11 971.73	29 906.96
2009	49 277.61	14 622.99	34 654.62
2010	59 080.35	26 043.2	33 037.15
2011	70 672.85	31 023	39 649.85
2012	54 615.64	36 195	18 420.64
2013	101 268.7	45 047	56 221.71
2014	116 104.17	53 587	62 517.17
2015	—	61 488	—

资料来源：《中国金融年鉴》(2006~2016)，其中2016年的《中国金融年鉴》中农户储蓄科目未列出。

（三）城乡劳动报酬差异巨大

由于劳动力市场的二元结构，导致进入城市务工的农村劳动力与城市劳动力，无论是在直接的工资收入上，还是在社会保障、社会福利上都存在明显的差距。

工资收入。从表6-7可以看出，虽然2015~2016年各行业进城务工的农村劳动力的工资收入均有所增加，但是仍然赶不上城镇单位在岗职工的平均工资水平，而且差距还在进一步扩大，平均来看从2015年相差25 165元扩大到2016年的28 269元。

表6-7　　　　　城乡劳动力各行业年均工资差距情况　　　　单位：元

指标	农村劳动力		城市劳动力		工资差额	
	2015年	2016年	2015年	2016年	2015年	2016年
平均	36 864	39 300	62 029	67 569	25 165	28 269
制造业	35 640	38 796	55 324	59 470	19 684	20 674
建筑业	42 096	44 244	48 886	52 082	6 790	7 838

---

① 资料来源：《中国经济时报》2014年3月17日第1版。

续表

指标	农村劳动力		城市劳动力		工资差额	
	2015年	2016年	2015年	2016年	2015年	2016年
批发和零售业	32 592	34 068	60 328	65 061	27 736	30 993
交通运输、仓储和邮政业	42 636	45 300	68 822	73 650	26 186	28 350
住宿和餐饮业	32 676	34 464	40 806	43 382	8 130	8 918
居民服务、修理和其他服务业	32 232	34 212	44 802	47 577	12 570	13 365

资料来源：农村劳动力数据来自《2016年全国农民工监测调查报告》中的月均收入乘以12个月推算得出年均工资；城市劳动力数据来自2016年、2017年《中国统计年鉴》中城镇单位就业人员平均工资。

社会保障。2014年全国农民工中"五险一金"的参保率分别为：养老保险16.7%、失业保险10.5%、医疗保险17.6%、工伤保险36.2%、生育保险7.8%、住房公积金5.5%，比上年分别提高了0.5、0.7、0.5、1.2、0.6和0.5个百分点。[①] 而2014年末全国城镇就业人员参加城镇职工基本养老保险、失业保险、城镇职工基本医疗保险、工伤保险的比率分别为74.2%、76.1%、74.4%、54.3%。[②] 这表明和城镇职工社会保障程度相比，进城务工的农村劳动力得到的社会保障要低得多。

合同保障。2016年，与雇主或单位签订了劳动合同的农民工的比重为35.1%。较低的劳动合同签订率，导致相当多的进城务工农村劳动力的合法权益不能得到应有的保护。拖欠农民工工资的情况时有发生，如2016年被拖欠工资的农民工人均被拖欠工资为11 433元，比上年增加1 645元，增长16.8%。[③]

二、城乡公共服务配置不平等

城乡之间不仅在生产要素交换上存在不平等，在公共服务供给上也表现出较大的差距。城市和农村的发展都需要国家公共服务的供给，但是资源是有限的，分配给城市的多了，分配给农村的自然就少了。中国长期以来实施城市偏向战略，主要体现在基础教育、公共医疗卫生资源分配和社会保障体系偏向城市居民。

（一）基础教育投入差距虽然缩小但仍存在

城乡之间基础教育上的差距可以从教育经费支出上看出，具体如图6-10所

---

① 资料来源：《2014年全国农民工监测报告调查报告》。
② 资料来源：根据《2014年度人力资源和社会保障事业发展统计公报》计算而得。
③ 资料来源：《2016年全国农民工监测报告调查报告》。

示。自 2004~2013 年的 10 年间,农村小学的生均公共财政预算基本建设支出从 18.31 元增长到 107.11 元,增长了近 5.85 倍;农村中学的生均公共财政预算基本建设支出从 19.84 元增长到 220.71 元,增长了近 11.12 倍。可见国家对农村地区基础教育上的经费支出增长较快,但是农村的生均教育经费支出一直低于城市的生均教育经费支出的状况并没有得到改变。虽然城市小学与农村小学生均公共财政预算基本建设支出比和城市初中与农村初中生均公共财政预算基本建设支出比从 2004 年起到 2013 年都呈现出阶梯式下降的趋势,然而直到 2013 年,城市小学与农村小学生均公共财政预算基本建设支出比仍为 1.41,城市初中与农村初中生均教育事业费比仍为 1.73。可见,公共财政在对基础教育投入上存在明显的城乡差距,生均教育投入在全国范围内远还没有达到一致标准。贫困地区基础教育资源更加匮乏。城乡之间教育经费支出上的不平等仅是基础教育不平等的一个方面。虽然近年来对农村地区的教育投入持续增加,而城乡之间办学条件的差异依然很明显,如表 6-8 所示。2014 年城市初中的生均实验室面积、图书室面积、计算机台数、实验设备价值分别是农村初中的 1.01 倍、1.15 倍、1.21 倍和 1.07 倍。从上述我们对教育经费、办学条件上城乡之间的差异分析,可以看出基础教育资源的城乡分布不平等问题仍然突出。教育是积累人力资本的主要途径,教育投入差距大意味着农村人力资本远低于城市,工资是人力资本的函数,其结果是城乡收入差距难以缩小。

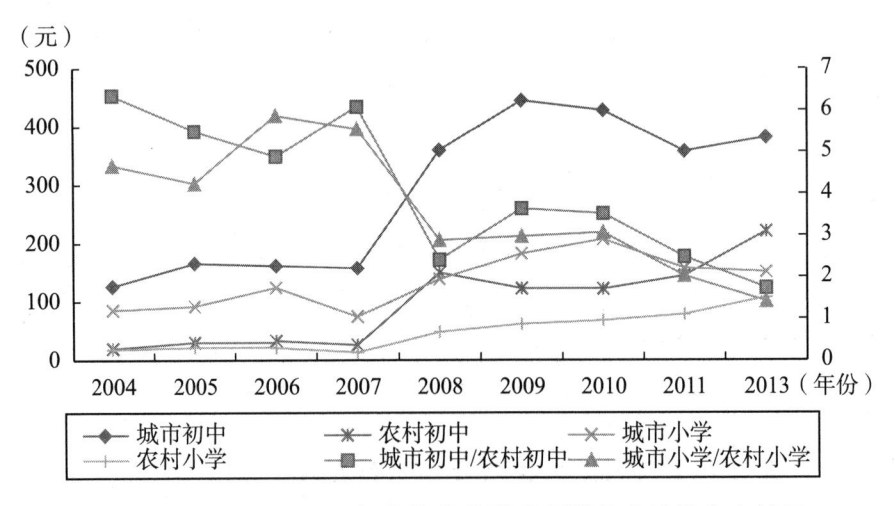

图 6-10 2004~2013 年生均公共财政预算基本建设支出情况

资料来源:公共财政预算基本建设支出数据来自 2003~2014 年《中国教育经费统计年鉴》,由于没有 2013 年的统计年鉴,所以 2012 年的数据缺失。其中,在校生人数数据来自中经网数据库。这里把农村在校生人数视为乡村在校生人数与城镇在校生人数之和。

表 6-8　　　　2013~2014 年城市与农村地区初中生均办学条件

	区域	2013 年	2014 年
生均实验室面积（平方米）	城市	0.682	0.724
	农村	0.667	0.717
生均图书室面积（平方米）	城市	0.272	0.297
	农村	0.229	0.258
生均计算机（台）	城市	0.140	0.154
	农村	0.114	0.127
生均实验设备价值（万元）	城市	0.051	0.054
	农村	0.046	0.050

资料来源：由教育部发展规划司网站中总量数据相除而来，需要说明的是表中的农村地区的数据为镇区和乡村地区数据加总而得。

（二）公共医疗卫生投入差距缩小但仍然巨大

公共医疗卫生的城乡差距首先表现在城乡人均卫生费用上，如图 6-11 所示。从 1995~2014 年的人均卫生费用变化情况看，除了 2005 年和 2006 年城市人均卫生费用短暂减少之外，剩余各年的全国人均卫生费用、城市人均卫生费用和农村人均卫生费用都在逐年增加。城乡人均卫生费用比虽然在近几年加速减小，但是城市人均卫生费用仍然远远高于农村人均卫生费用，截至 2014 年底，城市人均卫生费用达到 3 558.31 元，而农村人均卫生费用为 1 412.21 元，城乡人均卫生费用比为 2.52。

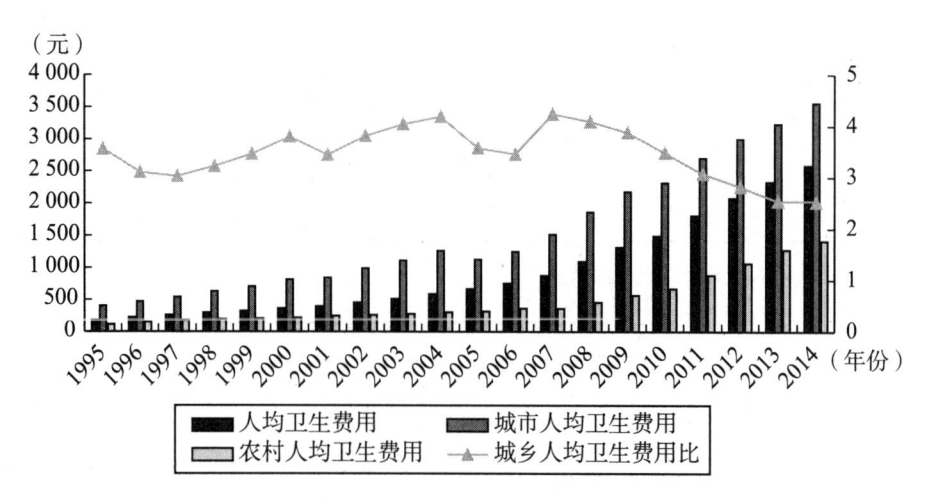

图 6-11　1995~2014 年城乡人均卫生费用情况

资料来源：国家统计局网站数据库。

其次，从城乡卫生技术人员和医疗机构床位数上看，城市和农村的差别也很明显。如表6-9所示，每万人拥有卫生技术人员和执业（助理）医师数上，近年来城乡均有较大的增加，但是城市基本上维持在农村的2~3倍之间；而每万人拥有的注册护士数城市则是农村的3倍以上；每万人拥有医疗机构床位数城市是农村的两倍以上。虽然改革开放以来，农村人口大量流向城市，但是乡村人口到2016年底仍占42.65%，从公共医疗和卫生资源的城乡分配上看，农村不及城市一半。

表6-9　　　1995~2016年城乡卫生技术人员和医疗机构床位情况

年份	每万人拥有卫生技术人员数（人）		每万人拥有执业（助理）医师数（人）		每万人拥有注册护士数（人）		每万人拥有医疗机构床位数（床）	
	城市	农村	城市	农村	城市	农村	城市	农村
1995	54	23	24	11	16	5	—	—
2000	52	24	23	12	16	5	—	—
2005	58	27	25	13	21	7	—	—
2006	61	27	26	13	22	7	—	—
2007	64	27	26	12	24	7	49.00	20.01
2008	67	28	27	13	25	8	51.70	22.00
2009	72	29	28	13	28	8	55.40	24.10
2010	76	30	30	13	31	9	59.40	26.00
2011	67	27	26	11	26	8	62.40	28.00
2012	85	34	32	14	36	11	68.84	31.14
2013	92	36	34	15	40	12	73.58	33.45
2014	97	38	35	15	43	13	78.37	35.40
2015	102	39	37	16	46	14	82.70	37.15
2016	108	40	39	16	49	15	84.13	39.09

资料来源：国家统计局网站数据库。

（三）农村社会保障体系已建立，但城乡社会保障水平差距巨大

城乡差距还体现在城乡社会保障水平严重不均衡上。新中国成立以来，社会保障制度主要倾向于城市，而农村地区的社会保障体系长期处于严重缺位的状态。近年来，农村社会保障体系正在建立，但仍然处在初创时期，水平较低。农村居民社会保障收入和支出都明显低于城市居民。以养老保险为例，截至2016

年底,城镇职工基本养老保险基金总收入为 35 057.5 亿元,总支出为 31 853.8 亿元;而农村居民基本养老保险基金收入仅为 2 933.3 亿元,支出为 2 150.5 亿元,收入上城市是农村的 11.95 倍,支出上是 14.81 倍。[①] 根据国家统计局的数据,1991~2008 年,我国城市人均社会保障支出占人均 GDP 的比重为 15%,而农村只有 0.18%,城市人均享有的社会保障费用支出是农村的 90 倍之多(张雯丽等,2013)。新型农村社会养老保险从 2012 年后与城镇居民社会养老保险合并为城乡居民社会养老保险,要求做到对农村地区的全覆盖,但农村居民的养老保险还处于一个很低的水平。如表 6-10 所示,农村社会养老基金累计结余虽然近年来增加较快,但是城镇职工基本养老保险基金的累计结余也逐年增加,截至 2015 年底,城镇职工基本养老保险基金累计结余是农村地区的 7.7 倍,而参加农村社会养老保险的人数从 2011 年后就超过参加城镇养老保险的人数,这就导致人均养老保险基金上,城市是农村的 10.99 倍。农村地区社会保障"安全网"非常薄弱。

表 6-10　　　　　城乡居民人均养老保险基金对比

年份	城市			农村		
	城镇参加养老保险人数（万人）	基本养老保险基金累计结余（亿元）	人均养老保险基金（元）	新型农村社会养老保险参保人数（万人）	新型农村社会养老保险基金累计结余（亿元）	人均养老保险基金（元）
2010	25 707.3	15 365.3	5 977.0	10 276.8	422.5	411.1
2011	28 391.3	19 496.6	6 867.1	33 182	1 199.2	361.4
2012	30 426.8	23 941.3	7 868.5	48 369.5	2 302.2	476.0
2013	32 218.4	28 269.2	8 774.2	49 750.1	3 005.7	604.2
2014	34 124.4	31 800	9 318.8	50 107.5	3 844.6	767.3
2015	35 361.2	35 344.8	9 995.3	50 472.2	4 592.3	909.8

注:由于 2012 年后新型农村社会养老保险和城镇居民社会养老保险全覆盖,合并为城乡居民社会养老保险,2012 年后农村的数据为城乡居民社会养老保险。

资料来源:国家统计局:《中国统计年鉴》(2011~2016)。

(四) 农村基础设施建设力度加大,但与城市相比仍存在较大差距

尽管近些年来我国对农村基础设施建设的投资力度一直在加大,但是城乡基

---

① 资料来源:国家统计局:《中国统计年鉴》(2017),中国统计出版社 2017 年版。

础设施不均等问题仍很突出。据国家住房城乡建设部《城乡建设统计公报》，2016年全国城市市政公用设施固定资产投资17 460亿元，比2013年的16 349.8亿元增加了1 110亿元；与此同时，2016年全国村镇建设总投资15 908亿元，比2013年的16 235亿元减少了327亿元。这个指标一增一减在一定程度上反映了城乡基础设施建设的差距。此外，据《统计公报》数据，2016年，城市城区户籍人口4.03亿，暂住人口0.74亿，总人口4.77亿；村镇户籍总人口9.58亿，其中村庄总人口为7.83亿。村镇人口比城区人口多一倍，因此，按照人均投资量计算，城乡市政基础设施投资差距就更大了。

据住房和城乡建设部公告，截至2016年末，全国范围内只有68.7%的行政村有集中供水，仅有20%的行政村对生活污水进行了处理；65%的行政村对生活垃圾进行了处理。而城市供水普及率高达98.42%，污水处理率是45.3%，城市生活垃圾无害化处理率为96.62%。[①] 这些数据表明城乡基础设施至今差距仍然非常巨大。

我国农村基础设施建设滞后在中央文件中有论述。2017年发布的《国务院办公厅关于创新农村基础设施投融资体制机制的指导意见》指出，"近年来，我国农村道路、供水、污水垃圾处理、供电、电信等基础设施建设步伐不断加快，生产生活条件逐步改善，但由于历史欠账较多、资金投入不足、融资渠道不畅等原因，农村基础设施总体上仍比较薄弱，与全面建成小康社会的要求还有较大差距"。

三、推进城乡协调发展的政策思路

城乡二元制度实施了几十年，具有强大的制度惯性，要消除城乡二元结构，并不是一蹴而就的事情。近年来，国家对农村和农业非常重视，持续加大了对"三农"的支持力度，致使城乡差距开始缩小。但要真正实现城乡平衡协调发展还有很长的路要走，其任务仍然艰巨。这就需要我们拓宽城乡发展一体化的视角，不仅要从解决好"三农"问题的视角强调城乡发展一体化，还要从释放国民经济增长潜力的视角推动城乡发展一体化，更加深刻地把握城乡发展一体化的内在经济逻辑（国务院发展研究中心农村部课题组，2014）。推动城乡发展一体化能够为我国未来一个时期的经济增长提供支撑力量。城乡发展一体化不仅能调和效率与公平之间天然的矛盾，而且能够同时增进效率与公平；能提高城乡之间生产要素交换效率，增进土地、劳动力和资本等要素的市场配置效率；能促进城乡

---

① 资料来源：城乡建设部：《2016年城乡建设统计公报》。

间公共服务供给的均等化,有益于农民更加公平地分享我国经济现代化的发展成果。因此,我们主要从城乡发展一体化增进效率和公平两个维度出发,提出促进城乡发展一体化的政策建议。

(一) 全面深化改革,促进土地资源平等交换

改革开放之前城乡不平等交换主要体现在工农业产品不平等交换,改革开放之后不平等交换主要体现在土地资源的不平等交换。推进城乡资源平等交换,核心是土地资源平等交换,而要实现各种所有制土地的平等交换,就要破除土地二元制度,赋予集体土地与国有土地同等权利,允许集体土地在市场上挂牌交易。这样就可以构建基于公平交易、权能平等的城乡统一的建设用地市场,保障农民能够公平分享土地增值带来的财产性收益,增加农民收入,缩小城乡收入差别,而且也能为农民工进城落户购房提供经济基础,有利于农民工市民化。

十八届三中全会就土地制度改革提出了明确的方向:"建立城乡统一的建设用地市场。在符合规划和用途管制前提下,允许农村集体经营性建设用地出让、租赁、入股,实行与国有土地同等入市、同权同价……建立兼顾国家、集体、个人的土地增值收益分配机制,合理提高个人收益。"建设用地制度改革的核心是八个字:"同等入市、同权同价。"集体经营性建设土地入市交易还在试点中,据国土资源部有关数据,到 2016 年底,全国大约有 278 宗集体建设用地入市交易,获得总收入 50 亿元左右,每亩地 110 万元,这是一笔巨大的收益,农民从中能够获得至少十分之一的收益,能够使农民收入有一个较明显的增加。但是从目前来看,农村经营性建设用地与国有土地同等入市、同价同权还未全面普及,目前正在部分地区试点,具体怎么推广和实施还要根据当地的实际情况来执行。2013 年中央提出这项改革措施,到现在已经过去 6 年多时间,还在小范围试点,进展十分缓慢。应该加快改革进程,列出改革时间表,制定和完善相关法律和政策,尽快在全国实施,让更多农民能够尽快从改革中获得实惠。

农村建设用地可以直接入市交易,是对传统土地制度的一个突破性改革。但是,农村承包地和宅基地改革也要加快推进,建设用地都位于城市郊区,占整个农村集体土地的比重微乎其微,更多的是承包地和宅基地。但这方面改革遇到较大制度障碍,主要是土地集体所有制。集体土地由集体经济组织所有,一般就是由行政村范围内所有集体成员所有。承包地和宅基地只能在行政村内部集体成员之间转让,超出行政村之外就不能转让了。这样就限制了承包地和宅基地的交易范围,而且是在一个非常狭小的范围内,不能实现土地资源的有效配置。中央提出"三权分置",其目的是要解决在现有集体所有制基础上促进土地流转和土地优化配置,但是,没有农地承包权和宅基地使用权的流转,土地实际价值就实现

不了，就不能作为抵押物，限制了融资功能，同时新型经营主体的规模经营也不稳定。因为土地承包权在农民手中，有权收回或涨租金，这样家庭农场等新型经营主体因为对土地没有一个稳定的长期预期，就不可能在流转的土地上进行长期投资，但有可能在经营状况不佳时把流转的土地还给承包户。无论哪种情况，规模经营是不稳定的，对农业发展也是极为不利的。

为了解决这个矛盾，我们提出了一个在维护土地集体所有前提下的解决办法，即集体成员动态化（郭熙保，2014）。集体土地是固定的，但集体成员是流动的。当越来越多的集体成员进城安家落户时，也要允许新的成员加入该集体，成为集体经济组织的新成员，这些新成员必须承接退出的集体成员的承包地和宅基地，这样土地还是集体的，但承包人换了，由新成员继续承包集体土地。这样既解决了土地承包权流转问题，也同时维护了土地集体所有制。

（二）深化改革，构建同城同权，同工同酬的劳动力市场

深化户籍制度、就业制度、工资制度、社会保障制度等综合性改革，加速建立一个择业自由、同城同权、同工同酬的城乡统一劳动力市场。以构建城乡统一的就业市场为抓手，消除一切歧视进城务工农村劳动力的制度障碍，赋予他们在城市就业市场上机会均等、待遇均等和福利均等的权利。与此同时，强化对农村劳动力的教育投资和技能培训，促进他们更快地融入城市劳动就业市场中，职业素质的提高也有助于增强他们在城乡统一劳动力市场上平等对话的话语权。

破除农民工就业和城镇居民就业的二元结构的关键是加速推进农民工市民化，让农民工成为城市市民，这样才能彻底消除城市劳动力市场的二元结构。没有了农民身份，都是城市居民，那么歧视性就业政策就失去了基础。关于农民工市民化的政策思路将在下面论述。

（三）完善金融支持农业农村发展的科学有效的体制机制

保证现有的农村金融机构能够优先发挥支持农村的作用，将农村金融的全部剩余配置到农村。城市金融机构将一部分城市金融剩余转移到农村，以财政贴息的方式鼓励城市金融向农业贷款，并以国家信用"兜底"为城市金融发放的农业贷款提供担保。鉴于农村金融的投资风险大、时间长、收益较低的特点，实行差异化金融政策，放松农村金融市场准入，促进非正式金融正式化。构建一个以将农村金融剩余留存于农村为主，引导城市金融反哺农村、竞争适度、服务便捷、普惠"三农"的农村金融市场体系，增强农村经济对资本的吸附力。

（四）完善法律法规，构建城乡公共服务均等化的长效机制

推进城乡基本公共服务均等化，强化以保障和改善民生为重点的公共服务供给的政府职能，实现政府职能尽快从过去的"经济建设型"转向以"公共服务型"为主。完善和健全法律法规，推进公共服务均等化的法制化。鉴于农村公共服务欠账太多，最近要加大财政支农资金投入，重点是加大在农村教育、就业、社会保障、医疗卫生等民生领域的基本公共服务供给，填补农村地区基本公共服务的缺失和不足。统筹城乡公共基础设施建设，对农村地区倾注更多的公共财政投入，促进城乡基础设施互通互联、共建共享。

（五）推进以人为核心的新型城镇化

城乡一体化发展既要加速农村振兴，同时也要加速推进以人为核心的新型城镇化。改革开放后，我国城镇化发展迅速，城镇人口比重从 1978 年的 17.9% 上升到 2017 年的 58.52%。但是，我国大规模的城镇化存在着一些问题，具体表现为：一是"见楼不见人"。由于对城市建设认识上的误区和"唯 GDP 论"，地方政府把城镇化等同于城市建设，乐于建新城、起高楼、扩马路、树地标，搞形象工程，而对城市居民的民生工程、农业转移人口的实际需求考虑不够，以至于楼房空置率较高，有的城市新城区成为"空城""鬼城"。二是"要地不要人"。因为在城镇化初期，我国城市建设资金紧张，加上 20 世纪 90 年代实施的财税分权改革，大部分税收上交中央，地方税收收入下降，于是出现了"土地财政"的现象，地方政府将土地出让金作为主要的财政来源，于是城市面积不断扩大，兴建新区、开发区，导致土地城镇化远远高于人口城镇化。2006～2014 年，全国城市建成区面积增长了 47.9%，城市建设用地面积增长了 46.3%，而包括暂住人口在内的城市城区人口仅增长了 19.5%（魏后凯，2015）。三是农民工市民化严重滞后。从户籍人口来看，我国的城镇化率远低于常住人口城镇化率，2016 年，我国户籍人口城镇化率为 41.2%，而常住人口城镇化率为 57.4%。城镇中有 2.23 亿的农业转移人口虽然常年工作、生活在城市，但是他们没有当地城市的户籍，不能享受所在城市的教育、医疗、社会保障等公共服务。

推进以人为核心的新型城镇化是"十三五"期间我国的一项重要任务，并确定在"十三五"末，把我国 1 亿在异地打工的农民工转变为城市居民，即每年有 1 600 万农民工要落户城市，成为城市正式居民。这就要"深化户籍制度改革，促进有能力在城镇稳定就业和生活的农业转移人口居家进城落户，并与城镇居民享有同等权利和义务。实行居住证制度，努力实现基本公共服务常住人口全覆盖。健全财政转移支付同农业转移人口市民化挂钩机制，建立城镇建设用地增加

规模同吸纳农业转移人口落户数量挂钩机制"[①]。按照《中共中央关于制定国民经济和社会发展第十三个五年规划的建议》精神，在推进以人为核心的新型城镇化方面，着力做好以下两方面的工作：

一是有序推进农业转移人口的市民化。我国农业转移人口数量多，能力参差不齐，城市规模差异较大，不可能用一个标准解决，只有依据所在城市的等级地位和规模大小，各自制定出农业转移人口市民化的标准，如我国许多中小城市已放开户籍限制欢迎农业转移人口落户，而部分大城市由于城市规模的限制，大多采取"积分落户"的办法，逐步解决市民化的问题。但是，这里有个误区需要澄清，特大城市需要控制人口规模，如北京控制在 2 300 万人，上海控制在 2 500 万人，现在已差不多达到人口规模上限，因此要严格控制农民工落户。其实，特大城市人口是按照常住人口统计的，包括数量巨大的农民工在内。例如，北京有外来常住人口 800 万，上海有 900 多万，深圳有 800 多万，这些常住人口本来就多年生活在城市里，已经统计进城市人口，只是把其身份从农民转变为城市居民而已，并不实际增加人口数量。所以以控制人口规模作为借口来限制农民工落户是个站不住脚的理由。因此，我们认为，不管大中小城市都要放宽入户限制，让更多的农民工在所生活的城市安家落户，真正成为城市居民，从生活方式上融入城市现代生活。

二是统筹城镇化和新农村建设，把城镇发展和新农村建设有机地结合起来，相互促进。以城市群为城镇化发展的主体形态，将大城市、中小城市和小城镇、农村作为一个有机的整体，全面规划，将城市的部分功能合理疏散，形成一个分工明确、各具优势的网络体系。

[①] 中国共产党中央委员会：《中共中央关于制定国民经济和社会发展第十三个五年规划的建议》，2015 年 11 月 3 日。

第七章

区域结构转变

对于一个疆域辽阔的国家来说,区域发展不平衡是经济发展的一个必经阶段;但当经济发展到较高阶段时,这种不平衡力量就会逐渐减弱,而平衡力量将增强,最终实现区域平衡发展。中国区域经济发展经历了一个从不平衡到平衡的实践过程。转变区域经济发展方式、促进区域平衡发展已经取得了巨大成效,但不平衡状况依然存在,还需要进一步加快推进区域平衡协调发展战略。本章首先对区域发展理论进行评述,然后对中国区域经济发展战略和政策的演变进行梳理,对中国区域发展的过程和成效进行分析。最后对党的十八大以来的区域发展新战略和新举措进行总结,提出一些政策建议。

第一节 区域经济结构转变的理论基础

一、地理上的二元经济发展理论

瑞典经济学家冈纳·缪尔达尔(Gunnar Myrdal)以社会过程理论为基础,提出了著名的"循环累积因果关系"(circular cumulative causality)原理。该理论把社会经济过程看成是一种动态发展过程,并把社会或经济环境内的各种因素看成是互相联系、互相影响、互为因果的,并且具有累积性质。最初某一社会经济因素的变动会引起具有强化作用的另一社会经济因素的变动,而这第一级的变动会使社会经济过程依最初变化方向做更进一步的发展。由此可见,累积因果关系包括最初的变动、强化的引申变动及上下累积过程三个阶段,所以社会经济诸因素之间的关系不是均衡或趋于均衡的,而是以循环的方式运动,也不是简单的循环流转,而是具有累积效果的运动,是循环累积因果关系。

1957 年,缪尔达尔在《经济理论和不发达地区》一书中,把循环累积因果原理成功地应用于分析一国地理上的二元经济结构(geographically dual economy)。根据地区间经济发展水平的差异,他把一个国家分为发达地区和落后地区,即存在地理上的二元结构。下面用循环累积因果关系原理来说明发达地区的经济发展对落后地区的积极和消极影响。例如,假设在某地区一个大多数人赖以生存的工厂被烧毁了,且该工厂无力再重建它。最初的结果是该厂无法经营,该厂职工失业了,这将减少收入和需求。收入和需求的减少将导致该社区所有为该厂服务的其他厂商和雇员的收入降低、失业增加。结果进一步减少收入和需求,更多的厂商倒闭和雇员失业,他们离开这一地区,到别的地区寻求发展。原本想迁入的厂商和劳动力现在也不愿迁入了。结果是收入和需求进一步减少。这种因果循环关系如果没有外力的干扰,就会以累积的方式继续下去。这是一个恶性累积循环的例子,也可以以同样的方式描述一个良性累积循环的例子。[1]

假设最初一个国家每个地区都处于静止的落后状态,各地区收入水平和利润率都相差无几。其中一个或几个地区因优越的自然条件或历史偶发事件或国家的倾斜政策开始出现增长,从而导致各地收入水平和利润率的差距开始拉大。如果听凭市场机制自发地发挥作用,而不采取政府干预,一个累积性的因果循环就开始了。一方面,发达地区因工资和利润偏高,年轻的、有文化的、有技能的劳动力就会纷纷从落后地区流入正在蓬勃发展的地区,资金也会竞相从落后地区流入发展迅速的地区,以寻求更高的利润率;企业和企业家也会从停滞地区迁移到繁荣地区,因为后一地区的创业和获利机会较多;由于新兴地区经济增长快,工资和利润水平持续上升,收入和利润的上升使得储蓄率和投资率提高,需求市场不断扩大,这又进一步促进了繁荣地区更快的发展,使收入水平进一步提高。这样,发达地区就形成了一个良性的累积性因果循环。另一方面,不发达地区因年轻人和具有较高技术的人才以及资本的外流,收入和利润水平较低,从而储蓄率和投资率都比较低,市场狭小,投资机会缺乏,结果收入水平更低,这又导致储蓄率和投资率水平进一步降低。于是,不发达地区就形成了一个恶性的累积性因果循环。

---

[1] [英]冈纳·缪尔达尔:《经济理论和不发达地区》,达克沃斯出版社 1957 年版,第 23~24 页。

由于上述两个循环过程的共同作用，发达地区越来越发达，不发达地区越来越落后，区域发展不平衡状况越来越突出，便形成了一个国家内地理上的二元经济局面，缪尔达尔把这种情况称为"回波效应"。但他进一步认为，这种不平衡的发展过程并不是单向的，也不会永远保持不变。在发达地区以其强大的经济优势吸引着不发达地区的人才和资金的同时，也会产生一些"扩散效应"。发达地区的发展导致了对周围地区的农产品，尤其是粮食需求的上升，从而促进邻近地区农业的发展和农业技术的进步。发达地区的发展还大大增加了对工业原料的需求，这就促进了原材料产地就业的增加和收入的提高，刺激了消费品工业的扩张和市场的扩大。如果这种扩张力强大到能克服先进地区引起的回波效应，这些新发展起来的地区就有可能成为新的经济扩张中心。此外，在先进地区发展到一定程度后，由于工资水平和城市地租的不断上升，生产成本越来越高；由于资本越来越丰裕，资本投资的边际生产率趋于下降，回报率丰厚的投资机会越来越少；而且，由于城市扩大，人口稠密，交通拥挤，环境恶化，生活成本上升。这些因素的综合发展促使发达地区的人才和资金流向不发达地区，因为在这些地区，劳动成本和原材料成本较低，资本收益率较高。结果导致落后地区经济迅速发展，从而逐步缩小了与发达地区的差距。

　　缪尔达尔还从西欧各国地区发展和不发展的经验研究中得出两个结论：第一，发展中国家的地区间收入差别比发达国家大；第二，当发达国家的不平等趋于下降时，发展中国家的地区不平等却趋于上升。他对这两种现象作了如下解释：经济发展水平越高，它的扩散效应就越强。这是因为较高的平均发展水平总是伴随着较完善的交通和通信系统以及较高的教育水平，从而加强了扩散效应的力量。此外，在扩散效应很强时，回波效应失去了它的作用。比如，当有更多的发达地区企业到不发达地区投资时，不发达地区的劳动力就倾向于在本地就业，从而减少了人口和劳动力从落后地区向发达地区流动的势头；相反，不发达地区较低的平均发展水平使得扩散效应趋弱，而回波效应趋强，市场机制的自发作用必然会产生更大的地区不平等，并且使这种不平等趋势不断扩大，它与较低的发展水平结合在一起，本身就是经济进步的巨大障碍。

　　由上可见，地区经济的不平衡发展是一个国家发展初期的必然现象，但当经济发展到一定程度后，不发达地区的经济增长速度加快，而富裕起来的地区经济增长速度趋缓，最后整个国家的经济趋于平衡发展。缪尔达尔认为，这种由不平衡到平衡的发展过程，绝不是一个市场运行的自发过程，必须借助国家干预，使不利的回波效应小于有利的扩散效应，才有可能达到这个结果。

　　缪尔达尔成功地运用累积性因果循环原理来分析区域不平衡发展问题，令人信服地描述了地区经济由不平衡发展到平衡发展的过程和条件。更由于他结合发展中国家的实际情况,主张创造有利的发展条件,以扩大扩散效应并克服回波效应的不利影响;在国际贸易中实行保护政策,以促进本国工农业生产,限制资本和人才外流,克服发达地区技术进步给不发达地区造成的不利影响,因此得到了发展中国家的认可和拥护,并被广泛用于各国地区发展战略的制定。

继缪尔达尔之后,阿尔伯特·赫尔希曼(Albert O. Hirschman,1958)也提出了类似的观点。他在1958年出版的《经济发展战略》一书中进一步阐明了循环累积理论,并提出了区域非均衡增长的"核心区—边缘区"理论:经济发展不会同时出现在所有地区,而一旦出现在某处,在巨大的集聚经济效应作用下,要素将向该地区集聚,该地区的经济加速发展,最终形成经济发展的核心区,而周边较为落后的地区则成为边缘区。赫尔希曼将缪尔达尔的扩散效应和回波效应分别称为"涓滴效应"(tricking-down effects)和"极化效应"(polarization effects)。所谓"极化效应"是指核心区将各种要素和资源吸引到核心区,引起边缘区衰退的效应。所谓"涓滴效应"是指核心区向边缘区购买原材料、输出资本和技术,带动边缘区经济发展的效应。赫尔希曼认为,当实际中的涓滴效应小于极化效应时,政府就应采取经济政策来抵消和阻滞极化效应,以抑制资本和人才向发达地区的流动。显然,在促进区域经济协调发展方面,赫尔希曼也是政府干预的支持者。

弗里德曼(John Friedmann,1966)在缪尔达尔和赫尔希曼等人提出的理论与模型的基础上,以中心地体系与国家经济间的关系为基础,提出了一个具体的核心—边缘理论(core-periphery theory),从更广泛的范围来研究区际不平等过程,成为地区二元结构理论的主要分析框架。"核心"是指决定经济体系发展路径的局部空间,"边缘"是指在经济发展体系中处于依附地位的局部空间,核心和边缘构成了一个体系。受经济发展阶段论的启发,弗里德曼将区域经济增长的特征与经济发展的阶段联系起来,把区域经济发展划分为四个阶段:前工业化阶段、核心—边缘阶段Ⅰ(工业化初期阶段)、核心—边缘阶段Ⅱ(工业化成熟阶段)、空间经济一体化阶段(后工业化阶段)。核心—边缘模型显示的区域经济发展的主要形式是:通过核心地区的创新和扩散效应,支配和引导边缘地区,最终走向区域经济一体化。

弗里德曼的核心—边缘模型描述了区域发展差距先扩大、后缩小,最终走向区域经济一体化的过程,该理论与缪尔达尔循环累积因果关系理论基本一致,只是阐述更系统、更细致,更有操作性。其对政策制定的指导意义是,既要尊重市场对资源配置的基础性作用,促进资源优化配置,又要发挥政府的作用,如改善基础设施,促进区域经济协调发展。

威廉姆逊(Williamson J. G.,1965)在其论文《区域不平衡与国家发展过程》中，根据24个国家截面和时间序列资料，运用变异系数，计算了7个国家人均收入水平的区际不平衡程度，发现国民经济发展程度与地区差距水平之间的相互关系——"倒U型"曲线，即：一国在经济发展的早期阶段，区域间成长的差异将会扩大，倾向于不平衡增长；之后随着经济增长，区域间不平衡程度趋于稳定；当经济发展进入成熟阶段，区域间差异渐趋缩小，倾向于均衡增长。具体如图7-1所示。

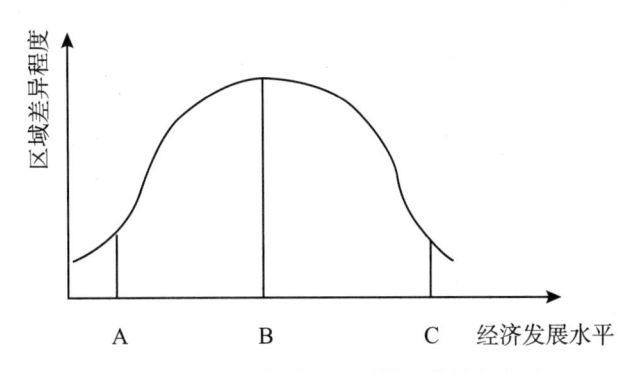

图7-1　不同发展阶段的区域差距程度

威廉姆逊的"倒U模型"在某种意义上证明了缪尔达尔、赫尔希曼和弗里德曼的理论观点，它不仅调和了区域均衡发展与不均衡发展的两种对立观点，也说明了扩散效应（或涓滴效应）和回波效应（或极化效应）的影响力大小。它指出了区域发展趋同的前景，同时揭示了趋同发展的道路不是线性的，而是"倒U型"的曲折过程，这符合事物发展的普遍规律。

二、增长极理论

法国经济学家弗朗索瓦·佩鲁（Francois Perroux）是增长极理论的创立者。1950年，佩鲁在其论文《经济空间：理论与应用》中，认为有三种类型的空间：（1）作为计划内容的经济空间；（2）作为势力范围的经济空间；（3）作为同质整体的经济空间。他从第二种空间形式入手初步论述了"增长极"概念。

1955年，佩鲁在《略论增长极概念》一文中正式提出"增长极"（growth pole）的概念，他指出："增长并非同时出现在所有地区，而是以不同的强度出现在增长点或增长极，然后通过不同的渠道扩散，对整个经济具有不同的终极影响。"佩鲁的增长极概念不仅建立在前述经济空间和支配论相结合的基础上，而且还继承并发展了经济学家熊彼特的创新理论。佩鲁将创新引入空间概念，认为创新往往由推进型企业进行，空间上聚集于增长极，从而在增长过程中形成支配单元占主导作用的极化。

佩鲁在阐述推进型企业时，引入了"产业综合体"（industrial complex）的概念。产业综合体中的重心是推进型企业，该企业在规模扩大时，由于各产业之间存在着相互依存的投入—产出关系，所以能带动其他企业的销售和经济增长，这种增长被法国经济学家布代维尔（R. J. Boudeville）称为"里昂惕夫乘数效应"①。可以看到，推进型企业由于规模较大，能在成本曲线的较低点运行，从而获得较高的生产效率，刺激被推进企业的模仿和创新，甚至产生新的企业来追求创新带来的利润，从而导致其他企业的经济增长，布代维尔把这种增长效应称为"极化效应"。可见，推进型企业的增长能通过这两种效应使与前向、后向及旁侧效应相联系的产业从中受益，并以推进型企业为中心进行聚集，形成产业综合体。从长期来看，推进型企业提高了产业综合体的生产效率，并能进行有效的资本积累。

佩鲁指出，产业综合体在地域上集中起来，就形成了具有巨大增长能力的增长极。增长极从四个方面对地区经济增长产生重要的作用：一是创新和示范效应。创新企业即推进型企业具有现代大工业的特征，机械化程度高，生产要素分离，比平均水平的工业有更高的产出增长率。该企业可以不断地进行技术创新，取得高出平均水平的经济效益，从而引起周围其他企业的学习和模仿，达到向其他地区和部门推广创新成果的示范效应。二是规模效应。对大规模创新企业进一步投资，可以获得有效组织生产、提高分工程度和劳动生产率的好处。三是外在经济。外在经济效果是增长极形成的重要原因，也是其重要结果。例如，一个繁荣的增长极形成后，某一企业的职工技术培训和科研活动都能给其他企业带来积极的外在利益，地处增长极中心的企业，往往可以不花成本或花很少成本就获得新技术或进行有效革新。四是集聚经济。随着增长极地区人口、生产、收入规模的扩大，厂商可以得到更廉价的优质服务，如基础设施、人才、金融、信息网络、医疗保健、法律和商业服务等，这比社会功能不健全、聚集效应不明显的其他地区具有更大的吸引力。同时，增长极地区文化、科研机构集中，可以形成更好的发明创新环境，为下次创新活动创造条件。

佩鲁的增长极概念并不是具体的地区发展战略。后来的经济学家和政策制定者发现在实际操作中很难简单运用这个理论。因此，他们对佩鲁的抽象理论进行了具体化。布代维尔把抽象的经济空间转换为地理空间，认为增长极是若干推进型企业在地域上的聚集。与佩鲁观点相同的是，布代维尔也特别强调推进型企业的重要作用，主张在经济落后地区建立大型推进型企业，并以此为增长极带动周

---

① 李仁贵：《区域经济发展中的增长极理论与政策研究》，载于《经济研究》1988 年第 9 期。

围地区的发展。后来法国的地区发展战略多是以此为依据制定的。

　　增长极理论之所以被当代各国用来解决不同的区域发展和规划问题，是因为它具有以前区域理论所无法比拟的优点：第一，增长极概念形式简单明了，易于了解，对政策制定者产生了强有力的吸引。第二，增长极概念非常重视创新和推进型企业的重要作用，鼓励技术革新，符合社会进步的动态趋势。第三，增长极理论对社会发展过程的描述更加真实。佩鲁则主张非对称的支配关系，认为经济一旦偏离初始均衡，就会继续沿着这个方向运动，除非有外在的反方向力量推动才会回到均衡位置。这一点非常符合地区差异存在的现实。第四，增长极理论提出了一些便于操作的有效政策，使政策制定者容易接受。譬如，佩鲁看到现代市场充满了垄断和不完善，无法自行实现对推进型企业的理性选择和解决环境管理问题，因此，政府应对某些推进型企业进行补贴和规划。鉴于增长极概念的简明性和理论的应用价值，增长极这一概念被中国决策层和学术界广泛接受，并在制定区域发展战略时常常被使用，如长三角增长极，珠三角增长极，中三角增长极等。

　　增长极和循环累积因果原理都属于不平衡发展理论。增长极强调的是以极点为中心的增长战略，而累积性因果循环更多地强调地区发展由不平衡到平衡的趋势。实际上，这两种观点都是对在发展初级阶段平衡发展主张的否定。按两者的主张，一个经济上落后的国家必须首先将有限的资源用于发展那些有优势的地区，在这些地区建立若干个增长极或增长中心，在增长极中创建一个或多个推进型企业，以促进这些地区的飞速发展。等到这些增长极和增长地区发展到一定程度以后，再逐渐向外围地区和其他不发达地区扩散，最后达到所有地区较为平衡的发展。这些理论被中国近几十年的成功经济发展实践所证明。关于中国区域不平衡发展过程将在下面详细论述。

三、梯度转移理论

　　梯度转移（gradient transfer）理论是指一国内部存在着若干个发展水平差异较大的地区，产业和技术由发达地区按梯级次序逐渐转移到不发达地区，最终导致一国经济发展到达平衡。梯度转移理论源于美国学者弗农在20世纪60年代提出的产品生命周期理论，认为一个产品或产业的发展是有生命周期的，经历创新、发展、成熟到衰退整个过程。[①]

　　一个地区的梯级是怎样形成的？是由产业和技术的生命周期决定的。如果一

---

① 高洪深：《区域经济学》（第四版），中国人民大学出版社2014年版。

个地区的主导产业部门是由创新阶段的兴旺部门所组成,那么该地区经济发展实力雄厚,发展势头强劲,因此被列入高梯度地区。如果一个地区的主导部门是由那些处在产业成熟阶段后期或衰老部门所组成,则该地区经济必然会呈现出增长缓慢、失业率上升、人均收入下降等局面,它就属于低梯度地区。

梯度转移主要是通过多层次城市系统扩展开来。创新在空间上的扩展主要有局部范围与大范围两种形式。局部范围的扩展指的是创新活动由发源地大致按距离远近,向经济联系比较密切的邻近城市转移。大范围的扩展则是指创新活动由发源地蛙跳式地向广大地区扩展,由纽约向芝加哥、旧金山等城市扩展。这时决定转移去向的就不是距离远近,而是接受新事物能力的差距。只有处在第二梯度的城市才有能力很快接受并消化发源于第一梯度的创新产业部门或创新产品,才有能力把这些产品更广泛、更深入地销售到它们各自控制的市场中。同理,以后随着产品生命周期进入成熟与衰老期,它们的生产还会依次向第三梯度、第四梯度上的城市转移,甚至还会由城市向乡镇、农村转移。农村地区的许多创新(主要在农林牧业生产及其产品加工等方面)也往往是先反馈到城市系统中,然后通过这个系统,扩展到全国有需要的地区。

梯度转移是有序的,即产业和技术按照创新阶段、发展阶段、成熟和衰退阶段顺次转移,这是由影响区域经济发展与生产布局的各种内在因素决定的。

创新阶段。工业生产中出现的重要新兴部门与新产品一般都发源于地区发展梯度图上一些高峰的尖端,这往往是经济最发达地区的大城市。特别是这些城市密集带中少数科技力量强、产业结构合理、经济实力强、正处于上升阶段的城市。其主要原因有:(1)大城市是科技信息、市场信息等种种信息汇集与传播的中心。(2)大城市集中了大量科研机构、高等院校,同时也是各方面人才荟萃之地,给研究与发明创造了极为有利的条件。而且在这种地方,尤其是在它们的专业方向上,已经形成一支训练有素、技术熟练的专业队伍,新产品一旦研制成功就可以很快投入批量生产。这就使它们能更早地推出新产品。(3)大城市可以依靠聚集经济来推动与加速发明创造、研究与开发工作的进程,节约所需投资。(4)生产新尖端产品,发展新兴工业可能遇到的风险都较大。大城市能提供较好的协作条件,能降低风险。(5)创新产品一般价格昂贵,销售对象主要限于技术密集型企业或高收入家庭,而这些销售对象大都在大城市。

发展阶段。随着一个工业部门或一种工业产品的生产由创新阶段进入发展阶段,只要产品符合国内外生产发展或生活的需要,销路就可以迅速扩大、铺开。这时,由于大城市中个别工厂的产量无法满足需求,便选择在外地组建分厂或转移技术来增加产量,改变布局,占领更广大地区的市场份额。这时第二梯度上一些条件较具备的城市就会把这些处在发展阶段的产品生产接收过来。其原因是:

（1）随着技术的转让，同类工厂增多，竞争将加剧，工厂必须考虑降低成本。第二梯度地区有一定的优势，甚至可以凭借其在资源或劳动力等方面的优势，后来居上，取代处在最高梯度上的创新发源地，逐渐发展成为这种产品的最大生产地。（2）转移是有序的，即不能跳过第二梯度地区直接进入第三、第四梯度地区，这是由地区接收能力的差异决定的。当创新产品进入到发展阶段以后，生产已开始定型，技术密集程度有所下降，随着工厂规模的扩大，一部分外部聚集经济可以转化成内部规模经济，对外部协作的依赖也会相对减少，但它们在布局上对技术、协作等多种生产发展的条件要求仍相当严格，而处在第三、第四梯度上的地区暂时还不具备这种接收能力。

成熟和衰退阶段。这一阶段在生产布局上成为普及阶段或标准化阶段。这时，经过长期生产，产品已经由成熟阶段进入衰退阶段，生产已经完全标准化，技术比较容易掌握。它们的生产由技术密集型逐步转变成简单劳动密集型，产品完全不可能享受垄断价格。市场需求接近饱和，大城市工厂的技术优势、聚集经济优势逐渐丧失，工资、地租、原材料价格、税收高昂将成为它们的劣势，因此发达地区向落后地区转移有关技术，出让设备，扶植它们向这方面发展。

根据梯度转移理论，每个国家与地区都处在一定的经济发展梯度上。世界上每出现一种新行业、新产品、新技术，都会随着时间的推移，像接力赛跑那样，由处在高梯度上的地区向处在低梯度上的地区，一级一级地传递下去。威尔伯、汤普逊把这种情况形象地称为"工业区位向下层渗透"现象。

但是一个区域究竟是处在梯度的顶端、中端，还是底端，并不是由它的地理位置决定的，而是由它的经济发展水平，特别是创新能力来决定的。梯度变化总的来说，固然有朝着一个方向、由高到低发展的趋势，但这并不是绝对的。

我国学者早就把梯度转移理论应用于我国区域经济发展实践的分析。夏禹龙（1983）认为，中国客观上存在着东、中、西三大经济地带的差异，在区域经济结构调整过程中，要因势利导，充分利用梯度差的经济功能，按照东、中、西的顺序安排投资和建设项目的区域布局，由东向西推进，首先将投资重点放在经济发展较快、具有人才技术优势的东部地带，然后随着经济的发展，将先进的技术、资本投资等依梯度逐步向"中间技术"的中部地带和"传统技术"的西部地带推进，进而可促进中、西部的经济发展，缩小区域发展的差距。

后来学者对"梯度推移理论"进行了批判和完善，其中有学者（郭凡生，1984）提出"反梯度理论"。该理论认为，技术的空间推移并不是一味遵从由高梯度向低梯度转移的一般规律，而是遵从"高效益"的原则，低梯度地区也具有可以通过大规模投资发展成为主导产业的优势条件。低梯度地区可以引进先进技术，大规模开发，实现超越式发展，之后向高梯度地区推进。

梯度转移理论有一定的合理性。的确，具有很强创新能力的地区经济发展水平较高，而那些创新能力弱的地区发展水平低，前者主要负责产品设计、产品开发，一旦产品研制出来了，其大批生产可以转移到次级梯度地区。这也比较符合发达国家的经济发展实践。梯度转移理论在我国发展实践中也得到证明。例如，近年来，沿海发达地区的产业开始向中西部地区转移，而相对落后地区也在创造条件积极承接发达地区的产业转移。但该理论过分强调产业和技术从发达地区向不发达地区转移，而对产业转移过程中的环境污染与营商环境问题并没有给予足够的重视，产业转移有可能会给不发达地区带来新一轮的环境破坏。此外，经济流向也不是像梯度转移理论所论述的那样严格按照第一梯度到第二梯度，再到第三梯度顺次转移，同一种产品是可以同时在不同梯度地区生产的。最后，该理论像增长极理论一样只是强调扩散效应，忽视了回波效应和极化效应。其实在发展的初期阶段，主要是回波效应和极化效应在发挥作用，产品和技术不仅很难转移到梯度低的地区，反而是低梯度地区的资金、劳动等被高梯度地区所虹吸，导致区域不平衡进一步恶化。从这个方面来说，循环累积因果理论比较符合发展中国家的实际情况。

四、新经济地理学

20世纪80年代，区域经济发展理论进入新的阶段，这一时期出现了关于空间的新理论，其中最具代表性的是克鲁格曼（Paul Krugman，1999）、藤田昌久（Masahisa Fujita，1999）等创立的新经济地理学。新经济地理学建立在不完全市场竞争、报酬递增和市场外部性等概念基础之上，通过对向心力和离心力的探讨来解释经济活动的地理结构和空间分布是如何形成的。新经济地理学将空间因素引入西方主流经济学中，打破了以往主流经济学没有空间维度而进行分析的局面。

新经济地理学从微观层面上探讨了影响企业区位决策的因素，在宏观层面上，它解释了现实中存在的经济活动的空间集聚现象。新经济地理学承认循环累积因果关系，并认为这种因果关系决定了经济活动的空间差异。宏观层面的经济空间模式是微观层面的市场接近效应和市场拥挤效应两者共同作用的结果。追逐市场接近效应的厂商行为产生了集聚力，即本地市场扩大效应。通过循环累积机制，进一步扩大了对经济系统的初始冲击。市场拥挤效应所产生的扩散力最终决定了经济活动的空间分布模式。

新地理经济学的贡献在于填补了传统地理学对规模报酬递增研究的空白，深入探讨了经济空间集聚的动力。其缺陷在于，过于注重数学模型，而忽略了区域的社会、文化、制度等因素，而且，新经济地理学预言更大规模的空间集聚，中心区与边缘区的差距将会加大，这对发展中国家或地区的经济发展无疑是一个悲观的结论。

第二节　区域发展从沿海优先战略向区域平衡战略转变

一、中国区域经济发展战略与政策的演变

新中国成立以来，中国区域经济发展的思想历经了从平衡发展观到不平衡发展观，再到平衡协调发展观的演变。伴随着发展观的变化，中国区域经济发展战略与政策也经历了五个阶段：1949～1978年的区域平衡发展阶段，1979～1990年的区域不平衡发展阶段，1991～1998年的区域初步协调发展阶段和1999～2012年的区域统筹协调发展阶段，再到2012年之后的区域一体化发展阶段。这里重点论述改革开放后到2012年的区域发展战略与政策。2012年以后的区域发展战略与政策将在本章第三节中讨论。

（一）区域不平衡发展战略（1979～1990年）

十一届三中全会以后，邓小平提出了著名的"两个大局观"："我们的政策是让一部分人、一部分地区先富起来，以带动和帮助落后的地区，先进地区帮助落后地区是一个义务。我们坚持走社会主义道路，根本目标是实现共同富裕，然而平均发展是不可能的。"[①] 必须分两步走，第一步是"沿海地区要加快对外开放，使这个拥有两亿多人口的广大地带较快地先发展起来，从而带动内地更好的发展。这是一个事关大局的问题，内地要配合这个大局"[②]。第二步是"在本世纪末达到小康的时候"，"又要求沿海拿出更多力量来帮助内地发展，这也是一个大局。那时沿海也要服从这个大局"[③]。"两个大局观"从强调平衡发展转为着重发挥和利用东部沿海区域的经济、技术、人力资源及区位优势，有重点地进行区域生产力布局，实施区域经济非均衡发展战略，我们称之为沿海先行发展战略。[④]

区域不平衡发展战略的实施主要体现在中国"六五"（1981～1985年）和

---

①②③　《邓小平文选》第3卷，人民出版社1993年版，第373～374页。
④　郭熙保：《论中国经济发展模式及其转变》，载于《当代财经》2011年第3期。

"七五"（1986～1990年）计划对区域经济空间的调整方面。"六五"期间，开始采取向沿海倾斜的一系列政策，并设立深圳、厦门、珠海和汕头四个经济特区，后来又把海南岛增补为经济特区，开放大连、天津、上海、广州等沿海14个港口城市。20世纪90年代初，在沿海地区形成了几十万平方公里、人口近2亿的开放地带，在东部沿海地区搞体制改革试验区，在试验区内允许先行先试，突破现有制度约束；在财政、税收、信贷、投资等方面，给予东部沿海地区尤其是经济特区一系列优惠政策，包括资金扶持、土地转让、关税减免、下放投资审批权和物价、工资、土地等管理权限、外汇和税收上缴包干等，鼓励出口创汇和引进外资。

20世纪90年代初，上海浦东的开发是中国深化改革、扩大开放做出的又一区域重大战略部署。1990年4月30日，国务院有关部门和上海市政府举行新闻发布会，宣布开发开放浦东新区的9项政策规定，浦东开发进入了实质性阶段。1992年10月，党的十四大作出了"以浦东开发开放为龙头，进一步开放长江沿岸城市，尽快把上海建成国际经济、金融、贸易中心城市之一，带动长江三角洲和整个长江流域地区经济的飞跃"的战略决策。

以上海浦东开发为龙头的区域政策旨在通过上海的经济增长来带动整个长江流域的联动发展，使长三角成为中国经济发展新的增长极，同时由此带动苏浙皖等周边地区的经济发展。此外，1994年天津滨海新区成立，2006年成为国家综合配套改革试验区，经过20多年的发展，以天津新区为龙头，使环渤海地区成为中国经济的第三个增长极。

中国采取的沿海先行的不平衡发展战略取得了显著的成效。目前在中国东部地区已形成了珠江三角洲增长极（包括广州、深圳、珠海、中山、东莞、佛山等广东省境内的位于珠江周边的城市）、长江三角洲增长极（包括上海，浙江的杭州、宁波等城市，江苏的南京、苏州等城市），这两个增长极已成为推动中国经济高速增长的"火车头"和"领头羊"。1978～2010年，中国GDP总量增长了20倍，年均增长9.91%。而东部沿海省份的经济增长率在过去30多年中一直高于全国经济增长率。其中，广东增长率最高，GDP总量增长了58倍，年均增长13.54%，超过了全国平均增长率3.5个百分点；浙江、福建、江苏和山东的年均增长率都超过了12%，高于全国平均增长率2～3个百分点。①

总体来讲，以效率为导向的区域非均衡发展战略符合当时中国经济社会发展的客观实际。从宏观角度来讲，非均衡发展战略造就了中国经济发展的重点区域和增长极，主要包括长三角、珠三角和京津冀城市群，显著提高了中国经济的整

---

① 郭熙保、马媛媛：《发展经济学与中国经济发展模式》，载于《江海学刊》2013年第1期。

体效率和国民经济产出；从东中西三大地带来看，"沿海优先发展战略"通过对沿海地区的优惠政策和投资倾斜，促进了东部地区的经济发展，东部地区尤其是长三角和珠三角区域成为推动中国经济高速发展的动力，通过扩散效应，带动了中西部地区的经济发展。不过，随着东部沿海地区的快速发展，中西部的资源、人才等源源不断地流向东部地区，地区间的差距越来越大，东中西部地区经济发展越来越不平衡，缪尔达尔所说的回波效应在不断累积。

（二）区域初步协调发展战略（1991~1999年）

在不平衡发展的政策引导下，东部地区经济发展步入快车道，并不断吸引中西部的人才、资金流入，东部地区与中西部之间的差距越来越大，严重影响整个国民经济的均衡、协调发展。20世纪90年代，国家开始对不平衡的区域战略进行调整与补充。1990年12月，中央在《十年规划和"八五"计划的建议》中提出，要"积极促进地区经济的合理分工和协调发展"。1995年9月，在十四届五中全会通过的"九五"计划中，把"坚持区域经济协调发展，逐步缩小地区发展差异"作为今后区域发展的一条重要方针。1996年3月，八届全国人大四次会议通过的《"九五"计划和2010年远景规划纲要》专设"促进区域经济协调发展"一章，较为详细地阐述了此后15年国家的区域经济发展战略，要求逐步缩小区域经济发展差距。1997年9月，党的十五大特别强调，要"促进地区经济合理布局和协调发展"。地区经济协调发展总方针的提出，标志着改革开放以来形成的不平衡发展战略开始向区域协调发展战略转变。

为促进地区经济协调发展，优化资源配置，中央采取了一系列具体的政策。这些政策包括：（1）将向东部倾斜的对外开放政策转为全方位的对外开放。提出沿边境、沿江、沿交通干线开放的战略方针，形成由南到北、从东到西的全方位的开放开发局面。（2）调整国家投资和产业布局向中西部地区倾斜。一方面，积极推进沿海地区加工制造业进行产业转移，转向中西部地区；另一方面，中央加大在中西部地区的固定投资，并实施优惠政策。1993年国务院通过了《关于加快发展中西部地区乡镇企业的决定》，决定1993~2000年，每年在国家信贷计划中单独安排50亿元专项贷款，支持中西部地区乡镇企业的发展，之后，这一信贷额度每年再增加50亿元。（3）完善国家扶贫政策和民族地区政策。中西部地区有许多连片的贫困地区和少数民族地区，这些地区和人口的贫困与富裕直接影响到中西部地区的经济发展。1994年和1996年国家连续出台扶贫政策和民族地区的支持政策，"九五"计划国家又提出消除贫困的目标。为推进扶贫工作，国家投入了大量的资金和人力。

协调发展战略是在区域经济发展不平衡状况越来越明显的背景下提出的，是对不平衡发展战略的一种纠正，是对邓小平"两个大局"思想的完善。但是，经济的发展有其自身的规律，特别是自20世纪90年代，我国加快了向社会主义市场经济体制转变的步伐，市场机制在经济中发挥的作用越来越大。在市场力量和循环累积因果机制作用下，资金、人才等生产要素和产业加速向沿海集聚，地区经济呈现的不平衡增长趋势并没有因为国家区域发展政策的转向而改变，反而更严重了，地区差距尤其是东西部差距急剧扩大。

（三）区域统筹协调发展战略（1999~2012年）

1999年9月，党的十五届四中全会正式提出了西部大开发战略，以此为标志，中国区域发展战略重点开始向西部倾斜。国家"十五"计划明确指出："国家要继续推进西部大开发，实行重点支持西部大开发的政策措施，增加对西部地区的财政转移支付和建设资金投入，并在对外开放、税收、土地、资源、人才等方面采取优惠政策。"

以西部大开发为导向的区域政策主要包括以下内容：一是政策优惠。西部地区在税收安排、企业发展、吸引外资等方面，都获得了政策上的优惠。在中国加入WTO之后，中央政府还专门研究如何在WTO的规则下，继续对西部地区实施优惠政策。二是财政支持。中央政府增大了从东部地区向西部地区财政转移的规模，从提高当地的教育水平、增加政府主导的基础设施投资、加强生态环境建设等方面增加了对西部地区的投入。三是加大基础设施投入。西部地区地广人稀，铁路、公路、电信等基础设施明显滞后于东部沿海地区，与东部地区不同，由于这些项目的投资无法取得足够的回报，市场力量对这些投资缺乏足够的兴趣。因此，2000年起中央政府对西部地区投入了巨额的基础设施建设资金，启动了规模巨大的"西电东送""西气东输"等工程。四是加强生态环境保护。西部地区曾是中国的矿产品和原材料的主要产地，也是农业基地，但过去数十年的开发过程中环境保护没有得到足够的重视，造成了沙漠化等重大的环境问题，也使北京等地出现了严重的沙尘暴。因而，西部大开发的一个主要工作就是恢复西部地区的生态环境，中央政府投入巨额资金植树造林、退耕还林，通过"南水北调"等项目重新分配水资源。五是给予人才与智力支持。出台了《中共中央、国务院关于进一步加强人才工作的决定》《西部地区人才开发十年规划》《关于进一步加强西部地区人才队伍建设的意见》等政策文件，着眼于解决西部地区人才队伍建设中的突出问题，创新工作思路，完善政策措施，为西部大开发提供坚实的人才保证和智力支持。

西部大开发政策实施以来，国家在规划指导、政策支持、资金投入、项目安排等方面加大了对西部地区的支持力度，取得了明显成效。西部大开发的前5

年,中央财政性建设资金累计投入 4 600 亿元,财政转移支付和专项补助累计安排 5 000 多亿元。政府投入带动了社会投入,西部地区全社会固定资产投资年均增长 20% 左右。在大规模投资带动下,西部经济发展逐年加快,从 2000 年到 2003 年,GDP 增长分别为 8.5%、8.8%、10.0%、11.3%。但与前两次区域政策调整不同的是,在西部大开发实施后,资金和人力资源等生产要素并没有出现类似当年在上海和广东快速集聚的效应。在相当程度上,西部大开发主要依靠政府的投入,特别是依靠中央政府的投入。西部自身发展的潜力尚有待开发,其市场机制、区域合作机制等也有待完善。

在西部大开发推进的同时,东北地区等老工业基地的"萧条病"、沿海城市的"滞涨病"、中部地区的"迟滞病"不同程度地凸显出来。东北地区等老工业基地经过了多年的发展,出现资源枯竭、产业老化、主导产业衰退等现象,由于接续产业没有及时发展,新的主导产业没有形成,致使经济不断衰退,处于萧条状态。东部沿海的"长三角"城市群、"珠三角"城市群和"环渤海"京津唐城市群的城区人口与产业高度密集,传统产业比重高,交通拥挤,环境污染严重,用水、用电、用地困难,高新技术产业和第三产业缺少发展的空间。中部地区的综合问题则是发展迟滞,经济增长缓慢,成为全国的"经济凹地"。

针对上述问题,中央审时度势,作出了建设和谐社会、统筹区域发展的重大战略部署,提出"继续推进西部大开发,振兴东北地区等老工业基地,促进中部地区崛起,鼓励东部地区率先发展,形成分工合理、特色明显、优势互补的区域产业结构,推动各地区共同发展"。这个阶段的主要区域政策是:

(1) 继续推进西部大开发。包括促进重点地带、重点城市开发,促进特色优势产业发展,促进地区协调互动。同时,进一步加强基础设施建设和生态环境保护与建设,加大对西部农村公共服务的投入力度,推进社会主义新农村建设,做好西部地区人才开发、西部开发立法和进一步深化改革、扩大开放等方面的工作。

(2) 振兴东北等老工业基地。2007 年 8 月国务院出台的《东北地区振兴规划》明确提出,要将东北建设成为综合经济发展水平较高的重要经济增长区域。具体目标是:把东北建设成为具有国际竞争力的装备制造业基地、国家新型原材料和能源保障基地、国家重要的商品粮和农牧业生产基地、国家重要的技术研发与创新基地。

(3) 促进中部地区崛起。2006 年 4 月,《中共中央国务院关于促进中部地区崛起的若干意见》正式出台,包括以推进新型工业化为突破口,加快改革开放和发展步伐;增强中心城市辐射功能,以城市群战略规划发展蓝图;因地制宜实施特色战略等。《国务院 2007 年工作要点》关于中部崛起战略工作进一步明确,中部六省部分地区要比照振兴东北等老工业基地和西部大开发有关政策实施。

(4) 鼓励东部地区率先发展。根据《国务院 2007 年工作要点》,在鼓励东部地区率先发展方面的工作主要包括：一是组织落实天津滨海新区开发开放的相关政策措施，研究推动落实《国务院关于推进天津滨海新区开发开放有关问题的意见》。二是编制并推动实施《长江三角洲地区区域规划》和《京津冀都市圈区域规划》。三是研究起草《进一步推进长江三角洲地区改革开放和经济社会发展的指导意见》。四是组织研究海峡西岸地区发展战略。五是组织开展广东横琴岛开发开放问题调研，进一步推进粤港澳紧密合作。

在促进中西部地区快速发展的一系列政策中，推进城市群建设是其中一个重要亮点。国家先后出台了成渝城市群、武汉城市圈、长株潭城市群、海峡西岸经济区、鄱阳湖生态经济区、关中平原城市群、北部湾城市群、哈长城市群、兰州西宁城市群等国家层面的区域规划。这些城市群建设推动了中西部地区多个增长极的形成和发展以及区域经济的多极化发展。

二、区域经济从不平衡发展到平衡发展的转变

（一）中西部地区经济增长先慢后快

改革开放以来，东部、中部、西部和东北地区[①]的实际 GDP 增速见图 7-2。[②] 在 1990 年之前，实际经济增速在各地区没有显示出明显的趋势，其原因是在改革开放的摸索时期，农村体制改革在全国各个地区展开，东部地区并没有显示优势，而且落后地区的体制改革步伐还要快些，后来逐步向发达地区蔓延扩散。但是，在 1991 年之后，东部地区增速明显加快，一直到 2005 年，在这 15 年中有 11 年时间，东部地区增长都快于其他地区，因此，东部地区增速超过全国平均水平。在 1992 年确立社会主义市场经济的改革目标之后，国家虽然提出要实现区域协调发展，也采取了一些政策措施，但实际效果不佳，一旦实施市场经济体制，各种要素不断向具有体制、政策和区位优势的东部沿海地区集聚，致使回波效应不断强化，东部沿海地区与其他地区的发展差距逐渐拉大，在 2005 年达到

[①] 根据国家统计局的划分标准，东部地区有 10 个省市，包括北京、天津、河北、上海、江苏、浙江、福建、山东、广东和海南。中部地区有 6 个省，包括山西、安徽、江西、河南、湖北和湖南。西部地区有 12 个省市区，包括内蒙古、广西、重庆、四川、贵州、云南、西藏、陕西、甘肃、青海、宁夏和新疆。东北地区有 3 个省，包括辽宁、吉林和黑龙江。

[②] 以人民币计价的当年数据全部使用各省市区当地的 CPI 以 1978 年为基期进行了物价调整，其中，天津市、重庆市、河北省、山西省、内蒙古自治区、辽宁省、浙江省、安徽省、江西省、广东省、海南省、四川省、西藏自治区等省级区域的 CPI 在较早一段时期没有统计数据，以本省级城市 CPI 或全国的 CPI 作为代替。

最高值。在这 15 年间，年均实际 GDP 增长率东部地区最高，为 11.8%，东北地区为 8.4%，中部地区为 9.1%，西部地区为 8.4%。东部地区比其他地区的增速要高 2~3 个百分点，致使东部地区与中西部地区的经济差距不断扩大，而中部地区比西部和东北增长还快将近 1 个百分点。

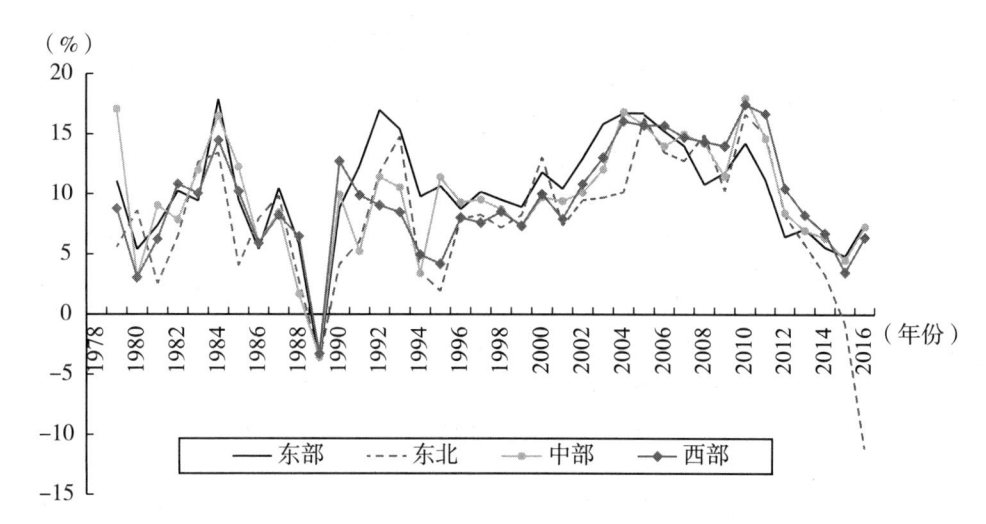

图 7-2　改革开放以来四大地区的实际 GDP 增速

资料来源：国家统计局国民经济综合统计司：《新中国 60 年统计资料汇编》，中国统计出版社 2010 年版；国家统计局：《中国统计年鉴》（2009~2017）。

从图 7-2 中我们可以看到，2005 年是一个分界点。2005 年之后，中西部省份的经济增长加速，并趋势性地超过了东部地区，扩散效应开始显现。这是因为进入 21 世纪以来，中央政府实施全面统筹协调发展的区域战略，先后推出西部大开发、振兴东北老工业基地、中部崛起等战略，出台了多项区域倾斜性政策措施。这些政策措施开始发挥效果，致使中西部经济增长加快。

改革开放以来，从整体看，东部地区的年均增速最高，为 10.3%；东北地区的年均增速最低，为 7.7%；中部、西部地区的年均增速相差无几，介于东部和东北地区之间（见表 7-1）。但是，如果将改革开放以来分成三个时期①进行考察，就可以发现更为有意义的现象，如表 7-1 所示。在 1979~1998 年，即在低收入阶段，东部地区的经济增速最高，超过中西部 1 个百分点以上。在 1999~2010 年，即在中低收入阶段，四大地区都实现了两位数的高速增长，但中西部

---

① 三个时期的划分是根据我国所处的发展阶段划分的，按照世界银行的分类，中国 1998 年之前处于低收入国家组，在 1998 年跨入中低收入国家行列，2010 年跨入中高收入国家行列。此外，1999 年是中央提出实施西部大开发的年份，标志着中国区域发展战略的重大转变，2008 年是国际金融危机爆发的年份，对 2009 年之后的中国经济产生了一定影响。

地区增速显著加快,与东部地区齐头并进,年均增速相差不到1个百分点。到了2011~2016年,即在中高收入阶段,受金融危机和转变经济发展方式的影响,四大地区的增速下滑至一位数,东部地区下滑幅度超过中西部地区,致使其增速已经低于中西部地区1个百分点。

表7-1　　　　中国四大区域实际 GDP 年均增长率变化　　　　单位:%

区域	1979~1998年	1999~2010年	2011~2016年	1979~2016年
东部	9.5	13.3	7.1	10.3
中部	8.4	12.8	8.0	9.7
西部	7.7	13.1	8.6	9.5
东北	6.7	11.8	3.1	7.7
全国平均	8.7	12.2	7.5	9.6

这里需要注意的是,在改革开放后的大多数年份里,东北地区经济增长率在四大地区中是最低的,无论是在改革开放初期,还是市场体制改革加速期、区域统筹发展时期,其增长率都是垫底的。分时段来看,东北地区增长率近年来下降速度惊人。从图7-2中可以看到,从2011年起逐年下降,2015~2016年甚至增长率变成负数。如果撇开最近两年的数据,东北地区在2011年之后的增长率就要高得多,但仍然比西部和中部地区要低。

增长率的差异导致区域经济差距的形成与变化。从四大地区的 GDP 在全国所占比重看,东部地区 GDP 比重一直远远高于其他三个地区,到2006年达到最高,为55.6%,超过了全国的半壁江山,随后开始下降。西部和中部地区 GDP 比重从改革开放初期下降,到2006年以后开始上升,东北地区 GDP 比重则一直处于下降态势。如图7-3所示,中部、西部地区 GDP 相对东部地区一直呈下降趋势,但西部在2005年、中部在2006年比重达到最低之后,这种趋势开始转而上升。这意味着中西部地区与东部的经济差距先上升而后下降。但是,东北地区与东部地区的比重却一直在下降,从改革开放初期的30%以上下降到当前的15%以下。

(二) 人均收入水平差距先扩大后缩小

本章使用相对离差系数来考察各个地区的人均收入差距。这里使用人均实际 GDP 来考察四大地区的收入水平演变及其差距变动情况。计算各个地区人均实际 GDP 与全国人均实际 GDP 的差额,然后除以全国人均实际 GDP,得到人均实际 GDP 相对离差系数,具体见图7-4。横轴代表了全国平均水准,与横轴的距离代表各个地区人均实际 GDP 的偏离程度。远离横轴时,表明收入差距扩大;四大地区靠近横轴时,说明回归至平均值,表明收入差距缩小。

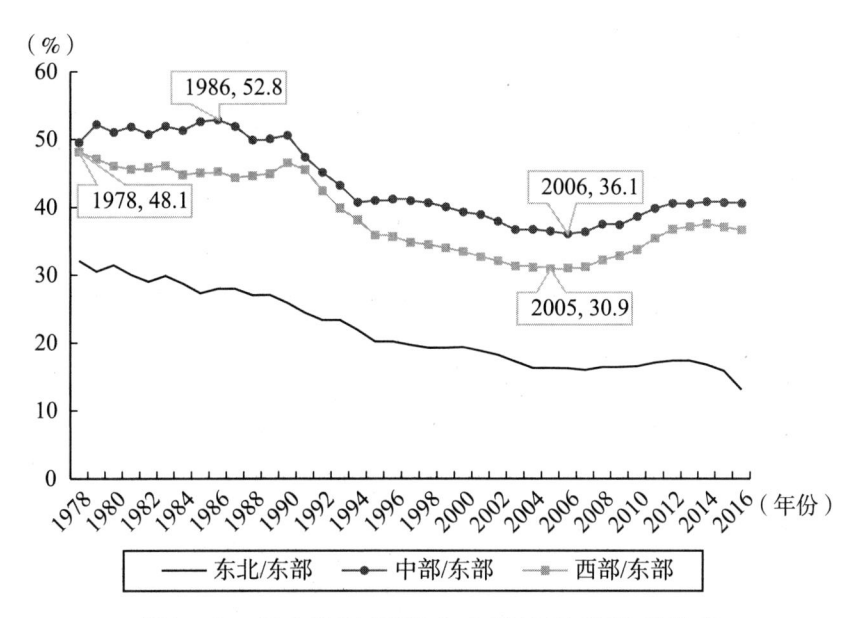

图7-3　三大地区 GDP 与东部地区 GDP 的比值

注：图中数字，前者为年份，后者为比值。

资料来源：国家统计局国民经济综合统计司：《新中国 60 年统计资料汇编》，中国统计出版社 2010 年版；国家统计局：《中国统计年鉴》（2009~2017）。

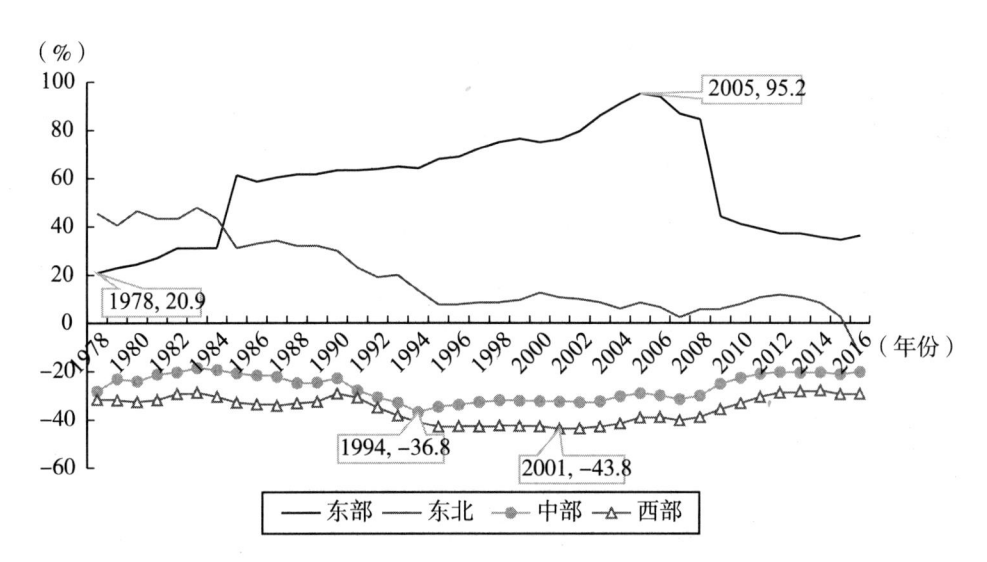

图7-4　四大地区人均实际 GDP 相对离差系数

注：图中数字，左侧为年份，右侧为比值。

资料来源：国家统计局国民经济综合统计司：《新中国 60 年统计资料汇编》，中国统计出版社 2010 年版；国家统计局：《中国统计年鉴》（2009~2017）。

从图 7-4 可以看出，东部地区人均实际 GDP 是正值，一直大幅度高于全国平均水平，最低为高出全国平均水平 20.9%（1978 年），最高则高达 95.2%（2005 年）。在 2005 年之前，与全国平均水平相比，东部地区人均实际 GDP 迅速上升，与其他地区之间的差距不断拉大。中部、西部地区一直是负值，低于全国平均水平。在低收入阶段，中西部地区相对全国平均水平的离差不断扩大，其中，中部地区在 1994 年达到最低值，为 -36.8%；西部地区在 2001 年达到最低值，为 -43.8%。在达到最低值之后，中西部地区人均 GDP 开始缓慢上升。就东北地区而言，除了最近的 2016 年之外，也是一直高于全国平均水平，但呈现持续降低态势。在 2005 年之后，四大地区都在向全国平均水平收敛，尤其以东部地区表现剧烈。在金融危机之后，相对离差系数迅速变小，并稳定在 35% 左右。

区域之间的收入差距还可以用相对比值系数来表示。设东部地区人均 GDP 为 1，作为基准，将其他三个地区人均 GDP 与东部地区进行比较，计算其他三大地区人均 GDP 与东部地区的相对比值系数，具体见图 7-5。可以看出，在 2008 年以前，相对比值系数呈下降趋势，表明地区人均 GDP 差距趋于扩大，不平衡程度提高。2009~2014 年，相对比值系数提高，意味着不平衡程度下降，平衡程度提高。但是，在 2015~2016 两年，东北地区增速急剧下降，导致与东部地区的差距又扩大了。中部和西部地区的相对比值系数继续上升，这就出现了分化，现在三大地区与东部地区的收入差距基本上一致。

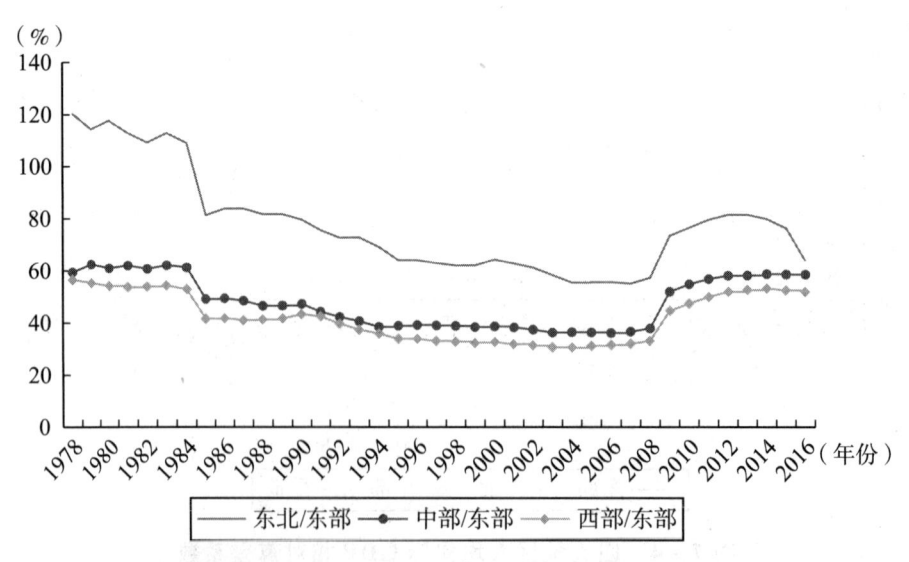

图 7-5 区域间人均实际 GDP 的相对差距

资料来源：国家统计局国民经济综合统计司：《新中国 60 年统计资料汇编》，中国统计出版社 2010 年版；国家统计局：《中国统计年鉴》（2009~2017）。

表 7-2 反映了人均 GDP 相对比值系数的阶段性年均变化情况。在 1979~2016 年的 30 多年间，三大地区和全国的相对比值系数是负数，为 -0.3%，即全国平均人均 GDP 相对于东部的人均 GDP 每年平均下降 0.3%，表明中西部地区与东部的差距总体呈现扩大趋势。但各地区与东部的差距呈现出差异。中部与东部之比每年下降 0.04，幅度很小，意味着东部与中部的差距在过去 30 多年（1978~2016 年）中平均起来几乎没有扩大（先扩大后缩小，相互抵消，现在的差距与改革开放初期差距基本一致）；西部与东部的比值年均下降 0.2%，相对于中部来说，差距还是有所扩大，但也在可控范围内。最严重的是东北，从 1979 年到 2016 年间，比值每年扩大竟达 -1.7%。

表 7-2 四大地区人均 GDP 相对差距的分阶段变化情况 单位：%

区域	1979~1998 年	1999~2010 年	2011~2016 年	1979~2016 年
中部/东部	-2.1	2.9	1.1	-0.04
西部/东部	-2.7	3.1	1.5	-0.2
东北/东部	-3.3	1.8	-3.0	-1.7
全国平均/东部	-1.8	1.8	0.6	-0.3

分阶段看，各地区与东部地区的差距显示出有意义的趋势。在 1979~1998 年，相对比值系数呈现下降态势，三大地区比值年均递减都在 2% 以上，表明各地区与东部地区的经济差距显著扩大。分地区看，东北地区与东部地区的比值下降幅度最大，为 3.3%；其次是西部地区，下降了 2.7%；比值下降最缓的是中部地区，下降幅度为 2.1%。在 1999~2010 年，相对比值系数出现趋势性转折，都呈上升态势，中部/东部、西部/东部比值的升幅都在 3 个百分点左右，表明人均 GDP 差距显著缩小，而且各地区几乎是同步缩小。东北地区与东部地区的差距在这一时期也有所缩小，平均每年缩小 1.8%，但与中部地区和西部地区相比，缩小幅度要小很多。在 2011~2016 年，中部/东部、西部/东部比值继续增加，收入差距继续缩小；但缩小幅度在下降，而且西部地区相对于中部地区与东部地区的差距缩小更快。最令人惊讶的是东北地区，在这一时期，东北/东部比值不升反降，而且下降幅度高达 3%，这表明东北地区人均收入水平与东部相比，差距不仅没有缩小，反而趋于扩大，而且是快速扩大。这是因为东北地区这一时期的实际 GDP 增长率急剧下滑，到 2014 年之后竟然下降为负数（见图 7-2）。

从以上地区增长率和收入水平差距的分析中，我们看到，在过去 30 多年中，中西部地区和东部地区经济差距是先扩大后缩小，且西部地区比中部地区增长更快，因此，西部、中部和东部地区的收入呈收敛趋势，符合第一节所介绍的地理上的二元经济发展理论所描述的基本趋势。之所以出现这种趋势,是因为社会主义市场经济的确立。市场机制在资源配置方面发挥着巨大的作用,东部地区率先实施市场经济机制,再加上其他一些优惠政策和区位优势,因此经济呈现快速增长,于是吸引着其他地区的资本、人力等要素急剧向东部集聚,带来东部地区增长加速;相对来说,中西部地区市场机制发育比较迟缓,也没有什么政策优惠,发展较为缓慢。因此,在1978~1998年,地区差距基本上是不断扩大的。但到了20世纪末,中国进入中低收入阶段之后,如本章第二节所述,国家开始支持中西部地区加快发展,其政策和财力开始向中西部尤其是西部地区倾斜,再加上东部地区要素成本不断上升,资本利润率开始下降,资本和人力向东部地区流动的动力在下降,市场和政府两只手的共同作用,推动着中西部地区加快发展,追赶效应和扩散效应显现。

这里要特别说明的是东北地区。该地区在计划经济时代是比较富裕的地区,被誉为"共和国工业的摇篮",新中国成立初期,大量的工业项目布局在这个地区,建立了很好的工业基础。在改革开放初期,人均收入水平是四个地区最高的,甚至比东部还高一大截(见图7-4和图7-5)。但是,由于过去30多年中,东北地区的经济增长率在四个地区中一直是垫底的(见表7-2),因此,相对收入水平就一直呈下滑态势。东北地区在改革开放初期工业基础较好,为何改革开放以来相对于其他地区发展不快,学术界有很多分析。主要观点是东北地区国有经济所占比重高,而国有经济体制改革缓慢,缺乏激励机制,在市场经济中竞争不过南方地区企业;同时,民营经济发展缓慢,占比一直较低。再加上政府管理还保留着计划经济的遗风,对企业活动干预较多。这些因素是导致东北地区发展缓慢的根本原因。因此,党的十九大报告对东北地区提出特别要求:"深化改革加快东北老工业基地振兴。"要振兴东北经济,关键是要加快体制改革,尤其是国有经济的体制改革,具体改革措施将在第三节中论述。

(三) 区域收入分配不平等程度先升后降

区域收入分配状况这里用城乡收入比[①]来表示。图7-6描绘了四大地区

---

① 城乡收入比是指城市居民实际可支配收入与农村居民实际纯收入之比。某一地区的人均城镇居民实际可支配收入 = $\sum$ (该地区内各省的人均城镇居民实际可支配收入 × 各省城镇人口或非农户籍人口数) ÷ $\sum$ (各省城镇人口或非农户籍人口数);某一地区的人均农民实际纯收入 = $\sum$ (该地区内各省的人均农民实际纯收入 × 各省农村人口或农业户籍人口数) ÷ $\sum$ (各省农村人口或农业户籍人口数)。用于各省加权的人口数据:2005~2016年是指城镇人口与乡村人口,1988~2004年是指非农人口与农业人口。本节其他图表所涉及的地区人均收入计算结果都是按照此种方法计算出来的,只是人口改为各省总人口。

1988~2016 年的城乡人均收入比变化趋势。四大地区的城乡收入比变化都存在一个先上升后下降的"倒 U 型"趋势。在 2008 年以前基本上都是处于缓慢上升趋势，2009 年之后都出现下降。到 2016 年四大地区的城乡收入比都下降到 3.0 以下，这意味着每个地区城乡收入差距呈现先扩大而后缩小的趋势，我国整体收入分配不平等程度下降。但是，中西部地区的城乡收入比下降得比东部要快。西部地区城乡收入比下降得又比中部要快，表明中央向西部倾斜的区域发展政策取得了显著效果，同时，扶贫脱贫政策在其中也发挥了很大的作用。中西部地区是贫困人口集中的地区，低收入家庭和贫困人口收入增加，使得收入分配不平等程度下降。不过，从图 7-6 中可以看到，西部地区的城乡收入比在四个地区中一直是最高的，表明西部收入不平等程度最严重，而且在 2007 年以前一直是上升的，2007 年达到最高点 3.86，只是近几年下降较快，开始向其他地区城乡收入比收敛，但到 2016 年，其比值仍然高达 2.4，比其他地区 2.5 以下的水平要高得多。

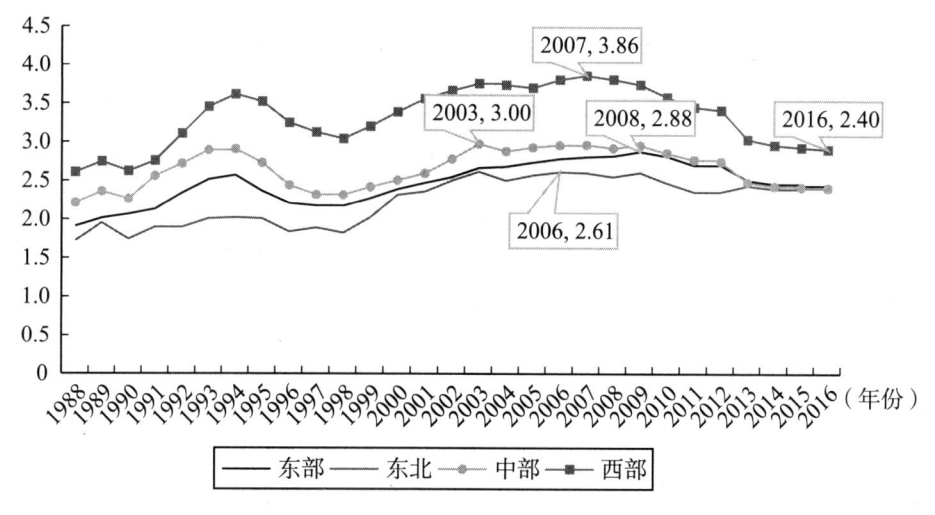

图 7-6 四大地区的城乡收入比变化

资料来源：1988 年数据来自公安部：《全国分县市人口统计资料》（1988）。1989~2004 年数据来自国家统计局：《中国人口统计年鉴》（1990~2005），2005~2016 年数据来自国家统计局：《中国统计年鉴》（2006~2017）。

东北地区情况有些特殊。东北地区的城乡收入比在四个地区中一直是最低的，而且呈现上升趋势，特别是在 20 世纪末上升得很快，到 2003 年之后平缓下来，而且近几年，出现逐渐收敛趋势，到 2016 年几乎与东部和中部地区持平。这可能是因为东北主要是国有经济占主导地位，国有经济发展较慢，工资水平提高也就缓慢，而且农业比较发达，农民收入水平并不低，使得东北地区城乡收入差别较小。

表7-3提供了四大地区城乡收入比的阶段性变化情况。在1989~2016年，从总体看四大地区城乡收入比年均变化率都是正数，表示收入差距都呈现扩大态势。分阶段来看，在1989~1998年，西部地区的城乡收入差距扩大幅度最高，年均增幅为1.7%，快于东部地区的1.3%；而中部和东北地区在这一时期的城乡收入比上升平缓，只有0.5%和0.6%，比西部和东部要低得多。在1999~2010年，东部地区的扩幅增大，年均增幅达到2.0%，表明这一时期是东部收入分配不平等程度加剧时期；中部地区城乡收入比变化率为1.5%，比上个时期也大大提高了，表明中部地区收入分配不平等也在扩大；东北地区是1.8%，较上一时期也有所扩大。但是西部地区的城乡收入比扩幅减小到1.1%，比前一个时期要低0.6个百分点。在这个时期，城乡收入比的变化趋势在地区之间出现了分化。在2011~2016年，各地区城乡收入比变化率都为负值，意味着在进入中高收入阶段以来，我国的收入分配不平等程度下降了。东、中、西三个地区城乡收入差距都大幅度缩小，尤其是西部地区的缩小幅度最大。这是个可喜的变化，是区域平衡发展政策和经济发展阶段变化共同推动的结果。

表7-3　　　四大地区城乡居民人均收入比分阶段变化情况　　　单位：%

区域	1989~1998年	1999~2010年	2011~2016年	1989~2016年
东部	1.3	2.0	-2.4	0.9
中部	0.5	1.5	-2.8	0.3
西部	1.7	1.1	-3.4	0.5
东北	0.6	1.8	-0.6	1.2

（四）区域经济合作机制增强，资本和产业转移步伐加快

在促进产业转移和区域合作方面，中央给予中西部地区许多倾斜政策。国家先后批准设立了广西桂东、重庆沿江、甘肃兰白经济区、晋陕豫黄河金三角等承接产业转移示范区，目前已有30多万家东部企业到中西部地区投资创业，投资总额达到20 000多亿元。东部发达省份通过产业转移主动"腾笼换鸟"，促进产业优化升级，高新科技产业发展加快；中西部地区省份发挥各自的区位优势、资源优势，积极主动承接产业转移，主要集中于传统劳动密集型产业、建材行业、电子信息制造业，不但促进了就业和增收，还通过"干中学"提升了当地的人力资本。转出地区经济效益提高，能耗降低，创新能力提高；承接地区产业结构升

级，产业集群和产业基地稳步发展。①

东中西合作发展的机制多样，领域不断拓宽，形成了较好的效果。一种普遍的合作形式是地缘合作。大型的地缘合作，如2004年，以珠江水系为纽带形成"9+2"泛珠三角区域合作，涵盖东中西部，有助于促进我国华南地区和西南地区的区域协调发展，使内地与港澳紧密合作。区内的地缘合作，如2004年，宁蒙陕甘毗邻地区共同发展联席会议成立，致力于打造宁蒙陕甘区域经济共同体。另外一种比较普遍的形式是跨地域合作，如宁夏等西部内陆省区积极加强与长三角、珠三角合作，嵌入"一带一路"，对接京津冀，已经与天津、福建、浙江、江苏等多个东部省市建立省际经济合作。

全国对口支援新疆、西藏、贵州等地区的工作蓬勃发展，取得成效。对口援藏、援疆等省市，采取多种措施，在人才开发、技术输出、产品销售、医疗支援、慈善捐助等诸多方面给予被帮扶区域以各种扶持。

同时，中央不断深化与周边国家区域合作机制，拓展合作内容。借助"一带一路"建设的东风，西南地区开展中国—东盟边贸合作，东部地区开展中俄、中国—东北亚合作，西北地区开展中国—蒙古、中国—中亚合作，都取得广泛成效，有助于促进中国东北和中西部地区发展，促进地区平衡发展。

（五）资本积累和工业化加快，产业结构不断优化升级

改革开放以来，中西部地区资本积累速度加快，而高投资、高积累是促进中西部快速发展和工业化加速的主要推动力。1979~2016年各地区实际固定资本形成的年均增速见图7-7。可以看到，在1990年前后，四大地区都出现过大起大落，其他年份也波动较大，这比经济增长率的波动幅度要大得多。我国固定资本形成年均增长率高达10.6%，高于经济增长率，投资是拉动经济增长的主要驱动力。分阶段来看，在低收入阶段的1979~1998年，固定资本形成年均增长率最高的是东部地区，年均高达12.6%，而其他三个地区投资增长率相差不大，分别是10.4%、8.9%、9.8%。东部投资增速快主要是因为东部沿海地区得益于改革开放政策，迅速走上了市场经济之路，高投资带来高增长，因此这个阶段东西部地区经济差距扩大。在进入中低收入阶段的1999~2010年，投资增速出现了逆转，中部、西部、东北地区固定资本形成增长率都接近20%，分别为18.1%、19.1%、19.6%，而东部地区只有16.5%，虽然比前一时期要高，但比其他地区要低2~3个百分点。这得益于国家为了促进区域平衡协调发展而对中西部地区给

---

① 国家统计局工业司：《工业产业转移取得积极进展》，引自宁吉喆主编：《中国发展报告2016》，中国统计出版社2016年版。

予的倾斜政策和对中西部基础设施的大规模投资。在进入中高收入阶段的2011~2016年，东部、中部、西部、东北四大地区的年均实际增速分别是6.7%、8.5%、9.1%、0.1%，东部地区继续低于中西部地区两个百分点左右，而东北地区固定资本形成几乎无增长，这说明东北地区的投资环境比较差（见表7-4）。

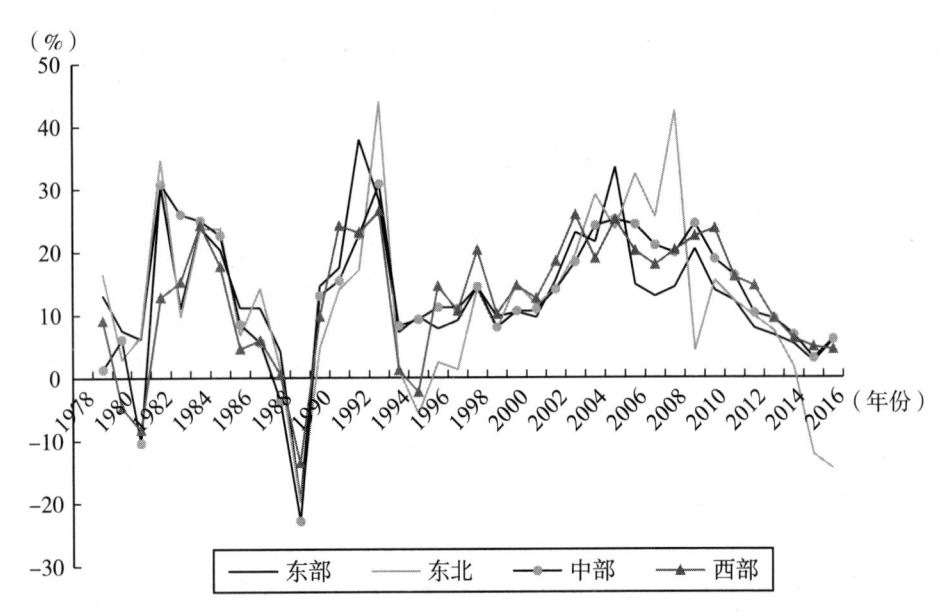

图7-7 四大地区实际固定资本形成的年均增速

资料来源：国家统计局国民经济综合统计司：《新中国60年统计资料汇编》，中国统计出版社2010年版；国家统计局：《中国统计年鉴》（2009~2017）。

表7-4 四大地区实际固定资本形成分阶段年均增长率　　　　单位：%

区域	1979~1998年	1999~2010年	2011~2016年	1979~2016年
东部	12.6	16.5	6.7	12.9
中部	10.4	18.1	8.5	12.5
西部	8.9	19.1	9.1	12.1
东北	9.8	19.6	0.1	11.2
全国平均	9.3	14.9	6.6	10.6

在固定资本形成快速增加带动下，工业部门也得到了快速发展。如图7-8和表7-5所示，从整个时期来看，全国平均工业增加值增长率为9.2%，与经济增长率基本一致。分地区来看，东部、中部和西部地区都超过了9%，而东北地区则不到6%。分阶段来看，三个阶段中，第二个阶段，也就是中低收入阶段，工业增长最快，而第三个阶段，即进入中高收入阶段之后，工业增长速度急剧下

滑。在第一个阶段，即 1979～1998 年，四大地区的工业增加值实际年均增长情况出现过大起大落，东部、中部、西部、东北四大地区的年均实际增速分别是 8.3%、8.2%、6.9%、4.8%，以东部地区为最高，但中部地区也并不低，这得益于乡镇企业的遍地开花。相比之下，东北地区以国企为主，增长较为缓慢。1999～2010 年，工业化进程加快，每个地区工业增长率都提高到两位数，较前一时期有较快增长，而且增速在地区间出现反转，中部、西部地区工业增加值的年均实际增速分别为 15.5%、15.7%，比东部的 13.8% 要高两个百分点。东北地区工业增长也比较快，达到 12.7%，但比中西部的工业增速要低三个百分点。2011～2016 年，当中国进入中高收入阶段之时，工业增速急剧下降，东部、中部、西部、东北四大地区的年均实际增速分别降低至 4.2%、5.0%、4.7%、-3.3%，中西部增速仍然在东部地区之上，但东北地区降为负增长。当然，如果不考虑 2014～2016 年的陡然下降，东北地区工业增速还是正数，但仍然比中西部地区要低很多。

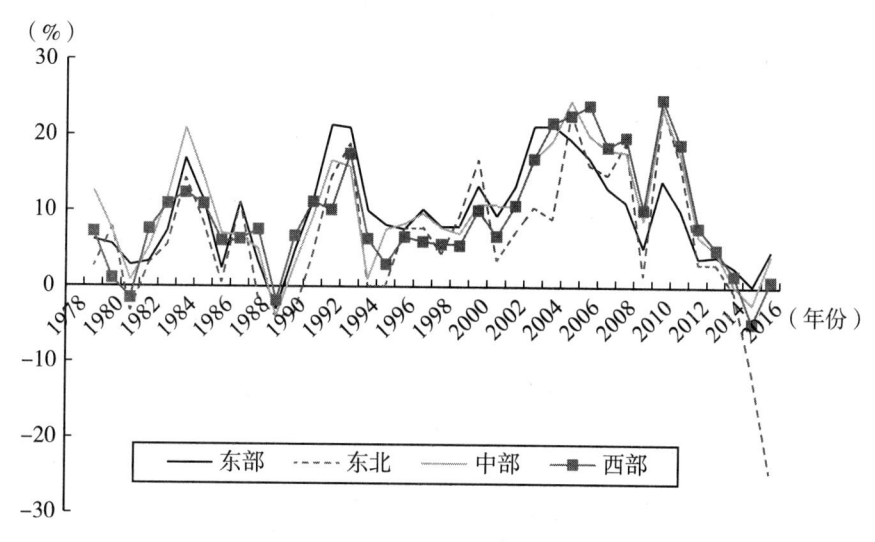

图 7-8　四大地区工业增加值的年增速

资料来源：国家统计局国民经济综合统计司：《新中国 60 年统计资料汇编》，中国统计出版社 2010 年版；国家统计局：《中国统计年鉴》（2009～2017）。

表 7-5　　　　四大地区工业增加值分阶段年均增长率　　　　单位：%

区域	1979～1998 年	1999～2010 年	2011～2016 年	1979～2016 年
东部	8.3	13.8	4.2	9.3
中部	8.2	15.5	5.0	9.9

续表

区域	1979~1998年	1999~2010年	2011~2016年	1979~2016年
西部	6.9	15.7	4.7	9.2
东北	4.8	12.7	-3.3	5.9
全国平均	8.6	12.3	4.7	9.2

与前面考察的固定资产投资增长阶段性变化情况相比，我们发现，资本积累与工业部门增长呈强烈正相关关系，也就是说，从时间来看，投资增长快的时候，工业增长就快。从空间上看，哪个地区投资增长率高，其工业增长率就高；相反，哪个地区投资增长慢，工业增长也慢。这是因为工业部门属于资本密集型，是吸收投资最大的部门。工业部门作为经济增长的发动机，其作用在这里体现得非常充分。

由于工业增长符合经济发展规律，即在中低收入阶段工业化加速，在中高收入阶段工业化减速，四大地区的产业结构都在不断优化升级，具体如表7-6所示。分阶段看，每个地区在三个阶段的变化中，第一产业平均比重都呈下降趋势，第三产业平均比重都呈上升趋势，但第二产业平均比重却不是直线下降，这与工业化水平有关。东部地区已经进入工业化后期阶段，开始向去工业化演进，服务业增长加速，致使第二产业平均比重在第二个阶段上升之后，在第三个阶段下降。中部和西部地区目前还处在工业化中期阶段，还处在工业化加速时期，因此，在2011~2016年，第二产业平均比重是上升的。东北地区比较特殊，其第二产业平均比重在三个阶段中一直在下降，这与东北地区经济结构和发展状况有关。该地区在改革开放初期工业化程度较高，且在过去40多年中工业增速缓慢，这是由工业发展不快引起的第二产业平均比重下降，是经济发展不够快的结果，而不是经济发展的自然过程。

表7-6 各地区分阶段三次产业增加值的平均比重

产业	地区	1978~1998年	1999~2010年	2011~2016年	1978~2016年
第一产业	东部	19.4	8.1	6.1	8.6
	中部	31.5	16.0	11.3	16.0
	西部	31.5	16.6	12.2	16.7
	东北	18.7	12.2	11.3	13.0
	全国平均	20.9	11.2	9.1	10.8

续表

产业	地区	1978~1998年	1999~2010年	2011~2016年	1978~2016年
第二产业	东部	49.1	50.6	46.1	48.3
	中部	40.3	48.2	50.1	47.9
	西部	38.3	44.7	47.2	45.0
	东北	52.5	50.2	47.1	49.3
	全国平均	45.5	46.3	42.9	44.4
第三产业	东部	31.6	41.3	47.7	43.0
	中部	28.2	35.8	38.5	36.0
	西部	30.2	38.6	40.5	38.3
	东北	28.7	37.6	41.5	37.7
	全国平均	33.6	42.5	48.0	44.8

资料来源：国家统计局国民经济综合统计司：《新中国60年统计资料汇编》，中国统计出版社2010年版；国家统计局：《中国统计年鉴》（2009~2017）。

第三节 迈向高质量发展阶段区域平衡发展战略与政策

一、中国区域平衡发展的新战略与新举措

2013年以来，我国的区域平衡协调发展战略进入高质量发展阶段，也就是区域一体化发展阶段。其主要标志是出台了三大区域发展战略：国内"一带一路"建设，长江经济带发展战略和京津冀协同发展战略。这些战略打破了区域发展的板块结构，形成各板块联动发展的格局。

（一）继续推进四大板块协调发展

国际金融危机和党的十八大之后，国家出台了一系列区域协调发展政策。在西部大开发方面，国务院批复了"西部大开发'十二五'规划"，支持内蒙古、贵州、云南及新疆的发展，新批准设立兰州新区、贵安新区、西咸新区和天府新区，2012~2016年4年间累计新开工重点工程97项，投资规模1.95万亿元。在振兴东北等老工业基地方面，国务院发布了《关于近期支持东北振兴若干重大政

策举措的意见》等指导性文件。在促进中部崛起方面，国务院批复同意《中原经济区规划》《洞庭湖生态经济区规划》，同意并支持建设郑州航空港经济综合试验区。在支持东部地区发展方面，国务院设立了舟山群岛新区、南沙新区、青岛西海岸新区。此外，国家通过设立自由贸易试验区来推动全方位对外开放，继2013年国务院批准在上海设立第一个自由贸易试验区之后，2014年批准在广东、天津、福建建立自由贸易试验区，2016年又批准在辽宁、浙江、四川、重庆、湖北、河南、陕西设立自由贸易试验区，以促进中西部地区的对外开放，2018年批准建立海南自由贸易试验区。

（二）推出新时期三大区域发展战略

党的十八大以来，中央提出"一带一路"建设、京津冀协同发展、长江经济带三大区域发展战略，与"四大板块"相互补充，相互促进。"四大板块"虽然覆盖全国，但是各板块之间相对独立和分隔，经济合作不足，而新的"三大战略"则是横贯东中西、带动全国发展的经济支撑带。2013年9月，习近平主席访问哈萨克斯坦时首次提出建立丝绸之路经济带，2013年10月访问东盟时提出建设21世纪海上丝绸之路。2015年3月，国家发展改革委、外交部、商务部联合发布《推动共建丝绸之路经济带和21世纪海上丝绸之路的愿景与行动》。丝绸之路经济带主要涉及西部地区，依托陇海—兰新线为主干道，以中原、关中—天水、兰西、天山北坡等城市群和重要城市为节点，实行全方位开放战略，建成横贯东西、影响全国的经济带，包括11个省市。2014年9月，国务院发布《关于依托黄金水道推动长江经济带发展的指导意见》，2016年9月发布《长江经济带发展规划纲要》，明确将长江经济带建设成为东中西互动合作的协调发展带、沿海沿江全面推进的对内对外开放带和生态文明建设的先行示范带。2014年2月，习近平总书记在听取京津冀协同发展工作汇报时强调实现京津冀协同发展。京津冀协同发展区涉及1亿多人口，21万平方公里，构建环渤海—华北经济支撑带。在京津冀协同发展的基础上，依托沿海综合交通通道和津京—呼包银交通干线，以京津冀、山东半岛、辽中南、呼包鄂、宁夏沿黄等城市群和中心城市为节点，积极推进区域经济一体化进程，建成一条连接东西、带动三北、具有全球影响力的经济支撑带。

（三）打造两个新的增长极

2017年4月，中央决定在河北省设立雄安新区，这是党的十八大以来我国在区域经济发展领域出台的最重要发展战略。雄安新区是我国经济进入新常态后，解决新的地区结构性矛盾的重要战略举措，是一种"跳出旧城建新区"的发展路径,对于推进我国新型城镇化发展、解决"大城市病"问题以及人口密集地区的优化发展问题,甚至解决整个北方地区的经济发展困局等都具有较强的示范作用。作为继深圳特区、上海浦东新区之后第三个具有全国意义的国家级新区,雄安新区的战略意义的确非常重大。首先,雄安新区是承接北京非首都功能的集中疏解地和直接承载地,可以缓解当前北京人口超载、严重拥堵、房价居高不下等问题。其次,雄安新区是北京、天津这两个超级大都市的反磁力中心,一方面,可以承接北京、天津的产业转移,缓解"城市病"问题;另一方面,还可以带动河北地区的发展,真正实现京津冀的协同发展。最后,作为京津冀地区的一个全新的高起点经济增长极,可以助力京津,打造成为世界级城市群。与北方的雄安新区相对应的另一热点地区,是位于南方的粤港澳大湾区。粤港澳大湾区同样着眼于参与全球竞争。在粤港澳大桥建成之际,粤港澳大湾区建设随即被提上议事日程。2017年3月,在十二届全国人大五次会议上,国务院总理李克强在政府工作报告中提出,要推动内地与港澳深化合作,研究制定粤港澳大湾区城市群发展规划,发挥港澳独特优势,提升在国家经济发展和对外开放中的地位与功能。粤港澳大桥于2018年10月正式通车,国家《粤港澳大湾区发展规划纲要》于2019年2月印发实施。这将会大大推进粤港澳合作进一步加深,一个规模更大、更具国际竞争力的增长极正在形成,这不但有助于保持香港和澳门的长期繁荣稳定,还能不断提升中国的整体竞争力。当然,粤港澳大湾区的发展也面临很多挑战,如何在"一国两制"框架下推动经济深度合作,提升基础设施的共享,共同挖掘国内经济腹地与国际市场潜力,需要制定一系列的创新性制度安排。

可以预见,雄安新区和粤港澳大湾区建设这"一南一北"两大新增长极,将在中国的区域版图上发挥出日益重要的影响。

(四)强调主体功能区建设和生态环境保护

主体功能区是指基于不同区域的资源环境承载能力、现有开发密度和发展潜力等,将特定区域确定为特定主体功能定位类型的一种空间单元。根据全国整体发展规划及各地具体情况,我国国土空间按开发方式分为优化开发区域、重点开发区域、限制开发区域和禁止开发区域。2010年,国务院颁布实施《主体功能区规划》;2013年,国家发改委制定《贯彻落实主体功能区战略推进主体功能区建设若干政策的建议》;2014年,国家发改委、环保部联合发布《关于做好国家主体功能区建设试点示范工作的通知》,决定以国家重点生态功能区为主体,选择部分市县开展试点示范工作。湖南、福建、安徽等省份立即召开试点示范工作会议,编制实施意见和方案,各试点县市制定了试点示范的初步方案。同时,中央财政制定了对国家重点生态功能区转移支付的政策,并加大转移支付的力度。

2016年，重点生态功能区转移支付增长到570亿元，专项转移支付天然林保护工程补助经费达到221.61亿元，退耕还林工程财政专项资金达到212.05亿元。

二、促进区域平衡协调发展的政策思路

党的十九大提出实施区域协调发展战略，并对四个地区相应提出了各自的重点任务。下面将结合十九大精神对区域协调发展战略思路提出对策建议。

（一）总体区域平衡协调发展战略与政策

1. 坚持统筹发展，拓展区域发展空间

以区域发展总体战略为基础，点线面相结合，创新和拓展发展空间，形成以沿海沿江沿线经济带为主的纵向横向经济轴带。

点是指经济节点。以北上广为核心的京津冀、长三角、珠三角三大都市圈作为全国性的经济增长极，东北地区、中原地区、长江中游、成渝地区、关中平原等城市群作为区域性的经济增长极，以众多大中城市作为地区性的经济增长极。发挥经济节点的辐射带动作用，通过扩散效应促进区域协调平衡发展。

线是指"三沿"，即沿海、沿江、沿线。沿海是指发挥沿海地区的先发优势，提高经济运行质量，充分参与国际竞争，引领全国经济发展方向。沿海地区仍然是中国经济发展的最重要阵地，三大都市圈位于此处，京津冀环渤海协同发展、长三角沪苏浙协同发展、珠三角粤港澳大湾区协同发展，形成在世界上具有举足轻重地位、最具经济活力的热点地区。沿江是指以长江经济带建设为引领，通过长三角都市圈的带动，推进皖江城市带、长江中游中三角城市群和上游成渝城市群的发展。沿线是指推进"一带一路"建设，通过"一带一路"基础设施的互联互通，让更多的地区参与国际大市场，尤其是让过去没有沿海、沿江优势的西部内陆地区，可以通过向中亚地区开放来获得越来越多的贸易利益。

面是指广大国土面积，包括所有的城乡空间区域，但并不是要面面俱到。其中，最为关键的是星罗棋布的小城镇。小城镇是承接都市圈、城市群、经济带、大中城市扩散与辐射的主要载体，又是面向广大农村地区最小的经济节点。尤其是在地广人稀的西部地区、东北地区，小城镇的经济集聚效应与集散作用特别显著。

通过点线面的区域发展思路，从全国统筹的角度，实现区域经济平衡协调发展。在推动中西部地区快速发展的同时，东部地区也要继续发展，并保持经济活力。

2. 坚持协调发展，着力形成区域协同平衡发展结构

区域之间的协调发展并不是要在所有的空间区域均衡用力，其根本内涵是不同空间地域，根据所在的区位、经济发展功能、历史传承、国家需要等情况进行高效分工合作，在资源利用、经济效率、社会进步等方面各自发挥最大的功效。

区域之间的协调发展，基础是制定空间区域发展战略规划、科学安排产业布局。前提是打破地方保护主义等制度枷锁，塑造要素自由有序流动、主体功能约束有效、基本公共服务均等、资源环境可承载的区域协调发展新格局。重要的促进手段是建设高效的交通运输和通信网络，不断降低交易成本。

一方面，需要继续培育和壮大若干带动区域协同发展的增长极。（1）通过雄安新区建设，有序疏解北京的非首都功能，推动京津冀协同发展，带动环渤海经济圈，甚至可以优化整个华北地区的城市空间布局和产业结构。（2）推进长江经济带建设，改善长江流域生态环境，高起点建设综合立体交通走廊，以长三角为龙头，开发皖江城市带，长江中游包括武汉、南昌、长沙在内的中三角城市群，长江上游成渝城市群，引导产业优化布局和分工协作。（3）推动东北地区的哈长城市群、西北地区的关中平原城市群、西南地区的北部湾城市群、中部地区的中原城市群、华东地区的山东半岛城市群、东南地区的海峡西岸经济区发展，使之形成区域性增长极，带动周边地区发展。

另一方面，针对东部沿海地区快速发展而造成的资源过度开发、生态环境破坏渐趋严重、区域人均收入与生活水平差距扩大等突出问题，继续加大向贫困地区的转移支付力度和鼓励产业向中西部地区转移政策，推动区域性的均衡发展战略。西部大开发战略、东北振兴战略、中部崛起战略要齐头并进，鼓励发达地区投资和人才向以上不发达地区流动的政策要一视同仁。当然，东部地区也有落后区域，也要鼓励资本、产业和人才向发达地区的不发达县市和农村转移，不让东部发达地区的贫困问题变成"灯下黑"。此外，还要采取特殊政策，支持革命老区、民族地区、边疆地区、贫困地区加快发展，加强先发地区与后发地区的经济联系，通过发达地区的帮扶、产业转移等举措，加大资源与技术的共享与合作力度。对资源枯竭、产业衰退、生态严重退化的困难地区进行支持与帮扶，鼓励生态移民与异地搬迁、生态补偿与土地置换等多途径的发展尝试。

3. 坚持绿色发展，加快建设主体功能区

主体功能区规划是对国土空间进行保护性和持续性开发的基础制度，是有度有序利用自然资源、优化空间布局、促进区域均衡发展的行动指南。以主体功能区规划为基础，统筹各类空间性规划，完善相关的生态补偿政策，推动各地区依据主体功能定位发展。依据不同区域的主体功能定位，实施差异化的地方政府政绩考核评价标准，合理控制国土空间开发强度。在重点生态功能区，实行产业准

入负面清单，对于高消耗、高污染、高排放的产业实施禁入。加大对农产品主产区和重点生态功能区的转移支付力度，强化激励性补偿，建立横向和流域内的生态补偿机制。

《全国主体功能区规划》将全国国土空间划分为四类区域：（1）优化开发区域，一般位于东部沿海和城市化进程较快地区，经济发达，人口稠密，开发强度已经很高，生态环境问题突出，应该优化产业布局，提高资源利用效率。（2）重点开发区域，同样位于东部沿海和城市化较快地区，经济基础较好，资源环境承载能力还有一定的空间，具有较多发展潜力，可以进行重点工业开发。（3）限制开发区域，包括农产品主产区和重点生态功能区两类，以确保粮食安全和生态安全为主要目标，限制进行大规模高强度工业化开发。（4）禁止开发区域，即需要特殊保护的重点生态功能区。上述四类主体功能区，虽然经济发展程度不同，贡献的物质财富与货币财富不同，但具有同等重要的地位，不可偏废。在中西部地区，绝大多数国土空间属于限制开发区域，要实现区域之间的均衡发展，一是靠国家转移支付政策的支持，二是靠促进城镇化发展，提高产业和人口集聚度，将人口大量迁移至重点开发区域，包括东部沿海地区和本地的大中城市、小城镇等城镇化区域。

4. 坚持开放发展，完善对外开放战略布局

在沿海地区，继续支持全面参与全球经济合作和竞争，培育有全球影响力的先进制造基地和经济开发区。在内陆地区，搭乘"一带一路"建设的顺风车，提高边境经济合作区、跨境经济合作区的发展水平。加强内陆沿边地区口岸和基础设施建设，开辟跨境多式联运交通走廊，发展外向型产业集群，形成各有侧重的对外开放基地。

在加强对外开放的同时，推进双向开放，加大地区间市场开放力度，促进国内国际要素有序流动、资源高效配置、市场深度融合。双向开放，即对内、对外同步开放，双向开发。毫不讳言，在某些欠发达地区，限于眼光和视野，地方保护主义、官僚主义往往比较浓厚，投资环境不佳，这将很难适应大开放、大开发的要求。促进开放发展，实现区域之间的协调均衡发展，必须破除阻碍要素流动的各种制度障碍和地方保守政策，既要防止地区之间不择手段利用低地价、低环保要求等招商引资的"血拼式"恶性竞争，更要防止内外有别、关门打狗、杀鸡取卵、竭泽而渔等模式的封闭式、掠夺式资源开发。

5. 坚持共享发展，加大扶贫力度，实现现有标准下全部脱贫

充分发挥政治优势和制度优势，实施脱贫攻坚工程。当前的贫困人口主要位于中西部农村地区，让这些人尽快脱贫，既是全面建成小康社会的关键任务，更是促进区域之间平衡发展的必然要求。

打赢脱贫攻坚战，首先是增加投入，整合各类扶贫资源，加大中央和省级财政扶贫投入，发挥政策性金融、商业性金融、微型普惠金融的互补作用，开辟扶贫开发新的资金渠道。开展东西部协作和定点结对帮扶、非政府组织（NGO）志愿者帮扶机制。其次是有效识别贫困人群，把革命老区、民族地区、边疆地区、集中连片贫困地区作为脱贫攻坚重点，实施精准扶贫、精准脱贫。最后是开展形式多样的分类扶贫对策。结合社会保障制度、民政救助政策、生态移民政策，分类扶持贫困家庭。对有劳动能力和愿望的贫困人口，实行产业扶贫和就业扶贫；对资源匮乏地区，实行异地搬迁；对生态脆弱地区，实行生态移民；对丧失劳动能力的五保户、低保户，实施兜底性社会保障政策扶持；对因病致贫、因残致贫的，提供医疗救助保障和适当的就业安置政策。

鉴于过去公共服务向城市倾斜的状况，对农村和落后地区的帮扶有所欠缺，当前应该加大对贫困地区的公共财政投入力度，扩大贫困地区的基础设施覆盖面。（1）全面解决饮水、供电等基本生活设施，确保贫困人口能够接触并享受到基本的现代文明之光；（2）加快交通运输、信息网络建设，与发达地区实现互联互通，给予贫困人口更多地接触外界的机会，使其产生自我努力、脱贫致富的决心和信心；（3）提高贫困地区基础教育质量和医疗服务水平，扶贫、扶志、扶智，提升其人力资本水平；（4）根据功能区定位，采取生态补偿等多种渠道，对贫困人口所拥有的生态资源、自然资源给予补偿。研究探索集体土地制度创新，加快贫困人口集体资源的资本化，使其能够携带资产和资本，搭乘城镇化的发展快车。一旦融入城镇化进程，便会实现彻底稳定的脱贫。

（二）四大区域的平衡协调发展的战略重点

党的十九大对四大区域的经济发展提出了明确的战略思路和着力点，为各个地区制定区域发展战略提供了方向性指引。

1. 创新引领率先实现东部地区优化发展

东部地区率先实行改革开放，得风气之先，经济发展速度快，经济发展水平和城乡居民收入水平都比较高。在新的历史任务面前，东部地区仍应率先实现经济发展方式的根本性转变，加快科技创新步伐，控制开发强度，提高资源利用效率，不断优化空间结构。

一是加大节能减排。逐步提高清洁能源比重，发展低排放、低能耗、低投入的循环经济，争取将能源、水资源消耗、污染物排放等标准设置为国际先进水平，彻底实现垃圾无害化和污水达标排放。

二是加快城市经济结构调整升级。在城市区域，适当减少制造业，逐步放弃高投入、高耗能、高排放的旧"三高"产业，大力发展高科技、高产出、高附加值的新"三高"产业、现代服务业,增加公共设施和绿色生态空间。控制城市"摊大饼式"的蔓延扩张,促进城市向高处发展,提高土地利用效率,节约宝贵的土地资源。东部地区人口密集,应进一步推动新型城镇化,健全城镇等级体系,围绕区域中心城市,明确各级各类大中小城市的功能定位和产业分工,提高基础设施的区域一体化和同城化程度,推进城市间的功能互补和经济联系。东部地区是农民工聚集的地区,加快农民工市民化步伐,加快农民工融入城市的进程,不仅会促进东部地区的共享发展,还会促进中西部地区的经济发展,因为大多数农民工来自中西部地区,东部地区把这些农民工变成市民,就可以促进中西部农村扩大农业规模经营、减轻公共服务的各种负担,如教育、卫生等,从而也有利于中西部地区的经济发展,实现区域平衡协调发展。

三是坚持创新发展。东部地区高校和科研院所密集,国家自主创新示范区、国家高新技术产业开发区众多,集聚了一大批创新型高科技企业,人力资本雄厚,研发经费支出比重高,应以信息化和互联网为抓手,推动产业结构向高端、高效、高附加值转变。创新活动不应停留在一味模仿和仿造阶段,应该面向国际科技发展的前沿,参与国际科技竞争。

2. 强化举措推进西部大开发形成新格局

西部大开发战略已经进行了近 20 年,取得了显著成效。如前所述,近年来西部地区增速快于东部地区,也快于中部和东北地区,西部是贫困人口最多的地区,脱贫也取得了显著成绩。但是,由于西部地区地域广大,环境各异,生态环境比较脆弱,因此,对西部地区的发展要因地制宜,多措并举。当然,西部地区正因为落后,才有更大的后发优势,有较大的发展潜力,为东部地区的投资、产业和人才转移提供了巨大的空间。

第一,要充分发挥"一带一路"建设对西部大开发的带动作用。"一带一路"建设的前提是完善基础设施,这给西部内陆地区带来了千载难逢的良好机遇。一方面,加快基础设施建设,改善对外通行条件,可以迅速接轨全球市场;另一方面,基础设施建设所带来的大量投资,可以通过投资乘数来带动当地经济发展。在道路、管道、场点等的建设过程中,需要消费大量的当地资源和雇用大量劳动力,实现资源的有偿使用和就业的增加,可以迅速提升当地 GDP 总量,增加当地居民收入水平。同时,在基础设施全面建成和实现互联互通的过程中,一些阶段性的工程相继完工,可以方便当地居民出行,降低货物运输成本,加强与周边临近地区的经济交往,使得越来越多的当地资源开发变得有利可图。

第二,优化空间开发布局。西部地区地广人稀,地形地貌复杂多变,资源储量大,但开发难度也大,决不能到处均衡用力,将摊子铺得太大。必须优化空间开发布局，才能最大限度地降低开发成本、减少对生态环境的破坏。应以重要交通走廊和中心城市为依托，着力培育若干带动区域协调协同发展的地域性增长极，利用增长极的扩散效应促进周边区域协同发展。

第三，确保国家生态安全。西部地区大部分属于限制开发区、大江大河的发源地，必须强化生态环境保护意识，上升到为全民族提供生态安全屏障的高度。既要降低开发强度，又要提高当地居民的收入水平，这是一个矛盾。解决这一矛盾的关键是推动新型城镇化，让更多的人进入可以进行重点开发的城镇区域，以减少点多面广的环境破坏。尤其是对于那些不适宜生存的偏远山区，应实行生态移民和整村搬迁。同时，逐步加大重点生态功能区的转移支付力度，结合扶贫开发，实施生态保护工程，让过去通过破坏生态环境而获取基本生活必需品的农村贫困人口，变成通过保护生态而得到工资收入、从而实现永久脱贫的生态维护人员。

第四，有选择性地承接国际和东部地区产业转移。依托资源环境承载力较强的城镇化区域，大力承接国外和东部的产业转移。一方面，提高资源就地加工转化比重，构建资源优势突出的初加工现代产业体系。不但能够增加附加值，还可以将加工后的废弃物就地处理消化，降低了运输成本和避免占用东部地区宝贵的土地资源。另一方面，大力发展绿色农产品加工、文化旅游等特色优势产业，在保护生态环境的基础上，充分挖掘良好生态环境的市场价值，让绿水青山真正变现为金山银山，提升当地居民就业和收入水平，形成一种保护生态环境的良性循环机制。选择适当区位，增加设立一批国家级产业转移示范区，利用优惠政策扩大规模，形成产业集群，才能提升竞争力，获得可持续发展。

第五，实施精准扶贫与精准脱贫。贫困人口大部分位于西部地区，继续对贫困地区增加转移支付和政府投资力度，加大对贫困地区、民族地区的支持，可以促进区域协调发展。授人以鱼不如授人以渔，扶贫要先扶志再扶智，应重视基础教育和技能培训，以提升"造血"功能为主，而不是简单的"输血"扶贫。根据中央"三个一亿人"的计划安排，要加快西部地区的就地城镇化进程，让贫困农民就近进城，分享经济发展的成果。

3. 深化改革加快东北老工业基地振兴

东北地区是新中国工业的摇篮和重要的农业基地，曾经是全国经济的重要增长极，但很多问题日积月累，体制改革滞后，管理体制僵化，经济发展方式转变迟缓，国有企业活力仍然不足，民营经济发展不充分，生产要素市场体系尚不健全，大量人口南下外迁，经济活力严重不足。因此，要振兴东北经济，必须把重点放在体制改革和创新上。

一是深化行政管理体制改革，理顺政府和市场的关系。市场能做的，政府就要退出；政府可以不做的，坚决不做。政府职能是服务，而非管制，不能抓权太多、干预太多。简政放权决不能成为一句空话。应减少对生产经营活动的审批事项，最大限度缩小投资项目核准的范围，削减前置审批和不必要的证照。解决政府职能错位、越位、缺位、不到位等问题，优化政府服务，建立健全政府购买公共服务制度，推进各级政府事权和责任的法定化。创新政府服务方式，减少行政人员，利用信息化手段，全面推进政务公开，推广"互联网+政务服务"。

二是深化国企国资改革，完善国企国资管理体制。国有经济占比较大是东北经济的显著特征。国有经济如果发展了，东北地区经济就发展了。科学合理界定国有企业的功能与类别，实行分类改革，逐步推向市场化。鼓励民营企业和社会资本参与国企改制重组，可以通过发展混合所有制经济，促进国企改革和重新获得市场活力。按照十九大精神，把国有资产运用和国有企业经营区分开来。一方面，加强对国有资产保值增值的监察和管理；另一方面，让企业经营管理完全融入市场，根据现代企业制度的客观要求，构建权责清晰、约束有效的委托代理关系。

三是改善营商环境，大力发展民营经济。一直以来，东北地区民营经济不发达，主要原因是营商环境不适合。在大力改革国有经济体制的同时，鼓励民营经济快速发展，必须营造一个良好的商业环境，杜绝雁过拔毛、吃拿卡要现象。保护民营企业合法权益，尤其是要保护民营经济的产权，完善民营企业公共服务平台，降低企业税费负担，降低制度性交易成本，壮大一批主业突出、核心竞争力强的民营企业集团和龙头企业。放宽民间投资准入，推动民间资本参与"铁公机"等基础设施和教科文卫社会事业的建设运营。

四是提高农业现代化水平。东北地区是中国的大粮仓，应加快转变农业发展方式，构建现代农业产业体系、生产体系、经营体系，提高农业综合效益和竞争力，建成和维持一批优质高效的粮食生产基地。在稳定粮食生产、确保粮食安全的基础上，积极发展畜牧业、设施农业、夏秋蔬菜和水产业，因地制宜发展特色农牧业。

4. 发挥优势推动中部地区崛起

中部地区位于我国地理中心，优越的地理区位使其承东启西、连南接北，具有产业梯度转移的天然优势。经过长期的建设和积累，铁路公路交通网络发达，生产要素密集，人力资源丰富，产业门类齐全，已经具备了快速发展的基础。但是，中部地区的经济发展方式转变不够快，对资源、劳动力要素和投资的依赖仍然较为严重，城镇化率依然偏低且质量不高，"三农"问题仍然较为突出。与东部地区相比，对内对外开放水平不高，制度性约束因素依然较多，产业升级、动能转换的难度更大。

促进中部地区崛起,应坚持市场主导、政府引导,充分调动市场主体的积极性和创造性。

首先,优化空间经济结构。以资源环境的承载力为前提,科学划定城镇、农业、生态三类空间。严格保护重点生态功能区和农产品主产区,确保国家粮食安全、生态安全,重点杜绝地表水、地下水的污染,确保饮用水安全。依托综合运输通道,着力完善城镇体系和优化产业布局,以高速公路、高速铁路的枢纽站点为核心节点,以星罗棋布的大中城市作为区域性经济增长极,打造网络化开发格局。

其次,大力推进产业转型升级,建设现代特色产业体系。结合"一带一路",建设新型工业化基地,深入实施《中国制造2025》,推动传统制造业升级改造。瞄准技术前沿,把握产业变革方向,大力发展战略性新兴产业,改造提升现有产业集聚区,推动产业集聚向产业集群转型升级。推动服务业优质高效发展,生产性服务业向专业化和价值链高端延伸,生活性服务业向精细和高品质转变。

再次,做强做优现代农业。严格落实耕地保护制度,全面划定永久基本农田,完善农业基础设施,建设高标准农田。加快农业结构调整和优势特色产业培育,支持农产品深加工和特色加工业发展,延长农业产业链。引导组建农民专业合作社,大力发展家庭农场,构建新型农业经营体系。

最后,统筹城乡推动新型城镇化。加快推动以人为核心的新型城镇化步伐,大幅度提高城镇发展质量,促进农业转移人口尽快实现市民化。壮大长江中游城市群、中原城市群、太原城市群、皖江城市带和长株潭城市群的综合实力,加快同城化进程,延伸面向腹地的产业和服务链,带动地区经济社会发展。推动城乡协调发展,实施乡村振兴战略,提高新农村建设水平,打造美丽乡村,形成城乡共同发展的新格局。

第八章

东亚经济发展过程中的结构转变

第二次世界大战后,东亚地区的日本、韩国、新加坡和中国台湾发展很快,经过30多年发展都成功实现了工业化和经济结构的转变,进入高收入经济体的行列。相对于这些国家和地区,中国是发展的后来者①。总结它们经济结构转变的实践和特征,有助于我们判断中国经济结构转变是否符合一般发展规律,也有助于我们在转方式、调结构、换动力的过程中制定更为科学的战略和政策。本章将对东亚四个经济体的增长实践和经验以及需求结构、产业结构和投入结构的变化趋势进行讨论,并概括出经济结构转变的一般性特征。

第一节 发展阶段划分与经济增长状况

一、发展阶段的划分

经济结构的转变与发展阶段密切相关。低收入阶段的经济结构不同于中等收入阶段的经济结构,而中等收入阶段的经济结构又不同于高收入阶段的经济结构;而在中等收入阶段,中低收入阶段的经济结构也不同于中高收入阶段的经济

---

① 本章把中国台湾作为比较对象之一,这里所说的中国是指中国大陆,下同。

结构。为了分析东亚国家和地区经济结构的变迁，我们需要对其发展阶段作一个划分。根据学界的普遍共识，常常以收入水平，具体用人均 GDP 或人均国民总收入（GNI）来作为划分标准。按世界银行 1989 年提出的人均收入分组法，以 1987 年为基准年，将低于 480 美元的国家划为低收入国家，处于 481~1 940 美元之间的为中低收入国家，处于 1 941~6 000 美元之间的为中高收入国家，高于 6 000 美元的为高收入国家。由于世界银行的分类标准从 1987 年开始，为了分析需要，我们将时间跨度延伸到"二战"后初期，为此，将采用另外一个资料来源，其收入标准与世界银行有些区别，但区别不大。根据菲利普等（2014）使用的划分标准，我们将日本、韩国、新加坡和中国台湾处于 2 000 美元以下的阶段确定为低收入阶段，2 000~7 250 美元之间的为中低收入阶段，7 250~11 750 美元之间的为中高收入阶段，高于 11 750 美元的为高收入阶段。表 8-1 给出了日本、韩国、新加坡、中国台湾的阶段划分情况。

表 8-1　　　　　　　东亚经济体发展阶段划分

	低收入阶段	中低收入阶段	年数（年）	中高收入阶段	年数（年）	高收入阶段
日本	1950 年前	1951~1967 年	17	1968~1976 年	9	1977 年后
韩国	1968 年前	1969~1987 年	19	1988~1994 年	7	1995 年后
新加坡	1950 年前	1950~1977 年	28	1978~1987 年	10	1988 年后
中国台湾	1966 年前	1967~1985 年	19	1986~1992 年	7	1993 年后

从表 8-1 可以看到，在 1950 年之前，这四个国家和地区都是低收入经济体。日本从 1951 年进入中低收入阶段并保持了 17 年，于 1968 年进入中高收入阶段，然后只花了 9 年时间即跨入高收入阶段，是东亚最早跨入高收入经济体行列的国家。其次是中国台湾，1967 年及以前是低收入经济体，1967 年进入中低收入阶段并持续了 19 年，1986 年跨入中高收入阶段，1993 年进入高收入阶段，在中高收入阶段只维持了 7 年。韩国与中国台湾几乎同步，1969 年及以前是低收入经济体，于 1988 年进入中高收入阶段，花了 7 年时间，到 1995 年就跨入高收入国家的行列。新加坡从低收入阶段跨入高收入阶段的时间比其他三个经济体要长一些，在中低收入阶段维持了 28 年，在中高收入阶段维持了 10 年，于 1988 年进入高收入阶段。

但是，新加坡跨入高收入阶段的时间要比韩国和中国台湾要早。而且，进入高收入阶段以来的几十年中，新加坡的增长速度依然很快，相比其他经济体要快得多，因此到现在，新加坡的人均 GDP 远远领先韩国和中国台湾，甚至领先日本（日本自从 20 世纪 90 年代初泡沫破灭之后经济就开始走下坡路了）。2016

年，韩国的人均 GDP 是 27 538 美元，日本是 38 900 美元，新加坡是 52 962 美元，中国台湾人均 GDP 是 24 269 美元，是韩国和中国台湾的两倍，甚至可以与美国（57 638 美元）比肩。由此看来，进入高收入阶段之后，经济增长不一定就会放慢。当然，新加坡是个城市国家，人口非常少，与其他国家和地区不太有可比性。

二、经济增长状况

（一）经济持续的高速增长

表 8-2 给出了东亚各经济体在不同收入阶段的 GDP 年均增长率，其中，不同收入阶段的 GDP 增长率是根据不同阶段相对应的每年 GDP 增长率的算术平均数计算得出，同时，相应地给出了各个国家或地区所对应的收入阶段下的世界平均经济增长率。① 从表 8-2 中可以看出，东亚各经济体在经济发展的不同收入阶段，经济增长率持续高于世界平均水平。

表 8-2　　　　东亚国家（地区）GDP 年均增长率　　　　单位：%

阶段划分	日本	世界平均	韩国	世界平均	新加坡	世界平均	中国台湾	世界平均
低收入阶段	10.0	—	7.5	5.5	—	—	9.4	5.5
中低收入阶段	9.8	5.4	9.9	3.7	9.2	4.9	8.3	3.9
中高收入阶段	5.7	4.6	7.8	2.8	7.5	3.0	8.9	3.1
高收入阶段	2.3	2.9	4.5	3.0	6.3	2.9	4.4	2.9

资料来源：世界银行数据库；中国台湾数据按照台湾"行政院主计总处"：《台湾统计年鉴》(1960~2016) 数据整理。

东亚经济的高速增长，大致经历了前后重叠的两个波浪式高速增长期。其中，20 世纪 50~80 年代末，战后日本经济的迅速恢复代表了东亚经济的第一波高速增长。20 世纪 70~90 年代末，被称为亚洲"四小龙"的韩国、新加坡、中国台湾和香港地区经历了战后东亚经济的第二波高速增长。

日本早在 19 世纪晚期就开始了工业化进程。第二次世界大战期间，日本经济受到重创，战后的主要任务是恢复经济。美国在战后给日本提供了巨大的经济

---

① 该增长率不是按复利方法计算出来的，虽然与按复利方法计算有差异，但反映的趋势是一致的，不影响此处的分析结论。

援助，尤其是在1950年朝鲜战争爆发后，日本优越的地理环境使它成为美国参加朝鲜战争军队所需军用物资的最佳供应国，朝鲜战争给日本带来了大量的外汇收入。这些有利因素使得日本经济在战后初期获得爆发式增长，1945~1950年，日本还处在低收入阶段，日本经济增长率平均为10%。如此高的增长速度使日本在战后10年就恢复到了战前的水平，继而到20世纪60年代末成为一个经济大国。进入中低收入阶段后，日本GDP年均增长率略微下降，仍然维持在9%以上，在此期间，世界平均经济增长率仅为5.4%。70年代的石油危机和伴随而来的全球滞胀结束了日本20多年的快速经济增长，使其在中高收入阶段的GDP年均增长率下降到了5.7%，但仍然高于世界平均4.6%的经济增长率。但是，从90代初开始，由于经济泡沫的破灭，日本经济出现了持续性的衰退，自1977年进入高收入阶段后，GDP年均增长率仅为2.3%。这一时期，世界平均经济增长率为2.9%，日本陷入了经济增长的低迷期。

在1965~1989年间，亚洲"四小龙"取得了超越世界其他国家与地区同期最高的增长率。如表8-2所示，在低收入阶段，韩国和中国台湾的GDP年均增长率分别为7.5%和9.4%；同期，世界经济增长的平均水平仅为5.5%。进入中低收入阶段以后，韩国和新加坡的GDP年均增长率接近10%，中国台湾的增长率也高达8.3%，而世界经济增长的平均水平仅为3.7%、4.9%、3.9%[①]。尽管韩国、新加坡和中国台湾的经济均遭受1984~1985年世界经济危机的沉重打击，出口遭受重创，但在20世纪80年代仍然保持了令人瞩目的经济增长率。进入中高收入阶段以后，韩国、新加坡的经济增长速度放缓，GDP年均增长率在7%以上，仍高于世界经济增长的平均水平2.8%、3.0%。中国台湾的GDP年均增长率高达8.9%，比世界经济增长的平均水平高出两倍以上，成为增长最快的经济体。进入高收入阶段后，受东南亚金融危机的影响，亚洲"四小龙"的经济增长均受到冲击，GDP年均增长率都有所下降。在进入高收入阶段以后，只有新加坡的GDP年均增长率保持在6%以上，韩国、中国台湾的GDP年均增长率仅维持在4%以上，但这些经济体的经济增长率仍高于同期世界平均水平，成为业绩优良的新兴发达经济体。

（二）高速增长背后的原因

东亚经济体之所以能在短时期内创造经济高速增长的奇迹，在国际学术界引起了"探索奥秘"的热潮，根据世界银行（World Bank, 1993）、坎波斯和罗特

---

① 这里世界增长率平均水平有三个值，是因为韩国、新加坡和中国台湾处于中低收入阶段的时间是不同的，因此，对应每个经济体在中低收入阶段所经历的时间，有三个世界平均增长率。

(Campos and Root，1997)、伊托（Ito，1997）的研究，东亚经济取得快速增长的原因可以从国际背景和自身原因归纳出以下几个因素：

第一，良好的世界政治经济形势。第二次世界大战是东亚崛起的一个分水岭。"二战"结束之初，东亚国家（地区）纷纷取得政治上的独立，均把发展经济作为首要目标。由于冷战的格局，东亚地区成为两大意识形态斗争的前沿阵地，这种特殊的国际环境不仅给东亚国家和地区特别是日本和"四小龙"提供了一种"安全空间"，也为它们提供了一个西方国家借以显示其意识形态优越性的"发展空间"。战后初期，西方国家专注于对日本、韩国、中国台湾的大力扶持。美国主要通过"占领地区救济基金"和"占领地区经济复兴基金"对日本进行援助，从1945年9月到1951年底对日本共援助21.28亿美元，占同一时期日本进口总额的38%。韩国是仅次于日本的亚洲美援受援国。据韩国银行统计，1953～1960年，美国共给韩国经济援助17.45亿美元，另外还有联合国朝鲜重建局的援助1.2亿美元。美国对中国台湾地区的经济援助始于1951年，到1965年7月停止，前后15年总共援助14.822亿美元，平均每年1亿美元。

第二，稳定的宏观经济环境。亚洲国家（地区）货币当局的宏观经济管理一直是比较稳健的。在过去的40年中，除印度尼西亚以外，没有一个亚洲国家（地区）经历过毁灭性的高通货膨胀。对大多数国家来说，只是在石油危机中，通货膨胀率一度达到25%～30%。这些通货膨胀率的记录完全可以同经合组织的成员国相媲美。货币政策是稳健的，财政赤字得到控制。事实上，在多数东亚国家（地区），一旦实现了经济的高增长，就会在财政上创造盈余。因此，稳健的宏观经济运行，使东亚国家（地区）与拉丁美洲和非洲的其他发展中国家的状况有很大区别。

第三，较强的政府干预。东亚经济体在发展中采取了积极有效的基础性政策。所谓基础性政策，是指那些旨在促进宏观经济稳定、相对平均的收入分配、高水平的人力资本投资、稳定安全的金融体系、有限的价格扭曲以及吸收国外技术和工业发展的政策。由于经济发展初期所需资源有限、市场机制尚不健全，东亚各经济体政府积极介入经济活动，为扶助特定产业的发展制定相关经济政策，选择确定具有动态比较优势及示范效应的产业部门，并通过各种政策措施，影响要素投入与配置，引导和促进产业结构的调整与升级，从而提高经济实力和在世界经济中的地位。"东亚模式"实质上就是后进国家（地区）的"赶超模式"。如果没有当局的积极推动，即使市场机制完善，后进国家和地区缩短与先进国家和地区的距离或赶上先进国家和地区也绝非易事。

第四，坚持出口导向型的外向经济发展。韩国和中国台湾曾经采取过进口替代的发展战略，但实施了很短的时间后，就各自放弃了。受益于当时的宏观环境，美国为战后的日本和韩国、中国台湾提供了大量援助，而且美国市场的巨大消费和投资需求带动了东亚四国（地区）的出口发展。由于出口市场是竞争性的，东亚各国（地区）政府（当局）对成功的出口商都提供了补贴，这些补贴被分配给了有效率的企业，从而促进了经济效率的提高。东亚各国（地区）政府（当局）利用出口信贷等政策支持的出口促进战略防止了浪费资源的寻租行为。该发展模式充分利用了各经济体的要素禀赋，出口产品种类的变化伴随着各经济体从轻工业到重工业，再到电子工业和高技术工业的产业结构调整，也体现了各经济体的要素禀赋从劳动密集型到资本密集型再到技术密集型的逐步转变。

第五，高储蓄率和投资率。亚洲国家（地区）还因其高储蓄率而备受瞩目。居民储蓄率高达30%的情况通常可见，在新加坡，如果加上公共养老金等项目，储蓄率有时更可高达40%。国（区）内储蓄（含居民储蓄、企业储蓄和政府储蓄）占GDP的比率，新加坡超过40%；韩国这一比率为30%~40%，中国台湾为20%~30%。东亚地区的高储蓄率伴随高投资率，使这些国家（地区）无须依赖外国的资本流入，能够在不出现经常账户逆差的情况下，实现高速的经济增长。储蓄率是一个内生变量，而且研究表明，储蓄率确实与经济增长率相伴提高，在储蓄与增长之间存在一个良性循环。

第六，成功的工业化。东亚经济体在几十年里一直保持着高速的经济增长，主要得益于工业结构的迅速转型升级，东亚经济体完成了农业到工业再到服务业的产业结构转变过程。在工业内部结构上，实现了从轻工业向重化工业再向电子工业和高技术工业转型。此外，亚洲"四小龙"产业转移进行得比较顺利。当日本将重化工业从重点产业中剔除时，韩国和中国台湾趁机加入这些工业部门，并且开始出口它们的产品，而韩国和中国台湾同时也把初级的纺织和轻工业转移到东盟国家（Ito，1997）。

第七，教育投资与经济增长良性互动。东亚经济体在战后之所以能够实现如此惊人的高速增长，与东亚各经济体内良好的教育体系是分不开的。东亚各经济体一贯重视教育事业的发展，加强教育投资，使劳动者的素质不断提升，这使东亚各经济体在推进工业化的进程中免受熟练劳动力供给不足的约束。许多亚洲国家（地区）的工业发展，是从纺织业一路向上发展为机械的简单装配、电子产品，再到高技术工业品，产业的顺利转型升级与较高人力资本水平密切相关。

中国经济在20世纪80年代开始加速增长，直到21世纪前10年，连续30多年经济增长率保持在9.8%以上，堪与东亚经济体媲美，甚至比后者还快。中国经济高速增长背后的原因有许多与东亚经济体类似，都有很高的储蓄率和投资率，实施外向型的发展战略和较高的人力资本以及成功的结构转型，以及政府在市场机制起基础性作用下发挥着强大的推动作用。当然，中国与东亚经济体也存在着显著差别。主要差别之一在于,中国是一个从计划经济向市场经济转轨的经济体,体制改革是促进中国经济高速增长的重要动因,而东亚经济体没有这个因素存在。

第二节 需求结构的转变

需求结构包括消费、投资和净出口在 GDP 中所占比重。表 8-3 描述了日本、韩国、新加坡和中国台湾在不同收入阶段的消费率、投资率和净出口率。其中,东亚各经济体不同收入阶段的消费率、投资率和净出口率是根据不同收入阶段对应年份的消费率、投资率和净出口率的算术平均数计算得出的结果。

表 8-3　　东亚各经济体不同阶段需求结构的变化情况

国家(地区)	最终消费率	政府消费率	居民消费率	投资率	净出口率
低收入阶段需求占 GDP 比例					
日本	72.15	9.34	62.81	26.78	0.15
韩国	92.41	11.79	80.62	16.55	-10.12
新加坡	79.58	9.98	69.6	22.13	-13.1
中国台湾	87.33	33.52	53.81	17.87	-4.79
中低收入阶段需求占 GDP 比例					
日本	60.98	11.39	49.59	31.67	0.13
韩国	76.59	10.26	66.33	26.24	-3.96
新加坡	82.85	28.34	54.51	25.67	-11.2
中国台湾	69.45	21.93	47.52	28.24	0.99
中高收入阶段需求占 GDP 比例					
日本	63.55	12.05	51.50	34.17	0.96
韩国	66.08	10.72	55.36	32.75	0.53
新加坡	59.15	10.93	48.22	39.85	-1.52
中国台湾	67.15	20.02	47.13	21.86	2.71

续表

高收入阶段需求占 GDP 比例					
国家（地区）	最终消费率	政府消费率	居民消费率	投资率	净出口率
日本	72.57	16.27	56.30	26.26	1.00
韩国	66.07	13.13	52.94	30.71	2.76
新加坡	50.33	9.85	40.48	29.95	19.68
中国台湾	72.56	11.95	60.61	15.81	7.18

资料来源：世界银行数据库；中国台湾数据来自台湾"行政院主计总处"：《台湾统计年鉴》（1960～2016）。

一、消费需求的变化

从表 8-3 中可以看出，消费率与发展阶段大致呈"U 型"变化。在低收入阶段，消费率都比较高，随着收入水平的提高，消费率呈下降趋势，但是到了高收入阶段，消费率又开始上升。但是，具体到个别经济体，情况又有很大不同。日本在经济发展中，消费占比除了低收入阶段之外，消费率持续增高，而韩国、新加坡、中国台湾在进入中高收入阶段后，消费水平相比于中低收入阶段时有所下降，但基本都保持在 66% 以上。进入高收入阶段后，各经济体的消费水平出现分化，有的上升，有的下降。

在经济发展的各个阶段，各经济体最终消费对 GDP 的比重最低在 60% 以上，一般在 70% 左右（除了新加坡），其中居民消费居主导地位，所占比重大都在 60% 以上，政府消费都超过了 10%，最高甚至达到 30%。新加坡比较特殊，其消费率在低收入和中低收入阶段都比其他经济体高，但到了中高收入阶段和高收入阶段又下降得比其他经济体要低，甚至在高收入阶段消费率下降到 50%。随着收入水平的不断提升，日本政府消费一直是增加的，而新加坡政府消费是先升后降，韩国则是先降后升。尽管变动趋势不一样，但这些经济体的政府消费总的说来是比较高的。政府消费包括政府的雇员工资性支出、购买性支出和收入转移支出等，政府消费比重高意味着政府对刺激需求的干预能力增强。东亚经济体在发展过程中政府消费占比较高，表明政府在经济增长中发挥着举足轻重的作用。

在中国台湾的消费结构中政府消费比重一直比较高。在低收入阶段，政府消费占比高达 33%，这意味着 GDP 中三分之一是政府消费的，比其他经济体的政府消费占比高出两倍之多。随着发展阶段的转换，中国台湾的政府消费占比开始下降，但还是比其他经济体要高很多。只是到了高收入阶段，中国台湾的政府消费才降得比日本和韩国低。这意味着中国台湾当局在经济发展过程中的干预能力比其他经济体政府要高。

二、投资需求的变化

因为消费率一般都比较稳定，刺激需求的主要变量在投资，因此投资在经济发展中发挥着关键性作用。投资率与消费率成反比变化，前已指出，消费率随收入水平的提高而呈现先降后升的"U型"变化，因此，投资率则随收入水平上升而呈现"倒U型"变化，这意味着在中等收入阶段投资率最高。具体到不同经济体又有很大的差别。日本的投资率在中等收入阶段达到30%以上，而在低收入和高收入阶段是20%多，相比韩国和中国台湾要高。韩国的投资率在低收入阶段较低，只有16.55%，但随着收入水平的提高，其投资率快速上升，在中高收入和高收入阶段都超过了30%。新加坡投资率的变化与韩国类似，也比较高，但在高收入阶段有所下降，但也接近30%。中国台湾的投资率在各个不同阶段相对于其他经济体一直比较低，但也基本上遵循"倒U型"结构，即在中等收入阶段比较高，在低收入和高收入阶段比较低。从上述增长率比较中可以发现，投资率与增长率成正比关系，韩国和新加坡投资率较高，因此经济增长率也比较高。可见，在进入高收入阶段之前，东亚经济体经济增长是由投资驱动的，投资驱动型发展方式是经济发展过程中一个有规律的现象。

三、出口需求的变化

一般认为，对外贸易是东亚经济增长的主要动力之一。外需通常是用净出口来表示。从净出口占GDP比重来看，无论是在低收入阶段、中等收入阶段还是高收入阶段，东亚经济体的净出口率都不是很高，而且有时为正，有时为负，与投资和消费相比不是一个数量级。可见，单纯从需求角度来说，净出口对经济增长的贡献微不足道，除了新加坡之外，最高也不超过7%。对于韩国和日本来说，净出口占比都很小，中国台湾净出口占比要大一些，可见台湾地区比日本和韩国更偏向出口导向。这里需要指出的是新加坡，其净出口占比跳跃性很大，在低收入阶段是-13%，到高收入阶段就变成了19%，接近20%。这是因为新加坡是一个小国，而且主要以贸易立国，受政策和世界经济形势的影响比较大。

从表8-3中看到，在低收入阶段，除日本外，各国（地区）净出口基本上是负数，在中低收入阶段绝对值在缩小，到中高收入阶段基本开始变为正数，即使有些经济体如新加坡仍然是负数，其绝对值也在缩小。在高收入阶段，所有经济体都变为正数。20 世纪 50 年代，东亚经济体都采取进口替代战略，到 60 年代开始转向出口鼓励，净出口由负转正反映了各经济体外贸发展战略的变化。

与消费占比、投资占比相比，净出口占比的确很小。学界普遍认为外向型经济是促进东亚经济体经济增长的重要动力因素，出口是拉动这些经济体经济增长的"三驾马车"之一。如果从净出口占比来说，这种说法显然不成立。净出口占比总的来说不到 7%，甚至有时只有 1%，不少年份还是负数，净出口如何成为"一驾马车"？可见，从总需求角度来说，外贸不是拉动经济增长的主要动力；消费占比高，扩大消费应该是拉动增长的主要动力，但是，消费是比较稳定的，通过提高消费来增加总需求，其作用是有限的；因此投资是拉动增长的最主要动力，因为投资通过政府的刺激政策能够在短时期大幅度增加。

出口对需求拉动有限这一观点是从净出口占比低这个角度看的。但是，当一个经济体的经济发展对外需依赖性很强，如中国台湾和新加坡等，其出口对于扩大总需求还是比较重要的，因为进口一般不能减少，出口能够弥补外汇之不足，能够扩大就业，促进资源的有效利用和配置。尤其是遇到国际经济危机时，外国需求大幅度萎缩，出口将会在短时期急剧下降，这时，总需求会显著下降，引起企业萧条甚至关门，失业增加，这时出口萎缩从反面显示出作为一驾马车的重要性。此外，要把外贸作为拉动经济增长的作用（需求侧）与把外贸作为推动经济增长的作用（供给侧）区分开来。其实，外贸作为刺激需求的一个途径远没有外贸作为经济增长的发动机那样重要，也就是外贸的重要作用更多地体现在供给侧。外贸包括出口和进口，如果从出口和进口两个方面来看，外贸对一国经济增长和发展的重要性怎么强调都不过分。它能够增加就业和充分利用闲置资源，促进企业降低成本、提高效率，提高产品和产业在国际上的竞争力，促进资源在更大范围内的有效配置，特别对于小经济体更是如此。它通过进口国外先进资本设备和引进外国技术来提高国内技术水平。出口导向型经济还会导致外资的流入，以弥补国内资金、技术的不足，还可以提高企业管理水平。总之，外贸的主要作用体现在供给层面，就需求来说，由于出口增加，进口也会增加，净出口规模一般较小，因此对总需求增加有限，不能像消费和投资那样显著拉动经济增长。

四、需求结构演变的主要特征

在短期，尤其是当供给潜力存在时，需求是经济增长的重要动力。需求分为国内需求和国外需求。一般来说，对于大国经济发展，国内需求是经济增长的主动力，而国内需求包括消费需求和投资需求。从东亚经济体的需求结构中不难看出，消费需求占比较高，在稳定总需求上起到基础性作用。东亚各经济体在低收入阶段，消费需求是促进增长的主要动力，由于消费占比高，增加消费对拉动 GDP 增长的作用巨大。但是在中等收入阶段，消费对 GDP 增长的贡献率都在下降，这意味着在东亚各经济体中消费作为拉动经济增长的动力因素在减弱。但是，在跨入高收入阶段之后，消费需求占比又开始上升，消费需求的重要性在增强。这与经济发展的一般趋势相一致，即经济增长率随着发展阶段的转换而呈"倒 U 型"结构，而消费率相应地随发展阶段的转换而呈"U 型"结构。

投资率与消费率呈反比变化。在东亚经济发展过程中，投资率随着发展阶段的转换而呈"倒 U 型"结构，也就是在低收入阶段，投资率较低；在中等收入阶段投资率会上升；但到高收入阶段时，投资率又开始下降。从表 8-2 中我们看到，东亚各经济体的经济增长率随着发展阶段的转型而先上升后下降，也呈"倒 U 型"结构。这表明投资与经济增长是同步的。的确，消费需求在总需求中占比较高，但居民消费倾向比较稳定，消费需求一般也比较稳定，在经济高涨和萧条时，变化不大。但投资不一样，首先，它容易改变、调整，在经济萧条时可以在很短时间内通过财政和货币政策增加投资需求，从而阻止增长率的下滑。其次，投资不仅能够增加需求，而且通过乘数效应能够使一元投资带来几元的收入，这是消费需求所没有的特征。最后，投资需求具有双重效应，在短期可以扩大需求，但在长期可以形成生产能力，能够促进经济长期持续增长，而消费不具有这方面的特征。因此，无论从哪个角度说，投资都是促进经济增长的决定性因素。在 1997 年东南亚金融危机之前，东亚各经济体需求结构主要表现为高投资率，投资率水平保持在 25%~35% 的高位，特别是 20 世纪 80 年代中期~90 年代中期，投资率持续快速提高，经济增长的投资驱动特征十分明显。在东南亚金融危机之后，东亚各经济体的投资率持续下降了 2~10 个百分点，增长率在这个时期也呈下降趋势。

出口在东亚经济体的经济增长中发挥了重要作用。韩国、中国台湾、新加坡的净出口率在从低收入阶段到高收入阶段转变的过程中明显提高了，这表明出口需求的重要性在提高。新加坡的出口数据更为耀眼，与低收入阶段相比，进入高收入阶段后，其净出口率提高了 30 个百分点以上，出口导向特征更加明显，消费水平也进一步上升。出口除了增加需求之外，还可以促进经济竞争力的提升。如前面所述，东亚经济的一个显著特征是出口导向，这是促进东亚经济保持高增长和顺利进入高收入阶段的重要推动因素。但是，出口导向与其说是从需求侧为经济增长作出了贡献，不如说是从供给侧作出了贡献更为合理。

第三章讨论的中国需求结构变化趋势与以上考察的东亚经济体类似，即在发展过程中，消费率呈"U 型"结构，投资率呈"倒 U 型"结构。这表明中国在经济发展过程中需求结构的演变符合经济发展一般规律。但中国经济增长速度和工业化速度比东亚经济体更快,因此,在高速增长阶段,投资率更高,消费率更低。在进入中高收入阶段之后,中国消费率和投资率变化明显出现拐点,消费率开始上升,投资率开始下降,与东亚其他经济体的需求结构变化趋势类似。

第三节 产业结构的转变

一、三次产业结构的演变

产业结构一般是指农业、工业和服务业,或称第一、第二、第三产业的比例关系。表8-4给出了东亚各经济体不同收入阶段三次产业增加值占GDP比例,其中,不同收入阶段三次产业增加值占GDP比例是根据不同收入阶段的年数计算出来的算术平均数。从表8-4中可以看出,东亚经济体的产业结构变化基本符合配第一克拉克定理。东亚各经济体农业增加值在GDP中的比重随着收入水平的提高和发展阶段的转换呈现快速下降的态势;工业增加值占GDP的比重在低收入阶段较低,进入中低收入阶段之后上升,到中高收入阶段进一步上升,其比重达到峰值,进入高收入阶段开始下降;第三产业增加值比重则随人均GDP的增加而稳步提高。产业结构经历了"一二三"到"二三一"再到"三二一"的阶段转换,与本书第五章所描述的中国产业结构变化趋势是一致的(见表5-1)。

表8-4 东亚各经济体不同收入阶段三次产业增加值占GDP比例　　单位:%

低收入阶段三次产业增加值占GDP比例			
国家或地区	第一产业占比	第二产业占比	第三产业占比
日本	19.20	33.70	47.10
韩国	39.05	21.63	39.32
新加坡	6.00	17.00	77.00
中国台湾	29.00	27.20	43.80
中低收入阶段三次产业增加值占GDP比例			
国家或地区	第一产业占比	第二产业占比	第三产业占比
日本	12.81	39.30	47.89
韩国	21.02	31.11	48.87

续表

中低收入阶段三次产业增加值占 GDP 比例			
国家或地区	第一产业占比	第二产业占比	第三产业占比
新加坡	2.14	32.83	65.03
中国台湾	11.30	41.54	46.59
中高收入阶段三次产业增加值占 GDP 比例			
国家或地区	第一产业占比	第二产业占比	第三产业占比
日本	5.20	41.99	52.81
韩国	7.93	38.24	54.03
新加坡	1.24	34.76	63.99
中国台湾	4.63	43.30	52.06
高收入阶段三次产业增加值占 GDP 比例			
国家或地区	第一产业占比	第二产业占比	第三产业占比
日本	1.99	33.11	64.90
韩国	3.44	37.76	58.80
新加坡	0.12	31.04	68.84
中国台湾	2.69	34.08	63.23

资料来源：世界银行数据库；中国台湾数据根据台湾"行政院主计总处"：《台湾统计年鉴》（1960~2016）数据整理而得。表格中的数值均为均值。

日本工业革命源于明治维新时期，因此，日本在"二战"前就已经具备了较好的工业基础。鉴于此，在低收入阶段，日本的第一产业占 GDP 比重比较低，仅为 19.2%，比韩国和中国台湾在同阶段中的第一产业比重要低得多。第二产业占 GDP 比重为 33.7%，第三产业占 GDP 的比重为 47.1%；相应地，韩国和中国台湾的第二、第三产业比重要低得多。这表明日本在 20 世纪 50 年代初就比其他经济体要发达得多，工业化程度较高。就韩国和中国台湾而言，韩国第一产业比重比中国台湾要高，第二、第三产业比重比中国台湾要低，这表明在 50 年代初，韩国比中国台湾还要落后。新加坡是个城市国家，基本没有农业，因此，第一产业比重很低，主要是第二产业和第三产业。不过，在低收入阶段，新加坡的工业基础也很薄弱，主要是一些服务业，因此，第三产业比重高达 77%。

在中低收入阶段，各经济体的第一产业比重都显著下降，日本从 19.2% 下降到 12.81%，下降了 6.29 个百分点；韩国从 39.05% 下降到 21.02%，下降了 18.03 个百分点；中国台湾从 29% 下降到 11.3%，下降了 17.7 个百分点。韩国和中国台湾的第一产业比重下降幅度相当，但比日本要大。四个经济体的第二产业比重都提高了，日本从33.7%提高到39.3%，提高了5.6个百分点；韩国从21.63%提高到31.11%，提高了9.48个百分点；新加坡从17%提高到32.83%，提高了15.83个百分点；中国台湾从27.2%提高到41.54%，提高了14.34个百分点。日本、韩国和中国台湾第三产业比重在这个阶段均有所上升，日本略微增加，只上升了0.79个百分点，中国台湾也仅上升了2.79个百分点，但韩国上升了9.55个百分点，第三产业比重上升最大。新加坡比较特殊，在这个阶段第三产业比重反而下降了。从以上产业比重和变化中可以看出，虽然都处于中低收入阶段，但韩国、中国台湾和新加坡的工业化速度却比日本要快（第二产业比重上升得更快），其中中国台湾的工业化速度最快。

在中高收入阶段，四个经济体的第一产业比重继续下降，第二产业比重继续上升，但是第二产业上升幅度有所减缓；第三产业比重上升幅度有所加快（除新加坡）。这表明在由中低收入阶段向中高收入阶段过渡时，工业化速度是最快的，一旦进入中高收入阶段之后，工业化速度就开始减缓。比较来看，韩国在中高收入阶段，第一产业比重下降最快，同时第二产业比重上升也最快，表明韩国比其他经济体的工业化速度都快。

在高收入阶段，四个经济体第一产业比重都下降得很低，最高的是韩国，但也只有3.44%，日本只有1.99%，还不到2%。这个阶段最显著的变化是第二产业比重。在中等收入阶段，第二产业比重都是上升的，但到了高收入阶段，其比重转而下降了，日本从41.99%下降到33.11%，下降了8.88个百分点；韩国从38.24%下降到37.76%，下降了0.48个百分点；新加坡从34.76%下降到31.04%，下降了3.72个百分点；中国台湾从43.30%下降到34.08%，下降了9.22个百分点。其中中国台湾下降最为显著。相应地，第三产业比重都显著上升了，最低的是韩国，第三产业比重也达到58.8%，接近60%，而其他经济体都超过了60%。

从以上四个经济体三次产业结构变化情况的分析中可知，东亚产业结构演变过程符合经济发展的一般趋势（除了新加坡这个城市国家之外），即：农业比重随着经济发展而持续下降，工业比重则先上升而后下降，服务业最初缓慢上升而后快速上升。分阶段来看，中等收入阶段（包括中低和中高）的工业占比是最高的，这意味着中等收入阶段是工业化加速发展时期，工业化是推动经济发展和结构转变的主要动力。

中国三次产业演变虽然与东亚四个经济体基本类似，但也存在显著不同。相对于东亚经济体，在工业化加速时期，中国第二产业比重偏高，第三产业比重偏低，其原因是中国投资率更高和经济外向度更突出（见第五章）。

二、工业结构的演变

一国经济由低收入阶段向高收入阶段转型的过程,也是工业部门内部结构转变升级的过程。从低收入阶段到高收入阶段,东亚各经济体第二产业内部结构的变化经历了劳动或资源密集型工业—资本密集型工业—知识和技术密集型的高新技术产业的发展。

(一) 日本工业内部结构的演变

从20世纪50年代到70年代中期,日本制造业的内部结构发生了重大的变化,重工业化率即重工业在制造业中所占的比重大幅度提高,超过轻工业化率,在制造业中占据了主导的地位。如表8-5所示,1950年,日本的轻工业在制造业中所占的比重为58.4%,在制造业中占据主导地位。其后在不到10年的时间内,重工业与轻工业的地位发生了变化,重工业化率超过了轻工业化率。1960年,日本的重工业化率已经达到了56.4%,到1975年这一比率再次提高为61.0%,重化工业在制造业中占据了稳定的主导地位。

表8-5　　　　　　　　日本工业内部结构的变化

项目 年份	制造业 (万美元)	重化学工业 (%)				轻工业 (%)			
		化学	金属	机械	合计	食品	纺织	其他	合计
1950	2 276	14.9	12.6	14.1	41.6	14.0	24.0	20.4	58.4
1955	6 780	12.9	16.8	15.0	44.6	17.9	17.4	20.0	55.4
1960	15 579	11.8	11.8	25.8	56.4	12.4	12.3	18.9	43.6
1965	29 497	12.3	12.3	26.6	56.6	12.5	10.3	20.6	43.4
1970	69 035	10.6	10.6	32.3	62.3	10.4	7.7	19.6	37.7
1975	127 521	14.1	14.1	29.8	61.0	11.9	6.8	20.3	39.0

资料来源:小宫隆太郎等:《日本的产业政策》,中译本,国际文化出版公司1988年版,第51页。

从轻重工业的内部构成来看,20世纪50年代初期,纺织工业在日本轻工业乃至全部制造业中占有重要的地位,是工业部门的第一大产业,1950年在全部工业中所占比重高达24.0%,此后其地位不断下降,到1975年其比重已经下降到6.8%。食品行业作为轻工业内部的第二大产业,1950年在全部工业中所占比重为14.0%,到1970年已经下降为10.4%。相反,重化工业内部主要产业部门的比重却大幅度提高。表8-5所列出的主要重工业部门中，机械工业的增长幅度最大，在1950年机械工业在工业中的比重仅为14.1%，和当时的食品产业地位相当，同当时的纺织行业相比有较大的差距。但是到了1975年，机械工业在全部制造业中所占的比重已经上升到了29.8%，占据了制造业的三分天下；金属工业比重也由1950年的12.6%上升到1975年的14.1%。

20世纪70年代石油危机前期，日本完成了工业化，石油危机后则可以视日本开始步入后工业化时代。日本制造业在后工业化时期，经历了1973年、1978年两次石油危机，以及广场协议后的日元升值，上述事件对日本经济造成了巨大冲击，经济波动显著，在内外政治、经济的影响下，日本制造业也开始不断进行调整，产业结构开始转型。日本政府发表《70年代展望》，提出了产业结构往知识密集化方向转变的构想，把电子计算机等高技术领域作为主要产业发展。在重工业领域，有色金属、钢铁、化学产业的地位让位于医药、运输机械和精密机械等产业，从侧面推动了医疗、科技等第三产业的发展。因此，日本经济在短暂萎靡之后又继续稳定增长。进入80年代，日本的高技术产业增长迅速。1980年日本汽车年产量超越美国居世界第一，1983年日本机械工业出口超过美国居世界第一，成为当时的世界工厂。进入90年代以后，随着泡沫经济的破灭，日本经济陷入了长达20年的萎靡期，制造业在整个产业中所占的比重从1990年的26.8%下降到2000年的23.7%，到2010年制造业占比进一步下降到19.38%。同时，日本为了进一步承接国际产业的转移，也为了规避愈演愈烈的贸易摩擦，开始通过对外直接投资向海外转移生产基地，最初是将纺织业等劳动密集型产业以及部分资本密集型产业向东南亚国家转移。"广场协议"后，随着日元大幅度升值，日本开始向海外转移资本密集型产业、技术密集型产业的生产基地，后来甚至是信息技术产业、汽车产业等的技术研发部门也开始向国外转移。制造业生产基地向外转移的直接结果是，日本国内制造业的产量和就业人数所占比例不断下降。1990年，日本制造业的海外生产比率为6.4%，比1985年上升三个多百分点；1995年，该比率进一步上升至9.1%，其中以汽车为代表的运输机械产业达到23.9%，电气机械产业也达到15.5%；1996年，该比例突破10%，2001年更达到16.7%，递增趋势明显。近年来，日本开始注重在原有的技术底蕴厚重的优势下，不断进行产业结构合理化。其将产业发展重点放在了纳米、信息家电、新能源汽车等新兴领域研发上面，并已经取得了优势。

（二）韩国工业内部结构的演变

在低收入阶段到中等收入阶段，韩国轻工业的比例持续下降，由1960年的76.6%下降到1995年的26.9%，到2016年进一步下降到15.9%（见表8-6）。

轻工业内部也发生了一系列变化，在饮食业、纤维及皮革制造业、木材加工及纸制品业等比例下降的同时，印刷及出版复制业的比例则有所上升。重化工业的比例由 1960 年的 23.4% 增至 1995 年的 73.1%，到 2016 年又进一步上升到 84.1%，呈现出不断上升的态势。在重化工业中，化学工业和金属制品业的比例分别上升了 2.0% 和 1.4%，机械制造业上升了 9.7%。尤其是 1990 年机械制造业的比例超过了化学工业和金属制品业，成为重化工业中新型的主导产业。

表 8-6　　　　　韩国工业内部结构的变化　　　　　　　单位：%

工业内部结构	1960 年	1970 年	1980 年	1990 年	1995 年	2006 年	2016 年
轻工业比重	76.6	60.8	46.4	34.1	26.9	17.7	15.9
重工业比重	23.4	39.2	53.6	65.9	73.1	82.3	84.1

资料来源：宋宇等：《中等收入陷阱的东亚式规避：韩国经验及其启示》，科学出版社 2014 年版，第 157 页。2006 年、2016 年数据来自《韩国统计年鉴》(2010，2016)。

从韩国轻重工业比重来看，即使在高收入阶段，重工业比重也呈上升趋势，轻工业比重呈下降趋势。这表明在工业化时期和后工业化时期，工业部门中仍然是重工业占据主导地位。

韩国进入高收入阶段后，重新确立先进产业发展体系，着力向发达国家的产业结构转型，确立了"科技立国"的战略方针。政府选定了 20 种产业为重点扶植的出口产业，通过国家重点投资来提高这些特定产业的技术档次，它们是钢铁、石油化学、精密化学、工业机械、数控机床、汽车、家电、航空、造船、光学工业等。韩国政府提出，以微电子、新材料、生物工程等尖端技术为基础，以机械工业、电子工业及汽车工业为主导，发展 21 世纪"韩国型"的未来产业。在大力发展高新技术产业的同时，政府还对传统产业进行大规模的技术改造，以优化产品结构，提高产品的档次和质量。对于要重点发展的信息技术、自动化技术、新材料、机械电子、精细化工、生物工程、航空航天等高新技术给予财政、金融方面的支持。韩国经济在 1999 年取得了 10.7% 的增长率，其中信息产业增长了 41.1%，对经济增长的贡献率为 38.3%。2000 年韩国信息产业对经济增长的贡献率更是高达 50.5%，经济增长的一半来自信息产业。通信设备制造业占整个制造业的比重也大约是 50%，如 2007 年是 47.82%，到 2014 年达到 50.57%。①

---

① 资料来源：《韩国统计年鉴》(2010，2016)。

(三) 新加坡工业内部结构的演变

随着韩国和中国台湾的迅速发展，以及周边国家如泰国、印度尼西亚、马来西亚、菲律宾等国的劳动密集型工业相继崛起，从1979年开始，新加坡出口导向工业化政策开始从劳动密集型制造业向高技术、高附加值产业转型。1980年初，新加坡电脑、电子及光学设备占比达16.89%，是轻工业部门的主导产业，化工产品在重工业中的比重占比高达36.38%。

20世纪90年代初，新加坡进入高收入阶段，政府颁布了新加坡作为发达国家被称为"新的起点"的展望文件，目标是使新加坡在20世纪末发展为先进发达具有竞争力的国家。从表8-7可知，1990年，新加坡电脑、电子及光学设备占比达到39.59%，比1980年上涨了一倍；而食品、饮料和烟草、纺织、服装、皮革、木材、橡胶等传统轻工业占比持续下降。在重工业中，化工产品占比大幅下降，从1980年的36.38%下降到1990年的15.85%，其比重仅为1980年的一半。1997年以后，新加坡进入具有全球竞争性的知识密集型经济时代。2000年，电脑、电子及光学设备占比达到52.7%，成为新加坡制造业中第一大产业。

表8-7　　　　　新加坡制造业各行业占比变动情况　　　　　单位：%

行业	1980	1990	2000	2010	2017
食品、饮料和烟草	6.65	4.03	2.20	3.03	3.23
纺织及纺织制成品	1.34	0.51	0.17	0.02	0.02
服装	2.88	2.47	0.64	0.22	0.06
皮革、皮革制品和鞋类	0.33	0.15	0.12	0.04	0.05
木材及木制品	2.46	0.51	0.18	0.08	0.10
纸张及纸制品	0.92	1.15	0.53	0.42	0.32
记录媒体的打印和复制	1.75	2.46	1.89	0.99	0.57
医药生物制品	0.89	1.41	3.01	6.65	5.15
橡胶及塑料制品	2.01	2.21	2.10	0.82	0.57
电脑、电子及光学产品	16.89	39.59	52.70	36.69	40.47
电气设备	3.01	2.95	1.50	0.88	1.00
家具	0.87	0.79	0.34	0.32	0.29
精炼石油制品	1.39	1.60	1.09	1.69	4.15
化工产品	36.38	15.85	12.31	16.05	11.68

续表

行业	1980	1990	2000	2010	2017
非金属矿产	2.09	5.65	7.07	13.92	14.88
基本金属	2.13	1.57	1.04	0.68	0.49
金属制品	1.64	1.09	0.31	0.44	0.36
机械和设备	3.85	4.91	4.60	3.48	2.58
机动车辆、拖架及半拖架	6.18	5.78	4.61	7.85	8.54
其他运输设备	0.40	0.14	0.14	0.27	0.46
其他制造业	5.98	5.16	3.44	5.47	5.02

资料来源：新加坡统计局网站，https://www.tablebuilder.singstat.gov.sg/publicfacing/createDataTable.action?refId=12415。

此后，经济全球化和信息化浪潮进一步促使新加坡政府进行了产业结构调整与升级，以发展知识经济为基础，重点发展电子电器业，并向高附加值转化。医药生物制品占比逐渐提高，2010年，医药生物制品占比达到6.65%，比1980年提高了5.76个百分点。2017年，电脑、电子及光学产品依旧是新加坡的主导产业，占据了新加坡制造业比重的40.47%。虽然比2000年有所下降，但仍然是占比最大的行业。

（四）中国台湾工业内部结构的演变

20世纪50年代初以前，中国台湾经济一直以农业为主，农产品出口是创汇的主要来源。1954～1961年，中国台湾的食品工业迅猛发展，占整个工业产值的25.4%，这主要是由于在当时中国台湾工业基础薄弱、技术水平低下的条件下，食品工业实际上是农业的延伸，而当时中国台湾可以直接利用的只有农业资源。随着经济发展和工业技术基础的初步建立，从60年代中期开始，食品工业在中国台湾工业中的地位便逐渐被纺织工业所取代，纺织工业在中国台湾整个工业中所占比重，从1954～1961年的7.3%剧增到1966～1971年的27.3%。但60年代后期开始，随着外资大量进入中国台湾以及投资和出口加工区的建立与发展，以家用电器等消费性电子产品为主的机电工业在中国台湾整个工业中所占比重不断增大，并很快成为"明星产业"。在50～60年代末，由于以食品、纺织和家电等为代表的劳动密集型工业在中国台湾工业发展中发挥主导作用，带动了中国台湾工业持续高速发展。

中国台湾进入中高收入阶段以后，对重化工业、基础工业和原材料工业的大规模投资，使中国台湾的工业结构发生了重大变化，轻纺工业在中国台湾整个工业中的比重大幅下降，一些资本密集型产业如石油化工、钢铁、塑胶原料和机械工业等明显提高。如表8-8所示，中国台湾的轻工业比重一直呈稳步下降趋势，而重工业比重则呈上升趋势。1954年，轻工业比重高达72.1%，重工业比重为27.9%，进入20世纪60年代后，轻重工业比重变动速度加快。尤其是70年代初期，中国台湾实行"重化工业革命"，大力推进重化工业投资建设，使重化工业，主要是化纤原料等工业得到了迅速发展。1986年，轻工业占制造业产值为51.52%，重化工业占制造业产值为48.48%，但到了1995年，轻工业占制造业产值比重为33.63%，重化工业占制造业产值比重为66.37%，轻、重工业产业结构发生了明显的反转。

表8-8　　　　　　　中国台湾工业内部结构变动　　　　　　　单位：%

工业类型	1954年	1965年	1970年	1979年	1986年	1990年	1993年	1994年	1995年
轻工业	72.1	57.97	54.25	49.16	51.52	44.06	38.14	36.45	33.63
重工业	27.9	42.03	45.75	50.84	48.48	55.94	61.86	63.55	66.37

资料来源：于宗先：《台湾经济发展的困境与出路》，五南图书出版公司1987年版，第33页。

进入高收入阶段后，中国台湾的产业结构升级可以称为"科技升级"。为了通盘规划加速产业结构的升级与调整，中国台湾当局于1990年底制定了"国家建设六年计划"，并于1991年2月付诸实施。该计划明确规定重点发展10项市场潜力大、产业关联性大、附加值高、技术层次高、污染程度低、能源依存度低的新兴工业部门，它们是通信工业、资讯工业、消费性电子工业、半导体工业、精密器械与自动化工业、航空和太空工业、高级材料工业、特用化学品与制药工业、医疗保健工业、污染防治工业。

中国台湾制造业内部结构在过去20多年中发生了重要变化（见表8-9）。从1981年到2017年，其食品制造、纺织、服装、纸品等轻工业部门在制造业中占比持续下降，而重工业呈现出先升后降。例如，化学材料制造业占比和基本金属制造业占比在2010年前显著上升，但到2017年转而下降，而机械设备制造业呈现上升趋势。代表高技术产业的电脑电子产品及光学制品制造业、电子零组件制造业占比上升很快，到2017年，电子零组件制造业占比高达27.51%，而电脑电子产品及光学制品制造业到2017年占比达7.93%，这两个子行业加在一起占整个制造业比重高达三分之一。这表明中国台湾在进入高收入阶段之后，工业结构转型升级非常显著。

表8-9　　　　　中国台湾制造业各行业占比变化情况　　　　　单位：%

行业	1981年	1990年	2000年	2010年	2017年
食品制造业	10.12	7.14	4.09	3.43	4.22
饮料及烟草制造业	3.04	3.00	1.36	0.71	0.79
纺织业	9.77	6.92	4.83	2.25	2.28
成衣及服装制造业	5.18	3.49	1.19	0.47	0.45
皮革、毛皮及其制品制造业	4.07	2.97	0.65	0.37	0.31
木竹制品制造业	1.84	1.21	0.32	0.21	0.25
纸浆、纸及纸制品制造业	2.93	2.74	2.00	1.28	1.25
印刷及资料储存媒体复制业	0.96	1.09	0.84	0.63	0.60
石油及煤制品制造业	8.97	4.44	5.19	6.76	4.94
化学材料制造业	7.49	7.02	8.04	14.27	11.56
化学制品制造业	1.11	1.65	1.62	1.49	1.73
药品及医用化学制品制造业	0.40	0.60	0.59	0.58	0.70
橡胶制品制造业	0.96	1.00	0.79	0.60	0.63
塑料制品制造业	2.95	5.12	4.01	2.27	2.39
非金属矿物制品制造业	3.80	3.51	2.59	2.59	2.04
基本金属制造业	5.75	6.32	7.06	11.48	8.68
金属制品制造业	4.76	6.36	6.55	4.47	4.97
电子零组件制造业	3.06	5.95	18.85	24.90	27.51
电脑、电子产品及光学制品制造业	4.41	7.79	11.60	6.837	7.93
电力设备制造业	4.13	5.04	4.52	2.97	3.00
机械设备制造业	2.71	4.17	4.63	5.09	5.73
汽车及其零件制造业	2.70	4.09	3.41	2.53	3.03
其他运输工具及其零件制造业	3.21	2.98	2.04	1.71	2.08
家具制造业	1.31	1.30	0.91	0.37	0.45
其他制造业	4.40	4.10	2.32	1.71	2.46

资料来源：台湾"行政院主计总处"：《台湾统计年鉴》（2016，2017）。

三、产业结构演变的主要特征

以上分析表明，东亚经济体的产业结构遵循库兹涅茨产业结构演变规律，即随着发展阶段的演进，第一产业比重持续下降，第二产业比重在工业化加速时期上升，在工业化减速时期开始下降，而第三产业比重持续上升，到工业化后期阶段加速上升，最终占据支配地位。

东亚地区经济发展的成功主要得益于其产业政策和产业调整的成功。东亚各经济体均经历了一个连续产业结构调整下的工业化过程：从农业部门到劳动密集型部门（轻工业），再到资本密集型部门（重工业），乃至技术密集型部门（精密电子工业）。各经济体产业结构调整战略也在东亚引发了区域内的溢出效应，使东亚各经济体在产业结构优化升级的同时，也形成区域产业结构整体演进的发展模式。

从第五章的分析中我们看到，中国的产业结构转变与东亚经济体的产业结构转变类似。在工业化加速时期，第二产业比重上升，而在工业内部，重工业发展快于轻工业。但进入中高收入阶段之后，第二产业比重显著下降，第三产业比重开始上升；在工业部门内部，重工业比重到达峰值之后，保持稳定，最近几年开始缓慢下降，高新技术产业发展开始加速。但是，中国的产业结构变化趋势与老牌发达国家和东亚经济体具有显著差别，也就是工业部门比重偏高，尤其是重工业比重偏高，而服务业比重偏低，这主要是因为中国投资率更高，而出口导向型经济更突出。最近几年，服务业比重开始迅速上升，向其他高收入经济体的产业结构趋同。

第四节 投入结构的转变

从供给角度来看，产出是由各种要素投入生产出来的，包括劳动、资本和投入效率的改善（一般归于技术进步）。相应地，产出的增长，也就是经济增长是由三个部分的贡献所组成，分别是劳动、资本和全要素生产率。

一、劳动供给的变化

东亚经济体人口和劳动力增长在过去几十年中基本呈下降态势，如表8-10所示。尤其是日本劳动力增长率下降尤甚，1950~1960年劳动力增长率为2.18%，到2000~2010年下降到-0.16%，即这10年间劳动人口绝对数减少，到2010~2014年也只有0.13%。日本劳动供给的减少主要归因于低人口增长率。从20世纪50年代开始人口增长率一直在下降，到2010~2014年下降到零。可见日本的人口老龄化非常严重，劳动短缺也将是制约日本经济发展的重要因素。

自90年代以来,日本经济增长率平均不到2%,并且好多年份都在1%以下,甚至是负增长,其中与人口增长率低导致劳动力供给下降和人口老龄化有很大的关系。

表8-10　　　　　劳动力、人口增长率变动趋势　　　　　单位:%

国家或地区	增长率	1950~1960年	1960~1970年	1970~1980年	1980~1990年	1990~2000年	2000~2010年	2010~2014年
日本	劳动力增长率	2.18	1.48	0.77	0.87	0.32	-0.16	0.13
	人口增长率	1.16	1.04	1.11	0.53	0.28	0.13	0.00
韩国	劳动力增长率	0.93	3.43	3.68	3.05	1.45	1.44	1.60
	人口增长率	2.34	2.67	1.77	1.38	0.73	0.61	0.57
新加坡	劳动力增长率	—	2.93	5.38	3.41	2.80	4.15	4.60
	人口增长率	—	2.34	1.53	2.25	2.65	2.63	2.33
中国台湾	劳动力增长率	1.23	3.55	3.58	2.49	1.37	1.02	1.28
	人口增长率	3.60	3.18	1.96	1.37	0.90	0.42	0.34

资料来源:由世界银行数据库整理得到。

韩国和中国台湾比较类似,劳动力增长率自20世纪60年代开始一直呈下降趋势。在20世纪,韩国和中国台湾的劳动力增长高达3%以上,而进入21世纪以来,劳动力增长率迅速下降到2%以上。韩国和中国台湾的劳动力增长率下降与人口增长率下降基本一致,表明劳动力增长与人口增长高度相关,意味着劳动力参与率变化不大。人口和劳动力增长率的下降意味着人口红利的消失。不过,韩国和中国台湾劳动力增长率仍然在1%以上,比日本劳动力短缺的情况要好些。

新加坡的劳动力增长率在过去几十年一直很高,从20世纪50年代的2.93%上升到2010~2014年的4.6%。人口增长率基本保持在2%以上。这与新加坡大量引进外来人口有关,外来人口都比较年轻,而且引进时就是年富力强的劳动力,这是新加坡经济一直保持着高增长的重要源泉。

二、资本投入的变化

20世纪60年代以后,东亚经济体经历了低收入阶段之后,经济进入快速增长轨道,日本和亚洲"四小龙"的劳动力供给逐渐从剩余变为短缺,经济高速增长的主要动力转向资本投入。从表8-11中可知,东亚各经济体的资本存量增长率呈波动上升趋势。在经济发展的初期阶段,大多数经济体劳动力资源比较丰富,资本短缺。日本战后资本存量增长率高达8.14%,这源于美国的经济援助以及日本早期奠定的工业化基础，使得日本较早地完成了资本积累；韩国和中国台湾在1950~1960年的资本存量增长率仅维持在1.81%和3.40%。从60年代开始，这两个经济体资本存量增长迅速上升到两位数，是推动经济增长的主要动力。进入90年代以来，资本投入增长率开始下降。日本下降尤甚，到2010~2014年只有2.79%，而韩国和中国台湾分别下降到5.29%和7.29%。相应地，日本经济进入基本停滞状态，而韩国和中国台湾的经济增长也进入低迷期。新加坡资本增长率在70年代之后一直保持在较高的水平上，到2010~2014年仍然达到9.62%，因此，新加坡在进入高收入阶段之后经济依然保持较高的增长率。

表8-11　　　　东亚各经济体资本存量增长率的变动趋势　　　　单位：%

国家或地区	1950~1960年	1960~1970年	1970~1980年	1980~1990年	1990~2000年	2000~2010年	2010~2014年
日本	8.14	12.17	5.82	5.42	5.59	3.40	2.79
韩国	1.81	9.12	12.57	10.12	10.69	7.93	5.29
新加坡	—	5.51	12.60	7.77	9.56	11.28	9.62
中国台湾	3.40	9.11	14.28	9.19	9.48	7.42	7.29

资料来源：由世界银行数据库整理得到。

东亚经济体除了重视国内储蓄和资本积累之外，还积极引进外资。从图8-1中可以看出，自20世纪90年代开始，外商直接投资净流入水平随着经济发展呈波动上升趋势。

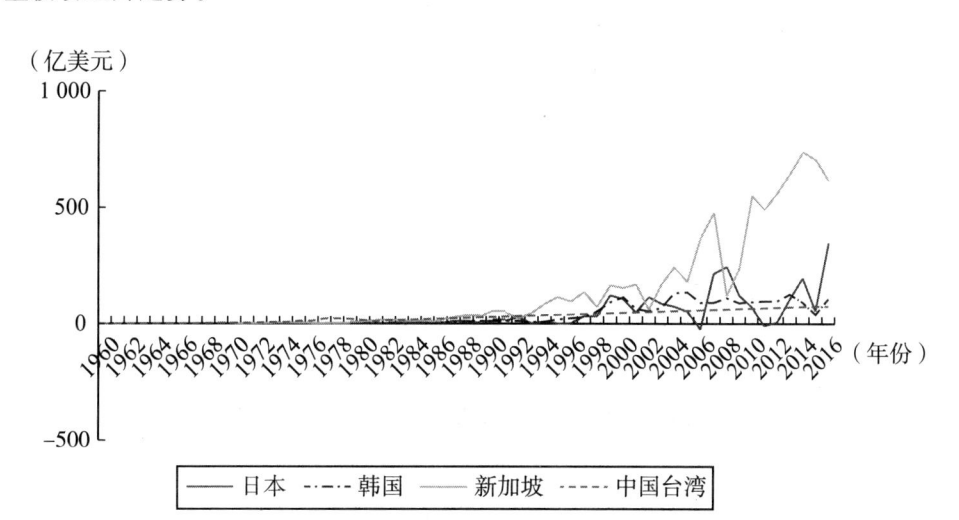

图8-1　东亚各经济体外商直接投资净流入

资料来源：世界银行数据库；台湾"行政院主计总处"：《台湾统计年鉴》（1960~2016）。

在 20 世纪 60 年代以前,东亚地区多数国家和地区采取了贸易保护主义的进口替代型经济发展战略,对外商直接投资采取的是一种抵制的态度。因此,东亚各经济体在经济发展的初期阶段,外商直接投资普遍较低。以中国台湾为例,1960 年外商直接投资只有 0.14 亿美元,1966 年外商直接投资也只有 1.37 亿美元。60 年代后期起,东亚经济体先后改变进口替代型发展战略,转为以世界市场为基础的出口导向型发展战略,并逐步实行包括积极吸引外资在内的全方位的开放政策。进入中低收入阶段后,东亚各经济体的外商直接投资水平大幅度提高,韩国 1976 年外商直接投资只有 0.81 亿美元,到 1987 年上升到 6.16 亿美元;新加坡 1970 年外商直接投资只有 0.93 亿美元,1977 年增加到 2.91 亿美元;中国台湾 1967 年外商直接投资只有 1.81 亿美元,1985 年达到 20.04 亿美元。

进入中高收入阶段后,受亚洲经济危机影响,东亚各经济体都遭受一定程度的打击,甚至出现停滞和衰退的局面,导致外商直接投资向该地区的流入有所减缓。其中,韩国受金融危机冲击较大,在 1988 年外商直接投资达到 10.14 亿美元,1994 年则下降到 8.09 亿美元,其他经济体外商直接投资在这个时期有所增加,但也增加不大。

进入高收入阶段后,东亚各经济体外商直接投资净流入呈连年上升趋势,外商直接投资水平大幅增加。日本 1977 年外商直接投资净流入只有 0.2 亿美元,到 2016 年底增加到 349.05 亿美元;韩国 1995 年外商直接投资达到 17.76 亿美元,2016 年大幅度增加到 108.27 亿美元;新加坡 1988 年外商直接投资只有 36.55 亿美元,2016 年达到 615.97 亿美元;中国台湾 1993 年外商直接投资只有 35.03 亿美元,2016 年达到 78.12 亿美元。

三、研发投入与产出的变化

从中等收入向高收入转型过程中,技术进步成为经济增长的主要推动因素。为了促进技术进步,东亚各经济体在进入中高收入阶段后,加大研发投入力度。从图 8-2 中可以看出,各经济体的研发支出占 GDP 比重均呈逐年上升趋势。日本在 1996 年研发投入占 GDP 比重为 2.69%,到 2015 年,研发投入占 GDP 比重达到 3.28%,研发投入增加了 0.59 个百分点。韩国、新加坡和中国台湾在 1996 年研发投入占 GDP 比重分别为 2.24%、1.32% 和 1.65%,到 2015 年,分别增加到 4.22%、2.04% 和 2.87%。这三个经济体研发投入在这一时期都增加了近一倍左右。

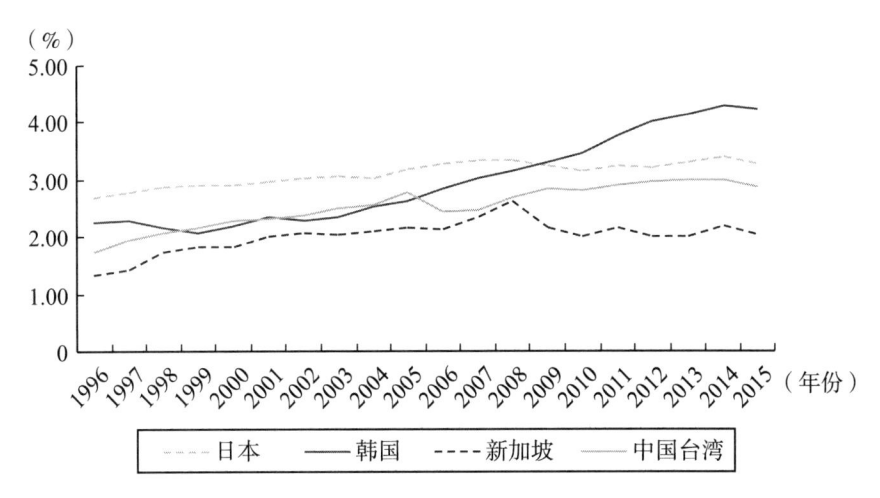

图 8-2　东亚各经济体研发支出占 GDP 比重

资料来源：世界银行数据库；台湾"行政院主计总处"：《台湾统计年鉴》（1960~2016）。

东亚各经济体在进入中高收入阶段后，研发人员数量也逐渐增加。图 8-3 显示了 1996~2015 年每百万人口中研发人员数量。日本在 1996 年每百万人口中有 4 947 个研发人员，在四个经济体中是最高的，到 2015 年，每百万人口中有 5 231 个研发人员，研发人员增加了 284 人，增加得比较少。其他三个经济体的研发人员在 1996 年都比日本要低得多，但增长很快，到 2015 年都超过了日本。例如，韩国和新加坡在 1996 年研发人员分别是 2 211 人和 2 551 人，到 2015 年，分别达到 7 087 人和 6 800 人。这两个经济体在这一阶段研发人员数量上涨了 3 倍左右。中国台湾研发人员增长更显著，在 1996 年有研发人员 1 700 人，到 2015 年，增加到 7 946 人，研发人员数量上涨了 7 倍左右。

研发支出和研发人员的大量投入，使得东亚各经济体的研发产出也不断增加，我们以东亚各经济体的专利申请数量来衡量其研发产出。表 8-12 给出了日本、韩国、新加坡和中国台湾在 1960~2016 年期间专利申请数量的变化趋势。观察表中数据可知，1960 年，日本每十万人口专利数量为 56.76 件，而韩国、新加坡和中国台湾该时期每十万人口专利数量只有不到 5 件。这主要是因为日本进入高收入阶段的时间要早于其他三个经济体。在长达半个世纪的经济发展过程中，日本、韩国、新加坡和中国台湾的专利申请数量呈现出了爆发式的增长趋势，日本、韩国和新加坡在 2016 年每十万人口专利申请数量分别达到了 250.68、207.51 和 195.82 件，超过了同时期美国的专利申请数量（187.41 件）。中国台湾的专利数量增加也比较快，但比韩国和新加坡稍微慢些，到 2016 年，专利申请数量是每十万人口 159.12 件。

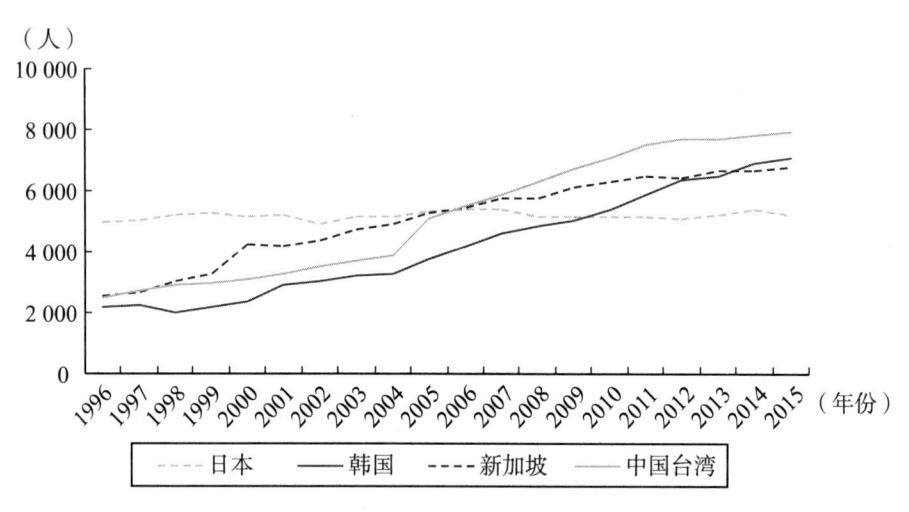

图 8-3　东亚各经济体每百万人口中研发人员数量

资料来源：世界银行数据库；台湾"行政院主计总处"：《台湾统计年鉴》(1960~2016)。

表 8-12　东亚各经济体专利申请数量的变化趋势分析　　　单位：件/每十万人

国家或地区	1960 年	1970 年	1980 年	1990 年	2000 年	2010 年	2016 年
日本	56.76	125.38	163.57	291.98	330.76	269.07	250.68
韩国	3.33	5.80	13.69	64.98	120.84	158.30	207.51
新加坡	4.65	15.90	23.97	59.91	109.37	188.94	195.82
中国台湾	2.55	7.98	18.67	46.48	104.19	125.15	159.12

资料来源：WIPO, http://www.wipo.int/ipstats/en/。

四、劳动、资本与技术进步对经济增长的贡献

为了考察劳动、资本和技术进步对经济增长的贡献率，我们运用柯布—道格拉斯生产函数和索洛余值法，分别计算出不同收入阶段资本、劳动和全要素生产率（代表技术进步）对经济增长的贡献。

设生产函数为柯布—道格拉斯形式，即：

$$Y(t) = A(t)K^{\alpha}(t)L^{\beta}(t)$$

$A(t)$ 表示 t 期的技术水平。设规模收益不变，即 $\alpha + \beta = 1$，上式可变形为：

$$A(t) = \frac{Y(t)}{K^{\alpha}(t)L^{\beta}(t)}$$

等式两边取对数，得 $\ln A(t) = \ln Y(t) - \alpha \ln K(t) - \beta \ln L(t)$

等式两边求微分，得 $\dfrac{dA}{Adt} = \dfrac{dY}{Ydt} - \alpha \dfrac{dK}{Kdt} - \beta \dfrac{dL}{Ldt}$

$$\alpha = \frac{\partial Y}{\partial K} \cdot \frac{K}{Y}, \quad \beta = \frac{\partial Y}{\partial L} \cdot \frac{L}{Y}$$

整理后得到：$\frac{dA}{A} = \frac{dY}{Y} - \alpha \frac{dK}{K} - \beta \frac{dL}{L}$

在时间间隔 t 足够小的情况下，用差分代替微分变换，可得：

$$\frac{\Delta A}{A} = \frac{\Delta Y}{Y} - \alpha \frac{\Delta K}{K} - \beta \frac{\Delta L}{L}$$

用 a、y、k、l 分别表示技术进步率、产出增长率、资本增长率和劳动增长率，即：

$$a = \frac{\Delta A}{A}, \quad y = \frac{\Delta Y}{Y}, \quad k = \frac{\Delta K}{K}, \quad l = \frac{\Delta L}{L}$$

于是，上式变为 $a = y - \alpha k - \beta l$

用 E_K、E_L、E_A 分别表示资本、劳动、技术进步对产出增长的贡献，即：

$$E_K = \frac{\alpha k}{y} \times 100\%, \quad E_L = \frac{\beta l}{y} \times 100\%, \quad E_A = \frac{a}{y} \times 100\%$$

我们采用 GDP 作为衡量产出 Y 的指标，用固定资本存量作为衡量资本投入 K 的指标，用就业人数作为劳动投入 L 的指标，用全要素生产率 A 作为技术进步指标。数据来自 penn world table 9.0。计算的时间区间是：日本 1950～2014 年，韩国 1953～2014 年，新加坡 1960～2014 年，中国台湾 1950～2014 年。每个经济体分为低收入阶段、中低收入阶段、中高收入阶段和高收入阶段，阶段划分标准和划分方法见本章第一节。估计结果如表 8-13 所示。

表 8-13　东亚经济体不同收入阶段劳动、资本和全要素生产率对经济增长的贡献度

单位：%

低收入阶段			
国家或地区	劳动	资本	全要素生产率
日本	—	—	—
韩国	56.16	29.63	14.21
新加坡	—	—	—
中国台湾	55.89	27.48	16.63
中低收入阶段			
国家或地区	劳动	资本	全要素生产率
日本	24.18	42.87	32.85
韩国	39.69	37.08	23.23
新加坡	27.69	45.43	26.88
中国台湾	43.71	33.67	22.62

续表

中高收入阶段			
国家或地区	劳动	资本	全要素生产率
日本	9.53	57.33	33.14
韩国	16.75	49.22	34.03
新加坡	22.87	49.96	27.17
中国台湾	23.18	48.07	28.75
高收入阶段			
国家或地区	劳动	资本	全要素生产率
日本	8.87	49.46	41.67
韩国	11.41	52.33	36.26
新加坡	17.29	47.16	35.55
中国台湾	15.83	48.55	35.62

在低收入阶段，韩国和中国台湾的劳动力增加对经济增长的贡献高达50%以上，资本对经济增长的贡献不到30%，而技术进步的贡献在15%左右。可见，在低收入阶段，推动韩国和中国台湾经济增长的主要因素是劳动力的增加，其次是资本，技术进步贡献率最低。随着经济发展水平的提高，劳动对东亚各经济体经济增长的贡献显著下降。在中低收入阶段，对于韩国、中国台湾，劳动对经济增长的贡献下降到40%左右；对于日本、新加坡，劳动对经济增长的贡献不到30%，远低于韩国和中国台湾。进入中高收入阶段后，随着人口增长率的下降，劳动力由过剩转向相对短缺，人口红利逐渐消失，劳动对东亚各经济体经济增长的贡献进一步降低。到高收入阶段后，劳动对东亚各经济体经济增长的贡献进一步下降，日本最低，只有8.87%，新加坡最高，但也只有17.29%。

进入中低收入阶段后，资本对东亚各经济体经济增长的贡献提高，日本和新加坡资本贡献率达到40%以上，韩国和中国台湾也达到35%左右，比低收入阶段资本贡献率高。在中高收入阶段，资本对东亚各经济体经济增长的贡献达到或接近50%的水平，其中日本达到57%以上，相对于中低收入阶段要高很多。在高收入阶段，资本在各经济体增长中的贡献率保持在50%左右，日本、新加坡的资本贡献率比中高收入阶段相对要低，而韩国和中国台湾的资本贡献率比中高收入阶段还高一些，资本贡献率没有表现出明显一致的趋势。不过，总的来说，从各阶段资本贡献率变化趋势来看，资本贡献率随经济发展水平而上升，表明资本要素在东亚各经济体的高速经济增长中发挥着最重要的作用。

从表8-13最后一列可以看到，全要素生产率对东亚各经济体经济增长的贡献随着发展阶段的演进持续上升。在低收入阶段，韩国和中国台湾的全要素生产率对经济增长的贡献仅分别为 14.21%、16.63%。但是，进入中低收入阶段以后，全要素生产率对经济增长的贡献率明显增加，日本、韩国、新加坡和中国台湾全要素生产率对经济增长的贡献分别为 32.85%、23.23%、26.88% 和 22.62%。在中高收入阶段，全要素生产率对东亚各经济体经济增长的贡献分别达到 33.14%、34.03%、27.17%、28.75%。进入高收入阶段后，东亚各经济体对提高全要素生产率都非常重视，技术进步由模仿创新为主转变到自主创新为主。同时，全要素生产率对东亚各经济体经济增长的贡献占到三分之一以上，其中日本到达 40% 以上。

五、投入结构转变的主要特征

从以上分析中可知，劳动力在发展初期增长快，对经济增长的贡献最大，但在中低收入阶段，劳动力增长率开始下降，对经济增长的贡献相应下降。资本投入的增长率随着发展阶段的转型先上升而后下降，呈现"倒U型"特征。而技术进步在经济初期较低，但随着经济发展水平的提高，科技投入和产出不断增加。

从各要素对经济增长的相对贡献率来看，在低收入阶段，劳动的贡献最大，但随着发展阶段的演进，劳动的贡献趋于下降。资本的贡献在低收入阶段较低，但在中低收入阶段提高，在中高收入阶段达到最高，在高收入阶段基本保持不变，没有显示一致性下降和上升趋势。全要素生产率对经济增长的贡献在低收入阶段较低，但随着经济发展水平的提高，在各个经济体呈现出一致性上升。这表明技术进步在中高收入阶段之后变得更重要了。东亚经济体的发展经验证明了由以劳动和资本为主要驱动力的增长方式逐渐转变到以技术进步为主要驱动力的增长方式。

中国的投入结构变化及其对经济增长的贡献与东亚经济体类似，本书第四章对此进行了详细讨论。这表明在过去 40 年中，高投资、高储蓄和高积累的增长方式不是中国特有的现象，而是经济发展的一般规律使然，只是中国投资率、储蓄率和资本积累率比东亚经济体更高。但是，在进入中高收入阶段之后，东亚经济体都通过大幅度增加科技创新投入、支持高新技术产业发展，顺利实现了经济结构的转型，跨入高收入经济的行列。这为中国在现阶段转变经济发展方式、调整经济结构、实施创新驱动发展战略提供了经验借鉴。

第九章

促进经济结构转变的体制机制与政策体系

转变发展方式、调整经济结构是一项涉及体制、机制、战略和政策调整的系统工程,是我国经济社会领域的一场深刻变革,关系我国社会主义现代化建设全局。前面各章对调整每种结构提出了相应的实现途径和政策思路。但是,转变发展方式和调整经济结构需要从整体上构建一个运行有效的体制机制和政策体系,各种体制和政策之间要相互协调、相互配合,而不能碎片化、各自为政,否则,就很难顺利完成经济结构战略性调整这项关系到中国能否迈向高质量发展阶段、实现新时代"两步走"目标的伟大而艰巨的任务。转变发展方式、调整经济结构涉及方方面面,这里提出的体制改革和政策思路包括6大板块,虽然没有涵盖所有内容,但我们认为是最重要的部分。最后还需要指出,这6个部分并不是完全独立的,而是相互联系、相互作用的整体,而且与前面各章提出的政策思路有部分交叉和重复。

第一节 完善社会主义市场经济体系,促进要素市场化配置

金融危机以来,传统的经济发展方式难以为继,转变经济发展方式显得尤为重要。市场经济是资源配置的主要方式,实现经济发展方式的转变,促进资源优化配置,与市场经济体系的完善密切相关。改革开放以来,尽管通过一系列的体

制改革，我国社会主义市场经济体系已基本建立，然而市场经济体系还不完善，尤其是要素市场不完善是块短板，已然成为制约经济发展方式转变的制度性障碍。只有加快经济体制改革，进一步完善社会主义市场经济体系，疏通各种市场机制，才有助于经济结构调整和发展方式的转变。十九大报告明确提出要加快完善社会主义市场经济体制，而且明确经济体制改革的重点是完善产权制度和要素市场化配置，实现产权有效激励、要素自由流动、价格反应灵活、竞争公平有序、企业优胜劣汰。

一、完善市场决定价格的机制

我国价格改革进行了多年，现在绝大多数商品都由市场定价，商品市场价格决定机制已比较完善，但要素市场还很不完善，很多要素不能自由流动和自由交换，要素价格，如资金价格、外汇价格、劳动价格、技能价格、技术专利价格、土地价格、资源价格、能源价格、环境价格等还不能由市场供求关系决定，或者不完全由市场来决定，政府管制较多。价格管制使得要素价格人为地偏离市场均衡价格，使得价格无法反映供求关系，造成价格体系扭曲。人为压低的要素价格，会导致过度的投资和过度的资源使用，不利于经济结构调整和发展方式转变。放松政府对要素市场的管制是深化市场化改革的主要方向和重点。

利率作为资金的价格，对于投资起决定性作用。改革开放以来，中国对利率管制逐步放松，但步伐比较缓慢，尤其对核心指标即存贷利率的管制较严，而且一直限定在低于由市场决定的利率之下。近几年我国已经加快了利率市场化改革步伐。2013年7月，中国人民银行宣布取消对贷款利率下限管制，到2015年10月又宣布取消存款利率上限，至此，中国的利率市场化改革基本完成。这对于改变投资驱动型的发展方式具有重要的作用。但我国利率市场化改革还要进一步深化，当前主要任务是要进一步完善利率形成和调控机制，加强对非理性的定价机制的监管，让银行贷款更多流向实体经济，流向效益较好的企业。

中国的自然资源都属于国家所有，产权主体缺位，因此市场是缺失的，资源可以自由获取和使用，没有价格，或者价格很低。这样一种资源制度导致了自然资源的过度开采和利用。低廉的资源是中国粗放型发展方式形成和发展的重要推手。资源是一种稀缺的生产要素，要使其得到合理有效的使用，就必须让资源价格能够反映供求关系，也就是要让资源市场化。在资源定价方面，逐步解除政府价格管制，除极少数关系国家安全和国计民生的资源应由政府调控之外，其他资源的价格应由市场供求关系来决定。政府应该推动管理机制创新，对价格的调控从直接管制转变到主要以税收等经济杠杆来实现，完善矿产、天然气、石油和水等基础资源产品价格形成机制，使得价格能够真正反映资源稀缺程度。对于电力、供水等存在自然垄断的行业，应建立科学的价格管制模型，并建立健全价格听证制度，使得价格管制更加科学民主和公开透明。通过推进资源价格改革，以价格机制引导社会改进生产技术、优化产业结构、减少资源消耗和滥用。

环境污染具有很强的负外部性，污染的成本由其他人承受，因此，其私人价格一般都很低。应深化环境价格改革，提高环境治理价格，使其能真实反映治污成本和污染损害成本。同时，进一步完善和全面推行排污权有偿取得和排污权交易。采取排污许可证制度，在坚持排污总量控制的前提下，合理确定初始排污权，由企业有偿取得，建立排污权交易市场，由市场确定排污权价格，允许企业自由转让排污权。通过市场机制合理确定环境价格，激励企业改进技术，减少污染排放。

二、建立现代产权制度

产权制度是社会主义市场经济的基石。现代产权制度具有归属清晰、权责明确、保护严格、流转顺畅等特征。要加快转变经济发展方式必须要完善产权制度。投资驱动型的发展方式很大程度上是由产权制度不明晰和保护不力造成的。例如，国有资源之所以那么廉价就是因为产权不明晰和产权保护不力；国有企业之所以具有投资饥渴症，也是与国有企业产权不清有关；技术模仿多、创新少，而且科技成果转化弱，都是与知识产权的界定不清和保护不力有关。推进产权保护法治化，依法保护各种所有制经济权益是转变经济发展方式的重要途径。

经过多年的不懈改革，我国现代产权制度已经初步建立，各种所有制经济共同发展的局面已经形成。但我国产权制度的改革任务还比较艰巨，必须把完善产权制度作为经济体制改革的重点。

完善平等保护产权的法律制度。公有制经济和非公有制经济都是社会主义市场经济的重要组成部分，国家保护各种所有制经济产权和合法权益，保证各种所有制经济同等受到法律保护。相关立法应按照"平等保护"的基本原则对现有法律体系进行调整完善。要健全以企业组织形式和出资人承担责任方式为主的市场主体法律制度，统筹研究清理、废止按照所有制不同类型制定的市场主体法律和行政法规，开展部门规章和规范性文件专项清理，平等保护各类市场主体。加大对非公有财产的刑法保护力度。

完善公有财产的产权体系。一是要深化国有企业和国有资产监督管理体制改革，进一步明晰国有产权所有者和代理人关系，推动实现国有企业股权多元化和公司治理现代化。二是加快构建全民所有自然资源资产产权制度。明确全部国土空间各类自然资源资产的产权主体，保护自然资源资产的所有者权益，公平分享自然资源资产收益。推动部分自然资源资产所有权和使用权分离，明确自然资源所有权、使用权等产权归属关系和权责，适度扩大使用权的出让、转让、出租、担保、入股等权能。

加大知识产权保护力度。提高知识产权侵权法定赔偿上限，对情节严重的恶意侵权行为实施惩罚性赔偿，并由侵权人承担权利人为制止侵权行为所支付的合理开支。建立收集假冒产品来源地信息工作机制，将故意侵犯知识产权行为情况纳入企业和个人信用记录。严厉打击不正当竞争行为，加强品牌商誉保护。将知识产权保护和运用相结合，加强机制和平台建设，加快知识产权转移转化。大幅度提高中国知识产权创造、运用、保护和管理能力，在全社会形成创新创业、尊重知识的制度环境，为建设创新型国家提供法律支撑。

加快产权交易市场建设。实现各类产权的顺畅流动与收益最大化，是现代产权制度的重要组成部分。我国产权交易市场的主要功能是为各类产权主体提供平等使用生产要素与公共资源的服务平台。产权交易市场作为生产要素市场化配置的载体必须有健全的规则、有效的监管、规范的操作程序、先进的技术基础和技术人才。加快形成全国开放统一的产权交易网络，共享产权信息资源，保证产权交易的公正性和有序性。

大力推进法治政府和政务诚信建设。要杜绝"新官不理旧账"的现象，不得以政府换届、负责人更替等理由违约毁约，因违约毁约侵犯合法权益的，要承担法律和经济责任。在完善财产征收征用制度方面，着力解决征收征用中公共利益扩大化、程序不规范、补偿不合理等问题。遵循及时合理补偿原则，完善国家补偿制度。

三、健全要素市场，维护公平竞争

我国要素市场还不是很完善，存在不公平现象。例如，劳动力市场存在着农民工劳动市场与城市居民劳动市场的二元结构，农民工由于没有城市户口，一般只在非正规部门就业，城市居民大多数在正规部门就业。要完善劳动力市场，必须破除城市劳动力市场的二元结构，这就要加快户籍制度改革，加快农民工市民化的进程。资本市场也存在二元结构，国有企业比较容易融资，而非国有企业比较难。例如，国有企业比较容易获得银行低息贷款，而民营企业却比较难，而且贷款利息更高；国有企业比较容易被获批进入资本市场融资，而非国有企业比较难。资源市场不甚完善,要加快自然资源的产权制度改革步伐,构建自然资源交易中心,加快自然资源市场化建设。技术交易市场也很不完善,应加强各类技术交易平台建设,健全技术市场交易规则,鼓励技术中介服务机构发展。

土地资源是重要的生产要素,我国土地市场还不是很完善。我国土地所有制是二元结构,农村土地属于集体所有,城市土地属于国家所有。这两种所有制土地的权益是不对等的。国有土地可以转让、交易,而集体土地却不能,集体土地如果要变更非农业性质,必须由政府征用,然后由政府转让。这样就等于集体土地升值的收益由政府获得。十八届三中全会提出要对这种二元土地制度进行改革,关键是集体土地如果变换用途,也可以与国有土地一样入市交易,不必由政府征用。这是土地制度改革上的一项重大突破。加快建立城乡统一的建设用地市场,在符合规划、用途管制和依法取得前提下,推进农村集体经营性建设用地与国有建设用地同等入市、同权同价。此外,要健全集体土地征收制度,缩小征地范围,规范征收程序,完善被征地农民权益保障机制。农地流转要完善"三权分置"制度,促进农地在更大地域范围内交易,实现土地资源的优化配置。宅基地制度规定不准买卖,因此宅基地市场不存在,其价值无法实现。要放松对宅基地的各种限制,特别是交易限制,培育宅基地交易市场,应该加快推进宅基地融资抵押、适度流转、自愿有偿退出试点工作。城市土地除了房地产土地市场比较完善之外,工业土地市场还不完善,应加快完善工业用地市场化配置制度。

要完善要素市场化配置,除了深化产权制度改革之外,还要清理废除妨碍统一市场和公平竞争的各种规定和做法。健全竞争政策,完善市场竞争规则,实施公平竞争审查制度。放宽市场准入,健全市场退出机制,如资本市场退市制度。健全统一规范、权责明确、公正高效、法治保障的市场监管和反垄断执法体系。严格产品质量、安全生产、能源消耗、环境损害的强制性标准,建立健全市场主体行为规则和监管办法。健全社会化监管机制,畅通投诉举报渠道。强化互联网交易监管,严厉打击制假售假行为。

四、培育合格的市场主体

市场主体是经济活动的直接参与者。市场主体质量的优劣,也决定了经济运行质量的好坏。只有合格的市场主体,才能有降低成本、追求技术进步、实现利润最大化的内在动力,才能根据市场价格作出理性科学决策。培育合格的市场主体,主要从深化国有企业改革和引导私营企业健康发展两方面进行。

（一）深化国有企业改革

国有企业是投资驱动型发展方式形成的主要推手，要转变经济发展方式需要深化国有企业改革。改革开放以来，我国的国有企业经历了脱胎换骨式的变化，已经初步建立起现代企业制度。然而国有企业的经营行为尚未完全摆脱计划经济的痕迹，不按市场规律办事、企业内部治理混乱的现象仍有发生，导致国有企业经营效率不高，同时也造成社会经济资源的浪费。深化国有企业改革是转方式、调结构和换动力的重要抓手。

第一，也是最重要的，是把国资改革和国企改革分开进行。以过去管企业为主转到现在管资本为主，实施所有权与经营权真正的分离。政府作为国有资本的产权代表和出资人，只追求国有资产保值增值，防止国有资本流失，其目标是要把国有资本做强做优。将企业的经营权完全赋予企业，明确其法人地位，让其成为真正的市场主体，参与市场竞争，实现优胜劣汰，经营好的企业可以做大做强，经营不好的企业让其淘汰。这就彻底改变了传统的思维方式，即总是想着如何把国有企业做强做大，即使有的国企亏损严重、资不抵债，成为"僵尸企业"，还要通过各种办法维持它的存在。

第二，改革国资管理体制，剥离政府直接管理国有资产。党的十九大提出，要完善各类国有资产管理体制，改革国有资本授权经营体制。这就为国有资本改革指明了方向。过去政府作为国有企业出资人，通过国务院国有资产监督管理委员会（以下简称"国资委"）直接管理国有资产。实践证明，政府直接管理国有资产，由于权责不明、流转不畅，因此很难管好。现在通过设立国有资本投资运营公司，授权投资和运营国有资产，承担国有资产保值增值的责任，从而把政府和企业分离开。这样既能使国有资产企业化运作，使国有资产权责明确、顺畅流转，又能阻隔政府直接干预企业正常经营活动，真正做到政资分开、政企分开，实现所有权和经营权分开的目标。

第三，准确界定不同国有企业功能。加大国有资本对公益性企业的投入，在提供公共服务方面作出更大贡献。国有资本继续控股经营的自然垄断行业，实行以政企分开、政资分开、特许经营、政府监管为主要内容的改革，根据不同行业特点实行网运分开、放开竞争性业务，推进公共资源配置市场化，进一步破除各种形式的行政垄断。

第四，健全协调运转、有效制衡的公司法人治理结构。建立职业经理人制度，更好发挥企业家作用。深化企业内部管理人员能上能下、员工能进能出、收入能增能减的制度改革。建立长效激励约束机制，强化国有企业经营投资责任追究。探索推进国有企业财务预算等重大信息公开。

第五，积极发展混合所有制，打破国企"一股独大"的局面，让国企成为独立经营的市场主体，与民营企业和外资企业一样公平竞争，实现优胜劣汰。推进混合所有制改革主要有如下途径：一是要引进外部投资者，尤其是战略投资者。通过混改推动国有企业转换经营机制，激发内生动力和活力，实现各种所有制资本取长补短、相互促进、共同发展。在股权结构设计上，不坚持国有资本控股，宜控则控、宜参则参、宜退则退，保证民营资本占到一定比例，在决策中有真正话语权。二是鼓励国企管理层和骨干员工持股，鼓励管理层和骨干员工持股实现混合所有制改革，提高持股人在企业的话语权，在企业内部构建"利益＋监督"机制，更好激发员工的积极性、创造性。三是积极推进有条件的国企进入资本市场上市融资，把提高国有资产证券化率作为推进混改、做大做强国企最直接最有效的途径。四是对那些产能过剩、效益低下、资不抵债的"僵尸企业"要坚决加以清退。

（二）引导私营企业健康发展

私营企业作为非公有制企业里最庞大的群体，也是最具经济活力的市场主体，是推动发展方式转变、调整经济结构、提高发展质量和效率的重要力量。私营企业因市场而生，对市场反应最为敏感，同时也天然具备降低成本、追求技术进步和利润最大化的内在动力。培育合格的市场主体，引导私营企业的健康发展非常重要。

首先要给予私营企业平等的市场地位。私营企业与国有企业同为市场主体，在参与市场经济活动中的地位应该平等。十八大报告也明确指出："毫不动摇鼓励、支持、引导非公有制经济发展，保证各种所有制经济依法平等使用生产要素、公平参与市场竞争、同等受到法律保护。"长期以来，由于某些政策法规限制，国有企业能够享受到更多的优惠和补贴，更容易获得自然资源和能源的开采和经营权，而私营企业不能获得或涉足，使得私营企业无法与国有企业平等竞争。应该清理和修订限制非公有制经济发展的法律法规和政策，消除体制性障碍。放宽市场准入，允许私营企业进入法律法规未禁入的基础设施、公用事业、自然资源及其他行业和领域。打破国有企业的特权，使得私营企业在投融资、税收、土地使用和对外贸易等方面，与国有企业享受同等待遇。

其次要完善对私营企业的支持系统。支持私营中小企业的发展，鼓励有条件的企业做强做大。对于合法经营、按章纳税的私营企业，要依法保护其权益。要考虑到私营企业存在规模小、抗风险能力弱等特点，在投资环境、融资渠道等方面给予私营企业更多的支持，引导其健康发展。

第二节 推进供给侧结构性改革，
促进产业结构优化升级

一、供给侧结构性改革与经济结构转变

改革开放以来，中国经济保持高速增长。但是，金融危机后，中国经济呈现下行趋势，开始进入新常态。新常态背景下，转变经济发展方式、调整经济结构是实现经济稳定持续增长的主要动力。2015年底，中央提出要实施供给侧结构性改革，2017年10月召开的党的十九大仍然把供给侧结构性改革作为主线。供给侧结构性改革不是对转变经济发展方式的替代，而是对其深化，是在新形势下提出转变发展方式的新思路、新举措，它改变了前几年以需求管理和需求结构调整为主的政策思路。供给侧结构性改革的主要任务是去产能、去库存、去杠杆、降成本、补短板，这些举措的核心是调整和优化产业结构及投入结构，其目的是实现经济增长由高速向中高速转换，发展方式从粗放向集约转换，产业结构由中低端向中高端转换，增长动力由要素驱动、投资驱动向创新驱动转换，经济福祉由先好先富型向包容共享型转换。从中可以看出，供给侧结构性改革的主要作用是实现经济结构优化升级，提高经济发展质量。

近年来，供给侧结构性改革取得显著成效，钢铁和煤炭行业超额完成去产能计划，房地产去库存也取得显著成绩，企业资产债务率也有一定的下降，减税降费、降低要素成本和物流成本也取得了明显成效，精准脱贫和治理环境等取得了骄人成绩，城乡发展一体化进程也在加快。但是，供给侧结构性改革任务还没有完成。以下我们从结构调整的角度，就去产能、降成本任务提出政策思路。

二、去产能，优化供给结构

去产能是供给侧结构性改革中头等重要的任务。在工业化加速发展时期，重工业飞速扩张，各地争先恐后地盲目扩建和增建钢铁、煤炭、有色金属、水泥、玻璃等项目，致使产能不断累积，导致供给过剩。2008年金融危机爆发后，我国为了抵御出口的急剧下降采取了凯恩斯主义的需求扩张政策，通过大规模投资

来维持经济增长。那些本来就已经产能过剩的行业还在扩大投资、增加产能，使得产能过剩状况越来越严重。在这种情况下，中央认识到转变经济发展方式不能从需求侧入手，而是要从供给侧入手，首要任务是去产能。产能过剩的行业基本上都是重工业行业，去产能就是要将钢铁、煤炭、水泥、有色金属等传统重工业的产能降低到合理水平。去产能不仅有利于资源优化配置、提高资源利用效率，还能进一步实现产业结构转变和优化升级。要实现去产能的目的，需要从以下方面着手：

第一，创新优化供给侧动力结构，倒逼市场出清。引领创新形成新的供给和需求。以消费升级引领产业升级，以供给创新增进新的生产力，满足并创造消费需求。以新增产能替代过剩产能，优化存量产能结构，以新的有效供给带动新的需求，如发展钢结构建筑，便可化解钢铁产业严重过剩的产能。利用创新消化结构性产能过剩，通过技术创新和技术进步，不断提升产业链上产品和服务的附加值，从而替代高端进口产品消化部分产能。注重创新带动产业结构、产品结构、组织结构、制度结构和布局结构的优化，进而推动产业结构转型升级和经济发展方式转变，实施对存量产能的优化。

第二，加大力度治理"僵尸企业"，淘汰落后产能。首先是界定"僵尸企业"，应由国资委及工业和信息化部牵头成立专家考察评定小组，中央与地方统一思想组成专家团队，从企业运行的历史数据、市场绩效、产业发展潜力、能耗、环保、技术等多个经济技术标准衡量界定。其次是打破地方政府与"僵尸企业"的利益链条，制定更严格的能耗、技术和排放标准，提高淘汰门槛，加大力度处置"僵尸企业"，有效化解过剩产能。再次是完善"僵尸企业"退出机制，中央政府可以拿出专项资金实施有力保障，应对这些产业调整对社会稳定和就业带来的冲击。最后是积极引导"僵尸企业"上下游产业组织实施从低附加值环节向高附加值环节转型。

第三，加快产业结构优化升级，创造绿色生产率。首先，可以汲取英美国家改革经验，加大结构性减税力度，降低税费，积极扶持产业结构优化和产业结构升级。加大政府财政支出力度和推进大规模减税，缓解经济下行时的结构性萧条，激励传统产业企业转型升级，从而遏制过剩产能增量。其次，大力发展高端制造业和战略性新兴产业，创造新的供给、新的需求。推动新一代信息技术与现代制造业、战略新兴产业和现代服务业等领域的深度融合。

三、降成本，提升供给能力

降成本不仅是解决企业利润微薄、经营困难问题，从更大更长远角度来看，还是实现产业结构调整升级、动力机制转换、经济发展方式转变的重要途径。降成本应在如下几个方面展开：

第一，降低制度性交易成本。首先是加大行政审批改革力度。国家层面要坚持营业执照＋负面清单＋政府监管和服务的改革方向，以涉及企业投资、经营的审批事项、资质资格许可和认定事项为重点，特别是通过事中事后监管能够有效管理的事项，应一律取消审批。深入推进投资审批改革，努力破解投资项目审批环节多、手续烦琐、时间长、效率低、收费高等问题。其次是规范整治中介机构和服务。要进一步规范中介服务事项，进行分类清理。对于交叉重叠的应当整合，对于重复评估的应该精简，切实减轻企业负担。最后是进一步放松管制，放松对生产性服务业的管制，以市场化导向促进生产性服务业效率提升，降低实体企业成本。

第二，降低企业融资成本。一是缩短企业融资链条，督促商业银行加强贷款管理，加强对影子银行、同业业务、理财业务等方面的管理；二是要清理整顿不合理金融服务收费；三是提高贷款审批和发放率，优化商业银行对小微企业的贷款管理；四是进一步发展直接融资市场体系，积极拓展直接融资渠道和工具，提高直接融资中介服务水平。

第三，深化税费制度改革。一是将收费权转交税务部门，由财政部门按需安排预算，相关部门只负责管和用，形成适度分离、相互制衡的机制；二是坚持谁设权谁付费的原则，推进审批收费改革；三是推进商标注册提速降费；四是彻底治理各种乱罚款现象。

第四，推进价格改革，降低企业生产成本。一是要完善煤电价格联动机制和标杆电价体系，使电力价格更好地反映市场需求和成本变化。二是要健全交通运输价格机制。逐步放开铁路运输竞争性领域价格，扩大自主经营定价范围。要深化流通体制改革和路桥等收费制度改革，合理确定收费期限和标准，降低企业物流费用和通行成本。三是要建立健全政府定价制度，使权力在阳光下运行。对极少数保留的政府定价项目，要推进定价项目清单化，规范定价程序，加强成本监管，推进成本公开，促使政府定价公开透明。

第五，降低社会保险费用负担。一是适当降低社会保险缴费率，研究精简归并五险一金，丰富社会保险基金收入来源渠道，用国有资产的划拨和国有企业的分红支持社保，从而降低劳动成本；二是完善社会保险制度，充分发挥政府、企业、个人作用，适度均衡责任分担。

第三节 转变出口导向型发展方式，构建全方位对外开放体制

一、转变外贸发展方式的必要性

改革开放以来，我国逐渐形成了以通过扩大对外开放、吸引外资、促进出口来带动经济增长为重要支撑点的经济发展战略，即开放式加外向型的经济发展战略（孔祥敏，2007）。不可否认，这种以出口促进为主要特色的外向型发展战略，为中国的经济发展作出了巨大的贡献。但是，随着中国经济规模的扩大和经济条件的变化，这种出口促进发展战略对我国经济的拉动作用越来越小，净出口对我国经济增长的贡献率越来越低，尤其是在2008年国际金融危机以来，发达国家的经济衰退和贸易保护主义抬头，国内经济发展进入了新阶段、新常态，这对出口促进发展战略产生了巨大的压力。换言之，国际金融危机之后，出口促进外向型发展战略难以为继，其弊端也日益显现。一是随着我国经济的发展，劳动力成本、资源成本越来越高，竞争力减弱，以劳动和资源密集型产品出口越来越困难。二是发达国家经济复苏缓慢，对低价产品的进口加以各种限制和抵制，国际贸易摩擦不断加剧。三是环境污染问题难以遏制。我国出口的工业品大多数是污染比较严重的工业产品，出口越多，环境污染就越严重。四是不利于结构调整升级，产业链低端产业难以向中高端转换。因此，为了保持今后较长一个时期中国经济的持续发展，对出口促进发展战略进行反思和调整很有必要。

金融危机发生以来，依靠外需的发展战略已然与国际市场环境以及国内发展的要求不相适应。要转变这种发展战略，转变经济发展方式，变出口导向为内需主导，将国内需求作为我国经济增长的最主要支撑。当然，这并不意味着我们不重视外部需求，出口仍是经济增长的重要力量。同时，也要转变当前对外贸易发展方式，以技术含量高的中高端产品出口逐渐替代技术含量较低的低端产品出口。简而言之，我国应转变出口促进外向型发展战略为以内需为主导、内外需并重的发展战略。转变出口促进和引进外资的单向性发展战略，首先要调整我国的外贸外资政策；其次是努力挖掘内需的发展潜力，扩大国内消费需求；再次是要保持适度投资率，但重点是优化投资结构，提高投资效率；最后是构建全方位对外开放新格局。

二、调整外向型发展政策，促进需求结构的转型升级

多年以来，为了促进出口增长，我国对出口贸易多实行以鼓励为主的政策，在税收等多方面对出口型产业的发展给予优惠和支持。以出口退税政策为例，为了实施出口导向型发展战略，我国的出口退税政策历经多次调整。1995年，迫于财政压力，出口退税率从16.63%下调到12.86%；1999年，由于亚洲金融危机的影响，为支持出口，出口退税率又上调至15.51%；直到2001年，经过分批调整，平均出口退税率保持在15.11%；2003年，我国对出口退税政策进行了结构性调整，提高高附加值和高技术含量等产品的出口退税率，降低"两高一低"产品的出口退税率，使得总体平均出口退税率降至12.16%；2008年金融危机之后，出口急剧下滑，我国对不同产业和出口产品的出口退税率进行了上调。这些出口退税政策极大地促进了我国出口贸易的发展（王丁，2012）。2018年，我国为了鼓励出口，还把部分产品出口退税率提高了1个百分点以上，最高的达到16%。因此要转变出口促进发展战略，首要的是调整我国外贸政策，对出口政策要从鼓励转向中立。除个别产业和地区外，要逐步调整和取消出口鼓励的政策，下调甚至取消大部分出口退税税率。在贸易政策上要突破出口导向的外贸发展思路，向更加中立、平衡的贸易政策转变。

当然，从出口促进外向型发展战略转向中立的贸易政策并不意味着要放弃出口，我们放弃的是那种不惜代价追求促进出口的传统发展战略。在经济发展的任何阶段，外部需求都有着十分重要的作用。在当前的国际环境下，发达国家经济增长低迷，国内工业不振，失业率高企，对来自中国的进口产品以各种借口征收高额税收，以往依靠廉价劳动力和自然资源的出口发展模式已经不适我国的发展实际，因此必须转变外贸发展方式，提高出口产品的质量，将以低价取胜优势转变为以质量取胜优势。要转变出口鼓励发展模式，首先，要调整出口产品结构，提高出口产品的技术含量和附加值，增强产品在国际市场的竞争力。要积极推进国内产业的结构升级，大力促进技术创新，实行品牌战略，培育出具有自主知识产权和核心技术的产品品牌，逐步形成"精益型"的出口模式。其次，要积极推行"走出去"战略，鼓励有实力的企业走出国门，在国外尤其是出口占比较高的国家直接创办企业，实行价值链的全球布局，规避国际市场的各种贸易壁垒。

我国外向型发展战略还包括大量利用外资来发展经济。改革开放以来，为了吸引外资，我国陆续制定了一系列的外资优惠政策，使得外资在税收、土地利用等多个方面享有"超国民待遇"。例如在税收上，我国对外商投资的税收优惠主

要包括减免税优惠、再投资退税、亏损弥补和境外所得已纳税款的扣除四个方面。为鼓励外商投资，在企业所得税上，外商投资企业和内资企业长期适用不同的税率，直到2008年两税合并后才改变这一局面。不可否认，依靠这些优惠政策吸引了大量外资进入中国，缓解了资本和技术短缺的局面，促进了经济的发展，但这些政策使得外资和内资企业的竞争不公平，导致国内企业处于不利地位。总体来说，要合理调整我国利用外资的政策，改变不惜代价吸引外资的发展取向。逐步取消对外资的一般性鼓励优惠政策，对内资和外资同等看待。要把对外商投资的一般性鼓励措施转变为与产业政策和促进特定地区发展相联系的优惠政策。

三、转向内需主导，促进消费升级

改变外向型发展战略，变外需主导为内需主导，是实现我国经济结构转变的题中之义。内需包括国内消费需求和投资需求，其中消费需求更是内需的重中之重。扩大消费需求，挖掘消费潜力，促进消费转型升级，是转变我国外向型发展战略的重要内容。近几年，我国最终消费率稳步上升，从2010年48.5%上升到2016年的53.6%，消费对增长的拉动作用逐渐增强，从2010年的44.9%上升到2016年的66.5%。但是，与其他中等收入国家相比，我国的消费率仍然是偏低的。因此，提高消费率，调整和优化需求结构仍然是今后一段时期的重要任务。此外，消费需求不是简单提高消费水平的问题，还是一个促进消费升级的问题。以消费升级引领产业升级，以制度创新、技术创新、产品创新满足并创造消费需求，有利于提高发展质量、增进民生福祉、推动经济结构优化升级、激活经济增长内生动力，实现需求结构、产业结构和投入结构的平衡协调，加快经济发展方式的转变，实现持续健康高效发展。提高消费率和促进消费升级两个方面都需要深化改革和政策支持。

第一，推进收入分配制度改革，提高居民收入，扩大中等收入群体比重。扩大消费需求，首先要让居民有能力消费，关键在于提高居民的收入水平，改善收入分配状况，提高全社会的边际消费倾向。我国居民消费水平低的一个重要原因在于劳动报酬在国民收入中占比较低。导致这一现象的根本原因就是我国的收入分配制度不合理。因此，要扩大消费需求，就要进行收入分配制度改革。关于这一点将在下面讨论。

第二，完善社会公共服务建设和社会保障制度，激发国内有效需求。扩大居民消费需求，要让有消费需求和消费能力的居民敢于消费。我国居民消费水平低的一个重要原因就是教育、医疗卫生、住房等公共服务领域发展滞后，居民的储蓄意愿高，有钱不敢花。因此，政府应加快完善财政的公共服务支出制度，加大对医疗卫生、教育领域等公共服务的投入力度，提高公共服务支出在财政总支出中的比例，降低居民家庭的后顾之忧，从而降低居民的储蓄意愿，增加消费支出。完善社会保障体系，进一步扩大社会保障的覆盖面，提高保障水平，稳定居民支出预期，增强消费信心，促进居民当期和长期消费。

第三，发挥新消费引领作用，促进产业结构调整升级。我国已经进入中高收入阶段，居民的消费观念、消费档次和消费结构都随之发生了根本性变化，居民消费呈现出从注重量的满足向追求质的提升、从有形物质产品向更多服务消费、从模仿型排浪式消费向个性化多样化消费等一系列转变。把消费升级与产业升级紧密结合在一起，促进产业结构的调整升级，促进供给体系质量的提高，促进经济发展方式的转变。新消费体现在服务消费、信息消费、绿色消费、时尚消费和品质消费等多种消费类型上。促进新消费是一个系统工程，需要多方发力。

首先，深化体制改革。就增加消费而言，加大户籍制度改革是推进消费升级的重要抓手。我国亿万农民工是一支重要的消费群体。加快农业转移人口市民化进程，让更多农民工落户城镇，将会释放巨大的消费潜力。《中华人民共和国国民经济和社会发展第十三个五年规划纲要》（以下简称"'十三五'规划"）提出，在"十三五"期间，要实现一亿农业转移人口成为新市民，时间已经过去大半，但任务并没有过半，要继续采取更加有力的措施加以推进。省会及以下城市要放开对吸收高校毕业生落户的限制，加快取消地级及以下城市对农业转移人口及其家属落户的限制，要逐步放开农民工落户大城市和特大城市的各种限制。

其次，改善及优化消费环境。一是要建立健全信用法律法规和标准体系，全面推行明码标价、明码实价，依法严惩价格欺诈、质价不符等价格失信行为。二是要健全消费者权益保护机制。推动与完善商品和服务质量相关的法律法规，推动修订现行法律法规中不利于保护消费者权益的条款。严厉打击制售假冒伪劣商品、虚假宣传、侵害消费者个人信息安全等违法行为。

最后，健全政策支持。一是加大财政支持力度。完善地方税体系，逐步提高直接税比重，激励地方政府营造良好生活消费环境、重视服务业发展。完善消费补贴政策，推动由补供方转为补需方，并重点用于具有市场培育效应和能够创造新需求的领域。二是深化金融体制改革和创新。完善金融服务体系，鼓励金融产品创新，促进金融服务与消费升级、产业升级融合创新。支持发展消费信贷，鼓励符合条件的市场主体成立消费金融公司。

四、优化投资结构，改善投资效率

扩大内需，一方面是要努力扩大消费需求，挖掘消费对经济增长的贡献；另一方面，也要保持投资需求适度的持续稳定增长，最终要形成投资促进消费、消费引导投资、投资与消费良性互动、共同促进经济持续发展的机制。在投资方面，最关键的问题是要优化投资的结构，改善投资效率。

第一，大力改善民营经济的投资环境。据国家统计局发布的数据显示，2017年，我国民间投资达到38万多亿元，增长6%，增速比上年提高2.8个百分点。但是，民间投资仍面临"玻璃门"和"弹簧门"问题。在诸多领域，民间投资仍存在市场准入的隐性障碍。尽管近年来已持续不断降低民间投资准入门槛，但相关配套措施不完善及政策落实不到位，导致民营企业难以公平参与竞争。应该进一步改善民间投资的营商环境，降低企业经营成本、破解融资难题，加快清理和纠正政府失信行为，加快民间投资项目报建审批，加快产权保护政策真正落地，鼓舞和提振民营企业投资信心。

第二，要积极鼓励资金投向与民生密切相关的行业领域，尤其是财政等公共资金要加大对民生、社会等事业的支持力度。我国在教育、卫生、文体领域的投入最近几年都在增加。2012～2016年，我国全社会固定资产投资增加了62%，而教育、卫生和文体的固定资产投资分别增加了102%、140%和83%。这表明我国近几年对民生领域的投资力度明显增加，投资结构有显著改善。但是从我国人民对民生需求的大幅度增长来看，投资力度还应进一步加大。

第三，鼓励和引导企业进一步向农村地区、落后地区增加投资，缩小城乡区域之间的收入差距。党的十九大提出乡村振兴战略，2018年中央一号文件聚焦乡村振兴战略的实施，2018年9月出台《国家乡村振兴战略规划（2018～2022）》，实施乡村振兴战略要有具体的政策措施加以保障，把城乡发展一体化战略结合起来，把工业反哺农业、城市支持农村的战略结合起来，加速推进城市资本和人口向农村流动，这就要深化体制改革，破除阻碍要素城乡间流动的各种障碍，如土地制度、户籍制度限制，否则"资本下乡""人才下乡"都是一句空话。

第四，要充分发挥产业政策的引导作用，调整投资结构，积极推进传统产业的改造，大力发展战略性的新兴产业、现代服务业，促进产业结构的转型升级，以满足人民群众更高层次、更多样化的消费需求。

第五，要注重投资的效率，鼓励生产要素跨区域、跨行业流动，引导优质生产要素向优势地区和行业转移，重点支持税收贡献大、就业增加多、科技含量高、节能环保的产业项目。

五、构建全方位对外开放新格局

改革与开放始终是密不可分的，改革促进开放，而开放也倒逼改革，两者相辅相成。对外开放是我国40年来一直坚持的基本方针和发展战略。改革是推动我国经济高速增长的动力，开放也是促进我国经济高速增长的动力。党的十九大庄严地向全世界宣告：中国开放的大门不会关闭，只会越开越大。但是，我国过去实施多年的外向型发展战略，是一种单向的开放战略，在对外贸易上主要是促进出口，在资本流动上主要是吸引外资。这种外向型发展战略为我国经济高速增长做出了重要贡献。但是在中国向高质量发展阶段迈进的新时代，这种单向对外开放的发展战略却带来很多问题。首先，在全球化浪潮下我国经济变得非常脆弱，容易遭受国际经济危机的冲击。其次，我国经济进入中高收入阶段之后，劳动、土地、资源和环境成本越来越高，成本低廉的比较优势不复存在，国际竞争力随即减弱，而且环境污染越来越严重。最后，长期在产业链中低端生产和出口，导致我国资源过度消耗，环境不断恶化，而且还导致低附加值的产品产能严重过剩。可见，传统对外发展方式是传统经济发展方式在对外经济上的一种反映，要转变经济发展方式，就必须要转变传统的外向型发展方式。

如何转变外向型发展方式，党的十八大以来中央提出了新思路，这就是构建全方位对外开放新格局，充分利用两个市场、两种资源。所谓全方位对外开放，也就是双向开放，而且是全方位的双向开放。在开放广度上，在整个国土范围内，在负面清单之外的所有领域，都对外开放。在对外贸易上，实现出口与进口并重，不仅是促进出口，而且也鼓励进口。在资本和要素流动上，坚持引进来和走出去更好结合，促进国际国内要素有序自由流动、资源高效配置、与世界市场深度融合，促进中国经济与世界经济一体化。全方位对外开放是迈向高质量发展阶段为适应世界经济新形势在外向型发展方式上作出的一次重大调整。很多体制障碍需要破除，很多政策需要调整。

第一，放宽外资准入。统一内外资法律法规，保持外资政策稳定、透明、可预期。推进金融、教育、文化、医疗等服务业领域有序开放，放开育幼养老、建筑设计、会计审计、商贸物流、电子商务等服务业领域外资准入限制，进一步放开一般制造业。加快海关特殊监管区域整合优化。设立自由贸易试验区是党的十八大以来中央为深化改革、扩大开放提出的新战略，其目的是要打破现有制度藩篱，构建对外开放新体制。自由贸易试验区首先在上海设立，然后扩展到其他中西部地区。应该加快体制机制改革和完善，把自由贸易试验区打造成符合国际规则的自由贸易港、全方位对外开放新格局的示范基地。2018年，中央提出要把海南全岛建设成为中国特色自由贸易港，并在2018年9月出台了《中国（海南）自由贸易试验区总体方案》。这是中国设立的最大的自由贸易港和自由贸易区，但要建成像新加坡和中国香港那样的自由贸易港，现有的体制必须进行重大改革。

第二,支持企业走出去。扩大企业及个人对外投资,确立企业及个人对外投资主体地位,允许发挥自身优势到境外开展投资合作,允许自担风险到各国各地区自由承揽工程和劳务合作项目,允许企业走出去开展绿地投资、并购投资、证券投资、联合投资等。加快同有关国家和地区商签投资协定,改革涉外投资审批体制,完善领事保护体制,提供权益保障、投资促进、风险预警等更多服务,扩大投资合作空间。

第三,加快自由贸易区建设。坚持世界贸易体制规则,坚持双边、多边、区域、次区域开放合作,扩大同各国各地区利益汇合点,以周边为基础加快实施自由贸易区战略。改革市场准入、海关监管、检验检疫等管理体制,加快环境保护、投资保护、政府采购、电子商务等新议题谈判,形成面向全球的高标准自由贸易区网络。

第四,扩大内陆沿边开放。抓住全球产业重新布局机遇,推动内陆贸易、投资、技术创新协调发展。创新加工贸易模式,形成有利于推动内陆产业集群发展的体制机制。

第五,推进"一带一路"建设,创建国际合作新模式,实现与周边国家和欧亚大陆其他国家"五通",即政策沟通、道路联通、贸易畅通、货币流通和民心相通,以点带面,从线到片,逐步形成区域大合作格局。

第四节 深化分配制度改革,扩大中等收入群体

一、收入分配与经济发展方式的关系

收入分配变化趋势与投资驱动型发展方式有密切关系。投资驱动型经济发展方式促进了我国经济持续高速增长,同时带来了资本收入在国民收入中的比重持续上升,而劳动收入比重持续下降。这是导致我国收入不平等不断扩大的重要原因。美国经济学家库兹涅茨早在20世纪中叶就对增长与分配之间的这种曲线关系进行了经验归纳,被称为库兹涅茨"倒U型"假说。

投资驱动发展方式的形成与我国的工业化、城镇化加速推进有密切关系。刘易斯二元经济发展模型表明,在二元经济发展过程中,农业劳动力不断向非农业部门流动,由于农村中存在着数量巨大的剩余劳动力,其工资在整个工业化、城镇化过程中是基本不变的,而工业部门的利润不断转换为资本,资本又扩大利

润，致使资本所得在国民收入中的比重不断上升，劳动所得在国民收入中的比重持续下降。我国在过去40年中，工业化、城镇化加速发展，劳动力转移也在持续进行，基本上符合刘易斯模型描述的过程，这样就出现收入分配不断恶化的趋势，而且同时导致区域之间和城乡之间的收入差距在不断扩大。因此，传统经济发展方式必然会导致收入分配不平等的扩大。

要改变收入分配恶化的趋势，就需要加快转变经济发展方式和调整经济结构。但是这不是单向关系，而是一个相互影响、相互促进的过程。改善收入分配结构，既能推进收入分配制度改革，也能推动经济结构的转变。例如，增加低收入群体的收入能够提高整个社会的消费能力，改变高投资低消费的需求结构状况。随着消费增加和消费升级，供给结构和产业结构也会发生变化，导致产业结构的调整和升级，使之与需求结构相匹配。再例如，改善收入分配不平等状况，就必须要消除贫困，提高劳动者工资收入，建立全覆盖的社会保障制度，改善教育、医疗卫生资源的分配不均问题。这对于缩小城乡收入差距和区域收入差距、实现城乡一体化和区域协调发展起到促进作用。

二、改革初次收入分配体制的主要途径

初次收入分配主要是由市场机制决定，按要素贡献进行分配。但由于要素市场改革滞后，还有很多制度性障碍使得我们现有的按要素分配的机制还不完善，导致收入分配结果的不公平。此外，即使在初次分配中，政府也要进行适度的干预，不能完全听凭市场调节，政府的就业政策、薪酬政策、产业政策、税收政策等都是能够调节初次分配的重要手段。

（一）以就业为导向，提高劳动者收入水平

一是要鼓励民营经济，发展第三产业，创造更多的就业岗位。中小型民营企业大多经营的是劳动密集型产业，能够创造大量的就业岗位，吸纳劳动力就业。但现有的经济政策多倾向支持大型国有企业，挤压了民营经济的生存空间。因此，政府应当从税收、贷款等方面给予民营经济和国有经济同等待遇，以鼓励民营经济发展。另外，我国目前以投资拉动的经济增长方式促进了重工业的发展，而重工业以资本密集型企业为主，第三产业则多以劳动密集型产业为主。因此，改革收入分配体制要与产业结构调整相结合，优化产业结构，大力支持第三产业发展，创造更多就业岗位，以增加劳动者的收入水平。

二是提高劳动者职业技能。市场经济条件下，劳动者的报酬最终取决于劳动生产率。因此，要提高劳动者的报酬，就要提高劳动者的技能水平。首先要提供

覆盖全体人民的较高质量的 12 年制基础教育,提高劳动者的基本技能;其次是面向市场需求,建立和完善职业教育体系,加大对各种市场所需的职业技能人才的培训。在企业内部,要建立面向全体职工的职业培训制度。建立专门面向农民工的免费技能培训体系,提高农民工的职业技能。

三是完善工资薪酬体系,促进中低收入劳动者工资合理增长。长期以来,为了发挥廉价劳动力的优势,劳动市场遭到扭曲,劳动者报酬尤其是农民工的报酬较低,影响了中低收入者消费能力的提升。因此,要完善工资薪酬体系,使劳动者的报酬与其劳动生产率同步增长。另外,政府应当根据经济发展状况、物价变动等实际因素,适时调整最低工资,以保障劳动者的最低生活水平。此外,我国两亿多农民工都在非正规部门就业,合法权益无法得到保障。因此,政府应当制定相关法律法规,以保障非正规部门就业者的合法权益。

四是健全工资集体谈判机制。现代劳动力市场中的工资水平不仅受到供求关系的影响,还受到劳资集体谈判的影响。我国至今尚未形成完善、有效的集体谈判机制,因而无法发挥工会组织为劳动者维权的积极作用,进而导致劳动者报酬比重偏低。因此,健全工资集体谈判机制应该成为调节我国初次收入分配的重要途径。"十三五"规划在这个方面明确提出要"推行企业工资集体协商制度"。但这方面的工作还需要有一系列相关政策法规来保障。

五是完善相关法律法规,营造公平的就业环境。当前的劳动力市场中,性别歧视、地域歧视、身份歧视等不公平的就业招聘仍然存在,影响了劳动力市场的公平竞争,因此应该完善相关法规,保障弱势群体的就业公平。

(二) 加强垄断行业监管,完善市场竞争体制

垄断是造成市场失灵和要素分配扭曲的重要影响因素。要建立公平的分配机制,必须在制度上铲除垄断存在的温床。

首先,限制垄断,改善市场竞争环境。资源或市场的垄断会导致高昂的价格或者不正常的垄断利润,使收入分配向垄断部门倾斜。由于自然资源的稀缺性和行业特点,某些行业如供水、供电、供气等部门的垄断是无法避免的,国家应通过反垄断立法、价格听证、税收调节等方式加以监管。而在不少竞争性领域,也存在大量的行政性垄断(如出租车行业等)。这样的垄断越多,市场竞争越小,价格越高,效率越低,而且导致行业间的收入差距越大。这是不符合机会公平原则的,也不符合效率原则,应该予以消除。

其次,建立健全国有资本收益分享机制。国有资本为全国人民所有,所以其收益也应当由全体人民共享。然而当前我国的国有企业,一方面以较低的成本占有了各种公共资源,如低价土地、低息贷款等;另一方面其巨额的利润却大部分

留在了企业内部,并没有造福于全国人民,这就使得收入分配向国有企业职工及高管倾斜。因此,要加强对国有企业的监管,扩大国有企业利润上缴的比例,使之用于社会保障等民生支出,以使全体人民共享。

最后,加强国有企业高管的薪酬管理。建立与企业领导人分类管理相适应、选任方式相匹配的企业高管人员差异化薪酬分配制度,对行政任命的国有企业高管人员薪酬水平实行限高。缩小国有企业内部分配差距,高管人员薪酬增幅应低于企业职工平均工资增幅。

(三) 加强法律和社会监督,规范权力部门的收入分配

行政权力本身是一种垄断权力,掌握公权力的人员可以利用行政权力来为自己谋取更高收入,包括合法的收入(更高的工资福利)、非法的收入(贪污受贿)以及合法但不合理的灰色收入(政府设立的合法收费项目而变成单位的福利收入等)。这种因权钱交易而导致的收入不平等是激化社会矛盾最主要的原因。因此,要缩小收入分配不平等必须要对政府的行为进行法律约束和社会监督。

一是加大行政体制改革,减少政府审批收费事项。收费显然是政府利用公权力获得收入的一种最简便方式,这种收费收入的一部分变成本单位职工的福利收入,而收费往往是与审批结合在一起的。因此,要规范甚至取缔这种非法收入,政府首先就要减少审批,把经济活动的基本权力交给市场主体,政府则做好各种服务工作即可。近年来,政府加大了行政体制改革力度,分批分期削减了政府的审批事项,大幅度减少了名目繁多的收费项目。但这个工作仍然没有结束,一些核心审批和收费项目还没有取消。而且取消审批收费项目是政府以"自我革命"的方式进行的,而不是通过人民代表大会立法禁止的,因此,一旦风头渐弱,稍有松懈,取消的审批收费项目还可能换个"马甲"出现反弹。

二是加强立法监管和社会监督,让政府管理透明化。隐性收入源于政府对公共资源的控制,很难被监管,因此屡禁不止。为了规范各种隐性收入,就要针对政府对公共资源的使用和权力的行使进行严格的法律界定,同时要对这一过程进行法律监管和社会监督,这就需要政府管理的"透明化""阳光化",尤其是最有权力的党务部门运作程序透明化,以方便媒体和群众监督党务和政务部门的各种行为和活动。2017年12月,中央发布的《中国共产党党务公开条例(试行)》指出:"加强对权力运行的制约和监督,让人民监督权力,让权力在阳光下运行。"这是我党在历史上针对党的活动透明性发布的第一个党内文件,将会对权力阳光化起到推动作用。要把这些原则变为行动,还需要出台具体措施加以实施和保证,否则就是一纸空文。

三、改革再收入分配制度的重要举措

按要素分配是市场经济有效运行的前提，我国市场机制不完善导致收入分配不公现象非常突出，因此要改善收入分配不平等状况，需要深化改革，进一步完善要素市场配置资源的机制。但是，即使完善的市场机制也会导致收入分配不公，因为市场经济以效率优先，由于各种原因，要素所有者在起跑线上就存在着机会和能力等的不平等，因此必然导致收入分配的不平等。这种不平等必须通过再分配机制来加以解决。

（一）加快深化税收体制改革

税收是调节收入分配最常用也是最有效的手段之一。我国的税收制度有一些不合理的地方，某种程度上并没有起到改善收入分配结构的作用。因此，要降低收入分配不平等，必须进行税收体制改革。

首先是结构性减税。多年来我国财政收入增速一直超过 GDP 增长速度，国民收入分配中，财政收入占 GDP 的比重越来越高，达到 30% 左右，在世界上也属于税负很高的国家。近两年由于经济下滑，财税收入增长幅度才开始下降。如前所述，政府间接税占比高，直接税占比低，具有累退性质，这样税收的增加意味着收入分配不平等扩大。当然普遍减税在当前经济下滑时是必要的，但幅度也不可能太大，最可行的办法是实施结构性减税，首先是降低中小企业的税收，减少中小企业税负有利于其降低成本，雇佣更多的工人就业；其次是降低中低收入居民的所得税，使之起到"提低扩中限高"的作用。近年来，所得税税制改革在降低低收入群体的所得税方面幅度比较大，使中低收入群体获得较多的好处，但仍然有进一步改进的空间。

其次是优化税制结构，增加直接税的比重。一般来说，以所得税、社会保障税和财产税为主体税种的直接税，税负难以转嫁，对收入分配调节作用效果显著；而以增值税、消费税、营业税为主体税种的间接税，税负容易转嫁，对收入分配调节的作用也比较有限。因此，在财政收入方面，应提高直接税收的比重，降低间接税收的比重；在直接税方面，提高资本财产与非劳动所得的税负，尤其是尽快开征遗产税和房产税，按照家庭而不是个人收入征收所得税，以此降低中低收入者的所得税负。

（二）建立健全社会保障制度，实现公共服务均等化

社会保障制度是一种社会安全网，它使低收入者受惠最大，不仅能够带来社

会和谐，同时还具有提高社会生产率的功效。我国是一个体制转型国家，旧的社会保障制度被打破，但新的社会保障制度还没有及时建立起来，这也是导致我国收入分配不平等扩大的因素之一。近年来，我国社会保障制度正在加快形成，但还需要进一步完善。

一是要加大对社会保障和民生方面的财政支出。我国已经进入中高收入阶段，人们的需求已经从温饱型转向发展型，财政在教育、医疗、养老、住房等方面的支出最近几年虽有显著增加，但仍然还是较低，无法满足人民群众对日益增长的美好生活的需要。这大大影响了低收入人群的基本生活保障和发展需求。因此，今后财政支出应更多地向教育、医疗、养老、保障住房等方面倾斜，尤其是对农村地区、贫困地区、边远地区倾斜。同时，要提高社会保障的覆盖面和基本保障水平。为了维持社会保障方面的支出，除了公共基础设施建设之外，政府应尽量减少经济建设方面的支出，还应加快政府机构改革，裁减政府工作人员，压缩行政管理费用在财政支出中的比重。

二是完善社会保障体系，实现区域间结算。医疗、养老等社会保险账户都是由个人、企业和政府三方支付构成，由于僵化的户籍管理制度，这些账户的区域间结算便成了问题。在劳动力流动的过程中，结算容易产生纠纷，进而损害劳动者的合法权益。因此，应当尽快加快户籍制度改革，完善社会保障体系，加快信息联网进程，实现区域间账户的转移和结算。

三是促进教育公平。我国教育方面的投入近几年大幅度增加，已达到GDP的4%的目标，但区域间的教育资源分配相当不公平。农村地区、贫困地区、边远地区的教育资源非常稀缺，尤其是优质的教育资源。不公平的教育资源配置，剥夺了贫困人口获得良好教育的机会。因此，财政应当加大对教育方面的投入，尤其是在农村地区、贫困地区和边远地区的教育投入，以促进教育资源的公平配置。

四是促进公共服务均等化。我国经济发展的一个显著特点是城乡二元结构、区域二元结构和就业的二元结构，与之伴随的是道路、电力、自来水等基础设施建设，以及教育、医疗卫生、养老、住房投入方面也存在着显著的二元结构：重视城市而轻视农村，重视大城市而轻视小城市，重视正规部门就业人群而轻视非正规部门就业人群。这种二元经济体制导致资源分配很不公平。"十三五"规划提出，要实现基本公共服务均等化，并对农村地区给予适当倾斜，但是要落实这一计划，必须有相关的配套法规和政策加以保证。

（三）加大对弱势群体的收入转移力度

近年来，中央加大了扶贫脱贫力度，脱贫工作加快了步伐，并确定在2020

年底全部脱贫，到目前脱贫已经取得了显著成效。

首先，加大扶贫力度和对困难群众的帮扶。"十三五"规划提出要在2020年按照现有标准全部脱贫。近年来，在中央的有力领导下，各地扶贫工作开展得如火如荼，已经取得了显著成效。据国家统计局监测调查数据，2012年我国还有9899万贫困人口，到2018年只剩下1660万，贫困发生率从10.2%下降到1.7%。虽然贫困人口所剩不多，但脱贫任务并不轻松，越到最后脱贫越难，因为剩下的是深度贫困、极端贫困人口。此外，即使脱贫的人口由于基础不稳也有可能返贫，如何建立脱贫的长效机制是一个重大挑战。另外，应完善社会的救助体系，提高对高龄独居老人、孤儿以及残疾人士的救助水平。

其次，鼓励社会慈善事业的发展。积极培育慈善组织，简化公益慈善组织的审批程序，鼓励有条件的企业、个人和社会组织开办医院、学校、养老服务等公益事业。对于个人和企业的慈善行为实施税收优惠等鼓励政策。

最后，加快农村体制改革，把农民增收作为主要任务。加大工业反哺农业、城市支持农村的力度，提高对农业的投入力度，完善和整合各种补贴，改革土地征收制度，让农民能够参与土地增值的分享过程，改革土地流转制度，完善"三权分置"，鼓励农民通过土地流转实现劳动力的有效配置和农业的规模经营。加快推进农民市民化进程，让更多农民变成市民。

四、扩大中等收入群体的主要思路

从调整经济结构角度来说，扩大中等收入群体不仅有利于增加消费、提高消费率、改善需求结构，而且有利于改善和升级产业结构，使需求结构与产业结构相适应、需求与供给相平衡。扩大中等收入群体还可以改善城乡不平衡结构，因为大部分低收入者生活在农村。

扩大中等收入群体，就是推动我国社会向"橄榄型"分配结构转变，其重点是稳定中等收入群体收入、提高低收入群体收入、调节过高收入、取缔非法收入，简而言之就是"提低、稳中、限高"。要达到这一目标必须发展、稳定和改革三管齐下，否则无法达到扩大中等收入群体的目标。

（一）保持经济中高速增长是扩大中等收入群体的基础和条件

保持较高的增长速度对于扩大中等收入群体是必不可少的。只有在做大"蛋糕"的同时切分"蛋糕"才不会引起社会大的震动。我国进入了速度换挡期、结构调整期的新常态，要保持较高的增长速度必须实现动力机制转换，实施创新驱动发展战略，而这一战略与扩大中等收入群体是相辅相成、相互促进的关系，必须很好地结合起来。实施创新驱动战略必须充分调动专业技术人员、企业管理人员和高级技术工人的积极性、主动性和创造性，他们是创新创业的主力军，而这部分人群大部分属于中等收入群体。建立一个报酬与贡献相匹配的体制机制将会激励更多的人投入创新创业的大潮中，并在创新创业中进入和稳定在中等收入群体中。当前改革的方向就是要消除一切不利于创新创业环境形成的制度和政策。

加快推进供给侧结构性改革是实现高质量发展的关键。供给侧改革的主攻方向是减少无效供给，扩大有效供给，提高供给结构对需求结构的适应性。减少无效供给就是要落实"三去一降一补"，但必须同时扩大有效供给，而扩大有效供给的主要力量是中等收入群体，他们不仅能够增加有效需求，而且能够创造有效供给。

加大人力资本的投入也是达到维持经济可持续增长和扩大中等收入群体双重目标的重要途径。教育具有公共产品和私人产品双重属性，政府要加大对具有公共产品属性的教育投入力度，如加大对基础教育包括12年制的义务教育和学前教育的投入力度。加大对在职人员的培训，提高他们的技能水平，也是提高人力资本水平的重要途径。加大人力资本投资不仅是转方式调结构、促进经济持续增长的需要，也是帮助低收入者跨入中等收入群体的最有效途径。人力资本水平的提高能够提高低收入者的劳动生产率和劳动报酬，从而扩大劳动在国民收入中的比重，使更多的人进入中等收入群体，扩大中等收入者的比重。

（二）保持宏观经济稳定是扩大中等收入群体的重要保障

人们对物价稳定的预期，不仅是保持经济中高速增长的必要条件，也是扩大中等收入群体的重要保障。物价的相对稳定在保护人们货币购买力的同时，也将收入增长转化为获得感。在这方面，政府要始终维持货币政策稳定，保持货币供给与需求相适应，这就要求把财政赤字控制在一定幅度内。另外，政府要减少直接的价格调控，主要是放松对能源、交通、通信和其他垄断行业的价格管制，降低和消除行政垄断和市场垄断，更多的让市场供求关系来调节价格变动，这样就不会导致各种要素和产品之间的价格扭曲，由此阻止成本推动型通货膨胀的发生。同时，政府必须对那些因垄断而导致涨价过高损害民众利益的行为实施物价监督，如对教育、医疗、能源和公共基础设施等领域的价格监督仍然是必不可少的。尤其要对住房市场进行监督和管制。房价过高使低收入群体难以跨进中等收入群体，同时也使中等收入群体容易滑到低收入群体。资本市场也是影响中等收入群体稳定性的重要因素。在证券市场上投资的中小股民大多数是中等收入群体，股市的大起大落将会使一大批股民血本无归，从"中产"沦为低收入群体。

因此推进资本市场体制改革，保持股市稳定运行和发展，对于扩大和稳定中等收入群体也是非常重要的任务。

（三）继续全面深化体制改革是扩大中等收入群体的关键

以上对国民收入的初次分配和再分配制度改革的政策思路进行了论述，这些政策思路都有利于扩大中等收入群体。需要强调的是，在初次分配领域，重要的是要使劳动、资本、土地、技术和企业家才能等每个要素所得与其贡献相匹配。这就必须深化改革，打破一切限制要素自由流动的各种显性和隐性障碍，让市场在资源配置中发挥决定性作用。首先，要放开户籍制度限制，让亿万进城务工经商的农民工享受到与现有居民同等的公共服务和社会保障，并享有同工同酬的权利。其次，要大力推进土地制度改革，让土地在自由流动中实现财产价值，让亿万农民从土地流转中享受到升值带来的利益。最后，加强产权保护，让社会每个人对所拥有的财产有一种安全感，这对于稳定和扩大中等收入群体是非常重要的基础性条件。总之，在初次分配领域，要按十八届五中全会提出的"注重机会公平"原则推进各项制度改革，创造一个有利于公平竞争的社会环境和制度环境，让那些有才能、勤劳肯干的劳动者通过勤劳致富，早日进入中等收入群体。

在再分配领域，提低、稳中、调高的任务依然艰巨。近年来，以消除城乡二元结构为重点的全覆盖式社会保障体系已初步建立，但还很不完善；同时，保障水平比较低，社会安全网还比较薄弱，进一步加快包括养老、医疗、住房为重点的社会保障制度改革是当前及今后较长时期的重要任务。社会保障制度改革要与农民工市民化过程紧密结合起来，把亿万农民工纳入城市社会保障体系范围是改革的重点。税收制度改革任务也很艰巨。我国个人所得税制度实际上是一种工薪税，主要征税对象是中等收入群体，而没有起到"调高"的作用。推进个人和家庭基本信息全国联网，实施按照家庭为单位征收所得税；应创造条件尽快启动房产税和遗产税征收工作，这是"调高"的最有效工具。

第五节 改革科技与教育体制，实施创新驱动发展战略

科学技术是第一生产力，创新是引领发展的第一动力。调整投入结构，就是要由主要依靠增加物质资源消耗向主要依靠科技进步、劳动者素质提高、管理创新转变，就是要将依靠各种生产要素投入增加导致经济规模和经济总量增加的"外延式"发展模式转变为依靠全要素生产率的提高而引起的"内涵式"发展模

式，即由高速增长转到高质量发展。要实现这种转变，关键在于科学技术的进步、知识和人力资本的积累，以及实施创新驱动发展战略。2017年，我国科技研究取得了举世瞩目的成就：发表科研论文数量位居世界第一；专利申请总量位居世界第一；研发经费投入仅次于美国，位居世界第二。但是，中国科研体制还存在诸多不足，与新时代确定的高质量发展目标和创新驱动发展战略的要求有较大差距，因此还需要加大改革力度。科技研究过程可分为科学研究、技术开发和推广应用三个阶段，每个阶段都要加大改革力度。

一、加大基础研究投入，深化科研管理体制改革

科学研究是一种基础研究，主要是创造知识，它不以应用为目的，但它是技术创新和发明的基础，很多科学研究成果往往成为之后一些重大技术突破的基础。因此一个国家创新能力强不强，关键看基础研究能力强不强。基础研究的特征是投入大但见效慢，而且是公共产品，必须主要依靠国家长期稳定的支持。近年来，我国基础研究投入总量逐年增长，基础研究能力显著提高。据国家统计局数据显示，2017年我国基础研究投入达到920亿元，比上年增长11.8%，占研发投入比重达到5.3%。但是，国际上科技发达国家基础研究占研发投入的比重超过20%，与它们相比，我国的基础研究投入还是不够的。当前，我们正处于新一轮科学革命的前夜，重大基础研究的突破将会快速转化为现实生产力，带来新的产业和技术变革。我国必须牢牢把握这一重大战略机遇期，加大基础研究领域投入，实现重大原始创新的集群式突破。

几十年来，我国科研体制改革取得了显著成效，但科研体制还存在诸多问题，需要进一步深化改革。我国现有科研管理体制和管理部门对科研人员聘用和任务规定、对科研选题确定、科研经费的使用和分配，对科研成果的评价，对科研人员工资、劳务报酬和奖励等，都有很多不合理的限制，使得科研机构和科研工作者缺乏自主权和激励机制。虽然近年来科研管理体制改革步伐加快，对科研机构和科研人员的管制有些放松，但科研机构和科研人员自主权这个核心问题仍然没有得到完全解决。为了构建更加高效的科研体系：一是要支持研究机构自主布局科研项目，扩大科研单位学术自主权和个人科研选题选择权及经费使用权；二是尊重科学规律，建立包容和支持"非共识"创新项目的制度；三是改革科研单位聘用制度，优化工资结构，保证科研人员合理的工资待遇水平，健全鼓励创新创造的分配激励机制；四是强化研究活动的分类考核，对基础和前沿技术研究实行同行评议，突出中长期目标导向，将评价重点从研究成果数量转向研究质量、原创价值和实际贡献。

二、完善法律法规体系，促进创新成果转化和合理的收益分配

科技成果在实验室被发明创造出来之后，要转化为商业应用才能促进生产率的提高，推动经济发展。十九大报告为科技成果转化提出了明确的方向："深化科技体制改革，建立以企业为主体、市场为导向、产学研深度融合的技术创新体系，加强对中小企业创新的支持，促进科技成果转化。"我国是科研大国，如前所述，目前专利申请量世界第一、科研论文数世界第一，但是，我国科技成果转化率较低，科技研发对经济发展和生产率增长的作用还没有得到充分发挥。这主要与现有科研体制有关。我国科研体制主要以政府投入为主，而企业研发投入较少，这样就很容易造成科技成果与企业需求相脱节，科技成果转化率不高。

我国科技成果转化率不高，主要原因是我国科技成果产权界定不清、收益分配机制不健全、成果转化的中介体系不完善。长期以来，我国政府资助科研活动成果的使用权、处置权和收益权的划分比较模糊。成果定价、使用、处置及收益分配的程序比较烦琐，作为主要贡献者的科技人员不能获得有效激励，严重制约了科技人员进行科技成果转化的积极性。所以，实施科技成果转化行动，全面下放创新成果处置权、使用权和收益权，提高科研人员成果转化收益分享比例，支持科研人员兼职和离岗转化科技成果。建立从实验研究、中试到生产的全过程科技创新融资模式，促进科技成果资本化、产业化。实行以增加知识价值为导向的分配政策，加强对创新人才的股权、期权、分红激励。近年来，国家出台了一系列支持科研人员投入经济建设主战场的原则性政策法规，但需要各地区、各部门抓紧出台落实国家法律法规的具体细则，进一步完善支持科技成果转化的法律法规体系。

三、构建普惠性支持政策体系，营造创新创业的良好环境

普惠性支持政策是相对于选择性支持政策而言。当前我国经济发展进入中高收入阶段，经济总量已跃居世界第二，越来越多的产业不能再依靠模仿追赶和规模扩张，必须更多依靠自主创新提升质量效益。创新特别是市场和产业层面的创新，没有现成的经验可循，具有高度的"不确定性"，无法精准选择、科学管理，必须充分发挥市场的决定作用和竞争的筛选功能。新形势要求我们更多地从选择性技术支持政策中转变出来，更好地运用专利制度、股权制度等普惠性创新政策，让各类市场主体、大中小微企业在更加均等的机会、更加公平的环境、更

加适宜的生态中展开良性竞争。

一是完善鼓励创新的法制环境。清理并废除妨碍创业发展的制度和规定，营造激励创新的市场竞争环境，加快创新薄弱环节和领域立法，强化产业技术政策和标准的执行监管；加强创业知识产权保护，完善知识产权快速维权与维权援助机制，缩短确权审查、侵权处理周期；集中查处一批侵犯知识产权的大案要案，加大对反复侵权、恶意侵权等行为的处罚力度，探索实施惩罚性赔偿制度；加快推进社会保障制度改革，破除人才自由流动制度障碍，加快建立创业创新绩效评价机制，让一批富有创业精神、勇于承担风险的人才脱颖而出。

二是建立有利于创新的财税金融制度。各级财政要统筹安排各类支持小微企业和创业创新的资金，加大对创业创新的支持力度；支持有条件的地方政府设立创业基金，扶持创业创新发展；落实企业研发费用加计扣除和扩大固定资产加速折旧，实施范围政策；通过政府采购强化对创新产品的首购、订购支持，激励企业增加研发投入；强化金融支持，大力发展风险投资。

三是建设创业创新公共服务平台。实施"双创"行动计划，鼓励发展面向大众、服务中小微企业的低成本、便利化、开放式服务平台，打造一批"双创"示范基地和城市；加强信息资源整合，向企业开放专利信息资源和科研基地；鼓励大型企业建立技术转移和服务平台，向创业者提供技术支撑服务；完善创业培育服务，打造创业服务与创业投资结合、线上与线下结合的开放式服务载体；更好地发挥政府创业投资引导基金作用。

四是全面推进众创、众包、众扶、众筹。依托互联网拓宽市场资源、社会需求与创业创新对接通道，推进专业空间、网络平台和企业内部众创，加强创新资源共享；发展公众众扶、分享众扶和互助众扶；完善监管制度，规范发展实物众筹、股权众筹和网络借贷。

四、改革教育体制，培养创新型人才

只有一流教育，才能培养一流人才、建设一流国家。随着科技的发展进步，建设创新型国家，关键在于人才，人才的培养，根本在于教育，教育发展的出路在于改革。我国教育体制在很多方面已经不适应新时代对创新型人才培养的要求，需要进行大刀阔斧的改革。

首先，推动基础教育模式由"升学型"向"创新型"转变，教育体制由应试教育向素质教育、能力教育转变。要深化课程改革和教学改革，创新教学观念、教学内容、教学方法，着力提高学生的学习能力、实践能力、创新能力，激发学生创新的兴趣和学习的兴趣。要改变应试教育和升学教育传统，对中小学教育体制进行系统性的改革。改革的关键是要调整政府对各类学校的"指挥棒"和考核体系。我国的国情决定着政府对教育发展的方向具有决定性影响。如果各级政府放弃以升学率作为各类学校的主要考核指标,废除重点中学、重点小学,老师定期在不同学校交流,像择校和作业繁重等问题就比较容易解决,正如把GDP指标从各级政府的主要政绩考核指标中移除,发展不平衡、不协调、不可持续问题就比较容易解决。

其次,转变政府职能,改革教育管理体制。切实转变政府教育管理的职能,履行统筹规划、支持引导、监督管理和提高公共教育的职责,建立健全公共教育服务体系,推动公共教育服务的均等化。要转变政府管理教育的方式,减少和规范对学校的行政审批和直接干预,更多地运用法规、政策、标准、财政激励等手段引导和支持教育发展。在市场经济和利益多元的社会环境下,构建政府宏观调控、学校自主管理、社会广泛参与的新型教育治理结构以及与终身教育、学习型社会相衔接的教育制度。

再次,推进高等教育改革,提高高等教育质量。一是要改革高等教育的宏观管理体制。推进政校分开、管办分离,落实和扩大高等院校办学主体地位;切实转变政府职能,明确政府作为资源提供者和服务者的地位,减少对高等院校的干预,构建政府和高等院校的新型关系;建立合理的高等院校分类标准,进行分类管理、指导和评价。二是在高等院校内部进行管理体制改革,实现政学分开,建立学术本位管理制度。坚持和完善党委领导下的校长负责制,真正实现教育家办学;扩大社会合作,探索建立高等院校理事会制度,健全社会支持和监督学校发展的长期机制;区分高等院校的行政管理和学术管理,克服过度行政化的趋势,实行教授自我管理、民主管理的学术管理制度;高等院校要逐步依法订立章程,依照章程管理学校,以此作为规范、调整学校内部各种关系的依据,为高等院校实现自治、依法、民主管理提供依据。

最后,鼓励民办教育的发展,扩大教育对外开放,实现多元化办学的格局。民办教育是教育事业发展的重要增长点和促进教育改革的重要力量。要改善民办教育发展的环境,清理对民办学校的各类歧视性政策,落实民办学校、学生、教师与公办学校、学生、教师平等的法律地位,保障民办学校的办学自主权。制定和落实促进民办教育发展的优惠政策,在学校建设、教师待遇等方面给予民办学校与公办学校相同的政策。同时,要加大教育向民间开放的力度,扩大民办教育的发展空间。教育要对内开放,也要对外开放。教育对外开放是优化我国教育资源、培养具有国际竞争力人才的重要举措。要鼓励外国教育机构来华与国内教育机构合作办学,支持各级学校开展各种形式的国家合作项目。同时,对于有条件的教育机构,要鼓励它们"走出去",去海外办学。

五、实施人才优先战略，营造人才发展优良环境

人才是创新驱动发展的根本，要把人才作为支撑发展的第一资源。2017年，我国人才资源总量达1.75亿人，人才资源总量占人力资源总量的比例达15.5%，提前实现2020年1.8亿人、16%的规划目标。人才队伍素质明显增强，每万劳动力中研发人员达48.5人，比2010年增长14.9人，超出2020年规划目标5.5人。人才投入和效能显著提高，人力资本投资占国内生产总值比例达到15.8%，人才贡献率达到33.5%，人才对我国经济增长的促进作用日益凸显。但是，与新时代确定的宏伟目标相比，我国人才数量尤其是质量还需要进一步发展，人才队伍建设还需加强。关于制约人才队伍建设和充分发挥人才作用的体制机制还需要进一步打破和理顺。

一是要转变政府人才管理职能，由对人才管理转到为人才服务。政府的主要工作是宏观指导、政策法规制定、财政支持和监督保障等。对人才的管理权应下放到用人单位，充分发挥用人主体在人才培养、吸引和使用中的主导作用。要构建和完善统一、开放的人才市场体系，建立健全人才流动机制，提高社会横向和纵向流动性，促进人才在不同行业、不同性质单位和不同地域间有序自由流动，促进人才优化配置。完善工资、医疗待遇、职称评定、养老保障等激励政策，激励人才向基层一线、中西部、艰苦边远地区流动。鼓励发展高端人才猎头等专业化服务机构，放宽人才服务业准入限制。

二是改进人才培养支持机制。创新人才教育培养模式，突出经济社会发展需求导向，建立高校学科专业、类型、层次和区域布局动态调整机制。加大力度实施国家高层次人才特殊支持计划，完善支持政策，创新支持方式。建立产教融合、校企合作的技术技能人才培养模式，建立健全对青年人才普惠性支持措施。加大教育、科技和其他各类人才工程项目对青年人才的培养支持力度，在国家重大人才工程项目中设立青年专项。

三是营造良好的人才发展环境。完善人才评价激励机制和服务保障体系，营造有利于人人皆可成才和青年人才脱颖而出的社会环境。发挥政府投入引导作用，鼓励人才资源开发和人才引进。完善业绩和贡献导向的人才评价标准。保障人才以知识、技能、管理等创新要素参与利益分配，以市场价值回报人才价值。实施更积极、更开放、更有效的人才引进政策，完善外国人永久居留制度，放宽技术技能型人才取得永久居留权的条件。加快完善高效便捷的海外人才来华工作、出入境、居留管理服务。扩大来华留学规模，优化留学生结构，完善培养支持机制。培养推荐优秀人才到国际组织任职，完善配套政策，畅通回国任职通道。

第六节 深化行政管理体制改革，加快政府职能转变

一、政府职能转型与经济结构调整

改革开放 40 余年来，中国利用廉价劳动力丰富的比较优势，采取出口导向和投资驱动的发展战略，取得了巨大的成就。在市场经济初步建立到逐步发展的过程中，中国政府一直扮演着经济建设主体的角色。这样一种发展型政府，可以扫除计划经济向市场经济转轨的阻力，迅速集中资源和保持社会稳定，对于推动中国经济快速发展功不可没，但同时也带来一些问题，有些问题还十分突出。政府职能如不转变，要想调整经济结构、转变经济发展方式是不可能的。

我国各级政府对经济干预的核心是垄断大量的资源，如自然资源、财政资源、金融资源的分配权，替代市场在资源配置中发挥作用，导致要素价格的扭曲。此外，政府还通过各种法规法律的制定权，对个人和企业主体进行干预和限制，把竞争机制由市场引导到政府，导致资源配置不合理和不公平，以及腐败现象越来越严重。高投资、高增长、高污染、低效率的传统发展方式是经济发展阶段的必然趋势，但我国政府对经济资源的垄断和对市场的过度干预，也助推了这种发展方式的形成。转变政府职能不仅是社会公平正义的需要，也是转变经济发展方式、实现高质量发展的需要。

二、政府目标应从经济增长转到全面发展

政府转型首先要改变以 GDP 为中心的发展目标。改革开放初期，中国还处于生存型低收入阶段，主要矛盾是人民日益增长的物质文化需要同落后的社会生产力之间的矛盾。在这一阶段，主要任务就是要大力发展生产力，丰富物质产品的供给，以满足人们的生存需求。此时的政府是发展型的政府，成为经济建设的重要参与者，主导了国家的资源配置。

在生存型阶段，经济发展更多体现在经济增长上，由于直观性和便利性，GDP 几乎成为这一时期衡量经济发展的唯一指标，并且与各级地方政府的政绩考核紧密结合。于是，"以经济建设为中心"基本上就体现在"以 GDP 为中心"。这个目标极大地调动了各级政府经济建设的热情，与市场化改革结合在一起，推

动着中国经济高速增长,在短短 30 多年时间里就解决了温饱问题,实现了小康目标,消除了生存型阶段的主要矛盾。

但是,当前中国已经由生存型低收入阶段进入发展型中等收入阶段。在新的发展阶段,社会主要矛盾转化为人民群众日益增长的美好生活的需要与不平衡不充分发展的矛盾。人民对美好生活的追求体现在社会公平正义、优美的生态环境、民主法制,以及对更高层次、更高品质的消费需求上。人民群众的这些新要求、新期待都无法准确地体现在 GDP 中,因此传统的"以 GDP 为中心"的发展理念,是无法引导政府去满足人们的这些更高层次需要的。另外,供给不足问题已经基本解决,供给体系质量问题凸显,发展不平衡、不协调、不可持续问题上升为主要矛盾,"以 GDP 为中心"的理念已经不能满足高质量发展的目标。因此,政府的发展理念必须改变。

此外,在生存型低收入阶段,我国的市场经济刚刚建立,政府往往扮演"大家长"的角色,成为经济建设的主角,主导资源配置,过度干预市场。而现在,中国社会已经转向中高收入发展型阶段,市场经济已经建立并逐步完善,企业和个人已经适应了市场竞争环境,变成了成熟的市场主体,并对政府职能提出新的要求,即政府应当由经济的"主角"变为"配角",由"大家长"变成"服务员"。

总之,中国经济发展已经进入了新时代,政府对 GDP 的追求应转变到"以人民为中心"的发展理念上来,从经济增长转向全面发展。只有这样,才能转变经济发展方式,推进经济结构的调整升级,实现经济平衡协调和持续的发展。

三、深化行政体制改革,促进政府职能的根本转变

行政体制是政府系统内部权力的划分、政府机构的设置以及运行等各种关系和制度的总和。它是国家发展目标得以实现、各种政策得以实施的组织保障。科学合理的行政体制,才能提高政府的行政效率,保障政府的各种职能顺利履行。因此,要实现向服务型政府转型的目标,关键是要进行相应的行政体制改革。

为加快转变经济发展方式,实现动力机制转换、经济结构的转变、城乡区域发展的平衡、生态环境的改善,转变政府职能是至关重要的。要按照市场在资源配置中发挥决定性作用和更好发挥政府作用的要求,通过政治体制改革尤其是行政体制改革,逐步建立有限型、服务型、有效率及法治化政府。

(一)建设有限型政府

有限型政府是与计划经济下的全能政府(无限政府)相对应的政府形态。在

发展初期，市场发育水平低，计划体制的阻力比较强大，政府为了推进改革和发展两大任务，必须承担更大的责任，特别是在促进改革和发展上发挥更大作用。进入新时代之后，市场体制机制比较成熟，各个经济主体基本上按照市场规则行事，政府的职能范围开始收缩。十八届三中全会提出要让市场在资源配置中发挥决定性作用和更好发挥政府的作用，并就政府的具体职能作了明确界定："政府的职责和作用主要是保持宏观经济稳定，加强和优化公共服务，保障公平竞争，加强市场监管，维护市场秩序，推动可持续发展，促进共同富裕，弥补市场失灵。"建立有限型政府，要分清政府与市场的边界，把能够由市场调节、解决的经济事务交给市场，政府应退出不该插手的微观经济领域，而专注于宏观调控。分清政府与市场的边界，一项重要任务就是要进行行政审批制度改革。行政审批事项过多是计划经济的残余，它极大阻碍了市场决定性作用的发挥。

近年来，中央政府加大了行政审批制度改革力度，通过制定取消和下放审批事项的清单和时间表，分批分期地大幅度取消行政审批事项，尤其是在投资和商事方面的行政审批事项取消及下放的力度更大。更为重要的是，取消的行政审批事项从含金量不高到含金量很高的转变，实质性地减少了市场主体和人民群众的经济负担与交易成本，提高了政府办事效率和市场运行的效率。通过审批事项的削减，中国政府正逐渐从全能政府向有限政府转变。

（二）建立服务型政府

计划经济时代，中国政府直接管理企业等微观经济主体，政府工作人员就是行业和企业的主管。改革开放以来，为搞活经济，改革重点是国企改革，通过合并、重组、拍卖、破产等一系列企业改革举措，大幅度压缩国有企业规模，现在政府只保留较少的大型国有企业，使之在国民经济中的比重已经较低，而且对国有企业管理也不是过去那种指令性计划方法，而是尽可能地按照现代企业制度治理，按照市场规律经营。但是在这种情况下，政府仍然是经济发展的主要推动者，通过设置各种行政审批事项、通过国企和国有银行对经济直接投资，通过各种行政命令，对经济活动加以强力干预。进入新时代之后，市场体制和机制比较成熟且逐步定型，市场调节机能可以有效发挥作用，企业和个人自我管理和自主发展的能力增强，这时，政府的职能应该相应发生变化，从发展型政府向服务型政府转变显得尤为重要。服务型政府是现代社会的本质特征，政府作为公共利益的代表，主要是为全体国民服务。建立服务型政府是落实十八届三中全会提出的、党的十九大继续强调的国家治理体系和治理能力现代化的具体行动。国家治理现代化就是要由单向的社会控制向合作和协商的社会共治的方向转变。

建设服务型政府要做到如下几点：一是要完善决策机制，推进政务公开。事关经济发展事务的决策除了要有官员和专家的论证，更需要有公众的参与。碰到重大事项需要做决定时应采取集体讨论的方法，在涉及民生问题时要善于倾听和采纳人民群众的意见。二是要落实服务措施，优化发展环境。对群众的建议和批评应积极受理，及时反馈。积极使用电子公共服务，让信息及时公开。规范市场秩序，营造良好的市场环境，为投资者提供生产经营和生活需求保障。三是要自觉接受监督，加强效能监察。政府的重要工作和有关经济发展的重大决策事项，应及时向人大报告、与政协沟通，接受人民法院、检察院依照法定程序对行政机关实施监督，各级审计、监察等监督机关应切实履行好自己的职责。四是要强化队伍建设，提升服务能力，实现国家治理能力现代化。

（三）建立有效率政府

有限的政府要求政府做正确的事情，不越位、不错位、不缺位；有效率的政府要求政府把正确的事情做好，即在政府的职责范围内尽量把本职工作做好，提供高质量的公共服务。要建立一个有效率的政府，必须在如下几个方面进行改革和改进。

一是要建立各司其职、各负其责的责任体系。一个有效率的政府首先就是一个责任政府，而责任政府的建立必须要形成一个科学合理的政府权责划分体系。中央和地方政府的权力划分以及同级政府各部门之间的权力划分边界要清晰科学，一件事情归一个部门管理，每件事有专人负责，既不能多头管理，也不能无人管理。有的事情涉及多部门管理的，要有一个协调机构进行有效协调。目前，我国政府各部门陆续制定权力清单和责任清单并向社会公布就是朝责任政府和透明政府的目标发展的关键步骤。

二是建立一支勤政廉明、素质全面、责任心强的公务员队伍。政府的权力和责任体系建立之后，还需要有一支勤政廉明、素质全面、敢于负责的公务员队伍。政府的各项工作是由人来从事和完成的，责任政府最终归结为要有人来负责。这就需要建立一个奖罚分明、科学规范的官员政绩考核体系，对那些积极有为、勤勤恳恳、尽职尽责、群众满意的官员进行必要的奖励，对那些工作懈怠、玩忽职守、群众不满意的官员进行严肃处罚。建立一个科学的政绩考核体系是关键。在新阶段，政府职能必须从发展型、管理型向服务型、治理型转变，相应地，政绩考核体系也要进行改变，如必须由过去"以GDP论英雄"的考核体系，转换到以企业和老百姓满不满意为基础的考核体系，被服务对象满意与否应该通过第三方民意调查获得。

三是要建立科学合理的监督体系。对公务员的监督包括对一般公务员的监督，但更重要的是对居于党政领导岗位的官员进行监督。他们是政府和政府某个部门的总负责人，所谓责任政府首先要求党政主要领导人是第一责任人。政府工作是否有效率，企业和老百姓是否满意，关键在于主要领导人是否尽职尽责。过去对领导人的监督主要是监督是否清廉，这方面的监督仍然很重要。但在新的历史时期，应把政府为企业、为老百姓提供公共服务的质量作为重要监督内容，对那些不作为、乱作为、服务差的官员要及时加以调整和处罚。监督应是多方位的，不仅有政府内部监督（如纪检委、监察委、组织部等），更重要的是群众监督、舆论监督。把内部监督和社会监督有机结合起来是新时期政治体制改革的重要内容。

（四）建立法治化政府

法治政府就是要依法行政，法无授权不可为，法已授权必须为，政府的一切工作都要有法律依据。需要指出的是，这里所说的政府，是指包括党和政府的广义概念，法治化政府意味着各级党委所作的各项决策也要纳入法治化轨道。建立法治化政府，包括以下几个方面的内容：

一是职能法定化。在中国，政府职能很大程度上是由行政机关组织决定的，其范围可以随意扩张，如一个部门可以随意设立审批项目和收费标准。应按照法治化的要求，严格界定政府职能，将政府职能限制在法律框架内。政府职能的设定要广泛征求意见，并通过人民代表大会的法定程序，以法律的形式固定下来。如果有必要变动，也应经过一定程序，以法的形式进行修改。

二是职权法定化。行政机关在管理经济和社会事务时，只能行使法律授予的与其职能相一致的职权。行政部门是权力机关的执行机关，是人民意志的执行机关。人民通过人民代表大会和人大常委会权力机关制定法律，授予行政机关以行政权力；人民没有通过法律授予的，行政机关则无权行使。

三是程序法定化。政府行使职能的方式与程序、责任与监督、机构设置与人员规模，都要纳入法定化的轨道。

四是违法追究制度的建立。政府的行为如果违反了法律，应该有违法纠正制度和机制。当前我国民告官的违法行为很少被立案，即使立案了也很难胜诉。在新时期应该建立和完善一套科学的、独立的、公正的行政违法处置法律体系，让政府违法与百姓违法一样得到相应的惩处。

参考文献

[1] [英] 埃比尼泽·霍华德:《明日的田园城市》,金经元译,商务印书馆 2010 年版。

[2] [美] 艾伯特·赫希曼:《经济发展战略》,曹征海、潘照东译,中国经济出版社 1991 年版。

[3] [美] 巴里·诺顿:《中国经济:转型与增长》,安佳译,上海人民出版社 2010 年版。

[4] 白重恩、路江涌、陶志刚:《国有企业改制效果的实证研究》,载于《经济研究》2006 年第 8 期。

[5] 白重恩、张琼:《中国的资本回报率及其影响因素分析》,载于《世界经济》2014 年第 10 期。

[6] 白俊红、卞元超:《要素市场扭曲与中国创新生产的效率损失》,载于《中国工业经济》2016 年第 11 期。

[7] 白永秀、吴丰华:《经济发展方式转变的区域差异性》,载于《社会科学研究》2012 年第 2 期。

[8] 白春礼:《加速科技成果转化,推动科技供给侧改革》,载于《学习时报》2017 年 2 月 10 日。

[9] 柏晶伟:《加快政府职能转变,深化行政体制改革》,载于《中国经济时报》2013 年 7 月 17 日。

[10] [美] 保罗·克鲁格曼:《萧条经济学的回归》,朱文晖、王玉清译,中国人民大学出版社 1999 年版。

[11] 鲍健强、苗阳、陈锋:《低碳经济:人类经济发展方式的新变革》,载于《中国工业经济》2008 年第 4 期。

[12] 蔡昉:《人口转变、人口红利与刘易斯转折点》,载于《经济研究》2010 年第 4 期。

[13] 蔡昉:《未富先老与中国经济增长的可持续性》,载于《国际经济评

论》2012年第1期。

［14］蔡昉、王德文：《中国经济增长：劳动力、人力资本和就业结构》，引自王小鲁、樊纲：《中国经济增长的可持续性：跨世纪的回顾与展望》，经济科学出版社1999年版。

［15］蔡国忠：《当代东亚经济发展概论》，人民邮电出版社2011年版。

［16］蔡跃洲、付一夫：《全要素生产率增长中的技术效应与结构效应——基于中国宏观和产业数据的测算及分解》，载于《经济研究》2017年第1期。

［17］蔡跃洲、王玉霞：《投资消费结构影响因素及合意投资消费区间——基于跨国数据的国际比较和实证分析》，载于《经济理论与经济管理》2010年第1期。

［18］曹钢、曹大勇：《中国现代化"发展方式转变"的阶段特征及战略选择》，载于《当代经济科学》2010年第5期。

［19］曹静：《劳动报酬份额与宏观经济波动的动态关联》，载于《当代经济研究》2013年第5期。

［20］晁钢令、王丽娟：《我国消费率合理性的评判标准——钱纳里模型能解释吗？》，载于《财贸经济》2009年第4期。

［21］钞小静、任保平：《中国经济增长质量的时序变化与地区差异分析》，载于《经济研究》2011年第4期。

［22］陈斌开：《收入分配与中国居民消费——理论和基于中国的实证研究》，载于《南开经济研究》2012年第1期。

［23］陈斌开、陆铭：《迈向平衡的增长：利率管制、多重失衡与改革战略》，载于《世界经济》2016年第5期。

［24］陈昌兵：《城市化与投资率和消费率间的关系研究》，载于《经济学动态》2010年第9期。

［25］陈菲琼、王寅：《效率视角下技术结构调整与经济发展方式转变》，载于《数量经济技术经济研究》2010年第2期。

［26］陈虹：《中国对外贸易结构与产业结构的关系研究：文献评述》，载于《改革与战略》2010年第8期。

［27］陈佳贵：《改革以投资驱动为主要特征的经济发展方式增强消费对经济的拉动力》，载于《经济体制改革》2012年第4期。

［28］陈健：《经济转型中的政府转型》，载于《上海行政学院学报》2010年第3期。

［29］陈培钦：《生产率、资本回报率和增长率的良性互动——"中国奇迹"的一种新解释》，载于《华中科技大学学报（社会科学版）》2013年第3期。

[30] 陈培钦：《中国高投资下的资本回报率研究》，华中科技大学博士论文，2013年。

[31] 陈清泰：《自主创新和产业升级》，中信出版社2011年版。

[32] 陈锡文：《农业和农村发展：形势与问题》，载于《南京农业大学学报》（社会科学版）2013年第1期。

[33] 陈彦斌、陈小亮、陈伟泽：《利率管制与总需求结构失衡》，载于《经济研究》2014年第2期。

[34] 陈志刚、郭帅：《中国经济发展方式转变的阶段划分与测度》，载于《中南民族大学学报》（人文社会科学版）2016年第2期。

[35] 陈志刚、夏苏荣：《中国内需结构失衡：演变、逻辑与间接调控》，载于《中南民族大学学报》（人文社会科学版）2014年第2期。

[36] 程言君、王鑫：《论加快转变经济发展方式的规律基础和历史使命——基于人的发展和人力产权实现的视角》，载于《马克思主义研究》2011年第1期。

[37] 迟福林：《走向服务业大国——2020：中国经济转型升级的大趋势》，载于《中国井冈山干部学院学报》2014年第6期。

[38] 迟福林：《以公共服务建设为中心的政府转型》，载于《国家行政学院学报》2011年第1期。

[39] 迟福林：《第二次转型——处在十字路口的发展方式转变》，中国经济出版社2010年版。

[40] 迟福林：《以政府转型为重点改革中央地方关系》，载于《行政管理改革》2011年第8期。

[41] 迟福林、方栓喜：《公共产品短缺时代的政府转型》，载于《上海大学学报》（社会科学版）2011年第4期。

[42] 崔岩：《日本的经济赶超》，经济管理出版社2009年版。

[43] 戴魁早、刘友金：《要素市场扭曲与创新效率——对中国高技术产业发展的经验分析》，载于《经济研究》2016年第7期。

[44] ［美］德布拉吉·瑞：《发展经济学》，陶然等译，北京大学出版社2002年版。

[45] 董敏杰、梁泳梅：《1978—2010年的中国经济增长来源：一个非参数分解框架》，载于《经济研究》2013年第5期。

[46] 杜宇玮、刘东皇：《预防性储蓄动机强度的时序变化及影响因素差异——基于1979—2009年中国城乡居民的实证研究》，载于《经济科学》2011年第1期。

[47] 樊纲、王小鲁、马光荣：《中国市场化进程对经济增长的贡献》，载于《经济研究》2011年第9期。

[48] 樊纲、王小鲁、朱恒鹏：《中国市场化指数——各地区市场化相对进程 2009 年报告》，经济科学出版社 2010 年版。

[49] 樊纲、张晓晶、魏强、刘鹏、吕焱：《中国经济再平衡之路》，上海远东出版社 2010 年版。

[50] 樊杰：《我国空间治理体系现代化在"十九大"后的新态势》，载于《中国科学院院刊》2017 年第 4 期。

[51] 方福前：《中国居民消费需求不足原因研究——基于中国城乡分省数据》，载于《中国社会科学》2009 年第 2 期。

[52] 方军雄：《所有制、市场化进程与资本配置效率》，载于《管理世界》2007 年第 11 期。

[53] 方军雄：《市场化进程与资本配置效率的改善》，载于《经济研究》2006 年第 5 期。

[54] 高洪深：《区域经济学》（第四版），中国人民大学出版社 2014 年版。

[55] ［加］格鲁伯、沃克：《服务业的增长：原因与影响》，陈彪如译，上海三联书店 1993 年版。

[56] 龚敏、李文溥：《论扩大内需政策与转变经济增长方式》，载于《东南学术》2009 年第 1 期。

[57] 顾六宝、肖红叶：《基于消费者跨期选择的中国最优消费路径分析》，载于《统计研究》2005 年第 11 期。

[58] 辜胜阻、李洪斌：《发展循环经济需要"创新驱动"——基于青海的典型研究》，载于《青海社会科学》2013 年第 1 期。

[59] 辜胜阻、刘江日：《城镇化要从"要素驱动"走向"创新驱动"》，载于《人口研究》2012 年第 10 期。

[60] 辜胜阻：《"放权""削权""分权""限权""监权""侵权"行政体制改革的"六权"法则》，载于《人民论坛》2013 年第 12 期。

[61] 关皓明、翟明伟、刘大平、王士君：《中国区域经济发展方式转变过程测度及特征分析》，载于《经济地理》2014 年第 6 期。

[62] 关欣、乔小勇、孟庆国：《高技术产业发展与经济发展方式转变的关系研究》，载于《中国人口·资源与环境》2013 年第 2 期。

[63] 国务院发展研究中心课题组：《转变经济发展方式的战略重点》，中国发展出版社 2010 年版。

[64] 国家发改委宏观经济研究院课题组：《迈向全面建成小康社会的城镇化道路研究》，载于《经济研究参考》2013 年第 25 期。

[65] 国家发展改革委综合司：《关于消费率的国际比较》，载于《中国经贸

导刊》2004 年第 16 期。

[66] 郭晗、任保平：《经济发展方式转变的路径依赖及其破解路径》，载于《江苏社会科学》2013 年第 4 期。

[67] 郭凯明、杭静、颜色：《中国改革开放以来产业结构转型的影响因素》，载于《经济研究》2017 年第 3 期。

[68] 郭克莎：《我国投资消费关系失衡的原因和"十二五"调整思路》，载于《开放导报》2009 年第 6 期。

[69] 郭庆旺：《有关税收公平收入分配的几个深层次问题》，载于《财贸经济》2012 年第 8 期。

[70] 郭庆旺、贾俊雪：《地方政府行为、投资冲动与宏观经济稳定》，载于《管理世界》2006 年第 5 期。

[71] 郭庆旺、贾俊雪：《中国全要素生产率的估算：1979—2004》，载于《经济研究》2005 年第 6 期。

[72] 郭熙保：《"三化"同步与家庭农场为主体的农业规模化经营》，载于《社会科学研究》2013 年第 3 期。

[73] 郭熙保：《农业发展论》，武汉大学出版社 1995 年版。

[74] 郭熙保：《市民化过程中土地退出问题与制度改革的新思路》，载于《经济理论与经济管理》2014 年第 10 期。

[75] 郭熙保：《中国经济高速增长之谜新解》，载于《学术月刊》2009 年第 2 期。

[76] 郭熙保、陈志刚：《论后危机时期中国外贸发展方式转变——基于世界经济结构调整的视角》，载于《经济学家》2013 年第 5 期。

[77] 郭熙保、罗知：《中国省际资本边际报酬估算》，载于《统计研究》2010 年第 6 期。

[78] 郭熙保、马媛媛：《发展经济学与中国经济发展模式》，载于《江海学刊》2013 年第 1 期。

[79] 郭熙保、苏甫：《发展阶段论与投资驱动发展模式及其转变》，载于《中南民族大学学报》（人文社会科学版）2014 年第 2 期。

[80] 郭熙保、苏桂榕：《我国农地流转制度的演变、存在问题与改革的新思路》，载于《江西财经大学学报》2016 年第 1 期。

[81] 郭熙保、朱兰：《中等收入转型视角下的中国需求结构演变》，载于《世界经济文汇》2019 年第 1 期。

[82] 郭兴方：《我国消费率高、低的判定——基于宏、微观层面的数据分析》，载于《上海经济研究》2007 年第 2 期。

[83] 韩纪江、郭熙保:《扩散——回波效应的研究脉络及其新进展》,载于《经济学动态》2014年第2期。

[84] 韩纪江、郭熙保:《推进经济结构战略性调整的思路》,载于《理论探索》2013年第2期。

[85] 韩俊:《促进城乡公共资源均衡配置》,载于《经济日报》2015年11月11日。

[86] 韩立岩、杜春越:《收入差距、借贷水平与居民消费的地区及城乡差异》,载于《经济研究》2012年第S1期。

[87] 郝寿义、安虎森:《区域经济学》,经济科学出版社1999年版。

[88] 何枫、陈荣、何林:《我国资本存量的估算及其相关分析》,载于《经济学家》2003年第5期。

[89] 赫夫:《新加坡的经济增长:20世纪里的贸易和发展》,中国经济出版社2001年版。

[90] 贺菊煌:《我国资产的估算》,载于《数量经济技术经济研究》1992年第8期。

[91] 何菊莲、张轲、唐未兵:《我国经济发展方式转变进程测评》,载于《经济学动态》2012年第10期。

[92] 贺铿:《中国投资、消费比例与经济发展政策》,载于《数量经济技术经济研究》2006年第5期。

[93] 何钟秀:《论国内技术的梯度转递》,载于《科研管理》1983年第1期。

[94] 洪银兴:《关于创新驱动和协同创新的若干重要概念》,载于《经济理论与经济管理》2013年第5期。

[95] 洪银兴:《依靠扩大内需实现经济持续增长——学习党的十八大精神》,载于《南京大学学报》(哲学·人文科学·社会科学版)2013年第1期。

[96] 胡志平:《公共服务均等化与转变经济发展方式:"三维"联动匹配框架》,载于《江西财经大学学报》2013年第6期。

[97] 黄国平、孔欣欣:《金融促进科技创新政策和制度分析》,载于《中国软科学》2009年第2期。

[98] 黄茂兴:《扩大内需:从权宜之计到战略基点》,载于《经济学家》2012年第10期。

[99] 黄启才:《韩国产业发展政策适变及对突破"中等收入陷阱"的启示》,载于《东南学术》2015年第2期。

[100] 黄先海、诸竹君:《新产业革命背景下中国产业升级的路径选择》,载于《国际经济评论》2015年第1期。

[101] 黄娅娜、宗庆庆:《中国城镇居民的消费习惯形成效应》,载于《经济研究》2014年第12期。

[102] 黄益平、陶坤玉:《中国外部失衡的原因与对策:要素市场扭曲的角色》,载于《新金融》2011年第6期。

[103] 黄永春、郑江淮、杨以文、祝吕静:《中国"去工业化"与美国"再工业化"冲突之谜解析——来自服务业与制造业交互外部性的分析》,载于《中国工业经济》2013年第3期。

[104] 霍建国:《加快转变外贸发展方式 确保增长的质量和效益》,载于《中国经贸》2010年第7期。

[105] 简新华:《"劳工荒"的原因、利弊分析与合理应对》,载于《中国经济问题》2010年第3期。

[106] 简新华、叶林:《改革开放以来中国产业结构演进和优化的实证分析》,载于《当代财经》2011年第1期。

[107] 简新华、李延东:《中国经济发展方式根本转变的目标模式、困难和途径》,载于《学术月刊》2010年第8期。

[108] 姜付秀、黄继承:《市场化进程与资本结构动态调整》,载于《管理世界》2011年第3期。

[109] 姜国强:《经济发展方式转变的结构失衡与矫正》,载于《财经科学》2010年第11期。

[110] 姜学勤:《要素市场扭曲与中国宏观经济失衡》,载于《长江大学学报》(社会科学版)2009年第1期。

[111] 姜作培:《基于经济发展方式转变的投资政策取向》,载于《中州学刊》2009年第3期。

[112] 金碚:《现阶段我国推进产业结构调整的战略方向》,载于《求是》2013年第4期。

[113] 金碚:《科学发展观与经济增长方式转变》,载于《中国工业经济》2006年第5期。

[114] [韩]金正濂:《韩国经济腾飞的奥秘》,张可喜译,新华出版社1993年版。

[115] [美]克里斯托勒:《德国南部的中心地原理》(1933年德文版,1966英文版,1968年德文版),常正文、王兴中等译,商务印书馆1998年版。

[116] 孔祥利:《城镇化进程中农民工消费研究动态与评述》,载于《中国流通经济》2014年第10期。

[117] 孔祥敏:《从出口导向到内需主导——中国外向型经济发展战略的反

思及转变》,载于《山东大学学报》(哲学社会科学版)2007年第3期。

[118] 库兹涅茨:《各国的经济增长》,常勋等译,商务印书馆1985年版。

[119] 李宾、曾志雄:《中国全要素生产率变动的再测算:1978—2007年》,载于《数量经济技术经济研究》2009年第3期。

[120] 李翀:《加快推进我国对外经济发展方式转变的战略选择》,载于《经济理论与经济管理》2011年第3期。

[121] 李春顶、夏枫林:《中美需求结构比较与中国未来的需求结构优化》,载于《中国市场》2014年第3期。

[122] 李钢:《服务业能成为中国经济的动力产业吗》,载于《中国工业经济》2013年第4期。

[123] 李钢:《后危机时代中国外贸政策的战略性调整与体制机制创新》,载于《国际贸易》2010年第3期。

[124] 李钢、金碚、董敏杰:《中国制造业发展现状的基本判断》,载于《经济研究参考》2009年第41期。

[125] 李建中:《发挥政府在构建进城农民工人力资源开发机制中的主导作用》,载于《唯实》2012年第5期。

[126] 李京文:《技术进步是推动第三产业发展的根本力量》,载于《当代经济科学》1993年第6期。

[127] 李京文、龚飞鸿、明安书:《生产率与中国经济增长》,载于《数量经济技术经济研究》1996年第12期。

[128] 李玲玲、张耀辉:《我国经济发展方式转变测评指标体系构建及初步测评》,载于《中国工业经济》2011年第4期。

[129] 李明德:《现代化:拉美和东亚的发展模式》,社会科学文献出版社2000年版。

[130] 李名峰:《土地要素对中国经济增长贡献研究》,载于《中国地质大学学报》(社会科学版)2010年第1期。

[131] 李仁贵:《区域经济发展中的增长极理论与政策研究》,载于《经济研究》1988年第9期。

[132] 李平、钟学义、王宏伟、郑世林:《中国生产率变化与经济增长源泉:1978—2010年》,载于《数量经济技术经济研究》2013年第1期。

[133] 李善同、候永志、刘云中、何建武:《中国经济增长潜力与经济增长前景分析》,载于《管理世界》2005年第9期。

[134] 李同宁:《中国投资率与投资效率的国际比较及启示》,载于《亚太经济》2008年第2期。

[135] 李通屏、郭熙保:《中国人口增长、结构变迁对扩大内需的影响研究》,载于《中国地质大学学报》(社会科学版) 2011 年第 1 期。

[136] 李小建:《经济地理学》,高等教育出版社 2006 年版。

[137] 李扬:《新常态下应发挥好投资的关键作用》,载于《金融研究》2015 年第 2 期。

[138] 李扬:《失衡与再平衡》,载于《国际金融研究》2014 年第 3 期。

[139] 李永友:《我国需求结构失衡及其程度评估》,载于《经济学家》2012 年第 1 期。

[140] 李昭华、吴梦:《改革开放以来中国出口增长推动力的阶段性演进及地区分布差异》,载于《数量经济技术经济研究》2017 年第 7 期。

[141] 李政大、袁晓玲、苏玉波:《中国经济发展方式转型效果评估——基于 EBM - Luenberger 模型》,载于《财贸经济》2017 年第 1 期。

[142] 李振京、张林山:《"十二五"时期科技体制改革与国家创新体系建设》,载于《宏观经济管理》2010 年第 6 期。

[143] 李治国、唐国兴:《资本形成路径与资本存量调整模型——基于中国转型时期的分析》,载于《经济研究》2003 年第 2 期。

[144] 李周为、钟文余:《经济增长方式与增长质量测度评价指标体系研究》,载于《中国软科学》1999 年第 6 期。

[145] 李祝平、欧阳强:《资源与环境约束下绿色贸易政策转型研究》,载于《求索》2014 年第 2 期。

[146] 李自琼、刘东皇:《我国农村消费结构与产业结构互动效应的区域测算》,载于《统计与决策》2015 年第 24 期。

[147] 梁泳梅、董敏杰:《中国经济增长来源:基于非参数核算方法的分析》,载于《世界经济》2015 年第 11 期。

[148] 林伯强、蒋竺均:《中国二氧化碳的环境库兹涅兹曲线预测及影响因素分析》,载于《管理世界》2009 年第 4 期。

[149] 林伯强、姚昕、刘希颖:《节能和碳排放约束下的中国能源结构战略调整》,载于《中国社会科学》2010 年第 1 期。

[150] 林毅夫、刘培林:《经济发展战略对劳均资本积累和技术进步的影响——基于中国经验的实证研究》,载于《中国社会科学》2003 年第 4 期。

[151] 林毅夫、苏剑:《论我国经济增长方式的转换》,载于《管理世界》2007 年第 11 期。

[152] 林毅夫:《投资依然是中国经济增长的动力》,载于《财经界》2014 年第 7 期。

[153] 林哲、毛中根：《中国经济平稳增长的总需求结构分析》，载于《学术月刊》2005年第5期。

[154] 刘方棫：《扩大内需：投资、消费问题及对策》，载于《经济研究导刊》2006年第5期。

[155] 刘凤良、于泽、闫衍：《寻求产业结构调整的新路径》，载于《宏观经济管理》2013年第10期。

[156] 刘国光：《收入分配的核心问题是贫富差距扩大》，载于《前线》2011年第12期。

[157] 刘国光：《关于"加快转变对外经济发展方式"的几点看法》，引自程恩富：《激辩"新开放策论"》，中国社会科学出版社2011年版。

[158] 刘海英、赵英才、张纯洪：《人力资本"均化"与中国经济增长质量关系研究》，载于《管理世界》2004年第11期。

[159] 刘立峰：《消费与投资关系的国际经验比较》，载于《经济研究参考》2004年第72期。

[160] 刘瑞翔：《探寻中国经济增长源泉：要素投入、生产率与环境消耗》，载于《世界经济》2013年第10期。

[161] 刘少雪、张应强：《高等教育改革：理念与实践》，上海交通大学出版社2007年版。

[162] 刘树成：《论又好又快发展》，载于《经济研究》2007年第6期。

[163] 刘松涛：《新加坡可以更加繁荣》，新华出版社2012年版。

[164] 刘维奇、韩媛媛：《工业化、城市化进程中城乡关系的演变逻辑》，载于《未来与发展》2013年第3期。

[165] 刘伟：《转变经济发展方式的根本在于人才优先发展》，载于《中国人才》2010年第11期。

[166] 刘伟：《经济新常态与供给侧结构性改革》，载于《管理世界》2016年第7期。

[167] 刘伟、蔡志洲：《国内总需求结构矛盾与国民收入分配失衡》，载于《经济学动态》2010年第7期。

[168] 刘湘溶：《经济发展方式的生态化与我国的生态文明建设》，载于《南京社会科学》2009年第6期。

[169] 刘晓萍：《我国经济结构失衡的突出矛盾与治理对策》，载于《经济纵横》2014年第8期。

[170] 柳欣、赵雷、吕元祥：《我国经济增长中的需求结构失衡探源——基于存量—流量均衡的分析视角》，载于《经济学动态》2012年第7期。

[171] 刘艺容：《消费增长与城市化互动关系研究：基于消费集聚的视角》，湖南人民出版社 2012 年版。

[172] 刘易斯：《无限劳动供给下的经济发展》，引自郭熙保：《发展经济学经典论著选》，中国经济出版社 1998 年版。

[173] ［美］刘易斯·芒福德：《城市发展史：起源、演变与前景》，倪文彦等译，中国建筑工业出版社 1989 年版。

[174] 刘志彪：《为什么我国发达地区的服务业比重反而较低？——兼论我国现代服务业发展的新思路》，载于《南京大学学报》（哲学·人文科学·社会科学版）2011 年第 3 期。

[175] 刘志彪：《发展现代生产者服务业与调整优化制造业结构》，载于《南京大学学报》（社会科学版）2006 年第 5 期。

[176] 路风、余永定：《"双顺差"、能力缺口与自主创新——转变经济发展方式的宏观和微观视野》，载于《中国社会科学》2012 年第 6 期。

[177] 陆旸、蔡昉：《从人口红利到改革红利：基于中国潜在增长率的模拟》，载于《世界经济》2016 年第 1 期。

[178] 罗党论、应千伟、常亮：《银行授信、产权与企业过度投资：中国上市公司的经验证据》，载于《世界经济》2012 年第 3 期。

[179] 罗德明、李晔、史晋川：《要素市场扭曲、资源错置与生产率》，载于《经济研究》2012 年第 3 期。

[180] 吕冰洋：《中国资本积累的动态效率：1978—2005》，载于《经济学》（季刊）2008 年第 2 期。

[181] 吕冰洋、毛捷：《高投资、低消费的财政基础》，载于《经济研究》2014 年第 5 期。

[182] 吕冰洋：《中国资本积累：路径、效率和制度供给》，中国人民大学出版社 2007 年版。

[183] 吕薇：《中国特色创新之路：政策和机制研究》，人民出版社 2009 年版。

[184] 吕志奎：《改革开放以来中国政府转型之路：一个综合框架》，载于《中国人民大学学报》2013 年第 3 期。

[185] 马国强：《投资结构与经济发展方式转变》，载于《中国财政》2015 年第 20 期。

[186] 马晓河：《迈过"中等收入陷阱"的需求结构演变与产业结构调整》，载于《宏观经济研究》2010 年第 11 期。

[187] ［美］迈克尔·波特：《国家竞争优势》，李明轩、邱如美译，华夏出版社 2007 年版。

[188] 毛其淋：《要素市场扭曲与中国工业企业生产率——基于贸易自由化视角的分析》，载于《金融研究》2013 年第 2 期。

[189] 梅新育：《适度调整外资政策创造公平竞争环境——30 年利用外资回顾与前瞻》，载于《中国发展观察》2008 年第 7 期。

[190] 闵丽男：《实现收入分配改革目标需优化现有税收格局》，载于《中国税务报》2013 年 3 月 1 日。

[191] 欧阳峣、傅元海、王松：《居民消费的规模效应及其演变机制》，载于《经济研究》2016 年第 2 期。

[192] 彭腾：《税收调节收入分配的是与非——近年经济学家关于我国收入分配中税制问题的研究综述》，载于《兰州商学院学报》2013 年第 1 期。

[193] [美] 皮埃尔·理查德·阿根诺、彼得·J. 蒙蒂尔：《发展宏观经济学》，陶然等译，北京大学出版社 2004 年版。

[194] [美] 钱纳里、鲁滨逊、塞尔奎因：《工业化和经济增长的比较研究》，吴奇、王松宝译，上海人民出版社 1989 年版。

[195] [美] 钱纳里、塞尔昆：《发展的型式：1950—1970》，李新华等译，经济科学出版社 1988 年版。

[196] 钱夏：《用价格杠杆促环境价格体系建设》，载于《中国经济导报》2007 年 4 月 5 日。

[197] 乔海曙、李亦博：《能源回弹与经济发展方式转型——基于 LMDI 方法及中国数据的实证分析》，载于《经济问题探索》2014 年第 8 期。

[198] 覃成林、姜文仙：《区域协调发展：内涵、动因与机制体系》，载于《开发研究》2011 年第 1 期。

[199] 秦高炜、孙东琪、王仲智、赵雨蒙：《国内外城乡一体化研究进展》，载于《现代城市研究》2017 年第 8 期。

[200] [日] 青木昌彦、金滢基、奥野—藤原正宽：《政府在东亚经济发展中的作用》，中国经济出版社 1998 年版。

[201] 邱晓华、郑京平、万东华等：《中国经济增长动力及前景分析》，载于《经济研究》2006 年第 5 期。

[202] 渠慎宁、吕铁：《产业结构升级意味着服务业更重要吗——论工业与服务业互动发展对中国经济增长的影响》，载于《财贸经济》2016 年第 3 期。

[203] 任保平：《经济增长质量：理论阐释、基本命题与伦理原则》，载于《学术月刊》2012 年第 2 期。

[204] 任保平：《结构失衡新特征背景下加快中国经济发展方式转变的机制》，载于《社会科学战线》2013 年第 3 期。

[205] 任保平：《新常态要素禀赋结构变化背景下中国经济增长潜力开发的动力转换》，载于《经济学家》2015 年第 5 期。

[206] 任保平、郭晗：《经济发展方式转变的创新驱动机制》，载于《学术研究》2013 年第 2 期。

[207] 任保平、郭晗：《红利变化背景下中国经济发展方式转变的路径转型》，载于《西北大学学报（哲学社会科学版）》2012 年第 4 期。

[208] 任保平、韩璐：《中国经济增长新红利空间的创造：机制、源泉与路径选择》，载于《当代经济研究》2014 年第 3 期。

[209] [英] 瑟尔沃、A. P.：《增长与发展》，郭熙保译，中国财政经济出版社 2001 年版。

[210] 商务部、国务院发展研究中心联合课题组：《跨国产业转移与产业结构升级：基于全球产业价值链的分析》，中国商务出版社 2007 年版。

[211] 沈红芳：《东亚经济发展模式比较研究》，厦门大学出版社 2001 年版。

[212] 沈骥如：《中国外贸依存度解读》，载于《招商周刊》2004 年第 41 期。

[213] 沈坤荣、徐礼伯：《中国产业结构升级：进展、阻力与对策》，载于《学海》2014 年第 1 期。

[214] 沈坤荣：《1978—1997 年中国经济增长因素的实证分析》，载于《经济科学》1999 年第 4 期。

[215] 沈利生：《最终需求结构变动怎样影响产业结构变动——基于投入产出模型的分析》，载于《数量经济技术经济研究》2011 年第 12 期。

[216] 世界银行：《2010 年世界发展指标》，王辉等译，中国财政经济出版社 2010 年版。

[217] 世界银行：《世界发展报告 2009：重塑世界经济地理》，清华大学出版社 2009 年版。

[218] 史晋川、黄良浩：《总需求结构调整与经济发展方式转变》，载于《经济理论与经济管理》2011 年第 1 期。

[219] 史永东、杜两省：《资产定价泡沫对经济的影响》，载于《经济研究》2001 年第 10 期。

[220] 石永拴、肖继五、高士亮：《我国宏观经济的结构性失衡对"双顺差"的影响研究》，载于《经济学动态》2012 年第 10 期。

[221] [美] 斯蒂格利茨：《东亚奇迹的反思》，王玉清、朱文晖译，中国人民大学出版社 2003 年版。

[222] [韩] 宋丙洛：《韩国经济的崛起》，张胜纪、关壮译，商务印书馆 1994 年版。

［223］孙蚌珠：《转变经济发展方式促进科学发展》，载于《高校理论战线》2008年第1期。

［224］孙丹：《我国经济转轨时期投资需求的规模与效率分析》，载于《改革》2002年第5期。

［225］孙烽、寿伟光：《最优消费、经济增长与经常账户动态——从跨期角度对中国开放经济的思考》，载于《财经研究》2001年第5期。

［226］孙来斌、姚小飞：《中国城乡一体化研究述评》，载于《湖北社会科学》2016年第4期。

［227］孙琳琳、任若恩：《中国资本投入和全要素生产率的估算》，载于《世界经济》2005年第12期。

［228］孙祁祥、肖志光：《社会保障制度改革与中国经济内外再平衡》，载于《金融研究》2013年第6期。

［229］孙秋鹏：《我国高投资率的形成机制》，载于《当代经济研究》2010年第5期。

［230］孙文凯、肖耿、杨秀科：《资本回报率对投资率的影响：中美日对比研究》，载于《世界经济》2010年第6期。

［231］谭顺、许东波、王钦广：《当前我国消费不足的三个非典型性成因》，载于《经济纵横》2015年第11期。

［232］唐海燕：《金融危机后加快对外经济发展方式转变的战略思考》，载于《国际贸易》2010年第10期。

［233］汤吉军、陈俊龙：《交易成本与企业成长分析》，载于《江汉论坛》2010年第7期。

［234］［日］藤田昌久、［美］克鲁格曼、［英］维纳布尔斯：《空间经济学：城市、区域与国际贸易》，梁琦主译，北京大学出版社、中国人民大学出版社2011年版。

［235］天则经济研究所：《国有企业的性质、表现与改革》，引自《2011年研究报告》。

［236］汪海波：《对新中国产业结构演进的历史考察——兼及产业结构调整的对策思考》，载于《中共党史研究》2010年第6期。

［237］汪同三、蔡跃洲：《改革开放以来收入分配对资本积累及投资结构的影响》，载于《中国社会科学》2006年第1期。

［238］汪卫芳、樊祎斌：《扩大消费需求的金融视阈——以浙江为例》，载于《学术交流》2012年第1期。

［239］王聪：《以改革推进扩大内需战略》，载于《长白学刊》2013年第1期。

[240] 王丁：《我国出口退税相关问题研究》，财政部财政科学研究所，2012年，硕士论文。

[241] 王放：《国际金融危机与我国出口企业外贸发展方式转变研究》，载于《现代商贸工业》2009年第5期。

[242] 王菲：《中国对外贸易与三次产业的结构变化效应关系研究》，载于《统计与决策》2011年第2期。

[243] 王锋、冯根福：《优化能源结构对实现中国碳强度目标的贡献潜力评估》，载于《中国工业经济》2011年第4期。

[244] 王国刚：《城镇化：中国经济发展方式转变的重心所在》，载于《经济研究》2010年第12期。

[245] 王建康、谷国锋：《土地要素对中国城市经济增长的贡献分析》，载于《中国人口·资源与环境》2015年第8期。

[246] 王立军、马文秀：《全球金融危机下的中国经济增长竞争力——基于地区层面的分析》，载于《当代财经》2010年第3期。

[247] 王宁、史晋川：《要素价格扭曲对中国投资消费结构的影响分析》，载于《财贸经济》2015年第4期。

[248] 王平、刘致秀、朱帮助、李军、肖健华：《能源结构优化对广东省碳强度目标的贡献潜力》，载于《中国人口·资源与环境》2013年第4期。

[249] 王仕军：《发展阶段—发展观—发展战略——我国消费率低迷问题的形成机理及其解决路径》，载于《经济体制改革》2009年第2期。

[250] 王小鲁：《中国经济增长的可持续性与制度变革》，载于《经济研究》2000年第7期。

[251] 王小鲁：《我国的灰色收入与居民收入差距》，载于《比较》总第31辑，中信出版社2007年7月。

[252] 王小鲁、樊纲：《中国经济增长的可持续性——跨世纪的回顾与展望》，经济科学出版社2000年版。

[253] 王小鲁、樊纲、刘鹏：《中国经济增长方式转换和增长可持续性》，载于《经济研究》2009年第1期。

[254] 王廷中：《发挥社会保障调节收入分配的作用》，载于《人民日报》2013年4月3日。

[255] 王宇、干春晖、汪伟：《产业结构演进的需求动因分析——基于非竞争投入产出模型的研究》，载于《财经研究》2013年第10期。

[256] 王展祥：《工业化进程中的农业要素贡献研究》，中国农业出版社2010年版。

[257] 王展祥、龚广祥：《劳动报酬份额偏离程度分析——基于劳资议价能力的视角》，载于《经济评论》2017年第1期。

[258] 王志刚、邢荷生、李枢川：《中国需求结构变化及"十三五"需求展望》，载于《经济研究参考》2015年第62期。

[259] 王子先：《世界各国消费率演变的趋势、比较及启示》，载于《求是》2006年第4期。

[260] 魏达志：《东盟十国经济发展史》，深圳出版发行集团、海天出版社2010年版。

[261] 魏杰、白成太：《日本增速换挡过程中需求结构变迁对中国的启示》，载于《经济理论与经济管理》2016年第9期。

[262] 魏婕、任保平、李勇：《双重结构扭曲下的经济失衡：理论与经验证据》，载于《南开经济研究》2016年第5期。

[263] 魏进平：《基于区域创新系统的经济发展阶段划分与定量判断——以河北省为例》，载于《科学学与科学技术管理》2008年第8期。

[264] 温家宝：《关于科技工作的几个问题》，载于《求是》2011年第14期。

[265] 温家宝：《关于发展社会事业和改善民生的几个问题》，载于《求是》2010年第7期。

[266] 闻岳春、王婧婷：《科技创新型中小企业的资本市场融资策略研究》，载于《科学管理研究》2010年第2期。

[267] [美]沃尔特·艾萨德：《区位与空间经济》（1956年英文版），杨开忠等译，北京大学出版社2011年版。

[268] 吴建华：《东亚现代化与中国》，中央编译出版社2004年版。

[269] 吴金铎：《基于投入产出分析框架的我国经济发展方式研究》，载于《山西财经大学学报》2013年第12期。

[270] 武靖州：《资源价格管制对经济发展方式的影响与对策》，载于《学习与实践》2013年第4期。

[271] 伍世安：《转变经济发展方式的制度性障碍分析》，载于《企业经济》2012年第2期。

[272] 吴元黎：《台湾：走向工业化社会》，江苏人民出版社1989年版。

[273] 吴志华：《行政体制改革的动因、目标和难题》，载于《上海师范大学学报》（哲学社会科学版）2013年第3期。

[274] 吴忠群、张群群：《中国的最优消费率及其政策含义》，载于《财经问题研究》2011年第3期。

[275] 夏东民：《自主创新与经济发展方式转变》，载于《毛泽东邓小平理

论研究》2010 年第 3 期。

[276] 夏杰长、倪红福：《中国经济增长的主导产业：服务业还是工业？》，载于《南京大学学报》（哲学·人文科学·社会科学）2016 年第 3 期。

[277] 夏禹龙、刘吉、冯之浚、张念椿：《梯度理论和区域经济》，载于《科学学与科学技术管理》1983 年第 2 期。

[278] 熊兴、余兴厚、陈伟：《供给侧改革与我国产业结构优化研究——基于 1993—2014 年省级面板数据的实证分析》，载于《科技管理研究》2016 年第 24 期。

[279] 熊宇：《要素分工与我国贸易顺差的成因分析》，载于《国际经贸探索》2009 年第 1 期。

[280] 徐毅、张昕蔚：《贸易冲击与宏观经济波动：基于近两次金融危机数据的经验研究》，载于《河北地质大学学报》2017 年第 1 期。

[281] 徐瑛、陈秀山、刘凤良：《中国技术进步的度量与分解》，载于《经济研究》2006 年第 8 期。

[282] 徐晓玲、吴玲：《我国外贸依存度的国际比较及存在问题分析》，载于《价格月刊》2008 年第 4 期。

[283] 许永兵、南振兴：《当前消费率讨论中的两个认识误区》，载于《经济学家》2005 年第 2 期。

[284] 许月丽、战明华、史晋川：《消费决定与投资结构调整：中国的经验及其含义》，载于《世界经济》2010 年第 5 期。

[285] 徐绍史：《落实资源节约优先战略，推动经济发展方式转变》，载于《求是》2011 年第 4 期。

[286] 严成樑：《社会资本、创新与长期经济增长》，载于《经济研究》2012 年 11 期。

[287] 颜振军：《科技创新有形之手》，红旗出版社 2011 年版。

[288] 杨嘉懿、李家祥：《论供给侧结构性改革的主线地位与转变经济发展方式》，载于《经济体制改革》2016 年第 6 期。

[289] 杨明远：《城市产业结构的调整与优化》，黑龙江人民出版社 1991 年版。

[290] 杨秋宝：《后国际金融危机时期的中国经济发展方式转变》，载于《科学社会主义》2010 年第 3 期。

[291] 杨淑华：《我国经济发展方式转变的路径分析——基于经济驱动力视角》，载于《经济学动态》2009 年第 3 期。

[292] 杨晓龙、葛飞秀：《中国需求结构失衡：现状、度量及调整》，载于《新疆财经》2012 年第 4 期。

[293] 姚坚、樊世杰：《化危为机，促进对外经贸发展方式转变》，载于

《国际贸易》2009 年第 11 期。

[294] 姚战琪：《中国服务业开放的现状、问题和对策》，载于《国际贸易》2013 年第 8 期。

[295] 姚战琪：《生产率增长与要素再配置效应：中国的经验研究》，载于《经济研究》2009 年第 11 期。

[296] 叶德珠、连玉君、黄有光、李东辉：《消费文化、认知偏差与消费行为偏差》，载于《经济研究》2012 年第 2 期。

[297] 叶兴庆、徐小青：《从城乡二元到城乡一体——我国城乡二元体制的突出矛盾与未来走向》，载于《管理世界》2014 年第 9 期。

[298] [美] 印德尔米特·吉尔、霍米·卡拉斯：《东亚复兴：关于经济增长的观点》，黄志强译，中信出版社 2008 年版。

[299] 尹世杰：《消费与产业结构研究》，经济科学出版社 2010 年版。

[300] 于斌斌：《中国城市群产业集聚与经济效率差异的门槛效应研究》，载于《经济理论与经济管理》2015 年第 3 期。

[301] 余亮亮、蔡银莺：《国土空间规划对重点开发区域的经济增长效应研究》，载于《中国人口·资源与环境》2016 年第 9 期。

[302] 于学东：《经济增长方式与经济发展方式的内涵比较与演进》，载于《经济纵横》2007 年第 24 期。

[303] 余泳泽：《改革开放以来中国经济增长动力转换的时空特征》，载于《数量经济技术经济研究》2015 年第 2 期。

[304] 于泽、章潇萌、刘凤良：《中国产业结构升级内生动力：需求还是供给》，载于《经济理论与经济管理》2014 年第 3 期。

[305] 俞忠英、汤玉刚：《当代中国经济高社会成本—低产品成本模式研究——改革开放 30 年政府转型与经济发展分析框架》，载于《财经研究》2008 年第 11 期。

[306] 袁志刚、何樟勇：《20 世纪 90 年代以来中国经济的动态效率》，载于《经济研究》2003 年第 7 期。

[307] [英] 约翰·梅纳德·凯恩斯：《就业、利息和货币通论》，高鸿业译，商务印书馆 1999 年版。

[308] 云鹤、吴江平、王平：《中国经济增长方式的转变：判别标准与动力源泉》，载于《上海经济研究》2009 年第 2 期。

[309] 臧新、赵炯：《外资区域转移背景下 FDI 对我国劳动力流动的影响研究》，载于《数量经济技术经济研究》2016 年第 3 期。

[310] 查笑梅：《日本扩大内需的研究——以消费需求为重点的分析》，南

京师范大学2013年版。

[311] 赵志耘、吕冰洋、郭庆旺、贾俊雪：《资本积累与技术进步的动态融合》，载于《经济研究》2007年第11期。

[312] 张光辉：《经济发展方式转变的政治价值意蕴》，载于《道德与文明》2011年第5期。

[313] 张杰、周晓艳、李勇：《要素市场扭曲抑制了中国企业R&D?》，载于《经济研究》2011年第8期。

[314] 张军、章元：《对中国资本存量K的再估计》，载于《经济研究》2003年第7期。

[315] 张军、施少华：《中国经济全要素生产率变动：1952—1998》，载于《世界经济文汇》2003年第2期。

[316] 张军扩：《"七五"期间经济效益的综合分析——各要素对经济增长贡献率测算》，载于《经济研究》1991年第4期。

[317] 张来明、李建伟：《收入分配与经济增长的理论关系和实证分析》，载于《管理世界》2016年第1期。

[318] 张黎娜、夏海勇：《人口结构变迁对中国需求结构的动态冲击效应》，载于《中央财经大学学报》2012年第12期。

[319] 张连城、李方正：《中国需求结构失衡判定的国际比较》，载于《首都经济贸易大学学报》2014年第4期。

[320] 张连辉、赵凌云：《改革开放以来中国共产党转变经济发展方式理论的演进历程》，载于《中共党史研究》2011年第10期。

[321] 张平、王宏淼：《转向"结构均衡增长"的战略要点和政策选择》，载于《国际经济评论》2010年第5期。

[322] 张平、余宇新：《出口贸易影响了中国服务业占比吗》，载于《数量经济技术经济研究》2012年第4期。

[323] 张雯丽、沈贵银：《农村内需潜力与释放：基于城乡一体化发展视角》，载于《经济研究参考》2013年第20期。

[324] 张湘赣：《产业结构调整：中国经验与国际比较——中国工业经济学会2010年年会学术观点综述》，载于《中国工业经济》2011年第1期。

[325] 张秀生、王鹏：《经济发展新常态与产业结构优化》，载于《经济问题》2015年第4期。

[326] 张旭：《从转变经济发展方式到供给侧结构性改革——中国经济战略的调整与实施》，载于《经济纵横》2017年第3期。

[327] 张莹莹：《新加坡人口变动及其成因分析》，载于《人口与经济》

2013 年第 3 期。

[328] 张志明:《对外开放促进了中国服务业市场化改革吗》, 载于《世界经济研究》2014 年第 10 期。

[329] 张志勇:《我国经济增长中物质资本的形成和累积源泉》, 载于《山东社会科学》2007 年第 9 期。

[330] 郑京海、胡鞍钢:《中国改革时期省际生产率增长变化的实证分析(1979－2001 年)》, 载于《经济学》(季刊) 2005 年第 1 期。

[331] 中国科学院可持续发展战略研究组:《2014 中国可持续发展战略报告——创建生态文明的制度体系》, 科学出版社 2014 年版。

[332] 中国社科院扶贫开发报告课题组:《中国扶贫开发报告 (2016)》, 社会科学文献出版社 2016 年版。

[333] 中国经济增长前沿课题组:《中国经济长期增长路径、效率与潜在增长水平》, 载于《经济研究》2012 年第 11 期。

[334] 中国社科院经济增长前沿课题组:《经济增长、结构调整的累积效应与资本形成》, 载于《经济研究》2003 年第 8 期。

[335] 中华人民共和国国家统计局:《新中国 55 年统计资料汇编》, 中国统计出版社 2005 年版。

[336] 周少甫、王伟、董登新:《人力资本与产业结构转化对经济增长的效应分析——来自中国省级面板数据的经验证据》, 载于《数量经济技术经济研究》2013 年第 8 期。

[337] 周黎安:《中国地方官员的晋升锦标赛模式研究》, 载于《经济研究》2007 年第 7 期。

[338] 周绍森、胡德龙:《科技进步对经济增长贡献率研究》, 载于《中国软科学》2010 年第 2 期。

[339] 周毅:《城镇化机制创新与城乡区域经济发展方式转变》, 载于《西北师大学报》(社会科学版) 2010 年第 6 期。

[340] 周泳宏、唐志军:《投资率门限特征、消费促进与经济增长:1995—2007》, 载于《统计研究》2009 年第 12 期。

[341] 朱岩梅、陈强:《创新的力量:中国经济增长的新路线》, 中信出版社 2011 年版。

[342] 庄贵阳:《温室气体减排的南北对立与利益调整》, 载于《世界经济与政治》2000 年第 4 期。

[343] 宗寒:《如何完善社会主义市场经济体制还需深入研究》, 载于《经济纵横》2013 年第 7 期。

[344] Acemoglu, D. and V. Guerrieri. Capital Deepening and Non – Balanced Economic Growth. *Journal of Political Economy*, 2008, 116 (3): 467 – 498.

[345] Andrew B. A., G. Mankiw, L. H. Summers, R. J. Zeckhauser. Assessing Dynamic Efficiency: Theory and Evidence. *Review of Economic Studies*, 1989, 56 (1): 1 – 19.

[346] Arnold, J., B. Javorcik, M. Lipscomb and A. Mattoo. Services Reform and Manufacturing Performance: Evidence from India. *Economic Journal*, 2016, 126 (590): 1 – 39.

[347] Arrow, K. J.. *Optimal Capital Policy with Irreversible Investment in Value*, *Capital & Growth*. Essays in Honor of Sir John Hicks. Edinburgh University Press, 1968.

[348] Bai Chong – En, Chang – Tai Hsieh, Yingyi Qian. The Return to Capital in China. *Brookings Papers on Economic Activity*, 2006 (2).

[349] Barro, Robert J.. *Quantity and Quality of Economic Growth*. Working Papers from Central Bank of Chile.

[350] Baumol, W.. Macroeconomics of Unbalanced Growth: The Anatomy of Urban Crisis. *American Economic Review*, 1967, 57 (3): 415 – 426.

[351] Boldrin, M. and D. K. Levine. Rent-seeking and Innovation. *Journal of Monetary Economics*, 2004, 51 (1): 127.

[352] Borchert, I., B. Gootiiz and A. Mattoo. Policy Barriers to International Trade in Services: Evidence from a New Database. *World Bank Economic Review*, 2014, 28 (1): 162 – 188.

[353] Buera, F. and J. Kaboski. Scale and the Origins of Structural Change. *Journal of Economic Theory*, 2012a, 147 (2): 684 – 712.

[354] Buera, F. and J. Kaboski. The Rise of the Service Economy. *American Economic Review*, 2012b, 102 (6): 2540 – 2569.

[355] Campbell, J., A. Deaton. Why is Consumption so Smooth? *Review of Economic Studies*, 1989, 56 (3): 357 – 373.

[356] Campos, J. E. and H. L. Root. *The Key to the Asian Miracle*: *Marking Shared Growth Credible*. Washington, D. C.: Brookings Institution, 1997.

[357] Chang, C., K. Chen, D. Waggoner and T. Zha. Trends and Cycles in China's Macroeconomy, *The NBER Macroeconomics Annual* 2015, University of Chicago press, 2015.

[358] Chen L. and B. Naughton. An Institutionalized Policy Making Mechanism: China's Return to Techno-Industrial Policy. *Research Policy*, 2016, 45 (10): 2138 – 2152.

[359] Chenery, H. B. Overcapacity and the Acceleration Principle. *Econometrica*, 1952, 20 (1): 1-28.

[360] Chow, G. C.. Capital Formation and Economic Growth in China. *The Quarterly Journal Of Economics*, 1993, 108 (3): 809-842.

[361] Chow G. and An-loh Lin. Accounting for Economic Growth in China Taiwan and Mainland China—A Comparative Analysis. *Journal of Comparative Economics*, 2002, 30 (3): 507-530.

[362] Claessens, S. and E. Feijen and L. Laeven. Political Connections and Preferential Access to Finance: The role of Campaign Contributions. *Journal of Financial Economics*, 2008, 88 (3): 554-580.

[363] Clark, C.. *The conditions of economic progress*, London: Macmillan, 1940.

[364] Deaton, A.. Saving in Developing Countries: Theory and Review. *The World Bank Economic Review*, 1989, 3 (suppl. 1): 61-69.

[365] Dixit, A. K. and R. S, Pindyck. *Investment under Uncertainty*. Princeton: Princeton University Press, 1994.

[366] Felipe, J., U. Kumar and R. Galope. Middle-Income Transitions: Trap or Myth? *Journal of the Asia Pacific Economy*, 2017, 22 (3): 429-453.

[367] Fisher, A.. *The Clash of Progress and Security*, London: Macmillan, 1935.

[368] Flavin, M. A.. The Adjustment of Consumption to Changing Expectations about Future Income. *Journal of Political Economy*, 1981, 89 (5): 974-1009.

[369] Friedmann, J.. *Regional Development Policy: a Case Study of Venezuela*. Massachusetts Cambridge: M. I. T. Press, 1966.

[370] Fuchs, V.. *The Service Economy*. New York: Columbia University Press, 1968.

[371] Gale, W. G. and J. K. Scholz. Intergenerational Transfer and the Accumulation of Wealth. *The Journal of Economic Perspectives*, 1994, 8 (4): 145-160.

[372] Gersovitz, M.. *Saving and Development in H. Chenery and T. N. Srinivasan (eds): Handbook of Development Economics*, 1988 (1): 381-424. North Holland.

[373] Hall R.. Stochastic Implications of the Life Cycle-permanent Income Hypothesis: Theory and Evidence. *Journal of Political Economy*, 1978, 86 (3): 971-988.

[374] Horioka Charles Yuji, Wan Junmin. The Determinants of Household Saving in China: A Dynamic Panel Analysis of Provincial Data. *Journal of Money, Credit and*

Banking, 2007, 39 (8): 2077 – 2096.

[375] Horioka, C. Y. and J. Wan. Why Does China Save So Much? *China, Asia, and the New World Economy*. Oxford: Oxford University Press, 2008.

[376] Ito, Takatoshi. What Can Developing Countries Learn from East Asia's Economic Growth? *Annual World Bank Conference on Development Economics*, 1997: 183 – 200.

[377] James West, Heinz Schandl, Sonja Heyenga, Shaofeng Chen. *Resource Efficiency Economics and Outlook for China*, UNEP, 2013.

[378] Klein, L. R., L. M. Koyck, and H. Goris. Distributed Lags and Investment Analysis. *Economic Journal*, 1954, 65 (259): 523.

[379] Kongsamut, P., S. Rebelo and Xie Danyang. Beyond Balanced Growth. *Review of Economic Studies*, 2001, 68 (4): 869 – 882.

[380] Koopman, R., Zhi Wang and Shang – Jin Wei. Tracing Value – Added and Double Counting in Gross Exports. *American Economic Review*, 2014, 104 (2): 459 – 494.

[381] Kotlikoff, L. J. and L. H. Summers. The Role of Intergenerational Transfers in Aggregate Capital Accumulation. *The Journal of Political Economy*, 1981, 89 (4): 706 – 732.

[382] Krugman, Paul. Increasing Returns and Economic Geography. *Journal of Political Economy*, 1991a, 99 (3): 483 – 499.

[383] Krugman, Paul. The Myth of Asia's Miracle. *Foreign Affairs*, 1994, 73 (6): 62 – 78.

[384] Kung, James Kai – Sing, Chenggang Xu, and Feizhou Zhou. *From Industrialization to Urbanization: The Social Consequences of Changing Fiscal Incentives on Local Governments' Behavior*, in "Law and Economics with Chinese Characteristics Institutions for Promoting Development in the Twenty – First Century", Edited by D. Kennedy and J. Stiglitz, Oxford: Oxford University Press, 2013.

[385] Laitner, J.. Structural Change and Economic Growth. *Review of Economic Studies*, 2000, 67 (3): 545 – 561.

[386] Landry, R., N. Amara, and M. Lamari. Does Social Capital Determine Innovation: To What Extent? *Technological Forecasting and Social Change*, 2002 (69): 681 – 701.

[387] Laursen, K., F. Masciarelli, and A. Prencipe. Regions Matter: How Localized Social Capital Affects Innovation and External Knowledge Acquisition. *Organiza-

tion Science, 2012 (23): 177-193.

[388] Leland, H. E.. Saving and uncertainty: The Precautionary Demand for Saving. *Uncertainty in Economics*, 1978, 82 (3): 127, 129-139.

[389] Maddison, A.. *Economic Progress and Policy in Developing Countries*, Routledge, 1970.

[390] Matsuyama, K.. Agricultural Productivity, Comparative Advantage, and Economic Growth. *Journal of Economic Theory*, 1992, 58 (2): 317-334.

[391] McGee T. G.. *Urbanisasi or Kotadesasi? The Emergence of New Regions of Economic Interaction in Asia*. Honoluln: EWCEAPI, 1987.

[392] Myrdal, G.. *Economic Theory and Underdeveloped Regions*, New York: Harper & Row, 1957.

[393] Nadiri, M.. International Studies of Factor Inputs and Total Factor Productivity: A Brief Survey. *Review of Income & Wealth*, 1972, 18 (2): 129-154.

[394] Ngai, R. and C. Pissarides. Structural Change in a Multisector Model of Growth. *American Economic Review*, 2007, 97 (1): 429-443.

[395] OECD. *Employment in the Service Economy: A Reassessment*. Paris: OECD Publishers, 2001.

[396] Perroux, François. Economic Space: Theory and Application. *Quarterly Journal of Economics*, 1950, 64 (1): 89-104.

[397] Phelps E.. The Golden Rule of Accumulation: A Fable for Growthman. *American Economic Review*, 1961, 51 (4): 638-643.

[398] Ranis, G., J. H Fei. A Theory of Economic Development. *American Economic Review*, 1961, 51 (4): 533-565.

[399] Rostow, W. W.. *The Stages of Economic Growth. A Non-Communist Manifesto*. Cambridge University Press, 1960.

[400] Serven, L.. Irreversibility, Uncertainty and Private Investment: Analytical Issues and Some Lessons for Africa. *Journal of African Economies*, 2000, 6 (3): 229-268.

[401] Tobin, James. A General Equilibrium Approach to Monetary Theory. *Journal of Money, Credit, and Banking*, 1969, (1) 1: 15-29.

[402] United Nations Conference on Trade and Development. Measuring Restrictions on FDI in Services in Developing Countries and Transition Economies. *UNCTAD Current Studies on FDI and Development No.* 2, 2006.

[403] Vernon, Raymond. International Investment and International Trade in the

Product Cycle. *Quarterly Journal of Economics*, 1966, 80 (2): 190 – 207.

[404] Wang, Yan and Yudong Yao. Source of China's Economic Growth, 1952 – 1999: Incorporating Human Capital Accumulation. *China Economic Review*, 2003, 14 (1): 32 – 52.

[405] Wei, S. and X. Zhang. The Competitive Saving Motive: Evidence from Rising Sex Ratios and Savings Rates in China. *Journal of Political Economy*, 2011, 119 (3): 511 – 564.

[406] William H. Branson, Isabel Guerrero, Bernhard G. Gunter. *Patterns of Development*: 1970 – 1994, World Bank, 1998.

[407] Williamson, Jeffrey G.. Regional Inequality and the Process of National Development: A Description of the Patterns. *Economic Development and Cultural Change*, 1965, (13) 4: 1 – 84.

[408] World Bank.. *World Development Report* 2009: *Reshaping Economic Geography*, Washington, DC, 2009.

[409] World Bank. *The Chinese Economy*: *Controlling Inflation*, *Deepening Reform*, Washington DC, 1996.

[410] World Bank. *The East Asian Miracle*: *Economic Growth and Public Policy*, New York: Oxford University Press, 1993.

[411] Wu Yanrui. Has Productivity Contributed to China's Growth. *Pacific Economic Review*, 2003, 8 (1): 15 – 30.

[412] Young Alwyn. The Tyranny of Numbers: Confronting the Statistical Realities of the East Asian Growth Experience. *Quarterly Journal of Economic*, 1995, 110 (3): 641 – 680.

[413] Young, Alwyn. Gold into Base Metals: Productivity Growth in the People's Republic of China during the Reform Period. *Journal of Political Economy*, 2003, 111 (6): 1220 – 1261.

后 记

本书是教育部哲学社会科学重大课题攻关项目"后金融危机时期我国经济发展方式"的结项成果，2018年9月通过了鉴定。根据鉴定专家意见和建议，进行了认真修改和补充，并对一些数据进行了更新，对实证部分进行了检查，对最新的政策进行了补充，对部分章节进行了调整，对一些语句和词汇进行了完善。本书在内容上做了较大调整的是：去掉了结项成果中的第三章"国际金融危机及其对中国经济发展方式的转变"，新增加了一章"东亚经济体经济发展与结构转变"，作为本书的第八章。文献评述原是导论中的一节，由于篇幅较大，现在变成了独立的一章。

本课题结项成果是在首席专家设计的框架结构基础上由多人分工合作共同完成的。结项成果和本书各章撰写人如下：导论——郭熙保；第一章——龚广祥、郭熙保；第二章——郭熙保、冷成英、苏甫；第三章——朱兰、陈志刚；第四章——肖利平；第五章——张平、郭熙保；第六章——郭熙保、崔文俊；第七章——韩纪江、庞玉萍、郭熙保；第八章——白婧、李卓；第九章——郭熙保、石大千、叶初升。陈志刚撰写了结项报告的第三章"国际金融危机及其对中国经济发展方式的影响"，根据鉴定专家意见，在最后书稿中把这章删去了。

本书每一部分从初稿到最后定稿，中间经过了无数次修改，直到最后出书还在修改完善，每位撰稿人都付出了大量的时间和精力。在结项成果出书之际，作为本课题首席专家，我要向参与本课题讨论和撰稿工作的同仁表示深深的谢意！向本课题立项和结项评审专家提出的宝贵意见表示衷心的感谢！向教育部社科司有关领导和工作人员对本课题的大力支持表示衷心感谢！还要向经济科学出版社的领导和编辑对本书出版付出的辛勤劳动表示衷心感谢！谷萌菲博士把摘要和目录译成了英文，在此向她表示衷心感谢！

本书每个部分都经过首席专家认真的修改，如有不当和错误之处，一概由首席专家负责。虽然本书经过了多次修改完善，但肯定会存在许多不足之处，欢迎读者批评指正！

郭熙保

2019年2月于武汉大学珞珈山

教育部哲学社会科学研究重大课题攻关项目成果出版列表

序号	书　名	首席专家
1	《马克思主义基础理论若干重大问题研究》	陈先达
2	《马克思主义理论学科体系建构与建设研究》	张雷声
3	《马克思主义整体性研究》	逄锦聚
4	《改革开放以来马克思主义在中国的发展》	顾钰民
5	《新时期　新探索　新征程——当代资本主义国家共产党的理论与实践研究》	聂运麟
6	《坚持马克思主义在意识形态领域指导地位研究》	陈先达
7	《当代资本主义新变化的批判性解读》	唐正东
8	《当代中国人精神生活研究》	童世骏
9	《弘扬与培育民族精神研究》	杨叔子
10	《当代科学哲学的发展趋势》	郭贵春
11	《服务型政府建设规律研究》	朱光磊
12	《地方政府改革与深化行政管理体制改革研究》	沈荣华
13	《面向知识表示与推理的自然语言逻辑》	鞠实儿
14	《当代宗教冲突与对话研究》	张志刚
15	《马克思主义文艺理论中国化研究》	朱立元
16	《历史题材文学创作重大问题研究》	童庆炳
17	《现代中西高校公共艺术教育比较研究》	曾繁仁
18	《西方文论中国化与中国文论建设》	王一川
19	《中华民族音乐文化的国际传播与推广》	王耀华
20	《楚地出土戰國簡册［十四種］》	陈　伟
21	《近代中国的知识与制度转型》	桑　兵
22	《中国抗战在世界反法西斯战争中的历史地位》	胡德坤
23	《近代以来日本对华认识及其行动选择研究》	杨栋梁
24	《京津冀都市圈的崛起与中国经济发展》	周立群
25	《金融市场全球化下的中国监管体系研究》	曹凤岐
26	《中国市场经济发展研究》	刘　伟
27	《全球经济调整中的中国经济增长与宏观调控体系研究》	黄　达
28	《中国特大都市圈与世界制造业中心研究》	李廉水

序号	书 名	首席专家
29	《中国产业竞争力研究》	赵彦云
30	《东北老工业基地资源型城市发展可持续产业问题研究》	宋冬林
31	《转型时期消费需求升级与产业发展研究》	臧旭恒
32	《中国金融国际化中的风险防范与金融安全研究》	刘锡良
33	《全球新型金融危机与中国的外汇储备战略》	陈雨露
34	《全球金融危机与新常态下的中国产业发展》	段文斌
35	《中国民营经济制度创新与发展》	李维安
36	《中国现代服务经济理论与发展战略研究》	陈 宪
37	《中国转型期的社会风险及公共危机管理研究》	丁烈云
38	《人文社会科学研究成果评价体系研究》	刘大椿
39	《中国工业化、城镇化进程中的农村土地问题研究》	曲福田
40	《中国农村社区建设研究》	项继权
41	《东北老工业基地改造与振兴研究》	程 伟
42	《全面建设小康社会进程中的我国就业发展战略研究》	曾湘泉
43	《自主创新战略与国际竞争力研究》	吴贵生
44	《转轨经济中的反行政性垄断与促进竞争政策研究》	于良春
45	《面向公共服务的电子政务管理体系研究》	孙宝文
46	《产权理论比较与中国产权制度变革》	黄少安
47	《中国企业集团成长与重组研究》	蓝海林
48	《我国资源、环境、人口与经济承载能力研究》	邱 东
49	《"病有所医"——目标、路径与战略选择》	高建民
50	《税收对国民收入分配调控作用研究》	郭庆旺
51	《多党合作与中国共产党执政能力建设研究》	周淑真
52	《规范收入分配秩序研究》	杨灿明
53	《中国社会转型中的政府治理模式研究》	娄成武
54	《中国加入区域经济一体化研究》	黄卫平
55	《金融体制改革和货币问题研究》	王广谦
56	《人民币均衡汇率问题研究》	姜波克
57	《我国土地制度与社会经济协调发展研究》	黄祖辉
58	《南水北调工程与中部地区经济社会可持续发展研究》	杨云彦
59	《产业集聚与区域经济协调发展研究》	王 珺

序号	书名	首席专家
60	《我国货币政策体系与传导机制研究》	刘 伟
61	《我国民法典体系问题研究》	王利明
62	《中国司法制度的基础理论问题研究》	陈光中
63	《多元化纠纷解决机制与和谐社会的构建》	范 愉
64	《中国和平发展的重大前沿国际法律问题研究》	曾令良
65	《中国法制现代化的理论与实践》	徐显明
66	《农村土地问题立法研究》	陈小君
67	《知识产权制度变革与发展研究》	吴汉东
68	《中国能源安全若干法律与政策问题研究》	黄 进
69	《城乡统筹视角下我国城乡双向商贸流通体系研究》	任保平
70	《产权强度、土地流转与农民权益保护》	罗必良
71	《我国建设用地总量控制与差别化管理政策研究》	欧名豪
72	《矿产资源有偿使用制度与生态补偿机制》	李国平
73	《巨灾风险管理制度创新研究》	卓 志
74	《国有资产法律保护机制研究》	李曙光
75	《中国与全球油气资源重点区域合作研究》	王 震
76	《可持续发展的中国新型农村社会养老保险制度研究》	邓大松
77	《农民工权益保护理论与实践研究》	刘林平
78	《大学生就业创业教育研究》	杨晓慧
79	《新能源与可再生能源法律与政策研究》	李艳芳
80	《中国海外投资的风险防范与管控体系研究》	陈菲琼
81	《生活质量的指标构建与现状评价》	周长城
82	《中国公民人文素质研究》	石亚军
83	《城市化进程中的重大社会问题及其对策研究》	李 强
84	《中国农村与农民问题前沿研究》	徐 勇
85	《西部开发中的人口流动与族际交往研究》	马 戎
86	《现代农业发展战略研究》	周应恒
87	《综合交通运输体系研究——认知与建构》	荣朝和
88	《中国独生子女问题研究》	风笑天
89	《我国粮食安全保障体系研究》	胡小平
90	《我国食品安全风险防控研究》	王 硕

序号	书　名	首席专家
91	《城市新移民问题及其对策研究》	周大鸣
92	《新农村建设与城镇化推进中农村教育布局调整研究》	史宁中
93	《农村公共产品供给与农村和谐社会建设》	王国华
94	《中国大城市户籍制度改革研究》	彭希哲
95	《国家惠农政策的成效评价与完善研究》	邓大才
96	《以民主促进和谐——和谐社会构建中的基层民主政治建设研究》	徐　勇
97	《城市文化与国家治理——当代中国城市建设理论内涵与发展模式建构》	皇甫晓涛
98	《中国边疆治理研究》	周　平
99	《边疆多民族地区构建社会主义和谐社会研究》	张先亮
100	《新疆民族文化、民族心理与社会长治久安》	高静文
101	《中国大众媒介的传播效果与公信力研究》	喻国明
102	《媒介素养：理念、认知、参与》	陆　晔
103	《创新型国家的知识信息服务体系研究》	胡昌平
104	《数字信息资源规划、管理与利用研究》	马费成
105	《新闻传媒发展与建构和谐社会关系研究》	罗以澄
106	《数字传播技术与媒体产业发展研究》	黄升民
107	《互联网等新媒体对社会舆论影响与利用研究》	谢新洲
108	《网络舆论监测与安全研究》	黄永林
109	《中国文化产业发展战略论》	胡惠林
110	《20世纪中国古代文化经典在域外的传播与影响研究》	张西平
111	《国际传播的理论、现状和发展趋势研究》	吴　飞
112	《教育投入、资源配置与人力资本收益》	闵维方
113	《创新人才与教育创新研究》	林崇德
114	《中国农村教育发展指标体系研究》	袁桂林
115	《高校思想政治理论课程建设研究》	顾海良
116	《网络思想政治教育研究》	张再兴
117	《高校招生考试制度改革研究》	刘海峰
118	《基础教育改革与中国教育学理论重建研究》	叶　澜
119	《我国研究生教育结构调整问题研究》	袁本涛 王传毅
120	《公共财政框架下公共教育财政制度研究》	王善迈

序号	书 名	首席专家
121	《农民工子女问题研究》	袁振国
122	《当代大学生诚信制度建设及加强大学生思想政治工作研究》	黄蓉生
123	《从失衡走向平衡：素质教育课程评价体系研究》	钟启泉 崔允漷
124	《构建城乡一体化的教育体制机制研究》	李 玲
125	《高校思想政治理论课教育教学质量监测体系研究》	张耀灿
126	《处境不利儿童的心理发展现状与教育对策研究》	申继亮
127	《学习过程与机制研究》	莫 雷
128	《青少年心理健康素质调查研究》	沈德立
129	《灾后中小学生心理疏导研究》	林崇德
130	《民族地区教育优先发展研究》	张诗亚
131	《WTO主要成员贸易政策体系与对策研究》	张汉林
132	《中国和平发展的国际环境分析》	叶自成
133	《冷战时期美国重大外交政策案例研究》	沈志华
134	《新时期中非合作关系研究》	刘鸿武
135	《我国的地缘政治及其战略研究》	倪世雄
136	《中国海洋发展战略研究》	徐祥民
137	《深化医药卫生体制改革研究》	孟庆跃
138	《华侨华人在中国软实力建设中的作用研究》	黄 平
139	《我国地方法制建设理论与实践研究》	葛洪义
140	《城市化理论重构与城市化战略研究》	张鸿雁
141	《境外宗教渗透论》	段德智
142	《中部崛起过程中的新型工业化研究》	陈晓红
143	《农村社会保障制度研究》	赵 曼
144	《中国艺术学学科体系建设研究》	黄会林
145	《人工耳蜗术后儿童康复教育的原理与方法》	黄昭鸣
146	《我国少数民族音乐资源的保护与开发研究》	樊祖荫
147	《中国道德文化的传统理念与现代践行研究》	李建华
148	《低碳经济转型下的中国排放权交易体系》	齐绍洲
149	《中国东北亚战略与政策研究》	刘清才
150	《促进经济发展方式转变的地方财税体制改革研究》	钟晓敏
151	《中国—东盟区域经济一体化》	范祚军

序号	书　名	首席专家
152	《非传统安全合作与中俄关系》	冯绍雷
153	《外资并购与我国产业安全研究》	李善民
154	《近代汉字术语的生成演变与中西日文化互动研究》	冯天瑜
155	《新时期加强社会组织建设研究》	李友梅
156	《民办学校分类管理政策研究》	周海涛
157	《我国城市住房制度改革研究》	高　波
158	《新媒体环境下的危机传播及舆论引导研究》	喻国明
159	《法治国家建设中的司法判例制度研究》	何家弘
160	《中国女性高层次人才发展规律及发展对策研究》	佟　新
161	《国际金融中心法制环境研究》	周仲飞
162	《居民收入占国民收入比重统计指标体系研究》	刘　扬
163	《中国历代边疆治理研究》	程妮娜
164	《性别视角下的中国文学与文化》	乔以钢
165	《我国公共财政风险评估及其防范对策研究》	吴俊培
166	《中国历代民歌史论》	陈书录
167	《大学生村官成长成才机制研究》	马抗美
168	《完善学校突发事件应急管理机制研究》	马怀德
169	《秦简牍整理与研究》	陈　伟
170	《出土简帛与古史再建》	李学勤
171	《民间借贷与非法集资风险防范的法律机制研究》	岳彩申
172	《新时期社会治安防控体系建设研究》	宫志刚
173	《加快发展我国生产服务业研究》	李江帆
174	《基本公共服务均等化研究》	张贤明
175	《职业教育质量评价体系研究》	周志刚
176	《中国大学校长管理专业化研究》	宣　勇
177	《"两型社会"建设标准及指标体系研究》	陈晓红
178	《中国与中亚地区国家关系研究》	潘志平
179	《保障我国海上通道安全研究》	吕　靖
180	《世界主要国家安全体制机制研究》	刘胜湘
181	《中国流动人口的城市逐梦》	杨菊华
182	《建设人口均衡型社会研究》	刘渝琳
183	《农产品流通体系建设的机制创新与政策体系研究》	夏春玉

序号	书名	首席专家
184	《区域经济一体化中府际合作的法律问题研究》	石佑启
185	《城乡劳动力平等就业研究》	姚先国
186	《20世纪朱子学研究精华集成——从学术思想史的视角》	乐爱国
187	《拔尖创新人才成长规律与培养模式研究》	林崇德
188	《生态文明制度建设研究》	陈晓红
189	《我国城镇住房保障体系及运行机制研究》	虞晓芬
190	《中国战略性新兴产业国际化战略研究》	汪　涛
191	《证据科学论纲》	张保生
192	《要素成本上升背景下我国外贸中长期发展趋势研究》	黄建忠
193	《中国历代长城研究》	段清波
194	《当代技术哲学的发展趋势研究》	吴国林
195	《20世纪中国社会思潮研究》	高瑞泉
196	《中国社会保障制度整合与体系完善重大问题研究》	丁建定
197	《民族地区特殊类型贫困与反贫困研究》	李俊杰
198	《扩大消费需求的长效机制研究》	臧旭恒
199	《我国土地出让制度改革及收益共享机制研究》	石晓平
200	《高等学校分类体系及其设置标准研究》	史秋衡
201	《全面加强学校德育体系建设研究》	杜时忠
202	《生态环境公益诉讼机制研究》	颜运秋
203	《科学研究与高等教育深度融合的知识创新体系建设研究》	杜德斌
204	《女性高层次人才成长规律与发展对策研究》	罗瑾琏
205	《岳麓秦简与秦代法律制度研究》	陈松长
206	《民办教育分类管理政策实施跟踪与评估研究》	周海涛
207	《建立城乡统一的建设用地市场研究》	张安录
208	《迈向高质量发展的经济结构转变研究》	郭熙保
	……	